비계량인을 위한

# 경영통계 5판

*Statistics for Business*

강현곤 · 김선민 지음

한 경 사

## 저자소개

**강현곤** 연세대학교 상경대학 경영학과 졸업
미국 University of Chicago 경영대학원 졸업(경영학 석 · 박사)
현재, 연세대학교 원주캠퍼스 경영학부 교수

**김선민** 연세대학교 상경대학 경제학과 졸업
미국 University of California, Irvine 경영대학 졸업(경영학 석사)
미국 University of Georgia 경영대학 졸업(경영학 박사)
현재, 서울과학기술대학교 경영학과 교수

**비계량인을 위한 경영통계 (5e)**

저자 강현곤 • 김선민
발행일 2020년 2월 20일 2쇄
발행처 **한경사**
발행인 이계남
등록사항 제10-1951호 2000년 4월 14일
주소 서울시 마포구 신수로 59-1 3층
전화번호 02_717_7264/5
팩스번호 02_717_7226
홈페이지 hankyungsa.co.kr
전자우편 hankyungsa@hanmail.net
ISBN 978-89-6844-151-6 (99320)
가 격 30,000원

# 5판의 머리말

2004년 세상에 나온 이 책이 지금까지 계속해서 많은 사람들에게 도움이 되어 이번 5판이 새롭게 출간되어 저자로서 많은 감사를 드리고 싶을 뿐이다.

이 책은 이미 알고 있듯이, 경영·경제 및 사회과학 분야에서 통계학에 대한 이해를 필요로 하지만 그 동안 통계학자의 입장에서 순수 통계이론에 중점을 두거나 응용사례도 현실감을 주지 못하기 때문에 통계학에 어려움을 느끼는 사람들을 위해 집필되었다. 따라서 이번 5판에서도 이 책의 특징을 그대로 유지하면서 사회과학을 전공하는 사람들에게 보다 도움이 되도록 다음과 같은 측면에 심혈을 기울였다.

- 그간 많은 사람들이 지적하여준 오탈자를 수정하고, 문맥이 매끄럽지 못한 부분들을 수정하여 통계 기법에 대한 이해를 높이도록 하였다.
- 또한 분산에 관한 추정을 별도의 장으로 신설하여 배치함으로써 분산에 관한 추정의 중요성을 강조하였다.
- 지난번 약속한 대로, 통계학 전반을 흐르는 통합적인 사례연구를 추가하여, 통계 기법을 실무에 활용할 때 통계기법이 어떻게 적용되는 지를 집중적으로 파악할 수 있도록 하였다. 하나의 사례연구가 통계학 전체의 장에 걸쳐 진행되므로 사람들은 통계 기법이 각 장별로 구분되는 것이 아니라 의사결정에 두루두루 활용될 수 있음을 알도록 하였다.
- 통계처리를 위한 소프트웨어는 최근에 많은 발전을 하였으나, 계속해서 Microsoft Excel을 이용하였으며, 최신 버전인 2013버전으로 바꾸었다.

이번 개정판을 내면서 많은 사람들에게 감사를 드리고 싶다. 그 동안 저자들의 강의를 수강했던 학생들, 저자들의 개정판 수정을 도와 준 학생들, 그리고 이 책에 대한 끊임없는 지원을 해 주신 한경사 임직원분들... 모두 감사드립니다. 많이 노력하였지만, 여전히 있을 오탈자와 실수는 모두 저자들의 책임이다. 앞으로도 열심히 고쳐나가겠다. 독자들의 건투를 빈다.

2017년 8월

저자 일동

# 1판의 머리말

## 수학이 무서운 경영학도의 고민

내가 처음 대학교 경영학과에 들어갔을 때 가졌던 의문점과 당황함을 아직도 생생하게 기억하고 있다. 경영학과에 들어가 보니 경영수학, 선형대수, 통계학1·2, 계량 경영학1·2 등 수많은 수학 과목들(경영학에서는 계량 과목이란 말로 표현하므로 이후부터는 계량 과목이라 칭하겠음)이 존재하고 있는 것이 아닌가? 경영학과라 하면 단지 기업을 운영하여, 더 쉽게 얘기하여 장사하여 돈을 버는 방법을 가르치는 학과로만 알고 있었기 때문에, 이런 계량 과목들이 왜 필요한지 의문점이 있었을 뿐이다. 더욱이 수학이 싫어서 또 무서워서 문과를 택한 나에게는 이렇게 계량 과목들이 존재하는데 대해 당황스럽기까지 하였다. 나와 같이 문과를 택하였지만 법학과 등 다른 문과 계열을 간 친구들은 이런 수학 공포에서 이내 자유로워진 것을 보고는 더욱 더 그러하였다.

이런 느낌은 비단 나만이 아니라 거의 모든 경영학과 친구들도 같은 생각을 갖고 있다는 사실을 알게 되었고, 이들 계량 과목들이 곧 기피 과목의 1호 대상, 공포의 대상이 되었음을 기억하게 된다(이 공포는 30년이 지난 오늘날까지 경영학도들에게 대물림이 되고 있기도 하다). 그러나 이 뿐이 아니었다. 내가 다닌 학교에서는 통계학과가 이과가 아닌 문과인 같은 상경대학에 있는 것이 아닌가? 도대체 이런 통계학과가 왜 경영학과와 같이 상경대학 내에 존재해야 하는가? 통계학이 도대체 경영에 어떤 역할을 하기에 이런 현상이 나타나는가? 의문이 좀처럼 가시지 않았음을 기억한다. 더욱이 경영학의 발원지인 미국에서는 공부할 때는 한술 더 떠 아예 학부에서 수학과나 통계학과를 전공한 학생이 무척 부러울 정도로 수학적 지식을 요구하는 것을 경험하고는 아예 질려 버린 기억도 가지고 있다.

수학적 과목들이나 지식들이 과연 경영학에서 어떠한 공헌을 하고 있는 것일까? 도대체 왜 이런 수학적 과목들과 지식들, 이제는 범위를 좁혀서 그 중에서도, 통계학 과목과 통계적 지식이 경영학에서 그렇게 요구되는 것일까? 학생들이 그렇게 싫어하는데도 말이다.

과거에나 지금이나 계속되어 오는 같은 질문이며 이에 대한 명확한 해답이 꼭 필요하다. 사실 이 질문에 대한 명쾌한 대답 없이 경영학도들에게 통계학을 강요하는 것은 문제를 더욱 꼬이게 만들 뿐이다. 더욱이 이에 대한 확실한 대답을 얻은 나는 오히려 이런 계량적 과목의 예찬론자가 되고 그에 대한 전도사가 되었으니 말이다.

이 책은 이에 대한 개략적인 해답을 제공하고자 한다.

## 경영학에서 통계학의 위치

기본적으로 경영학에서 통계학이 필수 불가결하다는 데에는 두 가지 주요 이유가 있다. 하나는 경영학이 생태적으로 통계학을 기반으로 존재하고 있으며, 또 하나는 경영상 문제 해결 시 현실적으로 아주 강력하고 간편한 방법을 제공해주는 도구가 된다는 것이다.

학문의 접근 방식에는 크게 두 가지로 나누어진다. 경험주의와 직관주의이다. 경험주의란 간단히 말해서 경험되는 것만 믿는다는 것이다. 즉 증명되지 않은 것은 이론으로 인정을 하지 않는 것이며, 단지 가설로 남아 있는 것이다. 이는 영미(英美) 쪽에서 나타난 것으로 대부분의 사회과학 학문에서 채택되고 있다. 그 반면 직관주의란 주로 독일 등 대륙에서 나타난 것으로 이는 주로 형이상학적인 학문에서 채택되고 있다. 본질적으로 경험적으로 증명하기가 어려운 철학, 신학 등이 그 부류에 속한다.

미국이 그 발원지인 경영학에서도 이런 경험주의적 접근 방식을 철저히 채택하고 있다. 따라서 모든 경영학 이론은 경험적으로 증명되어야(empirically proved) 한다. 하지만 경험적으로 증명할 때 증명의 객관성이 핵심인데, 모든 사람들에게서 그 객관성을 인정받는 유일한 방법이 바로 통계적 방법 밖에 없다는 것이다. 이는 비단 경영학뿐만 아니라 거의 모든 사회과학에도 해당된다. 즉 거의 모든 사회과학 이론이나 현상들이 통계학적 방법으로 설명 또는 주장되지 않으면 그 객관성을 인정받기가 어려운 현실이 되고 있는 것이다.

객관성 보장은 모든 사람들로 하여금 그 결과에 대해 반론을 제기 못하게 하고 동의하게 만든다. 간단한 경영상의 예를 들면 백화점의 매출이 줄어드는 현상이 나타났다 하자. 이 문제를 해결하기 위해서는 그 원인을 파악하여야 하는데 그 무수히 많다는 원인 중에 주된 원인을 발견할 때 통계적 방법을 사용치 않는다면 해당 이해관계자를 설득치 못할 것이다. 예를 들어 종업원의 불친절함이 매출 감소의 주원인이라 주장은 사실 여부를 떠나 해당 담당부서 책임자의 동의를 받기는 거의 불가능한 것이다. 해당 책임자인 종업원 훈련 담당 부서 책임자는 가격이 비싸다는 등, 경기가 안 좋을 뿐이라는 등 다른 매출 감소 이유를 주장할 것이며, 이 또한 진위 틀렸다고 증명하기가 쉽지 않기 때문이다. 하지만 이 경우 통계적 방법으로 원인을 찾아 설명한다면 어느 누구도 이를 부인하기가 매우 어려워지는 것이다. 왜냐하면 통계적 방법을 올바르게 사용하였다면 이보다 객관적인 방법이고 합리적인 방법이 없다는 것을 모두 인정하고 있기 때문이다. 이같이 통계학은 경영상 이론이나 주장에 그 객관성을 갖도록 하는데 필수적인 도구로 존재하게 되는 것이다.

현대에 와서는 보다 현실적이고도 절실한 이유로 통계학이 필요하게 되었다. 오늘날과 같은 무한 경쟁 사회에서 살아남기 위해서는 의사 결정이 정확 신속하여야 한다. 하지만 현대 사회는 사람의 능력으로 해결하기 불가능할 정도로 복잡하고 변화무쌍 한 사회인 것이다. 따라서 인간만의 능력으로는 불가능하게 되고 컴퓨터의 도움이 필수적이 되고 있는 현실이다. 불행히도 현재 컴퓨터는 숫자만을 이해하고 있다. 즉 모든 정보를 숫자화, 즉 데이터화하여야 한다. 이 경우 모든 정보를 숫자화(또는 계량화)하고 이런 숫자화된 정보(데이터)를 정리 분석하는 데 통계학의 큰 공헌이 존재하게 되는 것이다. 따라서 통계학의 이해 없이는 컴퓨터를 이용한 의사결정 시스템을 이해하고 배우기는 불가능한 것이다.

따라서 경영학에서의 통계학의 위치는 생태적으로 필수적이기도 하고 실제 현실적인 경영상 의사결정 시에 컴퓨터 이용에 필수적인 도구가 되는 것이다. 이에 관한 구체적인 내용을 이 책에서 설명하게 될 것이다.

### 통계학과 자동차

혹은 이런 피상적인 설명보다 다음과 같은 예가 더 이해를 도와 줄 수도 있다. 경영학에서의 통계학이 갖는 위치는 현대 사회에서의 자동차의 위치와 매우 흡사하다. 자동차의 역할과 특징은 다음과 같다고 할 수 있다.

(1) 현대사회에서 자동차 없이는 생활이 불가능할 정도로 중요하다.

(2) 하지만 자동차 그 자체가 중요하다기 보다는 매우 편리한 운송 도구(tool)라는 점에 그 중요성이 존재한다.

(3) 따라서 우리는 자동차 제작이나 수리보다는 그 자동차 운전을 잘 배울 필요가 있다.

(4) 운전을 배우기 위해서는 우선적으로 자동차 부품이나 작동에 관한 용어를 확실히 배워야 한다. 예를 들어 핸들, 엑셀레이트, 브레이크, 기어 등이다. 불행히도

이런 용어들은 자동차 제작자들이 만든 것이기 때문에 우리에게는 처음 익숙하기 전까지는 생소하고 혼란스럽기까지 하다. 이런 용어에 대한 확실한 이해 없이 운전을 배우기란 매우 힘들게 된다. 다행히도 이들 용어는 한번 확실히 배우면 좀처럼 잊혀지지 않는다.

(5) 하지만 자동차 운전도 잘 못하면 부작용이 있다. 자동차는 우리가 운전하는 대로만 간다. 따라서 자동차를 잘못 운전하면 사고가 발생할 수도 있고 그런 경우 차라리 늦더라도 걸어가는 것보다 못한 결과가 나오기도 한다.

(6) 이를 위해서 자동차 운전도 중요하지만 교통 법규도 배워야 한다. 즉 언제 출발하고 언제 멈추는지 어떤 식으로 가야할지 등 교통 법규에 따라서 운전하여야 사고를 방지하고 자동차의 편리함만을 즐길 수 있게 된다.

이제 통계학에 대해서 매우 흡사한 주장이 적용될 수 있다.

(1) 경영학에서는 위에서 설명한 바와 같이 통계학 없이는 존재나 발전이 불가능할 정도로 중요하다.

(2) 하지만 경영인으로서는 통계학 이론 자체보다는 그를 경영상의 문제를 푸는데 중요한 도구라는 점에 그 중요성이 존재한다.

(3) 따라서 통계이론에 나오는 복잡한 수식, 증명, 문제 풀이보다는 컴퓨터를 이용하여 통계 패키지를 적용하는 방법을 배워야한다. 따라서 통계 패키지 이용 방법을 바르게 이해하는 것이 필수적이다.

(4) 이 적용 방법을 배우기 위해서는 우선적으로 통계 용어에 대한 철저한 이해가 있어야 한다. 통계 패키지는 통계학자들이 만들어 놓은 용어를 사용하기 때문에 이를 능숙하게 구사 할 수 있어야만 통계 패키지를 배우고 사용하는데 문제가 없게 되는 것이다.

(5) 통계적 기법의 올바른 적용이 매우 중요하다. 잘못된 적용은 엉뚱한 결론을 가져오면 이는 차라리 결론을 내리지 않는 것보다 못한 결과를 가져오기도 한다.

(6) 따라서 이를 위해 통계적 기법의 개념적인 원리나 그 사용 배경을 파악하는 것이 중요하다. 완전한 원리의 이해만이 잘못된 적용을 막을 수 있다.

## 이 책의 특징

이 책은 그야말로 철저하게 경영학적 관점에서 쓰여 졌다는 점이 다른 통계학 책과 다르다고 할 수 있다. 경영 통계의 핵심 교육 내용은 다음과 같아야 한다고 생각한다.

(1) 돌이켜 보면 통계학에서 나오는 수식들은 그를 개발한 통계학자들의 독창적인 아이디어에서 출발한 것은 아니다. 이미 시중에 존재하고 있는 아이디어를 통계학자들이 보다 정교한 방법으로 숫자나 부호로 표시할 수 있도록 개발한 것이 수식인 것이다. 우리 경영학도들에게는 다행히 이 복잡한 수식들은 이미 컴퓨터 패키지에 완벽하게 들어 있으므로 더 이상 걱정할 필요가 없다. 따라서 이 수식 자체에 관한 증명이나 문제풀이 위주 등 이론적인 부분보다는, 이에 대한 올바른 컴퓨터 사용법과 해석법을 배우기만 하면 되는 것이다.

(2) 이 올바른 사용법과 해석법을 하기 위해서는 이 수식이 나오게 된 배경이나 기본 원리를 정확히 이해하는 것이 필수적이다. 하지만 수학에 익숙하지 않은 경영학도들에게 수식에 대한 이해를 전통적인 방법, 즉 수학적으로 이해시키는 것이 아니라 비수학적이면서 쉬운 말로 설명하는 것이 훨씬 더 효과적이므로 최대한 그렇게 하려고 노력하였다.

(3) 특히 통계적 용어에 대해 수학적이고 공식적인 정의 보다는 비공식적이지만 개념적으로 이해시키는데 주력하였다. 이런 개념을 이해한 후에는 공식적인 정의를 접하면 훨씬 효과적임을 경험적으로 확신하기 때문이다.

(4) 수식 표시는 꼭 필요한 만큼 사용하였다. 그리고 수식을 수학적으로 이해하는 것이 아니라 수식이 나타내고 있는 아이디어를 말로 풀어 해석하고 설명할 수 있도록 하였다.

(5) 통계 패키지 중에서는 경영학도들에게 가장 많이 사용되는 Microsoft사의 Excel을 이용한 문제풀이 설명에 중점을 두었다.

이해 위주의, 그리고 컴퓨터 이용 위주의 내용을 기술함으로써 경영학도들에게 직접적 도움을 주고, 통계학을 경영 활동에 있어서 강력한 무기로 활용할 수 있게 되기를 간절히 바라는 마음으로 이 책을 만들었다. 물론 경영학도 뿐만 아니라 다른 사회과학도들에게도 마찬가지이다.

차 례

# 제1부 기술통계

## 제3장 데이터의 요약 63



# 제2부 확률론

## 제4장 확률통계 85

# 제3부 통계적 추론

# 제4부 변수 간의 관계분석

## 부 록

# 제1부 기술통계

CHAPTER 01

# 경영학에서의 통계학

## 1.1 경영의 의의

경영은 경제의 기본 논리인 희소성의 법칙으로부터 출발된다고 할 수 있다. 욕망은 무한한데, 그것을 달성할 자원은 유한하다는 희소성의 법칙에 의해, 유한 자원의 효율적인 사용에 대한 고민의 대답이 바로 경영이라고 할 수 있다. 바꿔 말하면, 경영은 제한된 자원을 어떻게 사용하는 것이 가장 좋은가를 고민하는 것이다.

조금 더 구체적으로 살펴보면 경영을 실행하기 위해서는 세 가지 요소가 충족되어야 한다. 첫째로 자원이 제한되어 있어야 한다. 즉 자원이 무한한 경우에는 경영이 필요치 않게 된다. 예를 들어 공기라는 자원은 무한하기 때문에 아무도 호흡을 어떻게 하는 것이 공기를 잘 활용하는 것인지 고민하지 않는다. 하지만 우주에 가거나 바다 속에서 산소통 속의 공기가 유한한 경우, 호흡 방법은 중요한 관심사가 되며 공기에 대한 경영이 등장하게 될 것이다. 인간에게 가장 아쉽고 제한된 자원은 시간일 것이다. 즉 인간은 모두 죽는다는 것이다. 이 때문에 모든 문제에서 경영이 필요하게 된 것일지도 모르겠다. 둘째는 주어진 목적이 있어야 한다. 즉, 자원의 필요성이 있어야 한다. 우리가 돈에 대한 경영, 즉 제한된 돈을 가지고 어떻게 써야 하는가 하는 문제를 고민하는 이유도 돈을 가지고 이루고자 하는 목적이 있기 때문이다. 따라서 깊은 숲 속의 고승에게는 돈에 대한 경영이 전혀 필요 없게 된다. 그 이유는 고승이 깊은 산 속에서 돈을 가지고 무엇을 할 목적이 없기 때문이다. 세 번째 요소는 효율성이다. 즉, 제한된 자원을 주어진 목적에 가장 효율적으로 사용하려는 것이다. 효율성은 생산성(productivity)과 같은 개념인데, 이는 'Output/Input'으로 계산한다. Input은 사용되는 자원이고, 경영에서는 이를 비용(cost) 개념으로 측정하고 있으며, Output은 목적을 이룬 결과로서 경영에서는 이를 수익(revenue) 개념으로 측정한다.

만일 이와 같은 요소들이 충족된다면, 경영은 효율성에 초점을 두고 운영되어야 한다. 즉 경영의 핵심은 바로 효율성에 있으며 경영은 주어진 목적을 위해 제한된 자원을 효율적으로 사용하려는 행위를 의미한다. 특히 이러한 행위 중에서도 경영은 의사결정 행위를 의미한다. 다시 말해 경영이란, 제한된 자원의 최적 배분에 대한 의사결정 행위라 할 수 있다.

## 1.2 경영학에서의 통계학의 위치

경영 의사결정을 수행하는데 과연 통계적 지식이 필요한 것인가에 대한 명쾌한 대답 없이 통계학을 공부하는 것은 "목적 없이 길을 떠나는 행위"와 같다고 할 수 있다. 경영학을 공부하는데 있어 통계학이 왜 필요한 지에 대한 명쾌한 인식이 없다면, 통계학에 대한 흥미를 쉽게 잃어버리기 때문이다. 기본적으로 경영학에서 통계학이 필수적으로 요구되는 이유는 크게 두 가지로 나누어 볼 수 있다.

첫째, 경영학은 생태적으로 통계학을 기반으로 하고 있다. 학문의 접근 방식은 크게 두 가지로 나누어진다. 경험주의와 직관주의이다. 경험주의란 간단히 말해, 경험할 수 있는 것, 증명되는 것만 믿는다는 것이다. 즉, 증명되지 않은 것은 이론으로 인정을 하지 않고 단지 가설로 남아 있는 것이다. 이는 영미(英美) 쪽에서 나타난 사조로 대부분의 사회과학 학문에서 채택되고 있다. 반면 직관주의란 주로 독일 등 유럽 대륙에서 나타난 것으로, 주로 형이상학적인 학문에서 채택되고 있다. 본질적으로 경험적으로 증명하기가 어려운 철학, 신학 등이 그 부류에 속한다.

미국이 그 발원지인 경영학 역시 이런 경험주의적 접근 방식을 철저히 채택하고 있다. 따라서 모든 경영학 이론은 경험적으로 증명되어야(empirically proved) 한다. 경험적으로 증명할 때는 증명의 객관성이 핵심인데, 모든 사람들에게서 그 객관성을 인정받을 수 있는 길이 바로 통계적 방법밖에 없다. 이는 경영학뿐만 아니라 거의 모든 사회과학에 해당된다. 즉, 거의 모든 사회과학 이론이나 현상이 통계학적 방법으로 설명되지 않으면 그 객관성을 인정받기가 어려운 것이다.

객관성 보장은 모든 사람들로 하여금 그 결과에 대해 반론을 제기하지 못하게 한다. 백화점의 매출이 줄어드는 현상이 나타났다 하자. 이 문제를 해결하기 위해서는 그 원인을 파악해야 하는데, 그 무수히 많은 원인 중에 주된 원인을 발견할 때 통계적 방법을 사용치 않는다면 해당 이해관계자를 설득하지 못할 것이다. 예를 들어 종업원의 불친절함이 매출 감소의 주원인이라는 주장은 사실 여부를 떠나 해당 담당부서 책임자의 동의를 받기가 거의 불가능하다. 해당 책임자인 종업원 훈련 담당부서장은 가격이 비싸다는 둥, 경기가 안 좋을 뿐이라는 둥 다른 매출 감소 이유를 주장할 것이며, 이 또한 전혀 틀렸다고 증명하기가 쉽지 않기 때문이다. 하지만 이 경우 통계적 방법으로 원인을 찾아 설명한다면 이를 부인하기가 매우 어려워진다. 왜냐하면 통계적 방법을 올바르게만 사용했다면 이보다 객관적이고 합리적인 방법은 없다는 것을 대부분의 사람들이 인정하기 때문이다. 이같이 통계학은 경영상 이론이나 주장에 그 객관성을 갖도록 하는 데 필수적인 도구로 존재하게 되는 것이다.

둘째, 통계학은 경영상의 문제를 해결할 때, 현실적이고, 강력하고 간편한 방법을 제공해 주는 도구가 되기 때문이다. 오늘날과 같은 무한 경쟁시대에서 기업이 지속가능성을 확보하기 위해서는 정확하고 신속한 의사결정이 필요하다. 그러한 의사결정에는 정보의 양이 엄청나며, 정보의 복잡도 역시 기하급수적으로 증가하고 있어, 사람의 능력으로 해결하기 어렵다. 이러한 문제점을 해결하기 위해 의사결정 보조기구가 필요한데 컴퓨터가 그 해답이 되고 있다.

하지만 컴퓨터의 이용에는 제약이 있다. 컴퓨터가 이해할 수 있는 것은 숫자뿐이다. 컴퓨터를 이용하면 정확하고도 신속한 의사결정이 가능하지만 이를 위해서는 우선 모든 정보를 숫자화(혹은 계량화)하여야 한다. 이 경우, 모든 정보를 숫자화(또는 계량화)하고 숫자화된 정보(데이터)를 정리하고 분석하는 데에 통계학이 큰 공헌을 한다. 통계학에 대한 이해 없이는 컴퓨터를 이용한 의사결정 시스템을 이해하고 배우기가 불가능한 것이다.

예를 들어, 컴퓨터를 이용하기 위해 정보의 계량화가 필요한 이유를 살펴보자. '철수는 공부를 잘 한다'는 정보가 있다고 가정해보자. 이러한 정보를 컴퓨터를 이용한 의사결정에 사용하기 위해서는 이 정보의 계량화가 요구된다. 그런데 현대 사회에서는 학생들 간의 경쟁이 극심하고 학생의 수도 증가되었으며, 배우는 과목도 증가하였다. 이런 상황에서 '철수는 공부를 잘 한다'는 정보를 계량화하면, 방대한 데이터가 생성될 것이다. 예컨대 철수를 포함한 모든 학생들의 전 과목의 과거 1년치 성적을 토대로 '철수는 공부를 잘 한다'라는 정보를 계량화(혹은 숫자화)할 수 있게 된다.

이와 같이 현대 경영은 계량화된 정보를 바탕으로 컴퓨터를 이용하여 의사결정을 내리는 과정이 그 특징이라 하겠다. 따라서 경영학에서는 필요한 정보를 계량화하고 이를 분석하고 정리하고 컴퓨터를 이용하여 의사결정하는 기법에 대한 교육이 절실히 필요하다. 이를 위해 경영학과에서는 통계학, 경영과학, 의사결정지원 시스템과 같은 교과목을 교육과정에 포함시키고 있다.

## 1.3 통계학의 개념 및 분류

통계라는 용어는 신문이나 방송에서 흔히 접할 수 있다. 예컨대, 거의 모든 방송에서 환율, 물가지수, 실업률, 종합주가지수, 일기예보 등등 통계수치와 관련된 내용을 보도하고 있다. 그렇다면 '통계학(statistics)이란 무엇이며, 어떤 통계 분석방법이 경영학에서 어떻게 활용되고 있는가?'라는 질문이 대두된다. 경영자는 합리적인 의사결정을 위해서 통계자료를 수집하고, 그 자료 속에 내포되어 있는 정보를 가공하여 현재와 미래를 예측해 적절한 의사결정을 내린다.

그런데 기업의 의사결정은 불확실한 상황에서 이루어지는 것이 대부분이다. 통계학은 미래에 대한 의사결정 결과의 불확실성을 추정하는 문제에 많이 이용된다. 즉 통계학은 의사결정의 결과를 사전에 예측하여 의사결정에 따른 위험을 최소화할 수 있게 한다. 따라서 통계학은 아래와 같이 정의할 수 있다.

통계학이란 불확실한 상황에서 효율적인 의사결정을 위해, 통계자료를 수집하고, 정리 · 요약하고, 이를 분석하고 해석하는 분야를 다루는 학문이라고 할 수 있다.

통계학은 데이터를 분석하는 목적에 따라 크게 두 가지 통계, 기술통계와 추론통계로 구분된다. 기술통계(descriptive statistics)란 상세한 분석을 수행하기 전에 수집된 데이터를 묘사하고 정리하기 위한 방법으로, 정리된 데이터를 의사결정자에게 보고할 목적으로 수행하는 통계분석 방법이다. 반면에, 추론통계(inference statistics)는 표본으로부터 획득된 정보(표본통계량)를 바탕으로 전체 집단의 특성에 대한 결론을 도출하는 것(추론적 의사결정)을 목적으로 하는 통계분석 방법이다.

이 책에서는 다음과 같은 통계적 분석 방법을 다루고자 한다.

check

● **기술통계**

어떤 정보에 대한 성질을 기술, 요약해준다. 예를 들어 수집된 데이터를 정리하여 그 내용을 쉽게 파악할 수 있도록 도표를 작성하거나, 그래프화(차트, 그림 도수분포표 등의 형태)하는 것이 기술통계이다.

● **확률통계**

미래에 대한 불확실성을 확률분포로 표시하여 최적의 의사결정 기법을 이용할 수 있게 한다.

● **추정 및 가설검정**

한 모집단으로부터 추출한 표본 속에 내재된 정보를 바탕으로 모집단의 특성에 대해 결론을 도출할 수 있도록 한다. 예를 들어 산업회사(주)에서 생산된 특정 제품의 수명을 알아보기 위하여 표본을 추출하고 이 표본에서 평균 수명을 조사한 뒤, 이를 근거로 산업회사(주)에서 생산된 제품의 수명을 추정할 수 있다. 이의 대표적인 통계 기법이 추정과 가설검정이다.

● **분산분석과 회귀분석**

경영상에 나타나는 현상들의 인과관계를 설명해준다.

## 1.4 통계학의 기본용어: 모집단과 표본

통계학은 관련 데이터를 수집하여, 가공한 정보를 의사결정자에게 제공하는 역할을 한다. 이때, 관련 데이터가 의사결정자가 관심을 갖고 있는 전체를 대상을 하는 것인지, 아니면 그의 일부를 대상으로 하는 것인지를 결정하여야 한다. 따라서 통계학을 이용하여 의사결정을 할 때, 전체 데이터와 표본 데이터를 구분하여 사용하여야 한다.

전체 데이터를 모집단(population)이라 하고, 모집단의 일부의 데이터를 표본 집단(sample)이라고 한다. 모집단이란 의사결정자가 관심을 갖고 있는 개체의 특징 변수에 관해 수집한 관찰치의 집합이라고 할 수 있다. 특히, 모집단에 대한 정의가 중요한 이유는 의사결정자가 관심을 갖고 있는 대상이 분명하게 드러나야 하기 때문이다. 예를 들어, 경영학과 학생 1,000명이 한 달 용돈으로 얼마나 쓰는지를 알아보고자 한다면, 모집단은 경영학과 학생 1,000명이고, 용돈 사용액은 변수(특성)이 된다.

표본 데이터는 우리가 실제로 현장에서 통계 기법을 응용할 때 사용되는 데이터를 말한다. 표본 데이터를 사용하는 이유는 우리가 전체 데이터를 모으기가 현실적으로 거의 불가능하기 때문이다. 예를 들어, 우리나라 대학생의 평균 한 달 용돈을 알고자 할 때, 모집단인 전체 대학생을 조사하는 것이 현실적으로 불가능하기 때문에, 대신 표본 집단인 500명의 대학생을 상대로 조사하게 된다.

그러나 우리가 일반적인 통계 기법을 정의하거나 성질을 설명할 때에는 모집단의 데이터를 기준으로 설명하게 된다. 즉, 우리가 진정으로 관심을 갖고 있는 것은 모집단의 특성이지 표본 조사를 통해 계산된 값이 아니다. 이를 위해, 우리는 표본조사를 통해 획득한 모집단에 대한 제한된 정보에 입각하여 모집단의 특성을 파악하려고 통계적 추론(statistical inference)을 한다. 이는 추정과 가설검정에서 적용된다. 따라서 실제 적용 시 모집단의 계산 방법과 표본 집단의 계산 방법이 다를 수 있다. 예를 들어 뒤에서 언급할 분산의 경우를 들 수 있다.

통계학을 공부하는 학생들의 대부분은 통계학이 매우 어렵고 이해하기 힘든 학문이라고 생각하는 경향이 있다. 그러나 이는 통계학을 복잡한 공식과 계산이 필요한 학문이라고 생각하거나 통계학의 기본 개념을 충분히 이해하지 못하기 때문이다. 앞서 설명한 바와 같이, 정보의 계량화는 더 이상 복잡한 공식과 계산과정을 필요로 하지 않는다. 이는 컴퓨터 프로그램을 활용하여 손쉽게 해결할 수 있다. 특히 이 책에서 다루고 있는 Microsoft Excel과 같은 프로그램을 이용하면 복잡한 계산을 하지 않고도 많은 양의 데이터를 쉽게 처리할 수 있다.

경영통계학에서는 공식이나 복잡한 계산이 중요한 것이 아니라 의사결정 상황에 직면하였을 때 어떤 데이터를 수집하여야 하는지, 어떤 방법으로 데이터를 처리해야 하는지, 그리고 그 분석 결과를 어떻게 해석하여 의사결정에 활용할 것인지에 대해 이해하는 것이 무엇보다 중요하다. 따라서 이 책에서는 복잡한 계산과 공식은 컴퓨터로 처리하고 통계학의 기본 개념을 가능한 한 쉽게 설명하여 학생들이 통계학을 보다 쉽게 이해할 수 있도록 하였다.

## 1.5 Excel을 활용하기 위한 기본 작업

Microsoft Excel은 수많은 통계학 공식들과 데이터의 분석 방법을 [함수]와 [데이터 분석]이라는 형태로 입력하여 복잡한 계산과정 없이 쉽게 처리할 수 있도록 하였다. [함수]는 Excel의 기본 기능으로 별도의 설치 없이 사용할 수 있는 기능이고, [데이터 분석]은 추가 기능으로 별도의 설치 과정이 필요하다. 따라서 우리가 Excel을 이용하여 데이터를 처리하기 위해서는 먼저 [데이터 분석] 기능을 설치해야 한다. Microsoft Excel 2013 버전에서 [데이터 분석]을 설치하는 절차는 다음과 같다.

① Microsoft Excel 2013을 실행하여 [파일] 탭을 클릭한다.

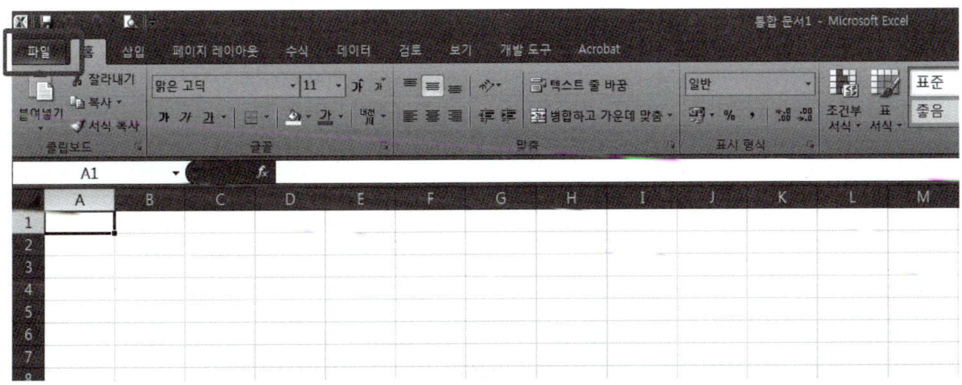


② [파일] 탭을 클릭하면 아래와 같은 화면이 나타나는데, 창 왼쪽의 메뉴 중 [옵션]을 클릭하여 [Excel 옵션] 창을 생성한다.

③ [Excel 옵션] 창의 왼쪽에 있는 메뉴 중 [추가 기능] 메뉴를 클릭한다.

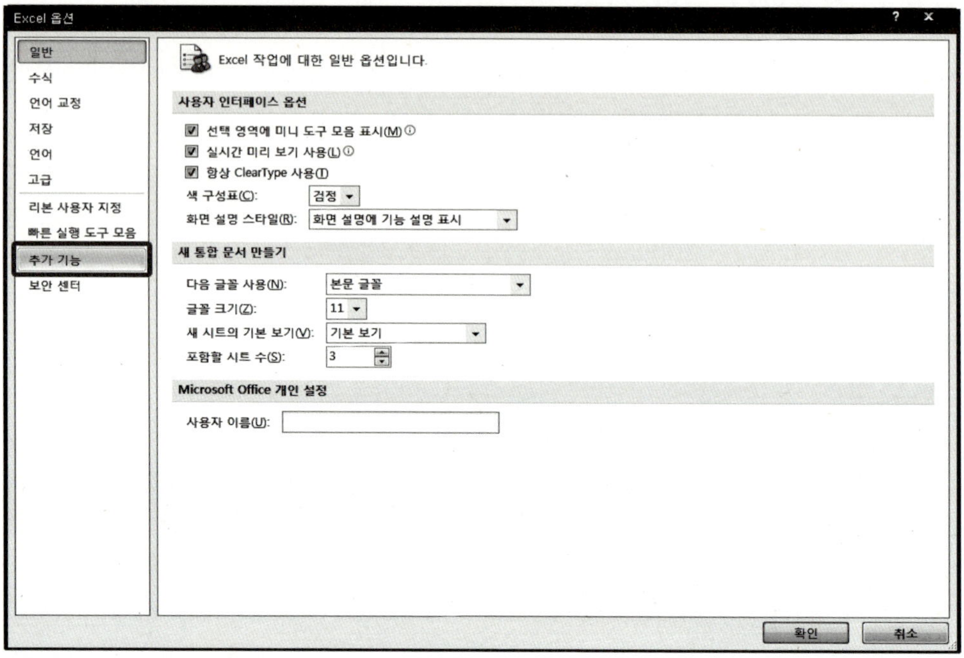

④ [Excel 옵션] 창 하단의 [관리(A)]가 [Excel 추가 기능]으로 선택되어 있는지를 확인하고, 오른쪽의 [이동(G)] 단추를 클릭하여 [추가 기능] 창을 생성한다.

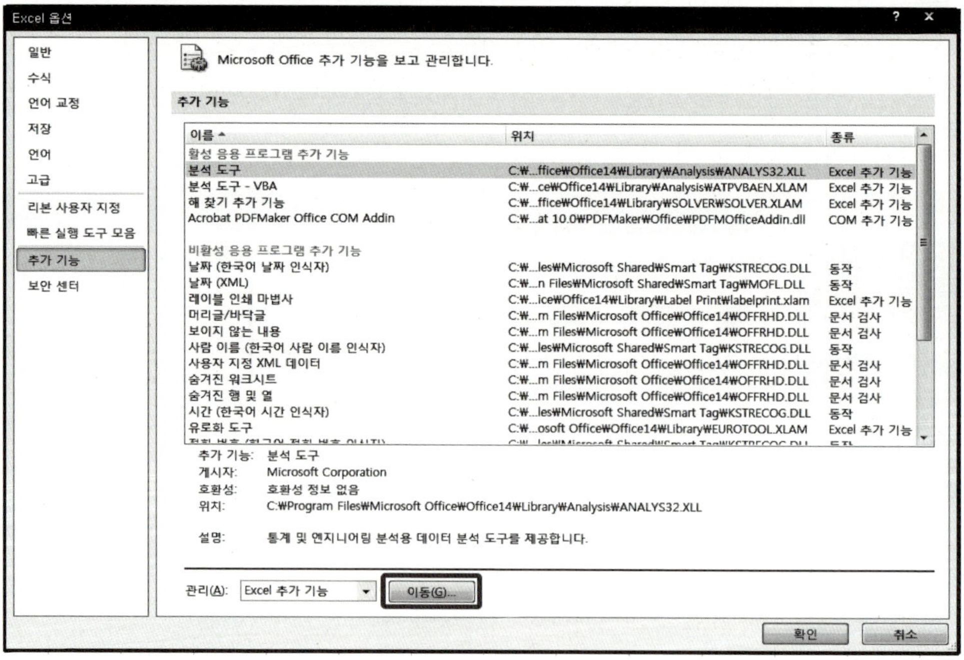

⑤ [추가 기능] 창 왼쪽의 [사용 가능한 추가 기능(A)] 메뉴에서 [분석 도구] 앞의 체크박스에 체크를 하고, 오른쪽의 [확인] 버튼을 클릭하여 설치를 한다.

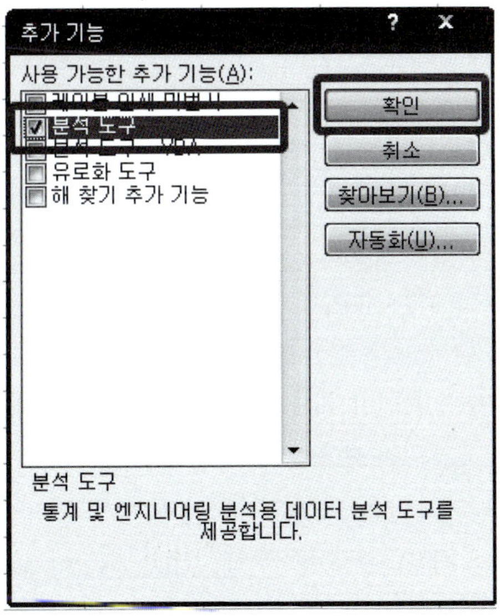


⑥ 설치가 완료되면 Microsoft Excel 상단의 메뉴에서 [데이터] 탭에 [데이터 분석] 메뉴가 새로 생성되었음을 확인할 수 있다.

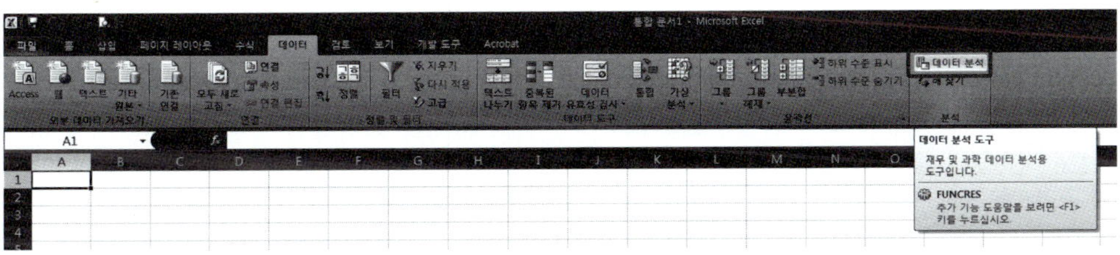


⑦ [데이터 분석]을 클릭하면 아래와 같은 [통계 데이터 분석] 창이 생성되며, 이를 이용하여 통계분석을 할 수 있게 된다.

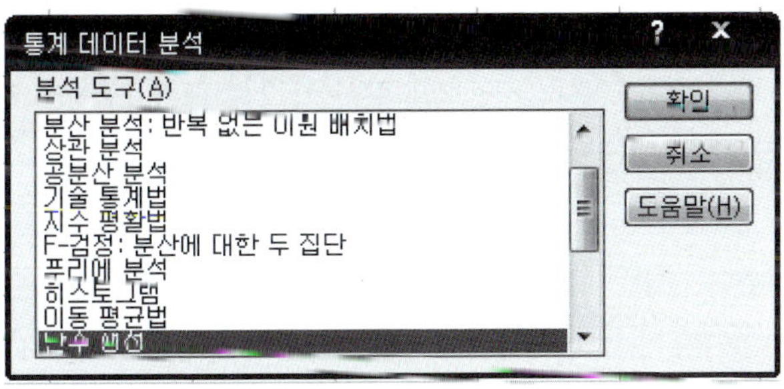

## 사례연구의 기업설명 : 기업명－K 프로야구단

### 배경

현재 국내에서 운영되고 있는 프로 스포츠 구단은 40곳이 넘으며, 이 중 가장 인기 있는 프로 스포츠로는 프로야구, 프로축구, 프로농구를 들 수 있다. 특히 프로야구는 1982년 삼성, OB, 청룡 등 6개 팀으로 시작됐고 30년이 지난 현재 10개 구단으로 연 관중이 800만 명이 넘는 최고의 프로스포츠로 자리매김하고 있다.

프로야구단은 1개 구단(넥센 히어로스)을 제외하면, 모두 모기업을 갖고 있다. "돈의 논리"가 지배하는 프로스포츠에서 야구단을 운영하는데 필요한 예산이 모기업으로부터 지원되며, 구단 운영자금을 독립적으로 확보한 야구단은 찾아보기 힘들다. 2017년은 국내 최초의 프로스포츠인 프로야구가 도입된 지 35년이 되는 해다. 이제는 프로팀을 프로답게 운영하여야 하며, 이를 위해 다양한 방안이 요구되는 시점이라고 할 수 있다.

프로구단은 스스로 가치를 창출하면서 지속가능성을 높여야 하며, 이를 위해 본원적으로는 스포츠 경기라는 상품을 관중들에게 제공하고 수익을 획득하여야 한다. 보다 높은 품질의 스포츠 경기를 판매하기 위해 구단은 많은 관중을 동원할 수 있는 스타선수, 야구단 승률 등에 많은 관심을 갖게 마련이다. 물론 부수적으로 '경기장에서의 특별한 외식장소 제공', 홈 구장내의 직접 광고 판매 혹은 간단하고 편리한 음식 및 주류 판매, 그리고 경기장 밖에서의 구단의 상징물 판매, 경기중계료 판매 등을 통해 수익을 올려야 한다. 그러나 한국 '프로 스포츠구단의 경영 효율성'은 그리 높지 못한 편으로 알려져 있다.

일례로, 미국 경제전문지 포브스는 세계적으로 '가장 가치 있는 스포츠 구단 50'을 선정, 발표한다. 9년 연속 세계 최고의 경제적인 가치를 지닌 축구의 멘체스터 유나이티드(Manchester Utd)구단의 경우에는 그 가치가 22억 3,000만 달러(약 2조 5,578억 원)로 평가받았다. 2005년 현 구단주인 맬컴 글레이저가 맨유를 인수할 당시 가격은 14억 7,000만 달러에 불과하였지만, 지속적인 가치를 창출한 결과 맨유 구단 가치는 2011년에 비해 약 3억 6,000만 달러 증가했다. 포브스는 "2014년 리그 우승을 맨체스터 시티에 내줬지만 이는 맨유의 구단 가치에 영향을 미치지 않았다"고 평가했다. 2위는 스페인 프로축구 구단인 레알 마드리드(18억 8,000만 달러)가 차지했다. 레알 마드리드는 2013년 5위에서 올해 2위로 올라섰다. 지난 시즌 스페인 프리메라리가에서 우승한 것이 순위 상승에 기여했다. 3위부터 6위까지는 미국 프로 스포츠 구단들이 이름을 올렸다. 뉴욕 양키스(야구)와 댈러스 카우보이스(미식축구)는 공동 3위에 선정됐다.

K 프로야구단은 이미 한국프로야구위원회(KBO)에 신규 야구단 창단 신청을 하여 승인을 받은 상태이며, K 도시에 연고를 갖고 있다. 비록 신생구단이지만, "시민에게 잊을 수 없는 감동을, 그리고 국내 최고의 가치를 지닌 구단으로의 명예를"이라는 슬로건을 내세우면서, 관중들에게 편리하고 신뢰할 수 있는 서비스를 제공하며 구단운영의 경제성을 동시에 모두 획득할 수 있는 운영방안을 실행하고자 한다.

**세계 톱10 스포츠 구단** (단위: 달러)

| 순위 | 구단이름(종목) | 구단가치 |
|---|---|---|
| 1 | 맨체스터유나이티드(축구) | 22억 3,000만 |
| 2 | 레알마드리드(축구) | 18억 8,000만 |
| 3 | 뉴욕양키스(야구) | 18억 5,000만 |
| | 댈러스카우보이스(미식축구) | – |
| 5 | 워싱턴레드스킨스(미식축구) | 15억 6,000만 |
| 6 | LA다저스(야구) | 14억 |
| | 뉴잉글랜드패트리어츠(미식축구) | – |
| 8 | FC바르셀로나(축구) | 13억 1,000만 |
| 9 | 뉴욕자이언츠(미식축구) | 13억 |
| 10 | 아스널(축구) | 12억 9,000만 |

## 타 구단의 프로파일

K 구단이 지역연고를 삼으려는 곳에는 비슷한 고객층을 대상으로 하는 야구단이 몇 개 더 있다. 물론 K 구단은 '선진 의사결정 기법을 도입하여' 국내 최고의 프로야구단으로 단기간 내에 자리매김하는 것이 목표이지만, 우선적으로는 동일한 고객층을 대상으로 하는 타 구단에 비해 경쟁력을 가져야 한다. 그들 야구단의 프로파일은 다음과 같다.

1. LG 트윈스: 잠실구장을 두산 베어스와 함께 사용하는 구단이며, 1990년에 창단 멤버인 MBC 청용 구단을 인수하고, LG 트윈스로 구단명이 변경되어, 현재에 이르고 있다. 전통의 인기팀인 LG 트윈스, 두산베이스, 롯데 자이언트 중의 하나로 특히, 여성 고객에게 많은 인기가 있다. 목표시장의 대략 41%의 점유율을 갖고 있다. 입장료는 좌석별로 많은 편차가 있어, 외야석 7,000원부터 VIP석 70,000원까지 이른다. LG 트윈스는 많은 스타 선수들을 갖고 있었지만, 선수들 간, 구단과 선수들 간의 문제가 있어, 지난 10년간 가을야구(포스트 시즌)에 참가하지 못했다.

2. 두산 베어스: 잠실구장을 LG 트윈스와 함께 사용하는 구단이며, 모기업이 더 이상 OB맥주를 운영하지 않아 구단명을 두산베이스로 변경하여 현재에 이르고 있다. 전통의 인기 팀인 LG 트윈스, 두산베이스, 롯데 자이언트 중의 하나로 특히, 어린이 고객에게 많은 인기가 있다. 목표시장의 대략 43%의 점유율을 갖고 있다. 입장료는 좌석별로 많은 편차가 있어, 외야석 7,000원부터 프리미엄석 60,000원까지 이른다. 지난 10년간 전통적인 맞수인 LG 트윈스와의 경기에서 승률 5할 이상을 거두고 있으며, 1982년 프로야구 원년 우승팀으로 많은 팬을 확보하고 있다.

3. 넥센 히어로즈: 목동 구장을 사용하고 있으며, 2008년 3월 10일 재정난을 겪던 현대 유니콘스 야구단을 해체한 후, 투자 회사인 센테니얼 인베스트먼트가 현대 유니콘스의 선수단과 프런트를 승계하여 재창단하였다. 넥센 히어로즈는 모기업이 없는 유일한 구단이며, 야구단 자체가 곧 기업인 팀이다. 따라서 기업운영 예산은 메인 네이밍 스폰서 기업(넥센 타이어)을 유치하여 운영하고 그 외의 몇몇 서브 스폰서 주체를 유치하여 운영하는 방식을 취한다. 또한 목동 야구장에 스폰서 기업들의 광고 판매, 다양한 음식 판매를 통해 수익을 창출하고 있다. 현재 목표시장의 대략 15%의 점유율을 갖고 있다. 2008년 인수당시 100억 원을 투입하고, 운영자금의 문제로 인해 몇몇 선수들을 현금 트레이드로 이적시킨 일이 있으나, 2010년 기준 넥센 히어로즈의 구단가치는 1,640억[1]에 달할 정도로 운영이 잘 되고 있는 편이다. 입장료는 좌석별로, 주중/주말에 따라 많은 편차를 보이고 있다. 내야 10,000원 -1층 지정석 45,000원으로 매우 다양하다. 주요 고객들은 주로 서북부 서울지역과 인천 경기지역 사람들이며, 관중 1인당 객단가가 가장 높은 팀이기도 하다.

**2016시즌 구단별 입장 수입과 관중**

| 순위 | 팀 | 입장 수입 | 관중 수(순위) | 객단가(순위) |
|---|---|---|---|---|
| 1 | LG | 133억 1,903만 8,200 | 115만 7,646 ② | 1만 1,505 ④ |
| 2 | 두산 | 128억 501만 3,636 | **116만 5,020 ①** | 1만 991 ⑤ |
| 3 | 삼성 | 104억 7627만 5,800 | 85만 1,417 ⑤ | 1만 2,304 ③ |
| 4 | 넥센 | 103억 501만 3,200 | 78만 2,121 ⑥ | **1만 3,175 ①** |
| 5 | 한화 | 82억 9,599만 8,200 | 66만 472 ⑨ | 1만 2,560 ② |
| 6 | KIA | 78억 1,954만 4,400 | 77만 3,499 ⑦ | 1만 109 ⑥ |
| 7 | SK | 77억 8,917만 1,400 | 86만 5,194 ③ | 9,002 ⑦ |
| 8 | 롯데 | 57억 6,908만 5,100 | 85만 2,639 ④ | **6,766 ⑩** |
| 9 | KT | 56억 6,378만 8,700 | 68만 2,444 ⑧ | 8,299 ⑨ |
| 10 | NC | 48억 4,700만 4,650 | **54만 9,125 ⑩** | 8,826 ⑧ |
|  | 합계 | 870억 8,993만 3,286 | 833만 9,577 | 1만 442 |

1) 자료원: http://article.joinsmsn.com/news/article/article.asp?total_id=6453485

## 사업 전략

모기업을 뿌리로 한 기업은 프로구단을 홍보수단 또는 이윤의 사회 환원 차원에서만 인식하고 프로구단의 성적(우승)에 집착해왔다. 일반 기업에서 상식으로 통하는 합리적 경영원리가 프로야구단에도 적용되어야 한다. 특히, 최근 'sports management' 분야가 각광받고 있다는 점을 생각할 때, 프로구단의 '경영 효율성' 달성은 매우 중요하다.

K 구단이 빠른 시일 내에 프로구단으로서의 "감동을 주는 스포테인먼트(sportainment)" 기업이 되기 위해서는 기존 3개 구단과 점유율 경쟁을 벌여야 하며, 특정 고객을 충성고객으로 만들어야 한다. 이를 위해서는 기존 구단과는 차별화된 운영방식을 갖추어야만 할 것이나. 제대로 기획되고, 관리되며, 관중들에게 감동을 줄 수 있는 가치를 창출할 수 있는 사업 전략을 수립한다면, 이러한 전략을 경쟁 구단으로부터 고객을 끌어 오기 위한 방안으로 사용될 수 있다.

## 사례 사용방법

K 구단의 사업전략을 지원하고, 경영자의 의사결정을 뒷받침하기 위해서는 '사실에 근거한 정보'가 제공되어야 한다. 본 사례는 "비계량인을 위한 경영통계학"의 매 장마다 사용될 것이며, 학생들은 K 구단의 경영의사결정 과정을 어떻게 통계학이 지원하는지를 파악할 수 있을 것이다. 이 책에서 다루고 있는 주요 의사결정 과제를 K 구단의 사례로 분석할 것이다.

# 연 / 습 / 문 / 제

01 '경영'을 세 가지 요소를 들어 정의하라.

02 현대 사회 의사결정 환경의 특징에 대해 설명하라.

03 우리가 가진 정보를 숫자화해야 하는 이유를 설명하라.

04 통계학이 경영학도에 필수적인 이유는 무엇이라고 생각하는가?

# 02 CHAPTER 데이터의 정리

현대인은 '데이터의 홍수' 속에서 살고 있다고 해도 과언이 아니다. 컴퓨터와 인터넷의 사용으로 원하는 데이터를 쉽게 획득할 수 있으며, 이를 통하여 주가, 환율 등 경제 데이터, 경쟁사의 시장점유율, 산업 동향과 같은 경영에 관한 데이터를 수집할 수 있다. 특히 기업을 운영하는 경영자는 이러한 데이터를 이용하여 미래를 예측하고 적절한 의사결정을 내린다.

의사결정은 불확실한 상황에서 이루어지는 것이 대부분이다. 이러한 불확실한 상황에서 적절한 의사결정을 내리기 위하여 사용되는 경영 기법들은 대부분 통계학에 기반을 두고 있다. 즉 의사결정의 결과를 사전에 예측하여 의사결정에 따른 위험을 최소화하기 위해 통계학이 사용되는 것이다. 그런데 통계학의 여러 기법들을 적용하기 위해서는 우선적으로 수립된 데이터를 정리하여 그 내용을 쉽게 파악할 수 있도록 도표(차트,

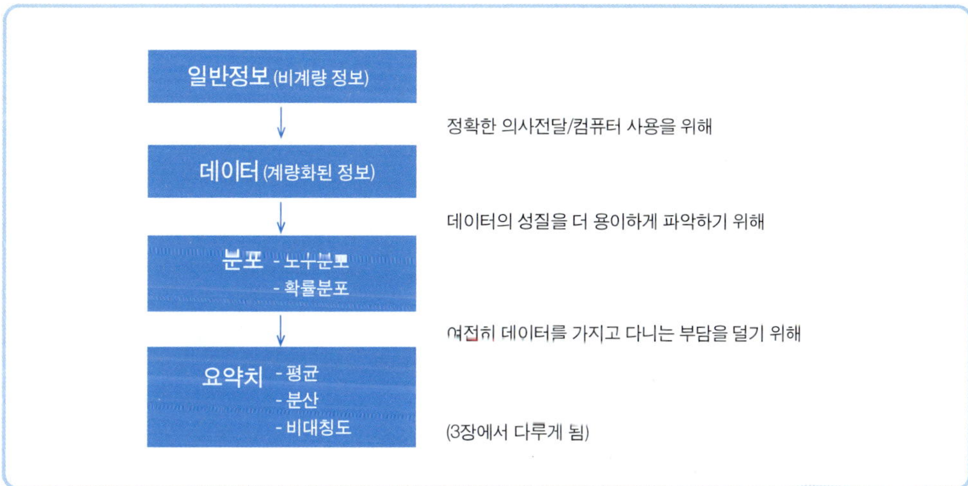


**그림 2-1** 기술통계의 필요성

그림, 도수분포표 등의 형태)를 작성하거나, 특정 값으로 요약하여 정리하는 것이 필요하다. 이와 같이 의사결정을 내릴 때 요구되는 정보에 대한 성질을 기술하고 요약하는 것을 통계학에서는 기술통계(descriptive statistics)라고 한다. 이 기술통계의 필요성을 〈그림 2-1〉과 같이 정리해볼 수 있다.

먼저 이 장에서는 데이터를 정리하는 방법, 즉 도수분포와 확률분포까지 논의하고 다음 장에서는 데이터의 요약에 대해 논의하기로 하자.

## 2.1 상수와 변수

데이터는 숫자이므로 우선 수(numbers)에 대한 설명이 필요하다.

수에는 두 가지 종류가 있다고 할 수 있다. 하나는 상수(constants)이고, 다른 하나는 변수(variables)이다. 상수란 그 값과 표시방법이 항상 일정하게 결정되어 있는 수를 말한다. 우리가 흔히 아는 숫자가 모두 상수이다. 예를 들어, 2라고 표시되는 아라비아 숫자는 항상 둘(2)이라는 값을 갖는 상수이다.

이에 비해, 변수란 숫자임에는 틀림없으나 그 값이 항상 변하고, 따라서 그 표시방법도 정해져 있지 않은 숫자를 말한다. 즉, 상황에 따라서는 그 값이 100이 될 수도 있고, 0이 될 수도, −20이 될 수도 있는 것이다. 이 경우 표시방법도 상수와 같이 고유한 아라비아 숫자(즉, 2 같은)가 존재하지 않으므로, 관행적으로 $x$나 $y$같이 영어 알파벳 소문자 중 하나를 대신 사용하여 왔다. 변수 $x$라 표시하면 그 $x$는 반드시 숫자임을 나타내고 있으며, 단지 그 값이 아직 정해져 있지 않았음을 의미한다.

이 변수는 이미 우리가 잘 알고 있는 간단한 문제에서 많이 사용되고 있다. 예를 들면 사과가 배보다 2개 더 많고 사과와 배의 합이 10개이면 사과와 배는 각각 몇 개씩인가 하는 문제를 살펴보자. 이를 구할 때 우리는 '$x=$사과의 개수', '$y=$배의 개수'로 놓고 $x=y+2$와 $x+y=10$이라는 연립방정식을 풀어 답을 구한다. 이 $x$, $y$가 바로 변수에 해당한다. 이 문제에서는 $x=6$이라는 값을, $y=4$라는 값을 갖는다. '$x=$크다'나 '$y=$작다'와 같이 비수치적인 값은 용납이 안 된다. 만약 다른 문제, 즉 사과와 배가 모두 10개가 아니라 12개 있다는 문제에서는 $x=7$과 $y=5$라는 다른 값을 갖게 된다. 따라서 이 $x$와 $y$는 숫자이며, 그 값은 정해지지 않고 제약조건에 따라 변하는 값을 가지므로 변수에 해당되는 것이다.

따라서 데이터는 상수로서뿐 아니라 변수로써도 표시될 수 있다. 특히 통계학에 나오는 모든 식은 변수로 표시됨을 볼 수 있다.

## 2.2 통계적 데이터의 유형

일반적인 정보(숫자화 되지 않은 정보)를 통계학에 이용하려면 먼저 이를 계량화할 필요가 있는데, 이를 소위 '데이터'라고 한다. 즉 데이터란 계량화된 정보 또는 정보가 있는 숫자라 할 수 있다.

정보의 데이터화는 크게 다음 두 가지 이유에서 필요하다. 첫째, 상호 간의 정확한 의사전달을 위해서이다. 정성적인(qualitative) 정보는 전달자와 피전달자의 인식 차이에 따라 왜곡된 의사전달이 생기는 경우가 종종 있다. 예를 들어 어느 학생에게 영어 실력이 어느 정도인가를 물어봤을 때 그가 '저는 영어를 조금 합니다'라고 답한 경우를 생각해보자. 그가 정말로 영어를 잘하는지 못하는지, 혹은 잘하지만 단지 겸손하게 조금 한다고 대답하였는지를 알 수 없다. 그 이유는 전달자와 피전달자 간에 '조금'이란 단어에 대한 인식의 차이로 영어 실력이라는 정보가 왜곡되어 전달될 수가 있기 때문이다. 이 경우 그 학생의 TOEFL 성적이라는 계량화된 정보로 의사전달을 하면 보다 정확한 의사전달이 이루어질 수 있다. 둘째, 보다 큰 이유는 의사결정 시 컴퓨터를 사용하기 위함이다. 컴퓨터를 사용하기 위해서는 정성적인 정보를 계량적인 정보로 전환할 필요가 있다. 이는 앞에서도 언급한 바와 같이 현재까지의 컴퓨터는 숫자만을 다룰 수 있기 때문이다.

통계적 데이터는 연구대상을 관찰(또는 측정)하여 얻은 관찰치(또는 측정치)들의 집합을 의미한다. 따라서 데이터를 수집한다는 것은 사실상 연구대상의 특성을 관찰하는 것과 동일한 의미를 갖는다. 그런데 통계분석에 필요한 데이터를 획득하기 위해서는 척도(scale, 측정도구)가 필요하다. 여기에서는 통계학에서 가장 널리 사용되는 명목척도, 서열척도, 구간척도, 비율척도의 네 가지 형태를 살펴보기로 한다. 어떤 척도를 사용하여 데이터를 수집하느냐에 따라 데이터는 명목데이터, 서열데이터, 구간데이터, 비율데이터로 구분된다. 이 구분은 통계학에서 매우 중요하다. 왜냐하면 이 데이터 구분에 따라 사용되는 통계적 기법이 다르기 때문이다. 잘못된 통계적 기법의 적용이야말로 잘못된 의사결정을 내리게 하는 주요 원인이 된다.

이렇게 수치화된 정보를 데이터라 하고, 통계학에서는 이 데이터를 다음의 네 가지 유형으로 나누고 있다. 즉 명목데이터, 서열데이터, 구간데이터, 비율데이터로 나누게 된다.

### 2.2.1 명목척도와 명목데이터

명목척도란 측정대상이 속한 범주나 종류에 따라 분류될 수 있도록 측정 대상에 수치나 부호를 부여하는 방법이다. 관찰대상의 속성을 분류하기 위해 수치를 부여하는 경우를 가정하자. 예를 들어 관찰대상인 가나대학교 학생에 대해 남자에게는 1, 여자에게는 2라는 수치를 부여한다면 남녀라는 2개의 범주를 가진 명목척도를 이용하여 가나대학교 학생을 측정하게 된다. 이와 같이 명목척도를 측정하여 획득한 데이터를 명목데이터라 한다.

명목데이터에서 나타난 수치는 단지 분류 목적으로 사용된 것이기 때문에 이러한 수치에는 크기에 대한 의미는 없다. 따라서 명목데이터에는 비교(> 혹은 <)나 사칙연산(+, −, ×, ÷)이 적용되지 않으며 산술적 의미를 전혀 갖지 못한다. 단지 같은 부류인지(=) 아닌지(≠)만을 구별할 뿐이다.

따라서 흔히 사용되는 평균 개념은 전혀 의미가 없다. 예를 들어 남자가 10명, 여자가 2명인 집단의 평균값인 '(1 × 10 + 2 × 2)/12 = 1.17'은 해석 불가능한 수이다. 오직 1 또는 2에 대한 해석만이 가능한 것이다. 이 경우에는 최빈치(mode)인 1이 이 집단의 성질을 나타낸다고 할 수 있다. 즉 이 집단은 남자들의 집단이라고 판명된다.

이러한 명목데이터에는 일반적인 통계 기법의 적용이 불가능하다. 명목데이터에 적용 가능한 통계적 기법은 따로 있으며 이에 대해선 별도의 학습이 필요하다.

### 2.2.2 서열척도와 서열데이터

변수의 상대적 크기(서열)를 나타내는 형태의 척도를 서열척도라 하고 서열척도로 측정하여 얻는 데이터를 서열데이터라고 한다. 서열데이터는 데이터들 간의 상대적인 비교가 가능하지만 서열화된 각 수치들 간의 간격 차이는 일정하지 않다. 예를 들어 종업원의 임금에 따라 소득을 상(5,000만 원 이상), 중(1,000만 원 이상 5,000만 원 미만), 하(1,000만 원 미만)로 구분하여 각각 1, 2, 3을 부여하였다고 하자. 이때 1과 2의 소득 차이와 2와 3의 소득 차이는 동일하지 않다. 이렇듯 서열데이터의 수치는 상대적인 크기를 나타내지만 수치들 간의 간격이 동일하지 않기 때문에, 명목척도와 마찬가지로 사칙연산은 아무런 의미를 지니지 못한다. 그러나 비교가 가능하다는 점이 명목척도와 다르다. 따라서 서열데이터는 =, ≠, ≥, ≤이 가능하다.

그렇기 때문에 여기서도 평균값은 의미가 없고 이 경우에는 중앙값(median)이 주로 이용되며, 산포도를 측정하기 위해서는 백분위수(percentile) 혹은 사분위수(quartile)가 이용된다. 이것 역시 일반적인 통계 기법 적용보다는 비모수 통계 등 적용 가능한 통계적 기법이 따로 있어 이에 대한 별도의 학습이 필요하다.

### 2.2.3 구간척도와 구간데이터

구간척도는 서열척도와 명목척도의 의미를 포함하여 숫자 간의 간격이 의미를 지닌다. 이러한 구간척도로 측정하여 얻은 데이터를 구간데이터라 하며 온도, IQ 등이 그 예가 된다. 그러나 구간척도에 의해 얻어진 구간데이터도 서열데이터와 마찬가지로 의미 있는 원점(0)이 없기 때문에 숫자 간의 비율은 의미가 없다. 예를 들어 기온 10도와 40도에서 40도는 10도보다 4배가 덥다는 것을 의미하지는 않는다. 즉, 40도는 찌는 듯한 더위 상태를 나타내지만, 10도는 더위와는 상관없이 서늘한 상태를 나타내는 것이다. 이 경우 0도는 특정한 기온 상태를 표시해주는 것일 뿐, '없음(無)'이라는 0의 원래 의미를 나타내지는 않는 것이다. 비슷한 경우로는 주가지수, 물가지수 등이 있다. 가령 주가지수 400이라 하면 공식에 의한 경기 상태를 나타낸 하나의 수치일 뿐, 주가지수 800보다 경제가 50% 악화된 상태를 나타내는 것은 아니다. 사실 주가 400이면 800인 경우보다 몇 배 악화된 공황상태를 나타내는 것이다.

구간데이터는 척도의 기준이 되는 절대 원점(= 0)이 없다는 점에서 비율이 의미가 없다. 따라서 구간데이터에 대한 수학적 연산은 비율을 나타내는 연산(×, ÷)을 제외하고 나머지 연산(=, ≠, ≥, ≤, +, −)이 가능하다.

이러한 구간데이터부터 평균, 분산 등 일반적인 통계 기법을 적용할 수 있다.

### 2.2.4 비율척도와 비율데이터

비율척도는 앞의 세 가지 척도가 가지는 특성을 모두 가지고 있으며 절대 원점을 갖기 때문에 숫자 간의 비율이 산술적 의미를 가진다. 이러한 비율척도로 측정하여 획득한 데이터를 비율데이터라 한다. 비율척도에 의한 데이터는 모든 산술적인 연산(=, ≠, ≥, ≤, +, −, ×, ÷)이 가능하다. 이 비율데이터는 우리가 초등학교부터 배워왔던 대부분의 데이터를 말한다. 즉 키, 무게, 압력, 매출액 등 숫자로 관측되는 대부분의 데이터가 비율척도에 의하여 얻어진다. 예를 들어 매출액이 0이라면 매출이 전혀 없음을 나타내는 것이다.

비율데이터를 분석하는 데는 앞서 설명한 모든 통계적 기법을 적용하는 것이 가능하다.

## 2.3 분포

우리가 수집한 데이터를 그냥 나열할 경우에는 그 데이터의 성질을 파악하기 어려운 경우가 있다. 예를 들어 한 학과의 TOEFL 성적이 학번 순으로 나열되어 있는 경우, 전반적인 그 학과의 영어 성적을 한눈에 파악하기는 쉽지 않다. 이 경우 성적순으로 정렬하여 나타내면 훨씬 쉽게 학과의 영어 성적을 파악할 수 있을 것이다. 이렇듯, 수집된 데이터를 발생 가능한 결과(possible outcomes)별로 정리한 것을 분포(distribution)라고 하며, 여기서 발생 가능한 결과를 이벤트(event)라고 한다. 즉, 분포란 데이터를 이벤트별로 정리하여 놓은 것을 말하며, 분포를 나타내는 도구로는 주로 표(table)나 그래프(graph)가 사용된다. 이벤트의 예를 들어보면 주사위 던지기를 할 때 발생 가능한 결과는 '1, 2, 3, 4, 5, 6'으로 6개의 이벤트를 가진다. 또한, 다른 예로써 동전 던지기의 경우에는 '앞면'과 '뒷면'이라는 두 개의 이벤트를 가진다.

표나 그래프는 같은 데이터를 서로 다른 방식으로 표시한 것에 불과하므로 같은 개념으로 보아도 무방하다. 즉 분포표가 있으면 분포그래프를 그릴 수 있고, 분포그래프가 있으면 분포표로 표시가 가능하다.

분포 중에서도 데이터를 이벤트별로 그 발생 빈도를 정리하여 놓은 것을 도수분포(frequency distribution)라 하고, 데이터를 이벤트별로 그 발생 확률을 정리하여 놓은 것을 확률분포(probability distribution)라 한다. 예를 들어 작년도 경영학과 학생의 TOEFL 성적을 학번 순으로 나열하면 데이터가 되고, 이를 이벤트에 해당되는 취득 성적별로 해당 학생의 수를 정리하면 도수분포가 되며, 그 도수를 전체 학생으로 나눈 확률로 표시하면 확률분포가 된다. 이러한 확률분포를 상대도수분포라고도 한다.

check

'분포'란 데이터를 이벤트별로 표시한 표나 그래프이다.
이벤트별로 그 발생 빈도를 정리하여 놓은 표나 그래프를 도수분포라 하며,
이벤트별로 그 발생 확률을 정리하여 놓은 표나 그래프를 확률분포라 한다.

다음의 예제는 데이터, 도수분포, 확률분포의 관계를 표시해주고 있다.

### 예제 2-1

**다음은 한 자동차 딜러의 작년 자동차 판매량에 대한 데이터이다.**

| 월 | 1 | 2 | 3 | 4 | 5 | 6 | 7 | 8 | 9 | 10 | 11 | 12 |
|---|---|---|---|---|---|---|---|---|---|---|---|---|
| 판매 대수 | 8 | 9 | 8 | 10 | 11 | 11 | 12 | 9 | 11 | 10 | 11 | 8 |

(1) 위 데이터의 도수분포를 표시하라.

(2) 위 데이터의 확률분포를 표시하라.

풀이 (1) 위 데이터의 도수분포표를 표시하면 아래와 같다.

| 이벤트 | 8 | 9 | 10 | 11 | 12 |
|---|---|---|---|---|---|
| 도 수 | 3 | 2 | 2 | 4 | 1 |

이 도수분포표를 그래프로 표시하면 아래와 같다.

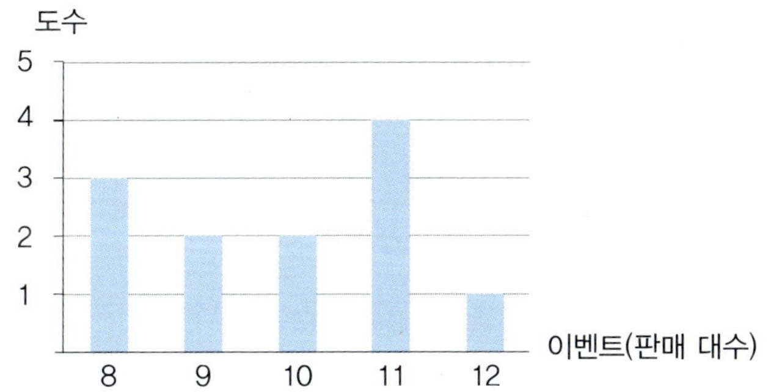


(2) 위 데이터의 확률분포를 표로 표시하면 아래와 같이 나타낼 수 있다.

| 이벤트 | 8 | 9 | 10 | 11 | 12 |
|---|---|---|---|---|---|
| 확 률 | 3/12 | 2/12 | 2/12 | 4/12 | 1/12 |

이 확률분포를 다시 그래프로 나타내면 아래와 같다.

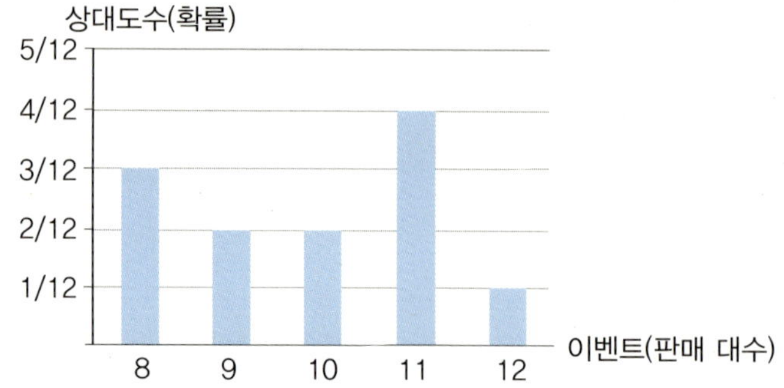


이 확률분포는 데이터의 성질을 파악하기 위해 정리해놓은 표나 그래프이지만 이는 통계학의 근간을 이루는 개념으로서 이에 대한 확실한 이해가 꼭 필요하다. 왜냐하면 통계학에서는 두 가지의 분포(도수분포, 확률분포) 중에서 확률분포를 압도적으로 더 많이 사용하고 있다. 이는 확률분포가 실제 발생 횟수와는 상관없이 일관되게 데이터의 성질을 표시해주기 때문이다. 즉, 발생 횟수를 전체 횟수로 나눔으로써 데이터의 크기와는 상관없이 일관되게 사용하는 것이 가능하다. 예를 들어 뒤에서 다시 언급하겠지만, 표본조사를 할 때 같은 성질의 표본데이터라면 표본의 크기와 상관없이 같은 분포로 표시되기를 원한다. 이 경우 확률분포는 표본의 크기와 상관없이 표본데이터의 성질을 일관되게 나타내준다.

또한, 통계학에서는 확률분포를 표시할 때, 그 분포를 한눈에 알아보기 쉽고, 표현상의 이점이 있기 때문에 표보다는 그래프를 더욱 선호한다. 그래프에는 X축과 Y축이 있는데, X축에는 이벤트를, Y축에는 발생 확률을 나타낸다. 따라서 확률분포를 아래의 설명과 같이 이미지로 정의하면 이해하기가 쉬울 것이다.

**check**

**'확률분포'는 그래프이다.**

X축에는 이벤트, Y축에는 발생 확률을 표시한 그래프이다.

즉, 확률분포를 말할 때마다 그래프의 이미지를 먼저 떠올리고, X축에는 이벤트를, Y축에는 발생 확률을 떠올리게 된다.

이제부터 분포의 작성방법을 보다 자세히 배워보도록 한다.

### 2.3.1 도수분포표/확률분포표의 작성

앞서 설명한 바와 같이, 분포표는 데이터를 이벤트에 따라 분류하여 정리해놓은 표이다. 이 분류 기준인 이벤트에는 단순 이벤트가 있을 수 있고 복합 이벤트가 있을 수 있다. 예를 들어 TOEFL 성적을 각 취득 점수별로 표시하면 단순 이벤트가 되고(예를 들어 500점, 501점, 502점 등 매 점수마다), 하나의 구간으로 표시하면 복합 이벤트가 된다(예를 들어 500~549점, 550~599점 등).

이제 이런 구간 결정을 포함해 실제로 분포를 만들어 보자.

도수분포표에서는 데이터가 가지고 있는 특성을 기준으로 몇 개의 구간으로 나누고 각 구간별로 관측값의 수를 세어 정리한다. 그런데 작성된 도수분포표가 의사결정자에게 의미 있는 정보를 제공하기 위해서는 데이터의 계급구간 수와 계급구간 폭을 적절하게 정한 다음 각 구간에 해당되는 도수를 계산하여 정리해야 할 것이다. 여기서 적절하다는 말은 계급구간 수가 너무 많거나 혹은 너무 적어 데이터의 특성을 파악하기 어려우면 안 된다는 의미이다. 그렇다면 도수분포표를 어떻게 작성하는 것이 가장 좋은 방법인가? 이에 대한 일반적인 원칙은 없지만 다음과 같은 작성방법을 사용하면 만족할 만한 결과를 얻을 수 있다.

**check**

**① 구간의 수 결정**

일반적으로 데이터 크기의 제곱근 값에 근접하도록 하며 5보다는 크고, 20보다는 작게 설정한다.

**② 구간의 크기 결정**

식 (2.1)과 같이 데이터의 최대값과 최소값의 차이를 계급구간의 수로 나눈 값이 된다.

$$\text{구간의 크기} = \frac{\text{자료의 최대값} - \text{자료의 최소값}}{\text{구간의 수}} \tag{2.1}$$

**③ 경계값 설정**

계산된 구간 폭은 정수가 아닌 경우가 많으니, 사람들은 소수점을 표현하지 않은 정수에 익숙해져 있으므로 계급구간 폭을 결정할 때 정수를 사용하는 것이 바람직하다. 또한 구간이 중복되지 않도록 경계값을 설정한다.

**④ 빈도수 계산**

각 구간에 속하는 관측 데이터의 빈도수를 계산한다.

**예제 2-2**

**다음의 데이터는 매지대학교 경영학과 학생들이 수강한 통계학 기말고사 성적을 모아놓은 것이다. 5개의 구간을 사용하여 도수분포표를 작성하라.**

| | | | | |
|---|---|---|---|---|
| 94 | 96 | 70 | 96 | 64 |
| 76 | 88 | 83 | 95 | 59 |
| 78 | 81 | 86 | 89 | 74 |
| 92 | 76 | 85 | 87 | 72 |
| 48 | 69 | 52 | 85 | 94 |

**풀이** 25명의 학생들의 성적이므로 구간의 수는 데이터 수의 제곱근( $\sqrt{25}$ )인 5이다. 데이터의 최소값은 48, 최대값은 96이므로 각 계급 구간의 크기는 아래와 같이 구할 수 있다.

$$\text{구간의 크기} = \frac{96-48}{5} = 9.6$$

편의상 각 구간의 크기를 반올림하여 10으로 하고, 첫 구간을 47에서 시작하여 56까지로 설정한다. 따라서 5개의 구간은 47~56, 57~66, 67~76, 77~86, 87~96이 된다. 이를 이용하여 도수분포표를 작성하면 다음과 같다.

| 구간 (통계학 성적) | 빈도수 |
|---|---|
| 47~56 | 2 |
| 57~66 | 2 |
| 67~76 | 6 |
| 77~86 | 6 |
| 87~96 | 9 |
| | 25 |

도수분포표에 기록된 구간별 빈도수를 총 관측값 개수로 나누어 비율로 표시하면 상대도수분포표(relative frequency distribution)가 된다. 상대도수가 구해지면 이를 이용하여 누적상대도수도 계산할 수 있다. 누적상대도수란 각 구간에 포함된 빈도수와 그 구간보다 앞에 위치한 구간에 포함된 빈도수를 모두 합한 누적빈도가 전체에서 차지하는 비율을 의미한다.

예를 들어 지난 학기 경영학과 대학원생 10명의 통계학 성적 데이터가 〈표 2-1〉과 같이 정리되어 있다고 생각해보자.

**표 2-1** 경영학과 대학원생 10명의 통계학 성적 데이터

| 학번 | 1 | 2 | 3 | 4 | 5 | 6 | 7 | 8 | 9 | 10 |
|---|---|---|---|---|---|---|---|---|---|---|
| 성적 | A | B | B | C | B | A | D | C | F | C |

대학원생 10명의 통계학 성적 도수분포표는 〈표 2-2〉와 같이 작성될 것이다.

**표 2-2** 경영학과 대학원생 10명의 통계학 성적 도수분포표

| 성적 | A | B | C | D | F |
|---|---|---|---|---|---|
| 도수 | 2 | 3 | 3 | 1 | 1 |

이를 바탕으로 대학원생 10명의 통계학 성적 확률분포(상대도수분포)와 누적확률분포(누적상대도수)를 표로 나타내면 〈표 2-3〉과 같다.

**표 2-3** 경영학과 대학원생 10명의 통계학 성적 확률분포표

| 성적 | A | B | C | D | F |
|---|---|---|---|---|---|
| 확률 | 0.2 | 0.3 | 0.3 | 0.1 | 0.1 |
| 누적확률 | 0.2 | 0.5 | 0.8 | 0.9 | 1.0 |

**예제 2-3**

**다음은 최근에 경영학과를 졸업하고 취업한 25명의 연봉을 모아놓은 데이터이다. 5개의 구간을 사용하여 도수분포표, 상대도수분포표, 누적도수분포표를 만들어라.**

(단위: 백만)

| | | | | |
|---|---|---|---|---|
| 20.1 | 20.4 | 21.3 | 21.3 | 21.5 |
| 21.8 | 22.0 | 22.2 | 22.7 | 22.7 |
| 22.9 | 23.4 | 23.4 | 23.4 | 23.8 |
| 24.8 | 25.0 | 25.7 | 25.5 | 25.9 |
| 26.8 | 27.5 | 27.7 | 28.8 | 29.5 |

**풀이** 25명의 연봉 데이터이므로 구간의 수는 데이터 수의 제곱근($\sqrt{25}$)인 5이다. 데이터이 최소값은 20.1, 최대값은 29.5이므로 각 계급 구간의 크기는 아래와 같이 구할 수 있다.

$$구간의\ 크기 = \frac{29.5 - 20.1}{5} = 1.88$$

편의상 각 구간의 크기를 1.9로 하자. 첫 번째 구간을 20.1~22.0으로 설정하면 나머지 구간도 1.9의 동일한 간격으로 구간을 설정한다. 나머지 네 개의 구간은 22.1~24.0, 24.1~26.0, 26.1~28.0, 28.1~30.0으로 설정된다. 이를 이용하여 도수분포, 상대도수분포, 누적도수분포를 나타내면 다음과 같다.

| 구간 (연봉) | 구간경계값 | 빈도수 | 상대도수 | 누적상대도수 |
|---|---|---|---|---|
| 20.1~22.0 | 22 | 7 | 0.28 | 0.28 |
| 22.1~24.0 | 24 | 8 | 0.32 | 0.60 |
| 24.1~26.0 | 26 | 5 | 0.20 | 0.80 |
| 26.1~28.0 | 28 | 3 | 0.12 | 0.92 |
| 28.1~30.0 | 30 | 2 | 0.08 | 1.00 |
| 합계 | | 25 | 1.00 | |

### 2.3.2 도수분포표의 그림표 작성

주어진 도수분포를 히스토그램으로 작성하면, 데이터의 형태를 보다 쉽게 나타낼 수 있다. 히스토그램은 주어진 데이터를 도수분포표로 정리하고 이것을 다시 그래프로 나타낸 것으로 도수분포를 그래프화할 때 사용되는 방법이다.

〈그림 2-2〉는 [예제 2-3]의 경영학과 졸업 취업자의 초임 연봉의 도수분포표를 히스토그램을 나타낸 것으로 각 기둥의 높이는 그 구간에 속하는 도수를 나타낸다. 히스토그램은 또한 각 구간에 속하는 도수의 비율을 기초로 하여 작성될 수도 있으며, 이때에는 상대도수를 히스토그램으로 나타낸 것이다. 이는 〈그림 2-3〉과 같이 나타낼 수 있다.

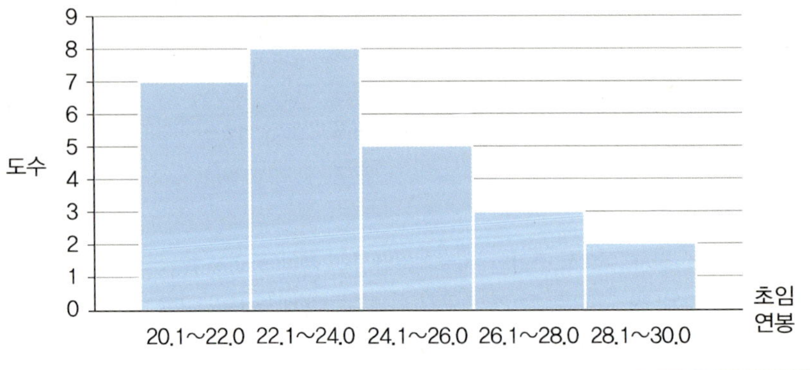


그림 2-2 대졸 취업자 초임 연봉의 히스토그램

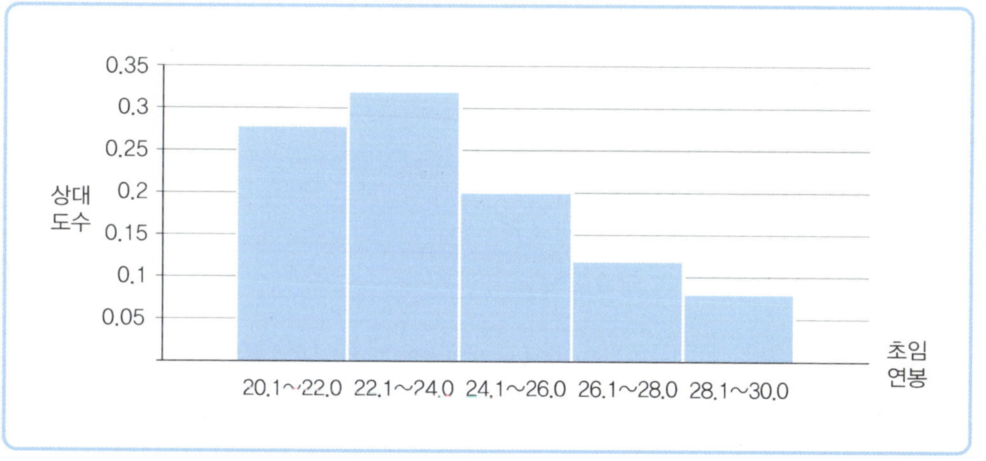


그림 2-3 대졸 취업자 초임 연봉의 상대도수 히스토그램

## 2.4 범주형(비계량) 데이터의 정리

범주형 데이터는 성별과 같이 자연스럽게 범주로 나눠거나, 데이터를 단순화하기 위하여 데이터를 비수치적(비계량적) 특성으로 분류하여 정리한 데이터를 의미한다. 즉, 이벤트가 숫자로 표시되어 있지 않은 것을 말한다. 범주형 데이너는 막내그래프, 피이그래프 등을 이용하여 알기 쉽게 나타낼 수 있다.

막대그래프는 히스토그램과는 달리 각 계급을 구분하기 쉽게 각 막대의 사이에 공간을 두고 있다. 또한 막대는 길이에만 차이가 있을 뿐이며 넓이에는 차이가 없다. 막대의 길이는 각 계급의 수를 의미한다. 따라서 막대그래프와 히스토그램의 차이점은 막대그래프가 양적인 계급구간이 아닌 범주에 해당하는 데이터를 나타내는 데 있다.

파이그래프(pie graph)는 각 범주가 전체에서 차지하는 비율을 나타낸 것으로 분할된 조각의 넓이는 그 범주에 속하는 관측데이터의 상대빈도를 의미한다.

**예제 2-4**

360명에게 현 직업에 관한 설문을 실시하여 그 결과를 다음 표와 같은 직업의 형태로 분류하였다. 다음 물음에 답하라.

(1) 의사결정자가 관심을 지닌 변수인 직업의 형태는 어떠한 형태의 변수인가?

(2) 막대그래프와 파이그래프를 사용하여 위의 데이터를 나타내어라.

| 직업의 형태 | 응답자 수 |
|---|---|
| 중공업 관련 직업 | 57 |
| 경공업 관련 직업 | 95 |
| 서비스 관련 직업 | 105 |
| 지식산업 관련 직업 | 78 |
| 실업상태 | 25 |

**풀이** (1) 의사결정자는 데이터로 수집한 직업들을 위의 표에 나타난 5개의 범주로 분류하여 각 범주에 속하는 응답자의 수를 세어 첫째 열에 표시하였다. 따라서 직업의 형태라는 변수는 범주형 변수이다.

(2) 이러한 범주형 변수를 그림으로 표시하면 다음과 같다. 여기서 분석을 용이하게 하기 위해 막대는 길이 순서대로 배열하였다.

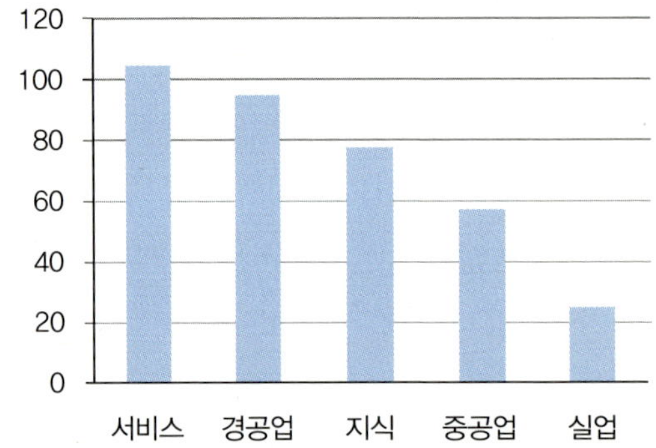


한편, 직업 형태에 관련한 각 항목의 비중을 파이그래프로 나타내면 다음과 같다.

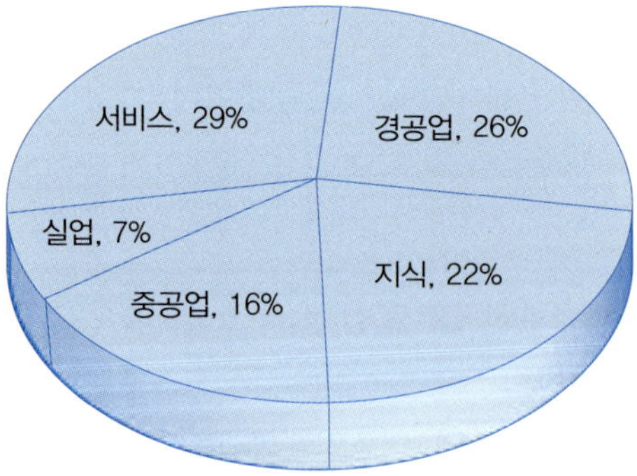

## 2.5 구글 드라이브 온라인 설문지 만들기

통계학에서 자료를 수집하는 방법으로 설문지를 사용하는 경우가 많다. 예전에는, 설문지를 작성하여, 직접 수집하는 하고자 하는 대상에게 우편, 전화, 혹은 메일로 직접 전달한 후, 이에 대한 응답을 촉구하는 방법을 사용하였다. 하지만, 지금처럼 SNS가 발달해 있는 경우에는 구글(Google)에서 제공하는 온라인 설문지를 작성하여 모바일이나 이메일로 배포하는 것이 매우 편리하다. 이제 구글 드라이브 온라인 설문지를 작성하는 방법을 살펴보기로 하자.

1. 구글 초기상단 메뉴에서 구글 드라이브 찾기

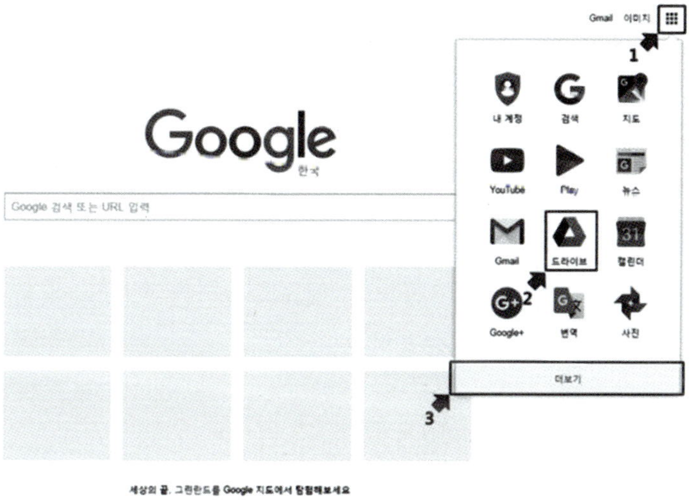


1) 먼저 구글의 상단 메뉴에서 더 많은 구글 메뉴를 선택하기 위한 메뉴를 선택
2) 구글 드라이브 아이콘을 선택한다.
3) 만일 구글 드라이브 아이콘을 발견할 수 없다면, 더보기 메뉴를 선택하여 구글 드라이브 아이콘을 찾아본다.
4) 구글 드라이브 아이콘을 선택하면 다음과 같이 화면이 나타난나.

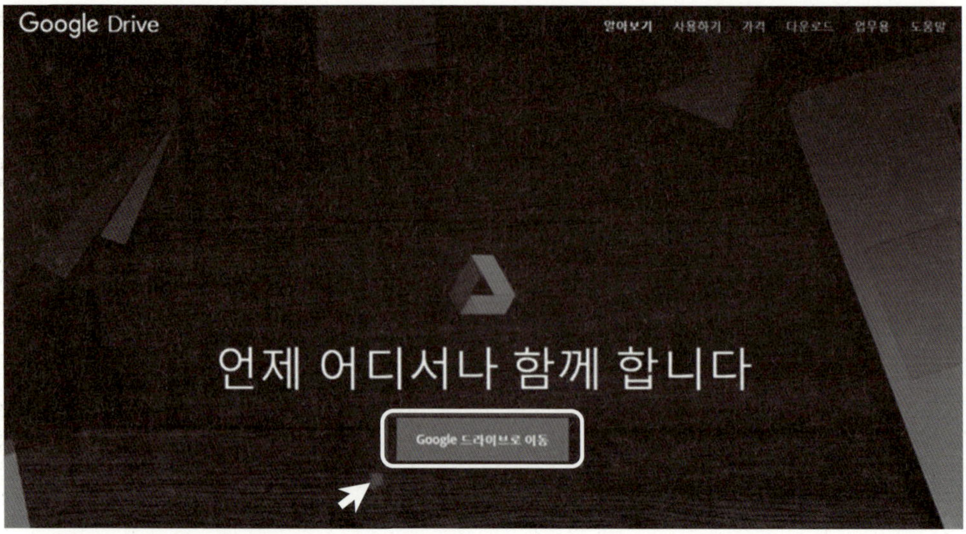


만일 로그인을 하지 않았다면, 위와 같은 초기 화면이 나타나며, 로그인을 한 후에 다시 드라이브를 선택하면, 아무 문제가 없다.

2. 구글 드라이브 화면에서 설문지 찾기

구글 드라이브에 들어오면 그동안 자신의 계정에서 만들었던 파일들이 나타난다. 이제 설문지를 작성하기 위해 〈새로만들기〉 메뉴를 선택한 후, 구글 설문지를 선택하면 설문지를 작성하기 위한 준비가 완료된다.

〈설문지 새로만들기〉

1) 새로만들기

2) 더보기

3) Google 설문지

의 순서대로 클릭한다.

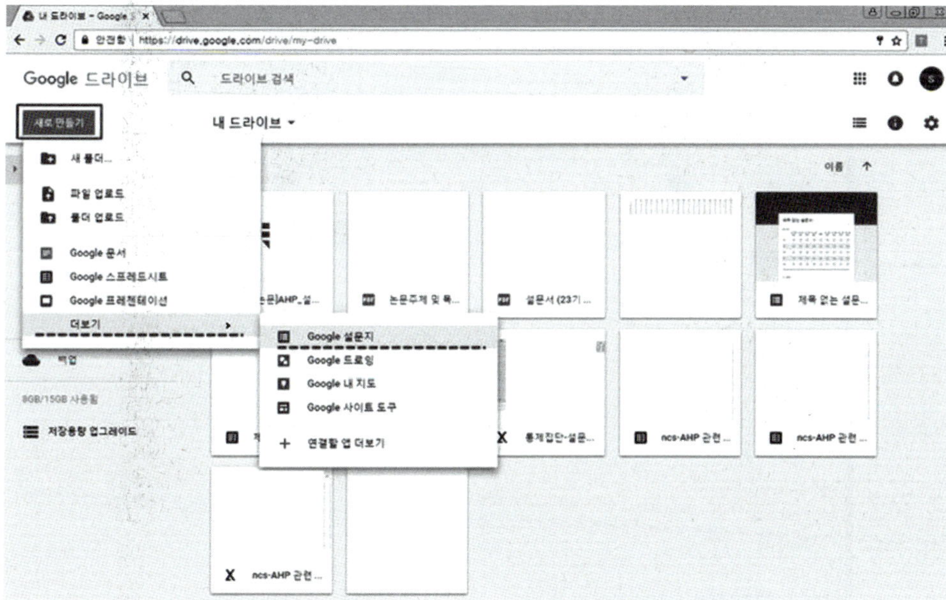


3. 설문지의 작성 및 보내기

구글은 바로 실문지를 작성하게 되어 있다. 먼저, 오른쪽에 질문 유형과 삽입 옵션이 나타나 있는 것을 볼 수 있다. 그리고 상단에 〈보내기〉 선택 메뉴가 있어, 모든 설문지를 작성한 후에, 설문을 수집하고자 하는 대상에게 이메일에 첨부하여 설문지를 보낼 수 있다. 더 나아가, Google+, facebook, twitter, 카카오 톡(Kakaco Talk)과 같은 SNS를 통해서도 간단하게 설문을 배포할 수 있는 장점을 갖고 있다.

1) 질문 유형으로는 단답형부터 시간까지 총 9개의 유형을 제공하고 있어 설문 작성자가 설문 의도에 따라 다양한 유형의 질문을 활용할 수 있도록 하고 있다.

2) 여기에서는 먼저 단답형, 객관식, 직선 단계 이렇게 세 가지 유형의 설문을 만들어 보도록 하자.

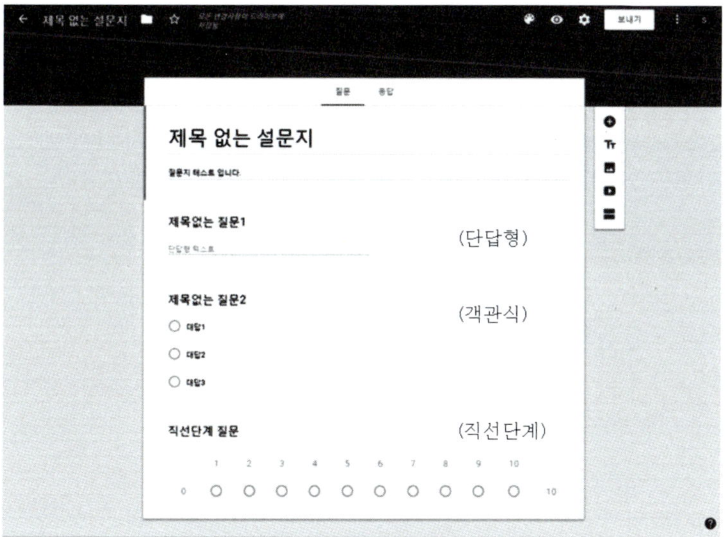


3) 그리고, 왼쪽 상단의 '미리보기' 아이콘을 클릭하면 실제 설문지를 미리 확인할 수 있으며, '미리 보기'를 클릭한 경우 실제 테스트 응답을 할 수도 있다. 특히 '미리 보기' 화면에서 제출을 선택하면 실제(설문을 하기 전에 테스트용 답변) 답변 자료가 저장된다.

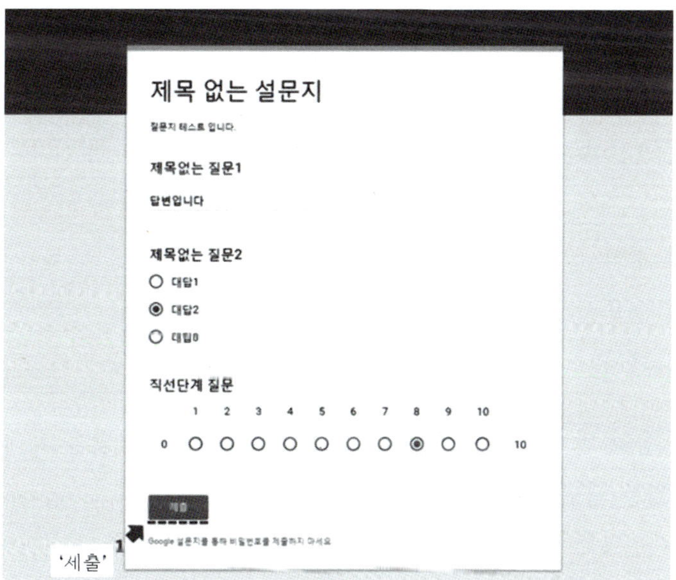

4) 〈제출 버튼〉을 선택하면, 설문 응답이 자동적으로 기록된다. 여기서 만일 화면에 나타나 있는 '다른 응답 제출'을 누른다면, 기존 응답 내용이 삭제되지 않고 첫 번째 질문으로 다시 진행된다. 즉, 설문 응답을 잘못해서 다시 재 응답을 하면 2개의 표본이 수집되는 것이다.

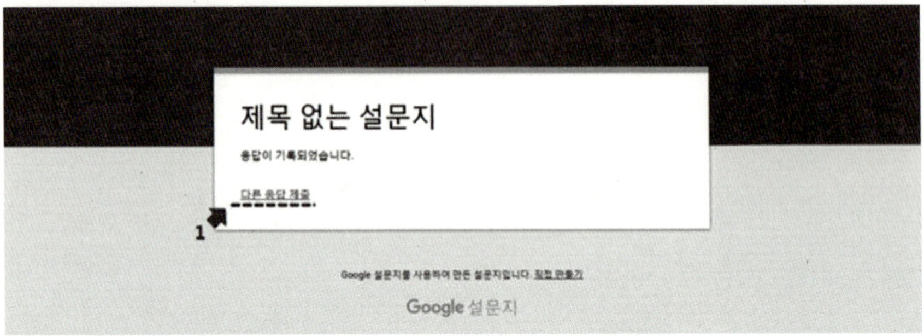


4. 설문 자료의 분석

구글 드라이브로 설문지를 작성하여 배포한 후, 설문 응답을 수거하여 분석을 하여야 할 것이다. 구글 드라이브를 이용한 설문지 작성의 장점은 설문 응답의 분석이 매우 편리하다는 것에 있다.

1) 설문 자료를 분석하기 위해서는 메뉴 상단에 있는 질문/응답 부분을 이용하면 된다. 설문지의 응답을 완료하면, 몇 개의 응답 자료가 수집되어 있는지가 나타난다.

2) 구글 설문분석은 수집된 응답 데이터를 세 가지 형태로 제공한다. 일단 디폴트로 제시되는 것이 설문 요약 분석 자료이다.

- 요약 분석
- 개별 설문지
- 엑셀 데이터

3) 또한 〈응답 받기〉 메뉴의 활성화 여부에 따라 설문 응답을 계속 받을 것인지 혹은 설문 응답을 지속하지 않을지를 결정할 수 있다.

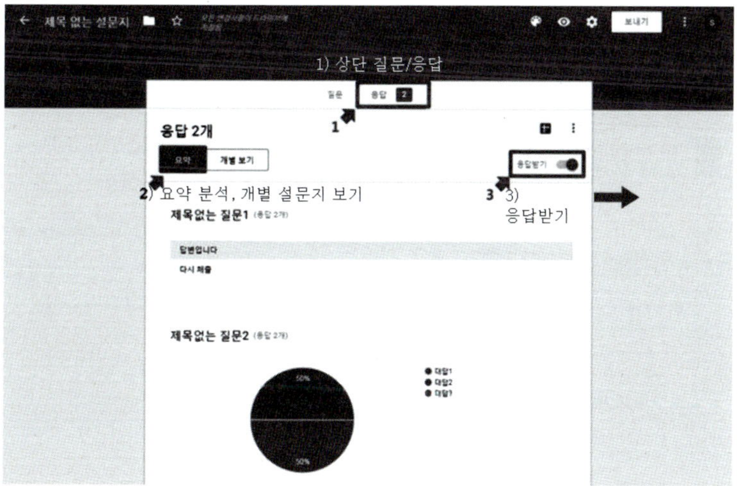


4) 〈개별보기〉 버튼을 선택하면, 응답 '개별 보기'로 화면을 전환할 수 있다. 특히, 화면에서 적색 밑줄은 개별 설문지 구분 번호를 나타내며, 응답자별 개별적인 응답 내용을 확인할 수 있다.

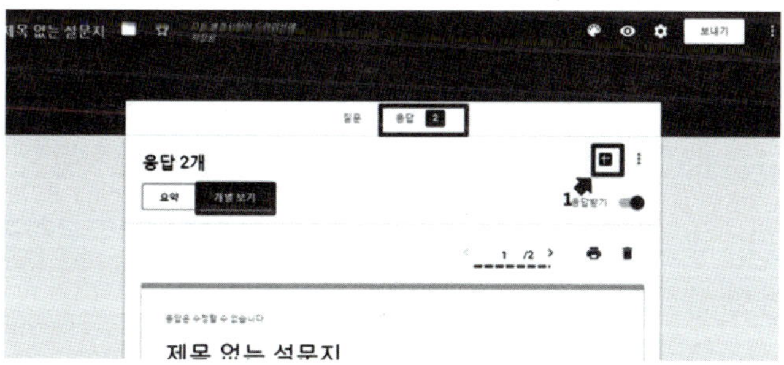


5) 위의 화면에서 〈1번〉 표시된 것을 선택하면 설문 응답에 대한 엑셀 데이터 저장 옵션이 나타난다.

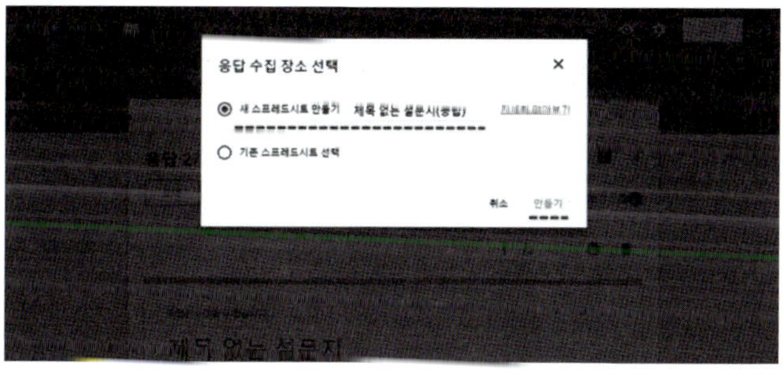

6) 저장 옵션으로 새 스프레트시트 만들기를 선택하면, 엑셀로 연동이 되면서 새로운 엑셀 파일이 작성되므로, 이를 다른 파일 이름으로 저장하면 될 것이다.

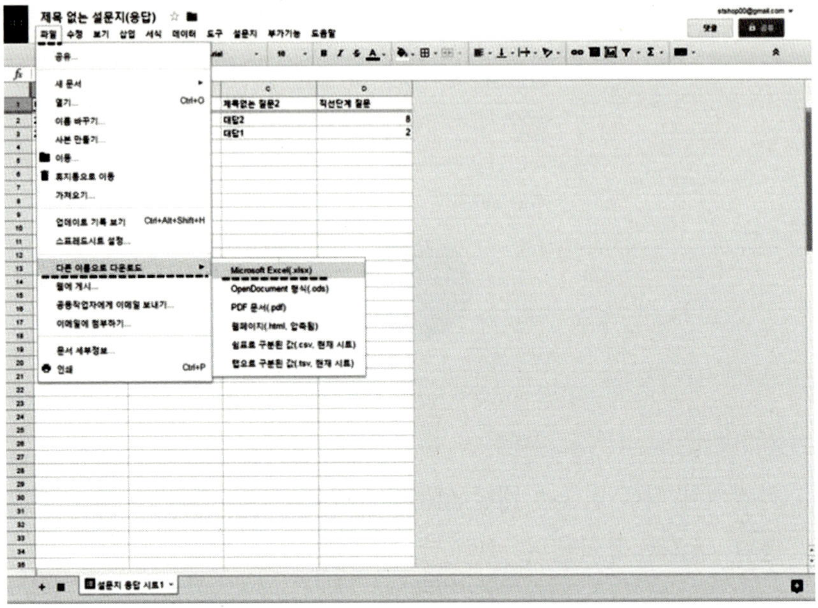


5. 설문지 저장 확인

작성한 설문지가 구글 드라이브에 저장되어 있는지를 확인하기 위해서는 구글 드라이브 메인 화면을 살펴보면 된다. 저장된 설문지는 언제든지 편집을 통해 수정, 혹은 확장하여 사용할 수 있을 것이다.

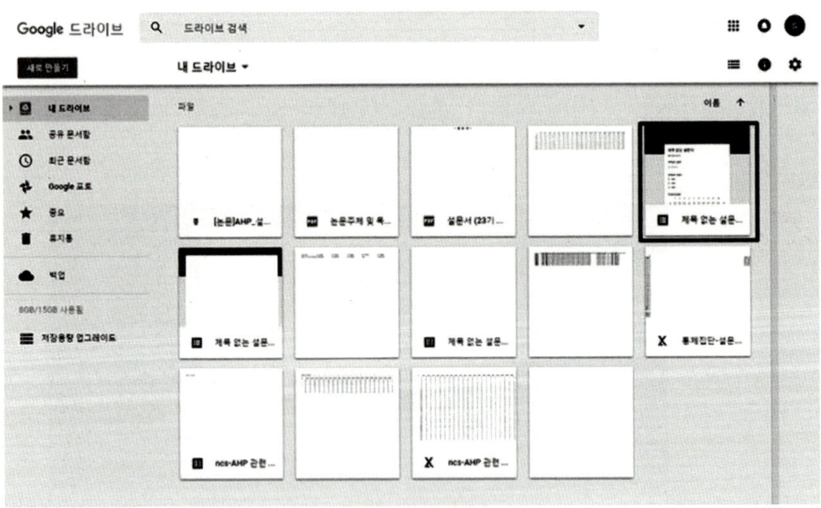

## 사례연구 I : 선수단 구성에 관한 의사결정

K 구단은 비록 한국야구위원회로부터 창단승인을 받았지만, 아직 프로선수들을 갖고 있지 못하며, 단지 창단감독을 선임한 상태이다. 대부분의 프로야구단은 코칭스태프, 투수, 포수, 내야수, 외야수로 구성되기에, K 구단주는 창단감독과 함께 어떤 비율로 코칭스태프 및 선수 구성을 하는 것이 가장 바람직한지에 대한 의사결정을 하여야 한다.

이를 위해, 현재 3개 경쟁구단 (LG 트윈스, 두산 베어스, 넥센 히어로스)의 코칭스태프와 선수단 구성비를 각 구단 홈페이지에서 확보하였다. 각 구단의 선수 포지션별 선수 수에 대한 정보는 아래의 표와 같다.

| | LG 트윈스 | 두산 베어스 | 넥센 히어로스 |
|---|---|---|---|
| 코칭스태프 | 20 | 16 | 15 |
| 투수 | 41 (13) | 38 (7) | 35 (5) |
| 포수 | 7 (1) | 4 (1) | 9 (1) |
| 내야수 | 19 (5) | 19 (1) | 18 (4) |
| 외야수 | 15 (1) | 11 (4) | 19 (2) |
| 선수 총계 | 82 | 72 | 81 |

( )은 숫자는 군입대한 선수를 의미함.

1. K 구단 프론트 직원인 **갑을병**씨는 〈표〉에 제시된 내용을 K 구단주와 창단감독에게 의미있고 의사결정에 도움이 되는 그래프를 이용한 방법으로 제공하고자 한다. 즉, 각 구단내의 선수단 구성을 각 포지션별 상대적 비중을 강조하도록 그래프로 나타낼 뿐만 아니라 각 구단이 갖고 있는 포지션별 상대적 중요성을 나타내도록 그래프를 작성할 필요가 있다. 이러한 〈표〉 자료의 그래프 표현을 실행하도록 하라.

## 사례연구 II : 도수분포표의 작성

〈표 1〉에 제시된 것과 같이 팀 전체 선수들의 몸무게를 측정한 목록을 가지고 있다고 생각해보자. 선수 개인의 몸무게 목록처럼 긴 자료를 처리하는 것은 부적절해보이지만, 만일 〈표 1〉에 제시된 것과 같이 각 범주를 설정하고, 범주에 속하는 몸무게를 지닌 사람의 수를 셀 수 있다면, 자료는 보다 간결해 질 것이다.

**〈표 1〉 몸무게 목록과 도수분포표**

| 몸무게 | 계급 | 도수 | 상대도수 | 누적상대도수 |
|---|---|---|---|---|
| 150 | less 120 | | | |
| 125 | 120 - 160 | | | |
| 122 | 160 - 200 | | | |
| 153 | over 200 | | | |
| 163 | | | | |
| 176 | | | | |
| 113 | | | | |
| 105 | | | | |
| 117 | | | | |
| 207 | | | | |
| 152 | | | | |
| 195 | | | | |
| 131 | | | | |
| 175 | | | | |
| 231 | | | | |
| 221 | | | | |
| 183 | | | | |
| 211 | | | | |
| 172 | | | | |
| 225 | | | | |
| 239 | | | | |

(1) 도수분포표를 작성하라.

(2) 도수 히스토그램을 작성하라.

(3) 꺽은 선 그래프, 누적백분율 곡선을 작성하라.

(4) 이와 같이 자료를 도표로서 정리하는 이유는 무엇이라고 생각하는가?

# 연 / 습 / 문 / 제

**01** **Z대학교에서는 교수들의 업무 성과를 측정하기 위해 교수의 강의에 대한 학생들의 평가를 활용하고 있다. 다음의 강의평가를 통해 획득한 자료는 어떠한 측정 척도를 사용하여 획득한 자료인가?**

(1) 한 학기동안 교수님은 몇 번의 휴강을 하였습니까?

(2) 교수님이 강의의 효율성을 위해 시청각 교재를 사용하고 계십니까? (예/아니오)

(3) 교수님이 과제물을 한 학기동안 몇 번이나 부과하였습니까?

(4) 교수님의 강의에 만족하십니까? (매우 만족, 보통, 매우 불만족)

**02** **신문 구독자의 특성에 관한 정보는 광고주가 얼마나 많은 광고비용을 지불하는 것이 바람직한지를 결정하는 데 많은 도움이 된다. 이를 위해 Z신문을 구독하고 있는 1,024명의 구독자에 대하여 다음과 같은 설문을 실시하려고 할 때, 이를 구글을 이용하여 설문지를 작성하라.**

(1) 당신의 연령은?

a. 10대　　b. 20대　　c. 30~40대　　d. 50대 이상

(2) 당신의 성별은?

a. 남자　　b. 여자

(3) 당신의 연평균 수입은?

a. 2,000만 원 미만　　b. 2,000~4,000만 원

c. 4,000만 원 이상

**03** **다음의 자료는 질적 혹은 양적 자료에 해당하는가?**

(1) Z대학의 2011년도 경영학과 졸업생의 생애 최초 직장의 평균 연봉

(2) A운전자가 연간 주행한 거리

(3) H건설 종업원들이 휴가를 떠난 달

**04** **한 여론조사 기관에서 한 가구가 여름에 피서지에서 사용하는 금액을 조사하였다. 총 25가구를 대상으로 설문조사를 실시하여 아래의 표와 같은 결과를 얻었다. 자료를 바탕으로 다음 물음에 답하라.**

(단위: 천 원)

| | | | | |
|---|---|---|---|---|
| 1,200 | 850 | 740 | 590 | 340 |
| 450 | 890 | 260 | 610 | 350 |
| 1,780 | 180 | 850 | 2,050 | 770 |
| 800 | 1,090 | 510 | 520 | 220 |
| 1,450 | 280 | 1,120 | 200 | 350 |

(1) 피서지에서 가장 많은 돈을 지출한 가구와 가장 적은 돈을 지출한 가구는 각각 얼마를 지출하였는가?

(2) 구간당 250,000원의 간격으로 도수분포표와 확률분포표를 작성하라.

(3) (2)번에서 작성한 도수분포표와 확률분포를 각각 그래프로 표시하라.

**05** **아래의 표는 Z기업에 종사하는 250명의 통근거리를 상대도수로 요약한 것이다. 모든 종업원의 통근거리가 25km 내에 있음을 자료로부터 알 수 있다. 다음 물음에 답하라.**

| 통근거리 | 상대도수 |
|---|---|
| 0~5 미만 | 0.10 |
| 5~10 미만 | 0.22 |
| 10~15 미만 | |
| 15~20 미만 | 0.18 |
| 20~25 미만 | 0.16 |

(1) 계급구간(10~15 미만)에 해당하는 상대도수는 얼마인가?

(2) 계급구간(15~20 미만)에 해당하는 도수는 얼마인가?

(3) 얼마나 많은 종업원의 통근거리가 15km 미만에 해당하는가?

**06** **다음의 자료는 건설업에 속해있는 50개 기업으로부터 수집한 연간 평균 부상 발생건수를 도수분포표로 작성한 것이다. 이를 바탕으로 아래의 질문에 답하라.**

| 연간 평균 부상 발생건수 | 기업체의 수 |
|---|---|
| 0.0~2.0 미만 | 3 |
| 2.0~4.0 미만 | 14 |
| 4.0~6.0 미만 | 15 |
| 6.0~8.0 미만 | 12 |
| 8.0 이상 | 6 |
| | 50 |

(1) 모든 계급의 상대도수의 합은 항상 얼마가 되어야 하는가?
(2) 구간 2.0~4.0 미만의 상대도수는 얼마인가?
(3) 연간 평균 부상발생 건수가 많아야 4명 미만이 되는 기업의 비율은?
(4) 구간 6.0~8.0 미만의 누적 상대도수는 얼마인가?

**07** **Y대학교 경영학과의 마케팅 수업은 4개의 분반이 개설된다. 아래의 표는 각 분반 별 수강신청 인원의 상대도수분포표이다. 이를 바탕으로 아래의 질문에 답하라.**

| 분반 | 상대도수 |
|---|---|
| A | 0.22 |
| B | 0.18 |
| C | 0.40 |
| D | |

(1) D분반의 상대도수는 얼마인가?
(2) 마케팅 수업을 신청한 학생은 총 200명이다. D분반 수업에 수강신청을 한 학생은 모두 몇 명인가?
(3) 마케팅 수업을 신청한 학생은 총 200명이다. 도수분포표를 작성하라.

**08** **A시에 거주하고 있는 성인의 고용 현황을 조사하여 아래와 같은 도수분포표를 작성하였다. 다음 물음에 답하라.**

| 고용 형태 | 응답자 수 |
|---|---|
| 중공업 관련 직업 | 57 |
| 경공업 관련 직업 | 95 |
| 서비스 관련 직업 | 105 |
| 명예 퇴직자 | 78 |
| 실업상태 | 25 |

(1) 위의 표를 그래프를 사용하여 요약하고자 할 때 가장 적절한 형태의 그래프는?

(2) 다섯 가지로 분류되어 있는 위의 고용 형태는 어떠한 형태의 변수인가?

**09** **A교수는 통계학 과목 중간고사의 시험 성적을 정리하고자 한다. 다음 물음에 답하라.**

| 시험 성적: | | | | | | | | | | |
|---|---|---|---|---|---|---|---|---|---|---|
| | 75 | 66 | 77 | 66 | 64 | 73 | 91 | 65 | 59 | 86 |
| | 61 | 86 | 61 | 58 | 70 | 77 | 80 | 58 | 94 | 78 |
| | 62 | 79 | 83 | 54 | 52 | 45 | 82 | 48 | 67 | 55 |

(1) 6단계의 계급구간을 이용하여 도수분포표를 작성하라.

(2) 이 자료의 상대도수 히스토그램을 작성하라.

(3) 70점 이하의 성적을 기록한 학생의 비율은 얼마인가? 또 80점 이상의 성적을 기록한 학생의 비율은?

**10** **다음은 매지 대학교 경영학과 학생들이 희망하는 전공분야를 조사한 것이다. 조사 결과는 다음의 표에 제시되어 있다.**

| 학생 | 희망분야 | 학생 | 희망분야 | 학생 | 희망분야 |
|---|---|---|---|---|---|
| 1 | 마케팅 | 7 | MIS | 13 | 회계 |
| 2 | MIS | 8 | 마케팅 | 14 | 마케팅 |
| 3 | 회계 | 9 | 재무 | 15 | MIS |
| 4 | MIS | 10 | 재무 | 16 | MIS |
| 5 | 재무 | 11 | MIS | 17 | 재무 |
| 6 | 마케팅 | 12 | 마케팅 | 18 | 마케팅 |

(1) Excel을 사용하여 파이그래프를 작성하라.

(2) 얼마나 많은 학생들이 마케팅을 전공하고 있는지를 파이그래프로 나타내보라.

**11** **경영통계학을 수강한 34명의 학생들에 관련된 자료를 아래와 같이 수집하였다. 수집된 자료에는 각 학생들의 학년, 전공, 학기말고사 점수, 그리고 학점 등이 포함되어 있다.**

| 1: 학년 | 2: 전공 | 3: 학기말고사 점수 | 4. 학점 |
|---|---|---|---|
| SO = 2학년 | ACC = 회계학 | | |
| JR = 3학년 | FIN = 재무 | | |
| SR = 4학년 | MKT = 마케팅 | | |
| | POM = 운영관리 | | |
| | ECO = 경제학 | | |

**위의 자료에 대해 다음 질문에 답하라.**

| 학년 | 전공 | 학기말점수 | 학점 | 학년 | 전공 | 학기말점수 | 학점 |
|---|---|---|---|---|---|---|---|
| SO | POM | 57 | D | SR | POM | 61 | B |
| SO | MKT | 90 | A | JR | FIN | 60 | C |
| SO | ACC | 96 | A | JR | ACC | 93 | A |
| SO | MKT | 92 | B | SO | MKT | 90 | B |
| JR | MKT | 92 | A | SO | ECO | 66 | B |
| SO | ACC | 95 | A | SR | ECO | 87 | A |
| JR | POM | 64 | C | SO | ACC | 74 | B |
| SR | FIN | 87 | A | SO | MKT | 85 | A |
| SO | ECO | 69 | C | SO | ECO | 77 | B |
| SO | POM | 84 | B | JR | FIN | 91 | A |
| SO | ECO | 81 | A | JR | MKT | 95 | A |
| JR | ACC | 82 | A | SR | ACC | 77 | B |
| SO | ACC | 72 | B | SO | MKT | 73 | B |
| SO | ACC | 83 | B | SO | ACC | 82 | B |
| SO | MKT | 52 | D | SO | FIN | 69 | C |
| JR | FIN | 72 | C | JR | FIN | 82 | B |
| SR | POM | 97 | A | SO | POM | 83 | B |

(1) 학기말 고사 점수에 관한 자료를 7개의 계급으로 나누어 도수분포표를 작성하라.

(2) (1)번에서 작성한 도수분포표를 히스토그램으로 나타내라.

(3) 세 번째 계급의 상대도수는 얼마인가?

(4) 몇 퍼센트의 학생이 A학점을 획득하였는가?

(5) 몇 퍼센트의 학생이 2학년인가?

(6) 얼마나 많은 학생이 70점 이상을 획득하였는가?

(7) A학점을 취득한 학생들의 평균 점수는 얼마인가? 또한 C학점을 취득한 학생들의 평균 점수는 얼마인가?

(8) 학년과 취득 학점 간에 어떤 관계가 존재하는 것처럼 보이는가? 예를 들면, 고학년인 학생의 학점이 저학년인 학생의 학점보다 더 높다고 할 수 있는가?

(9) 전체 학생의 50%는 학기말 점수가 몇 점 이내라고 할 수 있는가? 누적도수분포표로부터 구하라.

CHAPTER 03

# 데이터의 요약

2장에서는 수집된 데이터를 정리하고 그 전체적인 양상을 파악하기 위해 분포를 이용하는 방법을 설명하였다. 다시 정리하면 분포란 데이터를 이벤트별로 정리해놓은 표나 그래프를 말하며, 이때, 그 발생빈도를 정리하면 도수분포가 되고 그 발생확률을 정리하면 확률분포가 된다.

하지만 분포 역시 항상 수많은 데이터를 지니고 있어야 하는 부담이 있다. 따라서 하나의 숫자로 데이터의 성질을 나타낼 수 있는 정리되고 축약된 데이터의 요약치가 필요하게 된다. 데이터의 요약이란 데이터의 분포가 가지고 있는 중요한 특성을 수치로 나타내는 것을 의미한다.

분포의 특성은 중심 **경향도**(central tendency), **산포도**(dispersion), **비대칭도**(skewness)의 세 가지로 요약 표시된다. 이들 세 가지 특성치는 수많은 전체 데이터의 성질, 즉 분포의 성질을 대표하는 큰 편리성을 갖고 있다. 물론 이 경우 정보의 누락은 불가피하나 편리성의 장점이 그 단점을 충분히 보상한다. 더욱이 우리가 통계학에서 많이 사용하는 분포(정규분포)인 경우에는 정보 누락이 없어 편리성만이 남음을 나중에 보게 될 것이다.

중심 경향도는 '데이터가 어느 위치를 중심으로 분포되어 있는지'를 나타내는 것이며, 산포도는 '데이터가 그 중심점을 중심으로 얼마나 흩어져 있는가'하는 정도를 나타낸다. 또한 비대칭도는 '데이터가 대칭상태를 기준으로 왼쪽 혹은 오른쪽으로 얼마나 치우쳐 있는지'를 나타낸다. 예를 들어 우리가 흔히 사용하고 있는 평균은 데이터의 중심점을 나타내기 위해 사용되며, 분산은 데이터가 평균에서 얼마나 흩어져 있는지를 나타내기 위해 사용되고 있다. 3장에서는 분포의 전체적인 특성을 나타내는 데이터의 중심경향도, 산포도, 비대칭도에 대해 차례로 설명하기로 한다.

## 3.1 중심 경향도

데이터 분포의 특징을 나타낼 때 가장 먼저 파악해야 할 것은 데이터의 중심 경향도(central tendency)이다. 중심경향도는 데이터가 어떤 값을 중심으로 분포되고 있는지를 나타낸다. 이 데이터 분포의 중심이 되는 값을 대표치라고 부르는데, 여기에는 평균(mean), 중앙치(median), 최빈치(mode) 등이 있다. 최빈치는 가장 빈도수가 높은 것을 말하며 중앙치는 가장 중간에 있는 값을 말한다. 평균은 산술적인 계산이 필요하므로 명목 및 서열척도로 측정된 데이터에는 적용되지 않는다.

**평균과 유사 개념** check

| 중심점(central location) | 적용 데이터 |
|---|---|
| 평균(mean) | 비율, 구간 |
| 중앙치(median; ordinal middle value) | 서열, 비율, 구간 |
| 최빈치(mode; The highest frequency) | 명목, 서열, 비율, 구간 |

### 3.1.1 평균(mean)

데이터의 대표치로 널리 이용되는 것이 평균(혹은 산술평균)이다. 평균은 모든 데이터의 합을 관측 수로 나누어 계산되는 값으로 데이터의 크기뿐만 아니라 빈도까지도 고려하여 계산된다. 즉 $N$개의 항목의 각 관찰값을 변수 $X_1$, $X_2$, …, $X_N$으로 나타내면, 그 평균은 $N$개의 관찰값(변수)을 모두 더하여 모집단의 크기인 $N$으로 나누어 구한다. 따라서 이 평균은 모집단의 평균(모평균)이라 하고, $\mu$로 표시한다.

**모평균 공식** check

$$\text{모평균}(\mu) = \frac{X_1 + X_2 + \cdots + X_N}{N} = \frac{\sum_{i=1}^{N} X_i}{N} \quad (3.1)$$

우리가 데이터로부터 실제로 평균을 구할 때에는 표본집단의 평균(표본평균)이 된다. 표본평균을 구하는 공식은 모평균의 공식과 구조적으로 동일하다. 단지 $N$ 대신에 표본집단의 크기인 $n$으로 대체하면 되고, 표시는 $\overline{X}$로 한다. 모집단과 표본집단에 대한 설명은 1.4절을 참고하라.

**표본평균 공식** check

$$\text{표본평균}(\overline{X}) = \frac{X_1 + X_2 + \cdots + X_n}{n} = \frac{\sum_{i=1}^{n} X_i}{n} \tag{3.2}$$

**예제 3-1**

통계학을 수강하는 10명의 학생에게 퀴즈를 실시하여 모든 학생의 성적을 조사한 결과 아래의 표와 같은 데이터를 얻었다고 하자. 이들의 평균 점수는 얼마인가?

| 90 | 80 | 100 | 50 | 90 | 70 | 90 | 60 | 60 | 70 |
|---|---|---|---|---|---|---|---|---|---|

**풀이**

$$\mu = \frac{90+80+100+50+90+70+90+60+60+70}{10} = 76$$

**예제 3-2**

소비자연맹에서는 매지산업 주식회사에서 제조 · 판매하는 제품의 실제 용량을 알아보기 위해 10개의 제품을 수거하여 용량을 측정한 결과 다음과 같았다. 제품의 평균 용량은 얼마라고 볼 수 있는가?

(단위: g)

| 960 | 1,000 | 950 | 990 | 1,100 | 1,060 | 1,010 | 880 | 910 | 1,140 |
|---|---|---|---|---|---|---|---|---|---|

**풀이**

$$\overline{X} = \frac{960+1,000+950+\cdots+1,140}{10} = 1,000$$

### 3.1.2 중앙치(median)

**중앙치**는 데이터를 크기 순서대로 분류하여 데이터의 중앙에 위치하는 값을 선택하여 계산된다. 중앙치를 계산하는 데 있어서 관측 값의 수가 홀수이면 중앙에 위치하는 관측 값이 하나가 되므로 중앙치를 구하는 데 문제가 없다. 그러나 관측값의 수가 짝수이면 중앙의 관측값이 2개이므로 이러한 경우에는 중앙의 두 관측값을 평균하여 중앙치로 한다.

데이터에 포함된 값에 극단적으로 큰(작은) 값이 하나 혹은 둘이 있는 경우, 평균은 상당히 변화하지만 중앙치는 전혀 변화하지 않는다. 이러한 극단적인 값이 평균과 중앙치에 미치는 영향을 살펴보기 위해 두 가지 값을 산출하는 공식에 있어, 평균과 중앙치 중 무엇이 영향을 받는지를 살펴볼 필요가 있다. 중앙치는 단지 데이터 중앙에 위치한 값을 의미하므로 극단적으로 큰(작은) 값은 중앙치에 아무런 영향을 미치지 않는다. 즉 극단적으로 큰 값이나 혹은 극단적으로 작은 값이 데이터에 포함된다 하더라도 중앙치에는 변동이 없다. 그러나 평균의 경우에는 극단적으로 큰(작은) 값을 지닌 데이터가 포함되면 데이터의 합이 커지기(작아지기) 때문에 평균이 커지게(작게) 된다. 결과적으로 평균의 과민반응으로 인하여 평균을 데이터의 대표값으로 사용하기에 부적절한 경우가 있다. 따라서 이러한 경우, 중앙치가 보다 적절한 데이터의 대표값으로 사용될 수 있다.

**예제 3-3**

**통계학을 수강하는 10명에게 퀴즈시험을 실시하여 모든 학생의 성적을 조사한 결과 다음과 같은 데이터를 얻었다고 하자. 이 데이터의 중앙치는 얼마인가?**

| 90 | 80 | 100 | 50 | 90 | 70 | 90 | 60 | 60 | 70 |
|---|---|---|---|---|---|---|---|---|---|

**풀이** 데이터의 크기 $N=10$이므로, 중앙의 위치는 $(10+1)/2=5.5$와 같이 소수로 나온다. 이런 경우에는 다섯 번째와 여섯 번째 관측된 값의 평균을 구하여 중앙치로 계산한다. 따라서 먼저 데이터를 크기순으로 아래와 같이 배열한다.

| 50 | 60 | 60 | 70 | 70 | 80 | 90 | 90 | 90 | 100 |
|---|---|---|---|---|---|---|---|---|---|

이 데이터의 중앙치는 다섯 번째 관측값인 70과 여섯 번째 관측값인 80의 평균인 75가 된다.

$$\text{중앙치}=\frac{70+80}{2}=75$$

### 3.1.3 최빈치(mode)

최빈치는 단지 데이터의 빈도만을 고려하여 빈도가 가장 많은 값을 데이터의 중심점으로 제시한다. 그러므로 데이터 중 관측값이 모두 다른 경우에는 개개의 관측값이 모두

한 번씩 나타나기 때문에 최빈치가 존재하지 않을 수 있다. 또한 최빈치는 존재하더라도 1개 이상 존재할 수 있다.

**예제 3-4**

**통계학을 수강하는 10명에게 퀴즈시험을 실시하여 모든 학생의 성적을 조사한 결과 다음과 같은 데이터를 얻었다고 하자. 이 데이터의 최빈치는 얼마인가?**

| 90 | 80 | 100 | 50 | 90 | 70 | 90 | 60 | 60 | 70 |
|---|---|---|---|---|---|---|---|---|---|

**풀이** 이들 데이터 가운데 관측값 90이 3회로써 가장 많이 출현하므로 90이 최빈치로써 데이터의 중심점을 나타낸다.

## 3.2 산포도

일반적으로 데이터의 요약에 있어 중심경향도(평균값, 중앙치, 최빈치)는 데이터 분포의 특성을 나타내는 중요한 척도로 많이 사용되고 있으나, 산포도(dispersion)는 사용자가 산포도에 내재된 정보가 무엇을 의미하는지 충분히 이해하지 못하기 때문에 많이 이용되지 못하는 실정이다. 따라서 의사결정에 필요한 정보를 충분히 획득하기 위해서는 산포도가 의미하는 바를 정확하게 이해할 필요가 있다. 산포도를 측정하는 대표적인 방법으로는 분산(또는 표준편차), 범위, 사분위수와 백분위수가 있다.

### 3.2.1 분산과 표준편차

우리가 흔히 데이터의 성질을 나타낼 때 대표적으로 평균을 사용한다. 하지만 이 평균만 가지고는 데이터의 성질을 충분히 나타내기 어려울 수 있다. 왜냐하면 데이터에 대한 평균이 지닌 대표성이 동일하지 않은 경우가 많기 때문이다. 다음의 예를 살펴보자. 평균만을 사용하는 경우 이는 매우 불안정한 비교 방법이 되는 경우를 보여준다. A집단은 100점과 0점 성적의 학생으로 이루어진 집단이고, B집단은 성적이 모두 50점인 두 학생으로 이루어진 집단이라고 하자. 두 집단 모두 평균이 50점으로 같지만, 두 집단은 그 성질이 완전히 다른 것이다. 즉 A집단은 천재와 바보가 같이 존재하는 독특한 집단이지만 평균적으로 볼 때 보통 수준의 학생이 모여 있는 B집단과 다를 바 없는 것으로 나타나고 있다. 이러한 현상은 평균의 대표성이 서로 다르기 때문에 나타나는 현상이다. 즉 이 50점이라는 평균은 B집단의 경우 데이터의 정보 누락이 하나도 없이 완벽하게 대표하지만 A집단의 경우는 완전히 틀리게 대표하고 있는 것이다.

따라서 평균을 사용할 때 이 평균이 지닌 대표성이 어느 정도인가를 파악하고 있는 것이 중요하다. 이때, 평균이 지닌 대표성의 정도를 측정하여 주는 것이 분산이다. 분산은 '데이터가 평균에서 얼마나 떨어져 있나'하는 정도를 측정한 것이다. 따라서 분산이 크면 클수록 데이터가 평균에서 멀리 흩어져 있어서 평균의 대표성은 약해지는 것이다. 다시 말하면 분산이 클 경우 평균을 사용하면 데이터의 정보가 많이 누락되는 것을 의미한다.

위의 예에서 B집단은 평균과 데이터가 일치하여 분산이 0이 되고, A집단은 데이터가 평균에서 멀리 떨어져 있어 분산이 매우 크게 되는 것이다. 따라서 대표성이 전혀 다른 평균을 가지고 두 집단을 비교하는 것은 무리가 따르게 마련이다. 분산이 클 때 평균 비교는 매우 조심스러운 해석이 필요하게 되는 것이다. 그렇다고 분산이 작은 것이 바람직하다고 말할 수도 없다. 우리는 분산이 클 경우 평균이 보여주지 못하는 정보가 풍부하게 있음을 알게 되고, 이 경우 분산의 역할이 매우 중요하게 되는 것이다. 따라서 통계학에서는 분산을 연구함으로써 이 누락된 정보를 이용하려 하는데, 실제로 많은 중급 통계 기법이 이 분산을 이용하여 개발되어 왔다.

분산은 정확히 말하면 각 데이터와 평균 사이의 거리를 제곱하여 그 평균으로 값을 측정한다. 여기서, 거리의 평균이 아니라 거리의 제곱의 평균을 구한 이유는 다음과 같다. 거리의 평균을 구하기 위해서는 거리의 합을 구하는데, 이때 거리의 합은 0이 된다. 왜냐하면 평균이 데이터의 중심점이므로 대개 거리의 반은 +값을 가지고 나머지는 −의 값을 가져 이를 모두 더하면 0이 되는 것이다. 이 +, −의 상쇄효과를 제거하기 위해 거리의 제곱의 평균을 구하는 것이다. 데이터와 평균의 거리(제곱)의 수는 데이터의 수와 같게 되므로 이를 다시 하나의 숫자로 요약하기 위해 그 평균을 구하는 것이다. 따라서 분산도 평균값의 하나이다.

따라서 평균의 공식을 사용하면, 모집단의 수 $N$개의 항목으로 구성되어 있는 데이터의 분산은 다음과 같이 계산된다.

**모분산 공식** check

$$모분산(\sigma^2) = \frac{\sum_{i=1}^{N}(X_i - \mu)^2}{N} \quad (3.3)$$

여기서 분산은 반드시 평균값($\mu$)을 알아야 계산이 된다는 것을 볼 수 있다. 위의 공식은 분산이 하나의 평균값이기 때문에 평균의 공식을 사용한 결과이지만 실제로 표본집단에서의 분산(표본분산)의 경우에는 다음과 같은 변화가 있다. 표본의 분산은 모분산 공식에서 분모를 총 관측값의 수 또는 총 변수의 수($n$)로 나누지 않고 대신 총 관측값 수$-1$, 즉 ($n-1$)로 나누어 준다. 그 이유는 뒤에 설명하겠지만, 분산을 가장 적절하게 추정하기 위함이다. 이 $n-1$은 자유도(degree of freedom)라는 개념으로 7장에서 설명된다. 표본분산을 계산하는 공식을 정리하면 다음과 같다.

**표본분산 공식** check

$$표본분산(s^2) = \frac{\sum_{i=1}^{n}(X_i - \overline{X})^2}{n-1} \quad (3.4)$$

분산을 계산하는 공식에서 보는 바와 같이 분산은 각 데이터가 평균으로부터 얼마나 떨어져 있는지에 대한 정보를 제공하나 그 값은 편차의 제곱으로 나타난다. 따라서 분산의 단위는 원래의 데이터보다 큰 단위의 값을 지니게 되므로 해석상 불편한 점이 있다. 따라서 분산의 단위를 본래의 단위로 환원시키려면 분산의 제곱근을 구하면 되는데, 이 제곱근의 값을 표준편차(standard deviation)라고 한다. 이에 따라 데이터들이 평균으로부터 얼마나 멀리 떨어져 흩어진 상태로 분포되어 있는지를 원래의 데이터 단위로 조정하기 위하여 분산의 제곱근으로 나타낸 것이 표준편차이다. 표준편차는 산포도를 측정하는 주요 방법으로 자주 이용된다. 따라서 분산과 표준편차가 주는 정보는 똑같다. 하지만 표준편차는 제곱근이므로 소수점 이하로 길게(무리수로) 나오는 경우가 많아 표시하기에 불편한 점이 있다.

**예제 3-5**

**다음은 최근 경영학과를 졸업하고 취업한 25명의 연봉을 모아놓은 데이터이다. 이 데이터의 표본평균과 표준편차를 구하라.**

(단위: 백만)

| | | | | |
|---|---|---|---|---|
| 20.1 | 20.4 | 21.3 | 21.3 | 21.5 |
| 21.8 | 22.0 | 22.2 | 22.7 | 22.7 |
| 22.9 | 23.4 | 23.4 | 23.4 | 23.8 |
| 24.8 | 25.0 | 25.7 | 25.5 | 25.9 |
| 26.8 | 27.5 | 27.7 | 28.8 | 29.5 |

**풀이**

$$\overline{X}=\frac{20.1+20.4+\cdots+29.5}{25}=24$$

$$s^2=\frac{(20.1-24)^2+(20.4-24)^2+\cdots+(29.5-24)^2}{25-1}=6.84$$

$$s=\sqrt{6.84}=2.62$$

## 3.2.2 범위

범위는 산포도를 측정하는 가장 단순한 방법으로써 주어진 데이터의 최대값과 최소값의 차이로 정의된다. 즉 범위가 클수록 산포도는 크다고 할 수 있다. 그러나 범위는 최대값과 최소값의 차이로 계산되므로 어느 하나라도 극단적인 값을 갖는 경우에는 매우 민감하게 영향을 받기 때문에 범위에 대한 해석은 매우 주의를 요한다. 즉, 범위는 대다수 데이터의 분포 상태와는 상관없이 최대값과 최소값에 의해 결정되므로 어느 한 값이 극단적인 값을 갖게 되면 범위의 값이 크게 변화하게 된다. 따라서 범위는 관찰값 하나 하나의 크기를 반영하지 못하므로 산포도에 대한 적절한 척도가 되지 못한다.

## 3.2.3 사분위수와 사분위수범위

이와 같은 범위의 문제점을 어느 정도 극복할 수 있는 방법으로 사분위수와 사분위수범위(interquartile range)가 사용되기도 한다. 먼저 사분위수의 개념을 살펴보면 다음과 같다.

데이터를 크기 순서로 나열하여 4분의 1에 해당하는 값을 제1사분위수(lower quartile), 4분의 3에 해당하는 값을 제3사분위수(upper quartile)라고 부른다. 물론 4분의 2에 해당하는 값은 중앙치가 된다. 이때 사분위수 범위(interquartile range)는 제1사분위수와 제3사분위수의 차이를 말한다.

**예제 3-6**

**다음 데이터의 제1사분위수와 제3사분위수를 구하라. 사분위수 범위는 얼마가 되는가?**

| 5 | 9 | 6 | 4 | 8 | 3 | 2 | 7 | 10 | 6 |
|---|---|---|---|---|---|---|---|---|---|

**풀이** 먼저 데이터를 크기순으로 배열하면 다음과 같다.

| 2 | 3 | 4 | 5 | 6 | 6 | 7 | 8 | 9 | 10 |
|---|---|---|---|---|---|---|---|---|---|

1) 먼저 백분위수를 계산하면, $i = \frac{25}{100}(10) = 2.5$가 된다.

$i$가 정수가 아니므로 제1사분위수는 자료의 3번째 위치에 있는 4가 된다.

2) 마찬가지로 제3사분위수를 구하기 위한 백분위수를 계산하면, $i = \frac{75}{100}(10) = 7.5$가 된다.

$i$가 정수가 아니므로 제3사분위수는 자료의 8번째 위치에 있는 8이 된다.

3) 따라서 사분위수 범위는 (8 − 4) = 4가 된다.

## 3.3 비대칭도와 첨도

요약통계량으로 설명한 중심경향도와 산포도는 자료들이 어떤 값을 중심으로 퍼져있는지, 또 자료들이 얼마나 흩어져 있는지를 나타낸다. 그런데 요약통계량으로는 자료들이 중심점을 중심으로 어떤 형태를 띠고 있는지에 대한 정보를 제공하지 못하고 있다. 데이터 분포의 특성을 요약하여 제시하는 것이 비대칭도(skewness)이다. 비대칭도란 데이터가 어느 쪽으로 얼마나 치우쳐 있는지를 요약하는 것으로 분포를 보다 명확히 파악하는 데 도움을 준다.

수집된 자료의 분포의 비대칭도를 알기 위해서는 평균, 중앙치, 최빈치를 비교하여 보는 방법이 있다. 의사결정자는 원시 데이터에 대한 접근이 불가능하고 요약된 정보만을 가지고 있는 경우에도 단지 중심점을 나타내는 정보만을 갖고 데이터 분포에 대한 정보를 획득할 수 있다. 예를 들어 평균, 중앙치, 최빈치가 매우 근접한 값을 지닐 때 데이터 분포는 대칭이고 종 모양의 형태를 지닌다. 만일 평균값이 중앙치보다 상당히

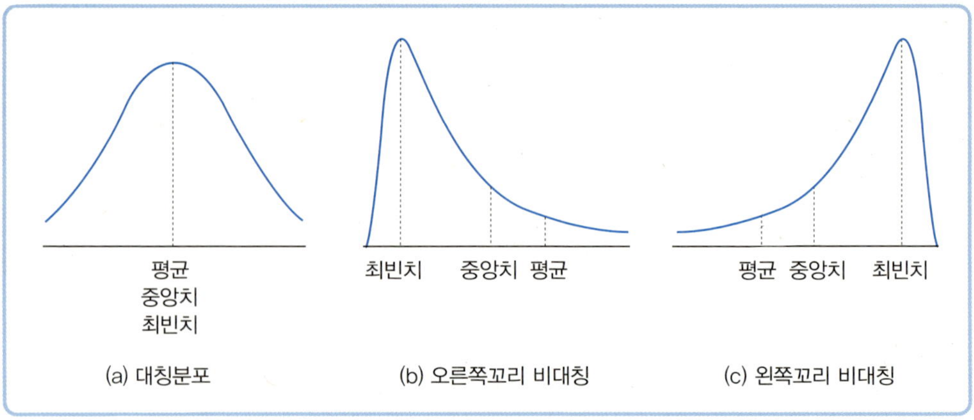


**그림 3-1 대칭과 비대칭분포의 예**

크다면 그래프의 형태는 오른쪽으로 긴 꼬리를 갖게 된다(mean > median > mode). 이것이 의미하는 바는 약간의 극단적으로 큰 값이 평균을 끌어올리고 있으나 중앙치는 극단적으로 큰 값이 영향을 받지 않는다는 것이다.

반대로 만일 평균이 중앙치보다 상당히 작다면 그래프의 형태는 왼쪽으로 긴 꼬리를 갖게 된다(mean < median < mode). 이것이 의미하는 바는 약간의 극단적으로 작은 값이 평균을 끌어내리고 있으나 중앙치는 극단적으로 작은 값에 영향을 받지 않는다는 것이다.

비대칭도를 수치로 측정하기 위해서 **피어슨의 비대칭계수**(Pearson's coefficient of skewness)가 이용된다. 피어슨의 비대칭계수는 다음과 같이 정의된다.

**피어슨의 비대칭계수** check

$$C_s = \frac{3(\text{평균} - \text{중앙치})}{\text{표준편차}} \quad (3.5)$$

만일 ① $C_s < -1$인 경우에는 분포가 오른쪽으로 치우치고 왼쪽으로 긴 꼬리를 갖는 비대칭분포가 되며, ② $-1 \le C_s < 0$인 경우에는 분포가 약간 오른쪽으로 치우치고 왼쪽으로 긴 꼬리를 갖는 비대칭분포가 된다. 한편 ③ $C_s = 0$인 경우에는 분포가 좌우 대칭이 되며, ④ $0 < C_s \le 1$인 경우에는 분포가 약간 왼쪽으로 치우치고 오른쪽으로 긴 꼬리를 갖는 비대칭분포가 된다.

**예제 3-7**

**산업우유에서 미각 TEST 설문조사를 실시하여 우유소비량에 대한 데이터를 살펴보니, 우유 소비량의 평균이 7.22ℓ, 중앙치가 7ℓ 그리고 표준편차는 4.41ℓ로 계산되었다. 월간 우유 소비량의 분포가 대칭이라고 할 수 있는가? 또는 비대칭이라고 할 수 있는가?**

**풀이** 먼저 피어슨의 비대칭계수를 구해보자.

$$C_s = \frac{3(7.22-7)}{4.41} = 0.15$$

피어슨의 비대칭계수가 0.15로 계산되었기 때문에 한 달 우유소비량의 분포는 왼쪽으로 치우쳐 있어 오른쪽으로 긴 꼬리를 갖는 비대칭분포를 한다는 것을 알 수 있다.

한편 첨도(kurtosis)는 자료 분포의 뾰족함 정도를 측정한다. 그러나 첨도를 계산하는 과정이 복잡하여, 기초 통계학에서는 많이 사용하지 않고 있으나, 컴퓨터 결과물에서 그 값을 제시하고 있다. 따라서 만일 첨도가 큰 값을 가지면 뾰족한 봉우리를 지닌 분포가 되고, 작은 값을 가지면 평평한 봉우리를 지닌 분포가 된다는 사실을 인지하는 것으로 충분하다.

## 3.4 Excel 실습

Microsoft Excel을 이용하여 데이터의 요약치(이를 기술통계량이라고 부른다)를 계산하는 방법은 [함수]를 이용하는 방법과 [데이터 분석]을 이용하는 방법의 두 가지가 있다. Excel에서 데이터를 다루기 위해 흔히 사용하는 [함수]는 〈그림 3-2〉와 같이 함수의 이름과 해당 함수의 인수로 구성되어 있다.

여기서, '='은 Excel에서 해당 셀에 문자나 글이 아닌 수식을 입력하겠다는 신호이고, [AVERAGE]와 [NORM.DIST]는 각각 평균과 5장에서 배울 내용인 정규분포의 확률을

=AVERAGE(number1, [number2], ...)
함수 이름 / 인수

=NORM.DIST(x, mean, standard_dev, cumulative)
함수 이름 / 인수

**그림 3-2** Excel에서 사용되는 함수의 구성

**표 3-1 기술통계량을 계산하는 함수**

<table>
<tr><td rowspan="3">함수</td><td>평균</td><td>=AVERAGE(number1, [number2], …)</td></tr>
<tr><td>분산</td><td>=VAR.P(number1, [number2], …)<br>=VAR.S(number1, [number2], …)</td></tr>
<tr><td>표준편차</td><td>=STDEV.P(number1, [number2], …)<br>=STDEV.S(number1, [number2], …)</td></tr>
<tr><td colspan="2">인수 설명</td><td>· number : 기술통계량을 구하고자 하는 데이터를 입력한다.<br>입력할 데이터의 범위를 지정하여도 무방하다.</td></tr>
</table>

계산하는 함수의 이름이다. 마지막의 괄호 안에 있는 것이 인수인데, 〈그림 3-2〉에서 보는 바와 같이 함수에 따라 요구하는 인수가 각각 다르다. 우리는 각각의 문제에서 목적에 맞는 함수가 무엇인지 확인하고, 그 함수의 인수가 무엇인지 안다면 컴퓨터를 이용하여 보다 빠르고 편하게 데이터를 처리할 수 있는 것이다.

Microsoft Excel 2013에서 평균, 분산, 표준편차를 구하는 함수와 그 인수는 〈표 3-1〉과 같다.

분산과 표준편차를 구하는 함수가 P, S의 두 종류로 나뉘어 있는데, 이는 각각 모집단(population)과 표본(sample)의 분산과 표준편차를 계산하는 것이다.

본격적으로 Excel의 함수를 이용하여 문제를 풀기 위해 [예제 3-5]를 다시 한 번 살펴보자.

**예제 3-8**

**다음은 최근 경영학과를 졸업하고 취업한 25명의 연봉을 모아놓은 데이터이다. 이 데이터의 평균, 분산, 표준편차를 구하라.**

(단위: 백만)

| | | | | |
|---|---|---|---|---|
| 20.1 | 20.4 | 21.3 | 21.3 | 21.5 |
| 21.8 | 22.0 | 22.2 | 22.7 | 22.7 |
| 22.9 | 23.4 | 23.4 | 23.4 | 23.8 |
| 24.8 | 25.0 | 25.7 | 25.5 | 25.9 |
| 26.8 | 27.5 | 27.7 | 28.8 | 29.5 |

**풀이** 이 문제를 Excel의 함수를 이용하여 풀기 위한 절차는 다음과 같다.

① 기술통계량을 계산하기 위해 〈그림 3-3〉과 같이 워크시트에 데이터를 입력한다.

| | A | B | C | D | E |
|---|---|---|---|---|---|
| 1 | | | | | |
| 2 | 경영학과 졸업자 25명의 초임 연봉 | | | | |
| 3 | | | | | |
| 4 | 데이터 | | | | |
| 5 | 20.1 | 20.4 | 21.3 | 21.3 | 21.5 |
| 6 | 21.8 | 22.0 | 22.2 | 22.7 | 22.7 |
| 7 | 22.9 | 23.4 | 23.4 | 23.4 | 23.8 |
| 8 | 24.8 | 25.0 | 25.7 | 25.5 | 25.9 |
| 9 | 26.8 | 27.5 | 27.7 | 28.8 | 29.5 |

그림 3-3

② 평균과 분산, 표준편차를 구하기 위해 〈그림 3-4〉와 같이 각각의 함수를 입력한다.

| | A | B | C | D | E |
|---|---|---|---|---|---|
| 1 | | | | | |
| 2 | 경영학과 졸업자 25명의 초임 연봉 | | | | |
| 3 | | | | | |
| 4 | 데이터 | | | | |
| 5 | 20.1 | 20.4 | 21.3 | 21.3 | 21.5 |
| 6 | 21.8 | 22 | 22.2 | 22.7 | 22.7 |
| 7 | 22.9 | 23.4 | 23.4 | 23.4 | 23.8 |
| 8 | 24.8 | 25 | 25.7 | 25.5 | 25.9 |
| 9 | 26.8 | 27.5 | 27.7 | 28.8 | 29.5 |
| 10 | | | | | |
| 11 | 평 균 | 분 산 (모집단) | 분 산 (표본) | 표준편차 (모집단) | 표준편차 (표본) |
| 12 | =AVERAGE(A5:E9) | =VAR.P(A5:E9) | =VAR.S(A5:E9) | =STDEV.P(A5:E9) | =STDEV.S(A5:E9) |

그림 3-4

③ 각각의 함수를 입력하면 평균, 분산, 표준편차가 계산되며, 그 결과는 〈그림 3-5〉와 같다.

| | A | B | C | D | E |
|---|---|---|---|---|---|
| 1 | | | | | |
| 2 | 경영학과 졸업자 25명의 초임 연봉 | | | | |
| 3 | | | | | |
| 4 | 데이터 | | | | |
| 5 | 20.1 | 20.4 | 21.3 | 21.3 | 21.5 |
| 6 | 21.8 | 22.0 | 22.2 | 22.7 | 22.7 |
| 7 | 22.9 | 23.4 | 23.4 | 23.4 | 23.8 |
| 8 | 24.8 | 25.0 | 25.7 | 25.5 | 25.9 |
| 9 | 26.8 | 27.5 | 27.7 | 28.8 | 29.5 |
| 10 | | | | | |
| 11 | 평 균 | 분 산 (모집단) | 분 산 (표본) | 표준편차 (모집단) | 표준편차 (표본) |
| 12 | 24.004 | 6.569984 | 6.8437333 | 2.563198 | 2.616053 |

그림 3-5

Excel에서는 함수를 이용하여 기술통계량을 계산하는 방법 외에 [데이터 분석]을 이용하여 계산하는 방법도 제공하고 있다. 그 절차는 다음과 같다.

① 〈그림 3-6〉과 같이 워크시트에 데이터를 입력한 상태에서 [데이터] 탭에 [데이터 분석]을 클릭하여 [통계 데이터 분석] 창을 생성한다. [데이터 분석]에서 제공하는 기술통계량의 계산은 한 개의 열 또는 행으로만 계산을 해주기 때문에 위의 데이터를 하나의 열로 다시 정리하였다.

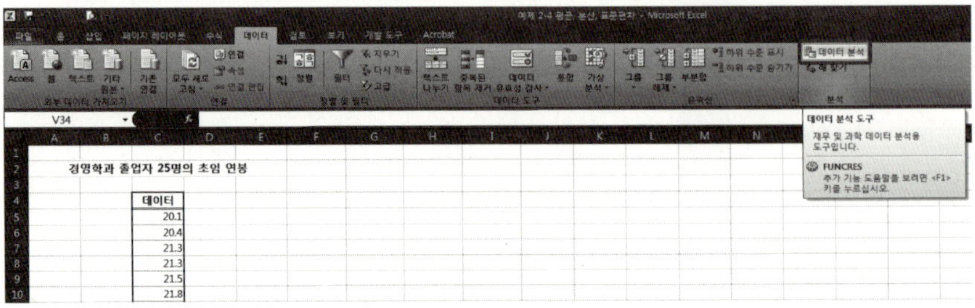

그림 3-6

② [통계 데이터 분석] 창이 생성되면 왼쪽의 [분석 도구(A)] 창에서 [기술 통계법]을 선택하고 오른 쪽의 [확인] 단추를 클릭하여 [기술 통계법] 창을 생성한다.

그림 3-7

③ [기술 통계법] 창이 생성되면 [입력 범위(I)]에 데이터를 입력한 범위를 입력해준다. [입력 범위(I)] 하단의 [데이터 방향]은 기본적으로 [열(C)]로 선택되어 있는데, 본 예시에서는 데이터의 입력을 열을 기준으로 정리하였으니 그대로 둔다. 만약 데이터를 행을 기준으로 정리하였으면 [행(R)]을 클릭하여 선택해야 한다. [출력옵션]은 계산된 결과 데이터를 어디에 출력할 것인가를 묻는 것인데, 본 예시에서는 새로운 워크시트를 생성하여 출력할 것을 선택하였다. [새로운 워크시트(P)] 오른쪽에 결과를 출력할 워크시트의 이름을 입력하고(기본 선택은 비어 있다. 이 경우 [Sheet #]로 새로운 워크시트가 생성된다.), [기술 통계법] 창 하단의 [요약 통계량(S)]의 체크박스를 체크한다. 마지막으로 [기술 통계법] 창 오른쪽의 [확인] 단추를 클릭하면 계산 결과가 출력된다.

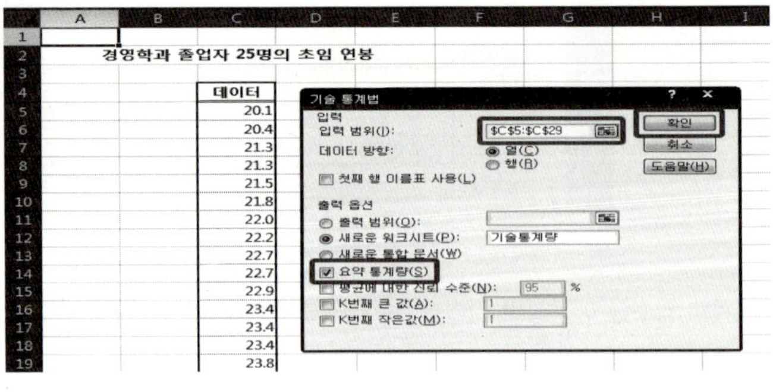

그림 3-8

④ 출력 결과는 [기술 통계법] 창에서 설정한 것과 같이 〈그림 3-9〉처럼 새로운 워크시트에 출력된다. [데이터 분석]을 이용하여 기술통계량을 계산했을 때에는 〈그림 3-10〉과 같이 평균, 분산, 표준편차뿐 아니라 여러 가지의 데이터 요약치를 제시해준다.

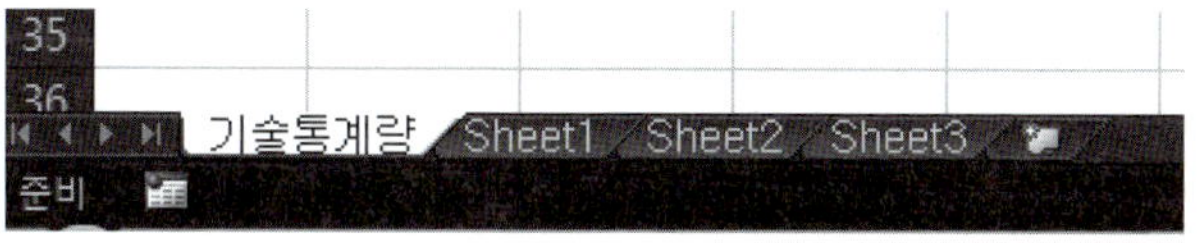


그림 3-9

| | A | B |
|---|---|---|
| 1 | Column1 | |
| 2 | | |
| 3 | 평균 | 24.004 |
| 4 | 표준 오차 | 0.523211 |
| 5 | 중앙값 | 23.4 |
| 6 | 최빈값 | 23.4 |
| 7 | 표준 편차 | 2.616053 |
| 8 | 분산 | 6.843733 |
| 9 | 첨도 | -0.59075 |
| 10 | 왜도 | 0.544655 |
| 11 | 범위 | 9.4 |
| 12 | 최소값 | 20.1 |
| 13 | 최대값 | 29.5 |
| 14 | 합 | 600.1 |
| 15 | 관측수 | 25 |
| 16 | | |

그림 3-10

〈그림 3-10〉의 결과에서 계산된 분산과 표준편차를 위의 함수를 이용하여 계산한 결과(그림 3-5)와 비교해볼 경우 표본의 분산과 표준편차와 동일함을 알 수 있다. 이는 우리가 보통 분산과 표준편차는 표본의 분산과 표준편차로 계산하기 때문에 컴퓨터도 기본적으로 표본의 분산과 표준편차를 계산하는 것인데, 이와 같이 표본의 분산과 표준편차를 구하는 이유는 이후에 자세히 설명한다.

# 사례연구 : 구단운영에 관한 의사결정

K 구단은 비록 한국야구위원회로부터 창단승인을 받았지만, 아직 어느 정도의 관중을 동원하여야만, 기존 구단과 어깨를 나란히 할 수 있는지 알지 못하다. 이를 위해 K 구단주는 프로야구의 구단 운영에 관한 정보를 한 눈에 알아볼 수 있는 통계량을 계산하여 기억함으로써 효율적으로 구단운영에 활용하고자 한다. 이를 해결하기 위해 지난 10년간 총 관중, 정규시즌, 총 시즌 입장수입에 대한 정보를 수집하였다. 10년간의 프로야구 입장수입 변화에 관한 정보는 아래의 표와 같다.

최근 10년간 프로야구 입장 수입 변화

| 연도 | 총 관중 | 평균관중 | 입장수입 (정규) | PS 관중 | PS 입장 수입 | 시즌 입장 수입 |
|---|---|---|---|---|---|---|
| 2004 | 2,331,978 | 4383 | 8,725,173,850 | 289,330 | 3,118,103,000 | 11,843,276,850 |
| 2005 | 3,387,843 | 6722 | 12,757,268,850 | 231,307 | 2,395,942,000 | 15,153,210,850 |
| 2006 | 3,040,254 | 6032 | 10,641,941,525 | 180,154 | 2,274,701,000 | 12,916,642,525 |
| 2007 | 4,104,429 | 8144 | 16,589,937,300 | 275,911 | 3,632,713,000 | 20,222,650,300 |
| 2008 | 5,256,332 | 10429 | 24,903,698,100 | 349,359 | 5,360,576,000 | 30,264,274,100 |
| 2009 | 5,925,285 | 11138 | 33,821,251,600 | 410,262 | 7,048,033,000 | 40,869,284,600 |
| 2010 | 5,928,626 | 11144 | 41,214,148,900 | 298,000 | 5,763,541,000 | 46,977,689,900 |
| 2011 | 6,810,028 | 12801 | 55,262,020,600 | 317,413 | 7,858,903,000 | 63,120,923,600 |
| 2012 | 7,156,157 | 13451 | 63,355,960,364 | 363,251 | 10,392,226,000 | 73,748,186,364 |
| 2013 | 6,441,945 | 11184 | 58,785,411,641 | 290,085 | 9,203,667,000 | 67,989,078,641 |

※ 올스타전 제외

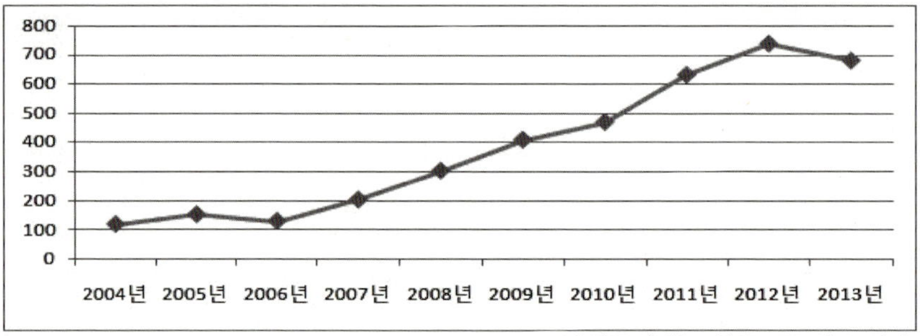


※ 자료 출처 - 한국 프로야구 연감

1. K 구단 프론트 직원인 갑을병씨는 〈표〉에 제시된 내용을 K 구단주에게 의미 있고 의사결정에 도움이 되는 요약통계량을 계산하여 제공하고자 한다. 즉, 관중 및 입장수입에 대한 10년간의 요약통계량으로 중심경향도(평균, 중앙값, 최빈값) 및 산포도(분산, 표준편차, 범위, 사분위수)를 제시할 수 있는 작업을 수행하라.

# 연 / 습 / 문 / 제

01 자료에 극단적인 값이 존재한다면 중심대표 값으로 평균을 사용하는 것보다 중앙값을 사용하는 것이 보다 적절하다고 생각하는가? 그렇게 생각한 이유는 무엇인가?

02 중심대표 값 중 하나로 자료의 극단적인 값에 거의 영향을 받지 않는 중심대표 값은 무엇인가?

03 남성복 코너의 관리자가 어제 판매한 10개의 남성복 허리 사이즈에 대한 자료를 다음과 같이 갖고 있다고 할 때, 이 자료의 최빈값은 얼마인가?

| 판매 자료: (단위: 인치) | 31 | 34 | 36 | 33 | 28 | 34 | 30 | 34 | 32 | 40 |
|---|---|---|---|---|---|---|---|---|---|---|

04 자료의 요약통계량 단위가 자료의 원래 단위와 일치하지 않는 통계량은 무엇인가?

05 뉴질랜드 관광청에서는 R지역의 숙박시설 품질에 대한 평가를 전문가들로부터 지속적으로 수집하고 있다. 아래의 자료는 지난 2008년도에 이 지역의 숙박시설에 대한 전문가 10명의 평가를 나타내고 있다. 다음 물음에 답하라.

| 전문가의 의견(1점: 최하, 5점: 최고): | | | | | | | | | |
|---|---|---|---|---|---|---|---|---|---|
| 3.6 | 3.9 | 4.1 | 4.6 | 4.4 | 2.9 | 4.1 | 4.0 | 4.3 | 4.1 |

(1) 숙박시설의 품질에 대한 평가의 평균값은 얼마인가?
(2) 숙박시설의 품질에 대한 평가의 중앙값은 얼마인가?
(3) 숙박시설의 품질에 대한 평가의 최빈값은 얼마인가?
(4) 숙박시설의 품질에 대한 평가의 분산은 얼마인가?

**06** 홍길동 씨는 지난 달 부인이 사용한 57통의 전화 통화시간을 조사한 결과 가장 짧게 사용한 시간이 2.3분이고 가장 길게 사용한 시간이 9.5분임을 발견하였다. 부인의 통화시간에 대한 산포도의 측정치를 범위로 나타내면?

**07** 자료의 중심점을 나타내는 세 가지 측정값이 매우 근접한 값을 지닌다면, 데이터의 분포는 어떠한 모양을 지니는가?

**08** 아래와 같은 10개의 표본 자료에서 최빈값은 얼마가 되는가?

| 5 | 2 | 3 | 5 | 8 | 6 | 4 | 6 | 6 | 10 |
|---|---|---|---|---|---|---|---|---|---|

**09** 다음 데이터의 표본분산을 구하라.

| 3.4 | 2.5 | 4.1 | 1.2 | 2.8 | 3.7 |
|---|---|---|---|---|---|

**10** X기업에서 최근 초빙한 연구원의 평균 연봉을 계산하니 5천만 원으로 계산되었으며, 각 개인의 연봉은 아래와 같다.

| 3 | 5 | 12 | 3 | 2 |
|---|---|---|---|---|

(1) 위 연봉 자료의 분산은 얼마인가?

(2) 위 연봉 자료의 범위는 얼마인가?

**11** 한 야구선수의 최근 6시즌 동안의 안타 수는 149, 165, 171, 233, 167, 177개이다. 이를 바탕으로 평균, 분산, 표준편차, 범위를 구하라.

**12** 7개 도시에서 자동차를 하루 렌트하는 비용은 아래의 표와 같다.

| 도시 | 렌트 비용 |
|---|---|
| 서울 | ₩48,000 |
| 인천 | ₩38,000 |
| 대전 | ₩35,000 |
| 대구 | ₩36,000 |
| 부산 | ₩43,000 |
| 광주 | ₩34,000 |
| 제주 | ₩30,000 |

(1) 자동차 렌트 비용의 평균을 구하라.

(2) 자동차 렌트 비용의 분산과 표준편차를 구하라.

**13** 한 투자자가 10개 기업의 주식으로 포트폴리오를 구성하였다. 1년 뒤 각 기업 주식의 수익률을 예측해본 결과 아래의 표와 같았다.

| 기업 | A | B | C | D | E | F | G | H | I | J |
|---|---|---|---|---|---|---|---|---|---|---|
| 수익률 | 5.0 | 0.8 | 1.8 | 1.9 | 2.5 | 3.7 | 3.5 | 1.6 | 1.5 | 0.7 |

(1) 포트폴리오의 기대수익률을 구하라.

(2) 포트폴리오의 위험(표준편차)은 얼마인가?

**14** 다음 자료는 DVD 플레이어가 내장된 홈시어터와 DVD 플레이어가 내장되어 있지 않은 홈시어터 모델의 가격에 대한 정보이다.

| DVD 플레이어 내장 | DVD 플레이어 비내장 |
|---|---|
| 450,000 | 300,000 |
| 300,000 | 300,000 |
| 400,000 | 360,000 |
| 500,000 | 290,000 |
| 400,000 | 300,000 |

(1) 각 모델 가격의 평균을 구하라.

(2) 각 모델 가격의 범위, 분산, 표준편차를 구하라.

# 제2부 확률론

# 04 CHAPTER 확률통계

## 4.1 서론

### 4.1.1 통계학과 의사결정

통계학과 경영학을 연결시키는 중요한 부분의 하나가 확률통계이다. 경영학의 핵심은 주어진 상황에서 최적의 의사결정을 이끌어내는 데 있다. 이를 위해서, 첫째는 필요한 정보를 가져야 하고, 둘째는 의사결정과정(기법)이 정확하고 신속해야 한다. 이 중에서 통계학은 주로 첫 번째 사항인 정보에 관하여 큰 역할을 담당하고 있다.

의사결정이란 당연히 미래에 관한 결정이다. 따라서 미래에 대한 정보가 필수적이지만, 불행히도 우리는 미래를 모른다. 이것이 곧 미래 정보의 불확실성이다. 가장 대표적인 예로써 미래 수요에 대한 불확실성을 들 수 있다. 미래의 수요에 대해 모르기 때문에 이에 관련된 많은 의사결정들이 복잡해지고 어려워지는 것이다.

하지만 우리들은 어떠한 방법으로든 미래에 대한 의사결정을 내려야만 한다. 즉 미래는 불확실하지만 나름대로 미래에 대해 예측을 하고, 이에 근거하여 의사결정을 내리는 것이다. 다음 예를 살펴보자.

> 한 신문팔이 소년이 새벽마다 그 날 판매할 신문을 보급소에서 가져오는데, 그는 몇 부씩을 가져와야 하는가 하는 의사결정을 매일 내려야 한다. 너무 적게 가져오면 매출이익을 손해보고 너무 많이 가져오면 팔다 남은 나머지를 반환할 때 벌금을 내야 하기 때문에 신중한 의사결정을 내려야 한다. 만약 그가 매일 신문 수요를 정확하게 안다면 의사결정은 매우 쉬울 것이다. 하지만 당연하게도 신문 수요는 불확실하다. 따라서 그는 보급소에서 신문을 몇 부씩 가져와야 하는지에 대해서 쉽지 않은 의사결정을 매일 새벽마다 내려야 한다.

이것은 경영학에서 유명한 신문팔이 소년 문제(newsboy problem)이다. 이 소년은 어떠한 방법을 통해서든지 매일 의사결정을 내린다. 그런데 그의 의사결정은 보통 사람인 우리가 내리는 의사결정보다 훨씬 더 정확함을 알 수 있다. 신문 수요에 대한 그의 예측이 100% 정확하지는 않더라도, 우리의 예측보다는 훨씬 더 정확하다. 이는 신문 판매에 관한 그의 풍부한 경험과 지식이 신문 수요에 대한 예측을 더 정확하게 해주기 때문이다. 즉 현재까지의 경험이나 지식이 비슷한 상황의 미래를 예측하는 데 결정적인 도움이 되는 것이다. 만약 신문 판매에 대한 경험이나 지식이 전혀 없는 우리가 신문팔이 소년의 경험을 빌릴 수 있다면, 혹은 아예 신문 수요에 대한 그의 예측을 사용할 수 있다면 우리도 그와 같은 수준의 의사결정을 내릴 수 있게 되는 것이다. 이런 점에서 신문팔이 소년의 문제를 모든 경영상의 문제로 일반화시킬 수 있다.

기업에 갓 들어간 우리가 내려야 할 경영 의사결정 문제는 우리에게는 처음 접하는 것일 수 있지만, 실제로는 과거로부터 수많은 사람들이 이미 오랫동안 직면하고 해결해 왔던 문제들이 대부분이다. 즉 기본적이고 반복적인 경영상의 문제들이다. 인류 전체로 보면 많은 경영상의 문제들에 대한 경험과 지식을 나름대로 쌓아온 것이다. 우리가 과거의 많은 사람들이 쌓아온 경험과 지식들을 미리 배우고 사용할 수 있다면, 그렇지 않은 경우보다 미래의 비슷한 상황에서 시행착오를 거치지 않고 더 좋은 의사결정을 훨씬 더 효율적으로 할 수 있는 것은 자명한 이치이다.

바로 이 점을 **통계학의 공헌**이라고 말할 수 있다. 즉 통계학은 과거 인류의 풍부한 경험을 축적하여 미래에 대한 예측을 확률분포라는 형태로 정교하게 표시할 수 있도록 해주었다. 다시 말해, 확률분포란 과거의 경험을 계량화하여 미래에 대한 예측을 보다 정교하게 수치로 표시해주는 것이다. 더욱이 통계학이 이와 같이 미래에 대한 불확실성을 확률분포를 사용하여 명시적으로 표시할 수 있도록 하였기에 경영학에서는 그에 따른 최적의 의사결정을 내릴 수 있는 수많은 의사결정 기법을 개발할 수 있었다. 우리가 할 일은 미래에 대한 불확실성을 확률분포로 표시하는 방법과 그에 따른 의사결정 기법을 배우는 것이다.

### 4.1.2 경영과 확률분포

앞서 설명한 바와 같이, 경영 의사결정에 꼭 필요한 미래에 대한 예측을 수치화하여 정교하게 나타내는 방법이 확률분포이다. 그럼 구체적으로 어떻게 표시하게 되는지를 살펴보자.

**확률분포**란 '이벤트별로 그 발생 확률을 정리한 표나 그래프'라고 앞에서 여러 차례 설명하였다. 여기서 이벤트란 발생 가능한 결과(현상)를 말한다. 예를 들어 주사위 던지기의 발생 가능한 결과(이벤트)는 여섯 가지, 즉 1, 2, 3, 4, 5, 6이다.

확률적으로 말하면 우리가 미래에 대해서 확실하게 안다는 것은 미래에 어떤 특정한 결과(현상)가 나타날 확률이 1이고, 나머지 다른 결과가 나타날 확률은 0이라는 뜻이다. 미래에 대해서 불확실하다는 것은 미래에 나타날 수 있는 모든 결과들이 1보다 작은 확률을 갖는다는 것을 의미한다. 이는 곧 미래에 나타날 수 있는 모든 결과를 확률분포로 표시할 수 있음을 의미한다.

예를 들어, 미래 수요가 100개라는 것이 확실하다면 수요가 100개라는 이벤트의 확률은 1이고, 수요가 100개가 아닌 모든 이벤트의 확률은 0이라는 것을 의미한다. 만약 미래수요가 100개인지 50개인지 확실하지 않다면 수요가 100개일 확률은 0.5이고 50개일 확률도 0.5이다. 이는 〈표 4-1〉에서와 같이 확률분포표로 표시할 수 있다. 따라서 미래에 대한 불확실성에서 나올 수 있는 모든 미래의 상황이 이벤트가 되고 그 확률을 표시함으로써 확률분포를 작성할 수 있다.

**표 4-1 수요에 대한 확률분포표**

| 수요량 | 발생확률 |
|---|---|
| 100 | 0.5 |
| 50 | 0.5 |

신문팔이 소년은 정교한 확률분포 대신에 미래에 대한 대략적인 예측을 할 것이다. 만약에 통계학을 통해서 우리가 신문팔이 소년보다 미래의 신문 수요에 대한 정교한 확률분포를 확보할 수 있고 신문팔이 소년보다 정교한 경영 의사결정 기법을 쓸 수 있다면, 경험이 없는 우리가 신문팔이 소년보다 훨씬 더 좋은 의사결정을 내릴 수 있는 것이다.

예를 들어, 신문팔이 소년은 하루 구입량을 대략적인 40부, 50부 등(즉, 10단위)으로 결정하지만 우리는 42부 등과 같이 보다 정교한 구입량을 정할 수 있는 것이다. 이것은 우리가 공부할 통계학과 경영학이 세상에 이바지하는 커다란 공헌들 중의 하나이며, 경영학과 통계학의 위대함이다. 나아가서는 우리가 공부하는 모든 이론의 위대함이다. 만약 통계학이나 경영학에서 제공하는 이론을 배우지 않았다면 42부라는 정교한 최적의 답을 구하기 위해서 얼마나 많은 시행착오와 시간을 소모해야 했을지 모른다. 즉 이론을 배우지 않는다면 이는 과거의 경험을 효율적으로 배우지 못했다는 뜻이며, 이는 실제 상황에서 과거의 많은 사람들이 겪어왔던 시행착오를 다시 반복할 위험에 빠질 수 있다는 뜻이다.

경영학과 통계학에서 배운 이론은 과거의 경험, 지식, 시행착오 등 모든 것을 함축하고 있기 때문에 우리는 시행착오 없이 바로 문제를 해결할 수 있거나 최소한 올바르고 효율적인 방법을 제시할 수 있게 된다. 결과적으로 학교에서 이론으로 교육시키는 것은 실제 사회에서 닥치는 문제를 모두 해결하도록 하는 데 목적이 있기보다는 문제 해결 방향을 제시하여 시행착오를 줄이는 데 더 큰 의의가 있다고 하겠다.

미래에 대한 불확실성은 우리가 살아가는 모든 일상에서 나타나므로 이를 표시하는 확률분포도 매 경우마다 존재하며 결과적으로 무수히 많을 것이다. 그러나 경영학에서 관심을 갖는 '미래에 대한 불확실한 의사결정'은 크게 몇 가지로 분류할 수 있다. 이는 경영학에서 필요한 확률분포가 몇 가지로 정리된다는 뜻이고, 따라서 우리는 이 몇 가지 확률분포만을 배우면 된다는 것이다. 마치 바둑에서 무수한 수가 존재하지만 이를 몇 가지의 정석으로 나눌 수 있는 것과 마찬가지이다.

### 4.1.3 불확실성과 위험한 의사결정

경영에서 불확실성(uncertainty)과 위험한(risky) 의사결정이 어떤 관계를 갖고 있는지 살펴보자. 다음의 〈표 4-2〉에서와 같이 두 가지 프로젝트가 있다고 할 때, 어떤 프로젝트를 수행하는 것이 경영자 입장에서 보다 위험한 의사결정이라고 할 수 있겠는가?

**표 4-2 두 프로젝트의 확률분포표**

| | 성공확률 | 실패확률 |
|---|---|---|
| 프로젝트 1 | 0.5 | 0.5 |
| 프로젝트 2 | 0.1 | 0.9 |

흔히 사람들은 프로젝트 2가 프로젝트 1에 비해 더 위험하다는 의견을 제시한다.

여기서 프로젝트 2가 더 위험하다는 의견은 프로젝트 2가 실패하기 쉽기 때문에 위험하다고 말하는 것이다. 하지만 경영자들은 이런 의미의 위험은 얼마든지 피할 수 있다. 즉 프로젝트 2는 실행한다면 거의 확실히 실패하는 것을 나타내고 있다. 따라서 경영자들은 프로젝트 2는 아무런 망설임 없이 선택하지 않음으로써 실패라는 나쁜 결과를 피할 수 있는 것이다. 따라서 잘못된 의사결정(즉, 프로젝트 2를 선택하여 실패하는 의사결정)을 내릴 위험은 거의 없는 것이다.

하지만 프로젝트 1은 다르다. 프로젝트 1은 성공/실패의 확률이 반반이기 때문에 의사결정을 내리기가 그만큼 어렵다. 이는 결과를 전혀 모른다는 것을 의미한다. 이 같은 의사결정은 결과를 예측하기 매우 어렵고, 이것은 위험성이 높은 의사결정을 뜻한다. 따라서 경영학에서 '위험하다(risky)'는 것은 그만큼 미래에 대한 불확실성(uncertainty)이 크다는 것을 의미한다.

| Risky<br>(위험) | = | Uncertain<br>(불확실성) |
|---|---|---|

참고로 〈표 4-2〉는 프로젝트 1의 확률분포와 프로젝트 2의 확률분포를 표로 나타내고 있다. 즉 프로젝트에서 나올 수 있는 상황은 성공과 실패의 두 결과(이벤트)이며 그에 대한 각각의 확률을 표시하고 있으므로, 이것이 바로 프로젝트 성공/실패의 불확실성을 확률로 표시해주고 있는 것이다.

하지만 불확실한 상황에서도 우리는 의사결정을 내려야 한다. 물론, 우리는 불확실성으로 인하여 의사결정을 내리기가 매우 어려운 상황에 처하게 될 뿐만 아니라 의사결정의 위험성 또한 갖게 될 것이다.

경영학에서는 불확실한 상황에서도 최적의 의사결정을 내리는 많은 기법을 개발하였다. 미래의 불확실한 상황을 표시하는 도구로 확률통계가 사용됨으로써 통계학은 모든 경영 기법들을 가능하게 하고 있다. 확률통계야말로 많은 경영 기법의 기초가 되고 있으며 그만큼 중요한 것이다. 그렇기 때문에 확률통계 및 이에 관계된 용어에 대한 개념을 확실히 이해할 필요가 있다.

## 4.2 확률의 개념

### 4.2.1 확률, 실험, 이벤트

확률(probability)이란 어떤 결과가 발생할 가능성을 나타내는 0과 1 사이의 수라고 정의할 수 있다. 고전적인 개념의 확률은 실제로 발생한 횟수를 전체 발생 횟수로 나눈 수로 정의된다. 이를 설명하기 위해 주사위 던지기 실험을 살펴보자.

주사위를 반복적으로 던져서 윗면에 무엇이 나오는지를 관찰하는 상황을 생각해보자. 이렇게 동일한 조건하에서 반복적으로 나타난 결과를 관찰하는 것을 실험(experiment)이라 한다. 이 실험에서 주사위를 던져서 윗면이 나오는 결과에는 1, 2, 3, 4, 5, 6의 여섯 가지 경우가 있다. 이렇게 실험에서 발생 가능한 결과치를 이벤트(event)라 한다. 다시 말하면 주사위 윗면 관찰하기라는 실험의 이벤트는 1, 2, 3, 4, 5, 6의 여섯 가지(단순) 이벤트가 나타난다. 이벤트에는 예를 들어, 윗면에서 짝수 관찰하기와 같이 단순 이벤트의 합성으로 되어 있는 복합 이벤트도 있다. 즉 복합 이벤트인 짝수 관찰하기는 단순 이벤트 2, 4, 6의 합성으로 이루어지는 것이다. 이러한 단순 이벤트의 집합을 표본공간(sample space)이라고 말한다. 이를 요약하면 다음과 같다.

- **실험**(experiment)

실험이란 두 개 이상의 결과(outcome)를 유발하는 과정을 말한다. 예를 들어 주사위를 던져서 윗면의 숫자 관찰하기가 해당된다.

- **이벤트**(event)

실험에서 발생 가능한 결과들 중 하나가 유발될 때 발생하며 사건이라고도 한다. 예를 들어 주사위 윗면에 나오는 숫자가 해당된다. 이벤트에는 단순 이벤트와 복합 이벤트가 있다.

- **단순 이벤트**(simple event)

실험에서 발생 가능한 최소 단위의 결과. 예를 들어 주사위 던지기의 경우 숫자 1, 2, 3, 4, 5, 6이 해당되며, 여기에는 6개의 단순 이벤트가 있다.

- **복합 이벤트**(composite event)

단순 이벤트로 합성되며 예를 들어 주사위를 던져 짝수 관찰하기의 경우, 이는 $A=\{2, 4, 6\}$이 된다.

- **표본공간**(sample space)

표본 공간이란 모든 단순 이벤트의 집합을 의미하며, 이런 표본공간의 부분집합이 이벤트가 된다. 따라서 표본공간의 원소(element)는 이벤트가 되는 것이다.

예제 4-1

**두 개의 동전을 동시에 던졌을 때 나타나는 결과를 기록하는 시행에서 다음 물음에 답하라.**

1) 위 행위는 실험이라고 할 수 있는가?

2) 위 행위의 표본공간을 나타낸다면?

**풀이** 1) 실험이 되기 위해서는 두 개 이상의 결과(outcome)을 유발하는 행위가 되어야 한다. 만일, 앞면을 H, 뒷면을 T라고 하면 실험의 결과는 모두 앞면이 나오는 경우, 앞면이 한번만 나오는 경우, 앞면이 한 번도 나오지 않는 경우 등 총 3가지이다. 따라서 위의 시행은 실험이다.

2) 표본공간은 다음과 같이 표시된다. $S = \{(H,H),(H,T),(T,T)\}$

## 4.2.2 확률의 정의

확률(probability)이란 이미 언급한 바와 같이 어떤 결과가 발생할 가능성을 나타내는 0과 1 사이의 수라고 정의하였다. 고전적인 개념의 확률은 실제로 발생한 횟수를 전체 발생 횟수로 나눈 수로 정의된다. 즉, 동일한 조건에서 똑같은 실험을 상당횟수 반복한 결과 사건 $A$가 $n_A$ 횟수만큼 나타났다고 하자. 총 $N$번 실험을 시행하였다고 하면 사건 $A$가 발생할 가능성, 즉 확률 $P(A)$는 다음의 식 (4.1)과 같이 정의할 수 있다.

$$P(A) = \frac{n_A}{N} \tag{4.1}$$

통상 사람들이 생각하는 이와 같은 확률의 정의를 확률의 상대적 빈도수(relative frequency concept of probability)라고 한다.

이러한 확률의 개념은 몇 가지 조건을 충족시켜야 한다. 즉, 어떠한 경우에도 확률은 0보다 작을 수 없으며, 모든 가능한 경우에 대해 확률의 합은 정확히 1이 된다는 것이다. 이것을 통계적 표시법으로 나타내면 다음과 같다. 어떤 이벤트의 확률을 $P(E_i)$로 표시한다. $E$는 이벤트(event)의 약자이고, $i$는 어떤 특정 $i$번째 이벤트를 나타낸다. 예를 들어 주사위 던지기에서 $E_1$(=첫 번째 이벤트)은 1이 나오는 확률을 말한다.

확률 $P(E_i)$는 일반적으로 다음의 두 가지 성질을 지닌다.

- 모든 $E_i$에 대하여 $P(E_i) \geq 0$
- $\sum_{i=1}^{n} P(E_i) = 1$

check

예제 4-2

**두 개의 동전을 동시에 던졌을 때 앞면이 하나만 나올 확률은 얼마인가?**

**풀이** 앞면을 H, 뒷면을 T라고 하면 이벤트는 다음과 같이 표시된다.

| 이벤트 | 첫 번째 동전 | 두 번째 동전 | $P(E_i)$ |
|---|---|---|---|
| $E_1$ | H | H | 0.25 |
| $E_2$ | H | T | 0.25 |
| $E_3$ | T | H | 0.25 |
| $E_4$ | T | T | 0.25 |

앞면이 한 번만 나올 사건을 $A$라고 한다면 $P(A)$는 아래와 같이 계산할 수 있다.

$$P(A) = P(E_2) + P(E_3) = 0.5$$

## 4.3 확률변수와 확률분포

### 4.3.1 확률변수의 정의와 역할

통계학은 숫자만을 다룬다. 하지만 우리가 현실적으로 얻는 모든 정보를 확률분포로 나타낼 때, 숫자로만 표시되지 않는 경우도 흔히 있다. 예를 들면 학교 성적에 관한 정보는 A, B, C, D, F로 표시되지, 숫자로 표시되지 않는다. 이런 경우에는 숫자로 표시되지 않는 정보를 숫자로 표시하여야 하는데, 이 때, 확률변수라는 개념을 사용하게 된다.

통계학에서 매우 많이 사용되는 용어 중의 하나가 확률변수이다. 이 확률변수는 다음과 같이 정의할 수 있다.

● **확률변수의 정의**

check

확률변수(random variables)란 각 이벤트에 하나의 수치 값을 배정하는 규칙 또는 함수라고 할 수 있다.

● **확률변수의 표시**

확률변수의 표시는 $X$, $Y$, $Z$ 등 알파벳 대문자로 한다.
구체적으로 배정된 실수 값은 $x$, $y$, $z$ 등 알파벳 소문자로 표시한다.

확률변수란 각 이벤트에 숫자를 배정하는 규칙이나 함수를 말하며, 알파벳 대문자로 표시한다. 예를 들어 학과 성적은 A, B, C, D, F로 숫자가 아닌 형태로 나오지만, '확률변수 $X$=우리 학과 성적'이라고 한다면, 확률변수를 사용하여 관행적으로 A에는 4, B에는 3, C에는 2, D에는 1, F에는 0이라는 숫자를 배정하는 규칙을 따른다. 따라서 우리는 이벤트 (A, B, C, D, F) 대신 수치화된 이벤트 (4, 3, 2, 1, 0)를 갖게 하여 통계 기법을 적용하는 데 문제가 없게 된다.

물론 주사위 던지기와 같이 이벤트가 이미 숫자화되어 있는 경우도 있다. 즉 이벤트는 (1, 2, 3, 4, 5, 6)이며 따라서 여기에 확률변수를 적용하면 하나의 규칙만이 존재한다. 즉 그 이벤트의 수치 값을 그대로 배정하면 되는 것이다.

따라서 확률변수라는 개념을 도입한다면 이벤트의 값이 숫자로 표시되건 아니건 간에 이벤트의 수치화를 보장할 수 있다.

확률변수는 앞에서 말한 확률분포를 표시할 때에도 중요한 역할을 한다. 다음의 '동전던지기'의 예를 보자. 동전던지기의 이벤트는 '앞면'과 '뒷면'으로 각각 0.5의 확률을 갖고 있음을 볼 수 있다. 따라서 동전던지기의 확률분포는〈그림 4-1〉과 같은 확률분포

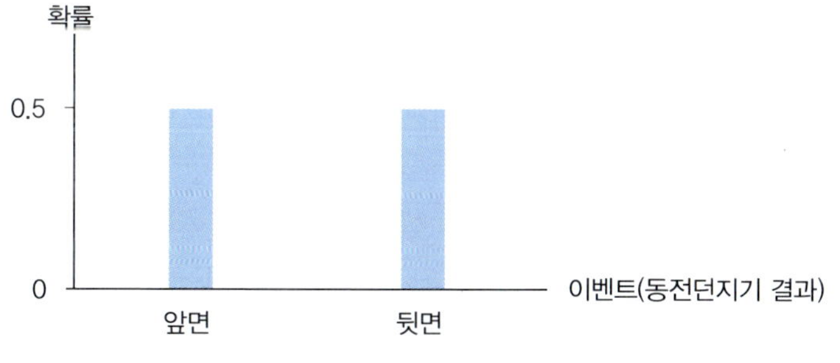


**그림 4-1 동전던지기의 확률분포표**

표로 나타낼 수 있다.

하지만 이 확률분포는 통계학에서 사용하기에는 치명적인 약점이 있다. 즉 이벤트가 숫자가 아닌 '앞면', '뒷면'으로 표시되어 있기 때문이다. 따라서 이 경우에 확률변수 개념을 도입하게 된다.

'확률변수 $X$=동전던지기 결과'라고 선언을 하면 관행적으로 '앞면'은 0으로 배정하고, '뒷면'은 1로 배정하는 규칙을 적용한다. 그 결과 확률분포는 〈그림 4-2〉와 같이 표시할 수 있다.

〈그림 4-2〉에서 우리는 어떤 실험의 확률분포라고 직접 표현하지 않고, '확률변수 $X$=실험'이라 먼저 정의하고, 확률변수 $X$의 확률분포라고 설명하고 있음을 볼 수 있다. 또한 이벤트는 수치화되어 $x$로 표시됨을 볼 수 있다.

그리고 $P(X=x)$는 확률변수 $X$가 $x$의 값을 가질 때의 확률을 나타내고 있다. 따라서 이 그래프는 모든 요소가 숫자로 표시되어 통계 기법을 계속 적용하는 데 문제가 없는 것이다. 즉 확률변수가 나타나면 이벤트가 숫자로 표시(이벤트의 수치화) 완료되었다는 선언이라 생각해도 무방할 것이다.

여러 문제에서 이벤트의 수치화는 이미 많이 다루었으므로 그 관행을 따르면 된다. 예를 들면, 동전던지기 결과(앞면, 뒷면)는 (0, 1)로, 성적 (A, B, C, D, F)는 (4, 3, 2, 1, 0)으로 표시된다. 예컨대, 이렇게 이벤트를 수치화하면, 우리는 평량 평균을 구해 수집된 자료의 평균을 파악할 수 있다. (예를 들어 수집된 자료의 이번 학기 평량 평균 성적이 3.5이다.) 만약 관행이 없으면 그때그때 적절하게 숫자를 배당하면 된다.

확률변수는 흔히 $X$로 표시하지만 반드시 그럴 필요는 없고 영어 알파벳 대문자

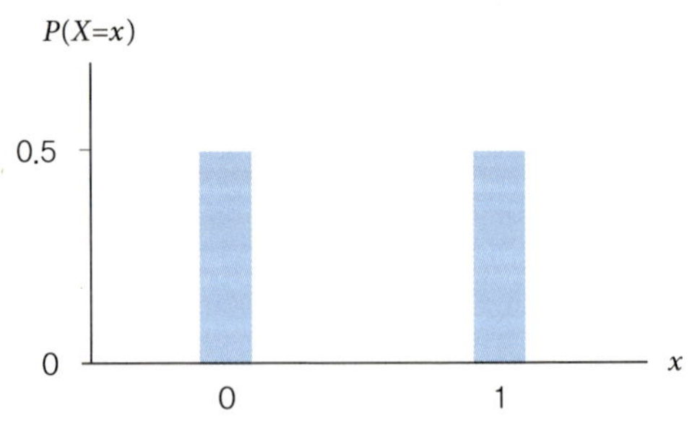


그림 4-2 확률변수 $X$=동전던지기 결과, 확률변수 $X$의 확률분포

어느 것으로든 쓸 수 있다. 두 개 이상의 확률변수를 나타낼 때에는 확률변수 $X$, 확률변수 $Y$ 등으로 표시하는 것이 통례이다. 실제로 확률변수의 값을 나타낼 때에는 알파벳 소문자를 사용한다. 예를 들어, $X=x$라 하면 확률변수 $X$가 $x$의 값을 취한다(즉, 하나의 이벤트가 $x$의 값을 취한다)는 뜻이다.

뒤에서 다시 언급되겠지만, 이러한 확률변수는 같은 맥락에서 독립변수나 종속변수, 외생변수 등과 같은 곳에서도 사용된다. 쉽게 말하면 현상의 원인이 되는 것을 독립변수라 부르고, 결과가 되는 것을 종속변수라 한다. 그런데 통계학에서는 그 원인과 결과가 반드시 숫자로 표시되어야 하기 때문에 독립변수와 종속변수 모두 변수라는 개념을 사용한다. 즉 '많이 배울수록 잘 산다'라는 가설에서, 배우는 것이 원인이고 잘 사는 것이 결과이지만, 이들은 독립변수와 종속변수라고 하지 않는다. 이 표현은 수치화되어 있지 않기 때문이다. 그러나 '배우는 기간이 길수록 월급이 많다'의 경우, 기간과 월급이 수치로 표시된다면 이것은 독립변수와 종속변수가 되는 것이다.

**예제 4-3**

**다음과 같은 몇 가지 예에 대하여 확률변수를 정의하라.**

(1) 동전을 세 번 던져 앞면이 나올 횟수

(2) 경영학과 학생 100명의 하루 평균 흡연량

(3) 연희기업 직원의 학력

**풀이** (1) 첫 번째 예에서 관심사는 앞면이 나오는 횟수이다. 동전을 세 번 던지는 경우 앞면이 한 번도 나오지 않을 수 있으며, 1번, 2번 또는 3번 나올 수도 있다. 따라서 확률변수 $X$는 '동전을 던져 앞면이 나오는 횟수'이며, 이 확률변수 $X$는 0, 1, 2 또는 3 중에서 하나의 값을 취할 수 있다. ($x=$0, 1, 2, 3)

(2) 두 번째 예에서의 관심사는 경영학과 학생 100명의 평균 흡연량이다. 따라서 확률변수 $Y$는 '경영학과 학생 100명의 평균 흡연량'이 된다. 이 경우, 이 확률변수 $Y$가 취할 수 있는 값은 이론적으로 무수히 많다. 만약 평균 흡연량이 최소 1/4갑, 그리고 최대 1.5갑이라고 가정하면, 확률변수의 값은 0.25부터 1.5 사이의 어떠한 값도 가질 수 있게 된다($0.25 \le y \le 1.5$).

(3) 세 번째 예에서 이벤트는 (초졸, 중졸, 고졸, 대졸, 대학원 이상)이므로 초졸은 1, 중졸은 2, 고졸은 3, 대졸은 4, 대학원 이상은 5로 표시하여 확률변수 $Z$는 '연희기업 직원의 학력'이라 정의할 수 있으며 확률변수 $Z$는 (1, 2, 3, 4, 5)의 값을 갖는다.($z=$1, 2, 3, 4, 5)

### 4.3.2 확률분포

**확률분포**(probability distribution)는 모든 데이터를 이벤트별로 그 발생 확률을 정리하여 놓은 표나 그래프를 말한다. 그래프인 경우 X축은 수치화된 이벤트($x$)가 되고, Y축은 그 확률($P(X=x)$)이 된다.

앞에서 배운 확률변수 개념을 사용해서 다시 정의해보면, 확률분포는 확률변수의 값($x$)에 따라 그 확률을 정리해놓은 표나 그래프를 말한다. 예를 들어 어느 공장의 품질관리 담당자는 제조 과정에서 불량품이 발생하는 양은 일정하지 않고 변동하고 있다는 것을 인지하고 있다. 즉 확률변수 $X$를 매일 발생하는 불량품의 개수라고 할 때, 이 확률변수가 취할 수 있는 값은 0, 1, 2, 3이며 각각의 값이 나올 확률은 0.1, 0.3, 0.4, 0.2라는 것을 알고 있다. 이것을 확률분포로 나타내면 〈표 4-3〉과 같다.

**표 4-3 제품 불량에 대한 확률분포표**

| $x$ | $P(X=x)$ |
|---|---|
| 0 | 0.1 |
| 1 | 0.3 |
| 2 | 0.4 |
| 3 | 0.2 |

이와 같이 확률변수가 일정한 개수만큼의 값을 취하는 경우에 이산확률변수라고 한다. 따라서 이산확률분포란 이산확률변수가 취할 수 있는 모든 값과 그 값들이 각각 나타날 확률을 그래프 혹은 도표로 나타낸 것을 의미한다. 또한 확률분포를 그래프로

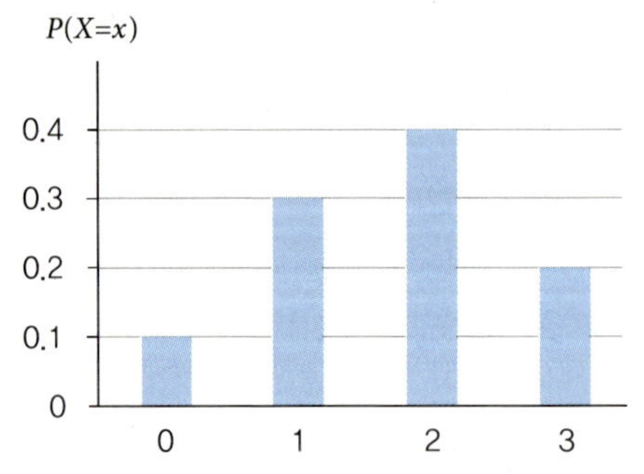


**그림 4-3 제품 불량에 대한 확률분포표의 그래프**

나타내면 〈그림 4-3〉과 같으며 확률변수에 대한 확률분포를 시각적으로 나타내는 데 도움이 된다. 이 그래프에서 알 수 있듯이 확률분포는 사실상 상대도수분포의 개념과 동일하다고 보아도 무방하다.

**예제 4-4**

**다음 몇 가지 예에 대하여 실험, 확률변수, 확률변수의 값, 확률분포를 정의하라.**

(1) 1개의 주사위를 던져서 윗면에 나타나는 수

(2) 통계학을 수강하는 50명의 경영학과 학생들의 성적

**풀이** (1) 앞에서 설명한 내용을 그대로 적용하면 실험, 확률변수, 확률변수의 값, 확률분포를 다음과 같이 정의할 수 있다.

- 실험: 1개의 주사위를 던져 나타난 윗면을 관찰하는 것
- 확률변수: 주사위의 윗면에 나타나는 수 ($X$)
- 확률변수의 값: 1, 2, 3, 4, 5, 6 ($x$)

확률분포는 아래와 같은 표로 작성할 수 있다.

| $x$ | $P(X=x)$ |
|---|---|
| 1 | 1/6 |
| 2 | 1/6 |
| 3 | 1/6 |
| 4 | 1/6 |
| 5 | 1/6 |
| 6 | 1/6 |

(2) • 실험: 통계학을 수강하는 학생들의 성적을 관찰하는 것

- 확률변수: 통계학 성적($Y$)
- 확률변수의 값: 4(A), 3(B), 2(C), 1(D), 0(F) ($y$)

확률분포는 기본적으로 아래와 같은 표가 될 것이다.

| $y$ | $P(Y=y)$ |
|---|---|
| 0 | 0.1 |
| 1 | 0.1 |
| 2 | 0.4 |
| 3 | 0.3 |
| 4 | 0.1 |

통계학적 표기를 사용하여 좀 더 일반적으로 확률분포를 나타내는 표현을 설명하면 다음과 같다. 즉, 확률분포에서는 확률변수를 $X$로 표시하고, 확률변수 $X$가 $i$번째 이벤트 값인 $x_i$를 가질 확률은 $P(X=x_i)$로 나타낸다. 위의 예에서 매일 발생하는 불량품의 수를 확률변수 $X$라고 하면 확률변수 $X$가 가지는 구체적인 값(이벤트의 값)을 일반적으로 $x$라 하고, $x$를 구성하는 구체적인 실제 숫자를 $(x_1,\ x_2,\ x_3,\ x_4)$로 표시한다. $x_i$는 $i$번째 이벤트를 말한다. 따라서 다음과 같다.

$P(X=x_i)=$확률변수 $X$가 구체적인 값 $x_i$를 가질 때의 확률(숫자)

여기서, $x_i$는 확률변수 $X$의 $i$번째 실제 값(숫자)

결론적으로 $X$는 확률변수를 의미하며, 이벤트를 나타내는 일반적인 표현(예: 매일 관찰되는 불량품의 수, 또는 주사위를 던져서 윗면에 나오는 수)이다. $x$는 확률변수가 가지는 값을 나타내는 일반적인 표현(예: 실제적인 숫자를 의미하는 표현)이고, 따라서 [예제 4-4]의 풀이 (1)의 확률분포는 〈표 4-4〉와 같이 일반화된 형식으로 표현할 수 있다.

**표 4-4 일반적인 확률분포표**

| $x$ | $P(X=x)$ |
|---|---|
| $x_1=1$ | $P(X=x_1)=1/6$ |
| $x_2=2$ | $P(X=x_2)=1/6$ |
| $x_3=3$ | $P(X=x_3)=1/6$ |
| $x_4=5$ | $P(X=x_4)=1/6$ |
| $x_5=5$ | $P(X=x_5)=1/6$ |
| $x_6=6$ | $P(X=x_6)=1/6$ |

### 4.3.3 확률함수

앞에서 확률분포는 이벤트에 따라 그 확률을 정리해놓은 표나 그래프라 정의하였다. 추가적으로 표나 그래프는 하나의 함수식으로도 표현이 가능하다. 이 경우 이를 확률함수(probability function)라 하며, 이 확률함수를 바탕으로 표와 그래프를 만들 수 있는 것이다. 그 반대의 경우도 가능하다. 다시 말해 표, 그래프, 함수식 이들 삼자는 모두 같은 내용을 표현만 달리했을 뿐이다. 이 확률함수의 주요 기능은 수치화된 이벤트 값($x$)이 주어지면 그 이벤트의 확률($P(X=x)$)을 계산해주는 것이다. 이를 모두 모으면 하나의 확률분포가 생성된다.

> check
>
> **확률함수란** 확률분포에서 확률변수 $X$가 어떤 특정 실수값 $x$를 취할 확률을 $x$의 함수로 간단하게 나타낸 것을 의미한다.

우선, 함수란 일상적인 표현으로 '관계'를 뜻한다. 즉, '$X$와 $Y$는 함수이다'라는 말은 $X$와 $Y$가 관계가 있다는 말이다. 예를 들어 다음과 같은 데이터가 있다고 하자.

$$
\begin{gathered}
(x_1, y_1) = (1, 2) \\
(x_2, y_2) = (2, 4) \\
(x_3, y_3) = (3, 6) \\
\vdots \\
(x_{100}, y_{100}) = (100, 200) \\
(x_{101}, y_{101}) = (101, 202) \\
\vdots \\
(x_{1000}, y_{1000}) = (1000, 2000)
\end{gathered}
$$

이 경우 우리는 $y = 2x$라는 함수 관계가 있다는 것을 쉽게 알 수 있다. 이 함수는 $x$가 1일 때 $y$는 2이고, $x$가 2일 때 $y$는 4인 관계를 나타낸다. 우리는 이 함수를 알기만 하면 1,000개의 데이터를 언제든지 생성시킬 수 있으므로 이 데이터 전체를 가지고 있을 필요가 없어지는 것이다.

확률함수도 이와 같은 역할을 한다. 확률분포에서 $X$에 해당하는 것이 이벤트이고, $Y$에 해당하는 것이 해당 이벤트의 확률이 되므로 확률함수를 알고 있다면 언제든지 확률분포를 생성할 수 있으므로 많은 양의 데이터를 가지고 있을 필요가 없어지는 것이다.

따라서 확률함수는 데이터를 표시하는 또 하나의 간편한 방법이 된다. 예를 들어, 경영학과 학생 100명이 하루 평균 흡연량을 조사한 결과가 〈표 4-5〉와 같다고 하자.

**표 4-5** 경영학과 학생의 하루 평균 흡연량 (단위: 갑)

| 일일 흡연량 | 0 | 1/3 | 2/3 | 1 |
|---|---|---|---|---|
| 학생 수 | 40 | 30 | 20 | 10 |

확률변수 $X$를 경영학과 학생의 하루 평균 흡연량이라고 하고, 그 확률분포를 표로 나타내면 〈표 4-6〉과 같다.

**표 4-6** 확률변수 $X$ = 경영학과 학생의 하루 평균 흡연량, 확률변수 $X$의 확률분포

| $x$ | 0 | 1/3 | 2/3 | 1 |
|---|---|---|---|---|
| $P(X=x)$ | 0.4 | 0.3 | 0.2 | 0.1 |

따라서 확률변수 $X$와 그 확률은 아래와 같이 표시할 수 있다.

$$P(X=0)=0.4$$
$$P\left(X=\frac{1}{3}\right)=0.3$$
$$P\left(X=\frac{2}{3}\right)=0.2$$
$$P(X=1)=0.1$$

이와 같은 확률분포를 확률함수로 아래의 식 (4.2)와 같이 나타낼 수 있다.

$$P(X=x)=\frac{4-3x}{10}, \quad x=0, \frac{1}{3}, \frac{2}{3}, 1 \tag{4.2}$$

하지만 관행적으로 $P(X=x)$는 확률변수 $X$가 실수 값 $x$를 가질 때의 확률을 표시하고, 그에 관한 확률함수를 표시할 때 함수 function의 약자인 $f$를 사용해서 $f_X(x)$로 표시하기도 한다. 위의 예에서 일일 흡연량과 그 확률의 관계를 나타내는 확률함수는 식 (4.3)과 같이 표시한다.

$$f_X(x)=\frac{4-3x}{10}, \quad x=0, \frac{1}{3}, \frac{2}{3}, 1 \tag{4.3}$$

예제 4-5

**확률변수 $X$를 주사위를 던져서 윗면에 나타나는 수라고 할 때, 확률변수 $X$의 확률분포를 확률함수로 나타내어라.**

풀이 확률변수 $X$의 확률분포는 아래와 같은 표로 작성할 수 있다.

| $x$ | $P(X=x)$ |
|---|---|
| 1 | 1/6 |
| 2 | 1/6 |
| 3 | 1/6 |
| 4 | 1/6 |
| 5 | 1/6 |
| 6 | 1/6 |

따라서 확률변수 $X$의 확률함수는 다음과 같다.

$$P(X=x)=\frac{1}{6} \quad (x=1,\ 2,\ 3,\ 4,\ 5,\ 6)$$

요약하면, 확률함수는 확률변수 $X$가 특정 결과값($x$)을 택할 확률을 함수로 나타낸 것이다. 따라서 확률함수를 알면, 확률변수의 이벤트 값($x$)을 대입하여 그 확률을 계산할 수 있기 때문에 확률분포 전체를 하나의 식으로 간편하게 나타낼 수 있다. 하지만 현실적으로 대부분의 확률분포에 대해서는 확률함수를 명시적(explicit)으로 발견하기가 쉽지 않으며, 발견하더라도 사용이 불가능할 정도로 복잡하기 때문에 실제로 이벤트의 확률을 계산할 때에는 확률함수 대신 분포표를 사용하고, 이제는 컴퓨터를 이용하여 보다 간편하게 확률을 계산할 수 있다.

확률변수는 변수가 취할 수 있는 값의 범위에 따라 크게 이산확률변수와 연속확률변수로 구분된다. 이산확률변수는 유한하고 이산적인 사건 값만을 취하는 확률변수이다. 예를 들면 '주사위 던지기 결과'의 확률변수이다. 이는 (1, 2, 3, 4, 5, 6)의 정수값을 가지는 것만이 허용된다. 연속확률변수는 무한히 많은 값 중 아무 값이나 취할 수 있는 확률변수를 의미한다. 예를 들어 키(cm)나 몸무게(kg)의 확률변수이다. 이는 모든 소수점 이하의 값(실수값)도 허용된다. 또한 확률함수는 사건이 이산적인지, 혹은 연속적인지에 따라 구분된다. 이산확률변수의 확률함수는 확률질량함수(probability mass function)라고 하며 $P(X=x)$로 나타낸다. 한편 연속확률변수의 확률함수는 확률밀도

함수(probability density function)라고 하고 $f_X(x)$로 나타낸다. 하지만 이것을 구분하는 것은 경영학 측면에서는 큰 의미가 없으므로 모두 확률함수로 불러도 무방하다. 이산확률변수는 연속확률변수의 부분집합이므로 편의상 연속확률변수로 표시해도 무방하다. 확률함수의 충족조건은 확률조건과 마찬가지로 다음을 만족시켜야 한다.

check

- 항상 0보다 크거나 같다. ($P(X=x)$, $f_X(x) \geq 0$)
- 모두 합하면 1이 된다. ($\sum(P(X=x)=1$, $\int f_X(x)dx=1$)

## 4.4 확률변수의 기대값과 분산

비록 확률분포가 데이터의 성질을 한 눈에 파악할 수 있다는 장점이 있다 할지라도 많은 데이터를 가지고 다녀야 한다는 단점이 있다. 또한 이 단점을 해결하기 위해 사용되는 확률함수는 명시적으로 도출하기가 어려운 경우가 많다는 단점이 있다. 따라서 사람들은 두 가지 숫자를 가지고 전체 데이터의 성질을 파악할 수 있는 방법을 개발하였는데, 그것이 바로 유명한 평균과 분산의 개념이다. 평균은 그 데이터의 중심점이 어디 있는가(central tendency)를 나타내는 숫자이고, 분산은 그 데이터가 평균을 중심으로 얼마나 흩어져 있는가를 나타내주는 숫자이다. 이에 대한 설명은 앞 장에서 설명한 평균과 분산 부분을 참고하기 바란다.

### 4.4.1 기대값

확률분포는 많은 데이터를 가지고 다녀야 하는 단점이 있고, 확률함수는 도출하기가 용이하지 않은 경우가 있다는 단점이 있다고 이미 설명하였다. 이를 극복하기 위해 우리는 평균(mean, average)을 사용하는데, 평균은 그 데이터의 중심점이 어디 있는가를 나타내는 숫자로 정의할 수 있다. 또한 통계학에서는 평균을 기대값(expected value)이라 부르기도 한다. 즉 평균과 기대값은 동일한 개념이다. 통계학에서는 확률변수 $X$의 개념을 포함함으로써 확률변수 $X$의 평균은 $\mu_X$로 표시하고, 기대값은 $E(X)$로 표시한다. 예를 들어 '2017년도 1학기 대학원 중급통계 시험 성적의 평균'을 확률변수를 이용하여 표시할 경우 '확률변수 $X$ = 2017년도 1학기 대학원 중급통계 시험 성적, 확률변수

$X$의 평균($\mu$)', 즉 $\mu_X$로 표시할 수 있는 것이다. 기대값도 마찬가지로 확률변수 $X$의 기대값 $E(X)$로 표시할 수 있다.

평균은 모든 데이터의 합을 데이터의 수로 나눈 것을 말한다. 이를 확률변수를 이용하여 표시하면 아래의 식 (4.4)와 같다.

$$\mu_X = \frac{x_1 + x_2 + \cdots + x_n}{n} = \frac{\sum_{i=1}^{n} x_i}{n} \tag{4.4}$$

예를 들어 2017년도 1학기 대학원 중급통계의 성적이 아래의 〈표 4-7〉과 같이 나타났다고 하자.

**표 4-7 2017년도 1학기 대학원 중급통계 성적**

| 학생 | 1 | 2 | 3 | 4 | 5 | 6 |
|---|---|---|---|---|---|---|
| 성적 | 30 | 50 | 50 | 20 | 30 | 60 |

위 데이터의 평균은 식 (4.5)와 같이 계산된다.

$$\mu_X = \frac{30 + 50 + 50 + 20 + 30 + 60}{6} = 40 \tag{4.5}$$

위의 식은 아래의 식 (4.6)과 같이 변형시킬 수도 있을 것이다.

$$\begin{aligned}\mu_X &= \frac{20 \times 1 + 30 \times 2 + 50 \times 2 + 60 \times 1}{6} \\ &= 20 \times \frac{1}{6} + 30 \times \frac{2}{6} + 50 \times \frac{2}{6} + 60 \times \frac{1}{6} = 40\end{aligned} \tag{4.6}$$

여기서 20, 30, 50, 60은 이벤트이고, $\frac{1}{6}$, $\frac{2}{6}$, $\frac{2}{6}$, $\frac{1}{6}$은 각 이벤트의 확률이다. 즉, 평균은 '각 이벤트와 그 확률을 곱한 값을 모두 더하여' 계산할 수도 있는 것이다. 이러한 방법은 통계학에서 평균을 계산할 때 사용하는 방법이며, 이를 기대값($E(X)$)이라고 부른다. 기대값의 계산 방법을 확률변수를 이용하여 표시하면 식 (4.7)과 같이 표시할 수 있다.

$$E(X) = x_1 f_X(x_1) + x_2 f_X(x_2) + \cdots + x_n f_X(x_i) = \sum_{i=1}^{n} x_i f_X(x_i) \tag{4.7}$$

즉, 기대값은 이벤트($x_i$)의 값과 그 확률($f_X(x_i)$)을 곱한 것을 모두 더한 것이 된다. 기대값은 아래와 같은 성질을 가지고 있다.

**기대값의 성질** check

i ) $E(a) = a$ (단, $a$는 상수)

ii ) $E(aX) = aE(X)$ (단, $a$는 상수)

iii ) $E(aX + bY) = aE(X) + bE(Y)$ (단, $a$, $b$는 상수)

iv ) $E(X+Y) = E(X) + E(Y)$

v ) $E(aX+b) = E(aX) + E(b) = aE(X) + b$ (단, $a$, $b$는 상수)

ex) $E(2X + 3 + Y) = 2E(X) + 3 + E(Y)$

### 4.4.2 분산과 표준편차

분산(variance)은 '기대값이 데이터의 성질을 어느 정도 잘 나타내고 있는지'를 나타내는 척도이다. 즉 데이터가 기대값에 근접하게 분포되어 있으면 기대값은 데이터의 성질을 비교적 잘 나타내주지만 멀리 떨어져 분포되어 있으면 그렇지 못하다고 할 수 있다. 이는 평균으로부터 얼마나 떨어져 분포하고 있는지를 계량화하는 것이 된다. 이러한 수치를 산포도(degree of dispersion)라고 하는데, 산포도는 '데이터와 그 평균과의 거리'의 평균을 계산하여 구한다.

즉 $n$개의 관측값($x_1, x_2, \cdots, x_n$)을 지닌 경우에 각각의 데이터 값들이 평균으로부터 떨어져 있는 정도를 계산하여 그 값들의 평균을 계산해볼 수 있다. 그러나 평균을 구하기 위해 데이터 값들이 평균으로부터 떨어져 있는 크기인 $(x_i - \mu_X)$를 모두 더할 경우, 평균은 데이터의 중심점이므로 모두 더해버리면 +와 −의 상쇄 효과가 일어나 항상 0(zero)이 된다. 따라서 이러한 +와 −의 상쇄 효과를 없애기 위해 $(x_i - \mu_X)$를 직접 더하지 않고 $(x_i - \mu_X)$를 제곱하여 평균을 계산한 것이 분산이다. 분산은 평균 $\mu_X$에 대응하여 $\sigma_X^2$로 표시하거나, 기대값 $E(X)$에 대응하여 $V(X)$ 또는 $Var(X)$로 표기한다.

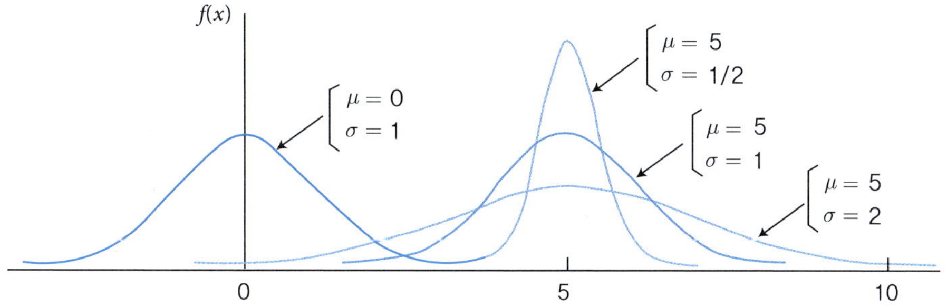


그림 4-4 분산의 크기와 분포의 모양

**확률변수의 분산**

check

- **$x$가 이산변수인 경우**

$$V(X)=\sigma_X^2=E\left[(x-\mu_X)^2\right]=\sum\left[(x_i-\mu_X)^2 f_X(x_i)\right] \tag{4.8}$$

$$E\left[(x-\mu_X)^2\right]=E(x^2)-E(x)^2$$

- **$x$가 연속변수인 경우**

$$\text{Var(X)} = \int (x-\mu_X)^2 f_X(x)dx \tag{4.9}$$

위의 분산을 구하는 공식에서 보는 바와 같이 확률분포의 분산은 $(x_i-\mu_X)^2$의 기대값으로 계산된다. 하지만 분산은 각 데이터가 평균으로부터 얼마나 떨어져 있는지에 대한 정보를 제공하지만 그 값은 편차의 제곱으로 계산된다. 따라서 분산의 단위는 원래의 데이터보다 큰 단위의 값을 지니게 되므로 해석상 불편한 점이 있다.

다시 말하면, 분산은 이차원(제곱)이므로 항상 평균값보다 상당히 크게 되므로 척도의 통일을 위해 표준편차(standard deviation, $\sigma_X$)가 사용되기도 한다. 따라서 표준편차와 분산은 주는 정보가 똑같다. 통일된 개념을 갖기 위해서는 표준편차가 더 유리하지만 $\sqrt{\ }$ 값이므로 무리수로 나타나는 경우가 많아 불리하기도 하다.

분산은 다음과 같은 성질을 가지고 있다.

**분산의 성질** check

i ) $V(a)=0$ (단, $a$는 상수)

ii ) $V(aX)=a^2 V(X)$ (단, $a$는 상수)

iii ) $V(aX+b)=a^2 V(X)$ (단, $a$는 상수)

iv ) $V(X+Y)=V(X)+V(Y)+2Cov(X, Y)$

$V(X+Y)=V(X)+V(Y)$ (두 확률변수 $X, Y$가 독립적인 경우)

v ) $V(X-Y)=V(X)+V(Y)-2Cov(X, Y)$

$V(X-Y)=V(X)+V(Y)$ (두 확률변수 $X, Y$가 독립적인 경우)

### 예제 4-6

동전을 두 번 던질 때 앞면이 나오는 횟수에 대한 확률변수 $X$의 기대값은 1이었다. 확률변수 $X$의 분산을 구하라.

**풀이** $(x_i-\mu_X)^2$의 기대값이 분산이므로

$$\sigma_X^2=E(x-\mu_X)^2=\sum(x-\mu_X)^2P(X=x),\ x=0,\ 1,\ 2$$

$$\sigma_X^2=(0-1)^2P(x=0)+(1-1)^2P(x=1)+(2-1)^2P(x=2)$$

$$\sigma_X^2=1\times\frac{1}{4}+0\times\frac{2}{4}+1\times\frac{1}{4}=\frac{1}{2}$$

### 예제 4-7

아래와 같은 표로 나타난 확률분포의 평균, 분산, 표준편차를 계산하라.

| $x$ | $f_X(x)$ |
|---|---|
| -2 | 0.2 |
| 0 | 0.3 |
| 1 | 0.4 |
| 2 | 0.1 |

**풀이**

$$\mu_X=\sum_{x=-2}^{2}xf_X(x)=(-2)(0.2)+(0)(0.3)+(1)(0.4)+(2)(0.1)=0.2$$

$$\sigma_X^2=\sum_{x=-2}^{2}(x-\mu_X)^2f_X(x)$$

$$= (-2-0.2)^2(0.2) + (0-0.2)^2(0.3) + (1-0.2)^2(0.4) + (2-0.2)^2(0.1)$$
$$= 1.56$$
$$\sigma_X = \sqrt{\sigma_X^2} = \sqrt{1.56} = 1.25$$

**예제 4-8**

**다음과 같은 두 가지 투자안(초기 투자비용은 25,000원)에 대한 수익률이 확률변수 $X$와 확률변수 $Y$로 주어져 있을 때, 다음 물음에 답하라.**

(단위: 천원)

| 투자안 $X$ | | 투자안 $Y$ | |
|---|---|---|---|
| 수익 | 확률 | 수익 | 확률 |
| 20 | 0.50 | 10 | 0.50 |
| 40 | 0.25 | 40 | 0.25 |
| 60 | 0.25 | 80 | 0.25 |

(1) $E(X)$와 $E(Y)$를 구하라.

(2) $V(X)$와 $V(Y)$를 구하라.

(3) 어느 투자안이 더 위험하다고 할 수 있는가?

풀이 (1) $E(X) = (20)(0.5) + (40)(0.25) + (60)(0.25) = 35$

$E(Y) = (10)(0.5) + (40)(0.25) + (80)(0.25) = 35$

(2) $V(X) = (20-35)^2(0.5) + (40-35)^2(0.25) + (60-35)^2(0.25) = 275$

$V(Y) = (10-35)^2(0.5) + (40-35)^2(0.25) + (80-35)^2(0.25) = 825$

(3) 투자수익의 평균은 투자안 $X$와 $Y$가 모두 동일하지만, 투자안 $Y$의 분산이 투자안 $X$의 분산보다 크므로 더 위험한 투자안이라고 할 수 있다.

## 4.5 공분산과 상관계수

분산은 하나의 확률변수에 대한 산포도를 나타내고 있다. 만약, 변수가 두 개일 경우의 산포도(scatter plot)를 나타내면 두 변수 사이의 연관(선형) 관계를 측정할 수 있는데, 이를 측정하는 척도로 공분산과 상관계수가 있다.

### 4.5.1 공분산

공분산(covariance)은 두 확률변수의 산포(dispersion)의 방향이 같은 방향(+)으로 움직이는가, 반대 방향(−)으로 움직이는가, 또는 관계없이(0) 움직이는가를 측정하는 통계량이다. 두 확률변수 $X$와 $Y$의 공분산은 $Cov(X, Y)$ 또는 $\sigma_{XY}$로 표시한다. 먼저 분산은 '데이터와 평균 사이의 거리를 제곱한 값의 평균'이다. 즉, 이를 달리 표시해보면 아래의 식 (4.10)과 같이 표시할 수 있다.

$$V(X) = \sigma_X^2 = E\left[(x - \mu_X)^2\right] \tag{4.10}$$

또한 공분산은 다음과 같이 정의할 수 있다.

**공분산의 정의** check

$$Cov(X, Y) = \sigma_{XY} = E[(x - \mu_X)(y - \mu_Y)] \tag{4.11}$$

여기서, $> 0$ : 양의 선형관계

$< 0$ : 음의 선형관계

$= 0$ : 선형관계가 없음

그러나 현실적으로 모집단의 특성치인 평균과 분산을 알고 있다는 것은 쉬운 일이 아니고, 의미가 없을 수도 있다. 그러므로 표본에 대하여 공분산을 파악하는 것이 중요하다. 표본 공분산은 다음과 같이 정의할 수 있다.

$$S_{xy} = \frac{\sum (x - \overline{x})(y - \overline{y})}{n - 1}$$

다음 예를 들어보자. 학생들 사이의 키와 몸무게의 관계를 알아보고자 한다. 만약 키와 몸무게가 정비례 관계에 있다고 하면 다음과 같은 현상이 나타날 것이다. 키가 큰 학생은 몸무게도 많이 나갈 것이고, 키가 작은 학생은 몸무게도 적게 나갈 것이다. 여기서 한 집단 내에서 키가 크다는 것은 그 집단의 평균 키보다 크다는 것을 의미하며, 몸무게가 많이 나간다는 것은 그 집단의 평균 몸무게보다 많이 나간다는 것을 의미한다고 할 수 있다. 따라서 키와 몸무게가 정비례 관계에 있다고 하면, 그 집단의 평균 키보다 키가 큰 학생은 그 집단의 평균 몸무게보다 몸무게가 클 것이고, 반대로 그 집단의 평균 키보다 키가 작은 학생은 몸무게도 그 집단의 평균 몸무게보다 작다고 정의할 수 있다. 이 예를 보다 통계학적으로 표현해보자. 확률변수 $X$를 학생들의 키라 하고, 확률변수 $Y$를 학생들의 몸무게라고 하자. 만일 두 확률변수 $X$, $Y$가 양의 선형관계, 또는 정비례 관계가 있다고 하면, 이 경우 두 변수 사이에 어떤 현상이 있을까 생각해보자.

$(X, Y)$의 한 점 $(x_i, y_i)$에서 정비례 관계일 경우 $x_i$가 그 평균인 $\mu_X$보다 크면, $y_i$도 그 평균인 $\mu_Y$보다 클 것이고, 반대로 $x_i$가 그 평균인 $\mu_X$보다 작으면, $y_i$도 그 평균인 $\mu_Y$보다 작을 것이다. 즉, 데이터와 평균 사이의 거리인 $(x_i - \mu_X) > 0$이면, $(y_i - \mu_Y) > 0$이 되고 반대로 $(x_i - \mu_X) < 0$이면, $(y_i - \mu_Y) < 0$이 될 것이다. 따라서 양쪽의 거리를 곱하면 항상 양수(+)가 된다. 이런 현상이 모든 점에서 나타나므로 이 양쪽 거리의 곱을 다 더해 총 개수로 나누면 이는 '양쪽 거리를 곱한 값의 평균'이 된다. 즉, $E[(X-\mu_X)(Y-\mu_Y)]$이 되고, 이것이 바로 두 확률변수 $X$와 $Y$의 공분산 $(Cov(X, Y))$이며, 항상 양의 값을 가진다.

반대의 경우도 생각해보자. $(X, Y)$가 음의 선형관계, 또는 반비례 관계가 있을 때에는 $(X, Y)$의 한 점 $(x_i, y_i)$에서 $x_i$가 그 평균인 $\mu_X$보다 클 경우, $y_i$는 그 평균인 $\mu_Y$보다 작을 것이고, 반대로 $x_i$가 그 평균인 $\mu_X$보다 작을 경우, $y_i$는 그 평균인 $\mu_Y$보다 클 것이다. 즉, $(x_i - \mu_X) > 0$이면, $(y_i - \mu_Y) < 0$이 되고 반대로 $(x_i - \mu_X) < 0$이면, $(y_i - \mu_Y) > 0$이 될 것이다. 따라서 양쪽의 거리를 곱하면 항상 음수(−)가 된다. 위에서와 마찬가지로 이런 현상이 모든 점에서 나타나므로 양쪽 거리의 평균을 구한 $Cov(X, Y)$를 구하면 항상 음의 값을 가진다.

이번에는 $(X, Y)$가 아무런 (선형)관계가 없는 경우도 있다. 이 경우에는 $(X, Y)$의 한 점 $(x_i, y_i)$에서는 $x_i$가 그 평균인 $\mu_X$보다 클 때, $y_i$가 그 평균인 $\mu_Y$보다 클 수도 있고, 다른 점 $(x_j, y_j)$에서는 반대로 $x_i$가 그 평균인 $\mu_X$보다 클 때, $y_i$가 그 평균인 $\mu_Y$보다 작을 수도 있게 된다. 따라서 한 점 $(x_i, y_i)$에서는 그 거리인 $(x_i - \mu_X) > 0$이면 $(y_i - \mu_Y) > 0$가 되어 그 값이 양수(+)가 되고, 또 다른 점 $(x_j, y_j)$에서는 $(x_j - \mu_X) > 0$이면 $(y_j - \mu_Y) < 0$가 되어 양쪽의 거리를 곱하면 음수(−)가 된다. 즉, 양쪽의 거리의 곱이 양수(+)가 될 수도 있고, 음수(−)가 될 수도 있다. 두 확률변수 사이에 아무런 선형관계가 없다면, 양수(+)와 음수(−)가 나올 확률이 각각 반이므로 양 쪽 거리의 평균인 $Cov(X, Y)$는 0이 된다.

이를 요약하면 두 확률변수 $X$와 $Y$의 공분산$(Cov(X, Y))$이 양의 값

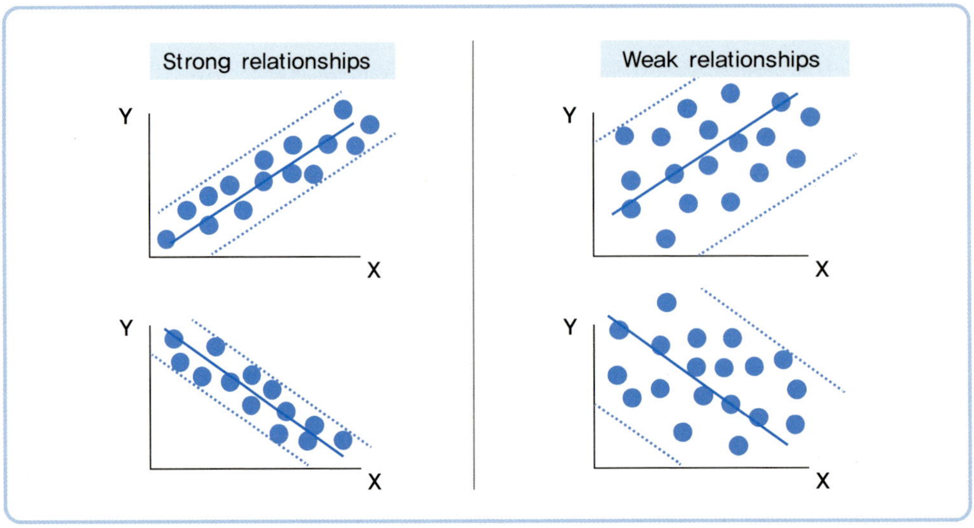


그림 4-5 두 확률변수 X, Y의 관계

($Cov(X, Y) > 0$)을 가지면 두 변수는 양의 선형관계에 있다는 것이고, 공분산이 음의 값($Cov(X, Y) < 0$)을 가지면 두 변수는 음의 선형관계에 있다. 마지막으로 공분산이 0($Cov(X, Y) = 0$)일 경우에는 두 변수 사이에 아무런 선형 관계가 없는 것이다.

공분산은 두 변수 사이의 관계를 측정해주지만, 이는 단지 선형 관계만을 나타낼 뿐이며, 다른 비선형 관계에 대해서는 알 수 없다. 이는 공분산을 계산할 때 데이터와 평균 사이의 직선거리를 가지고 하기 때문에 선형 관계만을 나타내는 것이다. 통계학에서는 대부분 선형 관계를 사용한다. 그 이유는 선형 관계가 모든 면에서 간편하고 효율적이면서도 실제 경험적으로도 많이 틀리지 않는다는 장점을 갖고 있기 때문이다. 또한 통계학에서는 대부분 정규분포를 가정하는데, 정규분포인 경우는 선형관계가 아니면 다른 관계도 없기 때문이다. 이때 이를 독립적이라 한다.

### 예제 4-9

다음은 경영학과 신입생 중에서 표본으로 15명에 대한 키와 몸무게를 조사한 것이다. 두 변수의 분산 및 공분산을 계산하고, 산포도를 작성하여 두 변수 간의 관계를 시각적으로 파악해보라.

| 학생 | 1 | 2 | 3 | 4 | 5 | 6 | 7 | 8 | 9 | 10 | 11 | 12 | 13 | 14 | 15 |
|---|---|---|---|---|---|---|---|---|---|---|---|---|---|---|---|
| 키 | 173 | 161 | 181 | 170 | 169 | 163 | 182 | 178 | 175 | 171 | 177 | 173 | 165 | 183 | 175 |
| 몸무게 | 69 | 49 | 82 | 69 | 73 | 47 | 72 | 75 | 70 | 54 | 58 | 48 | 60 | 79 | 76 |

**풀이** 확률변수 X는 키를 나타내고, 확률변수 Y는 몸무게를 나타낸다고 하자.

$$V(X) = \sigma_X^2 = E\left[(x-\mu_X)^2\right] = 42.06$$

$$V(Y) = \sigma_Y^2 = E\left[(y-\mu_y)^2\right] = 129.17$$

$$S_{xy} = \frac{\sum (x-\overline{x})(y-\overline{y})}{n-1} = 52.17$$

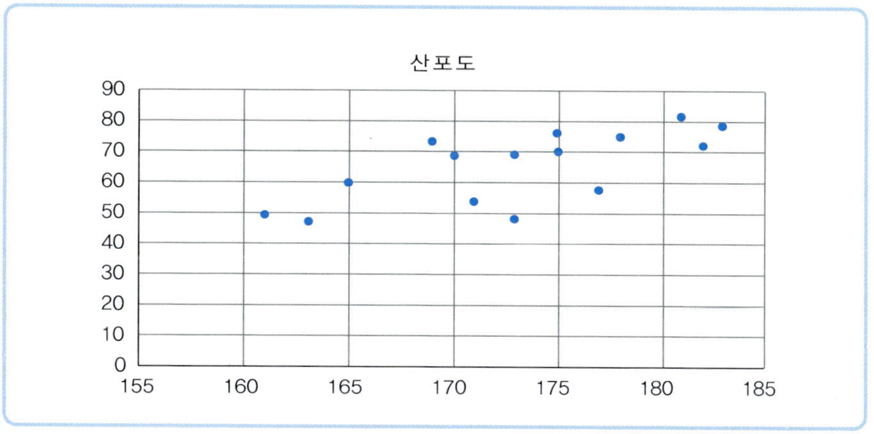


## 4.5.2 상관계수

공분산은 두 확률변수 사이의 선형관계의 여부나 방향을 나타내주지만 그 관계의 정도를 나타내주지는 못한다는 약점이 있다. 그 이유는 측정 단위에 따라 그 값이 크게 변할 수 있기 때문이다. 즉, 공분산 값이 큰 두 확률변수 사이의 관계가 공분산 값이 작은 두 확률변수 사이의 관계보다 선형 관계가 더 깊다고 할 수는 없는 것이다. 예를 들면 국가 예산과 국방비 사이의 공분산 값은 항상 키와 체중 사이의 공분산 값보다 반드시 크게 나올 것이다. 국가 예산과 국방비의 단위는 조 단위이고, 키와 체중의 단위는 기껏해야 백 단위이기 때문이다.

따라서 다양한 데이터를 서로 비교하기 위해서는 측정 단위의 영향을 배제하기 위한 단위의 표준화(scaling)가 필요하다. 통계학에서는 흔히 단위의 표준화를 표준편차로 나누는 방법을 사용하는데, 공분산의 단위 표준화도 이 방법을 사용하여 각각의 표준편차로 나누어준다. 이렇게 공분산 값을 각각의 표준편차로 나누어준 값을 상관계수(correlation coefficient)라고 한다.

상관계수는 흔히 그리스어 $\rho$를 사용하여 표시하며, 두 확률변수 $X$, $Y$의 상관계수는 $\rho_{XY}$로 표시한다. $\rho_{XY}$는 측정 단위의 통일을 위해서 두 확률변수의 공분산($\sigma_{XY}$) 값을 확률변수 $X$의 표준편차($\sigma_X$)와 확률변수 $Y$의 표준편차($\sigma_Y$)의 곱으로 나누어 계산한다. 이를 확률변수를 이용하여 표시하면 다음과 같다.

**상관계수의 정의** check

$$\rho_{XY} = \frac{\sigma_{XY}}{\sigma_X \sigma_Y} \tag{4.12}$$

$$-1 \leq \rho_{XY} \leq 1$$

상관계수 $\rho_{XY}$는 -1과 1 사이의 값을 가진다. 만약 상관계수의 값이 1이라면 두 변수 사이의 관계는 완전한 양의 선형관계가 된다. 즉, $\sigma_{XY} = \sigma_X \sigma_Y$이 되며, $\rho_{XY} = 1$이 된다. 또한 상관계수의 값이 -1이라면 두 변수 사이의 관계는 완전한 음의 선형관계가 된다. 상관계수의 값이 0에 가까울수록 두 변수 사이에는 별다른 (선형)관계가 없다는 것을 의미하며, 만약 완전한 무선형 관계라면 $\sigma_{XY} = 0$이므로 $\rho_{XY}$ 또한 0이 된다. 이와 같이 상관계수는 두 변수 사이의 관계를 파악하는 기초 조사로 사용된다. 즉, 우선 상관계수 분석을 실시하여 두 변수 사이의 관계를 대략적으로 파악하는 데 도움을 준다.

### 예제 4-10

**아래의 표는 경영학과 학생 5명의 경영통계 과목의 퀴즈 성적(25점 만점)과 학기말고사 성적(200점 만점)을 포함하고 있다. 퀴즈 점수와 학기말 고사 점수와의 관계를 파악하고자 한다.**

| 학생 | 퀴즈 점수($X$) | 학기말 점수($Y$) |
|---|---|---|
| 1 | 20 | 155 |
| 2 | 21 | 160 |
| 3 | 14 | 140 |
| 4 | 15 | 150 |
| 5 | 24 | 180 |

(1) $\mu_X$와 $\mu_Y$를 구하라.

(2) $\sigma_X$와 $\sigma_Y$를 구하라.

(3) 두 확률변수의 공분산($\sigma_{XY}$)을 구하라.

(4) 두 확률변수의 상관계수($\rho_{XY}$)를 구하라.

**풀이** (1) $\mu_X = (20+21+14+15+24)(0.2) = 18.8$

$\mu_Y = (155+160+140+150+180)(0.2) = 157$

(2) $\sigma_X^2 = [(20-18.8)^2 + (21-18.8)^2 + (14-18.8)^2 + (15-18.8)^2 + (24-18.8)^2](0.2) = 14.16$

$\sigma_X = \sqrt{\sigma_X^2} = \sqrt{14.16} = 3.76$

$\sigma_Y^2 = [(155-157)^2 + (160-157)^2 + (140-157)^2 + (150-157)^2 + (180-157)^2](0.2) = 176$

$\sigma_Y = \sqrt{\sigma_Y^2} = \sqrt{176} = 13.27$

(3) $\sigma_{XY} = [(20-18.8)(155-157) + (21-18.8)(160-157) + (14-18.8)(140-157) + (15-18.8)(150-157) + (24-18.8)(180-157)](0.2) = 46.4$

(4) $\rho_{XY} = \dfrac{\sigma_{XY}}{\sigma_X \sigma_Y} = \dfrac{46.4}{(3.76)(13.27)} = 0.93$

## 4.6 Excel 실습

Excel을 이용하여 공분산과 상관계수를 구하는 방법 역시 앞에서 배운 평균과 분산, 표준편차를 구하는 방법과 마찬가지로 [함수]를 이용하거나 [데이터 분석] 기능을 이용하는 두 가지의 방법이 있다. 먼저 [함수] 기능을 이용하여 공분산과 상관계수를 구하는 방법을 알아보자. Microsoft Excel 2013에서 공분산과 상관계수를 구하는 함수와 그 인수는 〈표 4-8〉과 같다.

공분산을 구하는 함수 또한 앞에서 배운 분산, 표준편차와 마찬가지로 모집단의 공분산을 구하는 함수(COVARIANCE.P)와 표본의 공분산을 구하는 함수(COVARIANCE.S)로 나뉘어져 있다. 하지만 상관계수는 모집단과 표본이 나뉘어 있지 않은데, 이는 모집단과 표본의 계산 결과가 동일하기 때문에 굳이 나눌 필요가 없기 때문이다. 다음의 예제를 살펴보자.

**표 4-8 공분산과 상관계수를 계산하는 함수**

| | | |
|---|---|---|
| 함수 | 공분산 | =COVARIANCE.P(array1, array2)<br>=COVARIANCE.S(array1, array2) |
| | 상관계수 | =CORREL(array1, array2) |
| 인수 설명 | | • array : 공분산과 상관계수를 구하고자 하는 데이터 집단의 범위이다. 'array1'은 첫 번째 집단의 데이터 범위, 'array2'는 두 번째 집단의 데이터 범위를 입력한다. |

## 예제 4-11

**아래의 자료는 판매에 대한 광고 활동의 효과를 살펴보기 위한 2001년부터 2010년까지 10년간의 광고 활동과 매출액에 대한 결과 데이터이다. 광고 활동과 매출액의 공분산과 상관계수를 구하라.**

(단위: 백만)

| 연도 | 연간 광고 활동비 | 연간 매출액 |
|---|---|---|
| 2001 | 12 | 095 |
| 2002 | 15 | 106 |
| 2003 | 10 | 084 |
| 2004 | 08 | 065 |
| 2005 | 20 | 110 |
| 2006 | 21 | 105 |
| 2007 | 25 | 120 |
| 2008 | 14 | 090 |
| 2009 | 15 | 096 |
| 2010 | 18 | 115 |

**풀이** 이 문제를 Microsoft Excel 2013을 이용하여 푸는 절차는 다음과 같다.

① 공분산과 상관계수를 계산하기 위해 〈그림 4-6〉과 같이 워크시트에 데이터를 입력한다.

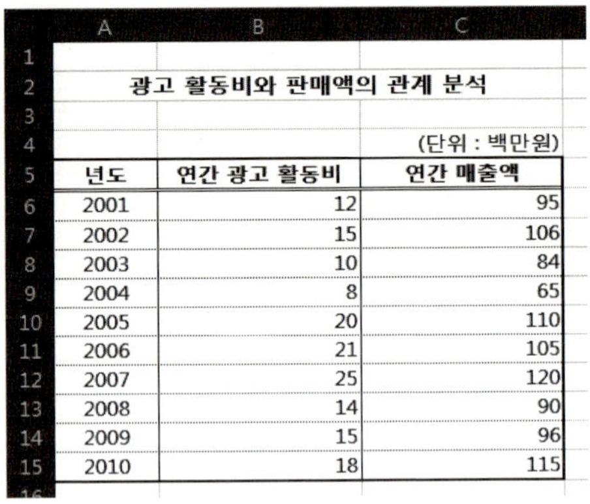

광고 활동비와 판매액의 관계 분석

(단위 : 백만원)

| 년도 | 연간 광고 활동비 | 연간 매출액 |
|---|---|---|
| 2001 | 12 | 95 |
| 2002 | 15 | 106 |
| 2003 | 10 | 84 |
| 2004 | 8 | 65 |
| 2005 | 20 | 110 |
| 2006 | 21 | 105 |
| 2007 | 25 | 120 |
| 2008 | 14 | 90 |
| 2009 | 15 | 96 |
| 2010 | 18 | 115 |

그림 4-6

② 공분산과 상관계수를 구하기 위해 〈그림 4-7〉과 같이 각각의 함수를 입력한다.

| | A | B | C |
|---|---|---|---|
| 1 | | | |
| 2 | 광고 활동비와 판매액의 관계 분석 | | |
| 3 | | | |
| 4 | | | (단위 : 백만원) |
| 5 | 년도 | 연간 광고 활동비 | 연간 매출액 |
| 6 | 2001 | 12 | 95 |
| 7 | 2002 | 15 | 106 |
| 8 | 2003 | 10 | 84 |
| 9 | 2004 | 8 | 65 |
| 10 | 2005 | 20 | 110 |
| 11 | 2006 | 21 | 105 |
| 12 | 2007 | 25 | 120 |
| 13 | 2008 | 14 | 90 |
| 14 | 2009 | 15 | 96 |
| 15 | 2010 | 18 | 115 |
| 16 | | | |
| 17 | 공분산 (모집단) | =COVARIANCE.P(B6:B15,C6:C15) | |
| 18 | 공분산 (표본) | =COVARIANCE.S(B6:B15,C6:C15) | |
| 19 | 상관계수 | =CORREL(B6:B15,C6:C15) | |

그림 4-7

③ 각각의 함수를 입력하면 공분산, 상관계수가 계산되며, 그 결과는 〈그림 4-8〉과 같다.

| | A | B | C |
|---|---|---|---|
| 1 | | | |
| 2 | 광고 활동비와 판매액의 관계 분석 | | |
| 3 | | | |
| 4 | | | (단위 : 백만원) |
| 5 | 년도 | 연간 광고 활동비 | 연간 매출액 |
| 6 | 2001 | 12 | 95 |
| 7 | 2002 | 15 | 106 |
| 8 | 2003 | 10 | 84 |
| 9 | 2004 | 8 | 65 |
| 10 | 2005 | 20 | 110 |
| 11 | 2006 | 21 | 105 |
| 12 | 2007 | 25 | 120 |
| 13 | 2008 | 14 | 90 |
| 14 | 2009 | 15 | 96 |
| 15 | 2010 | 18 | 115 |
| 16 | | | |
| 17 | 공분산 (모집단) | 68.62 | |
| 18 | 공분산 (표본) | 76.24444444 | |
| 19 | 상관계수 | 0.892322538 | |

그림 4-8

다음으로 [데이터 분석] 기능을 이용하여 데이터의 공분산과 상관계수를 구하는 방법을 알아보면 아래와 같은 절차를 따를 수 있다.

① 〈그림 4-9〉와 같이 워크시트에 데이터를 입력한 상태에서 [데이터] 탭에 [데이터 분석]을 클릭

하여 [통계 데이터 분석] 창을 생성한다.

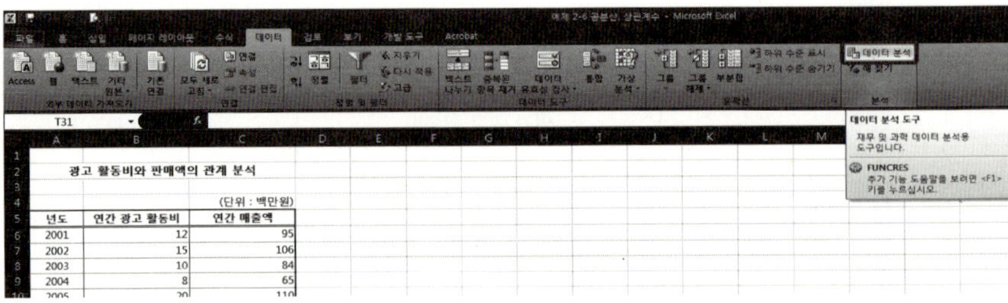


그림 4-9

② [통계 데이터 분석] 창이 생성되면 왼쪽의 [분석 도구(A)] 창의 데이터 분석 기법 중 [공분산 분석]과 [상관 분석] 기능을 이용하여 공분산과 상관계수를 구한다. 먼저, 공분산을 구하기 위해 [공분산 분석]을 선택한 후 창 오른쪽의 [확인] 단추를 클릭하여 [공분산 분석] 창을 생성시킨다.

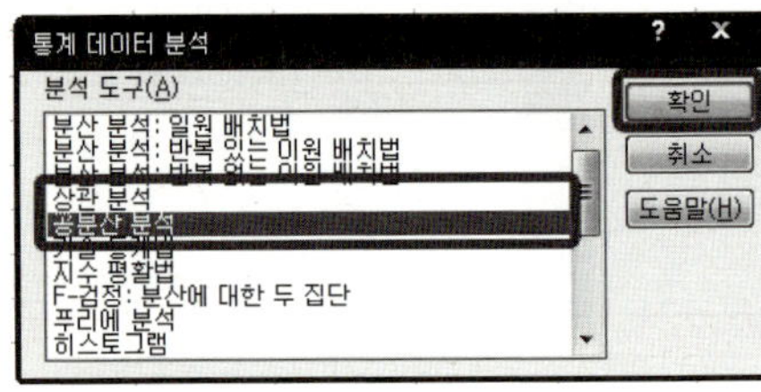


그림 4-10

③ [공분산 분석] 창이 생성되면 [입력 범위(I)]에 〈그림 4-11〉과 같이 데이터를 입력한 범위를 입력해준다. [입력 범위(I)] 하단의 [데이터 방향]은 기본적으로 [열(C)]로 선택되어 있는데, 본 예시에서는 데이터의 입력을 열을 기준으로 정리하였으니 그대로 둔다. 만약 데이터를 행을 기준으로 정리하였으면 [행(R)]을 클릭하여 선택해야 한다. [출력옵션]은 계산된 결과 데이터를 어디에 출력할 것인가를 묻는 것인데, 본 예시에서는 새로운 워크시트를 생성하여 출력할 것을 선택하였다. [새로운 워크시트(P)] 오른쪽에 결과를 출력할 워크시트의 이름을 입력하고 (기본 선택은 비어 있다. 이 경우 [Sheet #]로 새로운 워크시트가 생성된다.), 마지막으로 [기술 통계법] 창 오른쪽의 [확인] 단추를 클릭하면 계산 결과가 출력된다.

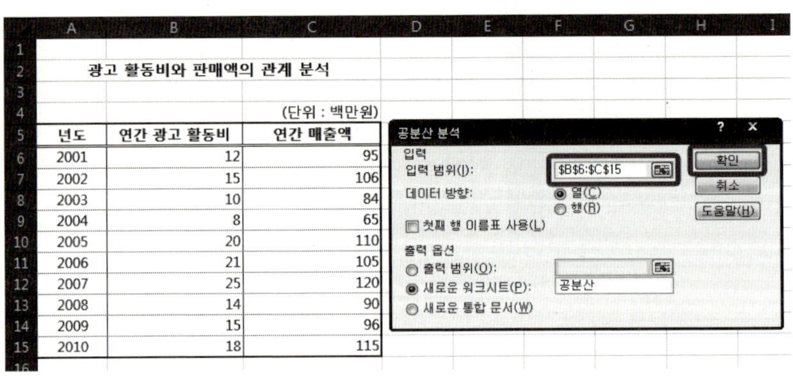


그림 4-11

④ 계산 결과는 [공분산 분석] 창에서 설정했던 것과 같이 〈그림 4-12〉처럼 새로운 워크시트에 출력이 된다. 공분산 분석 결과 창은 〈그림 4-13〉과 같이 행렬의 형식으로 나타난다. B2 셀의 수치(24.76)는 입력한 데이터 중 첫 번째 열(연간 광고 활동비)의 분산, C3 셀의 수치(238.84)는 입력한 데이터 중 두 번째 열(연간 매출액)의 분산이다. B3 셀의 수치(68.62)가 바로 두 확률변수의 공분산이다. 즉, Column 1과 Column 1이 만나는 셀(B2셀)의 수치는 첫 번째 확률변수의 분산, Column 2와 Column 2가 만나는 셀(C3셀)의 수치는 두 번째 확률변수의 분산, Column 1과 Column 2가 만나는 셀(B3셀)의 수치는 두 확률변수의 공분산을 출력한다.

그림 4-12

| | A | B | C |
|---|---|---|---|
| 1 | | Column 1 | Column 2 |
| 2 | Column 1 | 24.76 | |
| 3 | Column 2 | 68.62 | 238.84 |
| 4 | | | |

그림 4-13

⑤ 다음으로 상관계수를 구하는 절차는 공분산 분석과 동일하다. [통계 데이터 분석] 창을 생성시켜 오른쪽의 [분석 도구(A)] 창에서 [상관 분석]을 선택한 후 창 오른쪽의 [확인] 단추를 클릭하여 [상관 분석] 창을 생성시킨다.

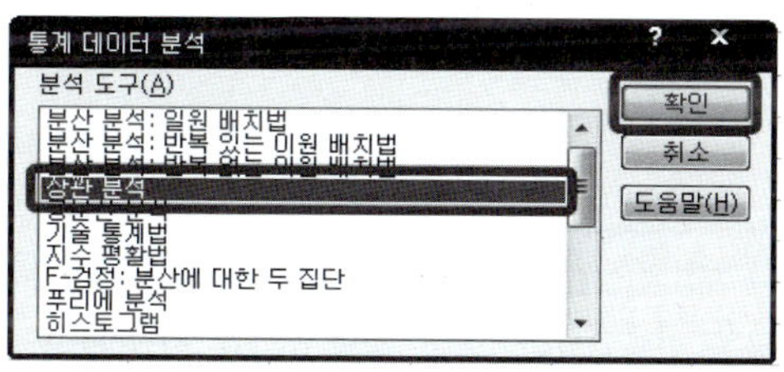


그림 4-14

⑥ [상관 분석] 창은 [공분산 분석] 창과 동일한 구조를 가지고 있다. 공분산 분석을 할 때와는 달리 〈그림 4-15〉와 같이 [입력 범위(I)]를 [$B$5: $C$15]로 데이터의 제목까지 포함시켰는데, 이 경우에는 [상관 분석] 창 중간의 [첫째 행 이름표 사용(L)] 앞의 체크박스에 체크를 할 경우, 가장 첫 행을 변수의 이름으로 인식하여 계산 결과에 반영한다(그림 4-17 참고). 이는 물론 [공분산 분석]에서도 동일하게 적용된다. 설정을 완료하고 창 오른쪽의 [확인] 단추를 클릭하면 분석 결과가 출력된다.

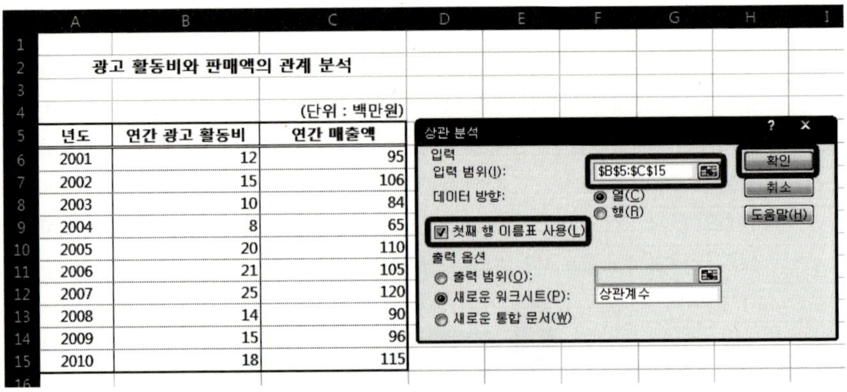


그림 4-15

⑦ 계산 결과는 [공분산 분석]을 할 때와 마찬가지로 새로운 워크시트에 행렬로 나타난다. '연간 광고 활동비'와 '연간 매출액'의 상관계수(B3 셀)는 0.892로 나타난다.

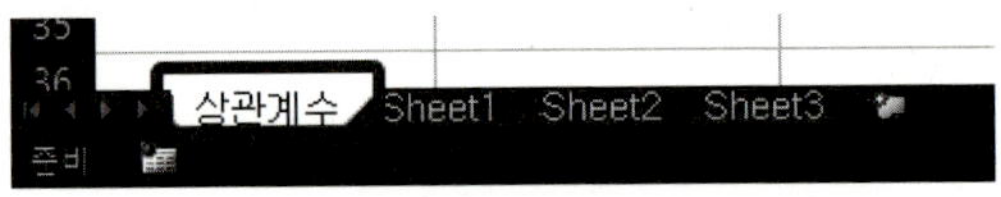


그림 4-16

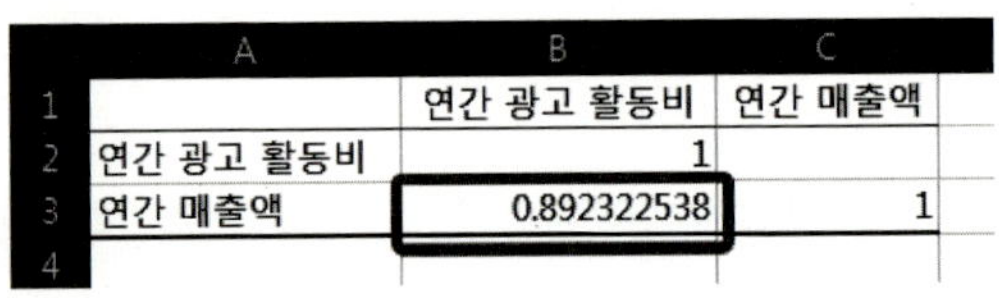


그림 4-17

같은 확률변수끼리의 상관계수($\rho_{XX}$), 즉 연간 광고 활동비끼리의 상관계수와 연간 매출액끼리의 상관계수는 1로 계산되었는데, 이는 아래의 식과 같이 같은 확률변수끼리의 공분산이 그 확률변수의 분산이 되고, 이를 그 표준편차의 제곱(=분산)으로 나누었기 때문에 상관계수는 식 (4.13)과 같이 1로 계산된다.

$$\rho_{XX} = \frac{\sigma_{XX}}{\sigma_X \sigma_X} = \frac{\sigma_X^2}{\sigma_X^2} = 1 \tag{4.13}$$

## 사례연구 : 구단운영에 관한 의사결정

K 구단의 마케팅 매니저는 구단운영에 있어 고객들의 시즌티켓 (즉, 일 년 내내 홈게임을 관람할 수 있는 권리)의 판매가 중요하다고 생각하여, 이에 대한 설문조사를 시즌 개막전인 1월에 실시하였다. 1,000명의 고객들에게 내년도 시즌 티켓을 구매할 의향이 있는지를 물어본 후, 1달 후에 실제로 구매한 고객이 얼마나 되는지를 파악하였다. 그 결과 총 520명의 고객이 구매할 의향이 있다고 답을 한 후, 실제로는 120명만 구매를 한 것으로 나타났다. 또한 실제로 구매한 고객들에게 시즌 티켓을 구매한 이유가 무엇인지를 확인하였다. 고객들의 답변은 아래와 같은 이유로 시즌 티켓을 구매한 것으로 나타났으며, 그 결과는 아래의 〈표〉에 정리되어 있다.

시즌티켓 구매 이유

1) 구단에 대한 충성심을 나타내기 때문에
2) 시즌티켓을 구매하는 것이 가격 측면에서 저렴하기 때문에
3) 시즌티켓을 구매하는 것이 편리(좋은 좌석 확보, 티켓 사전 확보, 등)하기 때문에
4) 시즌티켓을 구매하는 것이 다양한 구단의 선물을 받을 수 있기 때문에.

| 응답 결과 | 실제 구매자 중 |
|---|---|
| 1 | 40 |
| 2 | 30 |
| 3 | 40 |
| 4 | 10 |

K 구단이 마케팅 매니저는 이러한 설문 결과를 바탕으로 아래와 같은 질문에 대한 답을 구하여 여러 마케팅 방법을 활용하고 티켓 판매를 확대할 수 있는 전략을 수립하고자 한다. 아래의 물음에 답하라.

(1) 시즌티켓을 구매할 의향이 있는 고객이 실제로 시즌티켓을 구매할 확률은 얼마인가?

(2) 시즌티켓을 구매할 의향이 있었으나 실제로는 구매하지 않을 확률은 얼마인가?

(3) 고객 중에서 구단에 충성심을 보이기 위해 시즌티켓을 구매할 확률은 얼마인가?

(4) 고객 중에서 경제적 이유(가격이 저렴, 다양한 구단 선물)로 인해 시즌티켓을 구매할 확률은 얼마인가?

01 확률변수 $X$에 대하여 다음과 같은 확률밀도함수가 있다고 하자. 이 때 $x$가 4 이하일 확률은 얼마인가?

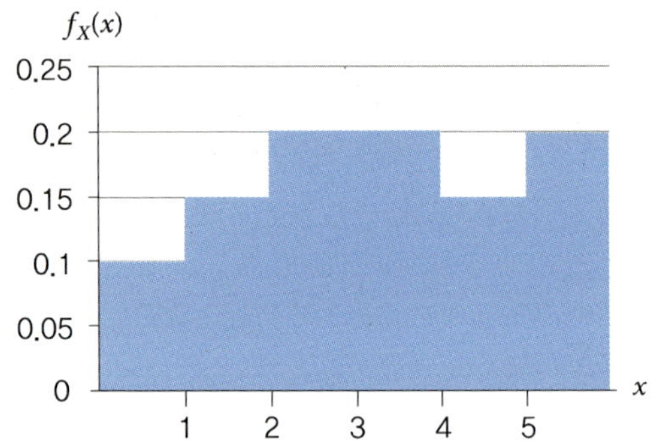


02 알렌은 복사기 대여 사업을 하고 있다. 2011년도 상반기에 고객들에게 하루에 대여한 복사기의 수를 조사한 결과는 다음과 같다. 이 경우, 고객들에게 대여한 복사기의 수를 확률변수 $X$라고 할 때, 아래 확률분포의 빈 칸을 채우고, 다음 물음에 답하라.

| 복사기 수 | 확률 |
|---|---|
| 1 | 0.22 |
| 2 | |
| 3 | 0.18 |
| 4 | 0.11 |
| 5 | 0.06 |

(1) 알렌이 하루에 고객에게 적어도 3개의 복사기를 대여할 확률은?

(2) 확률변수 $X$의 기대값은?

(3) 확률변수 $X$의 분산은?

03 노원 소방서 119 구급대의 하루 평균 긴급출동 서비스 횟수를 확률변수 $X$라고 할 때, 긴급출동 서비스에 대한 확률분포를 다음과 같이 표로 작성하였다. 아래 확률분포의 빈

칸을 채우고 다음 물음에 답하라.

| 긴급출동 서비스 횟수 | 확률 |
|---|---|
| 0 | 0.10 |
| 1 | 0.15 |
| 2 | 0.30 |
| 3 | 0.20 |
| 4 | |
| 5 | 0.10 |

(1) 긴급 출동 서비스가 정확하게 4번 발생할 확률은 얼마인가?

(2) 긴급 출동 서비스가 기껏해야 3번 이하로 발생할 확률은 얼마인가?

(3) 긴급 출동 서비스가 적어도 3번 이상 발생할 확률은 얼마인가?

**04** **제조과정에서 발생하는 불량품의 수를 나타내는 확률변수를 $X$라고 할 때, 아래의 확률분포의 빈 칸을 채우고, 다음 물음에 답하라.**

| 불량품의 수($x$) | 0 | 1 | 2 | 3 | 4 | 5 |
|---|---|---|---|---|---|---|
| $P(X=x)$ | 0.15 | 0.17 | 0.20 | | 0.08 | 0.35 |

(1) 평균적으로 발생하는 불량품의 수는?

(2) 확률변수 $X$의 표준편차는?

**05** **산업호프집에서 고객이 주문하는 병맥주의 수(확률변수 $X$) 확률변수로서 다음과 같은 분포를 하고 있다고 가정하자.**

| $x$ | 이윤($y$) | $P(X=x)$ |
|---|---|---|
| 0 | −20,000 | 0.05 |
| 1 | 30,000 | 0.22 |
| 2 | 70,000 | 0.46 |
| 3 | 100,000 | 0.21 |
| 4 | 150,000 | 0.06 |

(1) 산업호프집이 고객에게 맥주를 3병 이상 판매할 확률은?

(2) 산업호프집의 평균 이윤은?

(3) 무작위로 선택한 고객이 주문하는 맥주의 분산은 얼마인가?

**06** 과거의 이메일 자료를 분석하니 인터넷 메일 서버에 1분당 도착하는 이메일의 수가 아래와 같은 확률분포를 이루고 있다는 것을 발견하였다.

| 이메일/분 | $P(X=x)$ |
|---|---|
| 0 | 0.12 |
| 1 | 0.20 |
| 2 | 0.33 |
| 3 | 0.15 |
| 4 | 0.11 |
| 5 | 0.09 |

(1) 인터넷 메일서버에 분당 3건 이상의 이메일이 도착할 확률은?

(2) 분당 인터넷 메일 서버에 도착하는 평균 이메일의 수는?

(3) 인터넷 메일서버에 도착하는 이메일 수의 분산은?

**07** 확률변수 $X$는 한 달 동안 학생들이 도서관에 출입한 횟수를 나타낸다고 한다. 아래의 자료는 확률변수 $X$의 확률분포를 나타낸 것이다.

| $x$ | 0 | 1 | 2 | 3 |
|---|---|---|---|---|
| $P(X=x)$ | 0.1 | 0.3 | 0.4 | 0.2 |

(1) 이 분포의 평균($\mu_X$)은 얼마인가?

(2) 이 분포의 분산($\sigma_X^2$)은 얼마인가?

**08** 확률변수 $X$가 아래와 같은 확률분포를 가지고 있다고 가정할 때, $P(x>0)$의 확률은 얼마가 되는가?

| $x$ | −4 | 0 | 1 | 2 |
|---|---|---|---|---|
| $P(X=x)$ | 0.2 | 0.3 | 0.4 | 0.1 |

**09** **매지산업에서는 프로젝트를 기획하고 있는데, 1년 뒤 프로젝트의 예상 수익과 확률은 아래의 표와 같다. 확률변수 $X$를 프로젝트의 수익이라고 할 때, 다음 물음에 답하라.**

| $x$ (억 원) | $f_X(x)$ |
|---|---|
| −10 | 0.10 |
| 0 | 0.20 |
| 5 | 0.30 |
| 10 | 0.25 |
| 15 | 0.10 |
| 20 | |

(1) 위 표의 빈 칸을 채워라.

(2) 확률변수 $X$의 기대값은 얼마인가?

(3) 확률변수 $X$의 분산은 얼마인가?

**10** **확률변수 $X$의 확률분포가 다음과 같이 주어졌다고 한다.**

| $x$ | 0 | 1 | 2 | 3 |
|---|---|---|---|---|
| $P(X=x)$ | 0.30 | 0.35 | 0.20 | 0.15 |

(1) $P(2 \leq x \leq 3)$의 확률은?

(2) $P(x = 0.5)$의 확률은?

(3) 확률변수 $X$의 분산($V(X)$)을 구하라.

(4) $E(3X-5)$의 값은 얼마인가?

**11** **한 패션잡지에서 "최근 4개월간 발행된 잡지 중 몇 권을 읽어보셨습니까?"라는 질문에 대해 500명의 응답자에게 설문조사를 실시하여 아래와 같은 결과를 얻었다.**

| 읽은 횟수 | 응답자 수 |
|---|---|
| 0 | 25 |
| 1 | 20 |
| 2 | 50 |
| 3 | 95 |
| 4 | 310 |
| 합계 | 500 |

(1) 500명이 지난 4개월간 발행된 잡지를 읽은 횟수의 평균을 구하라.

(2) 500명이 지난 4개월간 발행된 잡지를 읽은 횟수의 분산을 구하라.

12 신우공업은 원자력 발전용 밸브를 생산하기 위해 공장의 확장을 고려하고 있다. 이 회사의 사장은 공장의 확장규모를 어느 정도로 하는 것이 가장 바람직한지를 결정하고자 한다. 그러나 원자력 발전용 밸브의 수요는 불확실하기 때문에 다음과 같이 예측을 하고 있다.

| 수요 | 낮은 수요 | 보통 수요 | 높은 수요 |
|---|---|---|---|
| $P(X=x)$ | 0.2 | 0.5 | 0.3 |

두 가지 공장 확장 대안에 대한 연간 수익을 확률변수 $X$와 확률변수 $Y$로 나타낼 때, 다음 물음에 답하라.

| | | 프로젝트 A | | 프로젝트 B | |
|---|---|---|---|---|---|
| | | $x$ | $P(X=x)$ | $x$ | $P(Y=y)$ |
| 수요 | 낮은 수요 | 50 | 0.2 | 0 | 0.2 |
| | 보통 수요 | 150 | 0.5 | 100 | 0.5 |
| | 높은 수요 | 200 | 0.3 | 300 | 0.3 |

(1) $E(X)$와 $E(Y)$를 구하라.

(2) $V(X)$와 $V(Y)$를 구하라.

(3) 어느 프로젝트가 더 바람직한가? 그렇게 생각한 이유는 무엇인가?

13 A대학교 경영대학의 학장은 경영학과 대학원 신입생의 면접 점수와 첫 학기를 마치고 취득한 학점이 관계가 있는지를 알고 싶어 한다. 작년도 입학생 5명의 면접 점수와 첫 학기를 마치고 취득한 학점을 조사해 본 결과 아래의 표와 같았다. 확률변수 $X$를 면접 점수라고 하고, 확률변수 $Y$를 첫 학기를 마치고 취득한 학점이라고 하였을 때 다음 물음에 답하라.

| 학생 | 1 | 2 | 3 | 4 | 5 |
|---|---|---|---|---|---|
| 면접 점수 | 75 | 77 | 76 | 73 | 74 |
| 취득 학점 | 3.78 | 4.23 | 4.05 | 3.92 | 3.74 |

(1) $E(X)$와 $E(Y)$를 구하라.

(2) $V(X)$와 $V(Y)$를 구하라.

(3) 공분산은 무엇을 측정하기 위해 사용되는가? 공분산을 계산하는 공식은 무엇인가?

(4) $Cov(X, Y)$를 구하라.

(5) 상관계수 0이 의미하는 바는 무엇인가? 또한 상관계수 1이 의미하는 바는 무엇인가?

(6) 면접 점수와 취득 학점 간의 상관계수($\rho_{XY}$)를 구하라.

# CHAPTER 05 확률분포

## 5.1 경영학에서 확률분포의 역할

경영은 의사결정의 연속이라고 할 수 있다. 그런데, 의사결정이란 미래의 일을 결정하는 것이다. 따라서 의사결정을 위해서는 미래에 대한 정보가 필요하다. 하지만 불행하게도 우리는 미래의 일을 알 수 없고(미래의 불확실성), 단지 예측만 할 수 있을 뿐이다. 그럼에도 불구하고 경영학은 이러한 불확실성 하에서도 최적의 의사결정을 내리는 많은 경영 기법을 개발하였다. 핵심적인 사항은 이러한 경영 기법들이 미래의 불확실성을 확률분포로 변환하여 사용하고 있다는 것이다. 즉, 경영학에서는 미래의 불확실한 정보를 확률분포를 이용하여 예측한다. 그 결과 확률분포는 미래의 일을 의사결정하는 데 있어서 가장 기본이 되는 개념이라고 할 수 있다.

또한, 현대 사회에서는 경영을 위해 컴퓨터의 사용이 불가피하기 때문에 컴퓨터를 이용하여 의사결정을 한다. 컴퓨터에는 여러 가지 의사결정 기법에 사용되는 확률분포의 유형이 포함되어 있다. 그 결과, 우리는 미래를 예측하기 위해 복잡한 계산과정을 거치지 않고도 수집한 정보를 가지고 컴퓨터에 입력된 확률분포 유형을 활용하여 의사결정을 할 수 있다. 결과적으로 확률분포를 모르면 컴퓨터를 이용하여 의사결정을 할 수 없게 된다. 우리에게 필요한 것은 단지 특정한 상황에서 어떠한 확률분포의 유형을 사용해야 하는가를 알면 될 뿐이다.

### 5.1.1 미래의 불확실성

미래를 모른다는 것은 미래에 무슨 일이 일어날지 불확실하다는 것을 의미한다. 경영학에서는 불확실(uncertainty)한 경우를 확률적(probabilistic, stochastic)이라고 표현한다.

즉, 미래에 일어날 수 있는 모든 사건(event)을 발생할 확률로 계량화하여 표시할 수 있는 것이다. 반대로 미래를 안다고 할 때에는 미래에 무슨 일이 일어날지 확실하다고 할 수 있으며, 경영학에서는 확실(certainty)한 경우를 확정적(deterministic)이라고 말한다. 확정적인 경우를 계량화하여 표시한다면, 확실한 하나의 사건(event)이 미래에 발생할 확률이 1이고, 나머지 다른 사건들이 미래에 발생할 확률은 모두 0이 될 것이다.

예를 들어 내일을 위해 오늘 몇 개의 빵을 만드느냐 하는 의사결정을 보자. 만약 내일(미래)의 빵 수요가 10개라는 것을 알고 있다면, 오늘 빵 10개를 만들도록 의사결정을 하면 된다. 하지만 현실은 내일 수요는 아무도 모른다는 것이다. 그렇지만 만약 빵집 주인이 몇 년째 빵집을 운영하고 있거나, 처음 빵집을 개업했더라도 주위 동종 업자들에게서 정보를 얻을 수 있다면 훨씬 정확하게 예측할 수는 있을 것이다.

신문팔이 소년이 오늘 신문이 몇 부 팔릴지를 고민하는 것과, 빵집 주인이 내일 판매할 빵을 몇 개를 만들지 고민하는 것은 모두 미래의 수요를 모르기 때문이다. 미래의 수요를 모른다는 것은 미래 수요로 될 수 있는 모든 경우(event)가 1보다 작은 확률을 갖는다는 것으로 표현될 수 있으며, 이것이 바로 확률분포이다. 즉, 우리는 미래의 불확실성을 확률분포라는 정교하게 계량화된 정보로 표시할 수 있다. 결과적으로 경영학에서의 확률분포의 역할은 의사결정 시 미래에 대한 예측을 계량화하여 표시하는 데 있다. 이러한 과정에서 각각의 사건(event)과 그 사건의 확률을 결정해야 하는데, 이 확률을 결정하는 것에 통계학이 큰 공헌을 하고 있는 것이다.

미래에 대한 예측에 바탕이 되는 것은 주로 과거의 경험에서 오는 정보(time serial data)나 주위 동종 업자들에게서 오는 정보(cross sectional data)이다. 우리는 이러한 과거의 경험이나 타인들로의 지식으로부터 미래를 예측한다. 앞에서 소개한 신문팔이 소년의 문제를 예로 들면, 만약 신문팔이 소년이 경험이 풍부하다면 자신의 경험을 바탕으로 신문을 판매하기 위해 몇 부를 가져갈지 예측할 것이고, 만약 신문팔이를 처음 한다면 다른 경험이 많은 신문팔이 소년들이 가져가는 양과 비슷한 양의 신문을 가져갈 것이다.

다행히도 모든 경영 의사결정 문제의 대부분은, 오늘 나에게만 생긴 문제가 아니라 과거부터 현재까지 수많은 사람들이 겪어왔던 비슷한 문제이다. 따라서 수많은 사람들이 비슷한 문제를 해결하면서 쌓아온 경험을 이용할 수 있다면 개인적으로 처음 접하는 문제라고 해도 문제 해결이 훨씬 효율적이고 수월해질 것이다. 통계학은 확률분포라는 개념을 통해서 이를 가능하게 하고 있다. 즉, 과거의 수많은 사람들의 경험을 확률분포로 정교하게 수치화시켜 미래의 불확실성을 확률분포로 표시함으로써 미래의 의사결정을 정교하게 하도록 도와주고 있다.

### 5.1.2 경험의 양과 확률분포

우리는 수많은(무한한) 의사결정 문제에 항상 부딪히고 있다. 그렇다면 '매 의사결정 문제마다 미래 예측의 도구인 확률분포가 요구되는가?' 혹은 '무한한 수의 확률분포가 필요한 것인가?'에 대한 문제를 해결하여야 한다. 결론적으로 이야기 하면, 다행히도 무수히 많은 확률분포는 필요 없다.

통계학은 지금까지 존재해온 다양하고 무수한 경영 의사결정 문제들이 불과 몇 가지 패턴으로 구별될 수 있음을 발견하였다. 이는 무수한 경영 의사결정 문제에서 발생하는 미래의 불확실성들이 단지 몇 개의 확률분포로 구별되게 표시할 수 있음을 의미한다. 모든 의사결정 문제마다 자기만의 확률분포가 필요한 것은 아니며, 확률분포의 유형을 결정하는 것은 과거 경험의 양에 달려 있다. 즉 의사결정 문제가 어떠한 것이든 간에, 그 문제에 대해서 과거의 경험이 많이 쌓여 있는지, 적게 쌓여 있는지, 아니면 전혀 없는지에 의해서 확률분포의 유형이 결정되는 것이다. 이런 식으로 확률분포가 결정된다면 우리는 무수한 확률분포가 필요한 것이 아니라 대여섯 개 정도의 확률분포만으로도 의사결정 문제의 해결이 가능한 것이다.

우선, 과거의 경험이 전혀 없거나(또는 있어도 전혀 도움이 되지 않는다거나), 아니면 과거 경험이 아주 풍부한 두 가지의 극단적인 경우를 생각할 수 있다. 과거의 경험이 전혀 없거나 도움이 안 되는 경우에는 미래 예측을 **균등분포**라는 것으로 표시하고, 반면

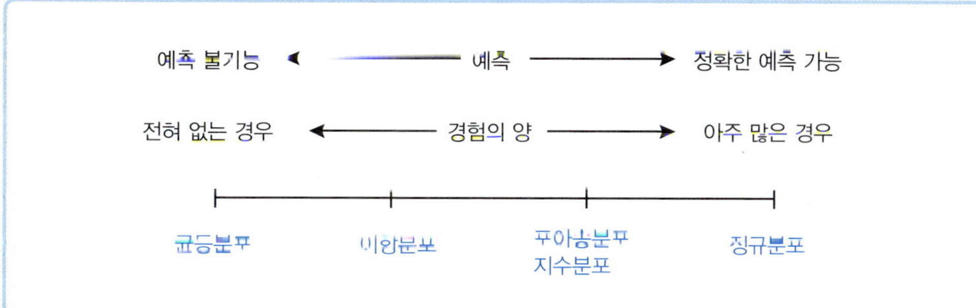


**그림 5-1** 경험의 양과 확률분포

에 경험이 아주 풍부하게 있는 경우에는 미래 예측을 정규분포라는 것으로 표시한다. 양 극단 사이에 있는 특수한 경우는 이항분포, 포아송분포, 지수분포가 차지하게 된다. 따라서 경영학을 공부하는 우리는 다행스럽게도 이 몇 개의 확률분포만을 배우면 된다. 이는 〈그림 5-1〉에 제시되어 있다.

경영학에서 사용하는 몇 개의 대표적인 확률분포는 아래와 같다.

check

- 정규분포 (Normal distribution) – 연속(continuous)
- 균등분포 (Uniform distribution) – 연속(continuous)/이산(discrete)
- 이항분포 (Binomial distribution) – 이산(discrete)
- 포아송분포 (Poisson distribution) – 이산(discrete)
- 지수분포 (Exponential distribution) – 연속(continuous)

여기서 보면 관행적으로 이름을 가진 확률분포를 칭할 때는 확률은 빼고 특정 이름에 분포를 붙임을 알 수 있다. 즉 정규확률분포를 그냥 정규분포라 칭한다. 앞의 두 분포, 정규분포와 균등분포는 일반적인 현상에 사용되고 뒤의 세 가지인 이항분포, 포아송분포, 지수분포는 보다 정교한 현상을 설명할 때 사용된다. 이 분포들은 각각 고유의 모양을 가지고 있다. 이 모양은 각각의 확률분포를 설명할 때 자세히 언급될 것이다.

### 5.1.3 모수

그렇다면 어느 문제에 대해서 같은 경험의 양을 가진 사람들끼리는 확률분포가 동일할 것인가? 예를 들어 20년간 자동차 영업을 해온 두 사람이 내년도 판매대수를 예측하는 경우를 살펴보자. 이 두 사람은 똑같이 20년의 충분한 경험을 가지고 있으므로 미래예측을 정규분포로 나타낼 수 있다고 하자. 그러나 두 사람의 정규분포는 같지 않을 것이다. 그 이유는 경험의 양은 동일하더라도 각자가 가지고 있는 경험의 내용이 서로 다르기 때문이다. 따라서 어떤 문제에서 미래 예측을 나타내는 확률분포를 만들 때에는 먼저 경험의 양으로 분포의 모양을 결정하고, 그 각각의 경험의 내용으로 자기만의 구체적인 확률분포를 만들게 된다. 통계학에서는 이 서로 다른 경험의 내용을 모수(parameter)라는 수치화된 개념을 이용한다. 즉, 개개인의 경험을 모수를 통하여 수치화하여 선택된 확률분포에 포함시키는 것이다. 이 모수는 확률분포에 따라 요구되는 것이 서로 다르다.

따라서 우리가 어떤 문제에 대한 미래 예측을 위해 사용하는 확률분포를 결정할 때에는 아래와 같은 절차를 따른다.

1. 문제의 경험의 양에 따라 확률분포의 모양을 우선 결정하고, 그에 요구되는 모수를 확인한다.
2. 각자의 경험 내용을 모수로 수치화하여 최종적으로 자신만의 구체적인 확률분포를 결정한다.

이는 마치 사람의 얼굴을 그리는 것과 비슷하다. 사람의 얼굴을 그린다고 하면 우리는 우선 얼굴의 모양을 선택할 것이다. 눈, 코, 입, 귀와 같은 기본 모양을 먼저 그리게 된다. 이것은 정규분포냐 균등분포냐 하는 선택과 같다. 그 후에 어떤 특정인의 코를 크게 하거나 눈을 작게 하거나 하면서 그 사람만의 고유의 얼굴 그림을 완성하게 된다. 코의 크기나 머리의 크기가 모수에 해당되는 것이다.

## 5.2 균등분포

우선, 과거의 경험이 전혀 없거나 전혀 도움이 안 되어서 미래의 예측이 불가능하거나 어려운 경우를 생각해보자. 즉, 경영상의 문제가 전혀 새로운 도전이거나 과거의 문제 해결 경험이 전혀 도움이 안 되는 경우를 말한다. 과거의 경험이 도움이 안 된다는 말은 과거의 경험이 축적이 안 되었다는 것인데, 이는 다음의 예에서 찾아볼 수 있다.

> 이미 동전을 10번 던졌다. 우연히 10번 모두 앞면이 나왔다. 이제 11번째 동전을 던지는데 앞면이 나올지 뒷면이 나올지에 대한 문제를 생각해보자. 10번 던진 결과라는 과거의 경험이 11번째 결과를 예측하는 데 어떠한 도움을 줄 수 있는가? 혹자는 이제껏 쭉 앞면이 나왔으니 그 성향을 봐서 이제는 뒷면이 나올 확률이 매우 높아진다고 할 수도 있는 것이다. 하지만 정답은 여전히 모른다는 것이다. 과거의 결과와는 상관없이 아직도 앞면이 나올 확률이 0.5, 뒷면이 나올 확률이 0.5이다. 이처럼 과거의 경험이 전혀 축적되지 않고 의사결정에 전혀 도움을 주지 않은 경우는 많이 있다. 로또(Lotto)의 경우가 좋은 예이기도 하다. 즉, 과거에 로또를 몇 번 해본 경험이 앞으로의 로또 번호를 맞출 확률에는 전혀 영향을 끼치지 않는다.

4장에서 언급한 신문팔이 소년 문제를 생각해보자. 오늘 처음 신문팔이를 시작하는 소년은 오늘 팔 수 있는 신문 부수에 대해 전혀 아는 바가 없을 것이다. 더욱이 이에 대해 누구에게 물어보거나 조사할 기회와 시간도 없었다고 가정하자. 즉, 이 소년은 10부가 팔릴지, 100부가 팔릴지, 혹은 34부가 팔릴지 전혀 모르는 것이다. 이렇게 얼마나 신문이 팔릴지에 대해 전혀 정보가 없는 경우, 우리는 소년의 '내일 신문판매 부수'에 대한 수요 예측을 균등분포로 표시한다.

균등분포(uniform distribution)는 과거의 경험이 아예 없거나 도움이 되지 않아 미래에 대한 예측이 불가능한 상태에서 사용하는 분포를 말한다. 가장 좋은 예가 주사위 던지기이다. 주사위를 던져 나올 숫자가 무엇인지를 예측하는 것은 불가능하다. 이 경우 각 이벤트(1, 2, 3, 4, 5, 6중 하나)가 나올 확률은 각각 1/6이 된다. 즉, 각 이벤트가 나올 확률은 '1/총 이벤트 수'로서 모두 같은(균등한) 확률을 갖는 것이다. 이러한 확률분포를 균등분포라고 하는 것이다. 균등분포는 가장 불확실성이 높은 경우를 나타낼 때 사용되며, 경영에서는 가장 위험한(risky) 의사결정 상황을 의미한다.

이 균등분포를 볼 때마다 경영학의 놀라운 힘을 느낄 수 있다. 즉 전혀 모르는 상태에서도 이를 그냥 모른다고 포기하지 않고 균등분포로 표시함으로써 모르는 가운데에서도 최적의 답을 구할 수 있는 결정 기법을 가지고 있으니 말이다. 예를 들어 특정 신제품에 대한 수요는 과거의 데이터로부터 확률적 상황에 대한 정보를 획득할 수 없다. 이런 상황에서 경영자는 단지 수요량의 최소, 최대값만을 예측할 뿐, 수요량에 대한 분포를 알지 못한다. 이처럼 현실세계에서 확률적인 상황에 대한 정보를 거의 갖고 있지 못한 경우에 경영자는 균등분포를 갖는다고 가정한다. 그 이유는 확률적인 상황에 대한 정보가 없는 경우에는 여러 확률적인 상황들이 발생할 확률이 모두 동일하다고 가정할 수 있기 때문이다. 따라서 균등분포는 경영학에서 미래의 불확실성이 매우 큰 경우에 사용되는 중요한 확률분포가 된다.

균등분포는 변수의 성질이 이산 확률변수인 경우와 연속 확률변수인 경우의 두 가지 경우로 나눌 수 있다. 먼저, 이산 확률변수의 경우 확률변수 $X$가 $n$개의 이벤트를 가진 균등분포를 이룬다고 가정하면 이 분포의 확률함수는 아래의 식 (5.1)과 같이 표시할 수 있다.

$$f_X(x) = \frac{1}{n} \tag{5.1}$$

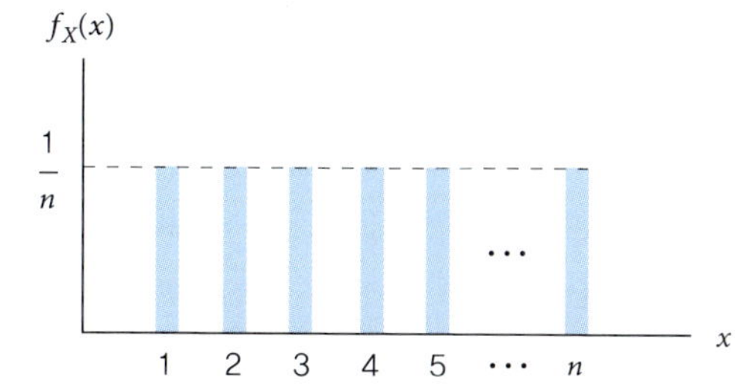


**그림 5-2** 이산 확률변수의 균등분포 그래프

여기서 $n$은 이벤트의 수이며, 이를 그래프로 그리면 〈그림 5-2〉와 같이 나타낼 수 있다.

다음으로 확률변수 $X$가 연속 확률변수인 경우를 살펴보자. 사실 관행적으로 균등분포는 이벤트를 충분히 세분화하여 연속 확률변수로 가정하는 경우가 많다. 확률변수 $X$가 구간 $[a, b]$에서 균등분포를 한다고 가정하면 이 분포의 확률함수는 아래와 같이 식 (5.2)로 표시할 수 있다.

$$f_X(x) = \frac{1}{b-a}, \quad a \le x \le b \tag{5.2}$$

여기서, $a$는 최소값, $b$는 최대값을 나타내며, 이를 그래프로 그리면 〈그림 5-3〉과 같이 나타낼 수 있다.

균등분포의 모수는 $a$, $b$, 즉 최소값과 최대값이 된다. 따라서 경험이 많은 신문팔이 소년이나 경험이 전혀 없는 신문팔이 소년 모두 모수를 모르더라도 각자 $a$와 $b$의 값을

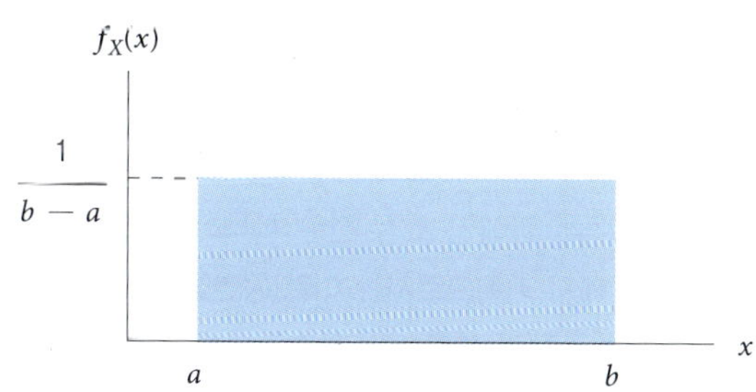


**그림 5-3** 연속 확률변수의 균등분포 그래프

결정해야 균등분포를 사용할 수 있다. 예를 들어 다 같이 모르더라도 처음 시작하는 신문팔이 소년 문제의 경우 $a$는 0(하나도 팔리지 않는 경우)이 될 수 있고, $b$는 100(보급소에서 가져올 수 있는 최대의 양)이 될 수 있다. 이 경우, 균등분포는 신문을 하나도 못 팔 수 있고, 팔아봐야 최대 100부를 판다는 것을 의미하지만 실제로 몇 부가 팔릴지는 전혀 모른다. 즉 각각 팔릴 부수의 확률이 1/100일 것이라고 가정하는 것이다. 하지만 다른 노련한 신문팔이 소년은 $a$, $b$의 간격이 좁을 수 있다. 예를 들어, $a$는 20, $b$는 80이 되어 각각 팔릴 부수의 확률은 1/60이 되는 것이다.

이 균등분포를 확률변수를 이용하여 표시하면 아래의 식 (5.3)과 같이 표시할 수 있으며, 이는 '확률변수 $X$는 최소값이 $a$, 최대값이 $b$인 균등분포를 이룬다.'라고 읽는다.

$$X \sim U(a, b) \ (\text{단, } a < b) \tag{5.3}$$

요약측정치: 균등확률변수는 균등분포의 평균과 분산으로 간단하게 표시할 수 있으며, 이는 각각 식 (5.4)~(5.7)과 같이 계산할 수 있다.
변수의 성질이 연속 확률변수인 경우,

$$\mu_X = \frac{a+b}{2} \tag{5.4}$$

$$\sigma_X^2 = \frac{(b-a)^2}{12} \tag{5.5}$$

변수의 성질이 이산 확률변수인 경우,

$$\mu_X = \frac{n+1}{2} \tag{5.6}$$

$$\sigma_X^2 = \frac{n^2-1}{12} \tag{5.7}$$

**예제 5-1**

**매지 기획은 해외 유명 예술, 연예인 초청 전문 회사이다. 이번에 유명한 러시아 발레단을 초청하고자 한다. 그런데 매지 기획으로서는 이런 공연을 원주 같은 중소도시에서 처음 추진하는 것이기 때문에 예상 관람객 수를 예측하기가 힘든 실정이다. 단지 최소 2,000명에서 최대 10,000명인 것만을 알고 있을 뿐이다. 이러한 상황에서 공연 장소를 대여하고자 하였으나, 단지 8,000명이 들어갈 수 있는 장소밖에 대여하지 못했다.**

(1) 확률변수 $X$의 확률함수를 표시하라.

(2) 이 상황에서의 확률분포의 표시법은 어떻게 되는가?

(3) 대여한 공연장소가 부족할 확률을 구하라.

(4) 이번 발레 공연이 관중인원 측면에서 10% 안에 드는 성황을 이루리라고 판단한다면 최소 몇 명 수용이 가능한 공연 장소를 구해야 하는가?

**풀이**

(1) $f_X(x) = \dfrac{1}{b-a} = \dfrac{1}{10{,}000-2{,}000} = \dfrac{1}{8{,}000}$

(2) $X \sim U(2{,}000, 10{,}000)$

(3) $P(x \geq 8{,}000) = (10{,}000-8{,}000) \times \dfrac{1}{8{,}000} = 0.25$

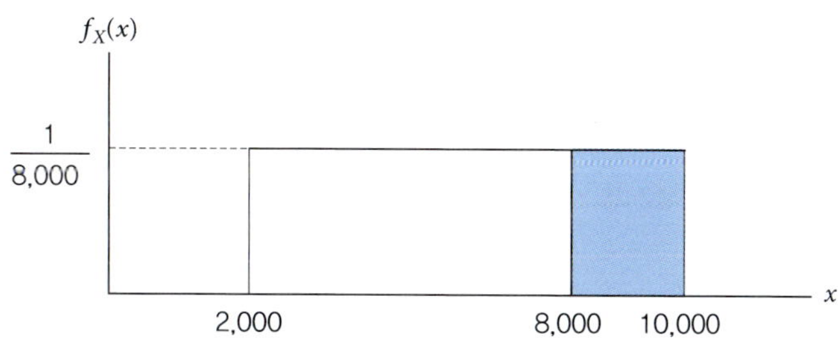


(4) $P(x \geq x_i) = 0.1$이 되는 $x_i$를 구해야 한다.

$$(10{,}000 - x_i) \times \frac{1}{8{,}000} = 0.1$$

$$10{,}000 - x_i = 800$$

$$x_i = 9{,}200$$

따라서 최소 9,200명 이상 수용 가능한 공연 장소를 구해야 한다.

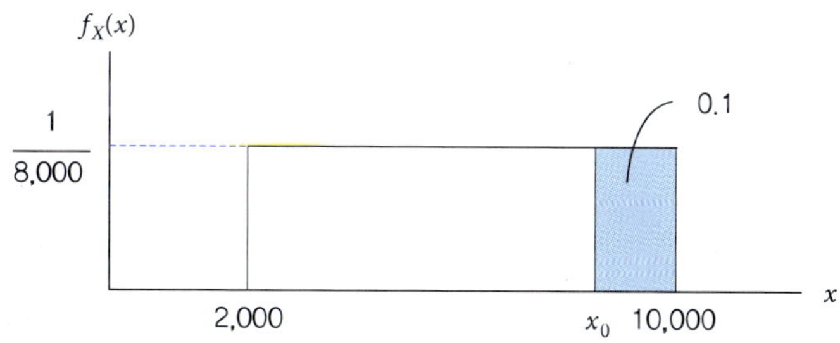

**예제 5-2**

**무궁카페의 바리스타는 커피를 고객에게 제공하는데 걸리는 시간이 39초에서 27초의 범위를 갖는 균등분포를 한다고 생각한다.**

(1) 확률변수 $X$의 확률함수를 표시하라.

(2) 커피를 제공하는데 걸리는 시간이 30초에서 35초 사이가 될 확률은?

(3) 커피를 제공하는데 걸리는 시간이 30초 미만일 확률은?

**풀이**

(1) $f_X(x) = \dfrac{1}{b-a} = \dfrac{1}{39-27} = \dfrac{1}{12}$

(2) $P(30 \leq X \leq 35) = \dfrac{35-30}{39-27} = \dfrac{5}{12} = 0.4167$

(3) $P(X < 30) = \dfrac{30-27}{39-27} = \dfrac{3}{12} = 0.25$

## 5.3 정규분포/표준정규분포

앞서 언급한 바와 같이, 균등분포의 경우와는 반대로 축적된 경험과 지식이 충분하여 미래 예측을 상당히 정확하게 할 수 있는 경우에는 정규분포를 이용하여 표시한다. 따라서 정규분포는 경영학에서 가장 많이 사용되는 분포이며, 현실적으로 대부분의 경영상의 문제들이 과거의 경험이나 지식이 이미 풍부하게 존재하고 있으므로, 이 경우 정규분포로 미래를 예측하여 표시할 수 있다.

빵집에서 내일을 위해 오늘 몇 개의 빵을 만들지 고민하는 사례를 생각해보자. 만약 경험이 풍부한 빵집 주인이 고심 끝에 내일 팔기 위해 만들 빵을 50개로 결정했다고 하자. 그렇게 결정을 내린 이유가 무엇일까? 그 이유는 아마도 빵집 주인이 내일 팔릴 빵의 개수가 50개가 될 확률이 가장 높다고 생각했기 때문일 것이다. 즉, 수요가 50개일 확률이 40개나 60개일 확률보다 높다고 생각한 것이다. 더 나아가서 40개일 확률이 30개일 확률보다는 높을 것이라 생각하는 것도 합리적이라 할 수 있다. 즉, 50개에서 멀어질수록 그 확률은 낮다고 가정하는 것이다. 이렇게 계속될 경우 확률분포는 50개를 중심으로 좌우 대칭의 종 모양을 갖는다. 우리는 이런 모양의 확률분포를 정규분포(normal distribution)라고 부른다. 이렇게 50개가 될 확률이 가장 높다고 생각할 수 있는 것은 과거의 경험이나 조사를 통해서 가능한 것이다. 이와 같이 의사결정자가 충분한 사전

지식을 갖고 예측하게 되면 가장 안정된 상황을 나타내는 정규분포를 이루게 된다.

### 5.3.1 정규분포가 통계학에서 가장 대표적인 분포인 이유

정규분포의 구체적인 형태 및 적용 분야를 알아보기 전에 정규분포가 왜 통계학에서 가장 대표적인 분포가 되는지 살펴보면 다음과 같다.

첫째, 정규분포는 과거의 경험과 지식이 충분히 있는 경우에 사용되는 분포이다. 따라서 의사결정자는 과거의 정보나 경험이 충분히 있는 경우, 대부분의 확률변수들이 정규분포를 따른다고 가정하여 사용할 수 있다. 이를 통계학에서는 경험적 법칙이라 하는데, 데이터가 이 법칙을 따르면 데이터의 분포가 좌우 대칭의 종 모양을 가지게 된다. 실제로 대부분의 경영상의 문제는 기본적으로 반복적인 문제임을 볼 때, 정규분포의 활용도는 매우 높다고 할 수 있다.

둘째, 정규분포의 편의성이다. 우리는 전체 데이터의 성질을 두 가지의 숫자(평균, 분산)로 요약하여 나타내는데, 대부분의 경우 평균, 분산만이 가지고 있는 정보가 전체 데이터의 정보를 완전히 대신하지 못하고 어느 정도 정보의 누락이 발생한다. 하지만 정규분포인 경우 평균과 분산 두 요약치를 가지고도 전체 데이터의 정보를 100% 정확하게 대표할 수 있다. 즉, 평균과 분산 두 개의 수치로 전체 확률분포를 대표한다. 따라서 정규분포인 경우 평균과 분산 두 숫자만을 가지고도 몇 십만 개의 데이터를 가지고 의사결정을 하는 것과 똑같은 결과를 가져오는 큰 편리함이 있다.

셋째, 정규분포는 정확한 확률을 얻기 위해 많은 계산을 요구하는 확률모형을 대신하여 쓰일 수 있는 근사모형이 된다. 뒤에서 구체적으로 논의되겠지만, 이항분포와 포아송분포도 데이터의 수가 충분히 클 경우, 정규분포에 근접하므로 정규분포를 이용하면 쉽게 근사값을 얻을 수 있다.

마지막으로 정규분포는 중심극한정리에 의해 그 유용성이 매우 높다. 중심극한정리란 데이터의 수(정확하게 얘기하면 표본의 크기)가 30보다 클 경우, 그 평균은 모두 정규분포에 근접한 분포를 따른다는 이론이다. 자세한 것은 다음 장에서 다루겠지만 이는 매우 유용한 점이 된다. 여기서 표본의 크기가 30보다 크다는 말은, 편리한 정규분포의 이용을 더욱 용이하게 만들어준다. 충분한 과거의 경험이 있을 경우 정규분포를 사용할 수 있다고 하였는데, 그 충분하다는 것은 결국 그렇게 큰 숫자가 아니고 결국 30개 이상의 과거 데이터만 수집하면 된다는 뜻이다.

### 5.3.2 정규분포의 특성

앞에서 정규분포는 평균과 분산으로 완전히 표시할 수 있다고 하였다. 평균이 $\mu_X$이고, 분산이 $\sigma_X^2$인 정규분포의 확률함수는 식 (5.8)과 같다.

$$f_X(x) = \frac{1}{\sigma_X \sqrt{2\pi}} e^{-\frac{1}{2}\frac{(x-\mu_X)^2}{\sigma_X^2}} \tag{5.8}$$

여기서, $\pi$는 원주율의 값인 3.1415…이고, $e$는 자연대수의 밑수인 2.7183…으로 무리수이다. 확률함수는 확률변수 $X$가 이벤트 값 $x$를 가질 때의 그 확률을 계산해주는데, 위의 확률함수는 그 계산이 매우 복잡한데다 무리수를 포함하고 있어 그 실용성이 거의 없음을 볼 수 있다. 다행히 현대에는 컴퓨터에 의해 도움을 받을 수 있고, 고전적으로는 분포표(표준정규분포표)에 의해 그 확률을 계산하여 왔다.

정규분포의 모수는 평균($\mu_X$)과 분산($\sigma_X^2$)이며, 평균과 분산의 값들은 각자의 과거 경험으로부터 계산하여 구할 수 있다. 확률변수 $X$가 정규분포를 따른다고 하면 이를 확률변수로 표시할 경우 아래의 식 (5.9)와 같이 표시할 수 있고, 이는 확률변수 $X$는 평균이 $\mu_X$이고, 분산이 $\sigma_X^2$인 정규분포를 따른다고 읽는다.

$$X \sim N(\mu_X, \sigma_X^2) \tag{5.9}$$

정규분포의 특성은 다음과 같이 요약할 수 있다.

첫째, 정규분포의 모양은 경험적 법칙으로 인해 좌우 대칭의 종 모양(bell shape)의 형태를 지닌다. 따라서 가운데 점이 가장 높은 확률을 가지고 있으며 거기서 멀어질수록 확률이 대칭적으로 낮아진다.

둘째, 분포의 한가운데(가장 높은 확률)가 평균에서 발생하며, 그 확률은 $0.399/\sigma$가 된다.

마지막으로 $(\mu_X \pm \sigma_X)$ 사이의 확률은 0.6826이 되고, $(\mu_X \pm 2\sigma_X)$ 사이의 확률은 0.9544, $(\mu_X \pm 3\sigma_X)$ 사이의 확률은 0.9974이다.

이런 정규분포의 특성이 평균과 분산만 가지고도 전체 데이터의 성질을 빠짐없이 표현할 수 있게 해주는 것이다. 또한, 정규분포는 평균과 분산만 다를 뿐 위의 특성을 모두 가지고 있으므로 그 기본적인 모양은 모두 같다고 할 수 있다.

### 5.3.3 정규분포에서의 모수(평균과 분산)의 역할

정규분포에서 평균은 분포의 위치를 나타내고, 분산은 분포의 모양을 나타낸다. 즉, 분산이 크면 그 모양이 납작해지고, 분산이 작으면 그 모양이 평균을 중심으로 뾰족한 형태를 갖는다. 예를 들어 경영학과 학생들의 몸무게와 키를 조사하였다. 확률변수 $X$를 경영학과 학생들의 몸무게, 확률변수 $Y$를 경영학과 학생들의 키라고 정의하고, 두 변수는 각각 다음의 식 (5.10)과 같은 정규분포를 이룬다고 가정하자.

$$X \sim N(68, 36), \quad Y \sim N(170, 100) \tag{5.10}$$

이 두 정규분포의 그래프를 그리면 〈그림 5-4〉와 같이 나타낼 수 있다.

〈그림 5-4〉의 그래프 중 왼쪽의 그래프가 확률변수 $X$, 즉 경영학과 학생들의 몸무게, 오른쪽의 그래프가 확률변수 $Y$, 즉 경영학과 학생들의 키에 대한 정규분포이다. 두 그래프 모두 각각의 평균을 중심으로 좌우 대칭의 종 모양을 하고 있다. 따라서 평균에 따라 분포의 위치가 달라진다는 것을 알 수 있다. 또한, 두 분포의 분산이 각각 다르기 때문에 그 모양도 차이가 난다는 것을 볼 수 있다. 분산이 작은 확률변수 $X$의 정규분포가 분산이 큰 확률변수 $Y$의 확률분포보다 더 뾰족한 것을 확인할 수 있다.

### 5.3.4 정규분포 그래프의 작성

이제 구체적인 상황에서 정규분포를 작성하여 보자. 다시 말해, 축적된 경험이나 지식을 가지고 미래 예측을 정규분포로 표시하여 보자. 우선 과거의 정보나 경험을 통해 평균

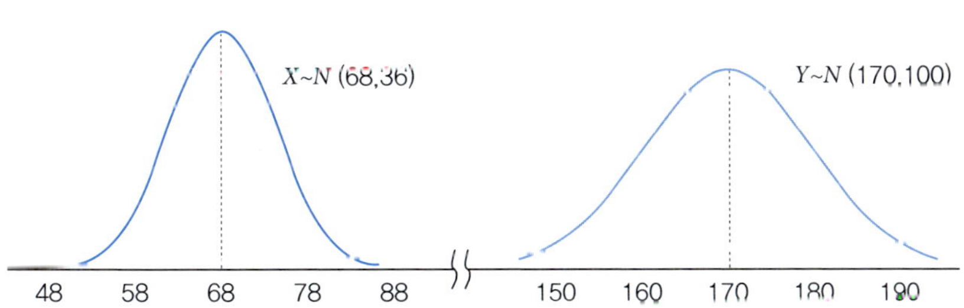


그림 5-4 평균과 분산에 따른 정규분포의 위치와 모양

$\mu_X$와 분산 $\sigma_X^2$를 계산하여 얻는다. 예를 들어 매주 월요일 신문 판매 부수를 예측한다 할 때, 과거 일정기간 동안의 월요일 신문 판매부수에 대한 데이터를 모아 평균과 분산을 구하는 것이다. 물론 계산할 때 여러 가지 정교한 방법이 동원될 수도 있다. 그 다음 정규분포를 가정한다면 위의 정규분포의 특성에 맞게 전체 데이터를 자동적으로 생성할 수가 있게 되는 것이다. 그 결과 다가오는 월요일 판매부수의 확률분포를 그릴 수 있게 된다.

풍부한 경험과 지식을 지닌 사람은 바로 이 평균과 분산 계산에서 다른 사람보다 우월한 지위를 가지게 된다. 이렇게 외부로부터 가져오는 값을 모수(parameter)라 한다. 다시 말해서 과거 경험이나 지식이 이 모수의 값을 결정해준다. 따라서 사람마다 경험과 지식 배경이 모두 다르므로 이 모수의 값이 각각 다르게 되는 것이고, 그 결과 그리는 정규분포도 각각 다르게 될 것이다.

다른 각도에서 보면 일단 모수의 값을 각자 계산해 가지고 있으면, 각자가 정규분포를 가정할 때 자동적으로 각각의 확률분포를 가지게 되며, 이 확률분포는 주어진 경험과 지식을 바탕으로 나올 수 있는 가장 정교한 미래 예측치가 되는 것이다. 앞의 균등분포에서는 최소, 최대값인 $a$와 $b$가 이 모수에 해당된다.

Excel에서는 평균과 분산을 대입하여 정규분포를 작성해주기도 한다. 하지만 실제적으로는 정규분포인 경우 평균과 분산 두 숫자를 가지고 전체 분포를 100% 대표하기 때문에 평균과 분산이 주로 사용되고 정규분포 자체에 대한 필요성은 그만큼 적은 것이다.

### 5.3.5 정규분포의 확률 계산

정규분포는 연속확률변수이기 때문에 정규분포에서의 확률은 $P(x=c)$와 같이 확률변수 $X$가 어떤 특정한 값을 가질 때의 확률을 구하지 않고 $P(a \leq x \leq b)$와 같이 구간의 확률을 구한다. 연속확률변수에서는 $P(x=c)=0$이라 규정한다. 왜냐하면 수학적으로 점(point)의 정의는 '위치는 있는데 면적(크기)이 없는 것'이고, 선(line)의 정의는 '길이와 위치는 있지만 넓이와 두께는 없는 것'이기 때문이다. 즉, 연속확률변수에서는 어떤 특정한 값 $c$의 확률은 선이기 때문에 확률을 0으로 놓는다.

이러한 이유로 정규분포의 확률은 구간의 확률로 구하는데, 이때 구간에서의 확률은 정규분포 곡선 내의 구간의 면적에 해당한다. 수학적으로 이를 계산할 때에는 복잡한 정규분포의 확률함수를 $a$에서 $b$까지 적분하여 얻게 된다. 하지만 그 확률함수 자체가 워낙 복잡한데다 무리수까지 포함하고 있어 현실적으로 계산이 불가능하다. 이 경우 통계학자들이 만들어 놓은 분포표를 이용하거나 컴퓨터의 도움을 받아 해결하게 된다.

분포표를 가지고 정규분포의 확률을 구할 경우 무수히 많은 정규분포에 대해 매번 그 분포표를 만들 수는 없을 것이다. 여기서 정규분포가 평균과 분산만 다르고 나머지 특성은 모두 같다는 데 착안하여 '표준정규분포표'가 탄생하게 된다. 표준정규분포표는 모든 정규분포를 평균과 분산에 의한 표준화를 한 정규분포의 분포표를 말한다. 따라서 정규분포를 표준정규분포로 바꾼 후, 이 표준정규분포표를 이용하여 확률을 구하는 것이다. 이 방법은 추가적인 계산이 필요하고, 다소 복잡하기는 하지만 모든 정규분포에 하나의 분포표만 존재하게 한다는 큰 장점이 있다.

정규분포의 특성 중 하나는 모든 정규분포가 평균과 분산만이 다를 뿐 기본적인 분포의 모양은 모두 같다는 것이다. 따라서 이 평균과 분산에 의한 표준화를 할 경우 모두 하나의 같은 정규분포가 되는데, 이를 표준정규분포라고 하는 것이다. 이 표준정규분포를 $Z$분포라고 한다. 먼저, 평균에 의한 표준화를 중심표준화(centering)라고 하고, 분산(표준편차)에 의한 표준화를 단위표준화(scaling)라고 한다. 중심표준화는 정규확률변수 $X$에서 평균을 빼주는 것이 되고, 단위표준화는 표준편차로 나눔으로써 행해진다. 따라서 표준정규확률변수 $z$는 정규확률변수 $X$가 $X \sim N(\mu_X, \sigma_X^2)$일 때, 아래의 식 (5.11)과 같이 계산된다.

$$z = \frac{(x - \mu_X)}{\sigma_X} \tag{5.11}$$

이렇게 계산된 표준정규확률변수 $Z$는 평균이 0이고 분산이 1인 정규분포를 이룬다. 이를 확률변수를 이용하여 표시하면 식(5.12)와 같이 나타낼 수 있다.

$$Z \sim N(0, 1) \tag{5.12}$$

표준정규분포표는 [부록 3]에서 확인할 수 있다. 〈그림 5-5〉는 표준정규분포표의 일부분이다. 표준정규분포표 내의 각 숫자는 〈그림 5-6〉에서와 같이 평균 0에서 이벤트 $z$값 사이에 해당하는 면적(확률)을 나타내고 있다. 예를 들어 $z = 0.95$, 즉 좌측 열이 0.9이고, 상단의 행이 0.05에 해당하는 숫자는 0.3289인데, 이것은 $z = 0$에서 $z = 0.95$ 사이의 면적, 즉 확률이 0.3289라는 것을 의미한다. 이를 확률변수를 이용하여 표시하면

| z | 0.00 | 0.01 | 0.02 | 0.03 | 0.04 | 0.05 | 0.06 | 0.07 | 0.08 | 0.09 |
|---|---|---|---|---|---|---|---|---|---|---|
| 0.0 | 0.0000 | 0.0040 | 0.0080 | 0.0120 | 0.0160 | 0.0199 | 0.0239 | 0.0279 | 0.0319 | 0.0359 |
| 0.1 | 0.0398 | 0.0438 | 0.0478 | 0.0517 | 0.0557 | 0.0596 | 0.0636 | 0.0675 | 0.0714 | 0.0753 |
| 0.2 | 0.0793 | 0.0832 | 0.0871 | 0.0910 | 0.0948 | 0.0987 | 0.1026 | 0.1064 | 0.1103 | 0.1141 |
| 0.3 | 0.1179 | 0.1217 | 0.1255 | 0.1293 | 0.1331 | 0.1368 | 0.1406 | 0.1443 | 0.1480 | 0.1517 |
| 0.4 | 0.1554 | 0.1591 | 0.1628 | 0.1664 | 0.1700 | 0.1736 | 0.1772 | 0.1808 | 0.1844 | 0.1879 |
| 0.5 | 0.1915 | 0.1950 | 0.1985 | 0.2019 | 0.2054 | 0.2088 | 0.2123 | 0.2157 | 0.2190 | 0.2224 |
| 0.6 | 0.2257 | 0.2291 | 0.2324 | 0.2357 | 0.2389 | 0.2422 | 0.2454 | 0.2486 | 0.2517 | 0.2549 |
| 0.7 | 0.2580 | 0.2611 | 0.2642 | 0.2673 | 0.2704 | 0.2734 | 0.2764 | 0.2794 | 0.2823 | 0.2852 |
| 0.8 | 0.2881 | 0.2910 | 0.2939 | 0.2967 | 0.2995 | 0.3023 | 0.3051 | 0.3078 | 0.3106 | 0.3133 |
| 0.9 | 0.3159 | 0.3186 | 0.3212 | 0.3238 | 0.3264 | 0.3289 | 0.3315 | 0.3340 | 0.3365 | 0.3389 |
| 1.0 | 0.3413 | 0.3438 | 0.3461 | 0.3485 | 0.3508 | 0.3531 | 0.3554 | 0.3577 | 0.3599 | 0.3621 |
| 1.1 | 0.3643 | 0.3665 | 0.3686 | 0.3708 | 0.3729 | 0.3749 | 0.3770 | 0.3790 | 0.3810 | 0.3830 |
| 1.2 | 0.3849 | 0.3869 | 0.3888 | 0.3907 | 0.3925 | 0.3944 | 0.3962 | 0.3980 | 0.3997 | 0.4015 |
| 1.3 | 0.4032 | 0.4049 | 0.4066 | 0.4082 | 0.4099 | 0.4115 | 0.4131 | 0.4147 | 0.4162 | 0.4177 |

그림 5-5 표준정규분포표(부분)

$P(0 \le z \le 0.95) = 0.3289$가 된다. 또 다른 예를 들면, $z = 1.20$, 즉 좌측 열이 1.2이고, 상단의 행이 0.00에 해당하는 숫자는 0.3849이다. 이는 $z = 0$에서 $z = 1.20$ 사이의 면적이 0.3849라는 것을 의미하며, 이를 확률변수를 이용하여 표시하면 $P(0 \le z \le 1.2) = 0.3849$가 된다.

**표준정규분포의 정의** check

확률변수 $X$가 정규분포를 이룰 경우,

즉 $X \sim N(\mu_X, \sigma_X^2)$인 경우 표준정규확률변수는 $Z \sim N(0, 1)$이 된다.

여기서, $z = \dfrac{(x - \mu_X)}{\sigma_X}$이다.

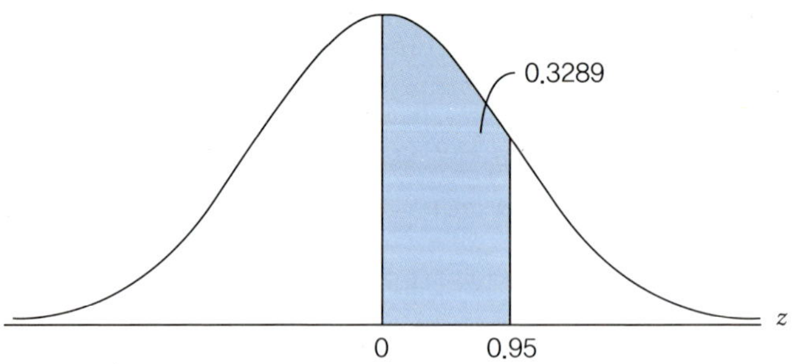


그림 5-6 표준정규분포에서의 확률 계산

예를 들어 새로 개발한 전구의 수명이 평균 1,000시간이고 표준편차가 50시간이라고 가정하면, 무작위로 선택한 전구의 수명이 특정 값(예를 들면 1,100시간)보다 크거나 같을 확률을 표준정규분포를 사용하여 구할 수 있다. 전구의 수명이 1,100시간보다 클 확률을 표준화하여 표준정규확률변수 $Z$로 변환할 경우 아래의 식 (5.13)과 같은 과정을 거쳐 $z$값은 2가 된다.

$$P(x \geq 1,100) = P(z \geq \frac{1,100 - 1,000}{50}) = P(z \geq 2) \tag{5.13}$$

표준정규분포표에서 $z = 2.00$의 확률을 찾으면 0.4772이다. 이는 $P(0 \leq z \leq 2) = 0.4772$라는 것을 말한다. 따라서 $P(z \geq 2)$를 구하기 위해서는 $P(z \geq 0)$에서 $P(0 \leq z \leq 2)$를 빼줘야 한다. $P(z \geq 0) = 0.5$이기 때문에 $P(z \geq 2)$는 식 (5.14)와 같은 과정을 거쳐 0.0228이 된다는 것을 알 수 있다.

$$P(z \geq 2) = P(z \geq 0) - P(0 \leq z \leq 2) = 0.5 - 0.4772 = 0.0228 \tag{5.14}$$

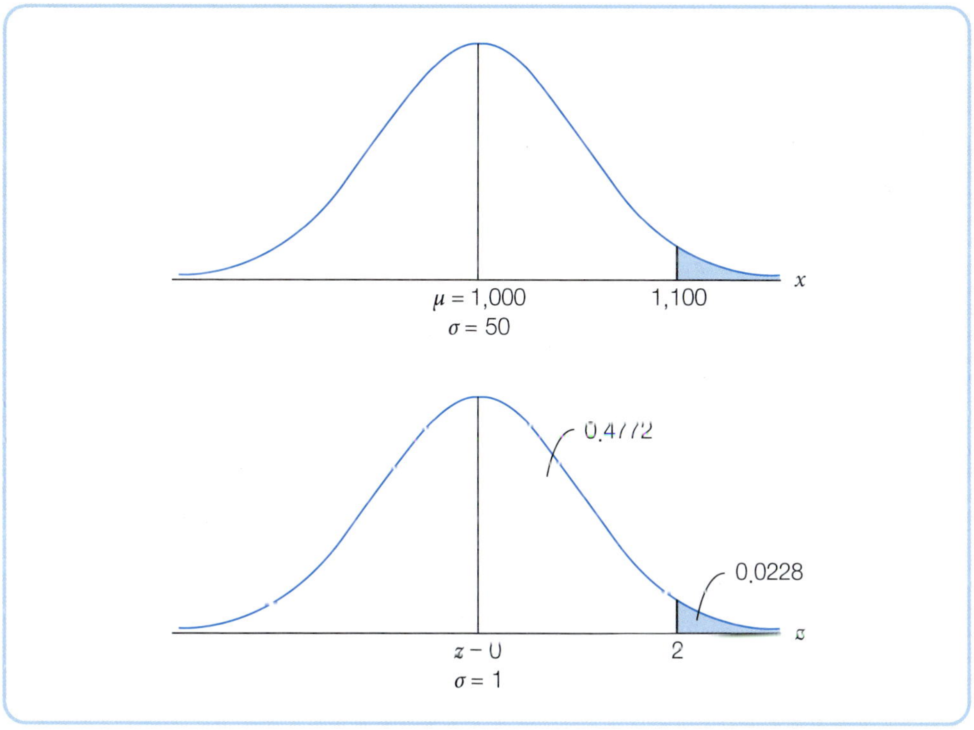


그림 5-7

확률변수 $X$의 특정값을 $x$로 표시하였듯이 확률변수 $Z$의 특정값은 $z$로 표시한다.

**정규분포의 성질** check

- $X \sim N(\mu_X, \sigma_X^2)$이고 $y = a + bx$이면 $Y \sim N(a + b\mu_X, b^2\sigma_X^2)$가 된다. 즉, 확률변수 $X$의 일차 함수도 정규분포를 따른다. 여기서, $a$와 $b$는 0이 아닌 상수이다.
- $X \sim N(\mu_i, \sigma_i^2)$, $Y \sim N(\mu_j, \sigma_j^2)$이고 상호 독립이면 $X + Y \sim N(\mu_i + \mu_j, \sigma_i^2 + \sigma_j^2)$이 된다.

우리는 변수 $x$와 $y$가 일차 함수 관계라면 $x$와 $y$가 같은 성질로 공유한다는 것을 알고 있다. 이와 마찬가지로 확률변수 $X$와 확률변수 $Y$에서도 확률변수 $X$가 정규분포를 이루면 확률변수 $Y$도 정규분포를 이루고 그 평균과 분산은 앞에서 말한 각각의 성질에 따라 결정된다. 참고로 두 확률변수가 일차(선형) 함수관계가 아닌 비선형 관계인 경우 위의 관계는 보장되지 않는다.

**예제 5-3**

**표준정규분포표를 이용하여 다음 확률을 계산하라.**

(1) $P(z \leq 0.75)$는 얼마인가?

(2) $P(-1.0 \leq z \leq 1.0)$은 얼마인가?

(3) $P(z \leq -1.0)$은 얼마인가?

(4) $P(z \leq z_0) = 0.9$가 되도록 하는 $z_0$의 값은 얼마인가?

**풀이** (1) 정규분포는 좌우 대칭이고, 표준정규분포표는 $z$의 값이 0부터 $+c$값까지만, 즉 $P(0 \leq z \leq +c)$만을 나타낸다는 성질을 이용하여 다음과 같이 계산한다.

$$P(z \leq 0.75) = 0.5 + P(0 \leq z \leq 0.75) = 0.5 + 0.2734 = 0.7734$$

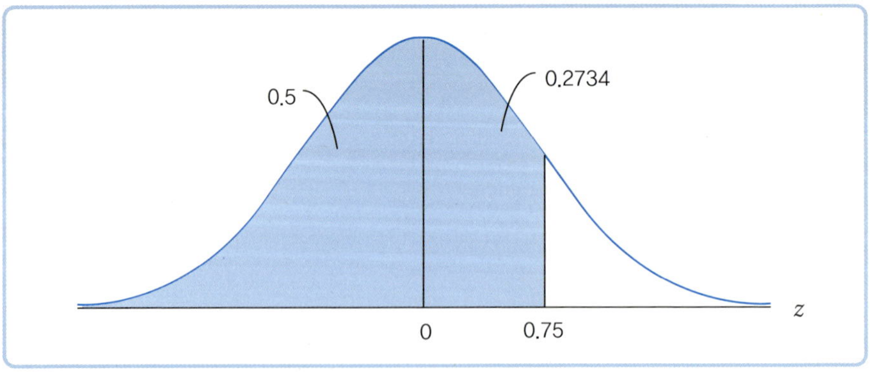

(2) $P(-1.0 \le z \le 1.0) = 2 \times P(0 \le z \le 1.0) = 2 \times 0.3413 = 0.6826$

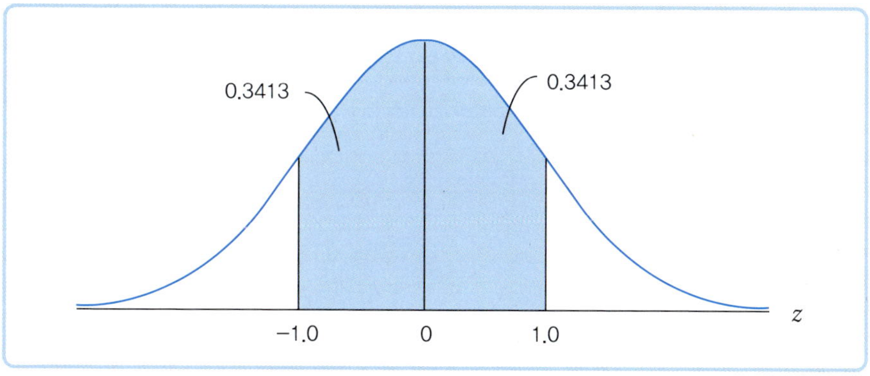


(3) $P(z \le -1.0) = P(z \ge 1.0) = 0.5 - P(0 \le z \le 1.0)$

$= 0.5 - 0.3413 = 0.1587$

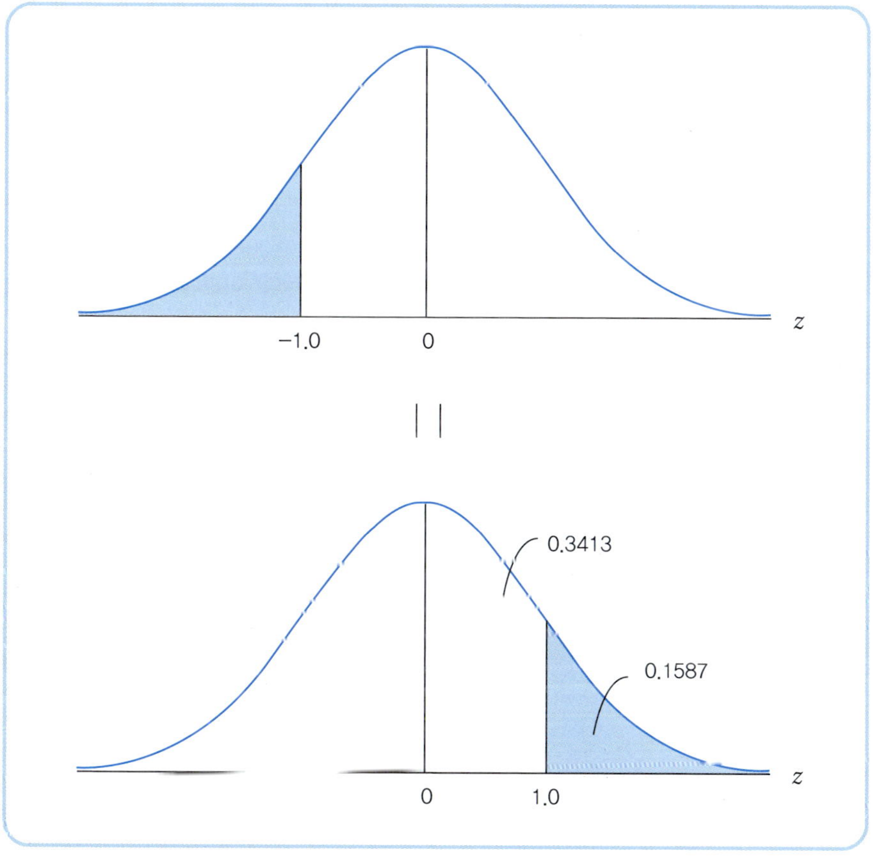

(4) $P(z \le z_0) = 0.9$

$0.5 + P(0 \le z \le z_0) = 0.9$

$P(0 \le z \le z_0) = 0.4$

표준정규분포표에서 $P(0 \le z \le 1.28) \fallingdotseq 0.4$

$z_0 = 1.28$

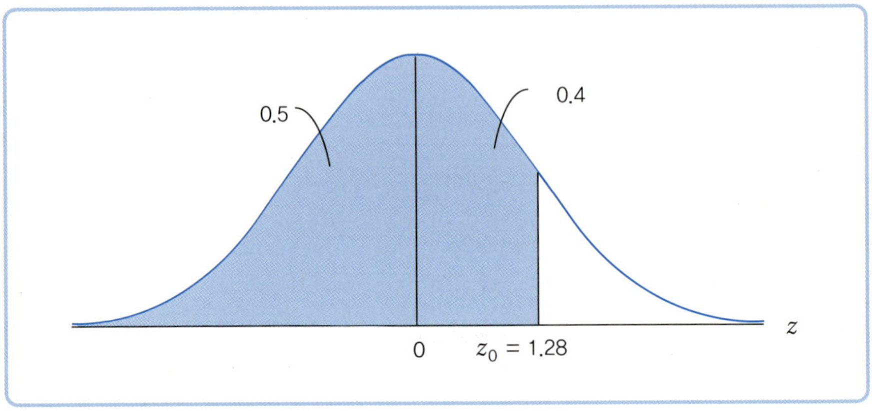


**예제 5-4**

**매지 기획은 해외 유명 예술, 연예인 초청 전문 회사이다. 이번에 유명한 러시아 발레단을 초청하고자 한다. 매지 기획은 이러한 기획 공연에서 관중 수는 평균 6,000명, 표준편차는 1,500명인 정규분포를 이룬다는 것을 알고 있다.**

(1) 관람객이 8,000명 이상 찾아올 확률을 구하라.

(2) 관람객이 3,000명 이하로 찾아올 확률을 구하라.

(3) 관람객이 5,000명에서 8,000명 사이로 찾아올 확률을 구하라.

(4) 이번 발레 공연이 관중인원 측면에서 10% 안에 드는 성황을 이루리라고 판단한다면 최소 몇 명 수용이 가능한 공연 장소를 구해야 하는가?

**풀이**

(1) $P(x \ge 8{,}000) = P(z \ge \dfrac{8{,}000 - 6{,}000}{1{,}500}) = P(z \ge 1.33)$

$$= 0.5 - P(0 \le z \le 1.33) = 0.5 - 0.4082 = 0.0918$$

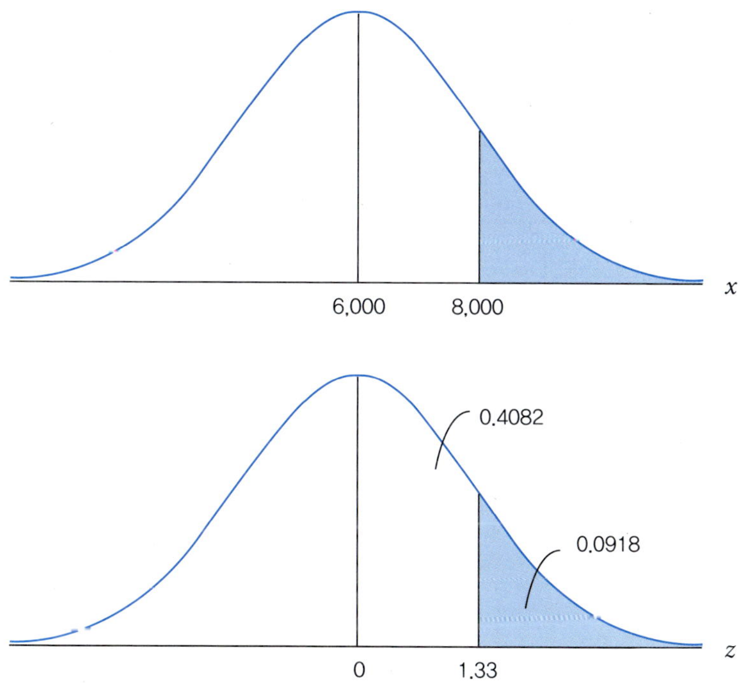


(2) $P(x \le 3{,}000) = P(z \le \dfrac{3{,}000 - 6{,}000}{1{,}500}) = P(z \le -2)$

정규분포는 좌우 대칭이기 때문에 $P(z \le -2)$와 $P(z \ge 2)$의 확률이 같다. 따라서

$P(z \le -2) = P(z \ge 2) = 0.5 - P(0 \le z \le 2) = 0.5 - 0.4772 = 0.0228$

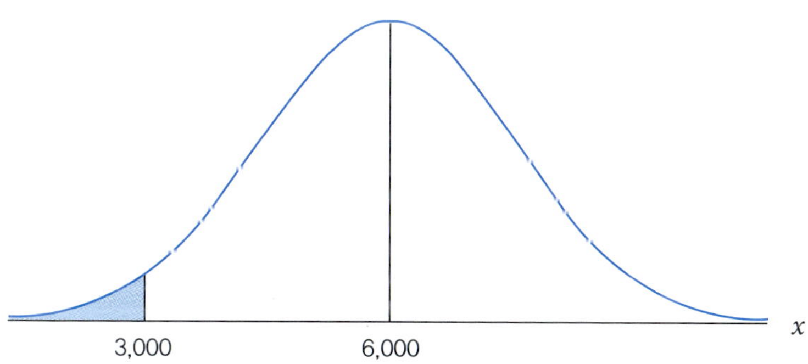

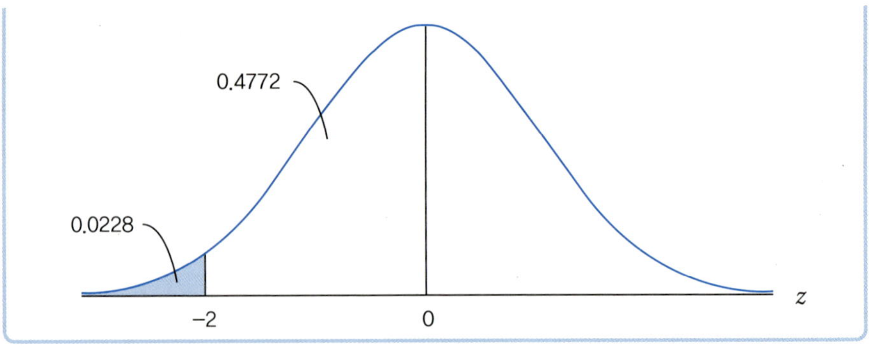


(3) $P(5{,}000 \le x \le 8{,}000) = P(\frac{5{,}000-6{,}000}{1{,}500} \le z \le \frac{8{,}000-6{,}000}{1{,}500})$

$$= P(-0.67 \le z \le 1.33)$$

정규분포는 좌우 대칭이기 때문에 $P(z \ge -0.67)$와 $P(z \le 0.67)$의 확률이 같다. 따라서

$$P(-0.67 \le z \le 1.33) = P(0 \le z \le 0.67) + P(0 \le z \le 1.33)$$

$$= 0.2486 + 0.4082 = 0.6568$$

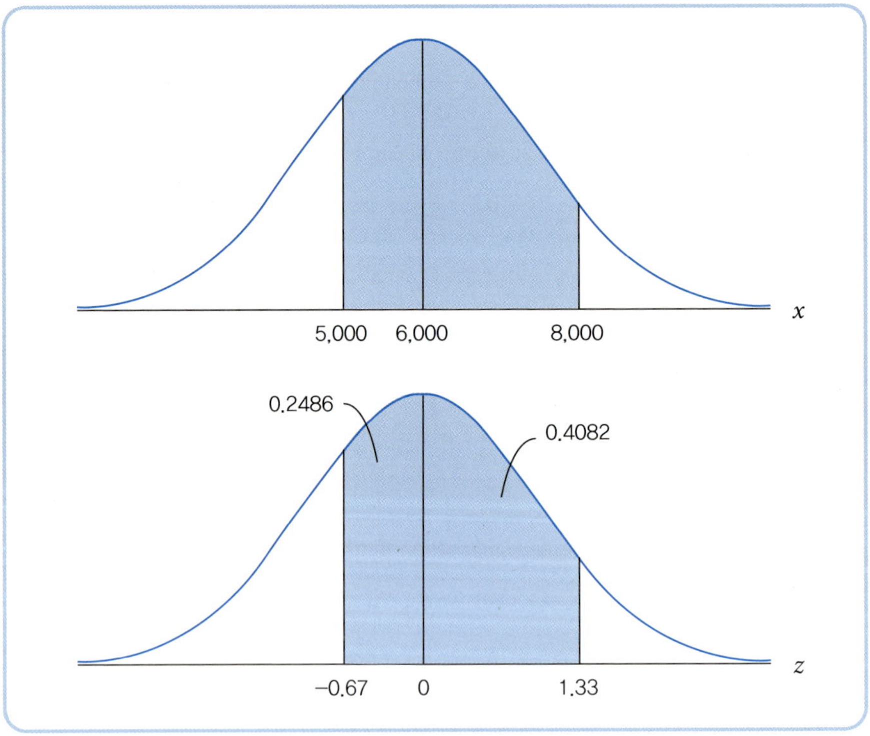

(4) $P(x \geq x_i) = 0.1$을 만족하는 $x_i$를 구해야 한다.

$$P(x \geq x_i) = P(z \geq \frac{x_i - 6{,}000}{1{,}500}) = 0.1$$

표준정규분포에서 $P(z \geq 1.28) \fallingdotseq 0.1$이므로

$$z = \frac{x_i - 6{,}000}{1{,}500} = 1.28$$

$$x_i - 6{,}000 = 1{,}920$$

$$x_i = 7{,}920$$

따라서 최소 7,920명 이상 수용되는 공연 장소를 구해야 한다.

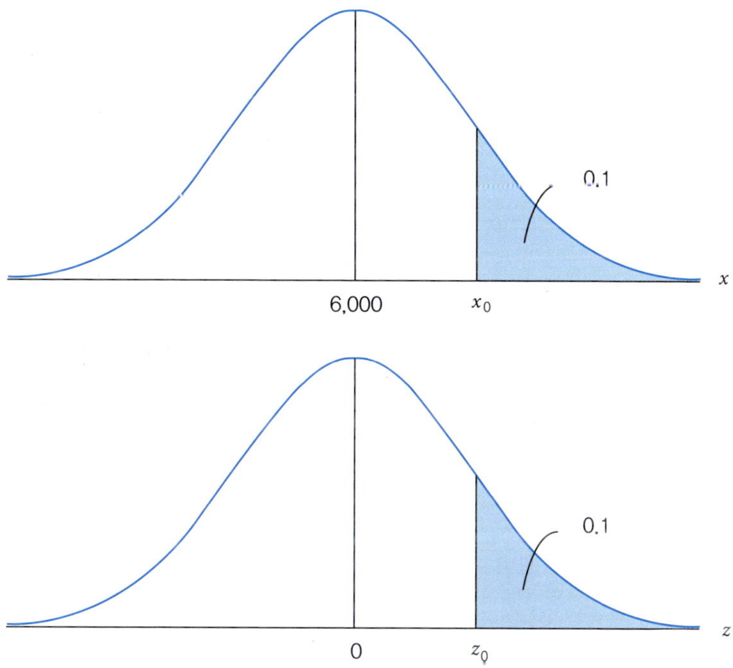


## 5.4 이항분포

앞에서 배운 균등분포와 정규분포는 상당히 일반적인 현상을 설명하지만 보다 특수한 경우에는 보다 세밀한 분포를 요구하게 된다. 특수한 경우란 데이터의 크기가 충분히 크지 않거나 특정 공간/시간대에 한정된 경우 등을 말한다. 이 경우에는 이항분포, 포아송분포, 지수분포 등이 사용된다.

먼저 다음과 같은 의사결정 문제에 직면한 경우를 고려해보자.

- 산업보험회사에서 경영학과 학생 20명이 중국으로 수학여행 가는데 필요한 보험을 판매하려고 한다. 이 회사는 당장 보험 가액을 결정해야 한다. 보험 가액을 결정하기 위해 어떤 정보가 필요한가?
- 매지 자동차회사는 연간 25대의 특수 구급차를 생산하는데 생산과정에서 평균 2대의 불량품이 발생하고 있다. 현재 외국에서 15대의 특수 구급차에 대한 주문이 있는데, 조건은 생산 후 불량품이 1대 이하이면 좋은 가격으로 모두 구입하고, 만일 그 이상이면 모두 반품 처리한다는 것이다. 이 주문을 수주할 것인가를 결정하는 데 어떤 정보가 필요한가?

위와 같은 경영 의사결정에 필요한 정보를 제공하는데 많이 사용되는 확률분포인 이항분포(binomial distribution)와 이 분포를 도출하는 데 사용되는 베르누이 분포에 대해 알아보기로 하자.

### 5.4.1 베르누이 시행과 베르누이 분포

(1) 베르누이 시행

베르누이 시행이란 어떤 전혀 새로운 개념이 아니라 이미 우리가 알고 있는 어떠한 현상에 대해서 이름을 붙인 것에 불과하다. 베르누이 시행은 다음의 두 가지 기본적인 특성을 지니는 실험의 시행을 의미한다.

첫째, 베르누이 시행이란 두 개의 상호 배타적인 이벤트로 구성된 실험의 시행을 말한다. 즉, 이벤트가 두 개만 존재하며 하나의 이벤트가 일어나면 다른 이벤트는 절대 동시에 일어날 수 없다. 이를 상호 배타적이라 한다. 가장 대표적인 예가 동전 던지기이다. 동전 던지기의 실험은 앞면과 뒷면 두 개의 이벤트만 존재하고 앞면이 나올 때에는 절대로 뒷면이 나올 수 없기 때문에 베르누이 시행이 된다. 물론 두 가지 이상의 결과가 나타날 수 있는 시행도 시행 결과의 재분류를 통해(즉, 이벤트를 통합하여) 베르누이 시행으로 전환할 수 있다. 예를 들어 주사위를 던지는 시행에서 나타날 수 있는 결과는 1, 2, 3, 4, 5, 6의 결과가 나타날 수 있지만, 이러한 결과를 홀수와 짝수 집단으로 구분하게 되면 베르누이 시행이 성립하게 된다.

통계학에서는 이 두 이벤트를 어떤 경우에서든 통일된 용어로 사용하는데, 관행적으로 한 이벤트를 '성공(success)'이라 하고, 다른 이벤트를 '실패(failure)'라 부른다. 어떤 일이든지 성공과 실패의 두 결과만 있고 성공이 아니면 실패인 결과가 나온다. 여기서 성공이라는 것은 긍정적인 표현을 의미하고 실패라는 것은 부정적인 표현을 의미한다. 따라서 성공이 반드시 좋은 결과를 의미하고, 실패가 반드시 나쁜 결과를 의미하는 것은 아니다. 예를 들어 죽음이라는 사건에서 성공은 죽는 것이고 실패는 사는 것이 그 예이다.

이 베르누이 시행은 경영상(아마도 인생을 살면서 계속) 자주 접하는 현상을 나타내주고 있다. 즉 양자택일의 경우(binary decision)가 그것이다. 예를 들어, 투자를 할 것인가, 하지 않을 것인가, 또는 야구장에 갈 것인가, 가지 않을 것인가 등 두 가지 중 하나를 선택하는 상황을 말한다. 이것은 우리가 일상에서 자주 접하면서도 대부분 중요한 의사결정인 경우가 많다. 따라서 이 베르누이 시행과 분포, 이 개념을 확장한 이항분포의 유용성은 매우 높다고 할 수 있다.

둘째, 베르누이 시행에서 성공 및 실패 이벤트가 특정 값을 취할 확률은 시행횟수에 관계없이 항상 일정하다. 이 특성은 한 번의 시행에서 어떤 값이 나오든 간에 다음번 시행에서 그 값이 나올 확률은 그 이전의 시행에서 나타난 확률 값에 전혀 영향을 받지 않는다.

(2) 베르누이 분포

이러한 특징을 가진 베르누이 시행을 확률분포로 표시한 것이 **베르누이 분포**이다. 베르누이 분포에 대해 언급하기 전에 먼저 이벤트의 수치화가 필요하다. 우리는 관행적으로 '성공' 이벤트는 확률변수 $X$가 1의 값을 갖는 것으로 하고, '실패' 이벤트는 0의 값을 갖는다고 한다. 확률변수 $X$에서 $x$가 1이면 성공을 의미하고, 그 확률은 $p$로 표시한다($P(x=1)=p$). 또한, $x$가 0이면 실패를 의미하며, 그 확률은 $1-p$, 또는 $q$로 표시한다($P(x=0)=1-p=q$). 이와 같은 베르누이 시행의 결과로써 획득되는 확률분포를 **베르누이 분포**(bernoulli distribution)라고 하며, 이는 아래의 식 (5.15), (5.16)과 같이 정의한다.

$$x=1 \text{ 성공 : } P(X=1)=p \tag{5.15}$$

$$x=0 \text{ 실패 : } P(X=0)=q, \text{ 단, } q=1-p \tag{5.16}$$

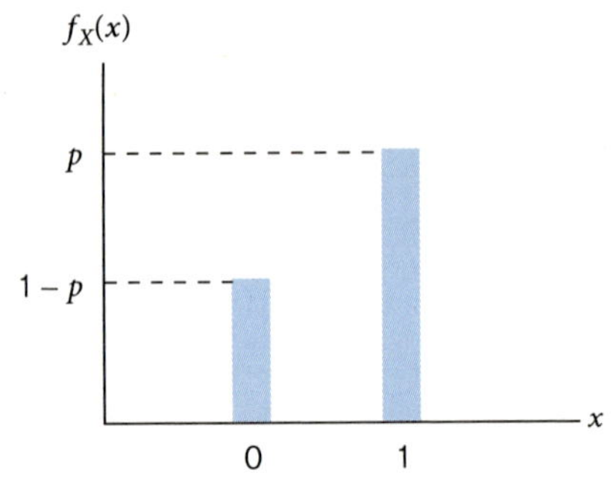


**그림 5-8 베르누이 분포**

따라서 베르누이 분포의 확률함수는 식 (5.17)과 같이 나타낼 수 있다.

$$f_X(x) = p^x (1-p)^{1-x} \tag{5.17}$$

여기서, $x$는 0 또는 1의 값을 가진다. 이 확률함수에서 $p$가 베르누이 분포의 모수이며, 이는 과거의 경험으로부터 구한다. 그리고 확률함수를 가지고 평균과 분산은 간단히 아래의 식 (5.18), (5.19)와 같이 정의할 수 있다.

$$\mu_X = \sum_{x=0}^{1} x f_X(x) = (0)(1-p) + (1)(p) = p \tag{5.18}$$

$$\begin{aligned} \sigma_X^2 &= \sum_{x=0}^{1} \left[ (x-\mu_X)^2 f_X(x) \right] = (1-p)^2(p) + (0-p)^2(1-p) \\ &= p(1-p)^2 + p^2(1-p) = p(1-p)(1-p+p) = p(1-p) = pq \end{aligned} \tag{5.19}$$

베르누이 분포의 그래프는 〈그림 5-8〉과 같다.

### 5.4.2 이항분포

이항분포는 독립적인 베르누이 시행을 반복적으로 시행한 결과로써 도출되는 확률분포이다. 즉, 매번 성공 확률이 $p$인 사건을 $n$번 시행하여 성공한 사건이 $x$번 발생할 확률을 계산하는 데 이용된다. 이항분포를 활용한 의사결정을 하기 위해서는 우선적으로 확률변수가 이항확률변수에 해당하는지 확인하는 것이 중요하다. 이항확률분포는 다음과 같은 특성을 가지고 있다.

**이항확률변수의 특성** check

- 이항분포를 위한 실험은 $n$번의 베르누이 시행으로 구성된다.
- 성공 확률은 시행횟수에 관계없이 항상 일정하며, 이를 $p$라고 한다. 즉 각 시행이 통계적으로 독립적이므로 한 시행이 다른 시행에 영향을 미치지 못한다.

예를 들어 '귀사는 은행에서 추가적인 담보를 요구당하고 있습니까?'에 대한 15개 회사의 응답으로 구성된 변수를 확률변수 $X$라고 하자. 확률변수 $X$는 '추가담보 요구'라고 정의할 수 있다. 이 변수가 이항확률변수에 해당하는지를 다음과 같이 차례로 알아보자. 우선, 이 변수에 대한 데이터는 15개의 응답이 '예'와 '아니오'의 두 가지 결과 중 하나로 나타나는 베르누이 시행이 15번 시행된 것으로 볼 수 있으므로 첫 번째 조건은 충족된다고 볼 수 있다. 그리고 15개의 응답은 서로 독립적이라고 할 수 있는데, 그 이유는 한 회사의 설문지에 대한 응답이 다른 회사의 응답에 영향을 주었다고 할 수 없기 때문이다. 따라서 이 설문에 대한 각각의 응답은 독립적인 '시행'이라고 할 수 있으며, 결과적으로 두 번째 조건을 만족하고 있음을 알 수 있다.

한편 성공 결과의 확률은 무작위로 선택된 각각의 응답자들의 반응이 '예'라고 나타날 확률이 된다. 이항확률변수의 두 번째 조건을 충족하기 위해서는 $p$값이 시행횟수에 관계없이 일정하여야 한다. 만약 선택된 응답자가 다시 선택될 수 있도록 '복원추출에 의한 표본(sampling with replacement)'을 구성하지 않았다면 $p$값은 일정하지 않다. 왜냐하면 두 번째 선택에서 성공확률 $p$값은 첫 번째 선택에서의 성공확률과 달라지기 때문이다. 결과적으로 복원추출에 의한 표본 구성이 이루어지면 이항확률변수에 대한 두 번째 조건을 만족시킨다고 할 수 있다.

이처럼 '추가담보 요구' 변수(확률변수 $X$)가 이항확률변수임을 받아들인다면 이를 의사결정 과정에서 사용하기 위해서는 이항분포의 확률함수를 알고 있어야 한다. 이항분포의 확률함수는 $n$번의 베르누이 시행에서 특정 사건이 $x$번 발생할 확률을 계산하는데 사용되며 이를 표시하면 식 (5.20)과 같다.

**이항분포의 확률함수** check

$$f_X(X) = {}_nC_x p^x (1-p)^{n-x}$$
$$= \frac{n!}{(n-x)!x!} p^x (1-p)^{n-x}$$
$$x = 0, 1, 2, \cdots, n \quad (5.20)$$

여기서, $f_X(x)$: 성공 확률을 나타내는 이항확률함수

$x$ : 임의의 이항확률변수 값을 의미하는 성공횟수

$n$ : 시행횟수

$p$ : 베르누이 시행의 성공확률

이항분포의 확률함수에서 모수의 값은 $n$과 $p$이다. $n$값은 베르누이 시행을 얼마나 시도하는가에 관한 변수이고, $p$ 값은 베르누이 분포에 나오는 성공 확률을 말한다. 이 모수($n$, $p$)의 값을 결정해주어야 이항분포가 성립된다. 확률변수 $X$가 이항분포를 따를 경우 이를 확률변수를 이용하여 표시하면 식 (5.21)과 같이 표시하며 이는 확률변수 $X$는 시행횟수가 $n$이고, 성공 확률이 $p$인 이항분포를 따른다고 읽는다.

$$X \sim B(n, p) \quad (5.21)$$

앞 장에서 설명한 확률변수의 기대값과 분산의 정의를 이항분포에 적용해보면, 즉 시행횟수가 $n$이고 특정 사건이 발생할 확률이 $p$인 이항분포의 평균과 분산은 다음의 식 (5.22), (5.23)과 같다.

**이항분포의 평균과 분산** check

$$\mu_X = np \quad (5.22)$$

$$\sigma_X^2 = npq \ (q = 1-p) \quad (5.23)$$

그렇다면 이항분포의 그래프는 어떤 모양을 가지고 있는가? 이항분포 그래프의 형

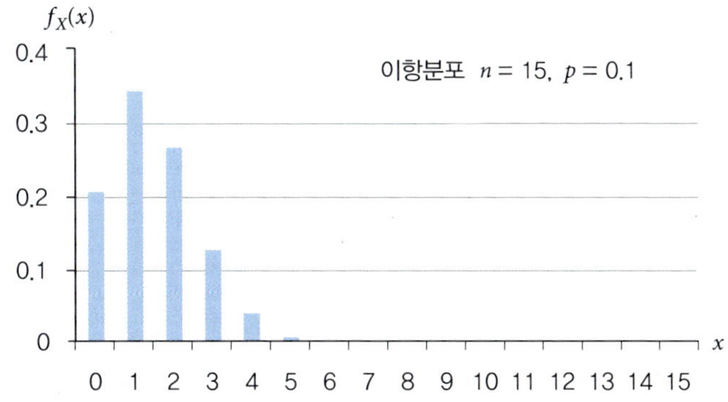


**그림 5-9** $n=15$, $p=0.1$**인 이항분포 그래프**

태를 결정하는 요인은 무엇인가? 이항분포의 그래프를 그려보면 〈그림 5-9〉와 유사하게 될 것이다.

그러니 이항분포의 그래프는 시행횟수($n$)와 성공확률($p$), 즉 모수에 따라 그 모양이 달라진다. 만약 시행횟수가 15라고 할 때 성공확률이 0.5인 경우에는 〈그림 5-10〉과 같이 평균($np = (15)(0.5) = 7.5$)을 중심으로 완전히 좌우대칭의 모양을 가진다.

성공확률이 0.5보다 작으면 〈그림 5-9〉와 같이 오른쪽으로 긴 꼬리를 가지는 모양이 되고, 성공확률이 0.5보다 크면 〈그림 5-11〉과 같이 왼쪽으로 긴 꼬리를 가지는 모양이 된다. 하지만 성공확률이 0.5가 아니더라도 $n$이 충분히 커지면 분포의 모양은 〈그림

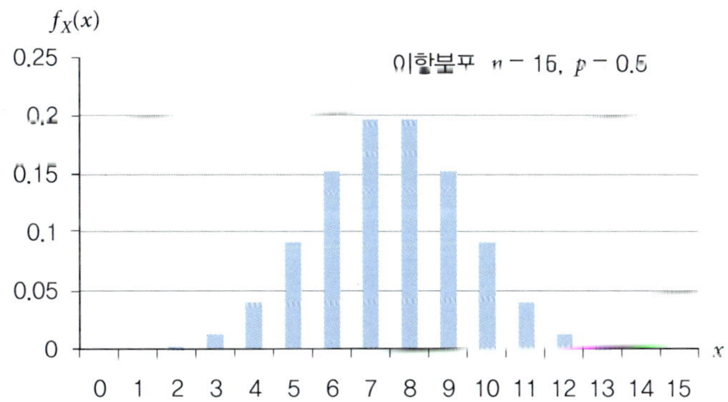


**그림 5-10** $n=15$, $p=0.5$**인 이항분포 그래프**

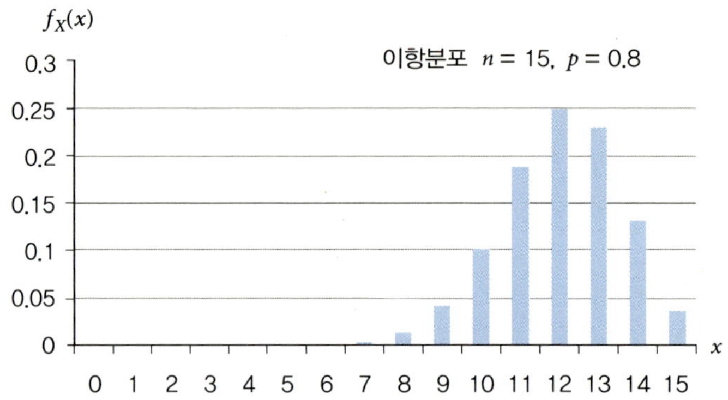


그림 5-11 $n = 15$, $p = 0.8$인 이항분포 그래프

5-12〉와 같이 대칭, 더 나아가서는 정규분포에 가까워진다. 일반적으로 $np \geq 5$일 때와 $nq \geq 5$일 때, 이항분포는 $\mu_X = np$, $\sigma_X^2 = npq$인 정규분포에 근접하게 된다. 즉, 데이터의 크기가 충분히 커지면, 이는 더 이상 특수한 경우가 아닌 일반적인 현상이 되어 정규분포에 근접하게 된다.

### 5.4.3 이항분포의 확률 계산

〈그림 5-9〉부터 〈그림 5-12〉의 그래프에서 확인할 수 있듯이 이항확률변수는 이산 확률변수이다. 따라서 정규확률변수와는 달리 특정 이벤트에서의 확률($P(x = c)$)을 구할

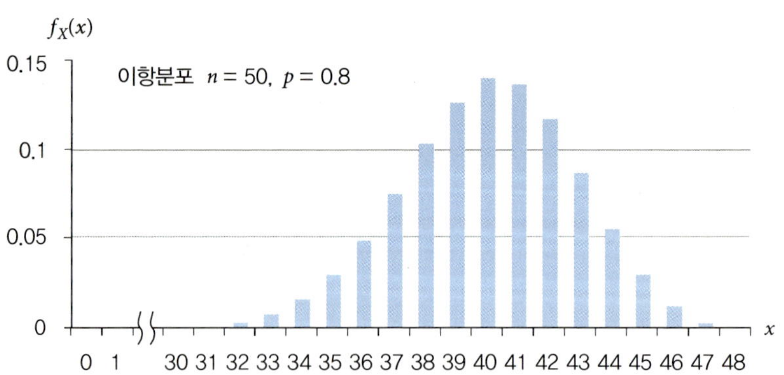


그림 5-12 $n = 50$, $p = 0.8$인 이항분포 그래프

수 있다. 따라서 이항분포에서는 특정 이벤트의 확률과 구간에서의 확률을 모두 계산할 수 있다. 다음 예제를 풀어보자.

**예제 5-5**

**매지자동차 부품공장에서 생산되는 브레이크는 일일 생산품의 10%가 불량품으로 판정된다. 이 때 다음 질문에 답하라.**

(1) 5개의 샘플 중 2개가 불량품일 확률을 계산하라.

(2) 25개의 샘플 중 0개에서 5개 사이의 샘플이 불량품으로 판정될 확률을 계산하라.

**풀이** (1) 임의의 샘플이 불량품에 속할 확률은 0.1이기 때문에 이 문제의 5개의 샘플 중 2개가 불량품일 확률은 다음과 같다.

$$_nC_xp^x(1-p)^{n-x} = {_5C_2}(0.1)^2(0.9)^3 = \frac{5!}{2!3!}(0.1)^2(0.9)^3$$

$$= (10)(0.01)(0.729) = 0.073$$

(2) 25개의 샘플 중 0개에서 5개 사이의 샘플이 불량품으로 판정될 확률은 한 개도 불량품이 아닐 확률, 1개가 불량품일 확률, 2개가 불량품일 확률, 3, 4, 5개가 불량품일 확률을 모두 더한 값이 된다.

$$\sum_{c=1}^{5} {_{25}C_c}(0.1)^c(0.9)^{25-c} = {_{25}C_0}(0.1)^0(0.9)^5 + {_{25}C_1}(0.1)^1(0.9)^4$$
$$+ {_{25}C_2}(0.1)^2(0.9)^3 + {_{25}C_3}(0.1)^3(0.9)^2$$
$$+ {_{25}C_4}(0.1)^4(0.9)^1 + {_{25}C_5}(0.1)^5(0.9)^0$$
$$= 0.967$$

[예제 5-5]에서 경험했듯이 확률함수를 이용하여 이항분포의 확률을 계산하는 것은 매우 복잡하다. 따라서 통계학자들이 만든 누적이항분포표나 컴퓨터를 이용하여 확률을 계산할 수 있다.

누적이항분포표는 [부록 1]에 나타나 있다. 누적이항분포표는 시행 횟수에 따라 각각 다른 표를 가지고 있으며 〈그림 5-13〉은 시행 횟수가 10회일 경우($n = 10$)에서의 누적이항분포표이다. 누적이항분포표 내의 각 숫자는 2행의 성공 확률에서 1열의 이벤트까지의 누적확률을 나타낸다. 예를 들어 10번의 시행($n = 10$)에서 성공 확률이 0.2 ($p = 0.2$)일 때, 3번 이하로 성공할 확률($P(x \leq 3)$)을 구하기 위해 2행에서의 확률이

| c | p | | | | | | | | | | | | |
|---|---|---|---|---|---|---|---|---|---|---|---|---|---|
| | 0.01 | 0.05 | 0.10 | 0.20 | 0.30 | 0.40 | 0.50 | 0.60 | 0.70 | 0.80 | 0.90 | 0.95 | 0.99 |
| 0 | 0.904 | 0.599 | 0.349 | 0.107 | 0.028 | 0.006 | 0.001 | 0.000 | 0.000 | 0.000 | 0.000 | 0.000 | 0.000 |
| 1 | 0.996 | 0.914 | 0.736 | 0.376 | 0.149 | 0.046 | 0.011 | 0.002 | 0.000 | 0.000 | 0.000 | 0.000 | 0.000 |
| 2 | 1.000 | 0.988 | 0.930 | 0.678 | 0.383 | 0.167 | 0.055 | 0.012 | 0.002 | 0.000 | 0.000 | 0.000 | 0.000 |
| 3 | 1.000 | 0.999 | 0.987 | 0.879 | 0.650 | 0.382 | 0.172 | 0.055 | 0.011 | 0.001 | 0.000 | 0.000 | 0.000 |
| 4 | 1.000 | 1.000 | 0.998 | 0.967 | 0.850 | 0.633 | 0.377 | 0.166 | 0.047 | 0.006 | 0.000 | 0.000 | 0.000 |
| 5 | 1.000 | 1.000 | 1.000 | 0.994 | 0.953 | 0.834 | 0.623 | 0.367 | 0.150 | 0.033 | 0.002 | 0.000 | 0.000 |
| 6 | 1.000 | 1.000 | 1.000 | 0.999 | 0.989 | 0.945 | 0.828 | 0.618 | 0.350 | 0.121 | 0.013 | 0.001 | 0.000 |
| 7 | 1.000 | 1.000 | 1.000 | 1.000 | 0.998 | 0.988 | 0.945 | 0.833 | 0.617 | 0.322 | 0.070 | 0.012 | 0.000 |
| 8 | 1.000 | 1.000 | 1.000 | 1.000 | 1.000 | 0.998 | 0.989 | 0.954 | 0.851 | 0.624 | 0.264 | 0.086 | 0.004 |
| 9 | 1.000 | 1.000 | 1.000 | 1.000 | 1.000 | 1.000 | 0.999 | 0.994 | 0.972 | 0.893 | 0.651 | 0.401 | 0.096 |
| 10 | 1.000 | 1.000 | 1.000 | 1.000 | 1.000 | 1.000 | 1.000 | 1.000 | 1.000 | 1.000 | 1.000 | 1.000 | 1.000 |

그림 5-13 누적이항분포표($n=10$)

0.2, 좌측의 열이 3에 해당하는 숫자를 찾으면 0.879이다. 즉, 0번, 1번, 2번, 3번 성공할 확률을 모두 더한 값이 0.879라는 것이다. 또한, 성공 확률이 0.2일 때, 정확히 3번 성공할 확률($P(x=3)$)은 3번 이하로 성공할 확률에서 2번 이하로 성공할 확률을 빼서 구할 수 있다($P(x \leq 3)-P(x \leq 2)$). 3번 이하로 성공할 확률은 0.879, 2번 이하로 성공할 확률은 0.678이기 때문에 정확히 3번 성공할 확률은 (0.879−0.678=)0.201이 된다.

### 예제 5-6

**다국적 제약회사인 S사는 새로이 개발한 신약을 가지고 우리나라 식약청에 생산 및 판매 허가를 얻고자 한다. 이 회사는 내부적으로 실험한 결과 신약을 복용한 환자의 10%가 부작용을 경험했다는 결과를 가지고 있다. 이 경우 다음 문제를 풀어라.**

(1) 20명의 환자에게 복용시켜 1명이 부작용을 경험할 확률은 무엇인가?

(2) 20명의 환자에게 복용시켜 3명 이하의 환자에게 부작용이 나오게 되면 식약청의 신약 1차 임상실험을 통과하게 되며 다음 번 임상실험을 할 수 있는 자격을 얻게 된다. 이 1차 임상실험을 통과할 확률은 얼마인가?

(3) 확률변수 $X$를 20명의 환자가 복용하여 부작용을 경험한 환자의 수라고 하자. 확률변수 $X$의 평균과 분산을 구하라.

(4) 1차 실험 통과 후 본격적으로 환자 150명에 대한 임상실험이 있는데, 여기서 부작용이 10명 이하일 경우 본격적인 신약 생산과 판매가 가능하다. 이 임상실험을 통과할 확률은 얼마인가?

(5) 내부적인 실험 결과가 없을 경우, 즉 10%의 부작용이란 결과가 없는 경우 1차 임상실험을 통과할 확률은 얼마나 되는가?

**풀이** (1) 부작용이 발생할 확률이 10%($p=0.1$)인 신약을 20명의 환자($n=20$)에게 복용시켜 정확히 1명($x=1$)이 부작용을 경험할 확률은 $n=20$인 누적이항분포표를 이용하여 확률을 계산할 수 있다.

$$P(x=1)=P(x\le 1)-P(x\le 0)=0.392-0.122=0.27$$

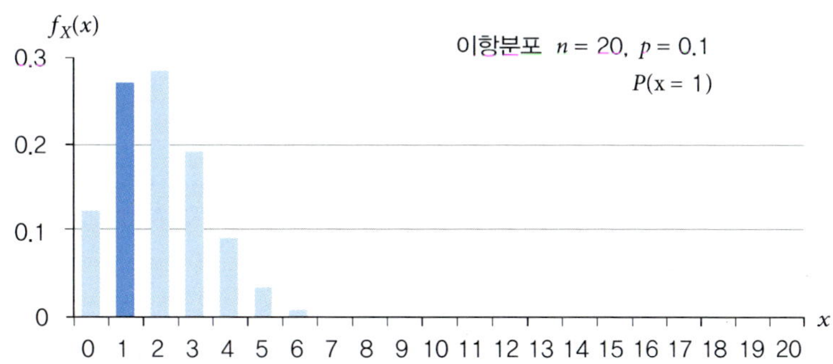


(2) $n=20$인 누적이항분포표에서 $P(x\le 3)$을 구하면,

$$P(x\le 3)=0.867$$

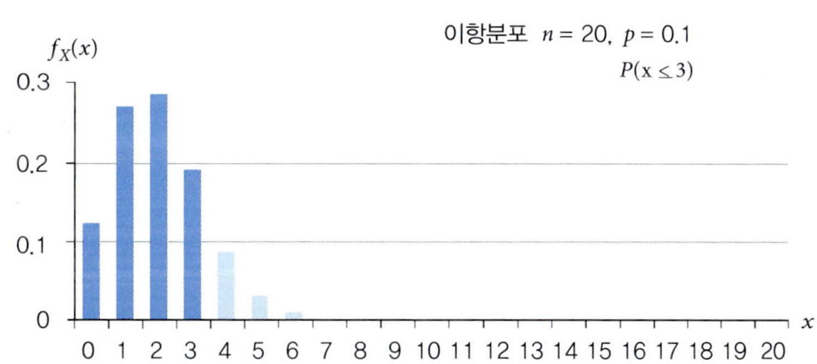


(3) 확률변수 $X$의 평균과 분산은 다음의 공식을 이용하여 구할 수 있다.

$$\mu_X=np=(20)(0.1)=2$$

$$\sigma_X^2=npq=(20)(0.1)(0.9)=1.8$$

(4) $n=150$으로 충분히 크기 때문에 정규분포를 적용할 수 있다. 먼저, 모수를 구하면 아래의 식과 같다. 앞의 (3)번 문제와 구분하기 위해 20명의 환자가 복용하여 부작용을 경험한 환자의 수를 확률변수 $Y$라고 하자.

$$\mu_Y = np = (150)(0.1) = 15$$

$$\sigma_Y^2 = npq = (150)(0.1)(0.9) = 13.5$$

따라서 확률변수 $Y$는 평균이 15, 분산이 13.5인 정규분포를 따른다.($Y \sim N(15, 13.5)$)

$$P(y \le 10) = P(z \le \frac{10-15}{\sqrt{13.5}}) = P(z \le -1.36) = 0.5 - 0.4131 = 0.0869$$

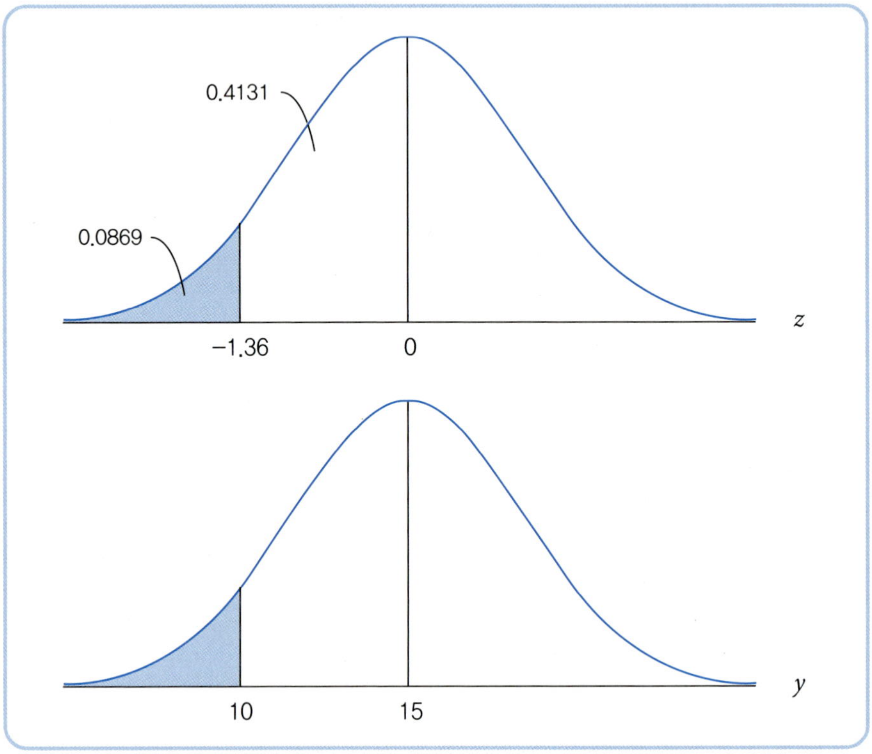


(5) 과거의 경험이 없기 때문에 균등분포를 이용한다. 총 이벤트는 0부터 20까지 21개이므로 확률함수는 아래와 같다.

$$f_X(x) = \frac{1}{21}$$

1차 임상실험을 통과하기 위해서는 부작용을 경험한 환자가 0, 1, 2, 3명일 경우이므로 그 확률은 아래와 같이 구할 수 있다.

$$P(x \le 3) = 4 \times \frac{1}{21} = \frac{4}{21}$$

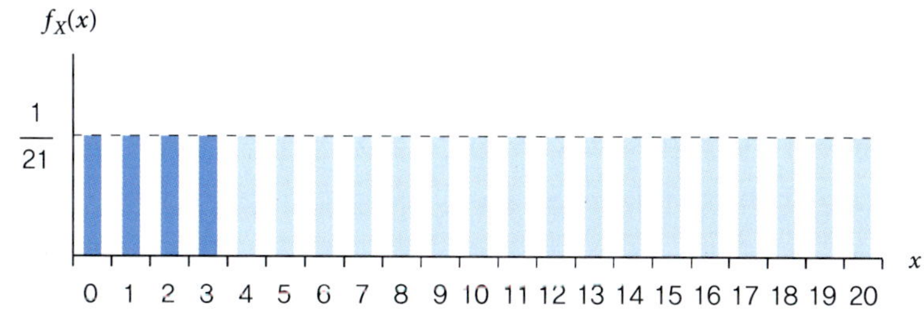


## 5.5 포아송분포

### 5.5.1 포아송분포

포아송분포(Poisson distribution)는 원래 포아송(Simeon Poisson, 1781~1840)이라는 프랑스 수학자에 의해 개발된 분포로써, 그가 군의관으로 기마부대에서 복무하던 중 말에서 떨어져 사망하는 병사가 하루에 몇 명이나 되는가에 대한 확률을 계산한 것이다. 전쟁 당시에 기마부대원이 매일 말에서 떨어져 사망하는 경우란 사실상 매우 드문 일로써 이 분포는 한 번도 일어나지 않거나 기껏해야 한 번 정도 일어나는 확률이 제일 높은 사건을 표시하는 분포이다. 즉, 동시에 두 번 이상 발생할 확률이 매우 낮음을 의미한다. 아마도 포아송분포에 대한 가장 좋은 예는 비행기 추락사고에 대한 확률일 것이다.

포아송 확률변수(Poisson random variable) 역시 성공과 실패라는 두 상호배반적인 사상으로 구성되어 있고, 일정한 단위 시간, 단위 구간(거리), 단위 공간(면적)에서 특성사상(성공)이 발생할 횟수를 의미한다. 따라서 포아송분포는 포아송 확률변수 X가 취할 수 있는 값들과 이들이 각 값에 대응하는 확률을 나타낸다. 포아송분포의 단위시간, 단위구간 측정단위는 연속적이지만, 확률변수인 발생횟수는 이산적이다. 포아송분포가 적용되는 예로는 '서비스 설비'에 '고객'이 도착하는 과정을 들 수 있다.

- 은행창구에 도착하는 시간당 고객 수
- 수퍼마켓 계산대, 병원 접수대에 도착하는 시간당 고객 수

- 교과서 1쪽당 오타의 수
- 톨게이트에 도착하는 분당 자동차의 수

포아송분포는 이 단위시간 또는 단위구간의 존재가 결정요인이 된다. 12시부터 1시까지의 점심시간 동안 음식점에 오는 손님의 수, 혹은 7시부터 9시까지의 러시아워 동안에 톨게이트를 지나는 차량의 수 등은 주어진 시간에 2번 이상 일어날 확률이 낮지 않기 때문에 초기의 포아송분포의 개념과 일치하지 않은 것 같지만 단위시간의 개념을 적용해보면 동일한 말임을 알 수 있다. 예를 들어 점심시간 한 시간에 10명의 고객이 도착한다면 이는 1분당 1/6명의 고객이 도착한다는 말과 같다. 즉 주어진 시간을 단위시간으로 충분히 작게 쪼개면 0에서 1 사이의 발생 횟수 확률이 가장 크게 되어 초기의 포아송분포 개념과 일치하게 되는 것이다. 따라서 주어진 시간의 발생 횟수를 포아송분포로 표시하려면 아래의 조건을 만족해야 한다.

**포아송분포의 조건** check

- 단위구간은 2개 이상이 한꺼번에 발생할 확률이 0에 가까울 정도로 소구간을 말한다.
- 각각의 단위구간은 독립적이다. 즉 한 단위구간의 발생이 다른 단위구간의 발생에 영향을 끼치지 않는다.
- 각 구간에서 발생할 확률은 그 구간 길이에 비례하며, 전 구간을 통해 일정하다. (예컨대, 1년에 12번이면 2년에는 24번 발생하며, 1달에 1번이면 1일에 1/30번 발생한다.)

특히 마지막 조건인 발생 횟수가 시간에 비례한다는 조건은 포아송분포의 유연함을 크게 증가시켜 포아송분포를 매우 실용적으로 만들어주고 있다. 즉 반드시 단위시간에 2개 이상 발생할 확률이 0에 가깝다는 제한에 보다 유연하게 대처할 수 있다. 다시 말하면 점심시간 1시간 동안에 손님이 10명 도착한다는 것에 포아송분포를 아무 거리낌없이 적용하는 것을 가능하게 한다.

위에서 제시한 포아송분포의 조건을 만족시키면 포아송분포는 다음과 같이 정의할 수 있다.

포아송분포의 정의

check

확률변수 $X$가 $x$값을 지닐 확률, 즉 단위시간에 $x$번 일어날 확률은 다음의 식 (5.24)와 같은 포아송분포의 형태를 갖는다.

$$P(X=x)=\frac{e^{-\lambda}\lambda^{x}}{x!},\quad x=0,1,2,\cdots \tag{5.24}$$

이 식에서 모수는 $\lambda$이며, 이는 단위시간에 발생할 평균 건수를 의미하는 것으로 과거의 데이터에서 얻는 것이다. 이는 곧 포아송분포의 평균값이며, $e$는 자연지수로 2.71828에 근접한 값이다.

한편, 포아송분포의 경우, 평균과 분산은 일치한다. 즉, 식 (5.25)와 같다.

$$\mu_X=\sigma_X^2=\lambda\text{: 단위구간당 평균 횟수} \tag{5.25}$$

## 5.5.2 포아송분포의 확률계산

포아송확률변수는 이항확률변수와 마찬가지로 이산확률변수이다. 따라서 우리는 확률변수가 포아송분포를 가정할 경우 특정 이벤트의 확률($P(X=c)$)을 구할 수 있다.

포아송분포 또한 확률함수가 복잡하므로 이를 이용하여 확률을 구하기 어렵기 때문에 누적포아송분포표나 컴퓨터를 이용하여 확률을 계산하게 된다. 누적포아송분포표는 [부록 2]에 나타나 있으며, 〈그림 5-14〉는 누적포아송분포표의 일부분이다. 누적포아송분포표의 숫자는 누적이항분포표와 비슷하게 2행의 $\lambda$에서 1열의 이벤트까지의 누적확률을 나타내준다. 앞에서 들었던 회사 앞 식당의 손님이 도착하는 수의 예를 살펴보자. 만약 1시에서 2시 사이에 식당에 도착하는 손님이 평균 5명($\lambda=5$)이라 할 경우 1시에서 2시 사이에 손님이 4명 이하로 도착할 확률($P(X\leq 4)$)을 구해보면, 2행에서 $\lambda$가 5.00이고, 왼쪽 열이 4에 해당하는 숫자는 0.440이다. 즉, 1시에서 2시 사이에 손님이 4명 이하로 도착할 확률은 0.440이 된다.($P(X\leq 4)=0.440$) 또한, 1시에서 2시 사이에 손님이 정확히 4명 도착할 확률($P(X=4)$)은 2행에서 $\lambda$가 5.00이고, 왼쪽 열이 4에 해당하는 숫자($P(X\leq 4)$)에서 3에 해당하는 숫자($P(X\leq 3)$)을 빼서 구할 수 있다. 따라서 1시에서 2시 사이에 손님이 정확히 4명 도착할 확률은 ($0.440-0.265=0.175$)가 된다.($P(X=4)=0.175$)

| c | λ | | | | | | | | | | |
|---|---|---|---|---|---|---|---|---|---|---|---|
| | 4.00 | 4.50 | 5.00 | 5.50 | 6.00 | 6.50 | 7.00 | 7.50 | 8.00 | 8.50 | 9.00 |
| 0 | 0.018 | 0.011 | 0.007 | 0.004 | 0.002 | 0.002 | 0.001 | 0.001 | 0.000 | 0.000 | 0.000 |
| 1 | 0.092 | 0.061 | 0.040 | 0.027 | 0.017 | 0.011 | 0.007 | 0.005 | 0.003 | 0.002 | 0.00 |
| 2 | 0.238 | 0.174 | 0.125 | 0.088 | 0.062 | 0.043 | 0.030 | 0.020 | 0.014 | 0.009 | 0.00 |
| 3 | 0.433 | 0.342 | 0.265 | 0.202 | 0.151 | 0.112 | 0.082 | 0.059 | 0.042 | 0.030 | 0.0 |
| 4 | 0.629 | 0.532 | 0.440 | 0.358 | 0.285 | 0.224 | 0.173 | 0.132 | 0.100 | 0.074 | 0.0 |
| 5 | 0.785 | 0.703 | 0.616 | 0.529 | 0.446 | 0.369 | 0.301 | 0.241 | 0.191 | 0.150 | 0.1 |
| 6 | 0.889 | 0.831 | 0.762 | 0.686 | 0.606 | 0.527 | 0.450 | 0.378 | 0.313 | 0.256 | 0.2 |
| 7 | 0.949 | 0.913 | 0.867 | 0.809 | 0.744 | 0.673 | 0.599 | 0.525 | 0.453 | 0.386 | 0.3 |
| 8 | 0.979 | 0.960 | 0.932 | 0.894 | 0.847 | 0.792 | 0.729 | 0.662 | 0.593 | 0.523 | 0.45 |
| 9 | 0.992 | 0.983 | 0.968 | 0.946 | 0.916 | 0.877 | 0.830 | 0.776 | 0.717 | 0.653 | 0.587 |
| 10 | 0.997 | 0.993 | 0.986 | 0.975 | 0.957 | 0.933 | 0.901 | 0.862 | 0.816 | 0.763 | 0.706 |
| 11 | 0.999 | 0.998 | 0.995 | 0.989 | 0.980 | 0.966 | [illegible] | [illegible] | 0.888 | 0.849 | 0.803 |

그림 5-14 누적포아송분포표(부분)

## 예제 5-7

**학교 머리방에는 오전 8시부터 9시까지 평균 9명의 학생 손님이 찾아온다. 손님의 도착은 포아송분포를 가정한다.**

(1) 오전 8시부터 9시 사이에 10명 이하의 손님이 도착할 확률을 구하라.

(2) 오전 8시부터 9시 사이에 정확히 9명의 손님이 도착할 확률을 구하라.

(3) 오전 8시부터 9시 사이에 10명에서 20명의 손님이 도착할 확률을 구하라.

**풀이** (1) 단위시간당 평균이 9명($\lambda = 9$)이므로 누적포아송분포표 중 $\lambda = 9.00$인 열의 확률을 이용하여 구한다. 누적포아송분포표에서 10까지의 누적 확률($P(X \leq 10)$)은 아래와 같다.

$$P(X \leq 10) = 0.706$$

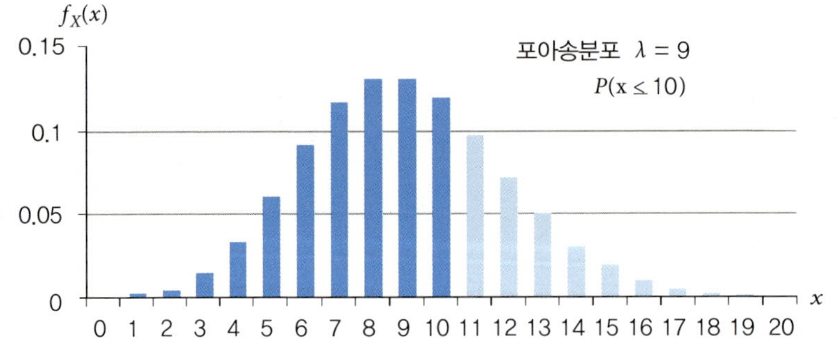


(2) 정확히 9명의 손님이 도착할 확률($P(x = 9)$)은 누적포아송분포표에서 $\lambda = 9.00$인 열의 9까지의 누적확률($P(x \leq 9)$)에서 8까지의 누적확률($P(x \leq 8)$)을 빼서 계산한다.

$$P(x=9)=P(x \le 9)-P(x \le 8)=0.587-0.456=0.131$$

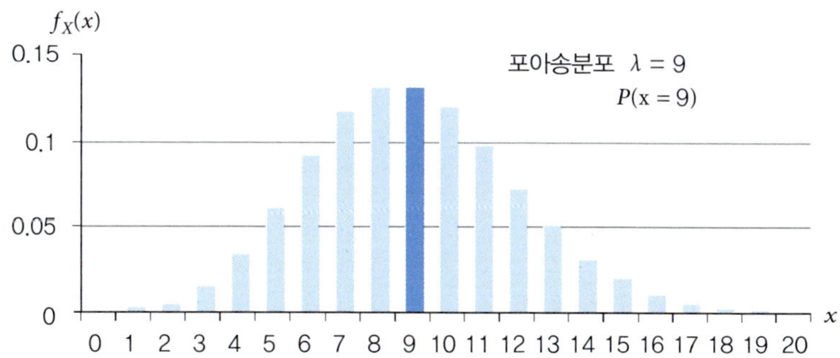


(3) 손님이 10명에서 20명 도착할 확률($P(10 \le X \le 20)$)은 누적포아송분포표에서 $\lambda=9.00$인 열의 20까지의 누적확률($P(X \le 20)$)에서 9까지의 누적확률($P(X \le 9)$)을 빼서 구할 수 있다.

$$P(10 \le X \le 20)=P(X \le 20)-P(X \le 9)=1.000-0.587=0.413$$

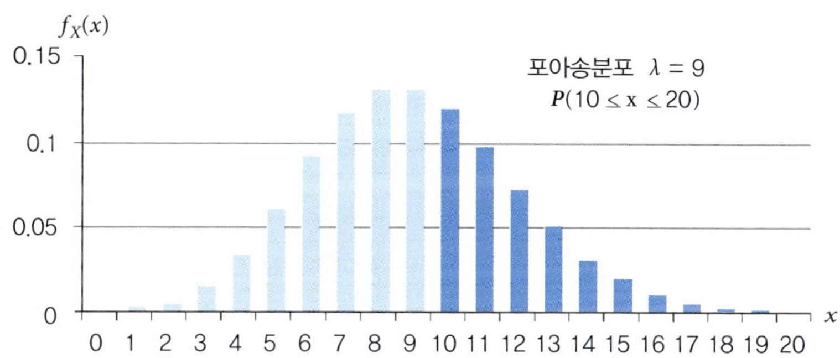


포아송분포의 그래프는 어떠한 형태의 모양을 하고 있는가? 또한 포아송분포의 형태를 결정하는 요인은 무엇인가? 포아송분포의 그래프를 살펴보면, 〈그림 5-15〉와 유사한 모양을 하고 있다. 포아송분포에서는 0 또는 1, 즉 아예 발생하지 않거나 1번 발생할 확률이 세일 크나. 하지만 단위시간당 평균 건수, 즉 $\lambda$가 증가하게 되면 〈그림 5-16〉과 〈그림 5-17〉에서 확인할 수 있는 것처럼 점차 정규분포와 같이 좌우 대칭의 형태를 따라가고 있다는 것을 확인할 수 있다.

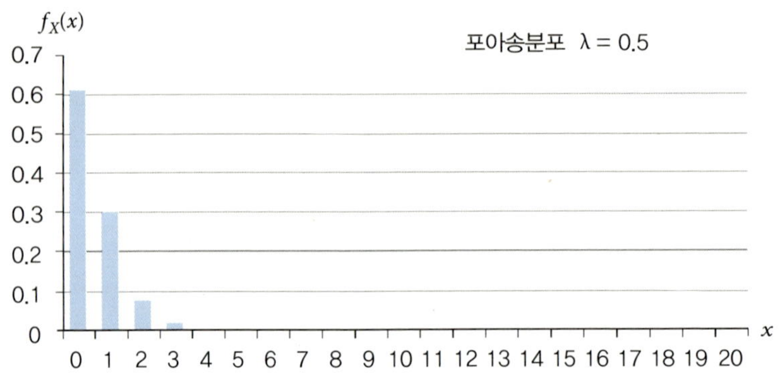


그림 5-15 $\lambda = 0.5$인 포아송분포 그래프

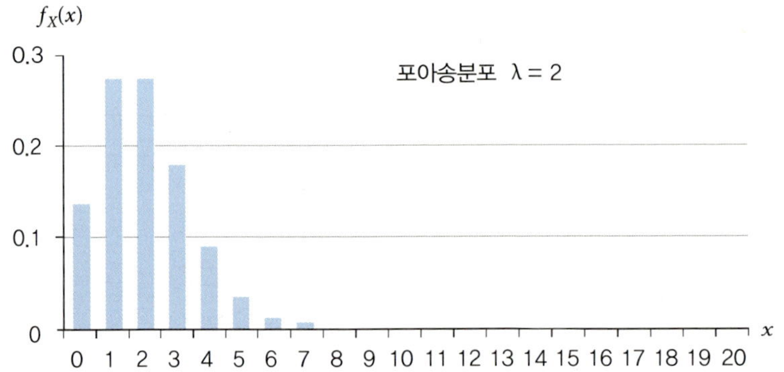


그림 5-16 $\lambda = 2$인 포아송분포 그래프

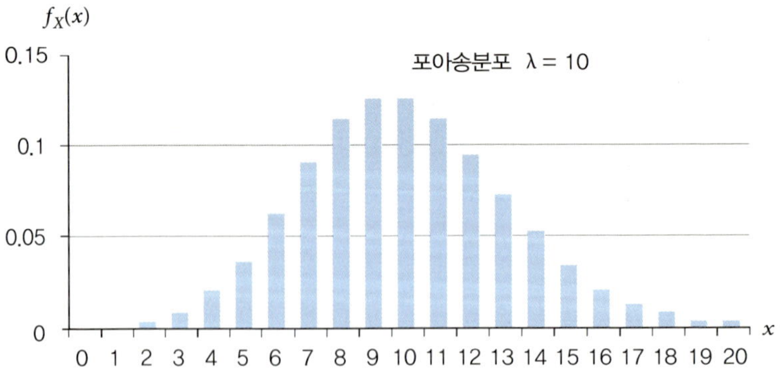


그림 5-17 $\lambda = 10$인 포아송분포 그래프

### 5.5.3 포아송분포와 정규분포

지금까지 포아송분포의 $\lambda$가 커질수록 정규분포로 근접하게 된다는 사실을 그래프를 이용하여 살펴보았다. 이젠 경영상에서 언제 포아송분포를 사용하고, 언제 정규분포를 사용하는지 결정하는 방법에 대해 알아보자. 앞에서 말한 포아송분포의 성질 중 하나인 단위시간당 비례성과 데이터의 크기가 그 기준이다.

다음의 예를 살펴보자. 회사 앞 식당의 점심시간인 12시부터 1시까지의 손님 수는 포아송분포가 적용되는가? 아니면 정규분포가 적용되는가? 또한 그 식당의 하루 손님 수는 어떻게 되는가? 단위시간이 앞의 경우는 1시간이고, 뒤의 경우는 1일인데 이 단위시간의 길고 짧음은 그 기준이 되지는 않는다. 우선 단위시간당 비례성이 중요하다. 식당에 손님이 도착하는 것은 시간대에 따라 매우 다를 것이다. 점심시간인 12시부터 1시까지는 앉을 자리도 없이 복잡할 것이고, 점심시간이 끝난 뒤 1시부터 2시까지는 매우 한산할 것이다. 즉 점심시간에 손님이 도착할 확률과 점심시간 이후인 1시 이후에 손님이 도착할 확률은 완전히 다를 것이다. 예를 들면 12시부터 2시까지 70명의 손님이 왔더라도 실제로는 12시부터 1시까지 점심시간에는 60명이 오고, 1시부터 2시까지는 10명이 왔을 것이다.

이 경우 우리는 12시부터 2시까지 2시간 동안 단위시간당 손님이 비례적으로 도착하지 않는다고 말한다. 즉, 시간당 35명으로 도착했다고 하지 않는다. 이런 경우에 우리는 12시부터 1시까지 하나의 포아송분포를 따르고, 1시부터 2시까지는 또 다른 포아송분포를 따른다고 말한다. 시간당 도착 비율이 같은 범위 안에서만(즉, 시간당 비례가 적용되는 범위 안에서만) 포아송분포를 적용하게 된다. 이 예에서 12시부터 1시까지는 시간당 60명이 오고 이는 분당 1명꼴로 왔다고 볼 수 있기에 즉 비례적으로 나누어 얘기해도 합리적으로 포아송분포가 적용된다. 그러나 12시부터 2시까지 2시간 동안에 70명은 시간당 35명으로 비례적으로 얘기하면 불합리하므로 이 경우에는 12시부터 2시까지 손님이 도착할 확률은 하나의 포아송분포로 표시할 수 없다.

이제 하루의 손님 수를 살펴보자. 분명히 이 하루라는 시간대의 손님 도착 확률은 각 시간대별로 매우 다를 것이다. 극단적으로 새벽에는 손님 도착 확률이 0일 것이다. 이렇게 손님 도착 확률이 섞여 있을 경우에는 대개 데이터가 그렇지 않을 경우보다 그 크기가 커지므로 이 경우에는 정규분포를 사용하는 것이 합리적일 것이다.

### 5.5.4 이항분포와 포아송분포, 정규분포의 관계

이항분포에서 $n$값이 큰 경우에는 확률을 계산하는 데 많은 시간이 소요된다. 이런 경우, 포아송분포를 이용하여 이항분포의 확률에 대한 근사치를 구하는 것이 효율적일 수 있다. 이항분포는 확률변수 $X$가 0이 나올 확률이 $1-p$, 1이 나올 확률이 $p$, 그리고 2 이상 나올 확률이 0인 확률분포이다. 따라서 이항분포는 0과 1, 그리고 2 이상의 확률이 확실하게 정해져 있고, 포아송분포는 단지 근접하다는 차이만 있을 뿐 내용은 거의 비슷하다고 할 수 있다.

특히 $p$가 0에 근접할 때($p \to 0$), 즉 일어날 확률이 매우 적을 때 $n$이 충분히 크다면($n \to \infty$) 두 분포는 근접하게 된다. 그 평균도 $np$가 $\lambda$에 근접하게 된다($np \to \lambda$). 일반적으로 $n$이 20 이상이고, 발생할 확률인 $p$가 0.1 이하일 때에는 포아송분포를 이용하여 확률을 계산하여도 오차가 그리 크지 않다.

또한, $n$이 30 이상으로 충분히 크고, 이항분포의 평균인 $np$, 포아송분포의 평균인 $\lambda$가 10 이상일 때에는 정규분포를 가정하여 확률을 계산하여도 매우 근사한 수치를 얻을 수 있다. 이는 앞의 5.3.1절에서 언급한 정규분포가 통계학에서 중요한 분포인 이유와 관련이 있다.

**예제 5-8**

**평균 불량률이 1%인 경우, 제품 50개 중 2개가 불량품일 확률을 이항분포와 포아송분포를 사용하여 계산한 후, 확률을 비교하라.**

**풀이** $p=0.01$로 매우 작고, $n=50$으로 충분히 크기 때문에 이항분포와 포아송분포가 근접하는 경우이다. 이 경우 $\lambda = np = (50)(0.01) = 0.5$가 된다.

- 이항분포

$$f_X(x) = {}_nC_x p^x (1-p)^{n-x}$$

$$f_X(x=2) = {}_{50}C_2 (0.01)^2 (0.99)^{48} = (1,225)(0.0001)(0.617) = 0.0756$$

- 포아송분포

$$f_X(x) = \frac{e^{-\lambda}\lambda^x}{x!}$$

$$f_X(x=2) = \frac{(e^{-0.5})(0.5^2)}{2!} = \frac{(0.607)(0.25)}{2} = 0.0759$$

같은 문제에 두 가지의 확률분포를 적용하여 확률을 구한 결과 이항분포와 포아송분포의 확률값이 매우 근접하고 있다는 것을 확인할 수 있다.

## 5.6 지수분포

지수분포는 포아송분포의 거울에 불과하다. 즉, 지수분포는 포아송분포와 역의 관계에 있어 내용적으로는 동일하고 표현만 달리하고 있을 뿐이다. 예를 들어 1시간에 3번 사건이 발생한다는 말은 1/3시간마다(20분마다) 사건이 1번 발생한다는 말이 된다. 따라서 1시간에 사건이 3번 발생할 확률은 1/3시간마다 사건이 1번 발생할 확률하고 같게 된다. 이렇게 단위시간당 발생 횟수의 확률을 계산할 때에는 포아송분포로 계산하고, 발생 시간 간격의 확률을 계산할 때에는 **지수분포**(exponential distribution)를 사용한다.

포아송분포와 지수분포의 관계를 〈그림 5-18〉을 사용하여 설명해보자. 첫 번째 그림은 인천공항의 비행기 도착을 포아송분포의 형태로 나타낸 것이다. 비행기의 확률적인 도착 사건은 빨간 점으로 표시되어 있다.

여기서 단위당 발생 횟수와 발생 시간 간격은 서로 역수의 관계가 있음을 알 수 있다. 따라서 두 분포는 동일한 현상을 나타내고, 포아송분포는 단위시간당 발생 횟수의 확률분포, 지수분포는 발생 시간 간격의 확률분포를 그리고 있다. 위의 예에서 1시간당 3번이 발생할 확률은 $x = 3$인 포아송분포로, 그리고 이것이 20분, 또는 1/3시간마다 발생할 확률은 $x = \frac{1}{3}$인 지수분포로 구하게 된다.

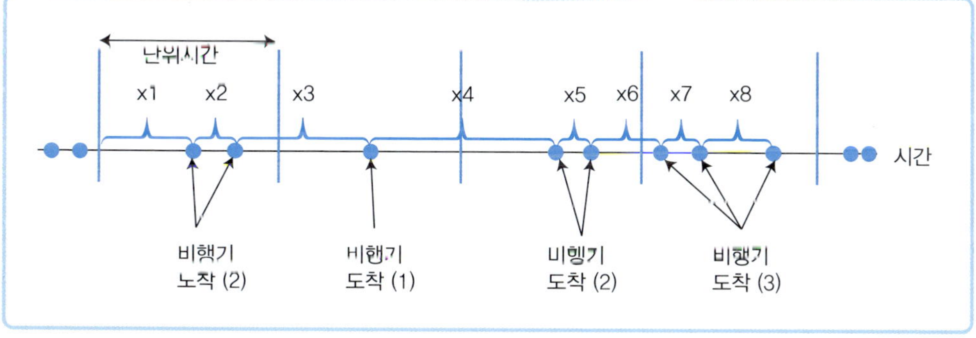


그림 5-18 발생 시간 간격과 단위 시간당 발생 횟수 간의 관계

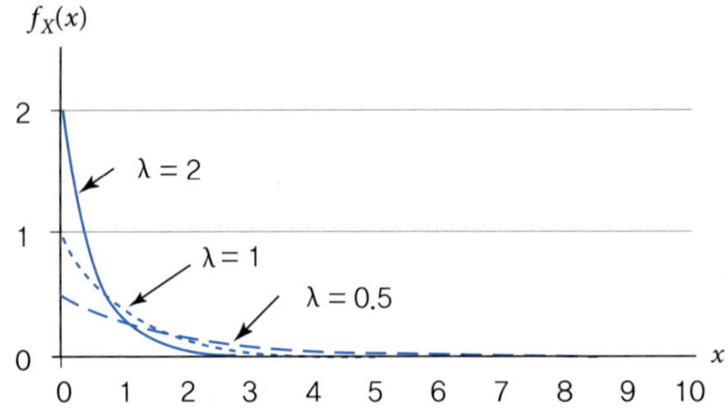


**그림 5-19 지수분포의 그래프**

확률변수 $X$를 사건의 발생 간격이라 정의하고, 이들 사건들이 통계적으로 독립적인 사건이라고 정의할 수 있다면, 확률변수 $X$가 $x$값을 가질 확률, 즉 확률함수는 다음 식 (5.26)과 같은 형태를 갖는다.

$$f_X(x) = \lambda e^{-\lambda x},\ (x \geq 0) \tag{5.26}$$

여기서 모수는 포아송분포와 마찬가지로 단위시간당 평균 사건의 발생 횟수($\lambda$)이며, $x$는 사건이 발생하는 특정 시간의 간격을 나타낸다.

지수분포의 평균과 분산은 다음의 식 (5.27), (5.28)과 같다.

**지수분포의 평균과 분산** check

$$E(X) = \mu_X = \frac{1}{\lambda} \tag{5.27}$$

$$Var(X) = \sigma_X^2 = \frac{1}{\lambda^2} \tag{5.28}$$

$\lambda$: 평균 사건발생 간격

그렇다면 지수분포의 그래프는 어떤 모양인가? 〈그림 5-19〉에서 보는 것과 같이 지수분포는 연속확률변수 그래프이다. 또한, 이벤트의 값이 0인 경우의 확률은 $\lambda$라는 것을 확인할 수 있다. 즉, $f_X(x=0) = \lambda$이다.

**예제 5-9**

**중앙고속도로의 남원주 톨게이트는 매 30초마다 차가 한 대씩 들어온다. 차의 도착시간 간격은 지수분포를 따른다고 가정하자.**

(1) 1분에 차가 몇 대 들어오는가? 즉, 모수($\lambda$)의 값을 정하라.

(2) 도착시간 간격의 평균과 분산은 얼마인가?

(3) 도착시간 간격이 0에서 2분일 확률을 구하라.

(4) 2분 이상 차가 도착하지 않을 확률을 계산하라.

**풀이** 확률변수 $X$를 도착시간 간격으로 정의하면,

(1) $\lambda = 2$, 톨게이트에 들어오는 차가 30초마다 한 대씩 들어오면 1분에 두 대씩 들어오는 것이다. 따라서 1분당 평균 2대의 차가 들어온다고 할 수 있다.

(2) 도착시간 간격의 평균과 분산은 아래와 같다.

$$\mu_X = \frac{1}{\lambda} = \frac{1}{2},\ \sigma_X^2 = \frac{1}{\lambda^2} = \frac{1}{4}$$

(3) 지수분포는 포아송분포의 거울이라고 할 수 있기 때문에 지수분포의 확률은 포아송분포로 변환하여 확률을 구할 수 있다. 확률변수 $Y$를 1분당 남원주 게이트에 도착하는 차량의 수라고 할 경우, 확률변수 $Y$는 $\lambda$가 2인 포아송분포를 따르게 된다. 도착시간 간격이 2분보다 작다는 것은 1분에 차가 $\frac{1}{2}$대 이상 도착하는 것을 말한다. 따라서 이 경우 $\lambda = 2$인 포아송분포를 이용하여 1분당 차가 $\frac{1}{2}$대 이상 도착할 확률로 구할 수 있다.

$$P(X \le 2) = P(Y \ge \frac{1}{2}) = 1 - P(Y \le \frac{1}{2})$$

$$= 1 - \frac{P(Y=0) + P(Y=1)}{2}$$

$$= 1 - \frac{0.135 + 0.271}{2} = 0.797$$

(4) 2분 이상 차가 도착하지 않는 것은 1분에 차가 $\frac{1}{2}$대 이하로 도착하는 것을 말한다. 따라서 이 경우는 $\lambda = 2$인 포아송분포를 이용하여 1분당 차가 $\frac{1}{2}$ 이하로 도착할 확률로 구할 수 있다.

$$P(X \ge 2) = P(Y \le \frac{1}{2}) = \frac{P(Y=0) + P(Y=1)}{2}$$

$$= \frac{0.135 + 0.271}{2} = 0.203$$

## 5.7 Excel 실습

확률분포의 확률 또한 Microsoft Excel을 이용하여 보다 쉽고 편하게 구할 수 있다. Excel에서 확률분포의 확률을 구하기 위해서는 [함수]를 이용하는데, 해당 함수와 그 함수에서 요구하는 인수, 그리고 Excel에서 구해주는 면적을 알아야 한다.

### 5.7.1 정규분포의 확률 계산

먼저 정규분포의 확률을 구하는 함수를 알아보면 〈표 5-1〉과 같다.

여기서, 'cumulative'라는 인수는 확률분포의 확률을 계산하는 함수에서 자주 볼 수 있다. 이는 구간의 누적확률, 즉 $P(x \leq x_i)$의 확률을 계산하는지, 아니면 해당 이벤트의 확률을 계산하는지를 묻는 인수이다. 해당 이벤트까지의 누적확률을 계산하고자 하면 'TRUE'를, 확률함수에 이벤트 값을 대입한 확률(이를 확률밀도함수라고 한다)을 계산하고자 하면 'FALSE'를 입력한다. 이를 그래프를 이용하여 표시하면 〈그림 5-20〉과 같다.

NORM.DIST 함수는 특정 이벤트에서의 확률(또는 누적확률)을 구해주는 함수이

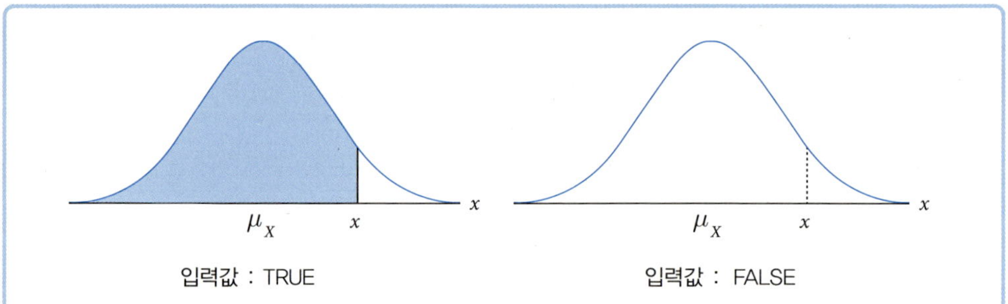


**그림 5-20 정규분포에서 cumulative 인수의 입력값별 확률 계산**

**표 5-1 정규분포에서 특정 이벤트의 확률을 계산하는 함수**

| 함수 | =NORM.DIST(x, mean, standard_dev, cumulative) |
|---|---|
| 인수 설명 | • x : 확률을 구하고자 하는 이벤트 값($x$)이다.<br>• mean : 정규분포의 평균($\mu_X$)<br>• standard_dev : 정규분포의 표준편차($\sigma_X$)<br>• cumulative : TRUE 또는 FALSE로 입력한다. TRUE는 이벤트 값($x$)까지 구간의 누적확률(면적)을 계산하고, FALSE는 확률함수에 이벤트 값을 대입한 확률, 즉 그래프의 높이를 계산한다. |

**표 5-2** 정규분포에서 특정 확률의 이벤트 값을 계산하는 함수

| 함수 | =NORM.INV(probability, mean, standard_dev) |
|---|---|
| 인수 설명 | • probability : 이벤트 값을 구하고자 하는 확률이다. 알고자 하는 이벤트 값까지의 누적확률을 입력한다.<br>• mean : 정규분포의 평균($\mu_X$)<br>• standard_dev : 정규분포의 표준편차($\sigma_X$) |

다. 이와 반대로 특정 확률에서의 이벤트를 계산해주는 함수도 있다. 〈표 5-2〉에서 설명하는 NORM.INV 함수이다.

NORM.INV 함수를 이용하여 이벤트 값을 계산할 때 주의할 점은 probability 인수를 입력할 때 누적 확률의 값을 입력해야 한다는 것이다. 즉, 〈그림 5-20〉의 왼쪽 그래프와 같이 구하고자 하는 이벤트 값까지의 누적 확률을 입력해야 원하는 결과를 얻을 수 있다.

Microsoft Excel 2013을 이용하여 정규분포의 확률을 구하는 과정을 구체적으로 알아보기 위해 [예제 5-10]의 계산 문제를 Excel을 이용하여 풀어보자.

**예제 5-10**

**매지 기획은 해외 유명 예술, 연예인 초청 전문 회사이다. 이번에 유명한 러시아 발레단을 초청하고자 한다. 매지 기획은 이러한 기획 공연에서 관중 수는 평균 6,000명, 표준편차는 1,500명인 정규분포를 이룬다는 것을 알고 있다.**

(1) 관람객이 8,000명 이상 찾아올 확률을 구하라.

(2) 관람객이 3,000명 이하로 찾아올 확률을 구하라.

(3) 관람객이 5,000명에서 8,000명 사이로 찾아올 확률을 구하라.

(4) 이번 발레 공연이 관중인원 측면에서 10% 안에 드는 성황을 이루리라고 판단한다면 최소 몇 명 수용이 가능한 공연 장소를 구해야 하는가?

풀이 (1) NORM.DIST 함수를 이용하여 확률을 계산한다. 이 경우 Excel에서는 $P(x \leq 8{,}000)$을 제공해주기 때문에 $P(x \geq 8{,}000)$을 구하기 위해서는 1에서 $P(x \leq 8{,}000)$를 빼줘야 한다. 이를 계산하기 위해 〈그림 5-21〉과 같이 함수를 입력하여 결과를 도출한다. 계산 결과, 관람객이 8,000명 이상 찾아올 확률은 0.0912가 된다.

| | A | B | C | D | E |
|---|---|---|---|---|---|
| 1 | | | | | |
| 2 | **매지 기획 문제** | | | | |
| 3 | | | | | |
| 4 | | | **평균** | 6,000 | |
| 5 | | | **표준편차** | 1,500 | |
| 6 | | | | | |
| 7 | | 1) | 8,000명 이상의 관람객이 찾아올 확률 | | |
| 8 | | | **확률** | **계산 결과** | **입력값** |
| 9 | | | $P(x \leq 8{,}000)$ | 0.908789 | =NORM.DIST(8000,D4,D5,TRUE) |
| 10 | | | $P(x \geq 8{,}000)$ | 0.091211 | =1-D9 |
| 11 | | | | | |

그림 5-21

(2) 이 문제는 (1)번 문제와 마찬가지로 NORM.DIST 함수를 이용하여 확률을 계산한다. 이 문제의 경우 구하고자 하는 확률과 Excel에서 제공하는 확률이 $P(x \leq 3{,}000)$으로 동일하기 때문에 〈그림 5-21〉과 같이 별도의 절차 없이 함수를 입력하여 바로 결과 값을 얻을 수 있다. 따라서 관람객이 3,000명 이하로 찾아올 확률은 0.0228이 된다.

| | A | B | C | D | E |
|---|---|---|---|---|---|
| 1 | | | | | |
| 2 | **매지 기획 문제** | | | | |
| 3 | | | | | |
| 4 | | | **평균** | 6,000 | |
| 5 | | | **표준편차** | 1,500 | |
| 6 | | | | | |
| 7 | | 2) | 3,000명 이하의 관람객이 찾아올 확률 | | |
| 8 | | | **확률** | **계산 결과** | **입력값** |
| 9 | | | $P(x \leq 3{,}000)$ | 0.02275 | =NORM.DIST(3000,D4,D5,TRUE) |
| 10 | | | | | |

그림 5-22

(3) 이 문제 또한 위의 문제들과 마찬가지로 NORM.DIST 함수를 이용하여 확률을 계산할 수 있다. 이 문제에서 확률을 구하고자 하는 구간은 5,000명 이상, 8,000명 이하, 즉 $P(5{,}000 \leq x \leq 8{,}000)$이 된다. Excel에서 제공하는 확률은 해당 이벤트까지의 누적 확률이기 때문에 $P(x \leq 8{,}000)$에서 $P(x \leq 5{,}000)$을 빼면 $P(5{,}000 \leq x \leq 8{,}000)$을 구할 수 있게 된다. 따라서 〈그림 5-23〉과 같이 $P(x \leq 8{,}000)$과 $P(x \leq 5{,}000)$의 값을 각각 구한 다음 $P(x \leq 8{,}000)$ 값에서 $P(x \leq 5{,}000)$ 값을 빼면 결과를 얻을 수 있다. 계산 결과 관람객이 5,000명에서 8,000명 사이로 찾아올 확률은 0.6563이 된다.

**매지 기획 문제**

| 평균 | 6,000 |
|---|---|
| 표준편차 | 1,500 |

3) 5,000명에서 8,000명의 관객이 찾아올 확률

| 확률 | 계산 결과 | 입력값 |
|---|---|---|
| $P(x \le 8{,}000)$ | 0.908789 | =NORM.DIST(8000,D4,D5,TRUE) |
| $P(x \le 5{,}000)$ | 0.252493 | =NORM.DIST(5000,D4,D5,TRUE) |
| $P(5{,}000 \le x \le 8{,}000)$ | 0.656296 | =D9-D10 |

그림 5-23

(4) 이 문제는 위의 (1), (2), (3)번 문제와는 달리 NORM.INV 함수를 이용하여 문제를 해결해야 한다. 문제에서는 상위 10%, 즉 그래프의 오른쪽 꼬리의 면적이 0.1이 되는 이벤트 값을 알고자 하는 것이다. 그래프 오른쪽 꼬리의 면적이 0.1이라는 것은 구하고자 하는 이벤트까지의 누적 확률이 0.9라는 것과 동일하다. 따라서 누적 확률, 즉 누적 면적이 0.9가 되는 이벤트를 계산하면 구하고자 하는 결과를 얻을 수 있게 된다. 따라서 〈그림 5-24〉와 같이 함수를 입력하여 결과를 도출할 수 있다. 계산 결과 관중인원 측면에서 10% 안에 드는 성황을 이룰 것이라 판단될 경우 최소 7,923명 이상을 수용할 수 있는 공연 장소를 구해야 한다.

**매지 기획 문제**

| 평균 | 6,000 |
|---|---|
| 표준편차 | 1,500 |

4) 관중인원 측면에서 10% 안에 드는 성황을 이룰 수 있는 관람객의 수

| 확률 | 계산 결과 | 입력값 |
|---|---|---|
| $P(x \le x_i) = 0.1$ | 7922.327 | =NORM.INV(0.9,D4,D5) |

그림 5-24

## 5.7.2 이항분포의 확률 계산

Excel에서 이항분포의 확률을 구하는 것은 정규분포의 확률을 구할 때와 마찬가지로 [함수] 기능을 이용하여 구할 수 있다. 이항분포의 확률을 구하는 함수를 알아보면 〈표 5-3〉과 같다.

여기서, 'cumulative' 인수는 정규분포와 마찬가지로 해당 이벤트까지의 누적확률, 즉 $P(x \le x_i)$를 계산하는지, 아니면 해당 이벤트의 확률, 즉 $P(x = x_i)$를 계산하는지

**표 5-3 이항분포에서의 확률을 구하는 함수**

| 함수 | =BINOM.DIST(number_s, trials, probability_s, cumulative) |
|---|---|
| 인수 설명 | • number_s : $n$번의 시행 중 성공 횟수($x$)를 입력한다.<br>• trials : 총 시행 횟수($n$)를 입력한다.<br>• Probability_s : 성공 확률($p$)을 입력한다.<br>• cumulative : TRUE 또는 FALSE로 입력한다. TRUE는 이벤트 값($x$)까지 구간의 누적 확률($P(x \le x_i)$)을 구하고, FALSE는 해당 이벤트의 확률($P(x = x_i)$)을 구한다. |

를 묻는 인수이다. 해당 이벤트까지의 누적 확률을 계산하고자 하면 'TRUE'를, 해당 이벤트에서의 확률을 계산하고자 하면 'FALSE'를 입력한다. 이를 그래프를 이용하여 표시하면 〈그림 5-25〉와 같다. 즉, BINOM.DIST 함수는 성공 확률이 $p$인 베르누이 시행을 $n$번 시행할 때 $x$번(또는 $x$번 이하) 성공할 확률을 구하는 함수라고 할 수 있다.

BINOM.DIST 함수는 앞에서 언급했던 바와 같이 (cumulative를 'TRUE'로 입력했을 경우에) 그래프의 왼쪽으로부터의 누적확률을 구한다. BINOM.INV 함수는 〈그림 5-26〉과 같이 그래프 오른쪽 꼬리의 확률의 합이 입력한 기준치 이상인 경우의 확률을 구해주는 함수이다. 이 함수에 대한 인수는 〈표 5-4〉에서 설명한다.

**표 5-4 이항분포에서 그래프 오른쪽 꼬리의 누적확률 이벤트를 구하는 함수**

| 함수 | =BINOM.INV(trials, probability_s, alpha) |
|---|---|
| 인수 설명 | • trials : 총 시행 횟수($n$)를 입력한다.<br>• Probability_s : 성공 확률($p$)을 입력한다.<br>• alpha : 그래프의 오른쪽 꼬리부터의 넓이의 합을 입력한다. |

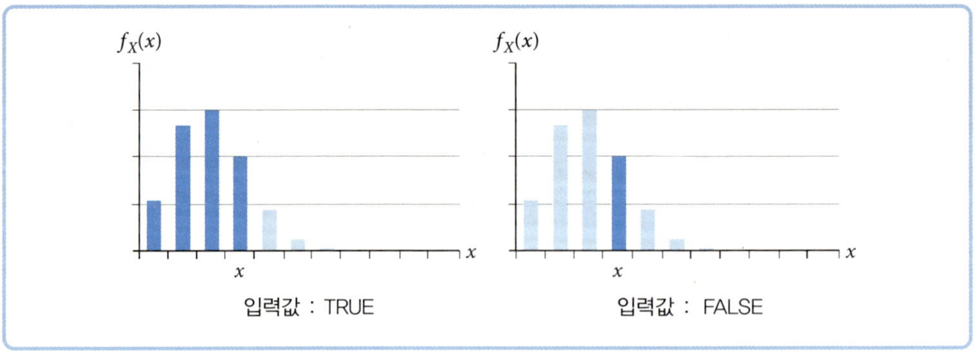


**그림 5-25 이항분포에서 cumulative 인수의 입력값별 확률 계산**

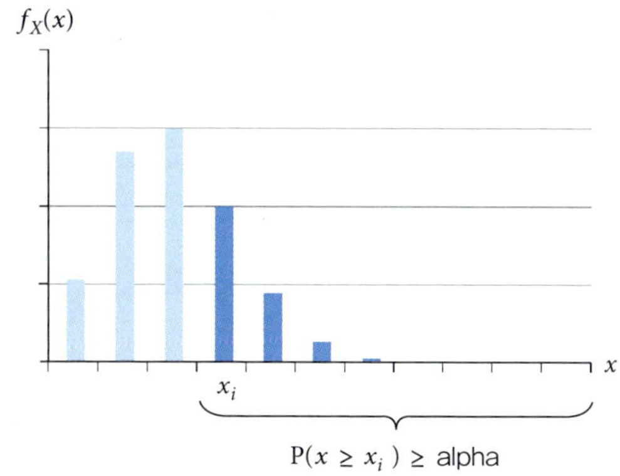


**그림 5-26** BINOM.INV 함수의 계산

즉, BINOM.INV 함수는 〈그림 5-26〉의 그래프와 같이 입력한 오른쪽 꼬리의 누적 확률 이상의 확률을 가지는 이벤트를 구하는 함수라고 할 수 있다.

Microsoft Excel 2013을 이용하여 이항분포의 확률을 구하는 과정을 구체적으로 알아보기 위해 [예제 5-11]의 이항분포 계산 문제를 Excel을 이용하여 풀어보자.

### 예제 5-11

**다국적 제약회사인 S사는 새로이 개발한 신약을 가지고 우리나라 식약청에 생산 및 판매 허가를 얻고자 한다. 이 회사는 내부적으로 실험한 결과 신약을 복용한 환자의 10%가 부작용을 경험했다는 결과를 가지고 있다. 이 경우 다음 문제를 풀어라.**

(1) 20명의 환자에게 복용시켜 1명이 부작용을 경험할 확률은 무엇인가?

(2) 20명의 환자에게 복용시켜 3명 이하의 환자에게 부작용이 나오게 되면 식약청의 신약 1차 임상실험을 통과하게 되며 다음 번 임상실험을 할 수 있는 자격을 얻게 된다. 이 1차 임상실험을 통과할 확률은 얼마인가?

**풀이** (1) BINOM.DIST 함수를 이용하여 확률을 계산한다. 우리는 20명의 환자 중 정확히 1명의 환자가 부작용을 경험할 확률($P(x=1)$)을 구하고자 한다. 따라서 아래의 〈그림 5-27〉과 같이 함수를 입력한다. 이 때 cumulative 인수의 값은 누적확률을 구하는 것이 아니기 때문에 'FALSE'를 입력한다.

**제약회사 문제**

| 시행횟수($n$) | 20 |
|---|---|
| 성공확률($p$) | 0.1 |

1) 1명의 환자가 부작용을 경험할 확률

| 확률 | 계산 결과 | 입력값 |
|---|---|---|
| $P(x=1)$ | 0.2701703 | =BINOM.DIST(1,D4,D5,FALSE) |

그림 5-27

(2) (1)번 문제와 마찬가지로 BINOM.DIST 함수를 이용하여 확률을 계산한다. (1)번 문제와 다른 점은 (1)번 문제에서는 특정 이벤트의 확률($P(x=1)$)을 구하고자 하는 문제였고, (2)번 문제는 특정 이벤트까지의 누적확률($P(x \le 3)$)을 구하고자 하는 문제이다. 따라서 〈그림 5-28〉과 같이 함수를 입력하여 결과 값을 구하고, cumulative 인수의 값은 누적확률을 구하고자 하는 것이기 때문에 'TRUE'를 입력한다.

**제약회사 문제**

| 시행횟수($n$) | 20 |
|---|---|
| 성공확률($p$) | 0.1 |

2) 3명 이하의 환자가 부작용을 경험할 확률

| 확률 | 계산 결과 | 입력값 |
|---|---|---|
| $P(x \le 3)$ | 0.8670467 | =BINOM.DIST(3,D4,D5,TRUE) |

그림 5-28

### 5.7.3 포아송분포의 확률 계산

Microsoft Excel 2013에서 포아송분포의 확률을 구하는 함수를 알아보면 〈표 5-5〉와 같다.

'cumulative' 인수는 앞에서 배운 확률분포(정규분포, 이항분포)의 확률을 구하는 함수와 마찬가지로 해당 이벤트까지의 누적확률, 즉 $P(x \le x_i)$를 계산하는지, 아니면 해당 이벤트의 확률, 즉 $P(x = x_i)$를 계산하는지를 묻는 인수이다. 해당 이벤트까지의 누적확률을 계산하고자 하면 'TRUE', 해당 이벤트에서의 확률을 계산하고자 하면 'FALSE'를 입력한다.

표 5-5 포아송분포에서의 확률을 구하는 함수

| 함수 | =POISSON.DIST(x, mean, cumulative) |
|---|---|
| 인수 설명 | • x : 확률을 구하고자 하는 이벤트($x$)를 입력한다.<br>• mean : 단위구간당 평균($\lambda$)을 입력한다.<br>• cumulative : TRUE 또는 FALSE로 입력한다. TRUE는 이벤트 값($x$)까지 구간의 누적확률($P(x \le x_i)$)을 구하고, FALSE는 해당 이벤트의 확률($P(x = x_i)$)을 구한다. |

Microsoft Excel 2013을 이용하여 포아송분포의 확률을 구하는 과정을 구체적으로 알아보기 위해 [예제 5-12]를 Excel을 이용하여 풀어보자.

**예제 5-12**

**학교 머리방에는 오전 8시부터 9시까지 평균 9명의 학생 손님이 찾아온다. 손님의 도착은 포아송분포를 가정한다.**

(1) 오전 8시부터 9시 사이에 10명 이하의 손님이 도착할 확률을 구하라.

(2) 오전 8시부터 9시 사이에 정확히 9명의 손님이 도착할 확률을 구하라.

(3) 오전 8시부터 9시 사이에 10명에서 20명의 손님이 도착할 확률을 구하라.

**풀이** (1) POISSON.DIST 함수를 이용하여 확률을 계산한다. 우리는 평균 방문 손님 수가 9명($\lambda = 9$)인 학교 머리방에 10명 이하의 손님이 도착할 확률($P(x \le 10)$)을 구하고자 한다. 따라서 아래의 〈그림 5-29〉와 같이 함수를 입력하여 확률을 구한다. 이 때 cumulative 인수의 값은 누적확률을 구하는 것이기 때문에 'TRUE'를 입력한다.

| | A | B | C | D | E |
|---|---|---|---|---|---|
| 1 | | | | | |
| 2 | 학교 머리방 문제 | | | | |
| 3 | | | | | |
| 4 | | | 단위시간 당 평균(λ) | 9 | |
| 5 | | | | | |
| 6 | | 1) | 10명 이하의 손님이 도착할 확률 | | |
| 7 | | | 확률 | 계산 결과 | 입력값 |
| 8 | | | $P(x \le 10)$ | 0.705988 | =POISSON.DIST(10,D4,TRUE) |
| 9 | | | | | |

그림 5-29

(2) 구하고자 하는 확률은 정확히 9명의 손님이 도착할 확률($P(x = 9)$)이다. 따라서 〈그림 5-30〉과 같이 함수를 입력하여 결과 값을 구하고, cumulative 인수의 값은 누적확률을 구하는 것이 아니기 때문에 'FALSE'를 입력한다.

| | A | B | C | D | E |
|---|---|---|---|---|---|
| 1 | | | | | |
| 2 | **학교 머리방 문제** | | | | |
| 3 | | | | | |
| 4 | | | **단위시간 당 평균(λ)** | 9 | |
| 5 | | | | | |
| 6 | | 2) | 정확히 9명의 손님이 도착할 확률 | | |
| 7 | | | **확률** | **계산 결과** | **입력값** |
| 8 | | | $P(x=9)$ | 0.131756 | =POISSON.DIST(9,D4,FALSE) |
| 9 | | | | | |

그림 5-30

(3) 손님이 10명에서 20명이 도착할 확률($P(10 \le x \le 20)$)을 Excel을 이용하여 계산하기 위해서는 20명까지의 누적확률($P(x \le 20)$)과 9명까지의 누적확률($P(x \le 9)$)을 구하여 두 확률 값 사이의 차를 이용하여 구할 수 있다. 따라서 아래의 〈그림 5-31〉과 같이 각각의 누적확률을 구한 뒤 $P(x \le 20)$의 값에서 $P(x \le 9)$의 값을 빼서 구한다.

| | A | B | C | D | E |
|---|---|---|---|---|---|
| 1 | | | | | |
| 2 | **학교 머리방 문제** | | | | |
| 3 | | | | | |
| 4 | | | **단위시간 당 평균(λ)** | 9 | |
| 5 | | | | | |
| 6 | | 3) | 10명에서 20명의 손님이 도착할 확률 | | |
| 7 | | | **확률** | **계산 결과** | **입력값** |
| 8 | | | $P(x \le 9)$ | 0.587408 | =POISSON.DIST(9,D4,TRUE) |
| 9 | | | $P(x \le 20)$ | 0.999561 | =POISSON.DIST(20,D4,TRUE) |
| 10 | | | $P(10 \le x \le 20)$ | 0.412153 | =D9-D8 |
| 11 | | | | | |

그림 5-31

## 사례연구 : 선수의 역량과 성과에 대한 차이

K 구단의 프랜차이즈 스타 선수인 김00은 매우 뛰어난 타격 소질을 갖고 있는 선수로 평가되고 있다. 그의 타격소질은 선수로서의 본능적인 특징이기에 그 누구도 정확하게 알 수 없다. 따라서 김00 선수의 타격 성과는 특정 시즌의 평균 타율로서 측정할 수밖에 없다. 김00 선수의 역대 평균 타율은 0.321이다.

그의 2016년도 타율성과를 그래프로 나타내면 아래와 같이 요약된다.

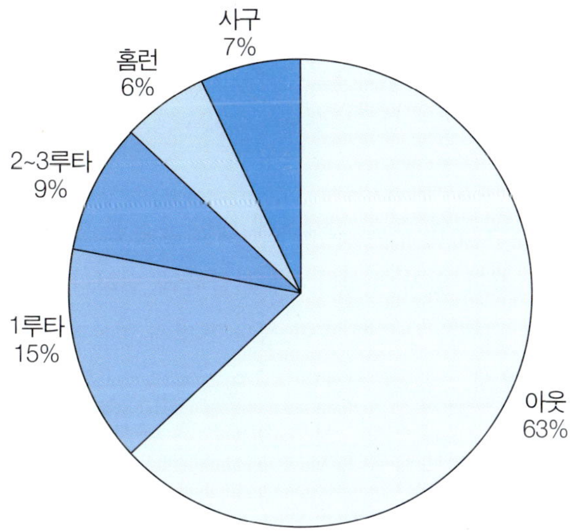


김00선수의 평균 타율 구성

다음 물음에 답하라.

(1) 위의 타율성과를 바탕으로 2017년도 50번의 타격기회에서 1루타를 성공시킬 확률이 3번보다 작을 확률은 얼마인가?

(2) 위의 타율성과를 바탕으로 2017년도 50번의 타격기회에서 홈런을 1번 이하만을 달성할 확률은 얼마인가?

(3) 위의 타율성과를 바탕으로 2017년도 50번의 타격기회에서 1루타를 4번 이상 성공시킬 확률은 얼마인가?

# 연 / 습 / 문 / 제



01 신문을 처음 판매하는 소년은 자신이 담당하고 있는 구역에서 얼마나 많은 신문이 판매되는지를 모른다. 다만 그보다 앞서 이 지역을 담당하였던 사람으로부터 최소 30부, 최대 100부가 판매된다는 것만을 알고 있을 뿐이다. 이를 토대로 다음 물음에 답하라.

(1) 이 소년의 담당지역에서 하루에 판매되는 신문 부수를 확률변수 $X$라고 할 때, 이 확률변수는 어떠한 분포를 이룬다고 생각할 수 있는가?

(2) 이 소년이 하루에 판매하는 평균 신문 부수는 어떻게 되는가?

(3) 이 소년이 하루에 평균 신문부수보다 많은 신문을 판매할 확률은 얼마인가?

02 신제품을 개발한 신우공업(주)은 신제품에 대한 수요를 예측하고자 하였으나, 그에 관한 정보를 거의 갖고 있지 못하다. 다음 물음에 답하라.

(1) 신우공업(주)은 신제품 수요에 관한 정보가 거의 없는데도 불구하고, 확률분포를 사용하여 신제품의 수요를 예측할 수 있는가? 그 이유는 무엇인가?

(2) 만일 수요 예측이 가능하다면, 신우공업(주)은 어떠한 확률분포를 사용할 것으로 생각하는가?

03 확률변수 $X$가 구간 [25, 75]에서 균등분포를 한다고 가정하고 다음 물음에 답하라.

(1) 이 분포의 확률함수는 무엇인가?

(2) 이 분포의 평균과 분산을 구하라.

04 정규확률변수 $X$의 평균이 20이고, 분산이 25이다. 확률변수 $X$가 22.5보다 클 확률은 얼마인가?

05 확률변수 $X$는 정규분포를 하며, 그 평균이 20이고 표준편차가 5이다. $X$가 20과 8단위 이상 차이가 날 확률, 즉 $P(X > 12)$와 $P(X < 28)$의 합은 얼마인가?

06 확률변수 $X$가 평균이 100이고, 표준편차가 10인 정규분포를 따른다고 가정할 때 $P(X=115)$의 확률은 얼마인가?

07 확률변수 $Z$가 표준정규확률변수를 나타낸다면 $P(-1.53 \le z \le 1.53)$의 값은 얼마인가?

08 프로레슬링 선수들의 평균 몸무게는 평균이 119kg이고, 표준편차가 4kg인 정규분포를 한다고 할 때, 선수의 몸무게가 122.5kg 이상일 확률은 얼마인가?

09 매지 타이어 주식회사에서 새롭게 개발한 'Super tire' 브랜드의 수명은 평균이 55,000km이고, 표준편차가 10,000km인 정규분포를 한다고 한다. 이 브랜드는 40,000km 이내에 수명이 다할 경우(예를 들어 파손이 발생한 경우), 새로운 타이어로 교환해주는 보증제도를 제공하고 있다. 보증기간 이전에 타이어가 수명을 다할 확률은 얼마인가?

10 수지지역에 거주하는 주민의 월간 물 소비량은 평균이 8,000 ℓ, 표준편차가 1,000 ℓ인 정규분포를 이루고 있다.

(1) 무작위로 선택한 주민이 월간 9,500 ℓ보다 적게 물을 소비할 확률은 얼마인가?

(2) 95%의 주민들이 사용하는 물의 양의 범위는 대략 어떤 범위에 속하는가?

11 확률변수 $Z$는 표준정규확률변수이다. $P(z \le z_0) = 0.6331$인 경우 $z_0$의 값은 얼마인가?

12 확률변수 $Z$는 표준정규확률변수이다. $P(-2.35 \le z \le 2.35)$의 값은 얼마인가?

13 새로운 다이어트 방법의 효과를 연구중인 과학자들은 이 방법을 사용하는 사람들이 1달 동안 감량한 체중의 평균이 7kg이고, 표준편차가 2.5kg인 정규분포를 하고 있다는 사실을 발견하였다. 이 새로운 다이어트 방법을 실행한 사람들 중 5kg 이상의 체중을 감량한 사람은 몇 %인가?

**14** **케이블 TV의 고객 서비스 부서는 서비스 안내 요원이 그들을 도울 수 있을 때까지 고객 전화를 대기 상태로 유지한다. 기업은 고객의 대기 시간이 평균 3.1분, 분산이 0.81분인 정규분포를 하고 있음을 발견하였다.**

(1) 적어도 4.8분 기다려야만 하는 고객 전화의 비율은 얼마인가?

(2) 이 기업에서는 대기고객의 5%는 $x$분 이상 기다려야만 한다. $x$값은 얼마인가?

**15** **한 대학원에서 신입생이 박사학위를 받고 졸업하기까지 걸리는 기간은 평균이 200주이고, 표준편차가 50주인 정규분포를 이룬다고 한다. 2012년 이 대학원에 500명의 신입생이 입학하였다.**

(1) 2012년 입학생 중 박사학위를 취득하는 데 312주 이상 걸리는 학생은 몇 명인가?

(2) 학생의 10%는 $x$주 안에 박사학위를 받고 졸업을 한다. $x$값은 얼마인가?

**16** **어느 기업의 인성 및 적성 검사 성적은 평균이 100점이고, 표준편차가 15점인 정규분포를 이룬다. 어느 해 1,000명의 지원자가 응시하였다고 한다. 다음 물음에 답하라.**

(1) 95점 이상의 점수를 취득한 지원자는 몇 명인가?

(2) 125점 이하의 점수를 취득한 지원자는 몇 명인가?

(3) 120점 이상, 140점 이하의 점수를 취득한 지원자는 몇 명인가?

(4) 70점 이상, 120점 이하의 점수를 취득한 지원자는 몇 명인가?

(5) 기업에서는 인성 및 적성 검사 점수가 상위 25%인 지원자를 합격시키고자 한다. 지원자는 몇 점 이상의 점수를 취득해야 합격할 수 있는가?

**17** **아래와 같은 실험 중 이항확률변수 혹은 이항확률변수에 근접한 확률변수를 창출하는 실험은 무엇인지 판단하라.**

(1) 25명의 학급에서 5명을 선발하여 표본 내의 학생이 남학생인지 여학생인지를 살펴보았다. 확률변수 $X$를 표본 내의 남학생의 수라고 하자.

(2) 모집단은 은행의 수백만에 해당하는 금융거래로 이루어져 있으며 50개의 금융거래를 무작위로 선정하여 거래 금액을 기록하였다. 확률변수 $X$를 표본 내의 50개 금융 거래 금액의 합계라고 하자.

(3) 회사에서는 수백만 건의 서류를 처리한다. 표본으로 25개의 서류를 선택하여 그 서류가 올바르게 처리되었는지를 살펴보았다. 확률변수 $X$를 표본에서 올바르게 처리된 서류의 수라고 하자.

**18** 성공확률이 $p$이고 시행횟수가 $n$인 이항분포에 대하여 다음 진술의 사실을 판단하라.

(1) 성공확률 $p$는 시행횟수에 관계없이 항상 일정하다.

(2) 결과에 대한 평균은 $np$이다.

(3) 개별적인 시행은 상호 독립적이다.

(4) 결과에 대한 분산은 $n(1-p)$이다.

**19** 이항분포는 동전을 $n$번 던져서 앞면이 나오는 횟수에 관련된 확률을 평가하는 데 사용된다. 사실 동전을 3번 던져서 앞면 2번과 뒷면 1번이 나올 확률은 0.375이다. 만약 동전을 한 번 더 던질 경우에 앞면이 나올 확률은 얼마가 되는가?

**20** 보험 설계사는 보험계약을 위해 하루에 20명의 고객을 만나 가입을 권유하고 있다. 각각의 고객은 20%의 확률로 보험 가입을 하고 있으며 각 고객의 의사결정은 독립적이다. 만약 확률변수 $X$를 고객 중에서 보험가입이 성사된 고객의 수로 정의하면 확률변수 $X$는 이항분포를 따르게 된다. 다음 물음에 답하라.

(1) 확률변수 $X$의 평균과 분산은 얼마인가?

(2) 보험설계사가 정확히 2명에게 보험 판매를 할 확률은 얼마인가?

(3) 보험설계사가 4명 이상의 고객에게 보험을 판매할 확률은 얼마인가?

(4) 만약 확률변수 $Y$를 보험을 구매하지 않은 사람의 수라고 한다면 $P(Y \geq 13)$은 얼마인가?

**21** 회계감사인은 재고의 가치를 확정하기 위한 수단으로 재고를 실사할 준비를 하고 있다. 실사를 받는 물품들은 물류 담당자에 의해 준비된 목록과 일치하여야 한다. 일반적으로 20%의 물품은 준비된 목록과 일치하지 않는 것으로 알려져 있다. 회계감사인이 10개의 물품을 선정하였을 때, 정확하게 2개의 물품이 일치하지 않을 확률은 얼마인가?

**22** 최근 연구에 의하면 컴퓨터에 장착된 A 드라이브의 30%는 구매 후 2년 안에 서비스를 받았다고 한다. 만약 8개의 A 드라이브를 조사한다고 할 때, 구입 후 2년 안에 서비스가 필요한 A 드라이브의 수가 기껏해야 3개가 될 확률은 얼마인가?

**23 분당과 김포공항을 운행하는 공항리무진은 8개의 좌석을 가지고 있다. 예약고객 중 고객이 실제로 나타나지 않을 확률은 0.2이다.**

(1) 만약 공항리무진 예약 담당자가 8개 좌석에 대해 10명의 예약을 받았을 때, 탑승을 위해 나타난 모든 고객들에게 좌석을 제공하지 못할 확률은 얼마인가?

(2) 만약 공항리무진 예약 담당자가 8개 좌석에 대해 10명의 예약을 받았을 때, 탑승을 위해 나타날 고객의 기대값은 얼마인가?

**24 연구보고서에 따르면, 시속 50km 이상의 속력으로 발생한 충돌사고의 80%는 심각한 신체 사고를 유발한다고 한다. 지난 주말, 경기도 수지에서 시속 50km 이상의 충돌사고가 6건 발생하였다. 적어도 5건 이상에서 심각한 신체사고가 나타날 확률은 얼마인가?**

**25 회계정보 시스템에 입력되는 거래기록들은 잘못 입력될 확률이 0.02라고 알려져 있다. 만약 특정 요일에 있어 100개의 거래기록이 회계정보 시스템에 입력된다면, 잘못 입력되는 거래기록이 5개 이하일 확률은 얼마인가?**

**26 MBA 출신의 한 지원자는 10개의 기업에 입사 원서를 제출하였다. 각각의 기업에서 서류 심사를 통과할 확률은 0.3으로 서로 독립적이다.**

(1) 지원자가 적어도 3개의 기업에서 서류 심사를 통과할 확률은 얼마인가?

(2) 지원자가 정확히 4개의 기업에서 서류 심사를 통과할 확률은 얼마인가?

(3) 지원자가 서류 심사를 통과할 기업의 평균과 분산은 얼마인가?

**27 종이를 생산하는 기업에서 벌목하는 나무 중 5%는 종이로 가공할 수 없다고 한다.**

(1) 종이를 생산하기 위해 20그루의 나무를 벌목하였을 때, 2그루의 나무를 가공할 수 없게 될 확률은 얼마인가?

(2) 이번 주에 종이를 생산하기 위해 10그루의 나무가 필요하다. 이를 위해 12그루의 나무를 벌목하였을 때, 나무가 모자라지 않을 확률은 얼마인가?

**28 어느 유명 브랜드의 자동차 배터리는 교체되기까지의 기간이 평균 3.2년이고, 표준편차가 0.6년인 정규분포를 이룬다고 한다.**

(1) 3년 안에 배터리가 교체될 확률은 얼마인가?

(2) 10명의 기업 임원들의 자동차에 이 브랜드의 배터리를 설치하였다. 2.5년 안에 10개의 배터리 모두가 교체되는 일이 없을 확률은 얼마인가?

(3) 10명의 기업 임원들의 자동차에 이 브랜드의 배터리를 설치하였다. 3.2년 뒤에 10개의 자동차 배터리 중 정확히 5개의 배터리가 교체될 확률은 얼마인가?

29 **비행 중인 항공기에서 치명적인 기계오류가 발생할 확률은 0.0002로 알려져 있다. 만약 한 달에 20,000번의 비행이 이루어졌다면, 치명적인 기계오류가 3번 이하로 발생할 확률은 약 얼마인가?**

30 **연애기획사의 P임원은 오후 2시에서 4시 사이에 평균적으로 10통의 전화를 받는다. 이러한 전화들은 상호 독립적으로 걸려온다. P임원이 특정 요일의 오후 2시에서 3시 사이에 6통의 전화를 받을 확률은 얼마인가?**

31 **매일 매지은행으로 들어오는 부도수표의 수는 평균이 1.5인 포아송분포를 한다고 한다.**

(1) 무작위로 선정된 특정 요일에 매지은행이 부도수표를 1장 이상 받을 확률은 얼마인가?

(2) 3일 동안에 매지은행으로 들어온 총 부도수표의 수가 1장 이상일 확률은 얼마인가?

32 **안현우는 자동차 판매원이다. 안현우가 하루에 자동차를 판매하는 양은 평균 3대인 포아송분포를 이룬다고 한다. 회사에서는 한 해에 총 800대 이상의 자동차를 판매한 판매원에게 우수 판매원 표창을 한다고 한다. 안현우는 올해 12월 30일까지 총 795대의 자동차를 판매하였다. 12월 31일에 영업을 할 경우, 안현우가 우수 판매원 표창을 받을 확률은 얼마인가?**

33 **교환대로 걸려오는 전화의 수는 한 시간에 평균 12통이 걸려오는 포아송분포를 이루고 있다.**

(1) 한 시간에 교환대로 15통 이상의 전화가 걸려올 확률은 얼마인가?

(2) 교환대의 직원은 업무시간 중간에 15분의 휴식시간을 가진다. 직원이 휴식을 취하는 동안 전화가 한 통도 걸려오지 않을 확률은 얼마인가?

**34** **제조 산업의 공장에서 산업재해가 발생하는 것은 1년에 평균 12건인 포아송분포를 이룬다고 한다.**

(1) 1년 동안 정확히 12건의 산업재해가 발생할 확률은 얼마인가?

(2) 1년 동안 기껏해야 10건의 산업재해가 발생할 확률은 얼마인가?

(3) 1년 동안 15건 이상의 산업재해가 발생할 확률은 얼마인가?

(4) 1년 동안 10건에서 15건의 산업재해가 발생할 확률은 얼마인가?

**35** **A시 시내의 약국에 손님이 도착하는 것은 시간당 평균 11명인 포아송분포를 이룬다고 한다.**

(1) 1시간에 손님이 정확히 10명 도착할 확률은 얼마인가?

(2) 1시간에 최소한 5명의 손님이 도착할 확률은 얼마인가?

(3) 1시간에 13명 미만의 손님이 도착할 확률은 얼마인가?

(4) 1시간에 4명~12명의 손님이 도착할 확률은 얼마인가?

# 제3부 통계적 추론

# CHAPTER 06 표본분포

## 6.1 가나 백화점 사례

가나 백화점의 박정준 사장은 오늘 '최근 두 달간의 매출보고서'를 보고 깜짝 놀랐다. 보고서는 최근 매출이 두 달간 연속적으로 감소하고 있음을 나타내고 있었다. 박 사장은 최근 매출이 증가하지는 않았지만 현상 유지는 하고 있다고 생각했던 것이다. 박 사장은 대책을 논의하기 위하여 긴급 간부회의를 소집하였다. 간부들은 긴급회의가 왜 소집되었는지를 알고 있었으므로 무거운 분위기에서 회의가 진행되었다. 박 사장의 매서운 질책이 있자 간부들은 모두 자기 부서의 잘못이 아니라 타 부서의 잘못이라고 변명하기 시작하였다.

- 이승용 영업담당 이사: (당당하게) 우리 백화점 종업원들이 다른 백화점 종업원보다 불친절하다는 소리를 많이 들었습니다. 따라서 종업원의 친절교육을 다시 시켜야만 합니다.
- 나용호 인사담당 이사: (화들짝 놀라며) 그것은 그렇지 않습니다. 오히려 우리 백화점의 가격이 다른 백화점보다 더 비싸다는 불평이 많습니다. 가격을 낮추는 정책이 필요하다고 생각합니다.
- 하우지 구매담당 이사: (기분 나쁜 듯이 인사담당 이사를 째려보며) 뭐니 뭐니 해도 우리 백화점의 주차시설이 너무 협소하고 불편한 것이 가장 큰 고객 불만사항입니다. 이에 대한 시정이 시급합니다.
- 김성민 관리담당 이사: (억울하다는 표정을 지으며) 고객들은 우리 백화점이 다른 백화점보다 산만하고 우중충한 느낌을 받는다고 합니다. 우리도 인테리어 변경과

재배치를 해야 한다고 생각합니다.

▸ 이동욱 총괄 이사: (점잖게) 불경기로 인한 매출감소라고 생각합니다.

오랜 공방을 듣고 있던 박 사장은 점점 답답함을 느꼈다. 서로 자기 잘못이 아니라고 발뺌만 하는 부하직원들이 얄밉기까지 하였다. '만약에 매출 증가가 있었으면 서로 자기 공헌이라고 주장했을 텐데'라는 생각이 들었다. 반면 나름대로 그 이유가 일리가 있다는 생각도 들었다.

▸ 박정준 사장: 도대체 결론적으로 말해서 무엇이 문제란 말이요? 이렇게 중구난방으로 떠들기만 한다고 문제가 해결되겠소? 부사장, 당신은 무엇이 진짜 원인이라고 생각하오?

평소에 신중하기로 유명한 김용태 부사장은

▸ 김용태 부사장: 글쎄요, 우선 실제로 매출이 감소하고 있는지를 확인해야 되지 않겠습니까? 매출 감소가 사실로 확인된 후에 다음 조치를 강구하는 것이 순서라고 생각됩니다.
▸ 박정준 사장: 무슨 말을 하고 있소? 지금 두 달간 매출이 5%나 감소하였다는 보고서도 못 보았소?
▸ 김용태 부사장: 그 보고서는 저도 보았습니다. 하지만 두 달간의 5% 감소가 실제로 우려할 정도로 매출 감소 추세를 나타내는지 아니면 흔히 나타나는 매출의 일시적인 감소를 나타내는 현상에 불과한지를 먼저 확인해야 할 것입니다. 만약에 실제로 매출 감소 추세를 의미한다면 이는 심각하게 대처해야 하며, 정확한 원인 파악이 급선무일 것입니다. 하지만 일시적인 매출 감소라면 그 원인을 파악하기 어려울 뿐만 아니라 문제 해결을 위한 투자나 노력도 그리 효과가 없을 것입니다.
▸ 박정준 사장: (잠시 생각을 한 후) 부사장 말이 옳은 것 같소. 그러면 우선 최근의 매출 감소 현상이 우리가 심각하게 생각해야 될 사항인지를 우선 확인부터 하고, 만약에 심각한 매출 감소 추세를 나타내고 있다면 그 원인을 파악하여 시정하는 데 충분한 투자를 하도록 합시다. 문제가 더 악화되기 전에 시정하는 것이 중요합니다.

이 일은 부사장이 책임지고 맡아주시기 바랍니다. 이것으로 오늘 회의를 마칩니다.

이렇게 간부회의는 끝이 났다. 이제 김용태 부사장은 이 문제를 어떻게 해결할 것인가? 즉,

1. 최근 두 달간의 매출 감소 현상이 심각하게 고려해야 할 매출 감소 추세를 나타내는지, 아니면 단지 일시적인 매출 감소 현상에 불과한지를 어떻게 판정할 것인가?
2. 만약 실질적인 매출감소 추세를 나타낸다면 어떻게 그 원인을 파악할 것인가? 이에 대한 가장 보편적인 방법이 고객에 대한 설문조사이다. 그러나 이는 그리 간단한 문제가 아니다. 왜냐하면 설문조사 대상인 고객 선정을 어떻게 하느냐에 따라 전혀 다른 조사 결과가 나올 수 있기 때문이다. 그렇다고 백화점에 관련된 모든 고객을 설문조사 할 수는 없다. 올해 백화점 고객이 150만명을 넘는데, 이를 다 조사하는 것은 시간적으로나 경제적으로 불가능한 것이다. 또 고객의 범위도 문제이다. 잠재적인 고객도 포함을 시켜야 할지, 아니면 작년에 다녀간 고객들도 포함해야 될지 확실치가 않다. 기껏 현실적으로 할 수 있는 일이란 어느 특정 기간 동안 백화점을 찾은 고객들을 상대로 설문조사를 할 수 있을 뿐이다.

설문조사(표본조사)란 백화점 고객 일부에 대해 조사하는 것을 말한다. 그런데 이 표본조사라는 것이 만만치 않다. 우선 많은 시간과 경비를 투자하여 고객 설문조사 결과를 받았다 하자. 이 경우 조사 결과 자체에 대한 해석이 간단치 않다. 만약에, 모든 혹은 대부분의 설문대상 고객이 백화점 주차시설이 가장 큰 불만이라고 답한다면 해석이 그래도 용이하다. 하지만 대부분의 경우는 그 의견이 부분적으로 나누어져 어느 것이 가장 큰 불만사항인지 판단하기가 어렵다. 예를 들어 주차시설 미비가 35%, 높은 가격이 25%, 불친절이 15%, 기타 25% 등으로 나왔을 경우에 주차시설 미비가 주원인이라 하고 안심하고 주차시설에 투자할 수 있는가?

특히, 이 조사 대상 고객들이 백화점 전체 고객들을 얼마나 잘 대표하는지도 확실치 않다. 즉 조사를 다시 실시할 경우 다른 고객들이 대상이 되어 나온 결과는 다를 수도 있기 때문이다. 예를 들어 조사 대상 고객이 우연히도 백화점에 가까이 사는 고객들 위주로 조사된다면 주차시설 미비는 비중 있게 나오지 않을 것이다. 따라서 얻어진 조사

결과를 과연 백화점 전체 고객들의 의견으로서 일반화시키기에는 문제가 생길 소지가 충분하다. 그렇다면 막대한 투자비가 들어가는 주차시설의 확충을 실행할 확신을 갖지 못한다.

위의 사례를 자세히 살펴보면, 김용태 부사장이 고민하고 있는 첫 번째 문제와 두 번째 문제는 본질적으로 같은 문제임을 볼 수 있다. 즉, 두 문제 모두 부분 정보를 가지고 전체를 파악하려는 문제인 것이다. 다시 말해, '최근 두 달간의 매출 감소 현상'이라는 부분 정보를 가지고 전체 기간의 매출 추세라는 전체 정보를 알고자 하는 것이고, 고객조사에서도 특정 기간에 답하는 일부 고객들의 반응이라는 부분 정보를 가지고 전체 고객들의 의견을 알고자 하는 것이다. 이는 통계학에서 가장 중요하고도 많이 쓰이는 기법 중 하나인 표본조사(sampling study)와 추론(inference, 통계적 추정과 가설검정)이다.

## 6.2 표본조사의 필요성

위의 사례는 기업이 최적의 의사결정을 내리기 위해 행하는 전형적인 하나의 과정을 예시로 보여주고 있다. 기본적으로 최적의 의사결정이 되기 위해서는 다음과 같은 세 가지의 조건을 만족해야 한다.

첫째, 정확한 의사결정이 되어야 한다. 현대 기업에서처럼 극심한 경쟁 환경하에서는 의사결정의 조그마한 오차도 허락되지 않는다(정확성). 둘째, 정확한 의사결정이 적시에 의사결정자에게 신속하게 제공되어야 하며(신속성), 마지막으로 의사결정시 많은 비용이 소요되어서는 안 된다(경제성). 현대의 의사결정자들은 컴퓨터를 활용함으로써 과거에 비해 의사결정 과정 자체를 훨씬 경제적으로 신속하고 정확하게 획득할 수 있게 되었다. 특히 컴퓨터를 활용하는 많은 계량의사결정기법이 지속적으로 개발되고 있기 때문에 의사결정의 신속, 정확한 처리가 가능하게 되었다. 그러나 의사결정자들은 의사결정에 필수적인 데이터 수집 및 정리과정에서 최적의 의사결정을 달성하기 위한 조건을 충분히 제공받지 못하고 있다.

예를 들어 어떤 마케팅 회사에서 우리나라 대학생의 월 평균 용돈을 알고 싶은 경우, 우리나라 전체 대학생의 용돈을 전수조사(census)하는 방법이 가장 정확하다. 하지만 이 방법은 비현실적으로 시간과 비용이 많이 든다. 즉, 전수조사를 하면 정확성을 보장하는 대신에 신속성과 경제성을 희생해야 한다. 따라서 대부분의 경우 조사 대상이 너무 클 경우 전수조사를 통한 의사결정은 최적의 의사결정이라고 말할 수 없다. 정확성, 신속성, 경제성의 균형이 필요하다. 이러한 삼자 간의 균형점을 찾는 것이 표본조사를 공부하는 주요 목적이 된다.

### 6.2.1 표본조사와 신뢰수준/유의수준의 관계

표본조사는 전체를 조사하지 않고 대상의 일부만을 조사하는 것을 말한다. 우리가 일반적으로 행하는 모든 조사는 표본조사임을 잊지 말아야 한다. 앞에서 언급한 소비자 조사처럼 전체 대상을 모두 조사하는 것은 경제적으로나 시간적으로 볼 때 현실적으로는 도저히 받아들일 수 없는 것이다.

그렇다면 전수조사라는 것이 실제로 존재하는 것인가? 예를 들어 한 과목의 강의평가를 전체 수강생으로부터 받을 경우에 이 평가는 전수조사에 해당하는가? 모든 수강생으로부터 평가를 받았으므로 전수조사라 할 수 있으나 제공되는 정보 면에서는 반드시 그렇지만도 않다. 전수조사는 필요한 완전한 정보를 제공해주는 조사이고, 표본조사는 필요한 정보의 일부만을 제공하는 조사라고 할 수 있다. 강의 평가는 주로 학기 말에 한 번 평가된다. 그럴 경우 그 평가가 과연 정확한 것인가? 성적이 좋게 나왔을 경우와 그렇지 못할 경우에 대한 평가가 다르게 나타나는 경우를 종종 볼 수 있다. 만약 전자의 평균이 5점 만점에 4.1이 나오고, 후자의 평균은 3.5가 나온다고 할 경우 과연 어떤 것이 진정한 평가인가? 이런 평가는 상황에 따라 달라지기 쉽다. 따라서 학기말에 한 번 실시하는 것은 비록 모든 수강생을 대상으로 평가하였다 하더라도 부분적인 정보를 주는 표본조사라 할 수 있다. 완전한 정보를 얻으려면 충분한 수의 평가를 실시하여야 하는데(예를 들어 매 강의시간마다 평가), 이 또한 현실적으로 매우 어렵다. 다시 말해 조사 대상의 개체수만을 가지고 전수조사와 표본조사로 구분하는 것이 아니라, 완전한 정보를 주는지, 부분적인 정보를 주는지를 가지고도 전수조사와 표본조사를 구분한다면, 전수조사는 이론적으로나 존재한다고 할 수 있겠다.

표본조사를 실시하면 의사결정은 그만큼 신속하고 경제적으로 할 수 있지만, 불행하게도 표본조사는 본질적으로 전체를 조사하는 것보다 정확성이 떨어질 수밖에 없다. 이를 통계학 용어로 표현하면 표본오차(sampling error)가 발생하는 것이다. 이 경우 우리는 신속성과 경제성을 위해 정확성이 희생될 수밖에 없기에, 3자(정확성, 신속성, 경제성) 간의 균형점을 찾을 필요가 있다. 즉 신속성과 경제성을 확보하면서 정확성의 희생

(즉 표본오차)을 최소한으로 하는 표본조사를 실시하고자 하는 것이다. 예컨대, 표본조사는 속성상 100번을 조사하여 100번을 다 정확하게 맞출 수는 없지만, 100번의 조사 중 95번을 맞추는 정확성을 확보하였다고 생각해보자. 이러한 결과는 표본조사에서 확보되는 신속성과 경제성을 고려한다면 만족할 만한 수준이라고 할 수 있다.

그렇다면 표본조사에서는 왜 부득이 감수해야 할 부정확성, 즉 유의수준(significance level)이 생기는지를 보다 구체적으로 살펴보자. 전수조사를 하는 경우, 최종 조사 결과는 하나이며, 조사 절차만 정확하다면 조사 결과도 정확하게 될 것이다. 전수조사 때와 동일한 절차로 표본조사를 실시할 경우, 표본조사를 반복해서 실시하다보면 그때마다 표본이 달라져서 조사 결과가 달라질 수 있다. 그 조사 결과 중 일부는 전수조사의 결과와 같아서 정확한 표본조사가 될 것이고 나머지는 그렇지 못해 부정확한 표본조사가 될 것이다. 여기서 우리가 관심을 가지는 것은 부정확한 조사 결과이다. 이렇게 부정확한 조사 결과가 발생하는 이유는 오직 전체를 조사하지 않고, 즉 전수조사를 하지 않고 표본조사를 하였기 때문이다. 따라서 표본조사 시에는 부정확성이 발생할 수밖에 없으며, 그 정도를 유의수준으로 표시하고 있다.

표본조사 결과에는 반드시 그 조사의 신뢰수준이나 유의수준의 값을 미리 선언함으로써 표본조사 결과의 정확도를 표시해주어야 한다. 표본조사가 95%의 정확성을 가지고 있을 때 우리는 이를 95% 신뢰수준(confidence level)이라고 하고, 반면에 전수조사를 하지 않는 표본조사이기 때문에 부득이하게 발생하는 부정확성을 유의수준이라고 한다. 따라서 이 두 수준은 상호 반대 개념이며, 흔히 유의수준을 표시할 때 $\alpha$ 또는 $100 \cdot \alpha\%$로, 신뢰수준은 $(1-\alpha)$나 $100(1-\alpha)\%$로 표시하고 있다. 예를 들어, $\alpha = 0.05$이면 유의수준은 0.05(또는 5%)이고, 신뢰수준은 95%(또는 0.95)가 된다. 이렇게 3자 간의 균형점을 갖고 있는 표본조사 과정을 공부하는 것이 지금부터의 과제이다.

### 6.2.2 표본조사 관련용어

이 표본조사 과정을 배우기 위해서는 우선 필요한 용어를 이해하여 자유롭게 구사하는 것이 필수적이다. 용어들을 살펴보자.

#### (1) 모집단과 모수

모집단(population)이란 간단하게 말하면 모든 조사 대상이 구성하고 있는 전체

집단을 말한다. 이 모집단을 조사하는 것을 전수조사라고 한다. 우리가 알고 싶어 하는 것이 바로 이 모집단의 성질이다. 모집단의 성질을 측정 가능하도록 수치화시킨 것을 모수(parameter)라고 한다. 다시 말해, 모집단은 모든 데이터를 말하며 우리가 알고 싶어 하는 것은 이 모든 데이터의 요약치인 것이다. 대표적으로 가장 많이 사용되는 모수로는 데이터의 중심점을 나타내주는 평균과, 데이터의 산포도를 나타내주는 분산을 들 수 있다. 이들은 각각 모평균($\mu$)과 모분산($\sigma^2$)이라 한다. 예를 들어 우리나라 대학생들의 한 달 용돈을 알고자 할 때, 우리나라 전체 대학생이 모집단이 되고, 모수는 모평균으로서 그들의 한 달 용돈의 평균이 되는 것이다.

우리가 조사를 하여 알고자 하는 것은 모수인데, 이 모수를 구하기 위해서는 모집단을 전수조사해야 한다. 하지만 대부분의 경우 모집단의 크기가 비현실적으로 크기 때문에 또는 모집단에 대한 정의가 애매하기 때문에 모수를 직접 구하기가 불가능하다. 따라서 우리는 표본을 사용하게 된다.

### (2) 표본과 표본통계량

표본(sample)이란 모집단의 일부인 부분집합이다. 모집단의 전체 데이터를 구하는 것이 불가능하기 때문에 현실적으로 조사 가능한 크기의 데이터를 수집하며, 이렇게 수집된 데이터를 표본이라 한다. 그리고 이 표본의 성질을 수치화한 것을 표본통계량(sample statistics)이라고 한다. 대표적인 표본통계량으로는 표본평균($\overline{X}$)과 표본분산($s^2$)이 있다. 앞에서 든 예를 살펴보면 우리나라 전체 대학생을 대상으로 조사하는 것은 불가능하므로 500명만을 대상으로 조사를 하였다고 하자. 이 경우 이 500명이 표본이 되고, 500명의 한 달 평균 용돈이 45만 원으로 조사되었다면 이 45만 원이 표본평균이 된다. 우리가 실시하는 모든 조사는 표본조사라는 앞의 주장을 따르자면 우리가 실시하여 얻는 모든 조사 결과는 표본통계량이 된다.

### (3) 모수와 표본통계량의 관계

모수와 표본통계량 사이의 관계를 정리해보면 다음과 같다. 우리가 알고 싶어 하는 것은 모수이다. 하지만 현실적으로 우리가 조사하여 얻은 결과치는 표본통계량이다. 앞서 백화점 사례를 살펴보면, 두 달간의 매출 실적은 표본통계량이고, 전체 매출 추세가 모수이며, 설문조사(표본조사)로 나온 고객의 반응은 표본통계량이고, 전체 고객의

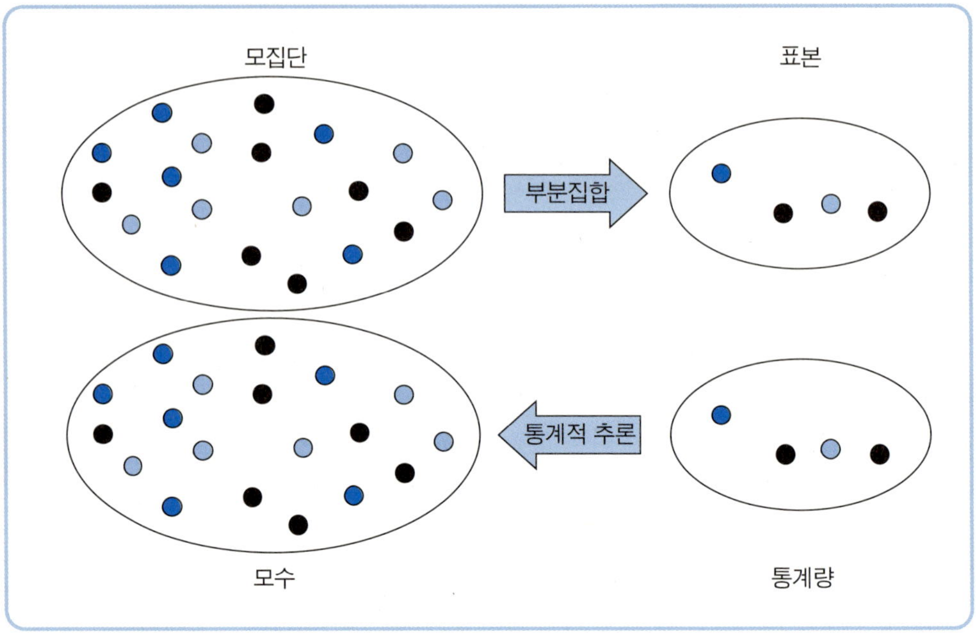


**그림 6-1 모집단, 표본, 모수, 통계량간의 관계**

반응은 모수인 것이다.

따라서 우리가 구한 표본통계량을 가지고 모수를 찾는 과정이 필요하며, 통계학에서는 이를 추론(inference)이라고 한다. 이런 추론에는 **추정**(estimation)과 **가설검정**(hypothesis testing)이라는 두 가지의 형태가 있다. 이후에 자세하게 설명하겠지만, 추정은 표본에서 얻은 표본통계량의 값을 가지고 모수의 값을 구하는 과정을 말하고, 가설검정은 표본통계량을 사용하여 모수의 진위(옳고 그름) 여부를 판정하는 과정을 말한다.

> **주요 용어** check
> 표본조사, 유의수준, 신뢰수준, 모집단, 모수, 모평균, 모분산,
> 표본, 표본통계량, 표본평균, 표본분산, 표본오차

### 6.2.3 표본집단을 추출하는 방법

경영학에서 필요 데이터를 모으는 것은 모든 작업의 반 이상이 된다 할 정도로 데이터를 모으는 것은 쉽지 않다. 예를 들어 우편 설문조사인 경우 그 회수율이 5%가 안 되는

경우가 허다하다. 따라서 이 경우 표본을 어떻게 추출하는가 하는 문제는 사치스러운 내용이 될 수도 있다. 획득된 데이터 하나하나가 귀하기 때문이다. 하지만 기존에 발행된 2차 데이터를 모을 경우에는 표본 추출방법이 필요하게 된다.

통계분석 대상이 되는 모집단이 명확하게 정의되면, 이 모집단으로부터 몇 개의 데이터를 어떤 방법에 의해 표본으로 선정할 것인지를 결정하여야 한다. 그런데 표본 크기를 결정하는 것보다 더 중요한 것은 어떠한 방법으로 표본을 추출할 것인지를 결정하는 것이다. 모수에 대한 추론의 정확성을 높이기 위해서는 모집단의 특성을 대표할 수 있는 데이터들이 표본으로 수집되어야 한다. 특정 지역(또는 집단)이 배제된다면 그 표본은 모집단을 대표한다고 할 수 없으며 그 결과 모집단에 대한 정확한 추론도 기대할 수 없다. 따라서 공정하게 모집단의 개체를 선정할 수 있는 합리적인 표본 추출방법이 적용되어야만 통계적 의사결정이 의미를 지니게 된다.

**표본 추출방법**은 〈그림 6-2〉와 같이 확률적 표본 추출법과 비확률적 표본 추출법으로 크게 나뉜다. 확률적 표본 추출방법은 모집단의 구성요소들이 표본에 포함될 확률이 사전에 알려져 있을 때 사용되는 방법이다. 따라서 확률적 표본 추출방법에서는 표본조사에 따르는 오류의 한계를 알 수 있으며, 특정 대상이 편중되어 표본에 포함되는 경향을 최소화할 수 있다. 한편 비확률적 표본 추출법은 모집단으로부터 표본을 추출할 때, 모집단의 구성요소들이 표본에 포함될 확률을 미리 알 수가 없는 방법이다.

**확률 추출법**에는 단순무작위 추출법(simple random sampling), 군집 추출법(cluster sampling), 층화 추출법(stratified sampling), 계통 추출법(systematic sampling)

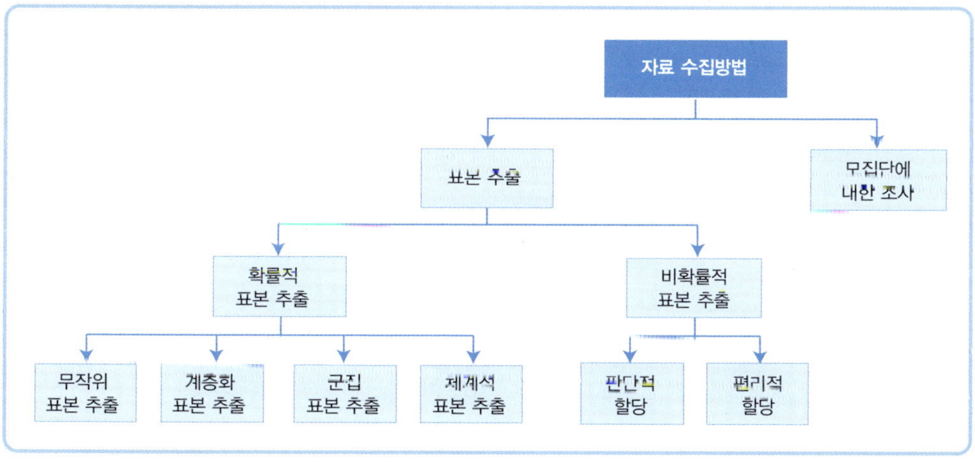


**그림 6-2 표본데이터 수집 방법**

등이 있다.

**단순무작위 표본 추출법**은 모집단 내의 모든 구성요소들이 표본에 포함될 확률을 동일하게 하는 방법이다. 예를 들어, 모집단이 산업대학 50명의 경영학과 학생이라고 할 때, 이 모집단으로부터 10명의 학생을 표본으로 선택할 때, 단순무작위 표본은 다음과 같이 추출된다.

- 집단 50명의 학생이 첫 번째 표본에 포함될 확률은 모두 1/50이다.
- 나머지 (50－1)명의 학생이 두 번째 표본에 포함될 확률은 모두 1/(50－1)이다.
- 이와 같은 과정을 10개의 표본이 선택될 때까지 반복한다.

단순무작위 표본을 추출하기 위해서는 전통적으로 난수표를 이용하거나 표본을 추출하기 위한 컴퓨터 소프트웨어를 이용한다. 이 책에서는 Excel 스프레드시트를 활용하여, 난수를 발생시켜 여러 모집단분포로부터 표본을 추출하는 방법을 설명한다.

**군집표본 추출법**은 우선 모집단을 군집(cluster)으로 나눈 다음 각 군집으로부터 모집단을 대표할 수 있도록 군집에서 단순무작위 추출 방법을 사용하는 표본 추출방법을 의미한다. 군집표본 추출법의 효과성은 각 군집이 얼마나 효과적으로 전체 모집단의 특성을 대표할 수 있느냐에 달려있으며 다른 표본 추출법에 비하여 경비가 저렴하고 빠른 장점이 있다. 군집표본의 대표적인 예는 군집을 각 도시로 나누는 지역표본(Area sampling) 방법이다. 예를 들어 전체 국민의 건강에 아황산가스가 미치는 영향을 조사하고자 한다면 각 지역, 즉 서울, 부산, 대구, 광주에서 아황산가스가 국민 건강에 미치는 영향을 조사하여 전국적인 표준으로 평가하는 방법이다. 이는 〈그림 6-3〉과 같이 모집단을 지역별 군집으로 나누어 표본을 수집하여 이루어진다.

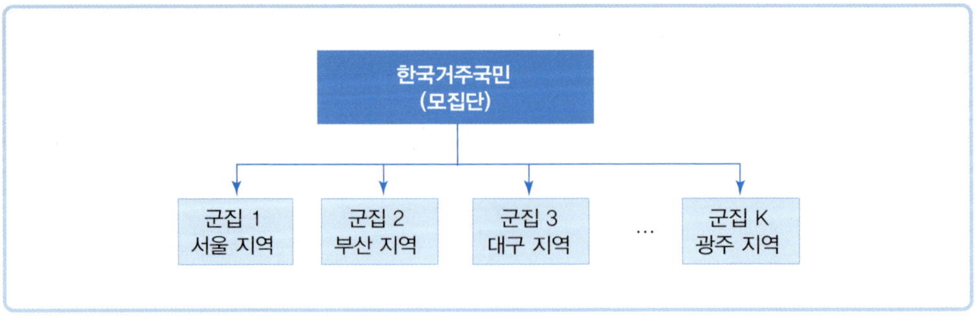


**그림 6-3 군집표본 추출법**

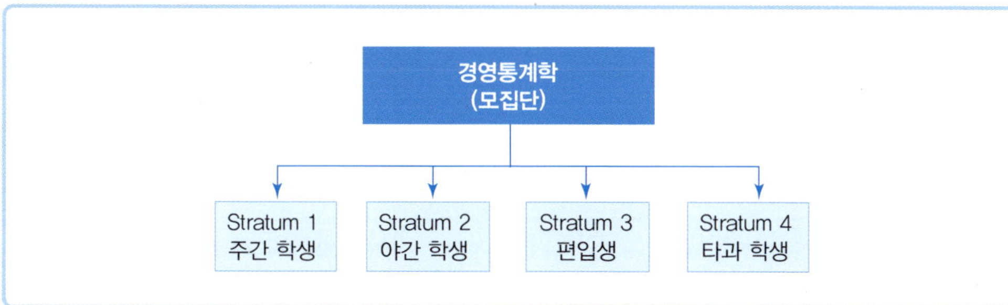


그림 6-4 층화표본 추출법

층화표본 추출은 우선 모집단을 층(strata)이라고 불리는 하위 그룹으로 분류한 다음 각 층으로부터 무작위 추출을 시행하여 개체를 선택하는 방법이다. 예를 들어 경영통계학을 수강하는 학생들의 신분을 〈그림 6-4〉와 같이 분류할 수 있다고 가정하자. 이렇게 층이 결정되면 각 층으로부터 일정한 수의 표본 데이터를 무작위로 추출하게 된다. 예를 들어 경영통계학에 대한 선호도를 조사하기 위하여 40명을 층화 추출한다면 수강학생의 신분에 따라 4개의 층을 구성하고 각 층에서 10명의 수강학생을 무작위로 추출하여 경영통계학에 대한 선호도를 조사하게 된다. 중요한 점은 층 안에서는 관련된 특성을 지닌 동질 집단이므로 상대적으로 표준편차가 적다. 따라서 상대적으로 적은 크기의 표본을 사용하고자 하는 경우에 층화표본 추출법이 많이 이용된다.

계통표본 추출법은 무작위 추출이 가질 수 있는 시간이 많이 소요되고 표본이 어느 한쪽으로 편중될 수 있는 단점을 보완하기 위하여 시간적으로 또는 공간적으로 일정한 간격을 두고 표본을 추출하는 방법이다. 예를 들어 모집단의 크기가 1,000인 모집단에서 20개의 표본을 계통 추출한다고 가정하자. 먼저 모든 모집단을 1부터 1,000까지 순서적으로 정리한 다음에 처음 $k = \frac{1,000}{20} = 50$개의 개체로부터 하나를 임의로 선택한다. 만약에 30번이 선택되었다면, 다음에 80번, 130번, 180번, … 등으로 20개가 표본으로 선택된다. 계통표본 추출법은 단순하면서도 모집단 전체에서 골고루 표본을 추출할 수 있다는 장점은 있으나, 만일 모집단의 데이터가 주기성을 띠고 있는 경우에는 편중된 표본이 나올 수도 있다.

비확률 추출법에는 판단표본 추출(judgment sampling), 편의표본 추출(convenience sampling), 쿼터표본 추출(quota sampling) 방법이 있으며 통계분석자의 판단, 직관 재량에 의해 데이터수집의 기준이 결정되므로 일관성과 객관적 합리성이 떨어진다는 단점이 있다.

판단표본 추출은 모집단을 가장 잘 대표할 수 있는 표본을 의사결정자의 판단에 의거하여 선택하는 방법으로 예를 들면 특정 제품에 대한 시장 조사를 위해 한 도시를 임의로 선택하는 경우가 된다. 반면에 편의표본 추출은 표본을 구성할 수 있는 가장 편리한 개체를 선택하는 방법이고 쿼터표본 추출은 의사결정자의 재량에 의해 그룹별로 미리 할당한 후 각 하위그룹별로 가장 편리한 개체를 선택하는 방법이다. 예를 들면 표본의 50%는 여성으로 할당하여 추출하는 경우가 이에 해당한다.

## 6.3 표본통계량과 표본통계량분포(표본분포)

### 6.3.1 배경

우리가 어떤 모집단의 성질을 나타낼 때 가장 많이 사용하는 요약치가 바로 평균이다. 예를 들어 우리나라 대학생들의 한 달 용돈이 얼마인지를 알고자 할 때 '한 달 용돈의 평균' 값으로 나타낸다. 평균과 더불어 데이터의 특성을 나타내주는 요약치는 분산이다. 분산은 '데이터가 평균으로부터 얼마나 떨어져 있는가?'의 정도를 나타낸다.

따라서 평균과 분산이 모집단의 성질을 나타내주는 대표적인 모수가 된다. 이를 모평균($\mu$), 모분산($\sigma^2$)이라 하는데, 이에 대응하는 표본통계량은 표본평균($\overline{X}$)과 표본분산($s^2$)이 되는 것이다. 즉 표본평균($\overline{X}$)으로 모평균($\mu$)을, 그리고 표본분산($s^2$)으로 모분산($\sigma^2$)을 추론하는 것이다.

우리가 모수에 대해 알고자 할 때, 표본조사를 통해 얻게 되는 표본통계량에 대한

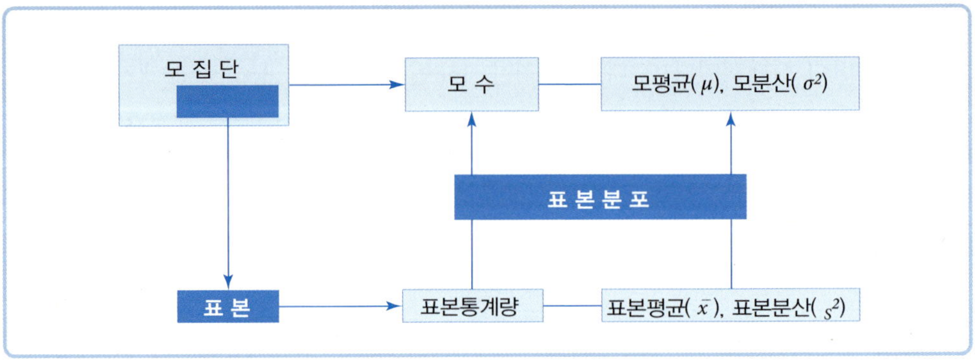


그림 6-5 모수와 표본통계량

이해가 필요하다. 특히 관심의 대상이 되는 것은 표본통계량의 확률분포(표본분포)와 평균, 분산인 것이다. 이들의 관계가 〈그림 6-5〉에 표시되어 있다.

### 6.3.2 표본분포의 필요성

우리가 조사를 하는 것은 표본통계량(조사하여 얻게 된 표본의 수치화된 성질)을 가지고 모수(알고자 하는 모집단의 수치화된 성질)를 추론하고자 하는 것이다. 이 추론은 표본통계량과 모수 사이의 관계를 알고 있다면 가능해질 것이다. 예를 들어 $x$값을 가지고 $y$의 값을 알고자 할 때, $y = 2x$라는 함수 관계를 알고 있다면 $y$값의 해를 찾는 것은 얼마든지 가능하다. 좀 더 나아가 확률적 관계로 알고 있다면, 예를 들어 $y = 2x$일 확률이 0.5이고, $y = 2x + 1$일 확률이 0.5인 관계라면 $x = 1$일 때, $y = 2$가 될 확률이 0.5이고, $y = 3$이 될 확률이 0.5라고 확률을 포함시켜 $y$값을 구할 수 있다. 이와 같이 표본통계량과 모수의 관계식 역할을 해주는 것이 표본분포이다. 따라서 표본통계량을 가지고 모수를 추론할 때 양자 사이의 관계인 표본분포에 대한 이해를 반드시 필요로 하게 된다.

표본분포(sampling distribution)란 표본통계량의 확률분포를 말한다. 표본통계량은 표본집단을 어떻게 구성하느냐에 따라서 그 값이 변하게 된다. 예를 들어, 대표적인 표본통계량인 표본평균($\overline{X}$)은 인터뷰에 응한 500명의 학생을 어떻게 뽑느냐에 따라 그 값이 달라진다. 따라서 표본평균은 가능한 표본마다 하나씩 존재하므로 전체적으로는 표본의 수만큼 존재하게 된다. 이렇게 표본평균끼리 하나의 데이터 집단을 형성하게 되고, 이를 다시 이벤트(가능한 표본평균 값)로 정리하면 확률분포가 된다. 그러므로 모집단으로부터 획득한 모든 표본에서 얻은 표본통계량을 가지고 만든 확률분포를 표본분포라고 한다. 역시 대표적인 표본분포로는 표본평균의 확률분포와 표본분산의 확률분포가 있다.

### 6.3.3 표본분포의 개념

표본분포에 대한 이해를 돕기 위해 표본평균의 확률분포를 작성하는 방법을 간단한 예를 가지고 알아보자. 5명의 대학원생들로 구성된 모집단에서 중급통계학 성적의 평균을 알고자 한다. 이를 위해 2명을 표본으로 선택한 후 표본조사를 실시하여 추론하

**표 6-1 중급통계학 성적의 모집단 데이터와 모수**

| 학생 | 1 | 2 | 3 | 4 | 5 | 모평균 | 모분산 |
|---|---|---|---|---|---|---|---|
| 성적 | 70 | 40 | 80 | 50 | 60 | 60 | 250 |
| 표기 | $X_1$ | $X_2$ | $X_3$ | $X_4$ | $X_5$ | $\mu$ | $\sigma^2$ |

고자 한다. 이 경우 모집단의 크기는 5이고, 모수는 5명의 중급통계학 성적의 평균이다, 표본의 크기는 2이고, 표본통계량($\overline{X}$)은 2명의 중급통계학 성적의 평균이다.

이는 아주 간단한 예이므로 우리는 모수의 값도 알고 있는 경우이다. 이 모집단의 특성을 나타내는 모수로서 모평균과 모분산을 구해보면 〈표 6-1〉과 같다.

우리가 표본조사를 위해 표본을 추출할 때에는 무작위로 추출해야 한다. 무작위 추출이란, 우리가 무엇을 표본으로 정할 때 전혀 영향력을 발휘하지 못한다는 것을 의미한다. 따라서 동전을 던진다든가, 난수표를 이용한다든가, Excel의 RAND 함수를 이용하는 등의 방식으로 표본을 선정하면 무작위 추출이 된다. 이 예시의 경우 교수가 표본을 직접 뽑는 것은 학생들의 평소 실력을 알고 있기 때문에 무작위 추출이 되지 못한다.

표본을 무작위로 2명 뽑을 때, 예를 들어 학생 2와 3을 뽑으면 표본평균은 60이 되어 모평균과 같음을 알 수 있다. 이렇게 표본을 잘 추출하기만 한다면 구태여 모집단 전체를 조사할 필요가 전혀 없는 것이다. 하지만 불행하게도 표본으로 학생 2와 4가 추출된다면 그들의 표본평균은 45가 되어 모평균과는 아주 다른 경우가 된다.

이제 모든 표본의 경우를 생각해보자. 그 결과는 〈표 6-2〉에 제시되어 있다. 모든 가능한 표본의 수, 즉 모집단의 크기가 5이고, 이 중 2개의 표본을 추출하는 경우의 수는 모두 10개(${}_5C_2 = 10$)가 될 것이다.

〈표 6-2〉에서 학생 1과 학생 2를 추출한 표본(표본 1)의 경우 표본평균은 55점이고, 이를 $\overline{X}_1$이라 표시한다. 즉, $\overline{X}_1 = (X_1 + X_2)/2$이다. 학생 2와 학생 3을 추출한 표본(표

**표 6-2 모든 가능한 표본의 평균 및 분산**

| 표본 | 1 | 2 | 3 | 4 | 5 | 6 | 7 | 8 | 9 | 10 | 표본평균의 평균 | 표본평균의 분산 |
|---|---|---|---|---|---|---|---|---|---|---|---|---|
| 표본학생 | 1,2 | 1,3 | 1,4 | 1,5 | 2,3 | 2,4 | 2,5 | 3,4 | 3,5 | 4,5 | | |
| 표본평균 | 55 | 75 | 60 | 65 | 60 | 45 | 50 | 65 | 70 | 55 | 60 | 83.3 |
| 표기 | $\overline{X}_1$ | $\overline{X}_2$ | $\overline{X}_3$ | $\overline{X}_4$ | $\overline{X}_5$ | $\overline{X}_6$ | $\overline{X}_7$ | $\overline{X}_8$ | $\overline{X}_9$ | $\overline{X}_{10}$ | $E(\overline{X})$ | $V(\overline{X})$ |

본 5)의 경우 표본평균은 60점이고, 이를 $\overline{X}_5$라 표시하며, $\overline{X}_5 = (X_2 + X_3)/2$가 된다. 가능한 표본은 모두 10개가 되며, 실제적으로 표본조사를 할 때에는 위의 10가지 표본 중 어느 하나가 선택될 것이다.

우리는 〈표 6-2〉에서 나타난 표본평균의 값들이 10개의 데이터를 형성하므로 이를 정리하여 하나의 확률분포로 나타낼 수 있다. 여기서 이벤트는 구하는 표본평균의 값이 되며, 그 확률은 나타난 횟수를 전체 수인 10으로 나눈 것이 된다. 표본평균의 확률분포를 〈표 6-3〉과 〈그림 6-6〉에 표시하였다.

이를 보면 우리가 두 명의 표본을 추출하여 그 표본평균을 구해보면 55점이 나올 확률이 20%이다. 또, 모평균과 일치하는 표본평균(60점)을 구할 확률도 20%가 됨을 알 수 있다. 즉 이런 표본조사를 10번 하면 그중 2번은 모평균과 일치하는 표본평균을 얻을 수 있다.

이 표본분포에서 X축은 표본통계량, 이 예시의 경우에는 표본평균이 되고, Y축은 그 표본통계량의 도수를 전체 표본의 수로 나눈 확률이 된다. 또 다른 확률분포에서와 마찬가지로, 표본분포에 대해서도 그 평균과 분산을 구할 수 있다. 여기서는 표본평균의 평균($E(\overline{X})$)과 표본평균의 분산($Var(\overline{X})$)을 말한다.

우리는 지금까지의 논의를 바탕으로 다음과 같은 사실을 발견할 수 있다. 첫째,

**표 6-3 표본평균의 확률분포(표)**

| 표본평균 | 45 | 50 | 55 | 60 | 65 | 70 | 75 |
|---|---|---|---|---|---|---|---|
| 확률 | 0.1 | 0.1 | 0.2 | 0.2 | 0.2 | 0.1 | 0.1 |

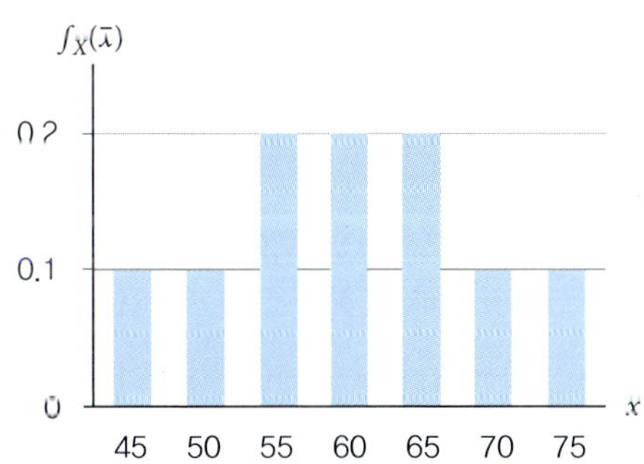


**그림 6-6 표본평균의 확률분포(그래프)**

전체 가능한 표본의 수는 10개임을 알 수 있다. 이를 일반화시키면 모집단의 크기가 $N$이고, 표본의 크기가 $n$일 때, 총 가능한 표본의 수는 $_NC_n$이 된다. 위의 경우는 $_5C_2=10$이므로 가능한 표본평균의 수도 10개가 된다.

둘째, 모평균과 표본평균의 평균($E(\overline{X})$)은 일치한다는 것을 알 수 있다. 즉, $E(\overline{X})=\mu$가 된다. 이는 모든 표본을 고려한다는 것은 결국 모집단 전체를 고려한다는 것에서 나오는 당연한 결과이다. 〈표 6-2〉에서 모든 표본을 고려해보면 모든 학생이 4번씩 포함되어 있는 것을 알 수 있다.

셋째, 표본평균의 분산은 모분산보다 작으며, 그 작아지는 정도는 표본의 크기에 의해 결정된다. 이를 일반화시키면 표본평균의 분산은 모평균의 분산을 표본의 크기로 나눈 것에 근접한다($V(\overline{X})\to\sigma^2/n$). 이 예시에서는 $n=2$로 매우 작은 수이기 때문에 정확히 일치하지 않을 수 있다. 표본평균의 표준편차(표본평균의 분산의 제곱근, $s_{\bar{x}}=\sigma/\sqrt{n}$)를 표본오차(sampling error)라고 한다. 이는 표본평균이 그 평균인 모평균($\mu$)과 얼마나 차이가 나는지를 의미한다. 여기서 표본의 크기 $n$이 커지면 커질수록, 즉 표본의 크기가 모집단에 가까울수록 표본평균은 모평균에 점점 가까워짐을 알 수 있다.

이와 같은 사실에 의해 표본평균의 분포는 다음과 같은 특성을 가지게 된다.

**check**

- 표본평균($\overline{X}$)의 분포는 표본의 크기와 관계없이 모평균($\mu$)을 중심으로 퍼져 있다.
- 표본의 크기($n$)가 커짐에 따라 표본평균($\overline{X}$)의 표준편차(표본평균과 모평균의 차이)는 작아진다.

위의 예에서 우리는 표본평균과 모평균 사이의 관계를 어느 정도 이해할 수 있다. 참고로, 용어가 비슷하거나 반복되어 다소 혼란스럽기는 하지만, 우리는 표본평균($\overline{X}$), 표본분산($s^2$), 표본평균의 평균($E(\overline{X})$), 표본평균의 분산($V(\overline{X})$)을 정확히 구별할 수 있어야 한다. 위의 예에서 표본평균과 표본분산은 각 표본마다 하나씩 갖게 되기에 총 10쌍이 존재한다. 하지만 표본평균의 평균과 표본평균의 분산은 단지 하나만 존재하며, 그 값은 각각 60과 83.3이다.

예제 6-1

가나대학교 남학생들의 신장은 평균($\mu$)이 173cm, 분산($\sigma^2$)이 4cm로 알려져 있다. 표본으로 9명의 학생을 임의로 추출하였을 때, 이들 9명의 신장($X$)의 평균($E(\overline{X})$)과 표본오차($s^2_{\overline{X}}$)는 얼마인가?

**풀이** 표본평균의 평균은 모집단의 평균과 일치한다.

$$E(\overline{X}) = \mu = 173\text{cm}$$

또한, 표본오차는 모집단의 표준편차를 표본 크기의 제곱근($\sqrt{n}$)으로 나눈 것과 같으므로 아래와 같이 구할 수 있다.

$$s_{\overline{X}} = \sqrt{\frac{\sigma^2}{n}} = \sqrt{\frac{4}{9}} = \frac{2}{3}\text{cm}$$

## 6.4 이론적인 표본분포

위의 예에서와 같이 모집단이 매우 작은 경우에는 가능한 모든 표본을 조사하여 표본통계량의 값(표본평균, 표본분산)을 계산하고, 표본평균에 대한 확률분포를 구할 수 있다. 그러나 이와 같은 방법은 현실적으로 불가능하다. 즉, 대부분의 경우 모집단의 크기가 매우 커서 모든 표본을 조사하여 표본평균의 분포를 구한다는 것이 불가능하기 때문이다. 만약 가능하다면 구태여 표본조사를 하지 않고 모집단을 직접 조사할 수 있을 것이다. 예를 들어 대통령 선거 시 1,000만 명의 유권자(모집단) 중에서 2,000명의 표본을 가지고 그 결과를 예측한다고 생각해보자. 이 경우 표본의 수는 ${}_{10,000,000}C_{2,000}$이 되므로 그 표본의 수는 비현실적으로 크게 된다.

하지만 다행스럽게도 통계학 이론의 도움을 받으면 현실적으로 불가능한 모든 표본조사를 하지 않고도 표본분포를 구할 수 있다. 여기서 우리는 이론의 중요성과 공헌도를 함께 경험할 수 있다. 먼저, 가장 대표적이고 이론적인 표본평균 혹은 표본비율의 표본분포인 $Z$분포에 대하여 살펴보자. 표본분포의 이론적인 특성을 충분히 이해하고 있다면, 표본분포가 표본평균($\overline{X}$)과 모평균($\mu$) 간의 관계를 명시적으로 나타내주고 있기 때문에 표본평균($\overline{X}$)을 가지고 모평균($\mu$)을 추론하는 것이 가능함을 보일 것이다.

### 6.4.1 표본평균($\overline{X}$)의 이론적 확률분포

(1) 정규분포로부터 표본을 획득하는 경우

모집단이 정규분포를 따른다면 그 부분집합인 표본평균도 정규분포를 따른다. 직관적으로 본다면 표본평균의 분포는 결국 모집단 전체를 고려하는 것과 동일하게 정규분포를 따른다는 주장은 하나도 이상할 것이 없다. 이는 '정규변수의 합은 정규분포를 따른다'는 정규분포 정리에 의해 쉽게 증명될 수 있다.

따라서 표본평균의 표본분포 내용에 정규분포의 성질을 추가하면 다음과 같은 특성으로 결론지을 수 있다.

> check
>
> **표본평균 $\overline{X}$의 분포특성**
>
> 모집단들의 구성 원소들이 평균이 $\mu$이고, 분산이 $\sigma^2$인 정규분포를 구성하고 있다고 하자. 즉, $X_i \sim N(\mu, \sigma^2), i = 1, 2, \cdots, N$인 경우이다. 이 경우 표본평균 $\overline{X}$는 평균이 모평균 $\mu$이고, 분산이 $\sigma^2/n$인 정규분포를 갖게 된다. 즉, $\overline{X} \sim N(\mu, \sigma^2/n)$으로 표시된다.

여기서 표본평균의 평균과 모평균이 일치한다는 것($E(\overline{x}) = \mu$)은 이미 언급을 한 바 있다. 정규분포에서는 평균에서의 확률이 가장 크다. 즉 우리가 무작위로 추출한 표본에서 계산한 하나의 표본평균은 모평균과 일치할 확률이 가장 높다는 것이다. 이를 식 (6.1), (6.2)와 같이 간단히 증명할 수 있다.

$$\overline{X} = 1/n(x_1 + x_2 + \cdots + x_n) \tag{6.1}$$

$$\begin{aligned} E(\overline{X}) &= E[1/n(x_1 + x_2 + \cdots + x_n)] \\ &= 1/n\, E(x_1 + x_2 + \cdots + x_n) \\ &= 1/n[E(x_1) + E(x_2) + \cdots + E(x_n)] = \mu \end{aligned} \tag{6.2}$$

표본평균의 분산은 모분산을 표본집단의 크기로 나눈 것과 같다는 것 또한 앞에서 이미 언급이 되었다($V(\overline{X}) = \sigma^2/n$). 이는 분산의 정의에 의해 '표본평균의 분산이란 표본평균과 그 평균인 모평균의 차이(오차)의 평균'을 나타내는 것이다. 따라서 표본집단의 크기($n$)가 커질수록(즉 표본의 크기가 모집단에 가까울수록) 표본평균은 모집단의 평균에 점점 가까워진다는 것을 알 수 있다. 극단의 경우, 즉 $n \to \infty (= N$, 모집단의 크기)가 될 경우 $V(\overline{X}) = \sigma^2/n \to 0$, 즉 표본평균은 모평균이 되어 그 차이(분산)는 없어진다. 표본평균의 분산의 제곱근인 표본평균의 표준편차($\sigma/\sqrt{n}$)를 **표본오차**(sampling error)라 한다. 표본오차는 아래의 식 (6.3)과 같이 계산된다.

$$\begin{aligned} V(\overline{X}) \text{ 또는 } s(\overline{X}) &= V[1/n(x_1 + x_2 + \cdots + x_n)] \\ &= 1/n^2\ V(x_1 + x_2 + \cdots + x_n) \\ &= 1/n^2[V(x_1) + V(x_2) + \cdots + V(x_n)] = \sigma^2/n \end{aligned} \tag{6.3}$$

관심을 갖고 있는 대상(확률변수)이 정규분포를 가정하고 있는 경우에 구체적인 확률 값을 구할 때에는 이를 표준화하여 표준정규분포로 바꾸어 이용한다. 이때 이 표준정규분포를 ***Z*분포**라고 한다. 정규분포의 특성 중 하나는 모든 정규분포가 평균과 분산만 다를 뿐 기본적인 분포의 모양은 모두 같다는 것이다. 따라서 이 평균과 분산에 의한 표준화를 할 경우 모두 하나의 같은 정규분포가 되는데, 이를 표준정규분포라 한다. 이 경우 평균에 의한 표준화를 **중심표준화**(centering)라 하고, 분산(표준편차)에 의한 표준화를 **단위표준화**(scaling)라 한다. 중심표준화는 정규확률변수 $x$에서 평균을 뺀 값이 되고, 단위표준화는 표준편차로 나눈 값이 된다. 이 단위표준화는 말 그대로 모든 단위를 표준화하는 역할을 한다. 따라서 표본평균의 표준화는 아래의 식 (6.4)와 같이 할 수 있다.

$$z = \frac{\overline{X} - \mu}{\sigma_{\overline{X}}} \tag{6.4}$$

이렇게 표준화를 할 경우 $\overline{z}$, 즉 표준화된 표본평균의 확률분포는 평균이 0이고, 분산이 1인 표준정규분포를 따르게 된다. 즉, $Z \sim N(0, 1)$이 된다.

실질적으로 문제에 접근하는 데 이 *Z*분포의 활용도가 높음을 다시 한 번 언급하겠다. 이론적으로는 표본평균의 분포를 나타내며, 이는 표본평균과 모평균 간의 관계를 나타내주는 역할을 수행한다.

**예제 6-2**

**확률변수 $X$가 정규분포를 할 때, 표본분포가 다음과 같은 특징을 지니고 있다고 가정하자.**

$$\mu_{\overline{X}} = 40\ ,\ \sigma_{\overline{X}} = 4.5$$

**이 때 무작위로 추출한 표본평균 $\overline{X}$에 관한 아래의 질문에 답하라.**

(1) 표본평균 $\overline{X}$가 45보다 작을 확률은?

(2) 표본평균 $\overline{X}$가 36보다 크고 42.5보다 작을 확률은?

(3) 표본평균 $\overline{X}$ 가 47보다 클 확률은?

**풀이** (1) 모집단의 분포가 정규분포를 한다면, 표본분포 역시 정규분포를 할 것이며, 그래프는 아래와 같이 그려질 것이다.

모집단이 정규분포를 하고 있으므로 표본분포 또한 정규분포를 하며 그 평균은 $\mu_{\overline{X}} = 40$ 이다.

$\overline{X} = 45$ 에 해당하는 $z$값은

$$Z = \frac{\overline{X} - \mu}{\sigma_{\overline{X}}} = \frac{45-40}{4.5} = 1.11$$

이 된다.

따라서 찾고자하는 확률은 표준정규분포 그래프 아래의 면적이므로 이는 표본정규분포표를 활용하면, 0.5에서 0.3665을 더한 0.8665이 된다. 즉

$$P(\overline{X} < 45) = P(z < 1.11) = 0.8665$$

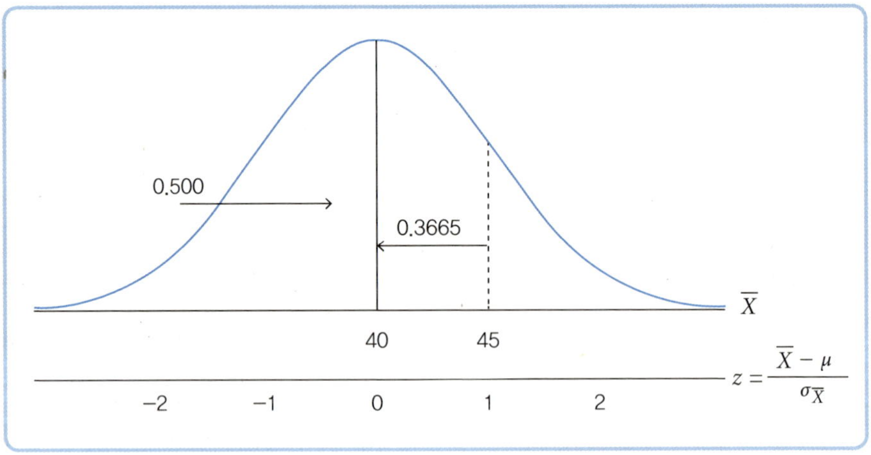


(2) 이제 $\overline{X} = 36$과 $\overline{X} = 42.5$에 해당하는 $z$값을 계산하면

$$Z = \frac{\overline{X} - \mu}{\sigma_{\overline{X}}} = \frac{36-40}{4.5} = -0.89,\quad Z = \frac{\overline{X} - \mu}{\sigma_{\overline{X}}} = \frac{42.5-40}{4.5} = 0.56$$

이 된다.

이제 찾고자 하는 확률은 표준정규분포에서 $z$ = −0.89와 $z$= 0.56 사이의 면적으로 계산하면 된다. 그러므로 확률은

$$P(36 < \overline{X} < 42.5) = P(-0.89 < z < 0.56) = 0.3133 + 0.2123 = 0.5256$$

(3) 마찬가지로, 먼저 $\overline{X} = 47$에 해당하는 $z$값을 계산하면

$$Z = \frac{\overline{X} - \mu}{\sigma_{\overline{X}}} = \frac{47 - 40}{4.5} = 1.56$$

이 된다.

이제 찾고자 하는 확률은 표준정규분포에서 $z$ = 1.56보다 큰 값을 찾으면 된다. 그런데, 평균의 오른쪽 면적은 0.5에 해당하기에 확률은 아래와 같이 계산된다.

$$P(\overline{X} > 47) = P(z > 1.56) = 0.500 - 0.4406 = 0.0594$$

**예제 6-3**

**노원구 주민이 사용하는 물의 양은 평균이 1,800리터이고 표준편차가 200리터인 정규분포를 하고 있다. 무작위로 400명의 주민을 선택하여 물 사용량의 표본평균을 $\overline{X}$라 한다면 $\overline{X}$의 표준편차는 얼마가 되는가? 또한 95%에 해당하는 주민의 물 사용량의 범위는 얼마인가?**

**풀이** $n$=400, $\mu$=1,800 그리고 $\sigma$=200이다. 모집단이 정규분포를 하고 있으므로 표본분포 또한 정규분포를 하며 그 평균은 $\mu$=1,800이고 표준편차가 $\frac{\sigma}{\sqrt{n}} = \frac{200}{\sqrt{400}} = 10$이 된다. 그리고 표준정규분포표의 95%에 해당하는 $z$값은 1.96이므로, 95% 주민의 물 사용량의 범위는 1,800±1.96×10이 된다.

### (2) 정규분포가 아닌 모집단으로부터 표본을 획득하는 경우 – 중심극한이론

위의 정규분포 특성은 이론적으로는 공헌도가 많지만 현실적으로 사용하기에는 아직 어려움이 많다. 즉 우리는 모집단에 대해서 어느 것도 알 수 없는 것이 현실이며, 그렇기 때문에 표본조사를 하는 것이다. 그런데 위의 특성은 모평균을 추론하는 데 필요한 표본분포를 갖기 위해서 모집단이 정규분포임을 알아야 하고 또한 모분산도 알아야 한다. 그렇지만 우리는 표본평균으로 모평균을 추론하는 데 양자 간의 관계만을 알고자 할 뿐이므로, 현실적으로 구하기 불가능한 모집단에 대한 어떠한 정보(즉, 그 확률분포

나 분산에 대해)도 요구되지 않아야 실제로 활용이 가능할 것이다.

예를 들어 $x$라는 변수를 가지고 $y$를 구하고자 할 때에는 '$y=2x$'와 같이 두 변수만으로 이루어진 관계식이 있어야 가능하다. 하지만 만약 '$y=2x+z+w$'와 같이 미지의 변수 $z$와 $w$가 포함되어 있으면, $x$만을 가지고는 $y$를 구할 수 없는 것이다. 마찬가지로 표본평균과 모평균의 관계식에서 우리는 표본평균만을 가지고 모평균을 추론해야 하는데, 미지의 모집단의 분포나, 미지의 모분산이 포함되어 있으면 매우 어려운 상황에 빠지게 된다. 이러한 고민을 해결해준 것이 바로 중심극한이론(central limit theorem)이다. 이 이론의 공헌도는 매우 크다. 이 이론 덕분에 우리는 위의 특성을 보다 자유롭고 제한 없이 활용할 수 있게 되었다. 중심극한이론은 의사결정자에게 다음과 같은 중요한 정보를 제공하고 있다.

**중심극한이론** check

모평균이 $\mu$이고, 모분산이 $\sigma^2$인 모집단으로부터 표본을 추출했을 때, 표본평균($\overline{X}$)은 모집단의 분포와 상관없이 표본의 크기($n$)가 충분히 클 때, 평균이 $\mu$이고, 분산이 $\sigma^2/n$인 정규분포에 근접하게 된다.

**예제 6-4**

**다라연구소는 연구원의 평균월급(단위: 천원)을 추정하고자 한다. 모평균을 추정하기 위하여 연구소는 50명의 연구원을 확률표본으로 취하였다. 모평균이 2,000이고 모분산은 $300^2$이라고 가정할 때, 표본평균과 모평균의 차가 80 이내일 확률은 얼마인가?**

**풀이** $n$=50, $\mu$=2,000 그리고 $\sigma$=300이다. 표본의 크기가 30보다 크므로 중심극한정리를 적용한다. 즉, 표본평균의 분포는 평균 $\mu$=2,000이고 표준편차가 $\frac{\sigma}{\sqrt{n}}=\frac{300}{\sqrt{50}}=42.43$인 정규분포이다. 그러므로

$$\begin{aligned} P(|\overline{X}-\mu| \le 80) &= P(1{,}920 \le \overline{X} \le 2{,}080) \\ &= P\left(\frac{1{,}920-2{,}000}{42.43} \le Z \le \frac{2{,}080-2{,}000}{42.43}\right) \\ &= P(-1.89 \le Z \le 1.89) \text{ (표준정규분포표를 보면)} \\ &= 0.9412 \end{aligned}$$

즉, 중심극한이론이란 표본의 크기가 충분히 클 경우(통상 $n$이 30 이상이면), 모집단의 분포에 상관없이 표본평균의 분포는 정규분포, 즉 $\overline{X} \sim N(\mu, \sigma^2/n)$이 된다는 것이다. 따라서 모집단이 정규분포인지의 여부는 중요치 않게 된다.

이 중심극한이론은 모집단의 분포에 대한 걱정을 없애주고 있다. 하지만 아직도 난관은 존재한다. 즉 현재까지의 중심극한이론은 모분산($\sigma^2$)의 정보를 요구하고 있는 것이다. 모분산은 모평균을 알아야만 계산이 된다. 즉, 모분산을 안다면 모평균을 이미 아는 것이 되므로 현실적으로 모분산을 아는 경우는 극히 예외적이라 하겠다. 따라서 모분산을 아는 것을 요구하는 이론은 실용성이 극히 제한적일 수밖에 없다.

이 중심극한이론을 더 발전시키면 표본집단의 크기가 충분히 크다면 모분산($\sigma^2$)을 모르더라도 큰 문제없다. 표본평균의 분산으로 대체하면 그만이다. 이론적으로는 모분산 대신 표본분산($s^2$)으로 대체하면 이는 표준정규분포가 아니라 $t$분포가 된다. 즉, $\dfrac{\overline{X}-\mu}{\sigma/\sqrt{n}} = Z$ 대신에 $\dfrac{\overline{X}-\mu}{\varepsilon/\sqrt{n}} = t_{n-1}$인 것이다.

다행스럽게도 이 $t$분포는 정규분포와 매우 흡사하여 표본의 크기($n$)가 충분히 커지면 다시 정규분포에 근접하는 성질을 갖고 있다. 이 $t$분포는 뒤에 다시 자세히 언급될 것이다.

통상 $n$이 30보다 크면 중심극한이론에 의해 표본평균($\overline{X}$)의 분포는 정규분포($\overline{X} \sim N(\mu, s^2/n)$)가 된다. 이 경우, $(\overline{X}-\mu)/(s/\sqrt{n}) = Z \sim N(0,1)$이 된다. 물론 이 표준정규분포는 확률을 계산하기 위해 필요한 것이다. 앞으로 이 책에서 중심극한이론이라고 한다면 실용적 관점에서 이렇게 확장된 중심극한이론을 언급하게 될 것이며, 즉 $n \geq 30$이면 $\overline{X} \sim N(\mu, s^2/n)$이 된다.

중심극한이론 덕분에 우리가 표본의 크기를 30개 이상으로만 한다면 모집단의 확률분포와 모분산을 모르더라도 표본평균의 분포는 $Z$분포를 그대로 적용할 수 있으며, 결과적으로 바람직하게 표본평균과 모평균 사이의 관계만을 명시적으로 나타나게 해준다. 즉, $\overline{X} \sim N(\mu, s^2/n)$에서 우리가 아는 정보는 표본평균($\overline{X}$), 표본분산($s^2$), 표본의 크기($n$)이고, 정규분포이므로 미지의 변수는 모평균($\mu$) 하나만 남으니 ($\overline{X}$, $\mu$) 양자만의 관계식으로 되어서 $\overline{X}$를 가지고 $\mu$를 추론할 수 있는 기회가 생기는 것이다.

**예제 6-5**

**항공사 기장 36명을 대상으로 평균비행시간을 조사해보니 평균은 800시간이고 표준편차는 60시간으로 계산되었다. 다음과 같은 확률을 계산하라.**

(1) 표본평균 비행시간 $\overline{X}$가 790시간보다 적을 확률은 얼마인가?

(2) 표본평균 비행시간 $\overline{X}$가 790시간보다 클 확률은 얼마인가?

(3) 표본평균 비행시간 $\overline{X}$가 모집단 평균($\mu$ =800)과 10시간 이내로 차이가 날 확률은 얼마인가?

**풀이** (1) 중심극한정리를 이용하면 표본평균의 평균은 $\mu$ =800이고, 표준편차가

$$s(\overline{x}) = \frac{s}{\sqrt{n}} = \frac{60}{\sqrt{36}} = 10$$

인 정규분포에 근접함을 알 수 있다. 따라서 $\overline{X}$가 790보다 작을 확률은 정규분포 그래프 아래의 면적으로 나타나며, 이를 계산하기 위하여 $\overline{X}$ = 790에 해당하는 $z$값을 계산할 필요가 있다. 따라서

$$Z = \frac{\overline{X} - \mu}{s(\overline{x})/\sqrt{n}} = \frac{\overline{X} - \mu}{s(\overline{x})/\sqrt{n}} = \frac{790 - 800}{\frac{60}{6}} = -1.0$$ 이 되어

$$P(\overline{X} \leq 790) = P(Z \leq -1.0)$$

$$= 0.5 - 0.3413 = 0.1587 \text{ ({부록3} 표준정규분포표 참조)}$$

(2) $\overline{X}$가 790보다 클 확률은 다음과 같이 계산된다.

$$P(\overline{X} > 790) = 1 - P(\overline{X} \leq 790)$$

$$= 1 - 0.1587 = 0.8413$$

(3) $P(790 \leq \overline{X} \leq 810) = 1 - (2 \times 0.1587) = 0.6826$

## 6.4.2 표본비율의 분포

특정 제품에 대한 시장 선호도 조사, 각종 선거에서의 지지율 조사와 같은 것들은 모두 모집단의 특성인 모비율을 추정하기 위한 것이다. 표본비율, 즉 통계량은 모집단의 비율, 즉 모수를 추정하기 위해 사용될 수 있다. **표본비율**은 다음과 같이 정의할 수 있다.

$$\hat{p} = \frac{X}{n} = \frac{\text{관심특성을 지닌 아이템의 수}}{\text{표본 크기}}$$

예를 들어, 소비자 전체의 모집단에서 $n$명을 무작위로 추출하여 특정 제품의 선호

도를 조사하는 실험은 베르누이 시행이 되기에, 표본비율 $\hat{p}$은 특정제품을 선호하는 고객에는 1, 그렇지 않은 고객에게는 0을 부여하여 계산된다. 표본비율은 항상 0과 1사이의 값을 지니게 됨을 또한 알 수 있다.

만일 $n$명의 소비자로부터 $x$명이 특정 제품을 선호한다고 조사되었다면, 제품 선호도 $p$의 표본비율은 아래의 식 (6.13)과 같이 되며, 모집단 비율 $p$의 추정치로 사용된다.

$$\hat{p}=\frac{x}{n} \tag{6.13}$$

표본조사에서 '특정 제품을 선호'한다고 응답한 소비자의 수에 의해 표본확률 $\hat{p}=\frac{x}{n}$이 결정되므로 $\hat{p}$에 관련된 확률분포는 $n$명의 소비자에 대한 이항분포와 같은 형태를 지닌다.

이와 더불어 표본비율의 분포도 이항분포처럼 표본크기 $n$이 충분히 크다면 $(np \geq 5,\ nq \geq 5)$ 정규분포에 근접하게 된다는 것을 5장에서 이미 학습하였다. 즉, 표본비율 $\hat{p}$의 분포의 평균은 $\mu_{\hat{p}}=p$이고 표준편차는 $\sigma_{\hat{p}}=\sqrt{\frac{p(1-p)}{n}}$이 된다. 따라서 표본비율 $\hat{p}$의 분포의 특성을 다음과 같이 정리할 수 있다.

**표본비율 $\hat{p}$ 분포의 특성** check

- 모비율이 $p$인 이항 모집단으로부터 크기가 $n$인 표본을 무작위로 추출하면 표본비율 $\hat{p}$의 분포는 평균이 $\mu_{\hat{p}}=p$이고 표준편차가 $\sigma_{\hat{p}}=\sqrt{\frac{p(1-p)}{n}}$이 된다.
- 표본 크기 $n$이 커짐에 따라 표본비율 $\hat{p}$의 분포는 정규분포에 근접한다.

따라서, 표본비율 분포 역시 확률계산을 위해 아래와 같은 방법으로 $Z$분포를 이용한다.

$$Z=\frac{\hat{p}-p}{\sqrt{\frac{p(1-p)}{n}}}$$

**예제 6-6**

P기업의 인사담당자는 경영학과 졸업생들 중 60%는 첫 취업 후 2년 이내에 전직을 한다고 보고 있다. 만일 144명의 경영학과 졸업생을 무작위로 선택한 후 그들 중 2년 이내에 전직을 한 졸업생이 68% 이상이 될 확률은 얼마인가?

**풀이** $p = 0.6$ 이고, 표본의 크기가 144명으로 충분히 크기 때문에 정규분포를 따른다고 가정할 수 있다.

$$P(\hat{p} \geq 0.68) = P\left(z \geq \frac{0.68 - 0.60}{\sqrt{\frac{0.6 \times 0.4}{144}}}\right) = P(z \geq 1.96)$$

$$= 0.5 - P(0 \leq z \leq 1.96) = 0.5 - 0.4750 = 0.025$$

**예제 6-7**

최근 설문조사에 의하면, 20대의 56%는 온라인매체를 통해 뉴스를 본다고 한다. 이때 50명의 20대를 표본으로 선택하였다고 하자. 만일 특정 요일에 온라인매체를 통해서만 뉴스를 보는 20대 모집단의 비율이 0.56이라면, 표본의 절반 이하가 특정요일에 온라인매체를 통해서만 뉴스를 볼 확률은 얼마인가?

**풀이** $p = 0.56$ 이고, 표본의 크기가 50명으로 정규분포를 적용할 충근한 근거 있기 때문에 $(np \geq 5,\ nq \geq 5)$ 위 표본비율은 정규분포를 따른다고 가정할 수 있다.

$$P(\hat{p} \leq 0.5) = P\left(Z \leq \frac{0.5 - 0.56}{\sqrt{\frac{0.56 \times 0.44}{50}}}\right) = P(Z \leq -0.8547)$$

$$= 0.5 - P(0 \leq z \leq 0.8547) = 0.5 - 0.3036 = 0.1964$$

## 사례연구 : 득점에 관한 의사결정

K 구단뿐만 아니라 KBO에서는 최근 들어, 각 팀의 득점이 높아지고 있음을 염려하고 있다. 즉, 최근 타자들의 기술과 수준이 높아진 결과 득점이 많이 나오는지? 혹은 다른 요인(투수력의 약화, 변경된 스트라이크 존 등등)에 의해 득점이 많이 나오는지? 궁금해 하고 있다. 이를 위해, 매 경기마다 각 팀별 득점을 모니터링하고 있다. 지난 5년간의 자료를 수집한 결과 팀별 득점은 평균이 4.5점, 표준편차가 1.8점인 정규분포에 근접하고 있음을 알 수 있었다.

1. 지난 25경기의 득점을 무작위로 추출하여, 그 값을 측정하였다. 만일 과거 분포의 형태가 변화하지 않았다고 가정하고 다음 물음에 답하라.
   1) 득점이 3점보다 작을 확률은?
   2) 득점이 4점과 5점 사이에서 발생할 확률은?
   3) 득점이 3점과 4점 사이에서 발생할 확률은?
   4) 만일 25경기의 표본을 추출하여 그 평균값을 계산하니 4.5점이었다고 하자. 이 결과를 바탕으로 평균 득점에 대해 어떤 결과를 도출할 수 있는지 설명하라.

2. 만일 경기의 수를 25경기에서 50경기로 확대해서 자료를 수집하여 그 값을 측정하였다고 하자. 만일 과거 분포의 형태가 변화하지 않았다고 가정하고 다음 물음에 답하라.
   1) 득점이 3점보다 작을 확률은?
   2) 득점이 4점과 5점 사이에서 발생할 확률은?
   3) 득점이 3점과 4점 사이에서 발생할 확률은?
   4) 만일 50경기의 표본을 추출하여 그 평균값을 계산하니 4.5점이었다고 하자. 이 결과를 바탕으로 평균 득점에 대해 어떤 결과를 도출할 수 있는지 설명하라.

3. 표본의 수가 25경기에서 50경기로 변경되었을 때, 의사결정에 어떤 변화가 발생하는지를 설명하라.

# 연 / 습 / 문 / 제

01 $\mu$는 모집단의 평균을 나타내고 $n$은 표본에 포함된 관측 수를 나타낸다고 할 때 표본평균의 평균은 어떻게 계산되는가?

02 중심극한정리를 정의하라. 왜 이 정리가 통계학에 중요하다고 생각하는가?

03 대규모 모집단으로부터 81개의 표본을 무작위로 추출하였다. 표본평균이 270, 표본표준편차가 90으로 계산되었다고 할 때, 표본평균의 표준편차는 얼마가 되는가?

04 평균이 9이고 표본편차가 18인 모집단에서 표본의 크기가 81인 무작위 표본을 추출하여 구성된 분포의 평균에 대한 표준오차는 얼마인가?

05 평균이 10.0이고 분산이 100인 모집단으로부터 16개의 관측치를 무작위로 추출하였다. 표본평균의 표준편차($\sigma_{\bar{x}}$)는 얼마인가?

06 신우공업에서 생산하는 제품의 크기는 평균이 5cm이고 분산이 0.01cm인 정규분포를 하고 있다. 4개의 제품을 임의로 추출하여 크기를 조사하니 다음과 같았다.

| 4.95cm | 5.07cm | 5.03cm | 5.02cm |
|---|---|---|---|

이들 4개 제품의 평균을 $\bar{x}$라고 할 때, $\bar{x}$의 평균과 분산을 구하라.

07 표본 크기 $n$이 무한대로 증가함에 따라 평균에 대한 표준오차인 $s(\bar{x})$는 어디에 접근하는가?

08 표본 크기 $n$이 무한대로 증가함에 따라 표본평균 $\bar{x}$의 평균은 어디에 접근하는가?

**09** 표본의 크기 $n$이 증가함에 따라 다음 중 그 값이 어떻게 변화하는지를 판단하라.

(1) 모집단의 표준편차

(2) 평균에 대한 표준오차

(3) 표본평균의 평균

(4) 모집단의 평균

**10** 정규분포를 하는 모집단으로부터 가능한 표본 5개 모두를 선택하여 그 표본 평균을 계산한 값은 다음과 같다. 모집단 평균은 얼마가 되겠는가?

| 4 | 3 | 8 | 9 | 11 |
|---|---|---|---|---|

**11** 평균이 5cm이고 표준편차가 0.001cm인 정규분포를 하는 집단에서 4개의 표본을 무작위로 추출하였다. $\bar{x}$를 4개 표본의 평균이라고 할 때 $\bar{x}$의 분포는 어떤 분포를 한다고 할 수 있는가? 이때의 평균과 표준편차는 얼마가 되는가?

**12** 평균이 600이고 분산이 2500인 정규분포를 하는 모집단에서 100개의 표본을 선택하였다고 가정하자. 다음의 확률을 계산하라.

(1) $P(590 \leq \bar{x} \leq 610)$

(2) $P(\bar{x} \geq 650)$

**13** 만일 모집단이 정규분포를 하며 그 평균이 50이고 표준편차가 15라고 할 때, 이 모집단으로부터 36개를 표본으로 선택하여 계산한 평균값이 42보다 작은 값을 가질 확률은 얼마인가?

**14** 모집단의 평균은 120, 표준편차는 16으로 알려져 있다. 64개를 표본으로 무작위 추출하였다. 표본의 평균값이 122에서 123 사이에 있을 확률은 얼마인가?

**15** 담배회사의 연구진에 의하면 새로운 담배의 타르(tar) 함유량은 평균이 3.9mg이고 표준편차가 1.0mg인 분포를 하고 있다고 한다. 50개의 담배를 무작위 추출하여 타르 함유량을 조사하였다.

(1) 담배회사의 주장이 사실이라고 가정할 때, 타르 함유량에 대한 표본평균이 4.3mg 이상이 될 확률은?

(2) 타르 함유량의 표본평균이 3.7mg에서 3.95mg 사이의 값을 가질 확률은?

**16** 대규모의 통조림이 물류창고로 배달되었다. 생산담당자는 통조림의 무게는 평균이 16.5온스, 표준편차가 0.5온스인 정규분포를 한다고 말하였다. 대규모 통조림으로부터 100개의 표본을 선정하였을 때 평균이 16.49온스에서 16.51온스 사이가 될 확률은 얼마인가?

**17** 대규모 모집단의 표준편차가 32라고 알려져 있다. 이 모집단으로부터 100개를 무작위로 추출하여 표본을 구성하는 경우, 표본평균과 연관된 표본오차(sampling error)가 5.0보다 작을 확률은 얼마인가? (표본오차는 표본평균과 모집단 평균 간의 차이의 절대값을 의미한다는 사실을 기억하라.)

**18** 한 지방은행은 20,000개에 달하는 저축성예금의 평균 잔고액이 1,000(천원)이고 표준편차가 240(천원)이라고 정부에 보고하였다. 정부의 감사관은 은행이 보고한 평균 잔고액의 신뢰성을 검증하기 위해 64개의 은행계좌를 무작위로 추출하였다. 감사관은 만일 표본의 평균잔고와 은행이 보고한 평균 잔고액과의 차이가 60(천원) 이내이면, 은행의 보고에 문제가 없다고 판단한다. 은행의 보고서가 사실이라고 할 때, 감사관이 은행의 보고서에 문제가 있다고 판단할 확률은 얼마인가?

**19** 인사관리 담당자는 경영학을 전공한 대학 졸업생의 55%는 처음으로 직업을 가진 후 2년 내에 직업을 바꾼다고 말한다. 만일 144명의 졸업생을 무작위로 추출할 때, 처음 2년 안에 직업을 바꾸는 비율이 50%에서 60% 사이가 될 확률은 얼마인가?

**20** 신생 벤처기업들의 70%는 사업 시작 후 1년 안에 현금 유동성의 문제를 경험한다고 한다. 매지산업 컨설팅 주식회사의 P씨는 벤처기업을 1년 동안 운영해온 50개의 기업을 무작위로 추출하였다. 사업 시작 후 1년 안에 현금 유동성의 문제를 경험한 신생 벤처기업의 표본비율의 분산은 얼마인가?

21 매지대학교 입학생의 30%는 전공으로 경영학을 선택하는 것으로 알려져 있다. 만일 120명의 학생을 무작위로 추출하였을 때, 그리고 표본에 포함된 각 학생들이 경영학을 선택하는 것이 다른 학생의 의사결정에 영향을 주지 않는다고 할 때, 이 표본에 포함된 학생들 중 42명 이상이 경영학을 전공으로 선택할 확률은 얼마가 되는가?

22 증권거래소에 상장되어 있는 주식으로부터 표본을 추출하여 주가수익비율(price earnings ratio)을 계산하여 보니 평균이 15.5이고 표준편차가 3으로 나타났다. 만일 이 비율의 분포가 종 모양을 갖는다면, 주가수익비율이 9.5에서 21.5 사이에 있을 확률은 얼마인가?

23 다음의 진술이 사실인지를 판단하라.

(1) 모집단은 통계 분석에 있어 관심 대상이 되는 집단으로부터 추출된 부분집합을 의미한다.

(2) 표본오차는 표본평균의 표준편차에 대한 다른 이름이다.

24 1999년에 제일대 여론조사 연구팀은 학생회장 선거에서 김군이 44%의 지지를, 그리고 학생회장 선거에 출마한 동아리 연합회 추천의 이군이 50%의 지지를 받을 것이라고 예측하였다. 이러한 결과는 5,000명의 쿼터 표본(남학생 50%, 여학생 50%)에 근거를 두고 있다. 다음 물음에 답하라.

(1) 1997년, 1998년 학생회장 선거에서 제일대 여론조사 연구팀은 항상 동아리 연합회 추천 후보의 지지율을 너무 높게 예측하였다. 왜 이러한 결과가 발생한다고 생각하는가?

(2) 2000년도에 제일대 여론조사 연구팀은 학생회장 선거에 대한 예측으로 확률적 표본 추출방법을 사용하였다. 2000년에 실시한 여론조사에서는 표본으로 400명을 선택하였으나 당선자의 실제 지지율과 예측 지지율의 차이가 매우 적게 나타났다. 표본크기가 급격하게 줄었는데도 불구하고 더 훌륭한 예측 결과가 나타나게 된 이유를 어떻게 설명할 수 있는가?

25 재고비용을 통제하기 위해 편의점을 운영하는 김씨는 재고 부족으로 인하여 고객이 제품을 구입하지 못하는 경우가 발생하지 않도록 하면서 매장에 진열하는 생수의 수

**량을 제한하고자 한다. 이러한 목적을 달성하기 위해 김씨는 편의점에서 판매하는 생수에 대한 고객수요의 특성을 알고자 한다.**

(1) 김씨가 관심을 갖고 있는 모집단은 무엇이 되는가?

(2) 김씨는 그가 관심을 갖고 있는 모집단 자료를 실제로 획득하여 조사할 수 있는가? 그렇게 생각한 이유는 무엇인가?

(3) 모집단 자료를 갖고 있지 않으면서도 모집단의 특성에 대한 조사를 할 수 있는가?

**26** **모집단을 상호 배타적인 집단으로 분리한 후 각 집단으로부터 표본을 무작위로 추출하는 표본 추출방법을 무엇이라고 하는가?**

**27** **마케팅 전문가는 영화 흥행에 사운드트랙 음악이 미치는 효과를 분석하고자 한다. 이 연구의 목적 가운데 하나는 사운드트랙 음반을 구입한 고객 중 몇 퍼센트가 실제로 극장에 와서 영화를 감상하는지를 파악하는 것이다. 서울 지역에서 음반을 구입한 300명의 고객을 선택하여 표본조사를 실시하였다.**

(1) 표본조사 분석에서의 모집단과 표본은?

(2) 마케팅 전문가가 원하기만 하면 모집단 전체를 표본으로 할 수 있는가?

(3) 표본에서 실제로 극장에서 영화를 감상하는 비율과 모집단 전체에서 음반을 구입한 고객 중 영화를 감상하는 비율이 일치한다고 할 수 있는가?

CHAPTER 07

# 통계추정

## 7.1 점추정과 신뢰구간 추정

먼저 점추정에 대한 예를 들어보자. 의사결정자가 전국 대학생의 월 평균 알바수입($\mu$)을 알고자 한다고 생각해보자. '전국 대학생의 월 평균 알바수입'은 모든 대학생을 조사하지 않고서는 알 수 없는 값인 모집단 모수이다. 그렇지만 의사결정자는 알 수 없는 모집단의 모수를 추정해야 할 것이다. 그렇다면 어떻게 모집단의 평균을 추정할 수 있는가?

전화 인터뷰로 전국의 대학생 500명을 무작위로 표본 추출하여 전국 대학생의 월 평균 알바수입을 조사한다고 생각해보자. 500명의 대학생을 표본으로 추출하여 대학생의 월 평균 알바수입을 조사한 결과 표본평균($\overline{X}$)이 450,000원이었다고 하면 이때의 450,000원이 바로 모집단 평균($\mu$)의 점추정치(point estimate)가 된다. 이와 같이 모집단의 특성을 하나의 구체적인 수치로 추정하는 것을 점추정이라고 하고, 추정된 수치를 점추정치라고 한다.

추정은 모수를 추론하는 형태에 따라 점추정(point estimation)과 구간추정(interval estimation)으로 나눌 수 있다.

표본을 추출하여 조사를 하기 이전에는 표본평균인 $\overline{X}$가 구체적으로 어떤 값을 가질지 알 수 없기 때문에 확률변수로 간주되나, 표본을 일단 선택하면 표본통계량은 하나의 수치로 계산되어 표시된다. 위의 예에서 500명의 한 달 평균 알바수입은, 즉 표본평균 $\overline{X}$값은 모집단 모수의 점추정량이고, 표본으로부터 계산된 구체적인 값 450,000원은 $\mu$에 대한 추정치가 된다.

구간추정은 표본을 통해 알 수 없는 모집단 모수인 '전국 대학생의 월 평균 알바수입'의 참 값이 포함될 것으로 기대되는 신뢰할 수 있는 구간을 추정하는 것이다. 예를 들어 전국 대학생 월 평균 알바수입이 430,000원에 470,00원 사이가 될 것이다'와 같이 구간을 설정하는 것을 의미한다.

> **추정량과 추정치** check
>
> **추정량**(estimator)은 모집단 특성을 추정하기 위해 이용되는 통계량을 의미하며, 이는 확률 변수이다. **추정치**(estimate)는 추정량의 계산된 구체적인 수치를 의미한다.

**예제 7-1**

**플라스틱 자재를 생산하는 특정 프로세스의 평균 산출량을 추정하고자 한다. 5개의 배치(batch) 산출량은 아래의 표와 같이 조사되었다. 모집단 평균에 대한 점추정치를 구하라.**

(단위: 톤)

| 3.2 | 3.8 | 3.1 | 2.9 | 3.3 |
|---|---|---|---|---|

**풀이** 5개 관측값의 평균을 계산하면 다음과 같다.

$$\overline{X}=\frac{3.2+3.8+3.1+2.9+3.3}{5}=3.26$$

점추정의 경우 표본평균 $\overline{X}$가 점추정치가 된다. 따라서 모평균은 3.26톤이라고 추정할 수 있다.

### 7.1.1 좋은 점추정량의 조건

앞서 모평균($\mu$)을 추정하는 데 표본평균($\overline{X}$)을 사용하였지만, 여러 다른 점추정량을 생각해볼 수 있다. 예컨대, 중앙치 혹은 최빈치로 모평균을 추정할 수도 있을 것이다. 모평균이나 모분산의 경우 표본평균과 표본분산의 값이 점추정에 가장 좋은 것으로 나타난다. 기본적으로 좋은 점추정량이 되기 위해서는 여러 조건을 충족해야 하는데, 이를 BLUE(Best Linear Unbiased Estimator)라 부른다. 이를 표본평균을 가지고 설명해보면 다음과 같다.

(1) 효율성(Best)

표본평균은 평균적으로 가장 적은 모집단 평균과의 차이(minimum variance)를 갖

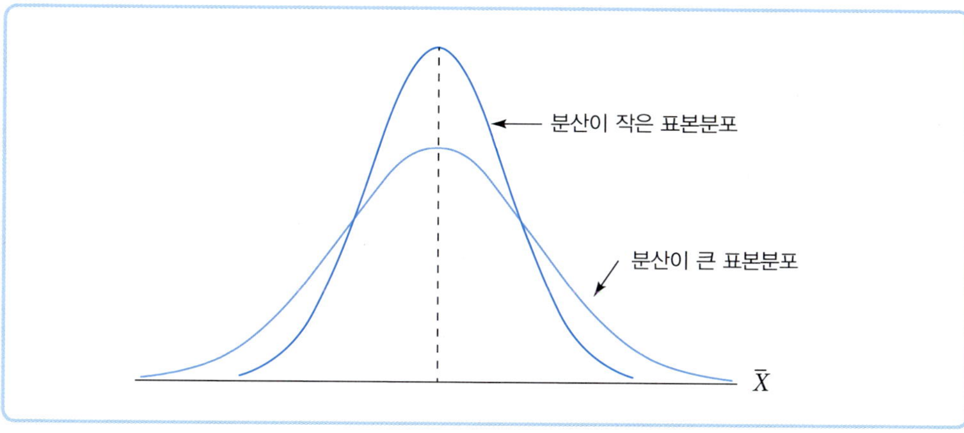


그림 7-1 $\bar{X}$의 표본분포와 분산 크기

는다. 이는 표본을 달리할 때마다 표본평균이 달리 나오며 이는 모평균과 일치하지 않는 경우가 많다. 하지만 그 차이는 평균적으로 다른 어떤 통계량보다 가장 적다는 것이다. 따라서 표본평균이 어느 다른 통계량보다도 모평균에 가까울 확률이 높기 때문에 보다 안심하고 사용할 수 있는 것이다. 이를 그래프로 보면 모평균을 중심으로 뾰족한 모습을 하게 된다(그림 7-1 참조). 어떤 모수는 2개 이상의 불편추정량을 가릴 수 있는데 이 중 바람직한 추정량은 분산이 작은 추정량이 된다. 즉, 분포가 뾰족하여 평균에 몰려 있을수록 분산의 크기는 작고, 이것은 표본통계량이 좀 더 모수에 가까운 값을 갖는다는 것을 의미한다. 이런 분포를 갖는 통계량은 표본마다 차이가 그리 심하지 않아 그만큼 한 표본통계량이 갖는 신뢰도는 높다고 할 수 있다.

(2) 선형관계(Linear)

이는 표본평균($\bar{X}$)과 모평균($\mu$)이 선형관계(linear)인 것을 말하는데, 여기에서 선형관계란 표본평균이 모평균의 성질을 그대로 공유한다는 의미가 있다. 따라서 모집단이 정규분포이면 통계량도 정규분포의 성질을 갖고 있다. 이러한 선형관계가 표본평균의 사용을 정당화시키는 것이다. 하지만 분산은 선형이 아니기 때문에, 표본분산은 이 관계가 성립되지 않는다.

(3) 불편성(Unbiased)

추정량이 취하는 확률분포의 중심은 추정하고자 하는 모수에 가까울수록 바람직하

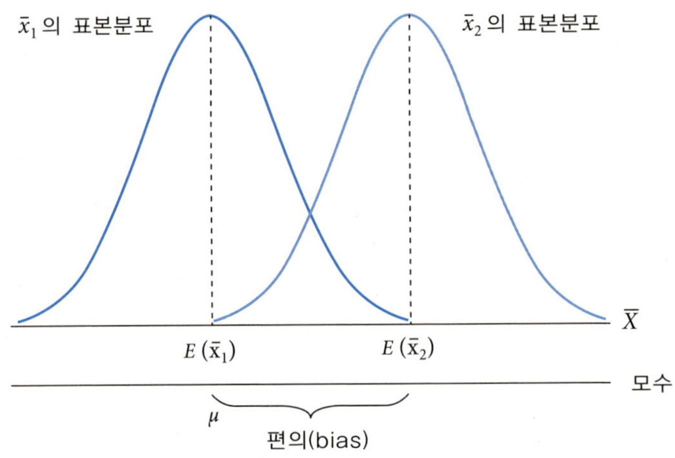


**그림 7-2 불편추정량과 편의추정량의 표본분포**

다. 6장에서 $E(\overline{X})=\mu$임을 이미 설명한 바가 있으므로 '표본평균의 분포에서 그 평균은 모집단 평균과 일치한다'는 것을 알 수 있다. 따라서 표본평균은 모집단 평균의 불편추정량이라고 할 수 있다.

불편추정량이란 추정량 $\overline{X}$의 포본분포의 기대값(평균)이 모수의 실제값 $\mu$와 같을 때, 추정량 $\overline{X}$는 모수의 불편추정량이 된다.

불편성(unbiased)을 지닌 추정량은 우리가 여러 표본을 선정하여 표본평균의 평균을 구하면 이는 모집단 평균에 매우 근접한다는 것을 말한다. 따라서 우리는 표본평균의 종국적인 도착점이 바로 우리가 알고 싶어 하는 모평균이라는 사실을 통해 표본평균을 보다 편하게 사용할 수 있게 되는 것이다. 더욱이 대부분의 경우에서처럼, 표본평균이 정규분포를 따를 경우, $E(\overline{X})=\mu$란 사실은 우리가 무작위로 얻은 하나의 표본에서, 표본평균($\overline{X}$)이 모평균($\mu$)과 같을 확률이 제일 높음을 나타내준다. 따라서 우리가 선택한 하나의 표본분포에 대해 보다 편하게 사용할 수 있는 근거가 되기도 한다(그림 7-2 참조).

(4) 일치성(consistency)

일치성(consistency)이란 표본 크기가 커지면 커질수록 표본평균은 모평균에 가까워진다는 것이다. 따라서 표본평균 $\overline{X}$는 모집단 평균에 대한 일치추정량이라고 할 수

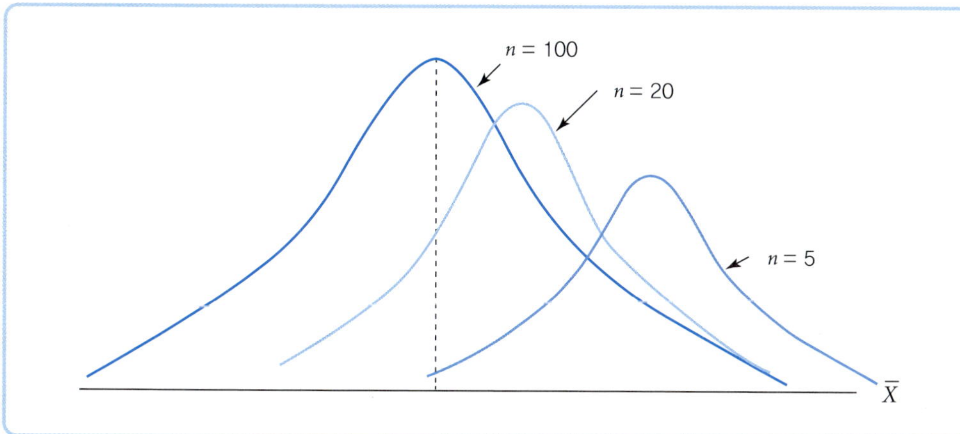


그림 7-3 $\overline{X}$는 $\mu$의 일치추정량

있다. 〈그림 7-3〉은 표본 크기가 증가함에 따라 $\overline{X}$의 표본분포가 모평균($\mu$)을 중심으로 더 가까워짐을 알 수 있다. 이는 $V(\overline{X}) = \sigma^2/n$에서 쉽게 볼 수 있다.

### 7.1.2 구간추정의 필요성

점추정의 경우 추정량이 BLUE인 경우에는 매우 간단하면서도 이론적인 장점이 있다. 하지만 점추정의 치명적인 단점은 그 추정이 얼마나 정확한가를 말해주지 못한다는 것이다. 즉 우리가 선택한 하나의 표본평균이 모평균을 얼마나 정확하게 대변하는지에 대한 정도를 표현하지 못한다는 것이다. 다시 말하면, 표본조사에는 항상 오차가 따르기 마련인데, 점추정은 표본오차에 대한 아무런 정보를 제공하지 못한다. 이러한 단점을 보완하기 위해 우리는 구간추정을 사용한다.

### 7.1.3 구간추정의 원리

구간추정이란, 점추정과는 달리 두 개의 실수로 된 구간을 형성하여 모수를 추정하는 것을 말한다. 즉 구간추정은 표본평균을 중심으로 일정한 간격을 두어 모수를 추정한다. 이때 구간의 최저점과 최고점을 구간추정량이라고 한다. 모집단 평균에 대한 구간추정은 식 (7.1)과 같은 형태로 나타낼 수 있다.

$$L \leq \mu \leq U \tag{7.1}$$

여기에서 $L$은 추정된 구간의 하한치(lower bound), $U$는 추정된 구간의 상한치(upper bound)를 나타낸다.

또한, 구간추정은 추정의 정확성을 확률로 표시해주고 있다. 즉, 구간추정이 옳을 확률, 다시 말해서 구간추정량 $L$과 $U$ 사이의 구간이 모수인 $\mu$를 포함할 확률을 표시할 수 있는데, 이 옳을 확률을 신뢰수준(confidence level)이라고 하고, 이 신뢰수준에서의 구간을 신뢰구간이라고 하는데, $100(1-\alpha)\%$의 신뢰구간이라고 표현한다. $\alpha$는 6장에서 이미 언급된 바와 같이 오차의 확률, 즉 유의수준(significance level)을 말하며, 표본조사를 하기 때문에 부득이하게 피할 수 없는 표본오차를 말한다. 예를 들어 $\alpha = 0.05$라고 한다면, 이 경우의 신뢰구간은 '95%의 신뢰구간'이라고 표현한다.

6장에서 표본을 어떻게 추출하느냐에 따라 표본평균은 다르게 나타난다는 것을 언급하였다. 따라서 이에 따른 신뢰구간도 표본에 따라 다르게 만들어질 것이다. $\alpha = 0.05$인 경우, 즉 95%의 신뢰구간이라는 것은 20개의 표본에 대한 구간추정을 할 때, 20개의 구간이 만들어지는데, 이 20개의 구간 중 19개의 구간이 모수를 포함한다는 것을 말한다. 관행적으로 보통 95% 이상의 신뢰구간을 요구한다. 통상 신뢰구간이 최소한 90%는 되어야 하지만, 이것은 결과에 대한 의미가 좀 더 약한 것으로 인식되고 있다.

## 7.2 모평균에 대한 구간추정(표본이 충분히 큰 경우)

### 7.2.1 신뢰구간의 추정

우리는 어떤 구간이 모평균($\mu$)을 포함한다고 할 때 그 구간을 $L \leq \mu \leq U$로 표시하며, $L$과 $U$를 구간추정량이라고 하였다. 이 $L$과 $U$의 값은 표본통계량($\overline{X}$)의 값을 중심으로 ± 좌우로 일정 간격을 주어 결정된다.

예를 들어 전국 대학생의 월 평균 알바수입의 표본평균이 450,000원일 때 일정 간격을 30,000원이라고 한다면 구간추정량은 $450,000 \pm 30,000$원이 된다. 즉, 420,000원에서 480,000원 사이가 되는 것이다. 앞에서 언급한 바와 같이 이러한 구간추정은 그 추정치의 정확성(신뢰수준)을 측정할 수 있다는 장점을 가지고 있다. 이 정확성은 바로 중심극한이론으로 인해 표본평균의 표본분포($\overline{X} \sim N(\mu, s^2/n)$)를 알고 있기 때문에 가능하다. 따라서 위의 구간($L \leq \mu \leq U$)을 표본평균 $\overline{X}$를 중심으로 대칭이 되도록 식 (7.2)와 같이 표시할 수 있다.

**모집단 평균 $\mu$의 구간추정** check

$$\overline{X}-c \le \mu \le \overline{X}+c \tag{7.2}$$

이러한 경우에 우리는 다음과 같은 질문을 할 수 있다. 그렇다면 $(\overline{X}-c)$와 $(\overline{X}+c)$ 사이의 구간이 모평균($\mu$)을 포함하고 있을 확률은 얼마인가? 즉, 신뢰구간이 옳을 확률은 얼마인가? 예를 들어 $\overline{X}$는 100, $c$가 10이라면 신뢰구간 90과 110 사이에 모평균($\mu$)이 포함되어 있을 확률은 얼마인가? 또는 모평균을 포함할 확률이 95%가 되는 구간의 크기는 얼마인가? 즉, $P(\overline{X}-c \le \mu \le \overline{X}+c)=0.95$가 되는 $c$값은 얼마이며, 어떻게 결정하는가? 그런데 우리는 이미 표본평균($\overline{x}$)을 표본 데이터로부터 알고 있으므로 95%의 신뢰구간을 결정해주는 것은 $c$값이 되는 것이다. 이를 일반화하면 다음의 식 (7.3)과 같이 된다.

$$P(\overline{X}-c \le \mu < \overline{X}+c)=1-\alpha \tag{7.3}$$

식 (7.3)이 의미하는 바는 $(\overline{X}-c)$와 $(\overline{X}+c)$ 사이의 구간이 모평균($\mu$)을 포함할 확률은 $1-\alpha$라는 것이다. 여기서 우리는 $\overline{X}$를 구해 알고 있고, $1-\alpha$는 사전에 원하여 정해진 정확도를 의미한다. 그렇다면 여기서 우리가 모르는 것은 $\mu$와 $c$인데, $\mu$는 알 수 없는, 또는 우리가 구하고자 하는 미지의 모수이므로 우리가 결정하고자 하는 것은 $c$값이다. 이 $c$값을 결정하는 것이 구간추정의 핵심이다.

$c$와 $\alpha$가 제공하는 정보의 질은 상호 배타적이다. 즉, $c$가 커지면(구간이 넓어지면) 틀릴 확률인 $\alpha$는 작아지는 대신 그 구간이 주는 정보의 질은 약해진다. 예를 들어 $c$를 무한대($\infty$)로 하면 그 구간은 $-\infty$부터 $+\infty$까지 무한히 넓어져서 구간이 틀릴 확률은 0, 즉 구간이 모수를 포함하지 않을 확률은 0이 되지만, 이 무한대의 구간이 주는 정보는 아무런 의미가 없다. 반대로 $c$를 줄이면 구간이 보다 정교해져 정보의 유용성은 높아지지만, 구간이 틀릴 확률이 높아지는 것이다. 따라서 $c$를 구할 때에는 정보의 질과 구간이 틀릴 확률 사이의 적정 균형점을 찾아야 한다.

앞에서도 말했지만 표본조사의 최소한의 핵심은 정확성이다. 즉 아무리 경제성과 신속성이 좋다고 할지라도 정확성이 떨어지면 그 표본조사 자체에 의미가 없다. 따라서 정보의 질과 틀릴 확률 사이에서 정확성 또는 틀릴 확률인 $\alpha$를 먼저 결정한다. 통상적

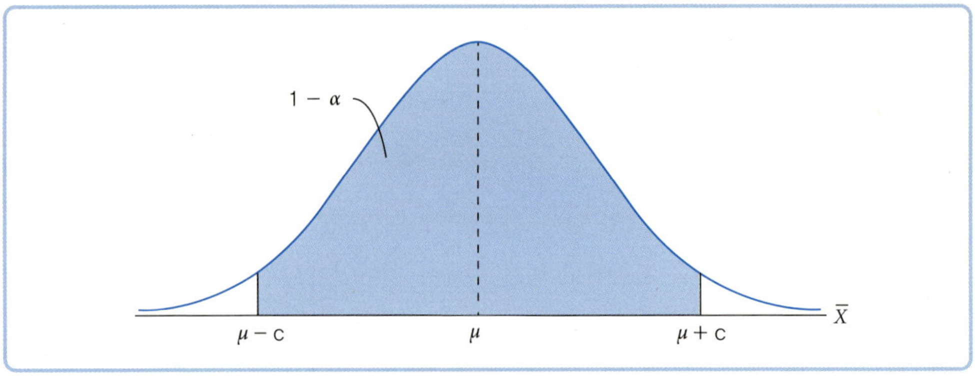


**그림 7-4 표본평균($\bar{x}$)이 $\mu-c$와 $\mu+c$ 사이에 있을 확률**

으로 통계학에서는 최소한 95%의 정확성, 즉 $\alpha=0.05$ 이하이면 받아들일 만한 정확성이라고 하고 있다.

위의 식 $P(\overline{X}-c \le \mu \le \overline{X}+c)=1-\alpha$는 $\overline{X}$를 기준으로 정리하면 식 (7.4)와 같이 변형될 수 있다.

$$P(\mu-c \le \overline{X} \le \mu+c)=1-\alpha \tag{7.4}$$

우리는 중심극한이론에 의해 표본의 크기가 충분히 클 경우, 즉 $n \ge 30$일 경우에는 $\overline{X} \sim (\mu, s^2/n)$이라는 것을 알고 있다. 이 경우 〈그림 7-4〉와 같이 $\overline{X}$가 정규분포에서 $\mu-c$와 $\mu+c$ 사이에 있을 확률이 $1-\alpha$가 된다.

즉, $\mu-c$와 $\mu+c$로 이루어진 구간의 바깥쪽의 넓이(확률)가 $\alpha$라는 것을 알 수 있다. 정규분포에서 확률을 계산할 때에는 표준정규분포를 사용하기 위해 표준화를 하므로 아래의 식 (7.5)와 같이 표준정규분포 변수를 구한다.

$$Z=\frac{\overline{X}-\mu}{s/\sqrt{n}} \tag{7.5}$$

이와 같이 $\mu-c$와 $\mu+c$도 마찬가지로 아래의 식 (7.6), (7.7)과 같이 표준화를 할 수 있다.

$$Z_{\alpha/2}=\frac{(\mu+c)-\mu}{s/\sqrt{n}}=\frac{c}{s/\sqrt{n}} \tag{7.6}$$

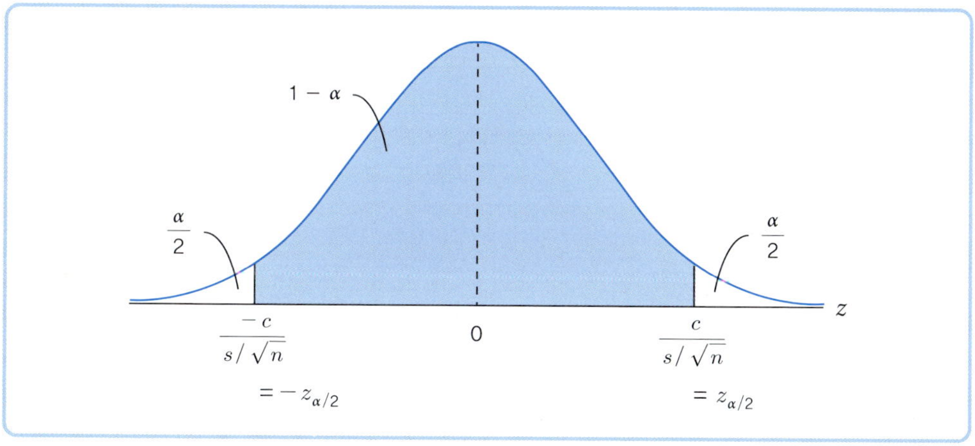


**그림 7-5 신뢰구간 추정의 표준화**

$$-Z_{\alpha/2} = \frac{(\mu - c) - \mu}{s/\sqrt{n}} = \frac{-c}{s/\sqrt{n}} \tag{7.7}$$

이를 그래프로 표시하면 〈그림 7-5〉와 같다.

따라서 $Z_{\alpha/2} = \dfrac{c}{s/\sqrt{n}}$이 되며, 이를 $c$를 기준으로 이항하면 다음과 같은 식 (7.8)이 성립된다.

$$c = Z_{\alpha/2}\frac{s}{\sqrt{n}} \tag{7.8}$$

이를 처음의 식으로 환원하면 아래의 식 (7.10)과 같이 변형시킬 수 있다.

$$P(\overline{X} - c \le \mu \le \overline{X} + c) = 1 - \alpha \tag{7.9}$$

$$P(\overline{X} - Z_{\alpha/2}\frac{s}{\sqrt{n}} \le \mu \le \overline{X} + Z_{\alpha/2}\frac{s}{\sqrt{n}}) = 1 - \alpha \tag{7.10}$$

우리는 95% 신뢰구간이라 구한 신뢰구간이 '모평균을 포함할 확률이 95%가 됨을 의미한다'고 하였다. 그런데 이는 그 반대의 해석인 모집단 평균이 신뢰구간에 포함될 확률과는 완전히 다른 개념이다. 즉 전자는 매 표본마다 새로운 구간이 설정되며, 이 구간들 중 모평균을 포함하는 구간이 전체 구간의 95%가 되는 것이고, 후자는 정해진 구간에 모평균이 변하면서 이 구간에 들어갈 확률이 95%라는 것을 의미한다. 따라서

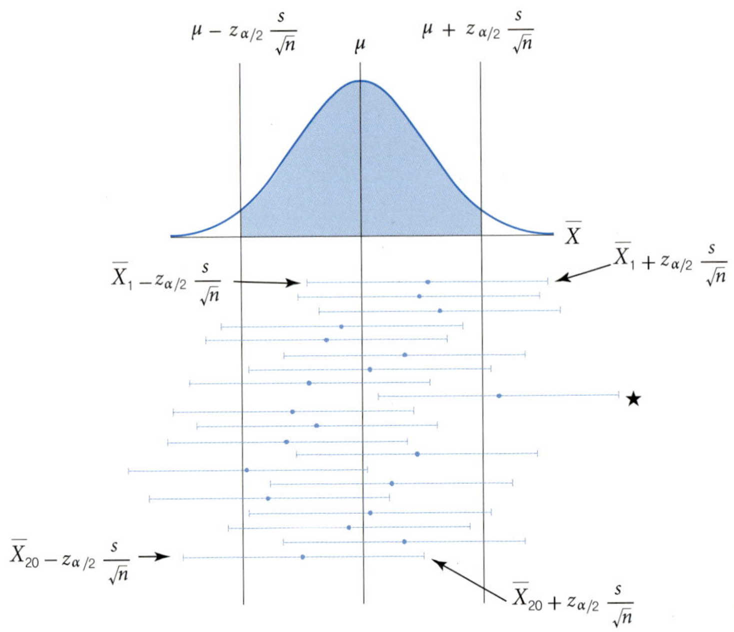


★ 표시가 있는 신뢰구간은 모평균($\mu$)을 포함하지 않는다. 따라서 20개의 신뢰구간 중 이 신뢰구간을 제외한 19개가 모평균을 포함한다.

**그림 7-6 모집단 평균에 대한 20개의 가능한 신뢰구간**

모평균은 변하지 않는 상수이고 구간을 결정하는 표본평균은 매 표본마다 변하는 변수이기 때문에 전자의 해석이 옳은 것이다. 즉, $\alpha = 0.05$라면 〈그림 7-6〉과 같이 20개의 표본을 추출하여 20개의 신뢰구간을 추정했을 때, 그 중 19개의 구간이 모평균을 포함하고, 1개의 구간은 모평균을 포함하지 않는다는 것을 말한다.

## 7.2.2 신뢰구간: 표본의 크기가 클 때

앞에서 설명한 바와 같이 모평균 $\mu$의 $100(1-\alpha)\%$ 신뢰구간은 식 (7.11)과 같다.

$$\overline{X} - Z_{\alpha/2}\frac{s}{\sqrt{n}} \le \mu \le \overline{X} + Z_{\alpha/2}\frac{s}{\sqrt{n}} \tag{7.11}$$

만약 $\alpha = 0.05$라면 95%의 신뢰구간은 $Z_{\alpha/2} = Z_{0.025} = 1.96$이므로 식 (7.12)와 같이 된다.

$$\overline{X} - 1.96\frac{s}{\sqrt{n}} \le \mu \le \overline{X} + 1.96\frac{s}{\sqrt{n}} \tag{7.12}$$

> **check**
>
> 표본이 충분히 클 때, 표본의 표준편차를 이용하여 모평균 $\mu$의 신뢰수준이 $100(1-\alpha)$%인 신뢰구간은 식 (7.13)과 같다.
>
> $$\overline{X} - Z_{\alpha/2}\frac{s}{\sqrt{n}} \le \mu \le \overline{X} + Z_{\alpha/2}\frac{s}{\sqrt{n}} \tag{7.13}$$

### 예제 7-2

**한국도로공사의 관계자는 고속도로를 이용하는 화물차의 평균 중량이 얼마나 되는지에 관심을 갖고 있다. 그는 고속도로를 지나는 화물차량 100대를 선정하여 중량을 계산해보니 평균이 15.8톤, 표준편차가 4.2톤이라는 것을 발견하였다. 화물차의 중량에 대한 분포가 정규분포를 따른다고 할 때, 고속도로를 주행하는 화물차량 평균 중량의 99% 신뢰구간을 구하라.**

**풀이** 이 문제에서 표본의 크기 $n$은 100으로 충분히 크기 때문에 중심극한이론을 적용하여 구할 수 있다. 표본평균 $\overline{x}$는 15.8, 표준편차 $s$는 4.2이다. 유의수준 $\alpha$는 0.01이므로 신뢰구간은 다음과 같이 계산된다.

$$\overline{X} - Z_{\alpha/2}\frac{s}{\sqrt{n}} \le \mu \le \overline{X} + Z_{\alpha/2}\frac{s}{\sqrt{n}}$$

$$15.8 - Z_{0.005}\frac{4.2}{\sqrt{100}} \le \mu \le 15.8 + Z_{0.005}\frac{4.2}{\sqrt{100}}$$

표준정규분포표에서 $Z_{0.005} = 2.575$

$$15.8 - (2.575)(0.42) \le \mu \le 15.8 + (2.575)(0.42)$$

$$15.8 - 1.082 \le \mu \le 15.8 + 1.082$$

$$14.718 \le \mu \le 17.602$$

따라서 99%의 정확도를 가지고 모평균은 14.718톤과 17.602톤 사이에 있다고 말할 수 있다.

### 예제 7-3

**중고차 매매협회에서는 차량을 보유한 고객들이 자신의 차를 팔거나 교환매매를 하기 전까지 차량을 보유한 기간을 알고자 한다. 400대의 차량을 표본으로 추출하여 표본의 평균과 분산을 계산한 결과 각각 2.52년과 0.261년으로 나타났다. 평균 차량보유기간에 대한 98% 신뢰구간을 구하라.**

**풀이** 이 문제에서 $n=400$, $\bar{x}=2.52$, $s^2=0.261$, $\alpha=0.02$이므로 신뢰구간은 다음과 같이 계산된다.

$$\bar{X}-Z_{\alpha/2}\frac{s}{\sqrt{n}}\le\mu\le\bar{X}+Z_{\alpha/2}\frac{s}{\sqrt{n}}$$

$$2.52-Z_{0.01}\sqrt{\frac{0.261}{400}}\le\mu\le 2.52+Z_{0.01}\sqrt{\frac{0.261}{400}}$$

표준정규분포표에서 $Z_{0.01}=2.326$

$$2.52-(2.326)(0.026)\le\mu\le 2.52+(2.326)(0.026)$$

$$2.52-0.06\le\mu\le 2.52+0.06$$

$$2.46\le\mu\le 2.58$$

따라서 98%의 신뢰수준에서 차량을 보유한 고객의 평균 보유 기간은 2.46년과 2.58년 사이에 있다고 말할 수 있다.

## 7.3 모평균에 대한 구간추정(표본크기가 작을 때)

모집단의 분산이 알려져 있지 않았음에도 불구하고 여러 가지 이유로 인해 부득이하게 표본의 크기($n$)가 30 미만인 경우에는 중심극한이론이 적용되지 못해 지금까지 설명한 $Z$분포를 이용하여 신뢰구간을 추정할 수가 없다. 이런 경우에는 모집단의 분산 대신 표본분산을 사용하고, 정규분포 대신에 $t_{n-1}$분포를 사용한다.

### 7.3.1 $t$분포($t$ distribution)

지금까지 우리가 중심극한이론에 의해 모집단으로부터 추출한 표본의 크기가 충분히 큰 경우에는 표본평균의 분포가 평균이 $\mu$이고, 분산이 $s^2/n$인 정규분포임을 설명하였다. 그런데 만일 중심극한이론이 적용되지 않는 경우는 어떻게 하는가? 예를 들어 제품이 대량 생산인 경우에는 표본의 크기를 30 이상으로 하기가 수월하여 중심극한이론의 적용이 가능하지만, 소량 생산인 경우, 예를 들어 배 건조같이 표본의 크기가 30을 넘기기 힘든 경우에는 어떠한가? 이 경우에는 $Z$분포(표준정규분포) 대신에 $t$분포를 사용하게 되는데, 한 가지 주의사항이 필요하다. 중심극한이론은 모집단의 확률분포에 대해 신경 쓰지 않도록 해준다. 하지만 중심극한이론이 적용되지 않을 경우, 즉 표본의 크기가 30 미만이라면 모집단이 반드시 정규분포를 따른다는 것을 가정해야 한다.

앞에서 이미 언급했지만, 다행스럽게도 $t$분포는 정규분포와 매우 흡사한 모양을 가지고 있기 때문에, 표본평균을 아래의 식 (7.14)와 같이 표준화할 수 있다.

$$t_{n-1} = \frac{\overline{X} - \mu}{s/\sqrt{n}} \tag{7.14}$$

여기서 $n-1$은 자유도이다. 자유도에 대해서는 다음 절에서 자세하게 설명한다. 즉, 사용되는 분포만이 $Z$분포에서 $t$분포로 대신 사용될 뿐이다.

### 7.3.2 $t$분포와 $Z$분포의 관계

$t$분포는 평균이 0이고, 분산이 1보다 큰 값을 가진다. 따라서 정규분포에 비해 두꺼운 꼬리를 갖는다. $t$분포는 자유도가 커짐에 따라 그 분산 값이 점점 작아져 1에 가까워진다. 따라서 〈그림 7-7〉에서와 같이 자유도가 커질수록 $Z$분포에 가까워진다는 것을 알 수 있다.

앞에서 설명한 $Z$분포와 $t$분포를 사용하는 경우를 정리하면 다음과 같다. 먼저, 표본의 크기가 30 이상이면 아주 간편하다. 중심극한이론에 의해 모집단이 정규분포인지 아닌지 몰라도 $Z$분포를 사용하면 된다. 또한 모분산을 모르더라도 모분산 대신 표본분산을 사용하면 된다. 두 번째 경우는 표본의 크기가 30 미만인 경우이다. 이 경우에는

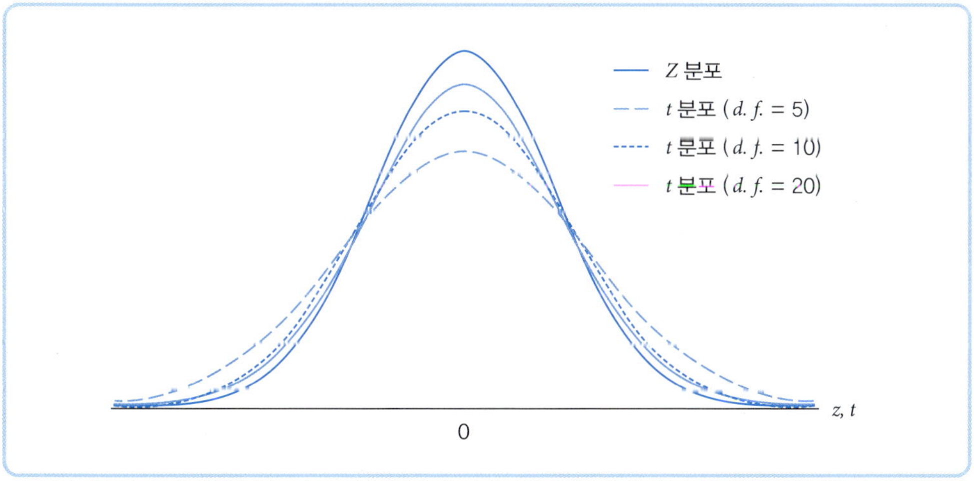


그림 7-7 $t$분포와 $Z$분포

**표 7-1 표본의 크기에 따른 표본평균의 분포**

<table>
<tr><td colspan="3">대표본($n \geq 30$)</td><td>$Z$분포 사용</td></tr>
<tr><td rowspan="3">소표본($n < 30$)</td><td rowspan="2">정규 모집단</td><td>$\sigma^2$을 아는 경우</td><td>$Z$분포 사용</td></tr>
<tr><td>$\sigma^2$을 모르는 경우</td><td>$t_{n-1}$분포 사용</td></tr>
<tr><td colspan="2">비정규 모집단</td><td>비모수 통계</td></tr>
</table>

중심극한이론이 적용되지 않아 모집단이 정규분포이고, 모분산을 아는 경우에 한해 $Z$분포를 사용할 수 있다. 하지만 앞에서도 언급한 것과 같이 모분산을 아는 경우는 거의 없기 때문에 이론상으로만 존재하는 경우이다. 세 번째 경우 또한 표본의 크기가 30 미만인 경우에 모집단이 정규분포임을 가정하지만 모분산을 모르는 경우이다. 이 경우에 우리는 $t$분포를 사용하게 된다. 마지막으로 표본의 크기가 30 미만이며 모집단이 정규분포를 가정하기 적절치 않은 경우에는 비모수 통계로 가며, 이는 이 책의 범위를 벗어나는 것이다. 이를 요약하여 정리하면 〈표 7-1〉과 같다. 따라서 첫 번째, 즉 표본의 크기가 30 이상인 경우에는 중심극한이론에 의해 $Z$분포를 사용하고, 세 번째 경우, 표본의 크기가 30 미만이면서 모집단이 정규분포를 가정할 수 있는 경우에 $t$분포를 사용하는 것이 가장 활용도가 높다.

우리는 확장된 중심극한이론에 의해 미지의 모분산($\sigma^2$) 대신 표본분산($s^2$)을 사용하여 표본분포를 구한다. 즉, $\dfrac{\overline{X} - \mu}{s/\sqrt{n}}$을 사용하는데, 엄밀하게 말하자면 표본의 크기에 관계없이 표본분산을 이용하는 경우에는 $t$분포를 적용한다. 하지만 표본의 크기가 30 이상으로 충분히 클 경우에는 $Z$분포를 대신 사용하여 확률을 구하여도 $t$분포를 사용하여 확률을 구하는 것과 거의 차이가 나지 않기 때문에 편의를 위해 $Z$분포를 사용하여 확률을 구하는 것이다.

### 7.3.3 $t$분포의 확률 계산

그렇다면 $t$분포의 확률 계산은 어떻게 하는가? 먼저, $t$분포의 그래프는 앞의 〈그림 7-7〉에서 보았듯이 정규분포와 매우 흡사한 모양을 가지고 있으며, 자유도에 따라 그래프의 모양이 달라진다. $t$분포는 특정 이벤트나 구간에서의 확률을 구하는 것보다는 특정 확률에서의 이벤트를 구하는 경우가 많다. 그 중 가장 많이 사용되는 것이 유의수준의

| d.f. | α | | | | |
|---|---|---|---|---|---|
| | 0.100 | 0.050 | 0.025 | 0.010 | 0.005 |
| 1 | 3.078 | 6.314 | 12.706 | 31.821 | 63.657 |
| 2 | 1.886 | 2.920 | 4.303 | 6.965 | 9.925 |
| 3 | 1.638 | 2.353 | 3.182 | 4.541 | 5.841 |
| 4 | 1.533 | 2.132 | 2.776 | 3.747 | 4.604 |
| 5 | 1.476 | 2.015 | 2.571 | 3.365 | 4.032 |
| 6 | 1.440 | 1.943 | 2.447 | 3.143 | 3.707 |
| 7 | 1.415 | 1.895 | 2.365 | 2.998 | 3.499 |
| 8 | 1.397 | 1.860 | 2.306 | 2.896 | 3.355 |
| 9 | 1.383 | 1.833 | 2.262 | 2.821 | 3.250 |
| 10 | 1.372 | 1.812 | 2.228 | 2.764 | 3.169 |
| 11 | 1.363 | 1.796 | 2.201 | 2.718 | 3.106 |
| 12 | 1.356 | 1.782 | 2.179 | 2.681 | 3.055 |
| 13 | 1.350 | 1.771 | 2.160 | 2.650 | 3.012 |
| | 1.345 | 1.761 | [illegible] | [illegible] | 2.977 |
| 28 | 1.313 | | 2.048 | 2.467 | [illegible] |
| 29 | 1.311 | 1.699 | 2.045 | 2.462 | 2.756 |
| Infinity | 1.282 | 1.645 | 1.960 | 2.326 | 2.576 |

그림 7-8 $t$분포표(부분)

확률에서의 이벤트를 구하는 것인데, 따라서 [부록 4]의 $t$분포표 또한 그래프의 우측 꼬리 부분의 넓이(확률)를 기준으로 그 이벤트 값을 찾도록 되어 있다.

〈그림 7-8〉은 $t$분포표의 일부이다. $t$분포표 내의 각 숫자는 〈그림 7-9〉와 같이 그래프의 오른쪽 꼬리의 면적(확률)이 $\alpha$가 되는 지점의 $t_\alpha$를 의미하고, 분포표의 왼쪽 열은 자유도($d.f.$), 위쪽의 행은 $\alpha$를 나타낸다. 예를 들어 자유도 9인 $t$분포의 그래프에서 오른쪽 꼬리의 넓이, 즉 $\alpha$가 0.05인 $t$값은 1.833이 된다.

또한, $t$분포표의 왼쪽 행인 자유도를 보면, 자유도가 29까지 있고, 그 이후로는

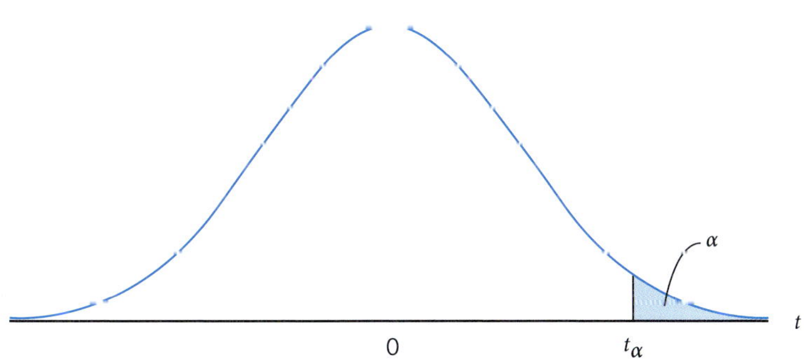


그림 7-9 $t$분포에서의 확률 계산

무한대(infinity)로 표시한 것을 볼 수 있다. 이는 표본의 크기가 30일 경우까지만 $t$분포를 적용하고, 그 이후, 즉 표본의 크기가 30보다 큰 경우에는 $Z$분포를 적용하는 것을 말한다.

**예제 7-4**

**다음의 표본 크기($n$)와 유의수준($\alpha$)에서의 $t$ 분포의 값을 구하라.**

(1) $n=5,\ \alpha=0.05$

(2) $n=15,\ \alpha=0.1$

(3) $n=25,\ \alpha=0.01$

**풀이** (1) 표본의 크기가 5이기 때문에 자유도는 5가 된다. 따라서 $t$분포표에서 $d.f.=4,\ \alpha=0.05$에서의 $t$값은 다음과 같다.

$$t_{\alpha,n-1}=t_{0.05,4}=2.132$$

(2) $t$분포표에서 $d.f.=14,\ \alpha=0.1$에서의 $t$값은 다음과 같다.

$$t_{\alpha,n-1}=t_{0.1,14}=1.345$$

(3) $t$분포표에서 $d.f.=24,\ \alpha=0.01$에서의 $t$값은 다음과 같다.

$$t_{\alpha,n-1}=t_{0.01,24}=2.492$$

### 7.3.4 $t$분포에서 자유도의 개념

자유도(degree of freedom, $d.f.$)란 자유로운 값을 가질 수 있는 변수의 수를 말한다. 원래 변수(random variable)란 상수와는 달리 그 값이 정해지지 않고 자유롭게 어떤 값이라도 택할 수 있다. 만약 변수가 값을 자유롭게 가질 수 없는 상황이 된다면 그 변수는 이미 변수라고 할 수 없는 것이다. 따라서 자유도란 어떤 상황에서든지 변수의 역할을 하는 변수의 수라고 할 수 있다.

이해를 돕기 위해 다음 예를 살펴보자. 세 개의 변수($x_1,\ x_2,\ x_3$)가 있다고 하자. 이 경우 $x_1,\ x_2,\ x_3$은 어떤 값이든지 자유롭게 가질 수 있다. 이 변수들의 평균인 $\bar{x}$는 식 (7.15)와 같이 세 변수가 자유롭게 택한 값을 모두 더해 변수의 수인 3으로 나눈 것이 된다.

$$\bar{x} = \frac{x_1 + x_2 + x_3}{3} \tag{7.15}$$

이 경우에는 변수의 수도 3이고, 자유도도 3이다. 하지만 만약에 우리가 평균인 $\bar{x}$의 값을 미리 안다고 하자. 이 경우에는 세 변수 중 두 개의 변수는 그 값을 자유롭게 택할 수 있지만 나머지 하나의 변수는 그렇지 못한 상황이 된다. 즉, 평균($\bar{x}$)이 20이라 한다면 $x_1$과 $x_2$는 그 값을 자유롭게 가질 수 있지만, $x_3$은 평균인 20을 만들기 위해 그 값이 자동적으로 정해져 자유로움을 잃게 되는 것이다.

예를 들어, $x_1 = 5$, $x_2 = 25$의 값을 자유롭게 선택하였다면 $x_3$은 자신의 값을 자유롭게 선택하지 못하고 반드시 30이라는 값을 선택해야만 하는 것이다. 그래야만 평균이 20이 되기 때문이다. 따라서 우리가 평균값을 안다면 변수 중의 하나는 자유를 잃어버리게 되어 자유도는 '총변수의 수$-1$'이 된다. 즉 변수 하나는 그 값을 모르더라도 그 값을 평균으로부터 계산하여 결정할 수 있기 때문에 문제가 없는 것이다. 자유를 잃은 변수의 정보는 이미 다른 곳에서 얻을 수 있기 때문에 그 변수를 고려할 필요가 없는 것이다. 따라서 자유도란 어떤 상황에서 변수의 역할을 제대로 하는 변수만의 수, 즉 총 변수의 수에서 자유를 잃은 변수의 수를 뺀 수가 되는 것이다. 특히 평균을 아는 경우에는 자유도가 변수의 수에서 하나를 빼는 것이 되는 것이다. 이런 상황은 특히 표본분산을 계산할 때 나타난다(모든 조사가 표본조사임을 기억하라). 모분산의 경우에는 우리가 모평균을 모르기 때문에 해당이 되지 않는다. 분산이란 정의에 의해 데이터가 평균에서 흩어져 있는 정도를 나타내는 것으로 데이터와 평균 간의 거리 제곱의 평균으로 계산한다. 따라서 분산을 계산하기 위해서는 반드시 평균 값을 미리 알아야 한다. 바로 위의 경우가 되는 것이다. 따라서 분산을 계산할 때 평균과 같이 자유도는 변수의 수가 되지 않고, '총변수의 수$-1$'이 된다. 따라서 분모가 $n$이 아니라 $n-1$이 되는 것이다. $t$분포는 평균이 0이고 대체로 표준정규분포와 유사한 종 모양을 가지나 분산이 1보다 크기 때문에 정규분포에 비해 두꺼운 꼬리를 갖는다. $t$분포표는 [부록 4]에서 볼 수 있다.

### 7.3.5 $t$분포를 이용한 신뢰구간 추정

$t$분포를 이용한 신뢰구간 추정은 모집단이 정규분포에 근접한다는 것을 가정한다. 하지만 만약 모집단이 정규분포가 아닌 경우에는 어떻게 구간추정을 할 수 있는가? 모집단이

정규분포가 아닌 경우에는 표본의 크기가 충분히 크면 중심극한정리에 의해 $Z$분포를 사용하여 신뢰구간을 구할 수 있지만, 표본의 크기가 작아 중심극한정리를 사용하지 못할 때에는 어떻게 해야 하는가? 통계 이론에 의하면 모집단이 정규분포가 아니더라도 정규분포에서 크게 벗어나지 않고, 표본의 크기($n$)가 아주 작지 않으면 $\frac{\overline{X}-\mu}{s/\sqrt{n}}$은 $t_{n-1}$분포에 근접한다고 한다. 따라서 모집단이 정규분포를 크게 벗어나지 않는다면 $t$분포를 사용하여 신뢰구간을 추정할 수 있다.

**$t$분포를 이용한 평균의 구간추정** check

정규분포에 근접한 모집단에서 추출한 표본이 30개를 넘지 못하고($n<30$), 모집단의 표준편차($\sigma$)도 알려져 있지 않을 때, 모집단 평균에 대한 100(1 − $\alpha$)% 신뢰구간은 다음과 같다.

$$\overline{X}-t_{\alpha/2}\frac{s}{\sqrt{n}} \le \mu \le \overline{X}+t_{\alpha/2}\frac{s}{\sqrt{n}} \tag{7.16}$$

여기서 $t_{\alpha/2}$는 자유도가 $n-1$인 $t$분포에서 오른쪽 끝부분의 넓이가 $\alpha/2$에 해당하는 $t$값이다.

**예제 7-5**

**산업밸브는 플라스틱 자재를 생산하는 특정 프로세스의 평균 산출량을 추정하고자 한다. 5개의 배치(batch) 산출량은 아래의 표와 같이 조사되었다. 산업밸브의 경영진은 산출량이 정규분포를 따른다고 가정하고 있다. 모평균에 대한 95%의 신뢰구간을 구하라.**

(단위: 톤)

| 3.2 | 3.8 | 3.1 | 2.9 | 3.3 |
|---|---|---|---|---|

**풀이** 표본의 크기($n$)가 5로 정규분포를 가정하기에 충분히 크지 않고, 모집단이 정규분포를 따른다고 가정하기 때문에 $t$분포를 이용하여 신뢰구간을 추정한다. 유의수준($\alpha$)은 0.05이고, 5개 관측값의 평균과 표준편차를 계산하면 다음과 같다.

$$\overline{X}=\frac{3.2+3.8+3.1+2.9+3.3}{5}=3.26$$

$$s^2=\frac{(3.2-3.26)^2+(3.8-3.26)^2+(3.1-3.26)^2+(2.9-3.26)^2+(3.3-3.26)^2}{5-1}$$

$$=0.113$$

$$s=\sqrt{0.113}=0.34$$

이 경우 신뢰구간은 다음과 같이 계산된다.

$$\overline{X} - t_{\alpha/2, n-1}\frac{s}{\sqrt{n}} \leq \mu \leq \overline{X} + t_{\alpha/2, n-1}\frac{s}{\sqrt{n}}$$

$$3.26 - t_{0.025, 4}\frac{0.34}{\sqrt{5}} \leq \mu \leq 3.26 + t_{0.025, 4}\frac{0.34}{\sqrt{5}}$$

$t$분포표에서 $t_{0.025, 4} = 2.776$

$$3.26 - (2.776)(0.152) \leq \mu \leq 3.26 + (2.776)(0.152)$$

$$3.26 - 0.422 \leq \mu \leq 3.26 + 0.422$$

$$2.838 \leq \mu \leq 3.682$$

따라서 95%의 신뢰수준에서 모집단의 평균 산출량은 2.838톤과 3.682톤 사이에 있다고 할 수 있다.

**예제 7-6**

**산업복사(주)는 복사기를 생산하는 업체로서 많은 구형 복사기를 기업체로부터 구매해 보상 판매를 실시하고 있다. 따라서 복사기의 감가상각 기간이 회사에게 매우 중요하므로 이에 대해 알고자 한다. 25개의 복사기에 대한 감가상각 기간을 계산해보니 평균이 49개월, 표준 편차는 10개월이었다. 감가상각 기간이 정규분포를 따른다는 가정 하에 복사기의 감가상각 기간에 대한 95% 신뢰구간을 구하라.**

**풀이** $n = 25$, $\overline{X} = 49$, $s = 10$, $\alpha = 0.05$로 $t$분포를 이용하여 구간추정을 한다.

$$\overline{X} - t_{\alpha/2, n-1}\frac{s}{\sqrt{n}} \leq \mu \leq \overline{X} + t_{\alpha/2, n-1}\frac{s}{\sqrt{n}}$$

$$49 - t_{0.025, 24}\frac{10}{\sqrt{25}} \leq \mu \leq 49 + t_{0.025, 24}\frac{10}{\sqrt{25}}$$

$t$분포표에서 $t_{0.025, 24} = 2.064$

$$49 - (2.064)(2) \leq \mu \leq 49 + (2.064)(2)$$

$$49 - 4.128 \leq \mu \leq 49 + 4.128$$

$$44.872 \leq \mu \leq 53.128$$

따라서 95%의 신뢰수준에서 모집단의 평균 감가상각기간은 44.872개월과 53.128개월 사이에 있다고 할 수 있다.

**예제 7-7**

천호기업에서 생산하는 철사의 강도는 정규분포를 따른다. 생산 공정으로부터 일정한 길이의 철사 6가닥을 임의로 추출하여 강도를 측정하였다. 표본평균을 $\overline{X}$, 표본분산을 $s^2$라고 했을 때 표본평균과 미지의 모수 $\mu$와의 차이가 $\frac{2s}{\sqrt{n}}$ 이내일 확률은 얼마인가?

**풀이** 구하고자 하는 확률은 다음과 같다.

$$P\left(\frac{-2s}{\sqrt{n}} \le \overline{X}-\mu \le \frac{2s}{\sqrt{n}}\right) = P\left(-2 \le \frac{\overline{X}-\mu}{\frac{s}{\sqrt{n}}} \le 2\right) = P(-2 \le t_{n-1} \le 2)$$

[부록 4]에서 $d.f.$=5인 행의 두 번째 수치가 2.015이며, 이 수치에 대응하는 표 상단의 확률은 0.050이다. 이는 $P(t_5 \ge 2.015)=0.05$임을 의미한다. 또한 $t$분포는 0을 중심으로 좌우대칭이므로 $P(-2 \le t_5 \le 2) = 2P(0 \le t_5 \le 2) = 2[0.5 - P(t_5 \ge 2)] \approx 2(0.5-0.05) = 0.90$이 된다.

참고로 모분산 $\sigma^2$이 알려져 있을 때, $\overline{X}$와 미지의 모수 $\mu$와의 차이가 $\frac{2s}{\sqrt{n}}$ 이내일 확률은 다음과 같다.

$$P\left(-\frac{2s}{\sqrt{n}} \le \overline{X}-\mu \le \frac{2s}{\sqrt{n}}\right) = P\left(-2 \le \frac{(\overline{X}-\mu)}{\frac{s}{\sqrt{n}}} \le 2\right)$$

$$= P(-2 \le \overline{z} \le 2) = 0.9544$$

그러므로 정확한 답은 0.90보다 약간 큰 값이 될 것이다.

## 7.4 모집단 비율의 구간추정

모집단 비율($p$)에 대한 점추정량은 표본비율($\hat{p}$)이라고 하였다. 표본비율($\hat{p}$)은 모집단 비율($p$)의 BLUE가 된다. 그러므로 모집단 비율의 가장 좋은 점추정치는 표본비율이 된다. 그러나 점추정으로는 표본오차의 존재를 뛰어넘을 수 없는 문제가 있다. 다음 예를 살펴보자.

① A 후보와 B 후보의 양자대결에서도 A 후보가 47.0%를 기록, 44.5%의 지지율을 기록한 B 후보를 오차범위 내에서 앞섰다.

② B–C 양자구도에서 B 후보는 48.3%의 지지를 받으며, 42.1%의 지지율을 보인 C 후보를 6.2% 차로 따돌렸다.

③ 이번 조사는 전국 19세 이상 유권자 1,200명을 대상으로 유선전화 및 휴대전화 임의걸기 자동응답 전화조사 방식이었으며, 95% 신뢰수준에 표본오차는 ±2.5%이다.

위의 내용 중 A 후보와 B 후보의 양자대결 지지율(①)의 경우를 살펴보면 A 후보의 지지율이 47.0%, B 후보의 지지율이 44.5%라는 결과가 나왔다. 이 결과만 보고 A 후보가 더 우세하다고 판단한다면 이는 왜곡된 결론을 낼 수 있다.

예시 하단(③)을 보면 95%의 신뢰수준에 표본오차는 ±2.5%라는 말이 있다. 이는 유의수준($\alpha$)이 0.05이고, $c$값이 2.5%라는 것을 말한다. 즉, A 후보와 B 후보의 양자대결에서 A 후보의 실제 지지율은 95%의 신뢰수준에서 44.5%~49.5%의 구간을 가지고, B 후보의 실제 지지율은 42%~47%의 구간을 가질 것이다. 만약 A 후보의 실제 지지율은 45%, B 후보의 실제 지지율은 45.5%라고 한다면, 이는 B 후보의 지지율이 더 높은 것이다. 따라서 오차범위 내에서 우세하다고 한다면 이는 통계적으로 유의한 차이가 아니라 한다. 즉, 우열을 가릴 수 없는 박빙의 상태가 되는 것이다.

반대로 B 후보와 C 후보의 양자 대결 지지율(②)은 B 후보가 48.3%, C 후보는 42.1%의 지지율을 보이고 있다. 이 경우, B 후보와 C 후보의 지지율은 95%의 신뢰수준에서 각각 45.8%~50.8%, 39.6%~44.6%의 구간을 갖는다. 이 경우에는 B 후보가 C 후보에 비해 우세하다고 판단할 수 있다. 왜냐하면 C 후보 지지율 구간의 상한치(44.6%)가 B 후보 지지율 구간의 하한치(45.8%)보다 낮기 때문이다.

즉 1,200명이 대상인 경우에는 위 기사의 지지율이 맞지만, 그 대상을 전국의 유권자로 확대했을 경우에는 ±2.5%의 오차가 존재하는 것이다.

신뢰구간 추정의 개념은 범주형 자료인 경우에도 적용할 수 있다. 모집단 비율의 신뢰구간은 표본평균의 신뢰구간을 구하는 절차와 기본적으로 같다. 6장에서 살펴본 바와 같이 표본크기 $n$이 충분히 크면, 표본비율($\hat{p}$)은 정규분포에 근접하며 평균과 분산은 다음의 식 (7.17), (7.18)과 같았다.

$$\mu_{\hat{p}} = p \tag{7.17}$$

$$\sigma_{\hat{p}}^2 = \frac{p(1-p)}{n} \tag{7.18}$$

모집단 비율($p$)에 대한 구간추정을 하기 위해서는 $\sigma_{\hat{p}}^2$에 대한 추정을 하여야 하며,

$\sigma_{\hat{p}}^{\ 2}$에 대한 추정량 $s_{\hat{p}}^{\ 2}$은 다음의 식 (7.19)와 같이 정의된다.

$$s_{\hat{p}}^{\ 2} = \frac{\hat{p}(1-\hat{p})}{n} \tag{7.19}$$

따라서 표본크기 $n$이 충분히 크면 $\frac{\hat{p}-p}{s_{\hat{p}}}$가 정규분포에 근접한다는 사실을 이용하면 다음과 같이 모집단 비율($p$)에 대한 신뢰구간을 구할 수 있다.

> **check**
>
> 표본이 충분히 클 때(즉 $n\hat{p} \geq 5$, $n\hat{q} \geq 5$), 모비율 $p$에 대한 $100(1-\alpha)\%$ 신뢰구간은 다음과 같다.
>
> $$(\hat{p}-Z_{\alpha/2}\sqrt{\hat{p}\,\hat{q}/n}\,) \leq p \leq (\hat{p}+Z_{\alpha/2}\sqrt{\hat{p}\,\hat{q}/n}\,)],\ \ \hat{q} = 1-\hat{p} \tag{7.20}$$

**예제 7-8**

**H 자동차공업(주)은 자사에서 생산한 차량의 시장점유율을 알고 싶어 한다. 제 3호 터널을 통과하는 차량 1,000대를 조사하였더니 300대가 자사에서 생산한 차량을 운전하고 있었다. 모집단 비율에 관한 90% 신뢰구간을 구하라.**

**풀이**

$$n = 1{,}000,\ \ \hat{p} = \frac{300}{1{,}000} = 0.3$$

$$s_{\hat{p}} = \sqrt{\frac{0.3(1-0.3)}{1{,}000}} = 0.0145$$

정규분포표를 이용하여 $z_{\alpha/2} = z_{0.05} = 1.645$임을 알 수 있다. 따라서 90% 신뢰구간은 다음과 같다.

$$\hat{p}-Z_{\alpha/2}\sqrt{\frac{\hat{p}(1-\hat{p})}{n}} \ \leq\ p\ \leq\ \hat{p}+Z_{\alpha/2}\sqrt{\frac{\hat{p}(1-\hat{p})}{n}}$$

$$0.3-1.645\sqrt{\frac{0.3(1-0.3)}{1{,}000}} \ \leq\ p\ \leq\ 0.3+1.645\sqrt{\frac{0.3(1-0.3)}{1{,}000}}$$

$$0.276 \ \leq\ p\ \leq\ 0.324$$

따라서 90% 신뢰도에서 H 자동차의 시장점유율은 27.6%와 32.4% 사이라고 결론을 내릴 수 있다.

### 예제 7-9

250명의 유권자를 대상으로 선거전에 지지율을 조사하였다. 이 중 40%의 유권자들이 현재 유력한 A씨에게 투표를 하겠다고 대답하였다. A씨를 지원하는 유권자의 비율을 95% 신뢰구간으로 추정하라.

**풀이**

$$n=250,\ \hat{p}=0.4$$

$$s_{\hat{p}}=\sqrt{\frac{0.4(1-0.4)}{250}}=0.031$$

정규분포표를 이용하여 $Z_{\alpha/2}=Z_{0.025}=1.96$ 임을 알 수 있다. 따라서 95% 신뢰구간은 다음과 같다.

$$\hat{p}-Z_{\alpha/2}\sqrt{\frac{\hat{p}(1-\hat{p})}{n}}\ \le\ p\ \le\ \hat{p}+Z_{\alpha/2}\sqrt{\frac{\hat{p}(1-\hat{p})}{n}}$$

$$0.4-1.96\sqrt{\frac{0.4(1-0.4)}{250}}\le\ p\ \le\ 0.4+1.96\sqrt{\frac{0.4(1-0.4)}{250}}$$

$$0.339\le\ p\ \le\ 0.461$$

따라서 95% 신뢰도에서 A씨의 지지율은 33.9%와 46.1% 사이라고 결론을 내릴 수 있다.

### 예제 7-10

H 자동차공업은 수천 가지의 부품을 하청업체로부터 공급받아 완성차를 생산하고 있다. 그런데 무작위로 81개의 부품을 선정하여 불량품이 있는가를 조사하였더니 8개의 부품에서 불량이 발견되었다. 전체 부품에 대한 90% 신뢰구간은?

**풀이**

$$n=81,\ \hat{p}=0.0988$$

$$s_{\hat{p}}=\sqrt{\frac{0.0988(1-0.0988)}{81}}=0.033$$

정규분포표를 이용하여 $z_{\alpha/2}=z_{0.05}=1.645$ 임을 알 수 있다. 따라서 90% 신뢰구간은 다음과 같다.

$$\hat{p}-Z_{\alpha/2}\sqrt{\frac{\hat{p}(1-\hat{p})}{n}}\ \le\ p\ \le\ \hat{p}+Z_{\alpha/2}\sqrt{\frac{\hat{p}(1-\hat{p})}{n}}$$

$$0.0988-1.645(0.033)\le\ p\ \le\ 0.0988+1.645(0.033)$$

$$0.045\le\ p\ \le\ 0.153$$

따라서 90% 신뢰도에서 부품의 불량률은 4.5%에서 15.3% 사이라고 결론을 내릴 수 있다.

## 7.5 표본의 크기 결정

### 7.5.1 평균 추정에서의 표본크기의 결정

신뢰수준은 신뢰구간을 결정할 뿐만 아니라 표본 크기를 결정할 때도 사용된다. 즉, 신뢰구간에 모집단의 평균이 포함되어 있을 확률이 $100(1-\alpha)\%$ 이지만 표본평균 $\overline{X}$가 정확히 모평균 $\mu$와 일치할 가능성은 적다. 하지만 우리는 표본평균 $\overline{X}$와 모평균인 $\mu$와의 차이(추정오차가 주어진 범위($Z_{\alpha/2}\sigma/\sqrt{n}$) 안에 있을 확률)를 $100(1-\alpha)\%$ 확신할 수 있다.

만일 추정오차가 주어진 범위($Z_{\alpha/2}\sigma/\sqrt{n}$) 안에 있을 확률을 신뢰수준 $(1-\alpha)$ 이하로 하기를 원한다고 할 때, 그 때의 표본집단의 크기는 얼마로 해야 하는가? 예를 들어 표본평균의 추정오차($\overline{X}-\mu$)가 주어진 범위 $d$ 이하로 있을 확률을 $(1-\alpha)$로 할 경우에는

$$P(|\overline{X}-\mu| \le d) = 1-\alpha \tag{7.21}$$

이 된다. 위의 식 (7.21)을 다시 쓰면

$$P(-d \le \overline{X}-\mu \le d) = 1-\alpha \tag{7.22}$$

이 되고, 왼쪽의 각항을($\sigma\sqrt{n}$)로 나누면

$$P\left(\frac{-d}{(\sigma/\sqrt{n})} \le \frac{\overline{X}-\mu}{(\sigma/\sqrt{n})} \le \frac{d}{(\sigma/\sqrt{n})}\right) = 1-\alpha \tag{7.23}$$

$$P\left(\frac{-d}{(\sigma/\sqrt{n})} \le Z \le \frac{d}{(\sigma/\sqrt{n})}\right) = 1-\alpha \tag{7.24}$$

이 된다. 여기서 $\dfrac{d}{\sigma/\sqrt{n}} = Z_{\alpha/2}$로 놓으면 표본 크기 $n$은 식 (7.25)와 같이 정해진다.

**표본크기의 결정** check

$$n = \left(\frac{Z_{\alpha/2}\,\sigma}{d}\right)^2 \tag{7.25}$$

식 (7.25)를 살펴보면, 표본의 크기를 결정하기 위해서는 우선 세 가지 정보를 필요로 한다. 첫째는 신뢰도 수준을 결정하여야 하고, 둘째는 추정오차의 허용범위인 신뢰구간의 넓이를 결정하여야 하며, 마지막 셋째는 모집단 표준편차를 알고 있어야 한다. 신뢰도 수준과 신뢰구간의 넓이는 의사결정자가 원하는 수준으로 결정하면 되지만, 모집단 표준편차 $\sigma$는 문제가 된다.

대부분의 경우 $\sigma$를 모르므로 표본의 표준편차 $s$를 계산하여 이로 대체하여 왔으나, 이번 경우에는 표본의 표준편차 $s$도 계산이 아직 안 된 상태이다(왜냐하면 표본 크기조차 결정이 안 된 상태이므로). 이를 해결하기 위해서는 두 가지 방법을 사용할 수 있다. 첫째는 작은 크기의 표본(예비 표본)을 가지고 표본표준편차 $s'$를 계산하여 그 결과를 사용하는 방법이고, 둘째는 경험적으로 데이터의 범위가 $R \approx 4\sigma$임을 이용하여 이를 사용하는 방법이다. 따라서 필요한 표본의 크기는

$$n = \left(\frac{Z_{\alpha/2}\ \sigma}{d}\right)^2 \approx \left(\frac{Z_{\alpha/2}\ s'}{d}\right)^2 \text{ 또는 } \approx \left(\frac{Z_{\alpha/2}(R/4)}{d}\right)^2 \tag{7.26}$$

이 된다. 이를 위해서는, 모집단이 정규분포를 따르거나 또는 표본크기 $n$이 충분히 크도록 하는 조건이 필요하다.

**예제 7-11**

H 백화점에서는 감자를 10개씩 묶어 포장된 팩으로 판매를 하고 있다. 포장된 팩에 들어 있는 감자의 무게는 정규분포를 따르는 것으로 알려져 있다. 백화점은 포장된 팩에 들어있는 감자의 평균 무게를 파악하고자 한다. 특히, 모집단 평균 무게에 대한 추정은 ±2파운드 이내로 하기로 하며, 신뢰수준은 99%를 유지하려고 한다. 표본 크기를 얼마로 해야 위와 같은 추정을 할 수 있는가? 예비 분석을 위해 수집한 표본으로부터 다음과 같은 데이터를 획득하였다.

$$\sum x = 75,\ \sum x^2 = 525,\ n = 16$$

**풀이** $d = 2,\ 1-\alpha = 0.99$, 따라서 $Z_{\alpha/2} = 2.575$이다. 표본표준편차를 계산하면

$$s^2 = \frac{\sum x_i^2 - \frac{(\sum x_i)^2}{n}}{n-1} = \frac{525 - \frac{(75)^2}{16}}{16-1} = 11.56$$

$$s = \sqrt{11.56} = 3.4$$

$$n = \frac{(2.575)^2(3.4)^2}{(2)^2} = 19.16$$

최소한 20개의 포장된 감자 팩을 추출하여야 한다.

---

**예제 7-12**

**H 백화점은 백화점 카드를 소유하고 있는 모든 고객들의 월 평균 카드사용액을 파악하고자 한다. 특히, 모집단 평균 사용금액에 대한 추정은 ±10,000 이내로 하기로 하며, 신뢰수준은 99%를 유지하려고 한다. 표본 크기를 얼마로 하여야 위와 같은 추정을 할 수 있는가? 잠정적인 분석에 의하면, 월 평균 사용금액의 최소액은 0원이고 최대 사용액은 500,000원으로 나타났다.**

**풀이** $d = 10{,}000$, $1 - \alpha = 0.99$, 따라서 $Z_{\alpha/2} = 2.575$

$$\sigma \cong \frac{R}{4} = \frac{500{,}000}{4} = 125{,}000$$

$$n = \frac{(2.575)^2(125{,}000)^2}{(10{,}000)^2} = 1{,}036$$

따라서 최소한 1,036명의 카드 사용액을 표본으로 추측하여야 한다.

---

### 7.5.2 비율 추정에서의 표본크기의 결정

모집단 평균에서와 마찬가지로 모집단 비율을 추정할 때에도 표본크기를 미리 계획할 수 있다. 즉, 신뢰구간을 측정할 때 추정치가 어느 정도의 정확도를 가지며, 또한 신뢰계수를 어느 정도로 할 것인지를 미리 결정한 다음 필요한 표본의 크기를 계산한다.

모집단 비율 추정에서의 표본크기 결정은 다음과 같다.

**표본크기의 결정** check

$$n = (Z_{\alpha/2}\sqrt{\hat{p}\hat{q}}\ /d)^2 \approx (Z_{\alpha/2}/d)^2\hat{p}\hat{q} \quad (7.27)$$

여기서, $\hat{p}$ 은 예비 표본의 표본비율 $\hat{q} = 1 - \hat{p}$

예제 7-13

**록 콘서트 프로모터는 록 콘서트를 위해 신촌 지역의 H 언더그라운드 밴드와 계약을 체결할 것인지를 고려하고 있다. 그는 이 밴드가 10대에게만 유일하게 인기를 끌고 있는 것을 알고 있다. 지난해 이 지역에 거주하는 10대는 400,000명인 것으로 조사되었다. 프로모터는 콘서트에 참가할 의사를 갖고 있는 10대의 비율을 알고자 서베이를 실시하려고 한다. 99% 신뢰구간에서 오차비율이 0.02 이상 떨어지지 않도록 하기 위해서는 표본크기를 얼마로 하여야 하는가?**

**풀이** $Z_{\alpha/2}=Z_{0.005}=2.575$, $d=0.02$. 현재 모집단 비율에 대한 정보를 알지 못하므로, 최대한 보수적으로 설정하기로 한다. $\hat{p}=0.5$로 간주하여 표본크기를 여유 있게 결정한다. 따라서

$$n=\frac{(2.575)^2(0.5)(1-0.5)}{0.02^2}=4{,}144.14$$

따라서 4,145개 이상의 표본을 추출하여야 한다.

## 7.6 Excel 실습

Microsoft Excel 2013에서 신뢰구간을 추정하기 위한 함수는 〈표 7-2〉와 같다.

신뢰구간 추정을 위한 함수는 CONFIDENCE.NORM 함수와 CONFIDENCE.T 함수의 두 가지가 있다. CONFIDENCE.NORM 함수는 표본의 크기가 충분히 큰 경우, 즉 $Z$분포를 이용한 신뢰구간을 추정할 때 사용하고, CONFIDENCE.T 함수는 표본의 크기가 충분히 크지 않은 경우, 즉 $t$분포를 이용한 신뢰구간을 추정할 때 사용하는 함수이다.

또한 함수를 이루는 인수에서 요구하는 정보는 유의수준($\alpha$, alpha), 표본의 표준편차($s$, standard_dev), 표본의 크기($n$, size)만이 있고, 표본의 평균에 대한 정보를 요구하지 않는다. 이는 CONFIDENCE 함수는 신뢰구간을 직접 구하는 함수가 아니라 $c$값을 구해주는 함수이기 때문이다. 따라서 우리는 CONFIDENCE 함수를 이용하여 $c$값을 먼

**표 7-2 신뢰구간 추정을 위한 함수**

| | |
|---|---|
| 함수 | =CONFIDENCE.NORM(alpha, standard_dev, size) |
| | =CONFIDENCE.T(alpha, standard_dev, size) |
| 인수 설명 | • alpha : 유의수준($\alpha$)을 입력한다.<br>• standard_dev : 표본의 표준편차($s$)를 입력한다.<br>• size : 표본의 크기($n$)를 입력한다. |

저 구한 후 해당 신뢰구간은 따로 계산하여 구해야 한다.

Microsoft Excel 2013을 이용하여 신뢰구간을 구하는 과정을 구체적으로 알아보기 위해 [예제 7-14]와 [예제 7-15]를 Excel을 이용하여 풀어보자.

### 예제 7-14

**한국도로공사의 관계자는 고속도로를 이용하는 화물차의 평균 중량이 얼마나 되는지에 관심을 갖고 있다. 그는 고속도로를 지나는 화물차량 100대를 선정하여 중량을 계산해보니 평균이 15.8톤, 표준편차가 4.2톤이라는 것을 발견하였다. 화물차의 중량에 대한 분포가 정규분포를 따른다고 할 때, 고속도로를 주행하는 화물차량의 평균 중량의 99% 신뢰구간을 구하라.**

**풀이** 표본의 크기($n$)가 100으로 충분히 크기 때문에 CONFIDENCE.NORM 함수를 이용하여 신뢰구간을 추정할 수 있다. 먼저 아래의 〈그림 7-7〉과 같이 함수를 입력하여 구간의 $c$값을 구할 수 있다.

| | A | B | C | D |
|---|---|---|---|---|
| 1 | | | | |
| 2 | 화물차 중량에 대한 신뢰구간 추정 문제 | | | |
| 3 | | | | |
| 4 | | 유의수준($\alpha$) | 0.01 | |
| 5 | | 표본평균($\bar{x}$) | 15.8 | |
| 6 | | 표본표준편차($s_X$) | 4.2 | |
| 7 | | 표본의 크기($n$) | 100 | |
| 8 | | | | |
| 9 | | 구분 | 계산 결과 | 입력값 |
| 10 | | $c$값 | 1.081848 | =CONFIDENCE.NORM(C4,C6,C7) |

그림 7-7

$c$값을 구한 뒤, 〈그림 7-8〉과 같이 표본평균($\bar{x}$)을 이용하여 신뢰구간의 상한치($U$)와 하한치($L$)를 구하여 신뢰구간을 추정한다.

| | A | B | C | D |
|---|---|---|---|---|
| 1 | | | | |
| 2 | 화물차 중량에 대한 신뢰구간 추정 문제 | | | |
| 3 | | | | |
| 4 | | 유의수준($\alpha$) | 0.01 | |
| 5 | | 표본평균($\bar{x}$) | 15.8 | |
| 6 | | 표본표준편차($s_X$) | 4.2 | |
| 7 | | 표본의 크기($n$) | 100 | |
| 8 | | | | |
| 9 | | 구분 | 계산 결과 | 입력값 |
| 10 | | $c$값 | 1.081848 | =CONFIDENCE.NORM(C4,C6,C7) |
| 11 | | 하한치 | 14.71815 | =C5-C10 |
| 12 | | 상한치 | 16.88185 | =C5+C10 |

그림 7-8

따라서 고속도로를 지나가는 화물차의 평균 중량은 99%의 신뢰수준에서 14.71815톤과 16.88185톤 사이에 있다고 할 수 있다.

**예제 7-15**

**산업복사(주)는 복사기를 생산하는 업체로서 많은 구형 복사기를 기업체로부터 구매해 보상 판매를 실시하고 있다. 따라서 복사기의 감가상각 기간이 회사에게 매우 중요하므로 이에 대해 알고자 한다. 25개의 복사기에 대한 감가상각 기간을 계산해보니 평균이 49개월, 표준편차는 10개월이었다. 감가상각 기간이 정규분포를 따른다는 가정 하에 복사기의 감가상각 기간에 대한 95% 신뢰구간을 구하라.**

**풀이** 표본의 크기($n$)가 25로 정규분포를 가정할 수 있을 정도로 충분히 크지 않기 때문에 CONFIDENCE.T 함수를 이용하여 신뢰구간을 구할 수 있다. 아래의 〈그림 7-9〉와 같이 함수를 입력하여 구간의 $c$값을 구한 뒤, 표본평균을 이용하여 구간의 하한치와 상한치를 계산하여 신뢰구간을 추정할 수 있다.

**복사기의 감가상각 기간에 대한 신뢰구간 추정 문제**

| | |
|---|---|
| 유의수준($\alpha$) | 0.05 |
| 표본평균($\bar{x}$) | 49 |
| 표본 표준편차($s_X$) | 10 |
| 표본의 크기($n$) | 25 |

| 구분 | 계산 결과 | 입력값 |
|---|---|---|
| $c$값 | 4.127797 | =CONFIDENCE.T(C4,C6,C7) |
| 하한치 | 44.8722 | =C5-C10 |
| 상한치 | 53.1278 | =C5+C10 |

그림 7-9

따라서 복사기의 평균 감가상각 기간은 95%의 신뢰수준에서 44.8722개월과 53.1278개월 사이에 있다고 할 수 있다.

## 사례연구 : 프랜차이즈 스타 선수의 타율에 대한 신뢰구간

K 구단의 프랜차이즈 스타 선수인 김○○은 매우 뛰어난 타격 소질을 갖고 있는 선수로 평가되고 있다. 그의 타격소질은 선수로서의 본능적인 특징이기에 그 누구도 정확하게 알 수 없다. 따라서 김○○ 선수의 타격 성과는 특정 시즌의 평균 타율로서 측정할 수밖에 없다.

현재 김○○ 선수의 타율은 0.320(안타/타석 = 80/250)이다. K 구단은 만일 김○○ 선수의 컨디션이 일정하게 유지된다고 가정할 때, 김○○ 선수의 타율에 대해 95% 신뢰구간을 추정한다고 가정하자.

(1) 95% 신뢰구간을 추정하고, 그 의미를 설명하라.

(2) 만일 김○○ 선수의 타율에 95% 신뢰수준에서 표본 오차를 ±0.05 범위 내로 유지하고자 한다고 가정하자. 과거 김○○ 선수의 타율에 대한 정보가 전혀 없다고 가정할 때, 표본의 크기는 얼마가 되어야 하는가?

# 연 / 습 / 문 / 제



01 점추정에 비해 구간추정이 갖는 이점은 무엇인가?

02 좋은 점추정량이 되는 여러 조건을 설명하라.

03 구간추정에 있어 그 추정의 정확성을 확률로 표시한 것을 무엇이라고 하는가?

04 통계학을 수강한 한 학생이 다음과 같은 언급을 하였다. "구간추정에 있어 신뢰수준과 유의수준은 동일한 의미를 지니고 있으므로, 교차해서 사용하여도 무방하다." 이에 대한 당신의 생각은?

05 평균이 $\mu$이고, 표준편차가 $\sigma$인 모집단으로부터 400개의 표본을 무작위로 추출하여 다음과 같은 값을 계산하였다.

$$\sum x = 2{,}280 \qquad \sum x^2 = 38{,}532$$

$\mu$에 대한 95% 신뢰구간을 계산하라.

06 서울에서 레스토랑을 운영하고 있는 최사장은 손님이 자신의 레스토랑에서 저녁식사에 얼마를 지출하는지 조사하기 위해 49명의 손님을 무작위로 추출하여 저녁식사에 지출한 금액을 조사하였다. 사람들이 레스토랑에서 저녁식사에 지출하는 금액의 분산은 5,000원이라고 알려져 있다.

(1) 95%의 신뢰수준이라고 할 때, 유의수준($\alpha$)은 얼마인가?

(2) 표본평균이 24,800원이라고 할 때, 모평균에 대한 95% 신뢰구간을 구하라.

07 자동차 배터리를 생산하는 기업에서 이번에 새로 개발한 배터리의 수명을 알아보기 위해 81개의 배터리를 무작위로 추출하여 배터리의 수명을 조사해본 결과 평균이 3.6년, 표준편차는 0.6년이었다. 자동차 배터리의 수명에 대한 95% 신뢰구간을 구하라.

08 시내의 한 패밀리 레스토랑에서 점심시간에 고객이 1인당 지출하는 금액을 알아보기 위해 49명의 고객을 대상으로 조사해본 결과 평균이 24,800원, 표준편차가 5,000원이었다. 모평균에 대한 99% 신뢰구간을 구하라.

09 원주에 소재한 한 은행의 대출부에서는 매주 고액 대출 상담을 받은 고객의 명단을 서울 본사에 보고한다. 지난 65주 동안의 보고서를 살펴본 결과 일주일에 평균 19.5명의 고객이 고액 대출 상담을 받았고, 표준편차는 5.2명이었다. 일주일에 고액 대출 상담을 받는 고객의 수에 대한 95%와 99% 신뢰구간을 구하라.

10 소매상 협회에서 한 가구당 명절 때 지출이 얼마인지를 알아보기 위해 600개의 가구를 대상으로 설문조사를 실시한 결과 평균이 649,000원, 표준편차는 175,000원이었다. 가구당 명절 지출에 대한 90%와 95% 신뢰구간을 구하라.

11 가나항공에서는 여객기 조종사가 한 달에 몇 시간동안 운행을 하는지를 조사하였다. 100명의 여객기 조종사를 대상으로 조사한 결과 한 달에 평균 49시간을 비행하고, 표준편차는 8.5시간이었다. 가나항공 여객기 조종사의 한 달 비행시간에 대한 95% 신뢰구간을 구하라.

12 부탄가스 제조업자는 자사 제품은 적어도 40시간의 평균 사용시간을 제시한다고 광고하고 있다. 그런데, 소비자 권리 단체에서는 최근 이 제품에 대한 소비자들의 불만이 많이 접수되고 있어 제조업자의 주장이 옳은지 알아보고자 한다. 제품의 사용 시간은 정규분포를 하고 있다고 가정하고, 아래의 물음에 답하라.

(1) 부탄가스 49개의 표본을 추출하여 사용시간을 조사해본 결과 평균이 38시간, 표준편차가 7시간이었다. 평균 사용시간에 대한 95%의 신뢰구간을 구하라.

(2) 부탄가스 25개의 표본을 추출하여 사용시간을 조사해본 결과 평균이 39시간, 표준편차가 5시간이었다. 평균 사용시간에 대한 95% 신뢰구간은 어떻게 변하는가?

13 1년 동안 질병으로 인하여 결근한 직원들의 평균 결근 일수에 대한 99%의 신뢰구간을 구하기 위해 100명의 질병으로 인한 결근자를 표본으로 선정하여 구한 결과 $10.8 \leq \mu \leq 13.4$로 나타났다. 모집단의 표준편차는 약 얼마인가?

**14** **골프 퍼터를 생산하는 기업은 퍼터의 길이가 표준(100cm)에 일치하는지에 관심을 가지고 있다. 이를 위해 36개의 골프 퍼터를 표본으로 추출하여 평균과 표준편차를 계산하니 각각 103cm와 12cm로 계산되었다. 다음 물음에 답하라.**

(1) 유의수준 2%에서 생산되는 퍼터의 평균 길이에 대한 신뢰구간을 추정하라.

(2) 유의수준을 5%로 변경할 경우 신뢰구간은 넓어지는가? 좁아지는가? 문제를 다시 풀지 말고 답하라.

**15** **매지광고 대행사는 라디오 청취자가 S기업 광고를 하루에 평균적으로 몇 번 듣는지에 관심을 가지고 있다.**

(1) 만일 90%의 신뢰구간의 오차한계가 0.2번 이상 떨어지지 않도록 하기 위해서는 표본의 크기를 얼마로 하여야 하는가?

(2) 무작위로 추출한 400명의 청취자가 S기업의 광고를 듣는 횟수를 조사하여보니 평균이 4.6번, 표준편차가 4번이었다. 99%의 신뢰수준에서 라디오 청취자들이 하루에 평균 S기업 광고를 듣는 횟수의 구간을 추정하라.

**16** **한국관광공사에서는 호텔에서 하루 숙박하는 데 드는 비용을 조사하고자 한다. 모집단의 표준편차가 22,500원이라고 알려져 있다. 90%, 95%, 99%의 신뢰수준에서 오차한계가 2,000원 이상 떨어지지 않도록 하기 위해서는 표본의 크기를 각각 얼마로 해야 하는가?**

**17** **신우공업주식회사의 포장부서에서 근무하는 홍길동은 소형밸브의 평균 무게를 알고자 한다. 그는 10개의 표본을 무작위로 추출하여 다음과 같은 자료를 획득하였다.**

| | | | | |
|---|---|---|---|---|
| 211.5 | 200.0 | 195.9 | 201.0 | 207.7 |
| 212.7 | 209.4 | 210.3 | 208.4 | 210.8 |

(1) 소형밸브 평균 무게의 90% 신뢰구간을 구하라.

(2) 위의 자료로부터 계산한 표본의 표준편차가 모집단의 표준편차에 대한 훌륭한 추정치가 된다고 가정할 때, 홍길동이 95% 신뢰구간의 오차한계가 1.0(kg) 이상 떨어지지 않도록 하기 위해서는 표본의 크기를 얼마로 하여야 하는가?

(3) 홍길동이 625개의 표본을 조사하였더니 평균이 205.6, 표준편차가 5.3이었다. 이 경우 평균 무게의 95% 신뢰구간을 구하라.

18 서울병원의 건강검진 센터에서 근무하는 검사요원의 평균 월 급여액을 조사하기 위해 5명을 무작위로 추출하여 표본을 구성하였다. 그 결과는 다음과 같다.

(단위: 만 원)

| 160 | 130 | 150 | 170 | 120 |
|---|---|---|---|---|

월 급여는 정규분포를 이루고 있다고 가정할 때, 건강검진 센터에 근무하는 모든 검사요원의 평균 월 급여에 대한 95% 신뢰구간을 구하라.

19 한 패스트푸드점의 점장이 고객이 주문을 하고 제품을 수령하기까지 걸리는 시간을 알아보고자 20개의 주문에 대해 주문을 받고 제품이 제공되는 시간을 재본 결과 평균이 3.83분, 표준편차가 2.29분이었다. 고객이 주문 후, 제품을 제공받기까지 걸리는 시간에 대한 95% 신뢰구간을 구하라.

20 평균 $\mu$에 대한 95% 신뢰구간은 (21.7, 22.5)으로 계산되었다. 이 신뢰구간을 설정하는 데 사용된 표본평균값은 얼마인가?

21 S컴퓨터는 컴퓨터에 내장되어 있는 글자체(font) 이외에 추가적인 글자체(optional font)를 설치할 수 있으며, 추가적인 가격을 받고 판매하고 있다. 다음 물음에 답하라.

(1) 만일 S컴퓨터를 보유하고 있는 사람들 중 정확하게 25%가 추가적인 글자체를 구매한다고 가정하고, 100명을 표본으로 추출하였을 때, 추가적인 글자체를 구매한 고객의 표본 비율이 20%에서 30% 사이일 확률은 얼마인가?

(2) 추가적인 글자체를 구매한 고객의 비율은 알려져 있지 않다고 가정하자. 100명의 고객을 임의로 추출하여 표본 비율을 계산해보니 0.280이었을 때, 모집단 비율에 대한 90% 신뢰구간을 계산하라.

(3) 만일 모집단의 비율이 0.25라고 할 때, 95% 신뢰구간의 오차한계가 평균비율로부터 2% 이상 떨어져 있지 않도록 하기 위해서는 표본의 크기를 얼마로 하여야 하는가?

22 아시아나 항공사의 서울-제주도 구간을 이용한 100명의 고객을 무작위로 추출한 표본으로부터 43%의 고객이 서울-제주도 구간을 1번 이상 이용하였다는 것을 발견하였다. 다음 물음에 답하라.

(1) 서울-제주도 구간을 1번 이상 이용한 고객 비율에 대한 95% 신뢰구간은?

(2) 위에서 구한 95% 신뢰구간이 의미하는 바를 구체적으로 서술하라.

**23** 스마트폰 중독이 심각한 문제로 대두되면서 한 여론조사 기관에서 400명의 대학생을 상대로 조사한 결과 48%의 대학생이 수업시간 중에 스마트폰을 이용(게임, 메신저, 웹서핑 등)한다고 응답하였다. 대학생이 수업시간 중에 스마트폰을 이용하는 비율에 대한 95% 신뢰구간을 구하라.

**24** 주요 자동차보험회사인 현대해상 화재보험은 최근 자동차 수리비용이 감소 추세에 있다는 사실이 정당한지 알아보기 위한 연구를 수행하고 있다. 이러한 연구의 일환으로, 회사는 새 차가 시속 35km의 속도로 전방의 바리케이트에 충돌하였을 경우의 평균 수리비용을 추정하고자 한다. 이러한 경우 표본의 수집은 많은 비용이 소요되기 때문에 회사는 단 10대의 차가 전방 충돌하는 경우만을 실험하였다. 이러한 실험 결과로 나타난 수리비용은 아래의 표와 같다. 평균 수리비용에 대한 90% 신뢰구간을 구하라.

(단위: 만 원)

| | | | | |
|---|---|---|---|---|
| 195.4 | 270.2 | 360.5 | 162.7 | 410.5 |
| 610.9 | 331.1 | 370.2 | 215.1 | 194.9 |

08

CHAPTER

# 가설검정

경영상에 문제가 발생할 경우 그 이유나 현상을 정확하고도 신속하게 파악해야 함은 너무나 당연한 것이다. 이를 위해서는 객관적인 조사를 실시하여 데이터를 수집한 후 조사된 결과를 근거로 그 이유나 현상을 판단하여야 한다. 이와 같이 어떤 현상을 알고자 할 때 조사 결과를 가지고 판단하는 통계적인 방법을 가설검정(statistical hypothesis testing)이라고 한다. 다시 말하면, 알고자 하는 경영상의 문제에 대한 이유나 현상에 대한 주장(즉, 모수)을 확인하기 위해 모집단으로부터 표본을 추출하고, 실시된 표본조사의 결과(즉, 표본통계량)를 바탕으로 타당성 여부를 판정하여야 한다. 즉, 가설검정이란 모집단 모수에 대한 주장을 통계적 가설(statistical hypothesis)로 수립하고, 이 가설의 사실 여부를 표본통계량을 가지고 판정하는 방법을 말한다. 특히 가설검정을 할 때의 표본통계량을 검정 통계량이라고 한다.

다음의 두 예를 살펴보자.

check

[예 1] 안이 보이지 않는 상자 속에 흰 돌과 검은 돌이 들어있다. 우리는 이 상자 안에 흰 돌이 많은지, 검은 돌이 많은지를 알아보고자 한다. 돌을 하나만 뽑는 것만이 허용된다고 하자. 이 경우에서 모수는 상자 속에 어느 돌이 많은가 하는 것이고, 표본은 뽑힌 하나의 돌이다. 이 때 검정통계량은 뽑힌 돌의 색깔이다.

[예 2] 한국과 일본은 축구의 라이벌이다. 전통적으로 한국이 우세하였으나 최근에 와서는 일본이 우세하다고 생각하는 사람도 많이 생겼다. 이제 누가 더 잘하느냐를 판정하기 위해 이번에 한국에서 개최하는 아시안컵의 한일전 결과가 좋은 기준이 될 것이다. 이 경우에도 한일 양국의 축구 실력이 모수가 될 것이고, 아시안컵의 한일전 결과가 검정통계량이 될 것이다.

## 8.1 가설검정의 기본 논리와 구조

### 8.1.1 합리적인 판단과 그 제한성

의사결정자가 제한된 정보인 검정통계량을 가지고 어떻게 모수를 추정하여야 합리적인가? 만일 그 추정 방법이 합리적이라면 그 방법에는 어떠한 제한성이 있는가? 이를 알아보기 위해 [예 1]의 경우를 살펴보자.

[예 1]에서 우리가 임의로 상자 속에서 하나의 돌을 뽑았을 때, 흰 돌이 뽑혔다고 한다면 우리는 이 상자 속에 어느 돌이 많다고 하는 것이 합리적인 판단인가? 만일 흰 돌이 뽑혔다면 그 상자 속에는 흰 돌이 많다고 판단하는 것이 합리적인 판단일 것이다. 그 이유는 흰 돌이 뽑힌 것은 흰 돌이 검은 돌보다 뽑힐 확률이 높기 때문에 (즉 상자 속에 흰 돌이 더 많기 때문에) 뽑혔다고 추정하는 것이 합리적이기 때문이다. 하지만 이런 합리적인 판단이 반드시 맞는 것은 아니다. 즉, 상자 속에 검은 돌이 흰 돌보다 많이 있음에도 우연히 흰 돌이 뽑힐 수도 있다. 예를 들어 상자 속에 흰 돌 1개와 검은 돌 9개가 있는 경우에도 흰 돌이 선택될 수 있다. 이 경우에 흰 돌이 뽑힐 확률은 0.1인데 바로 이 확률이 상자 속에 검은 돌이 많은데도 불구하고 흰 돌이 많다고 잘못 판정하게 되는 확률이 된다. 즉, 위의 논리대로 합리적인 판단 절차를 따를 경우에도 잘못된 판단을 내릴 확률은 0.1이며, 이는 흰 돌이 뽑혀 나올 확률과 같은 것이다. 그렇다고 이런 위험 때문에 우리가 합리적인 판단을 하지 않을 경우 틀릴 확률은 0.9가 됨을 볼 수가 있다.

이와 같이 합리적인 판단을 함에도 불구하고 잘못된 판단을 내릴 확률인 0.1은 우리가 합리적인 판단을 할 때 피할 수 없이 감수해야만 하는 부정확함의 확률을 말하며, 이를 통계학에서는 유의수준($\alpha$)이라고 한다. 유의수준은 앞의 6장에서 언급한 바와 같이 전수조사를 하지 않고 표본조사를 하기 때문에 나타나는 것이다. 즉 유의수준은 표본조사를 가지고 가장 합리적인 판단을 할 때 필연적으로 나타나는 부정확도를 의미한다.

### 8.1.2 임계치

가설검정을 하기 위해서는 합리적인 기준이 존재해야 한다. 이제 그 합리적인 기준을 설명하기 위해 [예 2]의 축구 예를 가지고 설명해보기로 한다.

한일 양국의 축구 실력을 판가름하고자 할 때 어떠한 기준을 사용하여야 모든 사람들이 그 결정에 동의할 것인가? 당연히 우리나라 사람들은 한국의 축구 실력이 더 우월하다고 할 것이고, 일본 사람들은 이에 동의하지 않을 것이다. 이 경우 한일 축구 실력을 판단할 수 있는 하나의 방법은 다음 달에 한국에서 개최하는 아시안컵에서의 한일전 결과일 것이다.

만약 아시안컵에서 한국이 한 골 차이로 승리를 하였다고 가정해보자. 이러한 승부의 결과는 무엇을 의미하는가? 한국 사람들은 이 한 골 차의 승리가 한국의 축구 실력이 일본보다 우세하다는 것을 충분히 증명한다고 할 것이다. 이와 반대로, 일본 사람들은 이 한 골 차의 경기 결과가 홈그라운드의 이점 등 실력 외의 요인 때문이라고 주장하며, 의미 있는 실력 차이를 나타내는 것은 아니라고 주장할 것이다.

하지만 아무리 홈그라운드의 이점이 있다고 하더라도 다음 날 한국이 스리랑카를 무려 다섯 골 차이로 일방적인 승부를 보이고 이겼을 경우 그 결과는 축구 실력의 차이에 의한 것이라는 주장에 아무도 반론을 제기하지 않을 것이다. 마찬가지로 만약 한국이 일본을 한 골 차가 아니라 다섯 골 차이로 완승을 해버리면 한국의 축구 실력이 우월하다는 주장에 일본인들이 반론을 제기하기가 훨씬 어려워지는 것이다.

이 논리를 적용해보면 경기 결과가 분명한 실력의 차이를 나타내준다고 모두가 인정해줄 수 있는 골 득실 차가 있을 것이다. 만약 그 기준이 두 골이라고 모두가 동의한다면 양국은 다음과 같은 약속을 할 수 있다. 즉 한국이 일본을 두 골 차 이상으로 이긴다면 이는 한국이 일본보다 축구 실력이 우월하다고 한일 양국이 모두 인정하고 그 이하의 차이로 이긴다면 이는 실력보다는 홈그라운드 이점에 의해 나타난 것이므로 한국이 일본보다 실력이 우월하다고 주장할 수 없다고 동의하는 것이다. 그렇다면 이 기준이 되는 골을 어떻게 정할 것인가? 양국이 모두 동의하는 객관적이고도 합리적인 기준인 골 득실 차이를 결정해주는 것이 바로 통계학이다. 따라서 통계학은 모든 이해 당사자가 동의하는 객관적인 기준을 마련해준다는 데에서 매우 중요한 공헌도가 있다.

이제 모두가 실력 차라고 인정하는 골 득실 차를 통계학에서는 어떻게 합리적이고 객관적으로 결정하는지를 살펴보자. 만일 한일 양국의 축구 실력이 똑같다고 가정하자. 그렇다면 수많은 경기를 해보면 비기는 경우, 즉 0골 차이의 경기가 가장 많을 것이다. 그 다음으로는 한 골 차이의 결과가 나올 확률이 그 다음으로 높을 것이며, 골 득실 차가 많은 경기의 확률은 점점 적게 나올 것이다. 예를 들어 세 골 차이의 경기는 양국의 실력이 같다는 가정 하에서는 매우 낮은 확률을 갖게 될 것이다. 이를 그래프로 그려보면 〈그림 8-1〉의 (A)에서와 같이 골 득실 차 0을 중심으로 좌우가 같은 모양인 정규분포 모양의 확률분포를 가질 것이다. 이 분포가 바로 표본분포이다. 표본분포란 모든 경우의 표본통계량에 대한 확률분포를 말하고 있으며, 여기서 표본통계량은 한일전의 경기 결과(골 득실 차)가 되기 때문이다. 우리는 아시안컵 한일전 경기 결과라는 표본통계량을 가지고 한일 축구의 실력 차이라는 모수를 추론하고자 하는 것이다.

이번에는 한국이 일본보다 축구 실력이 훨씬 우월하다고 생각해보자. 예를 들어 네 골 차이의 실력 우위에 있다고 가정할 경우 한국과 일본의 수많은 경기 중에는 네 골 차이의 경기가 가장 많을 것이다. 그 다음으로는 세 골 차이와 다섯 골 차이의 경기 확률이 제일 높을 것이고 차례로 두 골 차와 여섯 골 차이의 경기 확률이 높을 것이다. 이 경우에서의 표본분포는 〈그림 8-1〉의 (B)와 같이 한일 양국의 축구 실력이 같다는 가정에서의 확률분포와 모양은 같지만 평균이 0에서 4로 이동한 확률분포를 가질 것이다.

이제 한일전 결과가 세 골 차이로 한국의 일방적인 승리로 나타났다고 가정해보자. 우리는 이러한 결과를 바탕으로 한일 양국의 축구 실력에 차이가 있다고 인정할 수 있는가? 판단의 기준을 어떻게 결정해야 하는가? 이를 위해 판정 기준이 되는 골 득실 차이를 먼저 상호 합의 하에 설정한 후, 경기 결과가 기준 골득실 차이보다 크면 실력 차이에 의한 결과이고, 적으면 그렇지 않다고 판단한다. 여기서 판단이 되는 기준 골

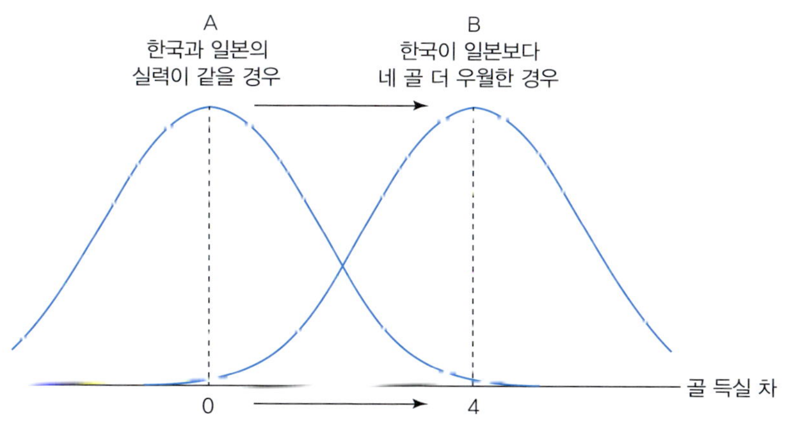


**그림 8-1** 한일 양국의 실력 차이가 없는 경우와 네 골 차이인 경우의 표본분포

득실 차이를 임계치(critical value)라고 한다.

임계치란 물리학 용어로써, 가장 쉬운 예는 물이다. 물의 임계치는 0℃와 100℃로, 0℃에서는 물이 액체에서 고체(얼음)로, 고체에서 액체로 변하고, 100℃에서는 액체에서 기체(수증기)로 변하게 된다. 즉, 임계치에 다다를 때까지는 상태가 전혀 변하지 않다가 임계치에 도달하는 순간 상태가 변하게 된다. 이 예에서는 임계치가 두 골이라고 한다면 두 골에 다다를 때까지는 한국과 일본의 축구 실력이 같다는 주장이 받아들여지고, 두 골을 지나는 순간 한국이 일본보다 축구 실력이 더 우월하다는 주장이 받아들여지는 것이다. 따라서 통계학에서의 임계치는 의사결정이 바뀌게 되는 기준점을 말한다.

경기 결과 세 골 차이가 나타날 확률은 〈그림 8-2〉에 나타나 있다. 〈그림 8-2〉에서 한국과 일본의 축구 실력이 같을 경우에서 세 골 차이로 승부가 날 확률은 $a$이고, 한국이 일본보다 네 골 차이의 실력만큼 우위일 경우에서 세 골 차이로 승부가 날 확률은 $b$이다. 이런 경우에 세 골 차이의 경기는 한국과 일본의 축구 실력이 어떻다고 말해주는 것이 합리적인 판단인가? 합리적인 판단은 한국이 일본보다 네 골 차이의 실력만큼 우월하다고 판단하는 것이다. 왜냐하면 $b$가 $a$보다 크기 때문이다. 이는 위의 흰 돌/검은 돌의 [예 1]에서와 같은 논리이다. 즉, 흰 돌이 뽑힌 것은 흰 돌이 상자 안에 더 많아 흰 돌이 뽑힐 확률이 높기 때문이라고 판단하는 것이 합리적이듯, 세 골 차의 경기 결과는 한국이 네 골 차이의 실력 우위일 경우에 나올 확률($b$)이 양국이 같은 실력일 때 나올 확률($a$)보다 크기 때문에 나타난 것이라는 판단이 합리적이기 때문이다.

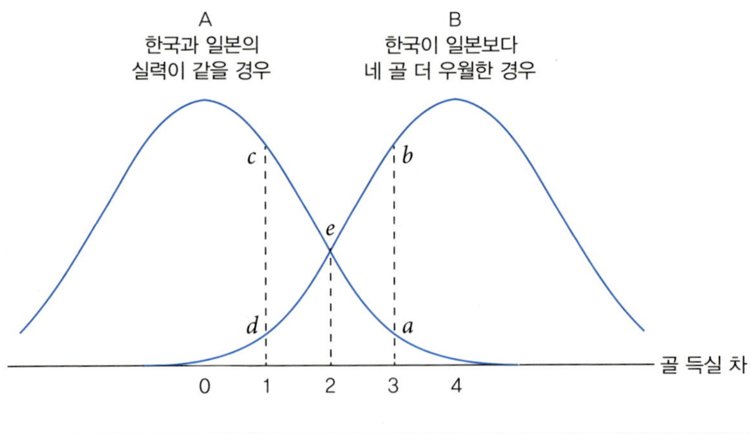


**그림 8-2 가설검정의 임계치**

반면 경기 결과가 한 골 차이로 나타났다고 가정해보자. 그래프에서 한 골 차이의 경기는 한일 양국의 축구 실력이 같다는 가정 하에 나타났다고 판정하는 것이 합리적이다. 왜냐하면 한국과 일본의 축구 실력이 같을 경우에서 한 골 차이로 승부가 날 확률은 $c$이고, 한국이 일본보다 네 골 차이의 실력만큼 우위일 경우에서 한 골 차이로 승부가 날 확률은 $d$이다. $c$가 $d$보다 크기 때문에 한일 양국의 축구 실력이 같다고 합리적으로 판정할 수 있다.

그렇다면 두 가정 하에서 나타날 확률이 같아지는 $e$점에서의 경기, 즉 두 골의 골 득실차가 한일 양국 축구 실력의 판정 기준이 된다. 이 두 골의 골득실 차이가 바로 임계치인 것이다. 따라서 한일 양국은 한일전의 결과가 임계치를 넘어서는 골득실 차이가 나면 한국이 일본보다 실력이 우월하다고 양국 사람이 모두 인정하고, 반대인 경우는 그렇지 않은 것으로 양국이 동의하는 것은 합리적이고 객관적이라고 할 수 있다.

이와 같이 임계치는 모든 이해 당사자가 동의하는 하나의 기준이다. 이렇게 이해 당사자가 모두 인정해주는 기준은 의사결정의 객관성을 확보하는 데 매우 중요하다. 경영을 포함한 모든 사회 현상에서 현재까지는 통계학에서 부여한 객관성만이 어느 누구에게나 인정받고 있다. 따라서 의사결정자가 통계학 기법을 제대로 사용하여 자신의 의견을 주장하게 되면 모든 사람이 그 의견의 객관성을 인정해준다.

### 8.1.3 유의수준

우리는 [예 1]을 통해 합리적인 판단이 항상 맞지는 않다는 것을 보았다. 마찬가지로 한국과 일본의 실력 차이가 없는 경우에도 세 골 차이로 한국이 이기는 경우가 절대로 없는 것은 아니다. 예를 들어 심한 편파 판정이라든지, 일본이 2군을 파견했다든지 하는 경우를 들 수 있다. 다만 한국과 일본이 실력 차이가 없는데도 불구하고 한국이 세 골 차로 경기에 승리할 확률이 낮을 뿐(그림 8-2의 $a$)인 것이다. 하지만 이 경우에도, 일본인에게는 억울한 판정이지만, 양 쪽의 약속에 의해서 한국이 일본보다 실력이 우월하다고 판정을 내리게 되는데, 이 판정은 잘못된 판정이며 이 잘못된 판정을 내릴 확률도 $a$가 된다. 즉, 실제로는 한일 양국의 축구 실력에는 차이가 없지만, 세 골 차이의 결과가 나왔기 때문에 상호 약속에 의해 한국의 축구 실력이 우월하다고 잘못 판정하는 확률이 $a$인 것이다. 이 현상은 네 골, 다섯 골 등 임계치를 넘어선 모든 골 차이의 경우에도 마찬가지로 적용이 된다.

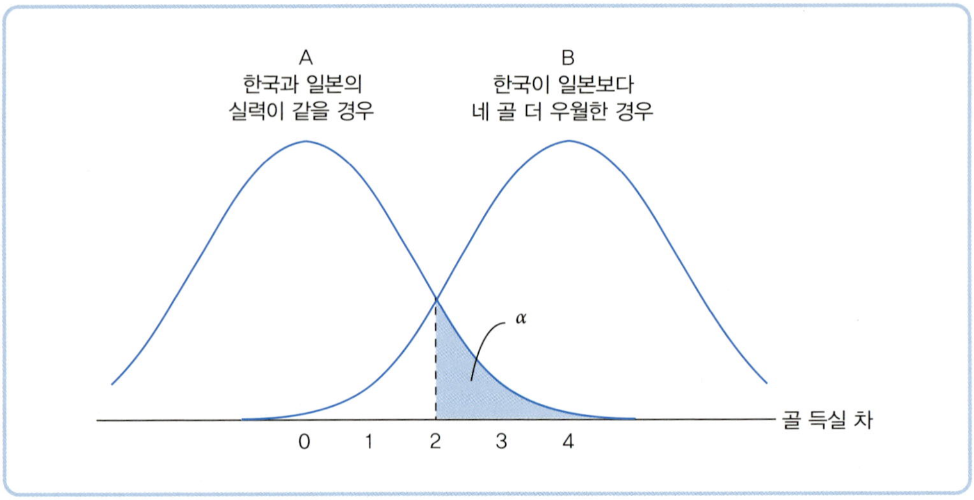


**그림 8-3** 유의수준

따라서 〈그림 8-3〉과 같이 양국의 실력 차이가 없을 경우에도 임계치를 넘어선 골 차이로 승부가 결정되는 경기가 나타난 확률을 모두 합한 것이 바로 합리적인 판단의 절차를 따름에도 불구하고 틀리게 판정하는 결과를 가져오는 확률, 즉 유의수준($\alpha$)이 된다. 〈그림 8-3〉에서 유의수준($\alpha$)는 음영 부분이다.

여기서 임계치와 유의수준은 서로 결정해주는 사이라는 것을 볼 수 있으며, 이러한 관계가 앞으로의 설명에 매우 중요한 역할을 하게 된다. 즉, 임계치를 알면 유의수준을 계산할 수 있고 유의수준을 알면 임계치를 계산할 수 있는 것이다. 또 임계치가 크면 유의수준은 작아지고, 임계치가 작으면 유의수준은 커진다.

### 8.1.4 유의수준과 임계치의 설정

앞에서는 임계치에 대한 개념을 설명하기 위해 한국이 일본보다 네 골 차의 우세한 실력임을 바탕으로 작성된 분포를 하나의 예로서 사용하였다. 문제는 한국이 일본보다 몇 골 우세인가에 따라 표본분포가 각각 다르게 결정된다는 데에 있다. 즉, 분포의 평균이 변동하기 때문에 각 경기 결과의 확률이 변동하게 된다. 따라서 어떠한 표본분포를 사용하느냐에 따라 임계치가 여러 가지로 다르게 나타날 수 있다. 즉, 〈그림 8-4〉에서와 같이 네 골 차이의 표본분포를 사용하게 되면 임계치는 두 골이 되고, 두 골 차이의 표본분포를 사용하면 임계치는 두 골보다 작아지는 한 골이 된다는 것을 볼 수 있다.

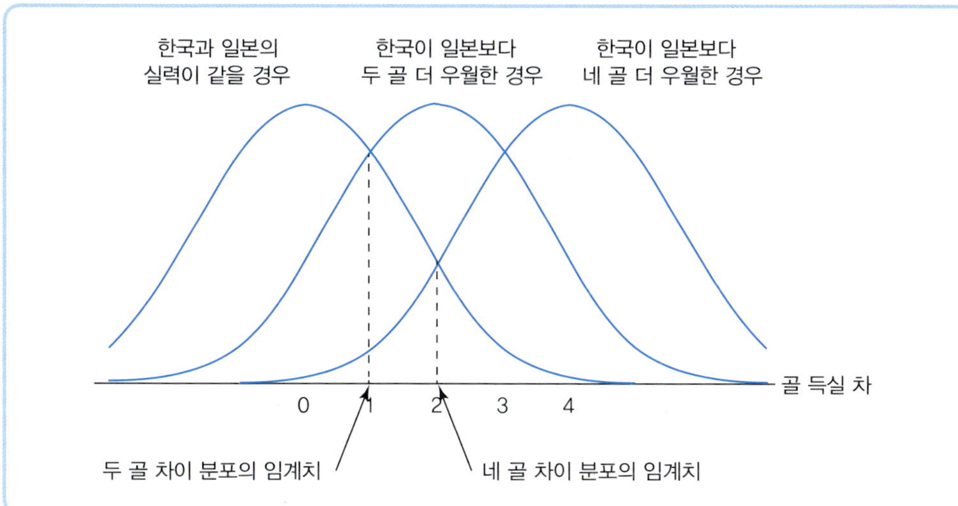


**그림 8-4 임계치의 변동**

하지만 실제적으로 어떠한 표본분포를 사용해야 할 것인지에 대한 가정을 하지 않아도 되며, 임계치는 훨씬 간단하게 결정된다. 즉, 임계치는 한국이 일본보다 실력이 한 골 우세, 두 골 우세 등의 여러 가지 가정에서의 표본분포가 없어도, 양국의 실력이 같다는 가정 하의 표본분포 하나만 가지고 결정이 되는 것이다. 그 이유는 다음과 같다.

표본조사에서 가장 중요한 것은 바로 정확성이다. 표본조사는 100%의 정확성을 보장하지는 못하지만 그렇다고 일정 수준의 정확성이 보장되지 않는다면 그 표본조사의 결과는 아무런 소용이 없게 된다. 즉, 너무 많이 틀리면 그 조사결과는 있으나 마나인 것이다. 예를 들어 표본조사 결과가 10번 중 5번 틀린다면 그 표본조사의 결과가 어떠하든 아무런 의미가 없다는 것이다.

표본조사에서 정확성은 바로 유의수준으로 결정된다. 유의수준이란 합리적인 판단을 함에도 불구하고 피하지 못하는 부정확성이라고 하였는데, 흔히 표본조사의 정확성으로 의사결정자는 유의수준이 0.05 이하이기를 원하고 있다. 즉, 표본조사 20번을 하면 19번 이상의 정확성을 보장받기를 원하고 있는 것이다. 따라서 일반적으로 의사결정자는 0.05, 0.025, 0.01 등의 유의수준을 주문한다. 유의수준이 0.1이면, 즉 10번 중 1번 정도 틀릴 경우가 받아들여질 수 있는 최소한의 정확도이지만 이 정도의 정확도는 충분하지 않은 것으로 본다. 표본을 가지고 조사할 때에는 반드시 원하는 정확성을 유의수준을 이용하여 표시를 해주어야 한다. 예를 들어 $\alpha = 0.05$를 먼저 언급하고 조사 결과를

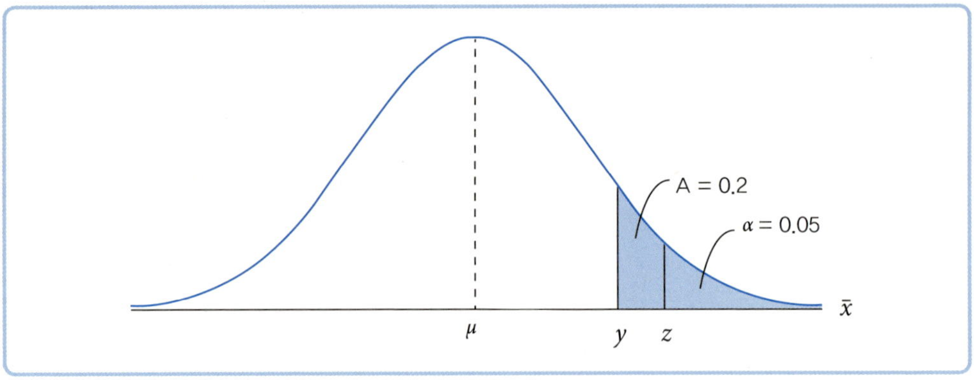


**그림 8-5 임계치와 유의수준**

말한다면 이는 그 결과가 20번 중 19번은 맞는다는 확신을 가지고 그 결론을 내린다는 것을 말한다.

어떠한 표본조사의 결과든지 유의수준을 벗어나는 것, 즉 피치 못할 부정확도 이상으로 정확하지 않은 조사 결과는 필요가 없는 것이다. 따라서 이는 곧 유의수준이 표본조사의 기준이 되며, 임계치를 결정하는 기준이 되는 것을 말한다.

앞에서 유의수준이란 임계치보다 큰 표본 실험 결과가 나온 확률을 모두 더한 확률이라고 하였는데, 이것이 바로 〈그림 8-5〉의 A와 같이 0.2로 나타났다고 해보자. 만약 이 면적이 미리 정해진 유의수준(예를 들어 $\alpha = 0.05$)보다 크다면, 임계치인 $y$는 판정 결과가 10번 중 2번은 틀릴 수 있다는 말이 되므로 그 실용성 면에서 아무런 의미가 없는 것이다. 따라서 이 경우 임계치는 그 면적 A가 0.05가 되게 하는 $z$로 되어야 하는 것이다. 따라서 이런 경우에는 기준 표본분포 하나와 유의수준을 가지고 임계치를 결정하는 훨씬 간단한 방법이 나타나는 것이다. 유의수준을 가지고 임계치를 결정하는 구체적인 절차는 8.3절에 나타나 있다.

## 8.2 가설검정의 절차

지금까지는 가설검정의 기본적인 논리를 알아보았다. 이제 가설검정의 절차는 어떻게 진행되는지 살펴보도록 하자. 가설검정이란 모수의 사실 여부를 검정통계량(표본조사 결과)을 가지고 판정하는 것을 말하는데, 이는 다음과 같은 정형화된 절차를 밟아야 한다.

### 8.2.1 두 가설의 설정

(1) 귀무가설($H_0$)과 대립가설($H_a$)

가설검정의 첫 번째 단계는 경영자가 알고자 하는 모수에 대해 서로 상반된 주장을 하는 두 가지 가설을 수립하는 것이다. 가설이란 증명되지 않은 주장을 말한다. 경영학이 속해 있는 사회과학은 경험주의적 사고방식으로서, 경험주의적 사고방식에서는 주장이 증명되어야만 옳다고 이론으로 인정해주고, 증명되지 않은 주장은 가설에 불과할 뿐이다. 따라서 연구자가 자신의 주장이 옳다는 것을 인정받기 위해서는 그것을 증명할 책임이 있다. 증명은 데이터를 가지고 하는데, 이때 전수조사가 현실적으로 불가능하므로 표본조사를 하여 수집한 데이터를 가지고 하게 된다. 즉, 표본조사의 결과(표본통계량)를 가지고 자신의 주장(모수)의 진위 여부를 증명하고자 하는 것이다.

가설은 두 가지로 구분된다. 자신이 주장하고자 하는 것을 대립가설(alternative hypothesis, $H_a$ 또는 $H_1$)라고 하고, 그 반대되는 가설을 귀무가설(null hypothesis, $H_0$)이라고 한다. 대립가설은 흔히 새로 주장되는 가설로, 기존의 가설을 부정하는 가설이다. 바로 우리가 관심을 가지고 있는 가설이 대립가설이며, 이를 연구가설이라고도 부른다. 반면 귀무가설은 기존의 가설로서 현재, 즉 대립가설이 옳다고 증명되기 전까지 세계를 지배하고 있는 가설을 나타낸다. 연구자들은 일반적으로 귀무가설을 기각(reject)하고, 대립가설을 채택(accept)하는 결과를 얻고자 한다.

check

- 귀무가설과 대립가설의 관계는 상호 배타적이고, 하나의 가설은 나머지 가설의 여집합이다. 따라서 귀무가설이 채택되면 반드시 대립가설은 기각되고, 귀무가설이 기각되면 반드시 대립가설이 채택된다.
- 가설을 설정할 때에는 먼저 대립가설을 설정하고, 그 여집합인 귀무가설을 설정한다. 그리고 자신의 주장이 옳다는 것을 보여주기 위해서는 귀무가설이 기각되거나, 또는 대립가설이 채택되기를 희망한다.
- 하지만 관행적으로 순서는 귀무가설을 먼저, 대립가설을 나중에 나타낸다.
- 가설들을 옳다/틀리다로 표현하지 않고 채택/기각으로 표현한다. 이는 유의수준의 존재 때문이다.
- 가설들은 반드시 측정 가능한 수치로 표시해야 하며 이를 가설의 조작화라 한다.

이를 앞의 한일 축구 예시([예 2])에 적용해보자. 한일 양국의 실력 차이는 양국 사이의 평균 골 득실 차를 가지고 측정 가능한 수치로 표시할 수 있다. 즉, 실력이 같다면 여러 번의 시합을 통한 평균 골 득실 차는 0이 될 것이다.

모집단의 평균($\mu$)을 한일 양국의 골득실의 평균이라고 하자. 한국과 일본의 실력이 같다면 $\mu = 0$이라고 표시한다. 그리고 한국이 일본보다 우월하면 $\mu > 0$이라 표시하고, 열등하면 $\mu < 0$이라고 표시한다. 따라서 이 경우 한일 축구의 실력 차이에 대한 가설은 다음과 같다.

$H_a$ : $\mu > 0$ (한국이 일본보다 실력이 우월하다. : 우리의 주장)

$H_0$ : $\mu \leq 0$ (한국이 일본과 실력이 같거나 못하다. : 귀무가설은 대립가설의 여집합)

일반적으로 대립가설이 먼저 설정되지만 관행적으로 귀무가설부터 표시한다. 따라서 많은 경우에 귀무가설($H_0$)이 먼저 표시되고 뒤에 대립가설($H_a$)이 표시된다. 또한, 귀무가설은 위와 같이 $\mu \leq 0$로 표시하는 것이 정확하지만 실제로는 $\mu = 0$으로 표시하는 것이 좋다는 것을 알게 될 것이다. 따라서 가설은 최종적으로 아래와 같이 표시하게 된다.

$H_0$ : $\mu = 0$ (한국이 일본과 실력이 같다.)

$H_a$ : $\mu > 0$ (한국이 일본보다 실력이 우월하다.)

### (2) 귀무가설의 단순화

가설에서 대립가설이 >(크다)로 표시되면 귀무가설은 그 여집합인 ≤(작거나 같다)로 표시해야 한다. 하지만 이 경우에 귀무가설은 =(같다)로 표시하여도 무방하다. 그 이유는 크게 두 가지가 있다.

첫째, 합리적인 판단에 의해 =(같다)로 표시한 가설이 기각되면 <(작다)로 표시된 가설도 자동적으로 기각되기 때문이다.

둘째, 대립가설이 채택되기 위해서는 반드시 귀무가설이 모두(=과 <) 기각되어야 하는데, 귀무가설 중 하나, 즉 =(같다)와 <(작다) 중 하나라도 채택되면 대립가설은

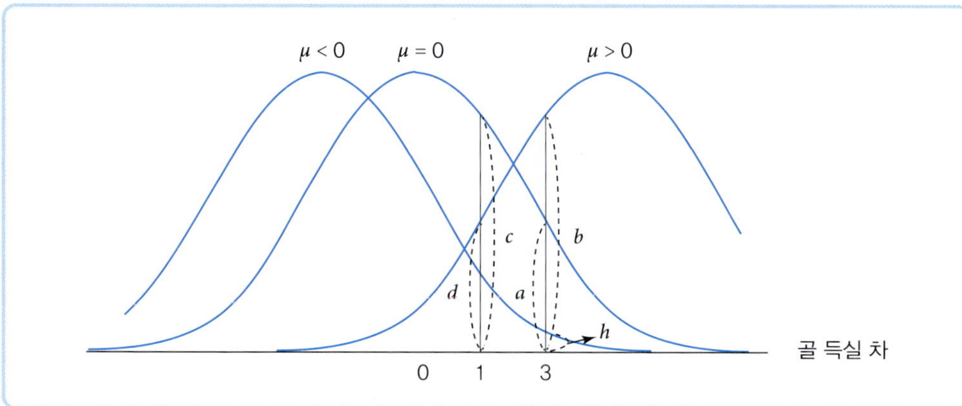


**그림 8-6** **귀무가설의 단순화**

자동적으로 기각되기 때문이다.

축구 한일전의 예를 들어보면 대립가설($H_a$)은 $\mu > 0$(한국이 일본보다 실력이 우월하다)이고, 따라서 귀무가설($H_0$)은 $\mu \leq 0$(한국이 일본과 실력이 같거나 못하다)가 된다. 하지만 〈그림 8-6〉에서는 이 경우 귀무가설($H_0$)은 $\mu = 0$(한국이 일본과 실력이 같다)로 하여도 상관이 없다는 것을 보여준다. 만약 〈그림 8-6〉과 같이 세 골 차이가 났을 경우 한국과 일본의 축구 실력이 같을 경우($\mu = 0$)의 확률은 $a$이지만 한국이 일본보다 축구 실력이 못할 경우($\mu < 0$)의 확률은 $a$보다 더욱 작은 $h$이다. 따라서 자연히 한국과 일본의 축구 실력이 같다는 가설이 기각되면 자동적으로 한국이 일본보다 못한다는 가설 또한 기각되는 것이다.

반대로 한 골 차가 나서 한국과 일본의 축구 실력이 같다는 결론이 난다면 귀무가설(한국이 일본과 실력이 같다, $\mu = 0$)의 확률이 $c$, 우리가 주장하고자 하는 가설인 대립가설(한국이 일본보다 실력이 우월하다, $\mu > 0$)의 확률은 $d$이기 때문에 합리적인 판단($c > d$)에 의해 귀무가설이 채택되고, 이 경우에는 한국이 일본보다 못하는 경우($\mu < 0$)와는 상관없이 주장하고자 하는 가설, 즉 한국이 일본보다 축구 실력이 우월하다는 대립가설은 기각되는 것이다.

이러한 귀무가설의 단순화는 단지 귀무가설을 간단하게 만드는 데에 그치지 않고 실제 가설검정의 적용에 매우 중요한 역할을 한다는 것을 볼 수 있다.

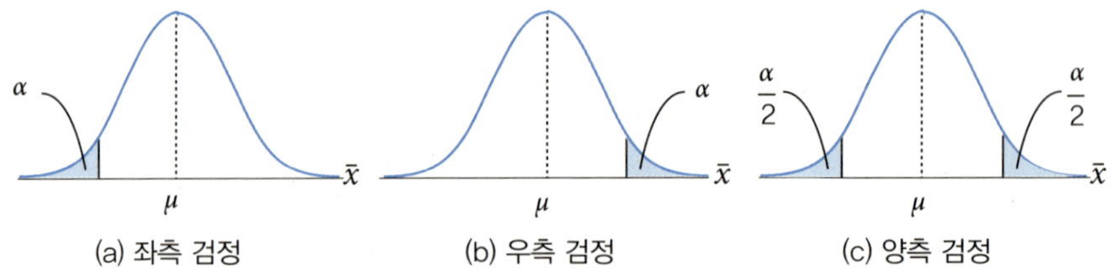


**그림 8-7 좌측 검정과 우측 검정, 양측 검정**

(3) 양측 검정

한편, 가설이 '같다/같지 않다'로 표시되는 경우가 있다. 즉, 대립가설이 <(작다), >(크다)가 아닌 ≠(같지 않다)로 표시되는 경우이다. 이 경우 ≠(같지 않다)는 <(작다) 또는 >(크다)를 의미하기 때문에 한 방향(**단측 검정**)이 아니라 양 방향(양측 검정)의 검정이 된다. 이 경우에는 유의수준이 양쪽에서 발생하게 되므로 〈그림 8-7〉의 (c)와 같이 반으로 쪼개어(즉 $\alpha/2$), 이에 따라 임계치가 +쪽으로 하나, −쪽으로 하나가 나오게 된다. **양측 검정**인 경우 가설은 아래와 같이 표시한다.

$H_0$ : $\mu = 0$ (한국과 일본의 축구 실력은 같다.)
$H_a$ : $\mu \neq 0$ (한국과 일본의 축구 실력은 다르다.)

(4) 가설의 유형

요약하면, 의사결정자는 모집단의 평균에 대한 검정을 하고자 할 때 세울 수 있는 귀무가설과 대립가설의 유형에는 다음과 같은 세 가지 형태가 있다.

| 단측 검정 (우측 검정) | 단측 검정 (좌측 검정) | 양측 검정 |
|---|---|---|
| $H_0$ : $\mu = \mu_0$<br>$H_a$ : $\mu > \mu_0$ | $H_0$ : $\mu = \mu_0$<br>$H_a$ : $\mu < \mu_0$ | $H_0$ : $\mu = \mu_0$<br>$H_a$ : $\mu \neq \mu_0$ |

여기서 $\mu$는 모수를 나타내는 표시이며, $\mu_0$는 구체적인 모수의 값을 나타낸다.

### 8.2.2 가설의 증명 방법

우리가 가설검정을 통해 주장하고자 하는 가설은 대립가설임에도 불구하고, 증명에 있어서는 주장하고자 하는 대립가설을 바로 증명하는 직접적인 증명 방법을 택하지 않는다. 그 대신 귀무가설을 증명하는 간접적인 방법을 사용하는데, 즉 만약 가설검정의 결과에 의해 귀무가설이 채택되면 대립가설은 기각되고, 반대로 귀무가설이 기각되면 대립가설을 채택한다. 이와 같은 간접적인 증명 방법을 택하는 이유에는 다음과 같은 이유가 존재하기 때문이다.

첫째, 논리적인 이유이다. 우리가 주장하고자 하는 대립가설은 무엇이든지 현존하지 않는 새로운 것에 대한 주장이다. 만약 새롭지 않다면 구태여 그것이 옳다는 것을 증명할 필요가 없는 것이다. 이미 모든 사람이 옳다고 다 알고 있기 때문이다. 따라서 귀무가설은 현존하는 세계를 대표하는 가설이고, 대립가설(연구가설)은 이를 부정하고 새로운 세계를 대표하는 가설이라고 할 수 있다. 우리가 가설검정을 위해 가설을 설정하고 데이터를 구하는 시점에서는 아직 증명이 아무 것도 되지 않은 상태이므로 경험주의적 사고방식에 따라 아직은 귀무가설이 옳은 것이다. 즉, 우리가 구할 수 있는 데이터는 모두 귀무가설을 바탕으로 존재한다고 보는 것이다. 따라서 우리가 구한 데이터를 이용하여 증명할 수 있는 것은 귀무가설이지 대립가설이 아니다. 대립가설의 옳고 그름을 직접적으로 증명할 수 있는 데이터를 구하지 못한다는 것이다. 이와 같은 이유로 현존하는 데이터를 이용하여 귀무가설을 증명하여 귀무가설이 채택되는 결과가 나오면 대립가설을 기각하고, 귀무가설이 기각되면 그 반대인 대립가설을 채택하게 된다.

둘째, 가설검정을 하는 과정에서 매우 현실적이고도 중요한 이유가 있다. 우리는 현재 표본통계량을 가지고 모수를 추론(가설검정)하는데, 이 경우 그 관계식에 해당하는 표본분포가 반드시 필요하다는 것을 알고 있다. 더욱이 표본평균($\overline{X}$)의 분포는 중심극한이론을 적용할 경우, 즉 $n \geq 30$이라면 $\overline{X} \sim N(\mu, s^2/n)$이라는 것을 알고 있다. 따라서 가설검정을 할 때에 우리는 모평균($\mu$)의 값을 알아야만 표본분포를 가질 수 있게 되는 것이다.

대립가설은 모평균인 $\mu$의 값이 $<$(작다), $>$(크다), 또는 $\neq$(같지 않다)로 표시되기 때문에 $\mu$의 값을 구체적으로 정할 수가 없다. 따라서 표본분포 또한 정할 수가 없게 된다. 그러므로 대립가설에서는 표본분포를 구하지 못해 가설검정이 매우 어려워지는 것이다. 따라서 우리는 $\mu$의 값이 명확하게 결정되는 귀무가설을 통해서만 표본분포를 정할 수 있으므로 귀무가설을 증명할 수밖에 없는 현실적인 이유가 있게 되는 것이다. 앞의 예에서 살펴보았지만 한국이 일본보다 우월하다는 막연한 표현보다는 한국이 일본보다 네 골 차 우위에 있다는, 즉 $\mu = 4$라는 구체적인 가설을 가정하여 설명한 이유도 이에 대한 표본분포를 구하기 위함이다.

마지막 이유로 해석상의 이유가 있다. 간접적인 방법은 웬만큼 강력한 증거가 있지 않으면 새로운 가설을 입증하지 못한다는 보수적인 관점을 유지하는 것이다. 즉, 귀무가설을 증명하여 귀무가설이 확실하게 기각되는 경우에만 대립가설이 받아들여지는 것이다. 만약 귀무가설이 확실하게 받아들여지지도 않고 기각되지도 않는 애매한 경우에는 귀무가설은 기각되지 않고 이에 따라 대립가설도 채택되지 못한다.

이러한 간접적이고 보수적인 방법은 재판에서도 사용된다. 즉 피고를 무죄(귀무가설)로 먼저 추정하고 이를 증명하고자 하는 것이다. 만약에 증거가 너무 강력하면 무죄가 부정되고 유죄 판정이 나오며, 증거가 강력하지 못하면, 다시 말해 무죄를 뒤엎지 못한다면 그대로 무죄로서 남는 것이다. 또한, 복싱 경기에서 기존의 챔피언이 지지 않으면, 즉 무승부가 나더라도 챔피언의 자리를 그대로 유지하는 것도 이와 같은 보수적인 관점을 유지하는 것과 관련이 있다.

### 8.2.3 유의수준 $\alpha$, 1종 오류와 2종 오류

위에서 우리는 $H_0$를 바탕으로 한 표본분포를 이용하여 검정을 한다고 하였다. 즉, $H_0$가 사실임에도 불구하고 표본통계량이 임계치를 벗어나 $H_0$를 기각하는 경우에 발생하는 오류를 1종 오류(type 1 error)라 하고 그 오류를 범할 확률을 $\alpha$라고 하며, 또한 이를 유의수준(significance level)으로 표현한다고 이미 앞에서 설명한 바 있다. 즉 $\alpha = P(H_0$가 사실이지만 $H_0$를 기각)가 되는 것이다.

유의수준은 의사결정자가 임의로 선정하는 것으로 표본에서 추출한 정보와 비교되어 귀무가설의 기각 여부를 결정하는 기준이 된다. 흔히 가설검정에 있어 의사결정자는 유의수준 $\alpha$를 미리 선택하는데, 의사결정자에 따라 일반적으로 1%와 10% 사이의 값을 선택하여 검정을 실시한다. 일반적으로 유의수준 $\alpha = 0.05$ 이하로 결정한다.

반대로 $H_0$가 허위임에도 불구하고(또는 $H_a$가 사실임에도 불구하고) 표본통계량이 임계치 안에 있어 $H_0$를 채택하는 오류를 2종 오류(type 2 error)라 하고 그 확률을 $\beta$라 표시한다(그림 8-8 참고).

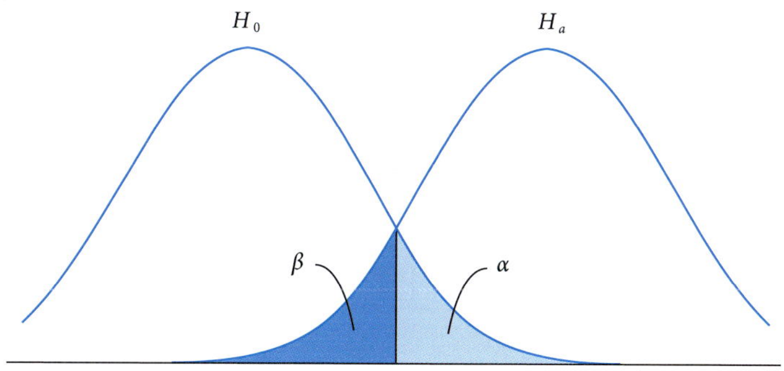


**그림 8-8** 1종 오류와 2종 오류

| 검정결과 | 실제 | |
|---|---|---|
| | $H_0$ 이 옳음 | $H_a$ 이 옳음 |
| $H_0$ 을 채택으로 결정 | 옳은 결정 | 제2종의 오류 |
| $H_a$ 을 채택으로 결정 | 제1종의 오류 | 옳은 결정 |

check

- 이 $\alpha$와 $\beta$는 임계치에 따라 그 크기가 결정된다.
- 이 $\alpha$와 $\beta$는 상호 배타적이라 $\alpha$가 커지면 $\beta$가 작아지고 그 반대가 되기도 한다.
- $\alpha+\beta$의 값은 아무런 의미가 없는 것이다(그림 8-8 참고).
- 통계적으로 흔히 우리는 $\alpha$를 $\beta$보다 더 중시하게 된다. 우선 기존에 존재하고 있던 $H_0$ 를 파기하는 데 대하여 더 큰 부담을 갖는다는 보수적인 관점을 나타내준다(위의 재판, 권투경기의 예). 또한 현실적인 문제로 $\beta$를 결정하기가 어렵다는 것이다. 즉 귀무가설의 단순화에서 언급한 바와 같이 $H_a$ 를 대표하는 표본분포가 정해지지 않고 있기 때문에 $\beta$값이 정해지지 않는 것이다.
- 따라서 결론적으로는 두 가지 오류가 존재하지만 실제로 $\alpha$만이 주 관심 대상이 되고 있다.

### 8.2.4 표본분포, 임계치와 기각역, 판정

가설검정에서의 표본분포는 앞의 절에서 설명했던 것과 같이 귀무가설($H_0$)이 사실이라는 전제 하에 표본분포를 확정한다. 모평균에 대한 가설검정을 실시하는 경우에는 추정과 마찬가지로 표본분포는 표본의 크기($n$)에 따라 $Z$분포, 또는 $t$분포가 된다.

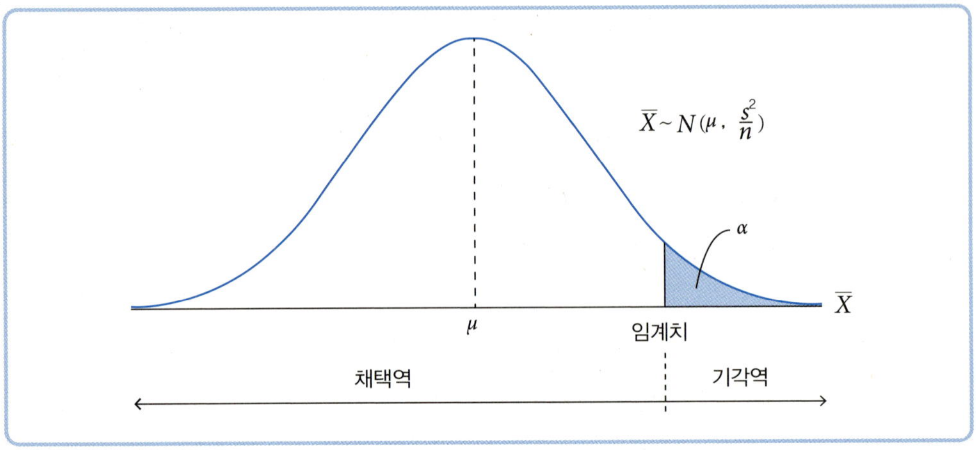


그림 8-9 우측 검정인 경우의 임계치, 기각역의 결정

표본분포를 결정한 후 〈그림 8-9〉와 같이 유의수준을 만족시키는 임계치와 귀무가설의 기각역(reject region)을 결정한다. 표본조사의 결과(검정통계량)와 임계치를 비교하여 귀무가설의 채택과 기각 여부를 결정하고, 이에 따라 자동적으로 대립가설의 채택과 기각 여부가 결정된다.

## 8.3 모집단 평균에 대한 가설검정(표본의 크기가 클 때)

*Z*검정은 중심극한이론에 의해 표본 집단의 크기가 30 이상인 경우 사용된다. 먼저, 다음과 같은 가설이 설정되어 있다고 가정해보자.

$H_0$ : $\mu = \mu_0$

$H_a$ : $\mu > \mu_0$(우측 검정) 또는,

: $\mu < \mu_0$(좌측 검정) 또는,

: $\mu \neq \mu_0$(양측 검정)

여기서 $\mu$는 모수를 나타내는 표시이며, $\mu_0$는 구체적인 모수의 값을 나타낸다. 즉, 가설은 모평균 $\mu$가 $\mu_0$의 값을 가지느냐, 아니냐 하는 것이다. 한일 축구 실력 차이의 예를 적용해보면, $\mu_0$는 0이 된다.

검정통계량으로 표본평균($\overline{X}$)을 표준화한 $z_{ts}$값을 표준검정통계량이라고 한다. 이러한 경우에는 표준정규분포 상에서 기각역이 설정되므로 임계치는 $z_\alpha$값이 된다. 이처럼 표준화된 형대로 가설검정을 실시하는 경우에는 먼저 임계치를 표준정규분포의 $z_\alpha$로 전환하여 해당하는 값을 표준정규분포표를 이용하여 찾아야 한다. 예를 들어 $\alpha = 0.05$일 때 우측 검정인 경우에는 $z_\alpha = z_{0.05} = 1.645$, 좌측검정인 경우에는 $-z_\alpha = -z_{0.05} = -1.645$가 되며, 양측 검정인 경우의 임계치는 $\pm z_{\alpha/2} = \pm z_{0.025} = \pm 1.96$이 된다. 따라서 $\overline{X}$를 표준화하여 **표준검정통계량** $z_{ts}$값을 계산할 수 있으며, 그 계산 방법은 아래의 식 (8.1)과 같다.

$$\text{검정통계량 } z_{ts} = \frac{\overline{X} - \mu_0}{s/\sqrt{n}} \tag{8.1}$$

만약 모분산($\sigma^2$)을 알고 있는 경우에 분모는 $\sigma/\sqrt{n}$가 된다. 하지만 이 경우는 현실적으로 불가능한 경우라는 것을 앞의 6장에서 이미 언급하였다. 예를 들어 유의수준이 0.05이고, 양측 검정을 실시한다고 할 경우 〈그림 8-10〉과 같이 표준화된 임계치는 $\pm 1.96$이 되고, 양측 검정이기 때문에 기각역은 $|z_{ts}| > 1.96$이 된다.

일반적으로 표준검정통계량으로는 $z_{ts}$값을 사용하는 것이 계산이 간편하고 쉽기 때문에 주로 사용한다. 따라서 $z$검정에서의 판정 방법은 가설의 설정에 따라 다음과 같이 결정된다.

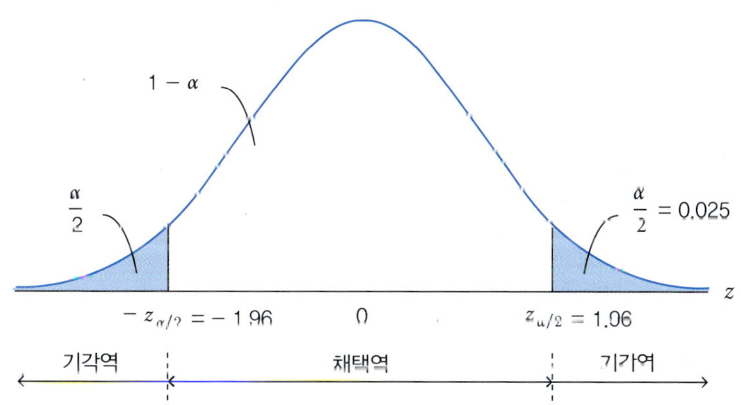


**그림 8-10** $\alpha = 0.05$일 때의 양측 검정 기각역

통계적 의사결정 규칙

check

- 우측 검정 : 관찰된 $z_{ts}$ 값이 $z_\alpha$보다 크면 $H_0$를 기각한다. ($z_{ts} > z_\alpha$)
- 좌측 검정 : 관찰된 $z_{ts}$ 값이 $-z_\alpha$보다 작으면 $H_0$를 기각한다. ($z_{ts} < -z_\alpha$)
- 양측 검정 : 관찰된 $z_{ts}$ 값의 절대값($|z_{ts}|$)이 $z_{\alpha/2}$보다 크면 $H_0$를 기각한다. ($|z_{ts}| > z_{\alpha/2}$)

### 예제 8-1

**[우측 단측 검정의 예] 새로운 전구를 개발한 사업자는 경쟁회사 제품의 평균 수명인 5,000시간보다 자사 신제품의 수명이 훨씬 길다고 주장한다. 사업자의 주장을 검증하기 위해 신제품 100개를 표본으로 선택하여 수명을 조사하였다. 100개의 표본조사 결과 전구의 평균 수명은 5,100시간이고, 표준편차는 500시간으로 조사되었다. 유의수준이 0.05일 때 표본조사 결과는 사업자의 주장을 지지할 만한 충분한 근거가 있다고 보는가? 이를 검정하라.**

**풀이** 표본의 크기($n$)가 100으로 충분히 크기 때문에 $Z$검정을 실시할 수 있다. 먼저, 검정을 위해 필요한 변수는 다음과 같다.

$$n = 100,\ \overline{X} = 5{,}100,\ s = 500,\ \alpha = 0.05$$

가설검정은 다음의 절차를 따른다.

① 가설의 설정

$H_0$ : $\mu = 5{,}000$ (신제품의 수명은 5,000시간이다.)

$H_a$ : $\mu > 5{,}000$ (신제품의 수명은 5,000시간보다 길다.)

② 표본분포

표본의 크기가 충분히 크기 때문에 표본평균의 분포는 모집단의 분포와 상관없이 정규분포를 따른다. 따라서 귀무가설이 옳을 때 가정되는 표본평균의 분포는 아래와 같다.

$$\overline{X} \sim N(5{,}000,\ \frac{500^2}{100})$$

③ 검정통계량 계산

$$z_{ts} = \frac{\overline{X} - \mu}{s/\sqrt{n}} = \frac{5{,}100 - 5{,}000}{500/\sqrt{100}} = \frac{100}{50} = 2$$

④ 임계치와 기각역

이 검정은 단측 검정에서도 우측 검정이므로 그래프의 오른쪽 꼬리부분에서 기각역이 설정되며, 이에 따른 임계치와 기각역은 다음과 같다.

임계치 : $z_{0.05} = 1.645$

기각역 : $z_{ts} > 1.645$

⑤ 판정

계산된 검정통계량($z_{ts}$)이 귀무가설의 기각역 내에 포함되어 있으므로 귀무가설을 기각할 수 있다. 따라서 신제품의 수명이 5,000시간보다 길다는 사업자의 주장은 과장되었다고 볼 수 없다.

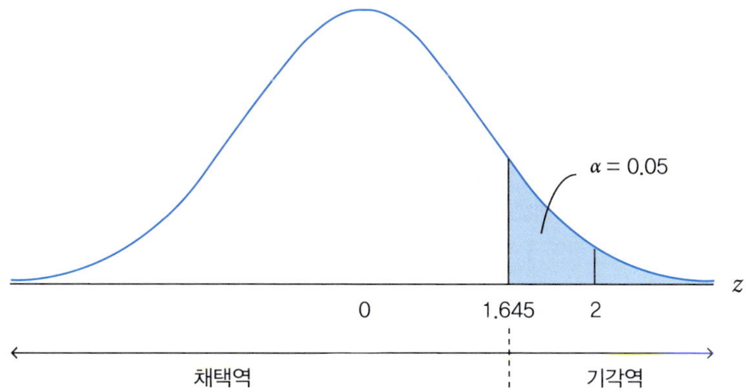


예제 8-2

**[좌측 단측 검정의 예] 현대백화점 관리자는 백화점카드 사용 고객을 대상으로 새로운 비용 청구 시스템에 대한 연구를 진행하고 있다. 철저한 재무 분석을 실시한 후, 관리자는 각 사용자의 한 달 평균 사용금액이 50,000원 미만인 경우에는 새로운 청구 시스템이 비용 측면에서 효과적이지 못하다는 결론을 내렸다. 이와 같은 결론에 대해 200개의 고객 계좌를 무작위로 추출하여 평균 사용 금액을 조사하니 46,000원이고, 표준편차가 30,000원이었다. 5%의 유의 수준에서 새로운 청구 시스템이 효과적이지 못하다는 결론을 내릴 수 있는 충분한 근거가 있다고 보는가?**

**풀이** 표본의 크기($n$)가 200으로 충분히 크기 때문에 $Z$검정을 실시할 수 있다. 먼저, 검정을 위해 필요한 변수는 다음과 같다.

$$n = 200,\ \overline{X} = 46{,}000,\ s = 30{,}000,\ \alpha = 0.05$$

관리자는 새로운 청구 시스템이 비용적인 측면에서 효과적이지 못하게 만드는 고객의 평균 사용금액이 실제로 50,000원보다 적은지를 알고자 한다. 따라서 가설검정은 아래와 같이 좌측 검정의 절차를 따른다.

① 가설의 설정

$H_0$ : $\mu = 50{,}000$ (고객의 월 평균 사용금액이 50,000원이다.)

$H_a$ : $\mu < 50{,}000$ (고객의 월 평균 사용금액이 50,000원보다 적다.)

② 표본분포

표본의 크기가 충분히 크기 때문에 표본평균의 분포는 모집단의 분포와 상관없이 정규분포를 따른다. 따라서 귀무가설이 옳을 때 가정되는 표본평균의 분포는 아래와 같다.

$$\overline{X} \sim N(50{,}000, \frac{30{,}000^2}{200})$$

③ 검정통계량 계산

$$z_{ts} = \frac{\overline{X} - \mu}{s/\sqrt{n}} = \frac{46{,}000 - 50{,}000}{30{,}000/\sqrt{200}} = \frac{-4{,}000}{2{,}121.32} = -1.89$$

④ 임계치와 기각역

이 검정은 단측 검정에서도 좌측 검정이므로 그래프의 왼쪽 꼬리부분에서 기각역이 설정되며, 임계치에 해당하는 $z_\alpha$값은 음수가 된다. 따라서 이에 따른 임계치와 기각역은 다음과 같다.

임계치 : $-z_{0.05} = -1.645$

기각역 : $z_{ts} < -1.645$

⑤ 판정

계산된 검정통계량($z_{ts}$)이 귀무가설의 기각역 내에 포함되어 있으므로 귀무가설을 기각할 수 있다. 따라서 고객들의 월 평균 사용 금액은 50,000원 미만이며, 새로운 청구 시스템은 효과적이지 못하다고 할 수 있다.

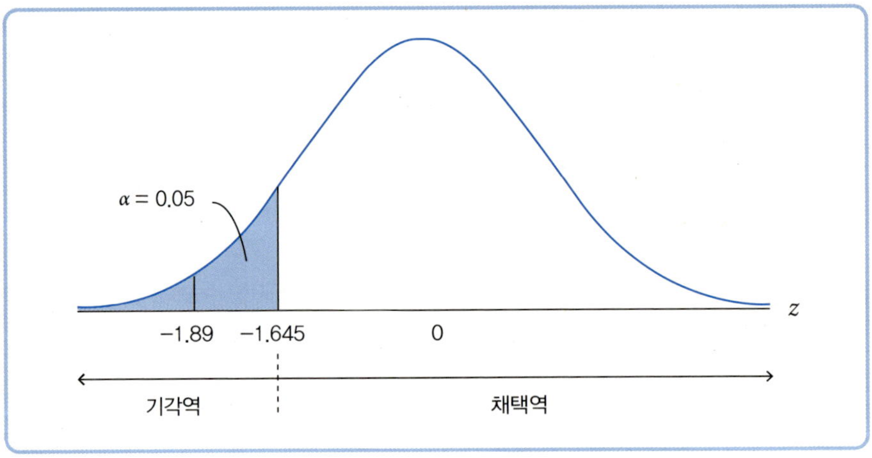

**예제 8-3**

**[양측 검정의 예]** 천일기업에서 생산하는 백열전구의 수명은 평균이 1,000시간, 분산이 10,000시간이라고 알려져 왔다. 천일기업의 경영진은 최근의 잦은 노사분규로 인한 종업원의 근로 의욕 저하로 지금까지 알려져 온 백열전구의 평균 수명이 여전히 유지되고 있는지에 의문을 제기하였다. 이에 따라 64개의 전구를 무작위로 추출하여 수명을 검사한 결과 평균 975시간으로 나타났다. 이러한 표본의 정보는 천일기업에서 생산되는 전구의 평균 수명 1,000시간과 다르다는 것을 의미하는가? 이를 1%의 유의수준에서 검정하라.

**풀이** 표본의 크기($n$)가 64로 충분히 크기 때문에 $Z$검정을 실시할 수 있다.

$$n = 64,\ \overline{X} = 975,\ \sigma^2 = 10,000,\ \alpha = 0.01$$

경영진은 표본조사 결과가 모수인 1,000시간과 같은지, 아니면 차이가 나는지의 여부를 알고자 한다. 따라서 가설검정은 아래와 같이 양측 검정의 절차를 따른다.

① 가설의 설정

$H_0$ : $\mu = 1,000$ (전구의 평균 수명은 1,000시간이다.)

$H_a$ : $\mu \neq 1,000$ (전구의 평균 수명은 1,000시간이 아니다.)

② 표본분포

표본의 크기가 충분히 크기 때문에 표본평균의 분포는 모집단의 분포와 상관없이 정규분포를 따른다. 따라서 귀무가설이 옳을 때 가정되는 표본평균의 분포는 아래와 같다.

$$\overline{X} \sim N(1,000, \frac{10,000}{64})$$

③ 검정통계량 계산

$$z_{ts} = \frac{\overline{X} - \mu}{\sigma / \sqrt{n}} = \frac{975 - 1,000}{100/\sqrt{64}} = \frac{-25}{12.5} = -2$$

④ 임계치와 기각역

이 검정은 양측 검정이므로 그래프의 양쪽 꼬리부분에서 기각역이 설정되며, 임계치는 $\pm z_{\alpha/2}$가 된다. 따라서 이에 따른 임계치와 기각역은 다음과 같다.

임계치 : $\pm z_{0.005} = \pm 2.575$

기각역 : $z_{ts} < -2.575$ 또는 $z_{ts} > 2.575$

⑤ 판정

계산된 검정통계량($z_{ts}$)이 귀무가설의 기각역 내에 포함되어있지 않으므로 귀무가설을 채택한다. 따라서 대립가설은 자동적으로 기각되고 노사분규로 인해 전구의 평균 수명이 이전과 달라졌다고 할 수 있는 충분한 근거가 되지 못한다.

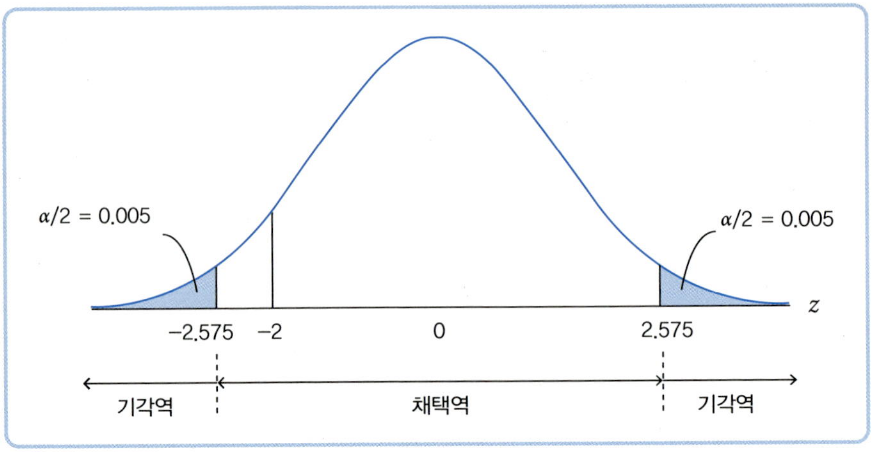


## 8.4 모집단 평균에 대한 가설검정(표본의 크기가 작을 때)

지금까지 표본의 크기가 충분히 크거나 모분산($\sigma^2$)을 알고 있는 경우에 모평균에 대한 가설검정의 검정통계량으로 $Z_{ts}$를 사용하였다. 또한 표본의 크기가 충분히 큰 경우지만 모분산을 모르는 경우에는 표본의 분산($s^2$)을 대신하여 검정통계량으로 $z_{ts}$를 사용하여 가설검정을 하였다.

하지만 표본분산을 이용하여 가설검정을 할 때 표본의 크기가 작으면($n \leq 30$) 중심극한 정리를 적용할 수 없다. 그러나 이때에도 모집단이 정규분포이거나 정규분포에서 크게 벗어나지 않으면, $t$분포를 이용하여 가설검정을 할 수 있다.

$$\frac{(\overline{X} - \mu)}{s/\sqrt{n}} = \mathrm{t(n-1)}$$

이때 $t_{ts}$는 자유도가 $n-1$인 $t$분포를 따르게 된다.

$t$분포를 이용하여 가설검정을 하는 경우에도 가설검정의 기본적인 논리나 절차에는 변함이 없다. 다만 임계치를 구할 때에 $Z$분포 대신 $t$분포를 이용한다는 것과 검정통계량 또한 $z_{ts}$ 대신 $t_{ts}$를 사용한다는 것만 다르다. 즉, $t$검정의 절차는 다음과 같이 요약된다.

$H_0$ : $\mu = \mu_0$

$H_a$ : $\mu > \mu_0$(우측 검정) 또는,

: $\mu < \mu_0$(좌측 검정) 또는,

: $\mu \neq \mu_0$(양측 검정)

**$t$검정의 절차** check

- 검정통계량

$$t_{ts} = \frac{\overline{X} - \mu_0}{s/\sqrt{n}} \tag{8.2}$$

- 통계적 의사결정 규칙

우측 검정 : 관찰된 $t_{ts}$ 값이 $t_{\alpha,\, n-1}$보다 크면 $H_0$를 기각한다. ($t_{ts} > t_{\alpha,\, n-1}$)

좌측 검정 : 관찰된 $t_{ts}$ 값이 $-t_{\alpha,\, n-1}$보다 작으면 $H_0$를 기각한다. ($t_{ts} < -t_{\alpha,\, n-1}$)

양측 검정 : 관찰된 $t_{ts}$ 값의 절대값($|t_{ts}|$)이 $t_{\alpha/2,\, n-1}$보다 크면 $H_0$를 기각한다. ($|t_{ts}| > t_{\alpha/2,\, n-1}$)

**예제 8-4**

천일기업은 새로 개발한 백열전구의 평균 수명이 1,000시간을 상회한다고 주장한다. 신제품의 실제 평균수명을 측정하기 위해 생산된 전구 중 9개를 임의로 추출하여 검사하였더니 각 전구의 수명은 다음과 같았다.

(단위: 시간)

| 1,112 | 1,053 | 990 | 984 | 1,103 | 1,010 | 1,152 | 1,066 | 1,005 |
|---|---|---|---|---|---|---|---|---|

전구의 수명은 정규분포를 따른다고 가정할 때 위의 표본 데이터를 이용하여 천일기업의 주장을 유의수준 0.01에서 검정하라.

**풀이** 표본의 크기($n$)가 9로 소표본이기 때문에 $t$검정을 실시하여 가설을 검정한다.

$n = 9,\ \alpha = 0.01$

$$\overline{X} = \frac{1,112 + 1,053 + 990 + 984 + 1,103 + 1,010 + 1,152 + 1,066 + 1,005}{9} = 1,052.8$$

$$s^2 = \frac{\sum_{i=1}^{9}[(X_i - 1,052.8)^2]}{9-1} = 3,064.19$$

$$s = \sqrt{3,064.19} = 55.36$$

모수가 1,000시간보다 큰지의 여부를 알고자 한다. 따라서 가설검정은 아래와 같이 우측 검정의 절차를 따른다.

① 가설의 설정

$H_0$ : $\mu = 1,000$ (전구의 평균 수명은 1,000시간이다.)

$H_a$ : $\mu > 1,000$ (전구의 평균 수명은 1,000시간보다 길다.)

② 표본분포

소표본이기 때문에 표준화한 표본평균은 $t$분포를 따른다. 따라서 귀무가설이 옳을 때 가정되는 표본평균의 분포는 아래와 같다.

$$\frac{\overline{X} - \mu}{s/\sqrt{n}} \sim t(8)$$

③ 검정통계량 계산

$$t_{ts} = \frac{\overline{X} - \mu}{s/\sqrt{n}} = \frac{1,052.8 - 1,000}{55.36/\sqrt{9}} = \frac{52.8}{18.45} = 2.86$$

④ 임계치와 기각역

검정은 우측 검정이므로 그래프의 오른쪽 꼬리부분에서 기각역이 설정되며, 임계치는 $t_{0.01,8}$이 된다. 따라서 이에 따른 임계치와 기각역은 다음과 같다.

임계치 : $t_{0.01,8} = 2.896$

기각역 : $t_{ts} > 2.896$

⑤ 판정

계산된 검정통계량($t_{ts}$)이 귀무가설의 기각역 내에 포함되어 있지 않으므로 귀무가설을 채택한다. 따라서 대립가설은 자동적으로 기각되고 새로 개발한 전구의 수명이 1,000시간을 넘는다고 할 수 있는 충분한 근거가 되지 못한다.

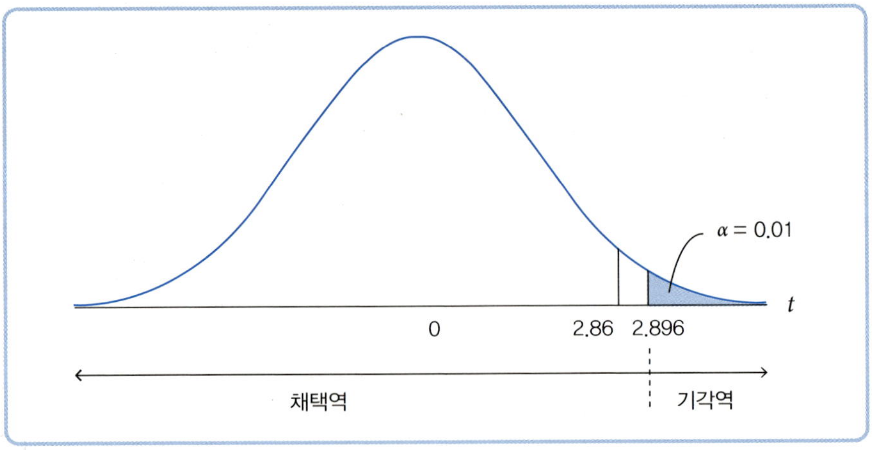

예제 8-5

**산업백화점은 고객의 주문배달 서비스에 대한 광고로 지역 내의 배달인 경우 평균 6시간 이내로 배달할 수 있다고 한다. 이러한 배달 서비스의 품질을 보증하기 위한 노력으로 품질검사를 실시하였다. 즉 지역 내의 물건 배달에 대하여 무작위로 9개의 표본을 추출하여보니 아래와 같은 결과를 얻었다.**

(단위: 시간)

| 7 | 3 | 4 | 6 | 10 | 5 | 6 | 4 | 3 |
|---|---|---|---|---|---|---|---|---|

**배달 시간은 정규분포를 따른다고 가정할 때 0.05의 유의수준에서 산업백화점의 광고가 사실이라고 할 수 있는 충분한 근거가 있다고 생각하는가?**

**풀이** 표본의 크기($n$)가 9로 소표본이기 때문에 $t$검정으로 가설을 검정한다.

$$n=9,\ \alpha=0.05$$

$$\overline{X}=\frac{7+3+4+6+10+5+6+4+3}{9}=5.33$$

$$s^2=\frac{\sum_{i=1}^{9}[(X_i-5.33)^2]}{9-1}=5$$

$$s=\sqrt{5}=2.24$$

모수가 6시간보다 짧은지의 여부를 알고자 한다. 따라서 가설검정은 아래와 같이 좌측 검정의 절차를 따른다.

① 가설의 설정

$H_0$ : $\mu=6$ (산업백화점의 평균 배달 시간은 6시간이다.)

$H_a$ : $\mu<6$ (산업백화점의 평균 배달 시간은 6시간보다 짧다.)

② 표본분포

$$\frac{\overline{x}-\mu}{s/\sqrt{n}}\sim t(8)$$

③ 검정통계량 계산

$$t_{to}=\frac{\overline{X}-\mu}{s/\sqrt{n}}=\frac{5.33-6}{2.24/\sqrt{9}}=\frac{-0.67}{0.75}=-0.89$$

④ 임계치와 기각역

검정은 좌측 검정이므로 그래프의 왼쪽 꼬리부분에서 기각역이 설정되며, 임계치는 $-t_{0.05,8}$이 된다. 따라서 이에 따른 임계치와 기각역은 다음과 같다.

임계치 : $-t_{0.05,8} = -1.860$

기각역 : $t_{ts} < -1.860$

⑤ 판정

계산된 검정통계량($t_{ts}$)이 귀무가설의 기각역 내에 포함되어있지 않으므로 귀무가설을 채택한다. 따라서 대립가설은 자동적으로 기각되고 산업백화점의 배달 시간은 6시간보다 짧다고 결론내릴 수 있는 충분한 근거가 되지 못한다.

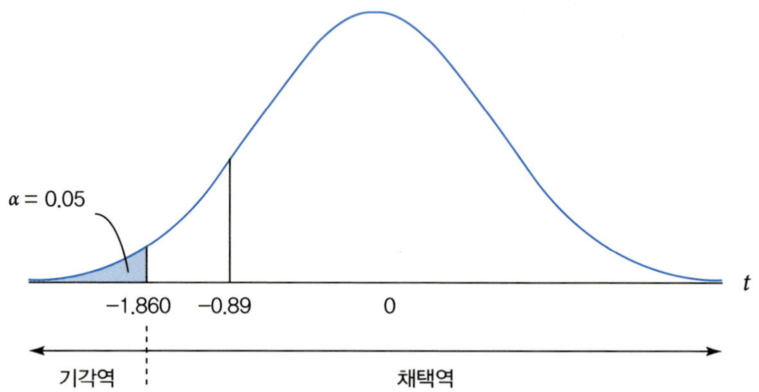


> check
>
> **$Z$검정은 $t$검정의 부분집합이다.**
>
> 즉 $Z$검정은 $t$검정 중 $n \geq 30$일 경우를 설명하기 때문이다. 따라서 일반적으로 이 두 검정을 $t$검정이라 통일하여 부르기도 한다.

## 8.5 모집단 비율에 대한 가설검정

앞에서는 모집단의 평균에 관한 가설검정에 대해 살펴보았다. 그러나 모집단의 특성이 평균으로 정의되지 않고 비율에 의해 정의되는 경우도 흔하다. 예를 들어 의사결정자가 제품의 불량률, 서비스의 고객만족 비율, 시장점유율 등과 같은 비율에 관심을 갖는 경우에는 모집단 평균이 아니라 모집단 비율에 대한 검정을 하여야 한다. 다시 말하면 모집단 비율에 관한 가설검정이란 정해진 유의수준 하에서 표본비율이 모집단 비율과 같은지를 검정하는 것이다.

예를 들어, '매지 산업이 자사 제품의 시장점유율을 토대로 새로운 서비스방법을 도입하고자 한다'고 생각해보자. 시장점유율이 40% 이하인 경우에만 새로운 서비스방법을 도입한다고 가정한다. 이 경우 매지 산업은 귀무가설 $H_0 : p = p_0$의 형태를 취하며, 대립가설은 $H_a : p < p_0$가 된다. 모집단 비율에 대한 검정은 검정통계량을 제외하고 모집단 평균에 관한 검정기법에서 사용된 모든 절차가 동일하게 적용된다.

모집단 비율의 관한 가설의 검정은 표본 크기 $n$이 충분히 크고 $p_0$이 0이나 1에 근접하지 않는다면, 중심극한정리에 의해 표본비율의 분포가 정규분포를 따르기 때문에 정규분포를 이용하여 가설검정을 실시한다. 모집단 비율에 대한 가설검정을 하는 경우, 의사결정자는 세 가지의 가설을 설정할 수 있다. 만일 모집단 비율(예컨대, 매지 산업의 시장점유율)이 0.4라는 사실에 대한 단측 검정을 실시하는 경우에는 다음과 같이 가설을 설정한다.

Case 1 : $H_0 : p = 0.4, \quad H_a : p < 0.4$

Case 2 : $H_0 : p = 0.4, \quad H_a : p > 0.4$

만일 모집단 비율에 대한 양측 검정을 실시한다면 가설은 다음과 같이 설정된다.

Case 3 : $H_0 : p = 0.4, \quad H_a : p \neq 0.4$

모집단 비율에 대한 검정통계량은

$$Z_{ts} = \frac{\hat{p} - p_0}{\sqrt{\frac{p_0 q_0}{n}}} \tag{8.3}$$

이 된다. 여기서, $\hat{p}$은 표본에서 획득한 표본비율이고, $p_0$는 가설검정을 하기 위한 모집단의 비율(위의 경우 0.4)이며, $q_0$는 $(1 - p_0)$, 그리고 $n$은 표본 크기를 나타낸다.

대립가설이 $H_a : p < p_0$이면, 기각역은 $z_{ts} < z_\alpha$가 되고, $H_a : p > p_0$이면 기각역은 $z_{ts} > z_\alpha$이 된다. 또한 대립가설이 $H_a : p \neq p_0$이면 기각역은 $z_{ts} > z_{\alpha/2}$와 $z_{ts} < -z_{\alpha/2}$가 된다.

### 예제 8-6

**매지대학교에서는 학생들의 의견을 토대로 하여 새로운 스포츠단지를 건설하려고 한다. 이를 위해서는 학생들의 학생회비 인상이 필요하다. 총학생회에서는 매지대학교에 재학중인 학생들의 70% 이상은 스포츠단지 건설을 위해 학생회비를 인상하는 것에 반대하고 있다고 주장한다. 현재 재학중인 100명의 학생들을 무작위로 선정하여 찬반 의견을 조사한 결과, 73명의 학생이 반대하였다. $\alpha = 0.05$ 에서 가설을 검정하라.**

**풀이** ① 학생회비 인상에 반대하는 비율을 $p$ 로 표시하면 다음과 같은 가설이 설정된다.

$$H_0 : \ p = 0.7$$

$$H_a : \ p > 0.7$$

② 표본분포

표본이 $n = 100$ 으로 충분히 크고, $np = (100)(0.7) = 70 > 5$ 이므로 $\hat{p}$ 의 표본분포는 중심극한정리에 의해 근사적으로 평균이 $p$ 이며 표준편차는 $\sigma(\hat{p}_0) = \sqrt{p_0(1-p_0)/n}$ 이 된다.

③ 검정통계량: 관찰된 $\hat{p}$ 의 값은 0.73이므로 다음과 같이 된다.

$$z_{ts} = \frac{\hat{p} - p_0}{\sqrt{\dfrac{p_0(1-p_0)}{n}}} = \frac{0.73 - 0.70}{\sqrt{\dfrac{0.7(1-0.7)}{100}}} = 0.655$$

④ 임계치와 기각역: 검정은 우측 단측 검정이므로 그래프의 오른쪽 꼬리부분에서 기각역이 설정되며, 임계치는 [부록 3]으로부터 $z_\alpha = z_{0.05} = 1.645$ 이 되고 기각역은 $z_{ts} > 1.645$ 가 된다.

⑤ 판정: 계산된 검정통계량의 값 (=0.655)이 귀무가설의 기각역 내에 포함되어 있지 않으므로 유의수준 0.05에서 귀무가설을 기각할 수 없다. 즉, 학생회비 인상에 반대하는 학생이 70% 이상이라고 할 수 있는 충분한 근거가 제시되지 못했다.

### 예제 8-7

**만일 선거입후보자가 총선거에서 60% 이상의 표를 획득한다면, 이는 일반적으로 '압도적 대승리'라고 볼 수 있다. 만일 총선거가 오늘 치러진다고 할 때 특정 입후보자에게 투표할 유권자의 비율을 $p$ 라고 하자. 우리는 선거가 '압도적 대승리'로 나타날 것인가를 결정하기 위해 다음과 같은 가설을 검정하고자 한다.**

$$H_0 : \ p = 0.6$$

$$H_a : \ p > 0.6$$

**이를 위해 유권자 400명을 무작위로 추출하여 특정 후보자에게 투표할 의사가 있는 유권자를 조사한 후, 의사결정규칙을 '만일 $\hat{p} > 0.64$ 이면 귀무가설을 기각한다'로 설정하였다. 이 가설검정의 유의수준은 얼마가 되겠는가?**

**풀이** 우선 표본분포를 생각해보면, 표본이 $n=400$으로 충분히 크고, $np=240>5$이므로 $\hat{p}$의 표본분포는 중심극한정리에 의해 근사적으로 평균이 $p$이며 표준편차는 $\sigma(\hat{p})=\sqrt{p_0(1-p_0)/n}$

이 된다. 검정통계량을 이용한 의사결정규칙은 우측 단측 검정이므로 만일 $z_{ts}>z_\alpha$ 이면 귀무가설을 기각한다가 된다. 즉,

$$z_{ts}=\frac{\hat{p}-p_0}{\sqrt{\frac{p_0(1-p_0)}{n}}}=\frac{\hat{p}-0.6}{\sqrt{\frac{0.6(1-0.6)}{400}}}>z_\alpha$$

의사결정규칙을 $\hat{p}$에 대하여 나타내면

$$p+z_\alpha\sqrt{\frac{0.6(1-0.6)}{400}}=0.6+z_\alpha(0.0245)=0.64$$

가 된다. 여기서 $z_\alpha$를 계산해보면 $z_\alpha=1.63$이므로 [부록 3]으로부터 $\alpha$는 0.0516이 됨을 알 수 있다.

## 8.6 $p$값을 이용한 검정

대부분의 컴퓨터 통계 패키지는 앞의 $Z$검정이나 $t$검정보다 더욱 간단한 비교가 가능한 $p$값($p$-value)을 이용한 검정을 택하고 있다. $Z$검정이나 $t$검정에서는 우측 검정의 경우 임계치의 표준화된 값인 $z_\alpha$ 또는 $t_{\alpha,\,n-1}$와 검정통계량의 표준화된 값인 $z_{ts}$ 또는 $t_{ts}$를 비교하여 귀무가설의 기각 또는 채택 여부를 결정한다. 하지만 $p$값을 이용하는 경우는 유의수준과 새로운 개념의 확률 $p$값을 비교하여 귀무가설을 기각 또는 채택하는 방법이다.

확률 $p$의 값은 귀무가설을 가정하였을 때 검정통계량 이상으로 귀무가설에서 먼 방향의 값이 나올 확률을 모두 더한 값을 말한다. 한일 축구 실력의 예시를 들어보면 경기 결과(검정통계량)가 세 골 차이일 때 한일 축구 실력이 같을 경우의 표본분포에서 세 골 차 이상의 경기 결과가 나올 확률이 바로 $p$값이 된다. 즉, 〈그림 8-11〉에서 보이는 바와 같이 '유의수준과 임계치의 관계'와 '$p$값과 검정통계량의 관계'가 같은 것이다.

이 $p$값이 유의수준보다 작으면 검정통계량이 임계치보다 멀다는 것을 의미하여 귀무가설을 기각시키고, $p$값이 유의수준보다 크면 검정통계량이 임계치보다 작다는 것을 의미하기 때문에 귀무가설을 기각할 수 없다.

우리가 주장하는 것이 대립가설이므로 우리는 통계패키지의 결과가 보여주는 $p$값이 우리가 설정한 유의수준보다 작게 나와 귀무가설을 기각하기를 원하게 된다.

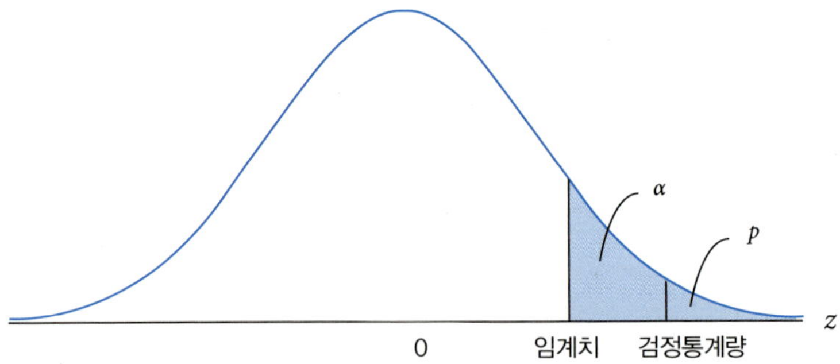


그림 8-11 $p$값의 의미

**$p$값의 정의** check

$p$값이란 귀무가설이 옳다고 가정하였을 때 검정통계량 이상으로 귀무가설에서 먼 방향의 값이 나올 확률을 말한다.

**예제 8-8**

**예제 8-2의 결과에 대해 $p$값을 계산하고, 유의수준 5%에서 귀무가설의 채택/기각 여부를 결정하라.**

**풀이** 예제 8-2의 검정통계량($z_{ts}$)은 -1.89로 계산되었다. $p$값은 검정통계량 이상으로 먼 쪽의 확률을 모두 더한 값이기 때문에 다음과 같이 계산된다.

$$p = P(z < -1.89) = 0.5 - P(0 \le z \le 1.89) = 0.5 - 0.4706 = 0.0294$$

유의수준은 0.05로 $p$값이 유의수준보다 작기 때문에 귀무가설을 기각한다.

**예제 8-9**

**예제 8-3의 결과에 대해 $p$값을 계산하고, 유의수준 1%에서 귀무가설의 채택/기각 여부를 결정하라.**

**풀이** 예제 8-3의 검정통계량($z_{ts}$)은 -2로 계산되었다. $p$값을 구해보면 다음과 같다.

$$p = P(z < -2) = 0.5 - P(0 \le z \le 2) = 0.5 - 0.4772 = 0.0228$$

이 문제는 양측 검정이기 때문에 $p$값과 비교해야 하는 유의수준은 $\alpha/2$가 된다. 따라서 유의수준은 0.005이기 때문에 결과적으로 $p$값이 유의수준보다 크게 나타나 귀무가설을 채택한다.

### 예제 8-10

웨이터의 주요 수입원은 손님에게서 받는 팁일 것이다. 따라서 당연히 소득세 신고를 해야만 한다. 국세청에서는 웨이터의 평균 주당 팁이 100,000원이라고 가정하고 있다. 그런데 최근 국세청에서 근무하게 된 김씨는 전직으로 웨이터 생활을 하였는데, 국세청의 가정은 실제 웨이터의 소득을 너무 낮게 추산한 것이라고 주장하였다. 그 결과 국세청에서는 150명의 웨이터를 표본으로 추출하여 주당 평균 팁을 계산하니 104,000원이었고, 표준편차는 22,000원이었다. $p$값을 이용하여 김씨의 주장을 뒷받침할 수 있는 충분한 근거가 있다고 할 수 있는지를 유의수준 5%에서 검정하라.

**풀이** 표본의 크기($n$)가 150으로 대표본이고, $p$값을 구하기 위해 먼저 검정통계량 $z_{ts}$를 구한다.

$$n = 150,\ \overline{X} = 104,000,\ s = 22,000,\ \alpha = 0.05$$

가설검정은 다음의 절차를 따른다.

① 가설의 설정

$H_0$ : $\mu = 100,000$ (웨이터의 주당 팁 수입은 100,000원이다.)

$H_a$ : $\mu > 100,000$ (웨이터의 주당 팁 수입은 100,000원보다 크다.)

② 표본분포

표본의 크기가 충분히 크기 때문에 표본평균의 분포는 모집단의 분포와 상관없이 정규분포를 따른다. 따라서 귀무가설이 옳을 때 가정되는 표본평균의 분포는 아래와 같다.

$$\overline{X} \sim N(100,000,\ \frac{22,000^2}{150})$$

③ 검정통계량 계산

$$z_{ts} = \frac{\overline{X} - \mu}{s/\sqrt{n}} = \frac{104,000 - 100,000}{22,000/\sqrt{150}} = \frac{4,000}{1,796.29} = 2.23$$

④ $p$값 계산

$$p = P(z > 2.23) = 0.5 - P(0 \le z \le 2.23) = 0.5 - 0.4871 = 0.0129$$

⑤ 판정

계산된 $p$값이 0.0129로 유의수준 0.05보다 작기 때문에 귀무가설을 기각한다. 즉, 웨이터의 주당 평균 팁 수입은 100,000원보다 크다고 할 수 있는 충분한 근거가 된다.

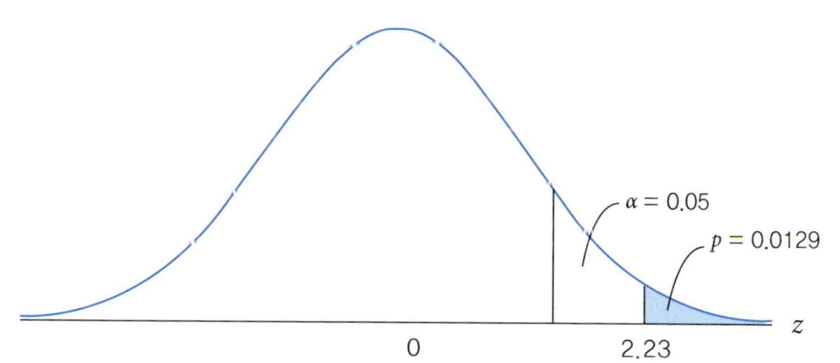

## 8.7 Excel 실습

### 8.7.1 $Z$ 검정: 표본의 크기가 클 때

아쉽게도 Microsoft Excel 2013에서는 가설검정을 하기 위한 검정통계량을 직접적으로 계산해주는 함수는 없다. 따라서 $Z$검정의 경우에는 표준정규분포의 이벤트를 계산해주는 NORM.S.INV 함수와 변수를 표준화해주는 STANDARDIZE 함수를 이용하여 임계치와 검정통계량을 각각 구한 뒤 두 값을 비교하는 방법으로 가설검정을 할 수 있다. 먼저 NORM.S.INV 함수와 STANDARDIZE 함수의 인수는 아래의 〈표 8-1〉, 〈표 8-2〉와 같다.

**표 8-1 표준정규분포에서 특정 확률에서의 이벤트를 계산하는 함수**

| 함수 | =NORM.S.INV(probability) |
|---|---|
| 인수 설명 | • probability : 이벤트 값($z_i$)을 구하고자 하는 확률이다. 알고자 하는 이벤트 값까지의 왼쪽 꼬리로부터의 누적 확률을 입력한다. |

**표 8-2 변수의 표준화를 하는 함수**

| 함수 | =STANDARDIZE(x, mean, standard_dev) |
|---|---|
| 인수 설명 | • x : 표준화하고자 하는 이벤트($x_i$)의 값을 입력한다.<br>• mean : 변수의 평균($\mu_X$)을 입력한다.<br>• standard_dev : 변수의 표준편차($\sigma_X$)를 입력한다. 표본조사의 경우 표본의 표준편차($s_X$)를 대신하여 입력할 수 있다. |

먼저, NORM.S.INV 함수는 NORM.INV 함수와 마찬가지로 그래프의 왼쪽 꼬리로부터의 누적 확률에 대응하는 이벤트 값을 구해주는 함수이다. 하지만 NORM.INV 함수는 모든 정규분포에 적용되는 함수라는 것과는 달리 NORM.S.INV 함수는 표준정규분포의 경우에만 해당이 된다. 즉, NORM.S.INV는 NORM.INV 함수의 평균과 표준편차를 각각 0, 1로 입력한 값과 같은 값을 보여주게 된다.

STANDARDIZE 함수는 이벤트를 표준화하여 $z$값을 계산해주는 함수이다.

가설검정을 하기 위해서는 임계치와 기각역을 설정하고, 검정통계량을 구한 뒤 이를 비교하여 귀무가설의 채택/기각 여부를 결정한다. 따라서 NORM.S.INV 함수를 이용하여 임계치를 구한 뒤 위의 STANDARDIZE 함수를 이용하여 검정통계량을 구하여 귀무가설의 채택/기각 여부를 판정할 수 있다. 구체적인 설명을 위해 아래의 예제들을 Excel을 이용하여 풀어보자.

**예제 8-11**

**새로운 전구를 개발한 사업자는 경쟁회사 제품의 평균 수명인 5,000시간보다 자사 신제품의 수명이 훨씬 길다고 주장한다. 사업자의 주장을 검증하기 위해 신제품 100개를 표본으로 선택하여 수명을 조사하였다. 100개의 표본조사 결과 전구의 평균 수명은 5,100시간이고, 표준편차는 500시간으로 조사되었다. 유의수준이 0.05일 때 표본조사 결과는 사업자의 주장을 지지할 만한 충분한 근거가 있다고 보는가? 이를 검정하라.**

**풀이** 문제 풀이 진행과 가설검정의 절차는 앞의 과정과 동일하기 때문에 Excel을 이용한 풀이 위주의 설명을 하도록 하겠다. 상세한 가설검정 절차는 앞의 〈예제 8-1〉의 풀이를 참고하길 바란다.

먼저 아래의 〈그림 8-12〉와 같이 NORM.S.INV 함수를 입력하여 임계치를 구한다.

| | A | B | C | D |
|---|---|---|---|---|
| 1 | | | | |
| 2 | | 신제품 전구의 수명(우측 검정) | | |
| 3 | | | | |
| 4 | | 유의수준($\alpha$) | 0.05 | |
| 5 | | 모평균($\mu_X$) | 5000 | |
| 6 | | 표본평균($\bar{x}$) | 5100 | |
| 7 | | 표본 표준편차($s_X$) | 500 | |
| 8 | | 표본의 크기($n$) | 100 | |
| 9 | | 표본평균의 표준편차($s_X/\sqrt{n}$) | 50 | =C7/SQRT(C8) |
| 10 | | | | |
| 11 | | 구분 | 계산 결과 | 입력값 |
| 12 | | 임계치 | 1.644854 | =NORM.S.INV(1-C4) |

그림 8-12

여기서 임계치를 구할 때 NORM.S.INV 함수의 인수로 (1−C4), 즉 (1−0.05)를 입력하는 이유는 위의 〈표 8-1〉에서 설명하는 것과 같이 NORM.S.INV 함수는 그래프의 왼쪽 꼬리로부터의 누적 확률에 대한 $z$값을 구하는 함수이다. 본 예시는 우측 검정 문제이기 때문에 유의수준은 그래프의 오른쪽 꼬리에서 발생한다. 따라서 왼쪽으로부터 누적된 (1−0.05=)0.95의 $z$값이 임계치가 된다.

유의수준 5%에서의 임계치는 약 1.645로 검정통계량이 임계치보다 크게 계산될 경우 귀무가설을 기각할 수 있다.

참고로 표본평균의 표준편차($s/\sqrt{n}$)을 구하기 위해 사용된 함수인 SQRT 함수는 특정 숫자의 양의 제곱근을 계산하는 함수로 분산이 주어졌을 때 표준편차를 계산하거나 $\sqrt{n}$을 구할 때 사용할 수 있다.

임계치를 구한 뒤 아래의 〈그림 8-13〉과 같이 STANDARDIZE 함수를 이용하여 검정통계량을 구한다.

|  | A | B | C | D |
|---|---|---|---|---|
| 1 |  |  |  |  |
| 2 | 신제품 전구의 수명(우측 검정) |  |  |  |
| 3 |  |  |  |  |
| 4 |  | 유의수준($\alpha$) | 0.05 |  |
| 5 |  | 모평균($\mu_X$) | 5000 |  |
| 6 |  | 표본평균($\bar{x}$) | 5100 |  |
| 7 |  | 표본 표준편차($s_X$) | 500 |  |
| 8 |  | 표본의 크기($n$) | 100 |  |
| 9 |  | 표본평균의 표준편차($s_X/\sqrt{n}$) | 50 | =C7/SQRT(C8) |
| 10 |  |  |  |  |
| 11 |  | 구분 | 계산 결과 | 입력값 |
| 12 |  | 임계치 | 1.644854 | =NORM.S.INV(1-C4) |
| 13 |  | 검정통계량($z_{ts}$) | 2 | =STANDARDIZE(C6,C5,C9) |

**그림 8-13**

검정통계량이 임계치보다 크게 계산되어 귀무가설을 기각하며, 전구의 평균 수명은 5,000시간보다 길다고 하는 사업자의 주장을 지지할 만한 근거가 된다고 할 수 있다.

위에서 풀이한 [예제 8-12]는 우측 검정 문제를 Excel을 이용하여 풀이한 예시를 보여준다. 다음으로 좌측 검정 문제에 대한 예시를 살펴보자.

**예제 8-12**

**현대백화점 관리자는 백화점카드 사용 고객을 대상으로 새로운 비용청구 시스템에 대한 연구를 진행하고 있다. 철저한 재무 분석을 실시한 후, 관리자는 각 사용자의 한 달 평균 사용금액이 50,000원 미만인 경우에는 새로운 청구 시스템이 비용 측면에서 효과적이지 못하다는 결론을 내렸다. 이와 같은 결론에 대해 200개의 고객 계좌를 무작위로 추출하여 평균 사용금액을 조사하니 46,000원이고, 표준편차가 30,000원이었다. 5%의 유의수준에서 새로운 청구 시스템이 효과적이라고 결론내릴 수 있는 충분한 근거가 있다고 보는가?**

**풀이** [예제 8-12] 또한 [예제 8-11]과 마찬가지로 표본의 크기가 충분히 크기 때문에 $Z$검정을 이용하여 가설을 검정한다.

먼저 〈그림 8-14〉와 같이 NORM.S.INV 함수를 이용하여 임계치를 구할 수 있다.

| | A | B | C | D |
|---|---|---|---|---|
| 1 | | | | |
| 2 | 백화점 비용 청구 시스템 문제(좌측 검정) | | | |
| 3 | | | | |
| 4 | | 유의수준($\alpha$) | 0.05 | |
| 5 | | 모평균($\mu_X$) | 50000 | |
| 6 | | 표본평균($\bar{x}$) | 46000 | |
| 7 | | 표본 표준편차($s_X$) | 30000 | |
| 8 | | 표본의 크기($n$) | 200 | |
| 9 | | 표본평균의 표준편차($s_X/\sqrt{n}$) | 2121.32 | =C7/SQRT(C8) |
| 10 | | | | |
| 11 | | 구분 | 계산 결과 | 입력값 |
| 12 | | 임계치 | -1.64485 | =NORM.S.INV(C4) |

그림 8-14

본 예시에서는 앞의 [예제 8-11]과는 달리 임계치를 구할 때 NORM.S.INV 함수의 인수로 (1-0.05)가 아닌 (0.05)를 입력하는 이유는 [예제 8-11]의 문제는 우측 검정의 문제이고, [예제 8-12]는 반대로 좌측 검정의 문제이기 때문이다. 따라서 유의수준은 그래프의 왼쪽 꼬리에서 발생하기 때문에 그래프의 왼쪽으로부터 누적된 확률 0.05에 대응하는 $z$값이 임계치가 된다.

유의수준 5%에서의 임계치는 약 -1.645로 검정통계량이 임계치보다 작게 계산될 경우 귀무가설을 기각할 수 있다.

임계치를 구한 뒤 앞의 문제와 마찬가지로 아래의 〈그림 8-15〉와 같이 STANDARDIZE 함수를 이용하여 검정통계량을 구한다.

| | A | B | C | D |
|---|---|---|---|---|
| 1 | | | | |
| 2 | 백화점 비용 청구 시스템 문제(좌측 검정) | | | |
| 3 | | | | |
| 4 | | 유의수준($\alpha$) | 0.05 | |
| 5 | | 모평균($\mu_X$) | 50000 | |
| 6 | | 표본평균($\bar{x}$) | 46000 | |
| 7 | | 표본 표준편차($s_X$) | 30000 | |
| 8 | | 표본의 크기($n$) | 200 | |
| 9 | | 표본평균의 표준편차($s_X/\sqrt{n}$) | 2121.32 | =C7/SQRT(C8) |
| 10 | | | | |
| 11 | | 구분 | 계산 결과 | 입력값 |
| 12 | | 임계치 | -1.64485 | =NORM.S.INV(C4) |
| 13 | | 검정통계량($z_{0}$) | -1.88562 | =STANDARDIZE(C6,C5,C9) |

그림 8-15

검정통계량이 임계치보다 작게 계산되었기 때문에 귀무가설을 기각하며, 현대백화점 카드 사용자의 한 달 평균 사용 금액은 50,000원보다 짧다고 할 만한 근거가 된다고 할 수 있다. 즉, 새로운 비용 청구 시스템은 효과적이지 못하다고 할 수 있다.

이제 양측 검정의 경우 임계치를 구하는 방법을 알아보기 위해 다음 예제를 살펴보자.

**예제 8-13**

**천일기업에서 생산하는 백열전구의 수명은 평균이 1,000시간, 분산이 10,000시간이라고 알려져 왔다. 천일기업의 경영진은 최근의 잦은 노사분규로 인한 종업원의 근로 의욕 저하로 지금까지 알려져 온 백열전구의 평균 수명이 여전히 유지되고 있는지에 의문을 제기하였다. 이에 따라 64개의 전구를 무작위로 추출하여 수명을 검사한 결과 평균 975시간으로 나타났다. 이러한 표본의 정보는 천일기업에서 생산되는 전구의 평균 수명 1,000시간과 다르다는 것을 의미하는가? 이를 1%의 유의수준에서 검정하라.**

**풀이** [예제 8-13]도 앞의 문제들과 마찬가지로 표본의 크기가 충분히 크기 때문에 $Z$검정을 이용하여 가설을 검정한다.

아래의 〈그림 8-16〉과 같이 NORM.S.INV 함수를 이용하여 임계치를 구할 수 있다.

| | A | B | C | D |
|---|---|---|---|---|
| 1 | | | | |
| 2 | 백열전구의 수명 검정 문제(양측 검정) | | | |
| 3 | | | | |
| 4 | | 유의수준($\alpha$) | 0.01 | |
| 5 | | 모평균($\mu_X$) | 1000 | |
| 6 | | 표본평균($\bar{x}$) | 975 | |
| 7 | | 모분산($\sigma_X^2$) | 10000 | |
| 8 | | 표본의 크기($n$) | 64 | |
| 9 | | 표본평균의 표준편차($\sigma_X/\sqrt{n}$) | 12.5 | =SQRT(C7)/SQRT(C8) |
| 10 | | | | |
| 11 | | 구분 | 계산 결과 | 입력값 |
| 12 | | 임계치 | 2.575829 | =ABS(NORM.S.INV(C4/2)) |

그림 8-16

양측 검정의 경우 그래프의 양쪽 꼬리 바깥으로 유의수준을 반으로 나눈 지점에 발생하기 때문에 〈그림 8-16〉의 D12 셀에 입력된 것과 같이 유의수준을 반으로 나눈 지점의 임계치를 구하게 된다. 여기서 ABS 함수는 인수로 지정된 숫자의 절대값을 구하는 함수이다. 절대값을 구하지 않고 좌측으로부터의 누적 확률이 (1−0.025=)0.975에 대응하는 $z$값을 구하여도 무방하다.

유의수준 1%에서의 양측 검정 임계치는 ±2.575829로 계산되었다. 검정통계량의 절대값이 임계치보다 크게 계산될 경우에 귀무가설을 기각할 수 있다.

임계치를 구한 뒤에는 앞의 문제들과 마찬가지로 〈그림 8-17〉과 같이 STANDARDIZE 함수를 이용하여 검정통계량을 구한다.

| | A | B | C | D |
|---|---|---|---|---|
| 1 | | | | |
| 2 | 백열전구의 수명 검정 문제(양측 검정) | | | |
| 3 | | | | |
| 4 | | 유의수준($\alpha$) | 0.01 | |
| 5 | | 모평균($\mu_X$) | 1000 | |
| 6 | | 표본평균($\bar{x}$) | 975 | |
| 7 | | 모분산($\sigma_X^2$) | 10000 | |
| 8 | | 표본의 크기($n$) | 64 | |
| 9 | | 표본평균의 표준편차($\sigma_X/\sqrt{n}$) | 12.5 | =SQRT(C7)/SQRT(C8) |
| 10 | | | | |
| 11 | | 구분 | 계산 결과 | 입력값 |
| 12 | | 임계치 | 2.575829 | =ABS(NORM.S.INV(C4/2)) |
| 13 | | 검정통계량($z_{ts}$) | 2 | =ABS(STANDARDIZE(C6,C5,C9)) |

그림 8-17

검정통계량의 절대값이 임계치보다 작게 계산되었기 때문에 귀무가설을 채택하게 되고, 백열전구의 평균 수명이 달라졌다고 할 수 있는 충분한 근거가 되지 못한다.

## 8.7.2 $t$검정: 표본의 크기가 작을 때

$t$검정 또한 $Z$검정과 마찬가지로 Microsoft Excel 2013에서 검정통계량을 직접적으로 계산해주는 함수가 존재하지 않기 때문에 임계치와 검정통계량을 각각 구한 뒤 두 값을 비교하는 방법으로 가설검정을 할 수 있다. 검정통계량을 계산하는 과정은 $Z$검정과 $t$검정이 동일하기 때문에 $t$검정 시의 임계치를 구하는 함수를 알아보도록 하겠다.

**표 8-3 $t$분포에서 특정 확률에서의 이벤트를 구하는 함수(단측)**

| 함수 | =T.INV(probability, deg_freedom) |
|---|---|
| 인수 설명 | • probability : 이벤트 값($t_i$)을 구하고자 하는 확률이다. 알고자 하는 이벤트 값까지의 왼쪽 꼬리로부터의 누적 확률을 입력한다.<br>• deg_freedom : 구하고자 하는 $t$분포의 자유도를 입력한다. |

T.INV 함수는 NORM.INV, NORM.S.INV 함수와 마찬가지로 그래프의 왼쪽 꼬리로부터의 누적 확률에 대응하는 이벤트 값을 구해주는 함수이다. 구하고자 하는 확률의 왼쪽으로부터의 누적 확률과 자유도를 이용하여 임계치를 구하는 데 이용할 수 있다.

$t$검정에서의 검정통계량($t_{ts}$)은 $Z$검정과 마찬가지로 STANDARDIZE 함수를 이용하여 구한다. 다음 예제를 풀어보자.

**예제 8-14**

산업백화점은 고객의 주문배달 서비스에 대한 광고로 지역 내의 배달인 경우 평균 6시간 이내로 배달할 수 있다고 한다. 이러한 배달 서비스의 품질을 보증하기 위한 노력으로 품질검사를 실시하였다. 즉 지역 내의 물건 배달에 대하여 무작위로 9개의 표본을 추출해보니 아래와 같은 결과를 얻었다.

(단위: 시간)

| 7 | 3 | 4 | 6 | 10 | 5 | 6 | 4 | 3 |
|---|---|---|---|---|---|---|---|---|

배달 시간은 정규분포를 따른다고 가정할 때 0.05의 유의수준에서 산업백화점의 광고가 사실이라고 할 수 있는 충분한 근거가 있다고 생각하는가?

**풀이** 먼저 아래의 〈그림 8-18〉과 같이 데이터를 입력하고, 데이터의 요약치를 계산한다.

| | A | B | C | D | E | F |
|---|---|---|---|---|---|---|
| 1 | | | | | | |
| 2 | 산업백화점 배달시간 문제(좌측 검정) | | | | | |
| 3 | | | | | | 입력값 |
| 4 | | 데이터 | | 유의수준($\alpha$) | 0.05 | |
| 5 | | 7 | | 모평균($\mu_X$) | 6 | |
| 6 | | 3 | | 표본평균($\bar{x}$) | 5.333333 | =AVERAGE(B5:B13) |
| 7 | | 4 | | 표본 표준편차($s_X$) | 2.236068 | =STDEV.S(B5:B13) |
| 8 | | 6 | | 표본의 크기($n$) | 9 | |
| 9 | | 10 | | 표본평균의 표준편차($s_X/\sqrt{n}$ ) | 0.745356 | =E7/SQRT(E8) |
| 10 | | 5 | | | | |
| 11 | | 6 | | | | |
| 12 | | 4 | | | | |
| 13 | | 3 | | | | |

그림 8-18

표본평균($\overline{X}$)과 표본 표준편차($s$)를 구하는 함수는 앞의 2장에서 설명하였다. 데이터를 정리한 후 아래의 〈그림 8-19〉과 같이 T.INV 함수를 이용하여 임계치를 구한다.

| | A | B | C | D | E | F |
|---|---|---|---|---|---|---|
| 1 | | | | | | |
| 2 | 산업백화점 배달시간 문제(좌측 검정) | | | | | |
| 3 | | | | | | 입력값 |
| 4 | | 데이터 | | 유의수준($\alpha$) | 0.05 | |
| 5 | | 7 | | 모평균($\mu_X$) | 6 | |
| 6 | | 3 | | 표본평균($\bar{x}$) | 5.333333 | =AVERAGE(B5:B13) |
| 7 | | 4 | | 표본 표준편차($s_X$) | 2.236068 | =STDEV.S(B5:B13) |
| 8 | | 6 | | 표본의 크기($n$) | 9 | |
| 9 | | 10 | | 표본평균의 표준편차($s_X/\sqrt{n}$ ) | 0.745356 | =E7/SQRT(E8) |
| 10 | | 5 | | | | |
| 11 | | 6 | | 구분 | 계산 결과 | 입력값 |
| 12 | | 4 | | 임계치 | -1.85955 | =T.INV(E4,E8-1) |
| 13 | | 3 | | | | |

그림 8-19

본 예제는 좌측 검정 문제이기 때문에 유의수준은 그래프의 왼쪽 꼬리에서 발생하며, 따라서 T.INV의 probability 인수로는 유의수준(0.05)을 그대로 입력한다.

유의수준 5%에서의 임계치는 −1.86으로 검정통계량이 임계치보다 작게 계산될 경우 귀무가설을 기각할 수 있다.

임계치를 구한 뒤는 $Z$검정에서의 절차와 마찬가지로 아래의 〈그림 8-20〉과 같이 STANDARDIZE 함수를 이용하여 검정통계량을 구한다.

| | A | B | C | D | E | F |
|---|---|---|---|---|---|---|
| 1 | | | | | | |
| 2 | 산업백화점 배달시간 문제(좌측 검정) | | | | | |
| 3 | | | | | | 입력값 |
| 4 | | 데이터 | | 유의수준($\alpha$) | 0.05 | |
| 5 | | 7 | | 모평균($\mu_X$) | 6 | |
| 6 | | 3 | | 표본평균($\bar{x}$) | 5.333333 | =AVERAGE(B5:B13) |
| 7 | | 4 | | 표본 표준편차($s_X$) | 2.236068 | =STDEV.S(B5:B13) |
| 8 | | 6 | | 표본의 크기($n$) | 9 | |
| 9 | | 10 | | 표본평균의 표준편차($s_X/\sqrt{n}$) | 0.745356 | =E7/SQRT(E8) |
| 10 | | 5 | | | | |
| 11 | | 6 | | 구분 | 계산 결과 | 입력값 |
| 12 | | 4 | | 임계치 | -1.85955 | =T.INV(E4,E8-1) |
| 13 | | 3 | | 검정통계량($t_{ts}$) | -0.89443 | =STANDARDIZE(E6,E5,E9) |

그림 8-20

검정통계량이 임계치보다 크게 계산되어 귀무가설을 채택하며, 평균 배달 시간이 6시간보다 짧다고 하는 산업백화점의 주장을 지지하기 어렵다.

$t$검정의 경우 단측 검정뿐만 아니라 양측 검정인 경우의 $t$값을 구해주는 함수도 있다. 기본적으로 T.INV 함수와 동일하나 함수의 이름이 달라지는데, 이에 대한 구체적인 내용은 〈표 8-4〉와 같다.

〈표 8-4〉에서 보면 알 수 있듯이 T.INV.2T 함수는 $t$검정, 특히 양측 검정을 할 때 앞의 $Z$검정처럼 유의수준에 대한 별도의 계산 절차 없이 편리하게 임계치를 구할 수 있다. 즉, probability 인수에 유의수준($\alpha$)을 입력하면 자동으로 유의수준을 반으로

**표 8-4 $t$분포에서 특정 확률에서의 이벤트를 구하는 함수(양측)**

| 함수 | =T.INV.2T(probability, deg_freedom) |
|---|---|
| 인수 설명 | • probability : 이벤트 값($t_i$)을 구하고자 하는 확률이다. 알고자 하는 이벤트 값까지의 왼쪽과 오른쪽 꼬리로부터의 누적 확률의 합을 입력한다.<br>• deg_freedom : 구하고자 하는 $t$분포의 자유도를 입력한다. |

나눈 경우의 $t$값($t_{\alpha/2}$)을 구할 수 있는 것이다. 구체적인 활용 방법을 알아보기 위해 아래의 예제를 풀어보자.

**예제 8-15**

**모나미 문구사에서 제작한 30cm 자를 구매한 도매상은 자의 길이가 30cm가 맞는지를 알아보고자 한다. 15개의 표본을 추출하여 조사한 결과 평균 길이가 30.6cm이고, 표준편차가 0.4cm라는 것을 발견하였다. 그는 자의 길이가 30cm라는 가정에 반대되는 강력한 증거가 제시되지 않는 한 자의 평균 길이가 30cm라는 것을 가정하고자 한다. 자의 길이는 정규분포라는 것을 가정한다. 도매상의 가설을 2%의 유의수준에서 검정하라.**

**풀이** 이 문제는 표본의 크기($n$)가 15로 소표본이고, 모집단의 분포(자의 길이의 분포)가 정규분포를 가정하고 있기 때문에 $t$검정으로 가설을 검정할 수 있다.

① 가설의 설정

$H_0$ : $\mu = 30$ (모나미 문구사에서 제작한 자의 평균 길이는 30cm이다.)

$H_a$ : $\mu \neq 30$ (모나미 문구사에서 제작한 자의 평균 길이는 30cm가 아니다.)

② 표본분포

$$\frac{\overline{X} - \mu}{s/\sqrt{n}} \sim t(14)$$

③ 검정통계량 계산

임계치를 구한 뒤에는 앞의 문제와 마찬가지의 절차를 거쳐 아래의 〈그림 8-21〉과 같이 STANDARDIZE 함수를 이용하여 검정통계량을 구한다.

| | A | B | C | D |
|---|---|---|---|---|
| 1 | | | | |
| 2 | 자의 길이 검정 문제(양측 검정) | | | |
| 3 | | | | |
| 4 | | 유의수준($\alpha$) | 0.02 | |
| 5 | | 모평균($\mu_X$) | 30 | |
| 6 | | 표본평균($\bar{x}$) | 30.6 | |
| 7 | | 표본 표준편차($s_X$) | 0.4 | |
| 8 | | 표본의 크기($n$) | 15 | |
| 9 | | 표본평균의 표준편차($s_X/\sqrt{n}$) | 0.10328 | =C7/SQRT(C8) |
| 10 | | | | |
| 11 | | 구분 | 계산 결과 | 입력값 |
| 12 | | 임계치 | 2.624494 | =T.INV.2T(C4,C8-1) |

그림 8-21

④ 임계치와 기각역

검정은 양측 검정이므로 아래의 〈그림 8-22〉와 같이 T.INV.2T 함수를 이용하여 임계치를 구할 수 있다.

| | A | B | C | D |
|---|---|---|---|---|
| 1 | | | | |
| 2 | 자의 길이 검정 문제(양측 검정) | | | |
| 3 | | | | |
| 4 | | 유의수준($\alpha$) | 0.02 | |
| 5 | | 모평균($\mu_X$) | 30 | |
| 6 | | 표본평균($\bar{x}$) | 30.6 | |
| 7 | | 표본 표준편차($s_X$) | 0.4 | |
| 8 | | 표본의 크기($n$) | 15 | |
| 9 | | 표본평균의 표준편차($s_X/\sqrt{n}$) | 0.10328 | =C7/SQRT(C8) |
| 10 | | | | |
| 11 | | 구분 | 계산 결과 | 입력값 |
| 12 | | 임계치 | 2.624494 | =T.INV.2T(C4,C8-1) |
| 13 | | 검정통계량($t_{ts}$) | 5.809475 | =STANDARDIZE(E6,E5,E9) |

그림 8-22

〈그림 8-22〉에서 보는 바와 같이 유의수준 2%에서의 양측 검정 임계치는 2.624494로 검정통계량의 절대값이 임계치보다 크게 계산될 경우 귀무가설을 기각할 수 있다.

따라서 임계치와 기각역은 각각 아래와 같이 정리할 수 있다.

임계치 : $\pm t_{14,0.01} = \pm 2.624494$

기각역 : $t_{ts} < -2.624494$ 또는 $t_{ts} > 2.624494$

⑤ 판정

계산된 검정통계량($t_{ts}$)이 약 5.81로 귀무가설의 기각역 내에 포함되어있기 때문에 귀무가설을 기각하고, 대립가설을 채택할 수 있다. 따라서 모나미 문구사에서 제작한 자의 평균 길이는 30cm라고 말하기 어렵다고 할 수 있다.

### 8.7.3 $p$값을 이용한 검정

앞에서 이미 언급했듯이 Microsoft Excel 2013에서 검정통계량을 구하지는 않지만, $Z$검정에 한하여 $p$값을 이용하여 가설을 검정할 수 있다. $t$검정의 경우에는 앞에서 배운 절차를 통해 검정통계량을 구한 뒤 해당 검정통계량 바깥쪽의 넓이를 따로 구하는 방법을 통해 $p$값을 구할 수 있다. 먼저 $Z$검정에서 사용하는 함수를 알아보면 아래의 〈표 8-5〉와 같다.

**표 8-5 *Z*검정에서 $p$값을 이용한 가설검정을 하기 위한 함수**

| 함수 | =Z.TEST(array, x, [sigma]) |
|---|---|
| 인수 설명 | • array : 가설검정을 하기 위한 표본 데이터의 범위를 입력한다.<br>• x : 가설검정을 하기 위한 평균값, 즉 $\mu_0$를 입력한다.<br>• [sigma] : 모표준편차($\sigma$)의 값을 알고 있을 경우 이를 입력한다. [sigma] 인수는 생략할 수 있으며, 생략 시에는 자동으로 표본의 표준편차로 대신하여 가설검정을 한다. |

Z.TEST 함수는 가설검정을 하고자 하는 데이터가 있을 경우, 이를 검정하기 위해 데이터의 표본평균, 표본분산 등의 정보로 요약하고, 검정통계량($z_{ts}$)을 구하는 등의 복잡한 절차 없이 데이터의 입력 범위와 모평균 값($\mu$)을 입력하면 자동으로 $p$값을 구해 주는 편리한 함수이다. 이에 대해 구체적으로 살펴보기 위해 다음의 예제를 살펴보자.

**예제 8-16**

**산업(주)의 노동조합 위원장은 연평균 2,000만 원의 조합원임금은 동일 산업의 다른 직장 근로자들에 비해 열악하다고 주장하면서 임금 인상을 요구하고 있다. 하지만 이와 반대로 경영자들은 동일 산업의 다른 근로자들이 연평균 2,000만 원 이하를 받고 있기 때문에 다른 기업보다 조합원들에게 임금을 많이 지급한다고 주장하고 있다. 이를 해결하기 위해 분쟁조정위원에 조정을 신청하였다. 중재자와 노사 당사자들은 산업 내의 50개 기업들로부터 연평균 임금에 대한 표본을 추출하여 산업(주)의 노동조합이 주장하는 바에 대해 결정을 내리기로 합의하였다. 50개 기업의 연평균 임금을 계산하니 2,092만 원이었다. 50개 기업에 대한 연평균 임금의 데이터는 아래의 표와 같다. 0.05의 유의수준에서 노동조합의 가설을 검정하라.**

(단위: 만 원)

| | | | | | | | | | |
|---|---|---|---|---|---|---|---|---|---|
| 2,510 | 2,120 | 1,900 | 1,950 | 2,150 | 1,980 | 1,950 | 1,850 | 2,150 | 2,860 |
| 2,315 | 2,360 | 1,960 | 1,860 | 1,590 | 2,015 | 2,145 | 1,780 | 1,980 | 2,450 |
| 1,960 | 2,300 | 1,840 | 2,450 | 2,150 | 1,870 | 2,100 | 1,960 | 2,150 | 2,350 |
| 1,690 | 2,200 | 1,870 | 2,500 | 2,250 | 2,400 | 2,020 | 1,890 | 2,760 | 1,740 |
| 2,350 | 2,030 | 1,920 | 1,650 | 1,590 | 2,280 | 2,085 | 1,945 | 1,760 | 2,540 |

**풀이** 먼저 가설을 설정해야 한다. 표본평균($\overline{X}=2{,}092$)이 모평균($\mu=2{,}000$)보다 크게 나왔기 때문에 산업(주)의 노동조합이 주장하는 것을 반영하여 다음과 같이 가설을 설정한다.

$H_0$ : $\mu=2{,}000$ (산업 내의 연 평균 임금은 2,000만 원이다.)

$H_a$ : $\mu>2{,}000$ (산업 내의 연 평균 임금은 2,000만 원보다 많다.)

아래의 〈그림 8-23〉와 같이 데이터를 입력한 후 Z.TEST 함수를 이용하여 $p$값을 구한다.

| | A | B | C | D | E | F | G | H | I | J | K |
|---|---|---|---|---|---|---|---|---|---|---|---|
| 1 | | | | | | | | | | | |
| 2 | 산업㈜ 임금 검정 문제(우측 검정) | | | | | | | | | | |
| 3 | | | | | | | | | | | |
| 4 | | 데이터 | | | | | | | | | |
| 5 | | 2,510 | 2,120 | 1,900 | 1,950 | 2,150 | 1,980 | 1,950 | 1,850 | 2,150 | 2,860 |
| 6 | | 2,315 | 2,360 | 1,960 | 1,860 | 1,590 | 2,015 | 2,145 | 1,780 | 1,980 | 2,450 |
| 7 | | 1,960 | 2,300 | 1,840 | 2,450 | 2,150 | 1,870 | 2,100 | 1,960 | 2,150 | 2,350 |
| 8 | | 1,690 | 2,200 | 1,870 | 2,500 | 2,250 | 2,400 | 2,020 | 1,890 | 2,760 | 1,740 |
| 9 | | 2,350 | 2,030 | 1,920 | 1,650 | 1,590 | 2,280 | 2,085 | 1,945 | 1,760 | 2,540 |
| 10 | | | | | | | | | | | |
| 11 | | | | 계산 결과 | 입력값 | | | | | | |
| 12 | | Z검정 결과 | | 0.013802876 | =Z.TEST(B5:K9,2000) | | | | | | |

그림 8-23

문제에서 모분산에 대한 정보는 주어지지 않았기 때문에 Z.TEST 함수의 인수는 array와 x만을 입력하고, sigma 인수는 입력하지 않는다. 즉, 이 결과는 입력된 표본 데이터의 표준편차를 이용하여 계산된 결과이다.

계산 결과 $p$값이 0.014로 유의수준 0.05보다 작게 나왔기 때문에 귀무가설을 기각할 수 있다. 따라서 동종 산업의 연평균 임금이 2,000만 원 이상이라는 산업(주) 노동조합의 주장이 채택되었으며 회사는 임금 인상에 대한 협의를 하기로 결정하였다.

$t$검정의 경우 앞에서도 언급하였듯이 먼저 검정통계량($t_{ts}$)을 계산한 뒤 해당되는 검정통계량의 바깥쪽 부분의 넓이를 구하는 방법으로 $p$값을 이용한 검정을 실시한다. $t$분포에서의 그래프의 넓이를 구하는 함수는 〈표 8-6〉과 같다.

**표 8-6 $t$분포에서 이벤트에서의 확률을 구하는 함수**

| | | |
|---|---|---|
| 함수 | 좌측 | =T.DIST(x, deg_freedom, cumulative) |
| | 우측 누적 | =T.DIST.RT(x, deg_freedom) |
| 인수 설명 | | • x : 확률을 구하고자 하는 이벤트($t_0$)값을 입력한다.<br>• deg_freedom : 구하고자 하는 $t$분포의 자유도를 입력한다.<br>• cumulative : TRUE 또는 FALSE로 입력한다. TRUE는 이벤트 값($x$)까지 구간의 누적 확률($P(t \le t_0)$)을 구하고, FALSE는 해당 이벤트의 확률($P(t = t_0)$)을 구한다. |

$t$ 검정 시 검정통계량의 $p$ 값 계산

| 문제 | 검정 방향 | 유의수준($\alpha$) | 표본의 크기($n$) | 검정통계량($t_{ts}$) | $p$ 값 | 입력값 |
|---|---|---|---|---|---|---|
| 예제 8-4 | 우측 | 0.01 | 9 | 2.64 | 0.014857 | =T.DIST.RT(F5,E5-1) |
| 예제 8-5 | 좌측 | 0.05 | 9 | -0.89 | 0.199719 | =T.DIST(F6,E6-1,TRUE) |

그림 8-24

〈표 8-6〉에서 보면 알 수 있듯이 $t$분포의 확률을 구하는 함수는 가설검정의 방향에 따라 사용하는 함수가 각각 다르다. T.DIST 함수는 cumulative 인수를 'TRUE'라고 입력하였을 경우에 그래프의 왼쪽 꼬리로부터의 누적 확률을 계산해주기 때문에 좌측 검정 시에 이용할 수 있고, T.DIST.RT 함수는 그래프의 오른쪽 꼬리로부터의 누적 확률을 구해주기 때문에 우측 검정 시에 사용한다. 양측 검정의 경우 검정통계량($t_{ts}$)의 부호에 따라 T.DIST 또는 T.DIST.RT 함수를 이용하여 $p$값을 계산한다.

이 함수들의 활용 방법을 알아보기 위해 [예제 8-4]와 [예제 8-5]의 검정통계량을 가지고 이들의 $p$값을 구해보기로 하자. 먼저 〈그림 8-24〉와 같이 각 문제의 내용을 요약하여 정리한 뒤 $p$값을 계산해볼 수 있다.

〈그림 8-24〉에서 보면 알 수 있듯이 [예제 8-4]의 $p$값은 0.014857, [예제 8-5]의 $p$값은 0.199719로 계산되었다는 것을 확인할 수 있고, 이들은 각 문제의 유의수준(각각 0.01과 0.05)보다 크기 때문에 귀무가설을 채택하며, 검정통계량을 이용한 검정 방법과 동일한 결론이 도출되었음을 알 수 있다.

## 사례연구 : 구단 매장 운영에 관한 의사결정

K 구단은 홈 구장 내에 관중들의 편의를 증진하기 위한 여러 매장(음료매장, 기념품 매장, 간편 식사가 가능한 매장, 등등)을 운영하고 있다. 특히, 구단 매장을 담당하는 마케팅 관리자는 음료 매장의 방문고객의 수가 매장 운영수익에 많은 영향을 미칠 것으로 판단하고 있다. 현재 홈 게임이 있는 날에 음료매장을 방문하는 고객의 수는 안정적으로 약 1,200명 정도로 나타나 있다. 마케팅 담당자는 방문고객의 수를 증가시키기 위해, 고객에게 판매하는 맥주가격의 할인을 고려하고 있다. 즉, 보통 크기의 맥주(330ml)는 5,000원에서 4,000원으로, 500ml의 대형 크기의 맥주는 7,000원에서 6,000원으로 할인하고자 한다. 물론 이러한 가격 할인에도 맥주판매의 판매이익은 약 30%에 달하기 때문에 별 문제가 없다.

K 구단은 201/년부너 맥수 가격을 인하하는 정책을 사용하였다. 이러한 할인 판매 전략의 효용성을 판단하기 위해, 홈 경기가 있었던 32게임을 선정하여, 음료매장을 방문한 고객의 수를 살펴보았다. 그 결과 평균이 1380명이고, 표준편차가 185명으로 나타났다. 이러한 고객의 증가는 거의 10%의 방문고객의 증가로 상당히 의미가 있는 결과로 볼 수도 있다. 그러나 표본이 그리 크지 않기 때문에 이러한 정책을 지속적으로 사용하는 것에 대한 충분한 근거를 확보하였다고 판단하기에는 약간 무리가 있다는 지적도 있었다. 그렇다면, 가격할인이 음료매장의 방문고객의 수를 증가시키는 주요한 정책이라고 말할 수 있는 충분한 근거가 있는지? 통계적으로 검증을 하려고 한다. 검정 결과에 대한 보고서를 작성하라.

# 연 / 습 / 문 / 제



01 합리적인 판단이란 무엇인가?

02 의사결정자는 무엇을 통제할 목적으로 유의수준($\alpha$)을 결정하는가?

03 2종 오류(type II error)는 언제 발생하는가?

04 가설검정에 있어 임계치란 무엇인가?

05 가설검정에 있어 귀무가설과 대립가설을 구성하는 기준은 무엇인가?

06 만일 대도시 지역 유권자의 절반 이상이 대통령의 '신 경제정책'에 지지하고 있다는 것을 증명하고자 한다고 할 때, 가장 적절한 대립가설은 무엇이 되는가?

07 유의수준 0.01에서 귀무가설($H_0$)을 기각하였다고 한다. 유의수준 0.05에서는 이 의사결정에 변동이 발생한다고 생각하는가?

08 매지 증권회사에서는 직원들에게 평균 1,255,000원의 연말 보너스를 지급하였다고 한다. 세아 증권회사의 직원들은 매지 증권회사에 비해 연말 보너스를 적게 지급받았다고 주장하며 연말 보너스 인상을 요구하였다. 이에 세아 증권회사 재무부에서는 실제로 매지 증권회사에 비해 연말 보너스가 적게 지급되었는지 확인하기 위해 40명의 직원에 대한 연말 보너스 지급액을 조사해본 결과 평균 1,180,000원이었다. 증권 산업의 연말 보너스의 표준편차는 300,000원이라고 알려져 있다. 다음 물음에 답하라.

(1) 이 검정의 귀무가설과 대립가설은 무엇인가?

(2) 세아 증권회사 직원들에게 지급된 연말 보너스의 표본분포를 구하라.

(3) 이 검정의 검정통계량을 계산하라.

(4) 유의수준이 10%라고 할 때, 임계치와 기각역을 설정하라.

(5) $p$값은 얼마인가?

(6) 결론은 무엇인가?

(7) 만약 유의수준을 5%로 다시 설정한다면, 결론은 어떻게 되는가?

**09** 다라 백화점에서 근무하는 직원들의 임금은 2009년에 시간당 14,320원이었다. 3년 뒤 75명의 직원들을 추출하여 임금을 조사해 본 결과 시간당 평균 14,680원의 임금을 받고 있었다. 모집단의 표준편차는 1,450원으로 알려져 있다. 다라 백화점의 점장은 1%의 유의수준에서 3년 동안 임금이 충분히 올랐다고 결론이 난다면 내년도 직원들의 임금을 동결하기로 하였다. 이 문제에 대한 가설을 검정하고, 직원들의 임금 동결 여부를 결정하라.

**10** 트럭회사는 A 브랜드 타이어의 평균 수명이 45,000km보다 적다고 의심하고 있다. 따라서 가설을 설정하여 검정하고자 한다. 회사는 A 브랜드의 타이어를 40개 선택하여 평균 수명을 조사하니 평균이 44,300km이고, 표준편차가 2,170km로 나타났다.

(1) 위 검정의 귀무가설과 대립가설은 무엇인가?

(2) 유의수준 0.01에서 기각역을 설정하라.

(3) 유의수준 0.01에서 이 문제를 가설검정하라.

**11** 가설 $H_0 : \mu = 10$ 대 $H_a : \mu \neq 10$을 검정하기 위해 36개의 표본을 선택하여 평균과 표준편차를 계산하니 각각 12와 6이 나왔다.

(1) 어떠한 표준검정통계량을 사용해야 하는가? 그 이유는?

(2) 유의수준 0.05에서 위의 문제를 가설검정하라.

**12** O.K. 맥주회사는 자동화된 기계로 맥주병에 맥주를 채우고 있다. 기계사용에 있어 중요한 점은 맥주병의 내용이 적어도 340ml가 되어야 한다. 생산관리자는 가설을 세워 기계가 제대로 작동하고 있는지를 검정하고자 하였다. 이를 위해 100개의 표본을 추출하여 내용물의 양을 계산하니 평균이 325ml이고, 표준편차는 8.5ml임을 발견하였다.

(1) 이 검정의 가설은 무엇인가?

(2) 0.05의 유의수준에서 임계치와 기각역을 설정하라.

(3) 표준 검정통계량 값은 얼마인가?

(4) 가장 적합한 결론은 무엇인가?

**13** 가설 $H_0 : \mu = 50$ 대 $H_a : \mu < 50$을 검정하기 위하여 100개의 표본을 선택하여 평균과 표준편차를 계산하니 각각 51과 10이었다.

(1) 이 검정에 있어 $p$값은 얼마인가?

(2) 만약 $\alpha$가 0.1이라면 어떠한 결론을 내릴 수 있는가?

**14** 병원관리자는 입원자의 평균 입원일수가 10일 이상이라는 것을 주장하고 있다. 따라서 검정하고자 하는 가설을 다음과 같이 설정하였다.

$H_0 : \mu = 10$

$H_a : \mu > 10$

환자 100명을 표본으로 선정하여 평균과 표준편차를 계산하니 각각 10.7일과 4.8일이었다. 만약 그가 의사결정 기준으로 '$\overline{X} > 11.0$이면 귀무가설을 기각한다.'를 사용한다면, 유의수준은 얼마가 되는가?

**15** 골프 퍼터를 생산하는 기업은 퍼터의 평균 길이가 100cm인지를 알아보기 위하여 36개의 표본을 선정하여 평균과 표준편차를 계산하였더니 각각 103cm와 12cm였다. 아래의 가설을 검정하기 위한 $p$값은 얼마인가?

$H_0 : \mu = 100$

$H_a : \mu \neq 100$

**16** 관리자는 $H_0 : \mu = 200$ 대 $H_a : \mu < 200$이라는 가설을 검정하기 위하여 6개의 표본을 무작위로 추출하여 다음과 같은 값을 구하였다.

$$\sum X = 1{,}082 \qquad \sum X^2 = 200{,}900 \qquad s = 34$$

(1) 유의수준 0.05에서 가장 적절한 기각 영역은?

(2) 제 1종 오류를 범할 확률이 기껏해야 0.01이라면 위 회사의 결론은 무엇인가?

(3) $p$값은 얼마인가?

**17** 일반 가정에서의 한 달 우유 소비량은 21.6$\ell$로 알려져 있다. 우유보급소의 사장은 중 · 고등학생 자녀가 있는 가정에서 우유를 더 많이 소비할 것이라고 보고, 16개의 중 · 고등학생 자녀가 있는 가정의 우유 소비량을 조사해본 결과 평균이 24.1$\ell$, 표준

편차는 4.8ℓ였다. 우유보급소 사장의 의견이 타당한지를 5%의 유의수준에서 가설을 검정하라.

**18** 한 중고차 매매업체는 자사에서 중고차를 구입하는 게 다른 곳에서 구입하는 것보다 가격이 저렴하다고 광고하였다. 이에 소비자 보호연맹에서는 50대의 자동차 가격을 조사한 결과 평균이 10,084,000원, 표준편차가 955,000원이었다. 한편, 중고차 협회에서 발표한 중고차 가격은 평균 10,192,000원이었다. 업체의 광고가 과장되었는지의 여부를 0.05의 유의수준에서 검정하라.

**19** 대기업 임원 8명을 무작위로 추출하여 주당 근무시간에 대한 조사를 실시하니 평균이 39.5시간, 표준편차 2.0시간으로 조사되었다. 의사결정자는 대기업 임원들의 주당 근무시간이 정규분포를 한다고 가정하고 유의수준 0.05에서 가설을 검정하고자 한다.

$H_0$ : $\mu = 40$

$H_a$ : $\mu < 40$

(1) 위 검정의 임계치를 표본통계량($\overline{X}$)으로 나타내면 얼마인가?

(2) 검정 결과는 어떻게 나타나는가?

**20** 변호사협회는 사건 당 평균 총 수임료가 500만 원보다 적다는 것을 증명하고자 한다. 따라서 변호사협회에서는 아래와 같은 가설을 설정하였다.

$H_0$ : $\mu = 500$만 원

$H_a$ : $\mu < 500$만 원

변호사 협회는 '총 수임료'라는 모집단이 정규분포를 하고 있다고 가정하고 있다.

(1) 모집단의 표준편차가 650만 원이라고 할 때, 20개의 사건을 선택하여 유의수준 0.05에서 가설을 검정하고자 한다. 이때의 임계치는 얼마인가?

(2) 모집단의 표준편차를 알 수 없는 경우에 위의 가설을 표준검정통계량을 사용하여 검정하고자 한다. 유의수준 0.025에서 임계치는 얼마인가?

**21** 치과의사는 한 달간 평균 금 사용량을 추정하고자 한다. 지난 6개월간 그가 사용한 금의 양(단위: 그램)이 201, 225, 133, 178, 151, 193이라는 것을 발견하였다. 한 달 금 사용량은 정규분포를 가정하고 있다. 그는 한 달간의 평균 금 사용량이 200그램을 넘지 않는다는 것을 증명하고자 유의수준 5%에서 가설을 검정하고자 한다.

(1) 이 검정의 가설은 무엇인가?

(2) $p$값은 얼마인가?

(3) $p$값에 의한 의사결정 기준은 얼마인가?

(4) 가장 적합한 결론은 무엇인가?

**22** 새로운 남성복 매장의 입지를 결정하는 데 가장 핵심적인 요인 중의 하나는 주변 지역의 가구당 남성의류비 지출액이다. 20가구를 표본으로 조사한 결과, 연간 의류비 지출의 평균과 표준편차는 각각 413,000원과 60,000원으로 나타났다. 우리는 다음과 같은 귀무가설과 대립가설을 설정하였다. 5%의 유의수준에서 다음 물음에 답하라.

$H_0 : \mu = 400{,}000$

$H_a : \mu > 400{,}000$

(1) 가장 적절한 검정통계량은 무엇인가?

(2) 귀무가설을 기각할 수 있는 조건은 무엇인가?

**23** 의정부시에서는 주택가에 공원을 새로 조성하려는 계획을 하고 있다. 예산 담당자는 노동비를 추정한 결과 가로수 한그루를 심는 데 2시간을 소비해야 한다고 하였다. 만약, 2시간과 차이가 많이 날 경우 예산을 다시 배정해야 한다. 최근에 공원을 조성한 고양시에서 실제로 10그루의 가로수를 심은 시간을 조사해본 결과 아래의 표와 같다.

(단위: 시간)

| 1.7 | 1.5 | 2.3 | 2.7 | 2.4 | 2.5 | 2.6 | 3.0 | 1.4 | 2.3 |
|---|---|---|---|---|---|---|---|---|---|

5%의 유의수준에서 가로수를 심는 시간이 2시간인지를 검정하고, 예산 담당자가 예산을 다시 배정해야 하는지를 결정하라.

**24** 한 칫솔 제조협회는 TV 광고에서 적어도 다섯 명의 치과의사 중 4명은 자사 제품을 추천한다고 주장하였다. 이러한 광고 내용을 증명하기 위하여 소비자보호 연맹에서는 400명의 치과의사를 표본으로 추출하여 조사하였더니 310명의 치과의사가 이 제품을 추천한다는 사실을 알았다. 5%의 유의수준 하에서 제조업자의 주장을 철회시킬 수 있는 충분한 근거가 있는지를 검정하라.

**25** 대한항공은 자사의 강점으로 적시 도착률을 강조하면서 자사 비행기의 경우, 모든 비행일정의 10% 미만이 정시에 도착하지 못한다고 주장한다. 이를 위해 표본으로 70

편의 비행 일정을 조사하였더니 단지 60편만이 정시에 일정대로 도착하였다. 이 표본조사를 바탕으로 대한항공의 주장이 잘못이라고 결론을 내릴 수 있는가? 유의수준은 10%를 가정하라.

**26** 국회의원 선거에서 P씨에 대한 유권자들의 지지비율을 파악하기 위해, P씨의 선거사무장은 다음과 같은 가설을 설정하였다.

$H_0 : p = 0.5$

$H_a : p > 0.5$

만일 100명의 유권자를 표본으로 추출할 때, 유의수준 0.05에서 가장 적절한 의사결정 규칙은 무엇이 되겠는가?

**27** 국립 건강센터에서 조사한 바에 따르면 한국 성인 중 단 30%만이 운동을 정기적으로 한다고 한다. 한 연구자는 이 조사 결과가 지역에 따라 다를 것이라고 보고, 연구를 위해 우선 서울과 원주 지역의 성인들을 대상으로 조사를 실시한 결과 다음과 같은 결과를 얻었다.

서울: 350명 중 98명의 성인이 정기적으로 운동을 한다.

원주: 300명 중 111명의 성인이 정기적으로 운동을 한다.

서울과 원주에서 정기적으로 운동을 하는 성인의 비율이 전국의 비율과 다른지의 여부를 5%의 유의수준에서 각각 검정하라.

**28** 대형 마트를 이용하는 쇼핑객 중 46%가 PB(Private Brand) 상품이 일반 브랜드 상품에 비해 품질 떨어지지 않는다고 생각한다. Y마트의 판매 관리자는 자사의 PB 상품 매출이 유독 낮은 것에 대해 소비자들의 자사 PB 상품 품질에 대한 인식이 다른 곳에 비해 낮은 것이 아닌가 생각하고, 100명의 고객을 대상으로 설문조사를 한 결과 단 37%의 고객만이 Y마트의 PB 상품과 일반 브랜드 상품의 품질이 별반 차이가 나지 않는다고 응답하였다. 고객들이 Y마트의 PB 상품의 품질에 대한 인식이 평균에 비해 낮은지를 5%의 유의수준에서 검정하라.

**29** 생산담당자는 마이크로칩 제품의 평균 수명이 4,000시간 이상이 되는지를 알고자 한다. 100개의 마이크로칩을 표본으로 추출하여 평균과 표준편차를 계산하니 각각 4,045

시간과 300시간이 되었다. 아래의 표를 참조하여 물음에 답하라.

| | A | B | C |
|---|---|---|---|
| 1 | **Hypothesis Test for Mean** | | |
| 2 | **Input** | | |
| 3 | *표본평균* | m | 4045 |
| 4 | *모집단 평균* | $\mu_0$ | 4000 |
| 5 | *표준편차* | $\sigma$ | 300 |
| 6 | *표본의 크기* | n | 100 |
| 7 | *유의 수준* | $\alpha$ | 0.05 |
| 8 | **검정 결과** | | |
| 9 | *표준오차* | StdErr | 30.0000 |
| 10 | *Z-통계량* | z | 1.5000 |
| 11 | **Lower-Tail Test** | | |
| 12 | *Lower-Tail 임계치 Z* | $Z_L$ | -1.6449 |
| 13 | *Lower-Tail p-값* | $\text{p-value}_L$ | 0.9332 |
| 14 | **Two-Tail Test** | | |
| 15 | *Two-Tail 절대 임계치 Z* | $Z_T$ | 1.9600 |
| 16 | *Two-Tail p-값* | $\text{p-value}_T$ | 0.1336 |
| 17 | **Upper-Tail Test** | | |
| 18 | *Upper-Tail 임계치 Z* | $Z_U$ | 1.6449 |
| 19 | *Upper-Tail p-값* | $\text{p-value}_U$ | 0.0668 |

(1) 통계 분석에 가장 적절한 가설은?

(2) 검정통계량인 $z$통계량 값은 얼마인가?

(3) 만일 유의수준 0.05를 사용하여 가설검정을 실시한다면 가장 적절한 의사결정 기준은 무엇인가?

CHAPTER 09

# 두 집단 간의 추론

표본평균에 대한 추론은 크게 단일 집단 표본 문제와 두 집단의 표본 문제로 나눌 수 있는데, 단일 집단 표본 문제는 하나의 모집단에서 추출된 표본평균에 기초하여 모집단의 특성에 대해서 추론을 하는 것이다. 7장과 8장에서 배운 추정과 가설검정이 바로 단일 집단 표본 문제의 추론이다. 하지만 학문적인 연구에서는 단일 집단 표본의 문제보다는 두 집단 표본의 문제가 더 많이 이용된다. 예를 들어 의사결정자는 두 모집단 간의 유사성(혹은 차별성)을 찾아내려고 할 것이다. 의사결정자는 같은 업종에 있는 두 회사의 임금 차이를 비교하거나 새로운 경영 기법의 도입 전과 도입 후의 기업 이익을 비교하는 문제에 관심을 가질 수 있을 것이다. 이 장에서는 앞에서 논의한 평균에 대한 추론(추정과 가설검정)을 두 모집단에 적용하는 방법을 설명하고자 한다.

단일 집단 표본문제이든 두 집단 표본 문제이든지 간에, 단지 표본분포, 평균과 분산만이 다를 뿐, 나머지 추론의 기본적인 구조나 절차는 동일하다. 참고로 세 집단 이상의 표본에 관한 추론 문제는 이후에 분산분석과 카이제곱 분석에서 다루게 된다.

## 9.1 두 모집단 표본의 선택

두 개의 모집단을 비교 연구하는 이유는 두 모집단 사이의 차이점을 발견하기 위함이다. 그런데 우리는 두 개의 모집단으로부터 표본을 추출할 때 독립적으로 표본을 선택할 수 있고, 또는 쌍으로 대응되는 표본을 선택할 수도 있다. 따라서 먼저, **독립표본**(independent sample)과 **대응표본**(matched sample)의 의미를 이해하는 것이 중요하다.

독립표본은 두 개의 모집단으로부터 표본을 선택할 때, 두 표본이 서로 독립적으로 구성되어 있다는 것을 의미한다. 말하자면 두 개의 표본은 서로 아무런 관련을 갖지 않고 선택되어 표본의 구성 원소들 사이에 서로 관련이 없다는 것을 의미한다.

반면에 대응표본은 하나의 표본에 소속된 구성 원소가 다른 표본에 소속된 구성 원소와 연관관계를 갖도록 쌍(pair)으로 표본이 선택된 경우를 말한다. 쌍을 이루는 데 사용되는 기준으로는 동일 시기, 동일 특성, 동일 대상물 등이 사용된다. 예를 들어 새로운 교육 시스템의 도입 전 학생들의 성적과 도입 후 학생들의 성적을 한 쌍의 데이터로 기록한 경우가 대응표본이 된다. 개념적으로 보면 대응표본의 경우에는 두 개의 표본이 존재하는 것이 아니라 한 쌍을 이룬 두 관측값 사이의 차이로 이루어진 하나의 표본이 있을 뿐이다.

## 9.2 두 모집단 평균 차이에 대한 표본분포

### 9.2.1 표본의 크기가 클 때

의사결정자가 두 모집단의 평균에 차이가 있는지를 검정하려고 한다고 생각해보자. 두 모집단의 평균에 차이가 있는지를 검정하기 위해서는 먼저 두 모집단을 임의로 선택한 후 두 표본평균의 차이가 어떠한 분포를 이루고 있는지에 대해 알아야 한다.

예를 들어 비교하고자 하는 두 개의 모집단이 있다고 하자. 모집단 1의 평균은 $\mu_1$, 표준편차는 $\sigma_1$이다. 그리고 모집단 2의 평균은 $\mu_2$, 표준편차는 $\sigma_2$이다. 두 모집단의 평균 차이를 검정하기 위해서 두 모집단에서 임의로 독립적인 표본을 추출해야 한다. 즉 표본 1은 모집단 1에서 표본 크기 $n_1$을 추출하였으며, 따라서 $\overline{X}_1$은 표본 1의 평균, 그리고 $s_1$은 표본 1의 표준편차이다. 마찬가지로 표본 2는 모집단 2에서 표본 크기 $n_2$를 추출하였으며 따라서 $\overline{X}_2$는 표본 2의 평균, 그리고 $s_2$는 표본 2의 표준편차이다. 그렇다면 두 모집단의 표본평균의 차이($\overline{X}_1 - \overline{X}_2$)는 어떤 분포를 이루고 있는가? 결론부터 말하자면 두 모집단의 분포가 독립적인 정규분포를 따른다고 가정하면 $\overline{X}_1 - \overline{X}_2$는 $\overline{X}_1$와 $\overline{X}_2$의 선형관계이기 때문에, $\overline{X}_1 - \overline{X}_2$의 분포 역시 정규분포를 따르며 다음과 같은 관계가 성립된다.

첫째, 표본평균 차이의 분포에 대한 평균은 두 모집단의 평균 차이와 같다.

$$E(\overline{X}_1 - \overline{X}_2) = \mu_1 - \mu_2 \tag{9.1}$$

둘째, 표본평균 차이의 분포에 대한 분산은 각 표본평균의 분산의 합과 같다. 분산의 성질에 의해 분산의 차는 식 (9.2)와 같다.

$$s^2(\overline{X}_1 - \overline{X}_2) = s^2(\overline{X}_1) + s^2(\overline{X}_2) - 2Cov(\overline{X}_1, \overline{X}_2) \tag{9.2}$$

하지만 두 표본은 서로 독립적이므로 $Cov(\overline{X}_1, \overline{X}_2) = 0$이 된다. 따라서 표본평균 차이의 분산은 식 (9.3)과 같다.

$$s^2(\overline{X}_1 - \overline{X}_2) = s^2(\overline{X}_1) + s^2(\overline{X}_2) = \frac{s_1^2}{n_1} + \frac{s_2^2}{n_2} \tag{9.3}$$

이와 같이 두 모집단이 모두 독립적인 정규분포를 따를 경우 표본평균 차이의 분포도 정규분포를 따른다. 또한, 두 모집단이 정규분포가 아니더라도 각 표본의 크기가 30 이상이 되어 충분히 큰 경우에는 $\overline{X}_1$과 $\overline{X}_2$의 분포는 중심극한정리에 의해 정규분포에 가까워진다. 따라서 독립적인 정규분포의 차이에 대한 확률분포도 정규분포를 따르게 되어, 평균과 분산은 다음의 식 (9.4), (9.5)와 같아진다.

**check**

**표본크기가 충분히 클 때 $\overline{X}_1 - \overline{X}_2$의 표본분포**

중심극한정리에 의해 정규분포를 따르며

- 평균: $E(\overline{X}_1 - \overline{X}_2) = \mu_1 - \mu_2$ (9.4)
- 분산: $s^2(\overline{X}_1 - \overline{X}_2) = s^2(\overline{X}_1) + s^2(\overline{X}_2) = \frac{s_1^2}{n_1} + \frac{s_2^2}{n_2}$, $(n_1,\ n_2 \geq 30)$ (9.5)

따라서 $(\overline{X}_1 - \overline{X}_2) \sim N\left(\mu_1 - \mu_2, \frac{s_1^2}{n_1} + \frac{s_2^2}{n_2}\right)$이 된다.

### 9.2.2 표본의 크기가 작고, 모분산이 같을 때

누 모집단의 평균에 차이가 있는지를 검정하기 위해 두 모집단에서 임의로 표본을 선택하였으나 표본의 크기가 충분히 크지 못한 경우가 있다. 이러한 경우에 우리는 두 모집

단이 다음과 같은 특징을 가지고 있다고 가정한다. 즉,

- 두 모집단이 모두 정규분포를 따르거나 정규분포에서 크게 벗어나지 않는다.
- 두 모집단의 분산이 동일하다($\sigma_1^2 = \sigma_2^2$).

두 모집단이 이와 같은 가정을 충족시킨다면, 두 모집단은 모두 독립적인 정규분포이므로 표본의 크기와 관계없이 두 표본평균($\overline{X}_1$과 $\overline{X}_2$)의 표본분포도 각각 정규분포를 따르며, 결과적으로 두 정규분포의 선형결합(linear combination)인 표본평균의 차이에 대한 분포도 정규분포를 따르게 된다. 따라서 표본이 작은 경우에 두 모집단의 분포가 정규분포를 따른다면 표본평균의 차이에 대한 분포도 정규분포를 따르게 되며, 평균은 다음의 식 (9.6)과 같다.

$$E(\overline{X}_1 - \overline{X}_2) = \mu_1 - \mu_2 \qquad (9.6)$$

두 모집단의 모평균 차이에 대한 추론을 할 때에는 두 모집단의 분산을 추정해야 한다. 그런데 두 모집단의 분산이 같다($\sigma_1^2 = \sigma_2^2$)고 가정하였기 때문에 공통분산에 대한 추정을 하면 될 것이다. 공통분산 $\sigma^2$에 대한 불편 추정량(unbiased estimator)은 아래의 식 (9.7)과 같이 표본 1의 분산($s_1^2$)과 표본 2의 분산($s_2^2$)을 각각의 자유도로 가중 평균하여 구한다.

$$s_p^2 = \frac{(n_1 - 1)s_1^2 + (n_2 - 1)s_2^2}{(n_1 - 1) + (n_2 - 1)} \qquad (9.7)$$

여기서 $s_p^2$을 모분산($\sigma^2$)의 합동분산추정량(pooled estimator of variance)이라고 한다. 따라서 표본의 크기가 작고, 모분산이 동일하다고 가정할 경우 두 표본평균 차이의 분산은 아래의 식 (9.8)과 같이 계산한다.

$$s^2(\overline{X}_1 - \overline{X}_2) = s_p^2\left(\frac{1}{n_1} + \frac{1}{n_2}\right), \text{ 단, } n_1, \ n_2 \leq 30 \qquad (9.8)$$

위의 내용을 종합하여 정리하면 다음과 같다.

$$(\overline{X}_1 - \overline{X}_2) \sim N\left[\mu_1 - \mu_2,\ s_p^2\left(\frac{1}{n_1} + \frac{1}{n_2}\right)\right]$$

**두 모집단이 정규분포이고, 분산이 같을 때 $\bar{x}_1 - \bar{x}_2$의 표본분포** check

정규분포를 따르며

- 평균: $E(\overline{X}_1 - \overline{X}_2) = \mu_1 - \mu_2$ (9.9)
- 분산: $s^2(\overline{X}_1 - \overline{X}_2) = s_p^2\left(\frac{1}{n_1} + \frac{1}{n_2}\right)$, $(n_1,\ n_2 < 30)$

그리고 $s_p^2 = \frac{(n_1 - 1)s_1^2 + (n_2 - 1)s_2^2}{(n_1 - 1) + (n_2 - 1)}$ (9.10)

### 9.2.3 대응표본의 평균 차이에 대한 표본분포

두 모집단으로부터 쌍으로 표본을 추출할 때, 즉 대응표본을 추출할 때에는 두 모집단의 평균 차이에 대한 추론은 하나의 모집단에 대한 추론으로 단순화시킬 수 있다. 예를 들어 P 제약회사에서 새로 개발한 의약품을 복용하기 전과 복용한 뒤의 혈압에 차이가 있는지를 비교해보자. 새로 개발한 의약품을 복용하기 전의 집단의 평균 혈압을 $\mu_1$이라고 하고, 복용한 뒤의 집단의 평균 혈압을 $\mu_2$라고 할 때, 의사결정자는 복용하기 전과 후의 혈압의 변화량, 즉 $\mu_1 - \mu_2$에 관심을 갖게 된다. 이때 새로 개발한 의약품을 복용하기 전의 혈압에 대한 관측값을 $x_i$라고 하고, 새로 개발한 의약품을 복용한 후의 혈압에 대한 관측값을 $y_i$라고 한다면, 두 표본이 서로 독립적일 수가 없다. 새로 개발한 의약품이 혈압에 미치는 영향을 알아보기 위해서는 표본의 $n$명 개개인에 대해서 복용 전과 복용 후의 혈압 차이를 구한 뒤 그 차이에 관한 데이터를 토대로 분석해야 하기 때문이다. 이러한 표본을 대응표본이라고 한다.

각 표본에 대하여 새로 개발한 의약품을 복용 전과 복용 후의 혈압을 측정하여 그 차이를 계산하면 아래의 식 (9.11)과 같이 구할 수 있을 것이다.

$$d_i = x_i - y_i \tag{9.11}$$

바로 $n$개의 $d_i$로 구성된 표본이 바로 대응표본이다. 평균의 차이에 대해 추론을 하기 위해서는 먼저 표본평균($\bar{d}$)과 표본분산($s_d^2$)을 구해야 한다. 이는 다음의 식 (9.12),

(9.13)과 같이 구할 수 있다.

$$\bar{d} = \frac{\sum_{i=1}^{n} d_i}{n} = (\overline{X}_1 - \overline{X}_2) \tag{9.12}$$

$$s_d^2 = \frac{\sum_{i=1}^{n} \left[ (d_i - \bar{d})^2 \right]}{n-1} \tag{9.13}$$

이렇게 구한 대응표본의 평균 차이에 대한 추론은 하나의 모집단 평균에 대한 추론과 동일한 절차에 의해 수행될 수 있다. 즉, 평균 차이의 모집단 분포는 알 수 없으나 표본의 크기가 충분히 클 경우에는 $Z$통계량을 사용하고, 표본의 크기가 작다고 하더라도 평균 차이의 모집단이 정규분포를 따르게 되면 $t$통계량을 사용한다.

## 9.3 두 모집단 평균 차이에 대한 신뢰구간 추정

두 개의 모집단의 차이에 대한 분석일 경우 기본적으로 하나의 모집단의 경우와 같은 구조를 가지고 있다. 다만 표본평균의 분산의 계산만이 다를 뿐이다.

### 9.3.1 표본의 크기가 클 때

모평균 차이에 대한 신뢰구간을 구한 결과, 신뢰구간이 0을 포함하고 있을 경우에는 두 모집단의 평균에는 차이가 없는 것이고, 0을 포함하지 않을 경우에는 두 모집단의 평균 사이에 차이가 있는 것으로 해석할 수 있다.

9.2.1절에서 설명하였듯이 $(\overline{X}_1 - \overline{X}_2) \sim N(\mu_1 - \mu_2, \frac{s_1^2}{n_1} + \frac{s_2^2}{n_2})$이므로 다음과 같이 신뢰구간이 구해진다. 다른 절차는 단일 모집단 문제와 같다.

**check**

두 집단의 표본이 서로 독립적이면서, 두 표본의 크기가 충분히 크거나 또는 두 모집단이 모두 정규분포를 따르는 경우 $(\mu_1 - \mu_2)$의 $100(1-\alpha)\%$ 신뢰구간은 다음의 식 (9.14)와 같다.

$$(\overline{X}_1 - \overline{X}_2) - z_{\alpha/2}\sqrt{\frac{s_1^2}{n_1} + \frac{s_2^2}{n_2}} \le \mu_1 - \mu_2 \le (\overline{X}_1 - \overline{X}_2) + z_{\alpha/2}\sqrt{\frac{s_1^2}{n_1} + \frac{s_2^2}{n_2}} \tag{9.14}$$

표본이 충분히 크다는 것은 표본의 크기($n_i$)가 각각 30 이상이 됨을 의미한다. 이러한 경우 두 모집단의 분포가 정규분포를 따르는 것에는 관계없이 두 표본이 독립적이기만 하면 두 모집단의 평균 차이에 대한 표본분포는 중심극한정리에 의하여 정규분포를 따르므로 신뢰구간을 계산하기 위해 $Z$분포를 사용한다. 그리고 모분산($\sigma_1^2$과 $\sigma_2^2$)을 알고 있다면 신뢰구간을 계산하는 데 사용할 수 있으나 알려져 있지 않은 경우에는 표본분산을 사용한다.

**예제 9-1**

**매지스포츠 산업(주)은 새로운 형태의 골프공을 개발하였다. 회사는 기존의 다른 골프공에 비해 비거리를 획기적으로 개선하였다고 광고하고 있다. 이 주장을 증명하기 위한 실험으로 매지스포츠 산업(주)의 골프공 100개와 주도적인 경쟁업체의 골프공 100개를 임의로 선정하여 골프연습장의 고객들에게 드라이버를 사용하여 시험해보도록 하였다. 그 결과 실제 비거리를 측정한 데이터가 아래에 요약되어 있다. 매지스포츠 산업(주)의 광고가 타당한 지에 대하여 95% 신뢰수준에서 신뢰구간을 추정하라.**

| 비거리 (야드) | |
|---|---|
| 신제품 골프공 | 경쟁사의 골프공 |
| $\overline{X}_1 = 260$ | $\overline{X}_2 = 252$ |
| $s_1 = 27$ | $s_2 = 22$ |

**풀이** 이 문제에서 표본의 크기 $n_1$과 $n_2$는 각각 100으로 충분히 크기 때문에 중심극한이론을 적용하여 $Z$분포를 이용해 신뢰구간을 구할 수 있다. 따라서 0.05의 유의수준에서 두 모집단 평균의 차이에 대한 신뢰구간은 다음과 같이 계산된다.

$$(\overline{X}_1 - \overline{X}_2) - z_{\alpha/2}\sqrt{\frac{s_1^2}{n_1} + \frac{s_2^2}{n_2}} \le \mu_1 - \mu_2 \le (\overline{X}_1 - \overline{X}_2) + z_{\alpha/2}\sqrt{\frac{s_1^2}{n_1} + \frac{s_2^2}{n_2}}$$

$$(260 - 252) - z_{0.025}\sqrt{\frac{27^2}{100} + \frac{22^2}{100}} \le \mu_1 - \mu_2 \le (260 - 252) + z_{0.025}\sqrt{\frac{27^2}{100} + \frac{22^2}{100}}$$

표준정규분포표에서 $z_{0.025} = 1.96$임을 알 수 있다.

이를 신뢰구간에 대입하면,

$$8 - (1.96)(3.48) \le \mu_1 - \mu_2 \le 8 + (1.96)(3.48)$$

$$8 - 6.8208 \le \mu_1 - \mu_2 \le 8 + 6.8208$$

$$1.1792 \le \mu_1 - \mu_2 \le 14.8208$$

따라서 95%의 정확도를 가지고 두 모집단의 평균 비거리에는 차이가 있다고 말할 수 있다. 또한, 신뢰구간이 양수(+)에 분포되어 있기 때문에 매지스포츠 산업(주)의 평균 비거리가 더욱 긴 것으로 나타나 매지스포츠 산업(주)의 광고는 과장되었다고 보기 어렵다.

### 9.3.2 표본의 크기가 작고, 모분산이 같을 때

이 경우 또한 9.1.3에서 설명하였듯이 $(\overline{X}_1 - \overline{X}_2) \sim N\left(\mu_1 - \mu_2, s_p^2(\frac{1}{n_1} + \frac{1}{n_2})\right)$이므로 먼저 공통분산에 대한 값을 계산한 후, 다음과 같은 신뢰구간이 구해진다. 마찬가지로 다른 절차는 단일 모집단 문제의 신뢰구간 추정과 같다.

여기서 $s_p^2 = \dfrac{(n_1-1)s_1^2 + (n_2-1)s_2^2}{(n_1-1)+(n_2-1)}$이다.

check

모집단이 정규분포인 두 표본 $(n_1,\ n_2)$를 추출하였을 때, 두 모집단의 분산이 일치하지만 알려져 있지 않은 경우, 표본이 각각 30을 넘지 않는 때, $(\mu_1 - \mu_2)$에 대한 $100(1-\alpha)\%$ 신뢰구간은 다음의 식 (9.15)와 같다.

$$(\overline{X}_1 - \overline{X}_2) - t_{\alpha/2,\ n_1+n_2-2}\, s_p \sqrt{\frac{1}{n_1} + \frac{1}{n_2}} \le \mu_1 - \mu_2 \le (\overline{X}_1 - \overline{X}_2) + t_{\alpha/2,\ n_1+n_2-2}\, s_p \sqrt{\frac{1}{n_1} + \frac{1}{n_2}} \quad (9.15)$$

여기서, $t_{\alpha/2,\ n_1+n_2-2}$는 자유도가 $n_1 + n_2 - 2$인 $t$분포에서 오른쪽 끝부분의 넓이가 $\alpha/2$인 $t$값을 의미한다.

**예제 9-2**

한국도로공사는 과적차량에 의한 도로 파괴를 방지하고자 과적차량의 운행을 단속하고 있다. 그런데 과적차량 단속요원은 자동차의 등록지에 따라 적재량에 차이가 있다는 것을 발견하였다. 즉, A지역 차량 번호판을 달고 있는 트럭 20대의 적재량을 조사한 결과 평균 17.3톤, 분산이 4.5톤으로 나타났으나 B지역 차량 번호판을 달고 있는 트럭 25대의 적재량은 평균 18.9톤, 분산이 5.2톤으로 나타났다. 두 지역의 차량번호판을 달고 있는 차량의 적재량은 정규분포를 따르며, 모분산은 $\sigma_1^2 = \sigma_2^2 = 5$로 동일하다고 가정한다. A지역 차량과 B지역 차량의 평균 적재량에 차이가 있는지를 95% 신뢰구간으로 추정하라.

**풀이** 먼저, $\mu_1$을 A지역 차량의 평균 적재량, $\mu_2$를 B지역 차량의 평균 적재량이라고 한다면 두 표본의 표본평균과 표본분산, 표본의 크기는 각각 아래와 같다.

$$\overline{X}_1 = 17.3,\ s_1^2 = 4.5,\ n_1 = 20$$

$$\overline{X}_2 = 18.9,\ s_2^2 = 5.2,\ n_2 = 25$$

$$s_p^2 = \frac{(n_1-1)s_1^2 + (n_2-1)s_2^2}{(n_1-1)+(n_2-1)} = \frac{(20-1)4.5+(25-1)5.2}{(20-1)+(25-1)} = \frac{210.3}{43} = 4.89$$

$$s_p = \sqrt{4.89} = 2.21$$

$$(\overline{X}_1 - \overline{X}_2) - t_{\alpha/2, n_1+n_2-2}\, s_p \sqrt{\frac{1}{n_1}+\frac{1}{n_2}} \le \mu_1 - \mu_2$$

$$\le (\overline{X}_1 - \overline{X}_2) t_{\alpha/2, n_1+n_2-2}\, s_p \sqrt{\frac{1}{n_1}+\frac{1}{n_2}}$$

$$(17.3-18.9) - t_{0.025,43}(2.21)\sqrt{\frac{1}{20}+\frac{1}{25}} \le \mu_1 - \mu_2$$

$$\le (17.3-18.9) + t_{0.025,43}(2.21)\sqrt{\frac{1}{20}+\frac{1}{25}}$$

$t$분포표에서 $t_{0.025,\infty} = 1.96$

$$-1.6 - (1.96)(2.21)(0.3) \le \mu_1 - \mu_2 \le -1.6 + (1.96)(2.21)(0.3)$$

$$-1.6 - 1.3 \le \mu_1 - \mu_2 \le -1.6 + 1.3$$

$$-2.9 \le \mu_1 - \mu_2 \le -0.3$$

따라서, 95%의 정확도를 가지고 신뢰구간이 0을 포함하지 않으므로 두 지역의 평균 적재량에는 차이가 있다고 말할 수 있다.

### 9.3.3 모평균 차이에 대한 신뢰구간 추정: 대응표본

대응표본에 대해서 두 모집단 평균 차이의 신뢰구간을 설정하기 위해서는 우선 식 (9.16), (9.17)과 같이 두 집단 데이터의 차이($d_i$)에 대한 표본평균($\overline{d}$)과 표본분산($s_d^2$)을 구해야 한다.

$$\overline{d} = \frac{\sum_{i=1}^{n} d_i}{n} \tag{9.16}$$

$$s_d^2 = \frac{\sum(d_i - \bar{d})^2}{n-1} \tag{9.17}$$

여기서 $\bar{d}$는 쌍으로 측정된 표본의 평균으로, ($\bar{d} = \overline{X}_1 - \overline{X}_2$)가 된다. 만일 두 모집단이 개략적으로 정규분포를 따른다면, 다음과 같이 신뢰구간을 설정할 수 있다.

> **check**
>
> $n$개의 쌍으로 구성된 대응표본에서 두 모집단이 개략적으로 정규분포를 따른다면, 두 모집단 차이($\mu_1 - \mu_2$)에 대한 $100(1-\alpha)\%$ 신뢰구간은
>
> $$\bar{d} - t_{\alpha/2,\, n-1}\frac{s_d}{\sqrt{n}} \le \mu_1 - \mu_2 \le \bar{d} + t_{\alpha/2,\, n-1}\frac{s_d}{\sqrt{n}} \tag{9.18}$$
>
> 가 된다. 여기서 $t_{\alpha/2, n-1}$는 자유도가 $n-1$인 $t$분포에서 오른쪽 끝부분의 넓이가 $\alpha/2$인 값이다.

### 예제 9-3

**특정 작업을 완성하는 데 소요되는 시간을 감축하기 위한 새로운 교육 프로그램을 도입하려고 한다. 이 교육 프로그램이 효과가 있는지를 확인하기 위해 5명의 작업자를 선정하여 교육 프로그램을 이수하기 전과 이수한 후의 작업 완성시간을 측정하였다. 그 결과는 아래와 같이 측정되었다. 95%의 신뢰수준으로 교육 프로그램 이수 전과 이수 후의 평균 작업 완성시간에 차이가 있는지를 추정하라.**

| 이수 전 | 11 | 13 | 17 | 21 | 25 |
|---|---|---|---|---|---|
| 이수 후 | 8 | 10 | 23 | 19 | 10 |

**풀이** 교육 프로그램 이수 전의 작업 완성시간을 $\mu_1$, 교육 프로그램 이수 후의 작업 완성시간을 $\mu_2$라고 하자. 이 때 $d_i$를 측정하면 각각 아래와 같다.

| $d_1$ | $d_2$ | $d_3$ | $d_4$ | $d_5$ |
|---|---|---|---|---|
| 3 | 3 | −6 | 2 | 15 |

이렇게 계산된 $d_i$의 평균과 분산은 각각 다음과 같다.

$$\bar{d} = \frac{3+3-6+2+15}{5} = 3.4$$

$$s_d^2 = \frac{\sum_{i=1}^{5}\left[(d_i - 3.4)^2\right]}{5-1} = 56.3$$

$$s_d = \sqrt{56.3} = 7.5$$

$$n = 5$$

위와 같은 정보를 가지고 교육 프로그램 이수 전과 후의 평균 작업 완성시간 차이에 대한 95%의 신뢰구간을 구하면 아래와 같다.

$$\bar{d} - t_{\alpha/2, n-1}\frac{s_d}{\sqrt{n}} \le \mu_1 - \mu_2 \le \bar{d} + t_{\alpha/2, n-1}\frac{s_d}{\sqrt{n}}$$

$$3.4 - t_{0.025, 4}\frac{7.5}{\sqrt{5}} \le \mu_1 - \mu_2 \le 3.4 + t_{0.025, 4}\frac{7.5}{\sqrt{5}}$$

$t$분포표에서 $t_{4, 0.025} = 2.776$

$$3.4 - (2.776)(3.354) \le \mu_1 - \mu_2 \le 3.4 + (2.776)(3.354)$$

$$3.4 - 9.31 \le \mu_1 - \mu_2 \le 3.4 + 9.31$$

$$-5.91 \le \mu_1 - \mu_2 \le 12.71$$

결과적으로, 95% 신뢰구간이 0을 포함하고 있기 때문에 새로운 교육 프로그램이 효과가 있다고 결론을 내리기 어렵다.

### 예제 9-4

매지산업은 글로벌 기업으로 전 세계 100여 곳에 생산설비를 보유하고 있다. 매지 산업은 2년 전에 극심한 경쟁에 대처하기 위한 방안으로 품질 향상 기법인 6시그마 기법을 전 공장에 도입하였다. 경영진은 6시그마 기법이 효과가 있는지를 알고자 25곳의 공장을 무작위로 지정하여 2년 전의 품질 수준과 현재의 품질 수준(1,000,000개당 불량품의 수)을 비교하였다. 그 결과 다음과 같은 결과를 획득하였다.

$$\bar{d} = 0.63,\ s_d^2 = 5.76$$

2년 전의 품질 수준과 현재의 품질 수준의 차이에 대하여 95% 신뢰수준에 대하여 신뢰구간을 추정하라.

**풀이** $d = 0.63,\ s_d^2 = 5.8,\ n = 25$이므로 95%의 신뢰구간은 다음과 같다.

$$\bar{d} - t_{\alpha/2, n-1}\frac{s_d}{\sqrt{n}} \le \mu_1 - \mu_2 \le \bar{d} + t_{\alpha/2, n-1}\frac{s_d}{\sqrt{n}}$$

$$0.63 - t_{0.025,24}\frac{2.4}{\sqrt{25}} \le \mu_1 - \mu_2 \le 0.63 + t_{0.025,24}\frac{2.4}{\sqrt{25}}$$

$t$분포표에서 $t_{0.025,24} = 2.064$

$$0.63 - (2.064)(0.48) \le \mu_1 - \mu_2 \le 0.63 + (2.064)(0.48)$$

$$0.63 - 0.9907 \le \mu_1 - \mu_2 \le 0.63 + 0.9907$$

$$-0.3607 \le \mu_1 - \mu_2 \le 1.6207$$

결과적으로, 95% 신뢰구간이 0을 포함하고 있기 때문에 6시그마 품질 교육프로그램이 효과가 있다고 결론을 내리기 어렵다.

## 9.4 두 모집단 평균 차이에 대한 가설검정

두 모집단 평균의 차이($\mu_1 - \mu_2$)에 대한 가설검정은 추정에서의 경우와 마찬가지로 8장에서 설명한 모집단 평균($\mu$)에 대한 가설검정과 똑같은 절차에 의해 수행된다. 단지, 검정통계량으로 다른 표본분포를 사용한다는 점만이 차이가 있을 뿐이다.

먼저 가설의 설정은 단측(좌측, 우측) 검정과 양측 검정으로 설정할 수 있다. 가설의 설정은 다음과 같다.

$H_0$ : $\mu_1 - \mu_2 = 0$

$H_a$ : $\mu_1 - \mu_2 < 0$ (좌측 검정)

: $\mu_1 - \mu_2 > 0$ (우측 검정)

: $\mu_1 - \mu_2 \neq 0$ (양측 검정)

두 모집단에 대한 가설검정에서 가장 중요한 것은 어떠한 검정통계량을 사용하여야 할 것인지를 결정하는 것이다. 일반적으로 두 집단의 평균에 대한 검정통계량을 선택하는 기준은 표본의 크기와 표준편차의 동질성 여부이다.

### 9.4.1 모평균 차이에 대한 가설검정: 표본이 클 때

모집단 평균의 차이($\mu_1 - \mu_2$)에 대한 가설검정을 하기 위해서는 모분산의 차이 즉,

$\sigma^2(\overline{X}_1 - \overline{X}_2)$에 대한 추정을 하여야 한다. 이에 대한 추정량은 다음의 식 (9.19)와 같이 $s^2(\overline{X}_1 - \overline{X}_2)$을 계산하여 사용한다.

$$s^2(\overline{X}_1 - \overline{X}_2) = s^2(\overline{X}_1) + s^2(\overline{X}_2) = \frac{s_1^2}{n_1} + \frac{s_2^2}{n_2} \tag{9.19}$$

따라서 $(\mu_1 - \mu_2)$에 대한 가설검정은 정규분포를 이용하여 다음과 같이 이루어진다. 모든 절차는 단일 집단 문제와 동일하며, 단지 표본분포만 다를 뿐이다.

**check**

두 표본이 서로 독립적이면서 표본의 크기가 각각 충분히 큰 경우에 $(\mu_1 - \mu_2)$에 대한 가설검정의 검정통계량은 다음의 식 (9.20)과 같다.

$$Z_{ts} = \frac{(\overline{X}_1 - \overline{X}_2) - (\mu_1 - \mu_2)}{\sqrt{\frac{s_1^2}{n_1} + \frac{s_2^2}{n_2}}} = \frac{\overline{X}_1 - \overline{X}_2}{\sqrt{\frac{s_1^2}{n_1} + \frac{s_2^2}{n_2}}} \tag{9.20}$$

여기서 $H_0$ 아래서는 $\mu_1 - \mu_2 = 0$이므로 생략된다.

표본이 충분히 크다는 것은 각 표본의 크기가 각각 30보다 크다는 것을 의미한다. 이러한 경우 두 모집단의 분포가 정규분포를 따르는 것에 관계없이 두 표본이 독립적이기만 하면 두 모집단의 평균 차이에 대한 표본분포는 중심극한정리에 의해 정규분포를 따르기 때문에 $Z$검정을 사용한다.

### 예제 9-5

매지스포츠 산업(주)은 새로운 형태의 골프공을 개발하었나. 회사는 기존의 다른 골프공에 비해 비거리를 획기적으로 개선하였다고 광고하고 있다. 이 주장을 증명하기 위한 실험으로 매지스포츠 산업(주)의 골프공 100개와 수도적인 경쟁업체의 골프공 100개를 임의로 선정하여 골프연습장의 고객들에게 드라이버를 사용하여 시험해보도록 하였다. 그 결과 실제 비거리를 측정한 데이터가 아래에 요약되어 있다. 매지스포츠 산업(주)의 광고가 타당한 지에 대하여 0.05의 유의수준에서 검정하고, [예제 9-1]의 결과와 비교하라.

| 비거리 (야드) | |
|---|---|
| 신제품 골프공 | 경쟁사의 골프공 |
| $\bar{x}_1 = 260$ | $\bar{x}_2 = 252$ |
| $s_1 = 27$ | $s_2 = 22$ |

**풀이** 문제의 데이터를 요약하면 아래와 같다.

$$n_1 = 100,\ \bar{x}_1 = 260,\ s_1 = 27$$

$$n_2 = 100,\ \bar{x}_2 = 252,\ s_2 = 22,\ \alpha = 0.05$$

가설검정은 다음의 절차를 따른다.

① 가설의 설정

이 문제에서는 두 브랜드의 매지스포츠 산업(주)의 골프공 평균 비거리($\mu_1$)가 경쟁사의 골프공 평균 비거리($\mu_2$)보다 긴지를 검정하고자 한다. 따라서 가설은 다음과 같이 세울 수 있다.

$$H_0 : \mu_1 - \mu_2 = 0$$

$$H_a : \mu_1 - \mu_2 > 0$$

② 표본분포

두 표본의 크기가 각각 100으로 충분히 크기 때문에 표본평균 차이의 분포는 모평균 차이의 분포와 상관없이 정규분포를 따르게 된다. 따라서 귀무가설이 옳을 때 가정되는 표본평균 차이의 분포는 아래와 같다.

$$(\bar{X}_1 - \bar{X}_2) \sim N(0, \frac{27^2}{100} + \frac{22^2}{100})$$

③ 검정통계량 계산

$$z_{ts} = \frac{\bar{X}_1 - \bar{X}_2}{\sqrt{\frac{s_1^2}{n_1} + \frac{s_2^2}{n_2}}} = \frac{260 - 252}{\sqrt{\frac{27^2}{100} + \frac{22^2}{100}}} = \frac{8}{3.48} = 2.3$$

④ 임계치와 기각역

이 검정은 단측 검정에서도 우측 검정이므로 그래프의 오른쪽 꼬리부분에서 기각역이 설정되며, 이에 따른 임계치와 기각역은 다음과 같다.

임계치 : $z_{0.05} = 1.645$

기각역 : $z_{ts} > 1.645$

⑤ 판정

계산된 검정통계량($z_{ts}$)이 귀무가설의 기각역 내에 포함되어있으므로 귀무가설을 기각할 수 있다. 따라서 자사의 골프공 평균 비거리가 더욱 길다는 매지스포츠 산업(주)의 주장은 타당한 것으로 여겨진다.

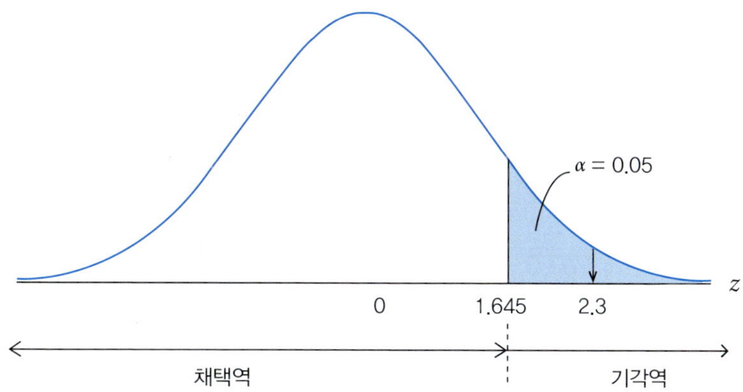


이 문제는 [예제 9-1]의 신뢰구간 추정 사례와 데이터를 가지고 가설검정을 실시한 결과이다. 결과를 보면 알 수 있듯이 같은 유의수준에서 신뢰구간 추정과 가설검정의 결과가 동일하게 나타났다.

## 9.4.2 표본크기가 작을 때: 두 모집단이 정규분포이고 분산이 같을 때

모집단 평균의 차이($\mu_1 - \mu_2$)에 대한 가설검정을 위해서는 두 모집단의 분산을 추정하여야 한다. 그런데, 두 모집단의 분산이 같다고 가정하였으므로($\sigma_1^2 = \sigma_2^2 = \sigma^2$), 공통분산 $\sigma^2$에 대한 추정을 하면 될 것이다. $\sigma^2$에 대한 불편추정량은 식 (9.21)과 같이 표본 1의 분산 $s_1^2$과 표본 2의 분산 $s_2^2$을 각각의 자유도로 가중평균하여 구한다.

$$s_p^2 = \frac{(n_1 - 1)s_1^2 + (n_2 - 1)s_2^2}{(n_1 - 1) + (n_2 - 1)} \tag{9.21}$$

여기서 $s_p^2$을 $\sigma^2$의 합동분산추정량(pooled estimator of variance)이라고 한다. 따라서 $\sigma^2(\bar{x}_1 - \bar{x}_2)$에 대한 불편추정량은 다음의 식 (9.22)와 같이 $s^2(\overline{X}_1 - \overline{X}_2)$를 계산하여 사용한다.

$$s^2(\overline{X}_1 - \overline{X}_2) = s_p^2\left(\frac{1}{n_1} + \frac{1}{n_2}\right) \tag{9.22}$$

통계이론에 의하면 두 모집단으로부터 독립적인 표본을 추출하면 표본평균 차이에 대한 분포는

$$\frac{(\overline{X}_1 - \overline{X}_2) - (\mu_1 - \mu_2)}{s(\overline{X}_1 - \overline{X}_2)} \sim t(n_1 + n_2 - 2) \tag{9.23}$$

이 된다. 중요한 점은 모집단 분산($\sigma^2$)을 두 개의 표본분산($s_1^2$, $s_2^2$)의 가중평균으로 추정하기 때문에 $t$통계량의 자유도는 $d.f. = (n_1 - 1) + (n_2 - 1) = n_1 + n_2 - 2$가 된다. 따라서 $(\mu_1 - \mu_2)$에 대한 가설검정은 정규분포를 이용하여 다음과 같이 이루어진다.

**check**

표본크기가 작지만 두 모집단이 정규분포를 따르고, 분산이 같으면, 표본 1과 표본 2가 서로 독립적일 때 검정통계량의 분포는 $t_{(n_1+n_2-2)}$의 분포를 따르며, 아래의 식 (9.24)와 같이 계산된다.

$$t_{ts} = \frac{(\overline{X}_1 - \overline{X}_2) - (\mu_1 - \mu_2)}{s(\overline{X}_1 - \overline{X}_2)} \sim t_{(n_1+n_2-2)} \tag{9.24}$$

단, $s(\overline{X}_1 - \overline{X}_2) = \sqrt{s_p^2\left(\frac{1}{n_1} + \frac{1}{n_2}\right)}$

이는 단일집단의 표본 문제에서와 같이 표본의 크기가 작으면 중심극한이론이 적용받지 못하고, $Z$분포가 아닌 $t$분포가 적용되는 것과 동일하다.

### 예제 9-6

**한국도로공사는 과적차량에 의한 도로 파괴를 방지하고자 과적차량의 운행을 단속하고 있다. 그런데 과적차량 단속요원은 자동차의 등록지에 따라 적재량에 차이가 있다는 것을 발견하였다. 즉, A지역 차량 번호판을 달고 있는 트럭 20대의 적재량을 조사한 결과 평균 17.3톤, 분산이 4.5톤으로 나타났으나 B지역 차량 번호판을 달고 있는 트럭 25대의 적재량은 평균 18.9톤, 분산이 5.2톤으로 나타났다. 두 지역의 차량번호판을 달고 있는 차량의 적재량은 정규분포를 따르며, 모분산은 $\sigma_1^2 = \sigma_2^2 = 5$로 동일하다고 가정한다. 유의수준 5%에서 B지역**

차량의 평균 적재량이 A지역 차량의 평균 적재량보다 많다는 사실에 대해 가설을 검정하라.

**풀이** A지역 차량의 평균 적재량을 $\mu_1$, B지역 차량의 평균 적재량을 $\mu_2$라고 할 경우 데이터를 요약하면 아래와 같다.

$$n_1 = 20,\ \overline{X}_1 = 17.3,\ s_1 = 4.5$$

$$n_2 = 25,\ \overline{X}_2 = 18.9,\ s_2 = 5.2,\ \alpha = 0.05$$

가설검정은 다음의 절차를 따른다.

① 가설의 설정

이 문제에서는 B지역 차량의 평균 적재량($\mu_2$)이 A지역 차량의 평균 적재량($\mu_1$)보다 많은지를 검정하고자 한다. 따라서 가설은 다음과 같이 세울 수 있다.

$$H_0 : \mu_1 - \mu_2 = 0$$

$$H_a : \mu_1 - \mu_2 < 0$$

② 표본분포

두 표본의 크기가 각각 20, 25로 중심극한이론을 적용시킬 만큼 크지 않고, 모집단 차이는 정규분포를 따른다. 또한, 모분산이 5로 같다고 가정하였기 때문에 표본평균 차이의 분포는 자유도가 ($n_1 + n_2 - 2 = 25 + 20 - 2 =$43)인 $t$분포를 따르게 된다. 따라서 귀무가설이 옳을 때 가정되는 표본평균 차이의 분포는 아래와 같다.

$$\frac{\overline{X}_1 - \overline{X}_2}{s_p\sqrt{\dfrac{1}{n_1} + \dfrac{1}{n_2}}} \sim t(43)$$

③ 검정통계량 계산

$$s_p^2 = \frac{(n_1 - 1)s_1^2 + (n_2 - 1)s_2^2}{(n_1 - 1) + (n_2 - 1)} = \frac{(20-1)4.5 + (25-1)5.2}{(20-1) + (25-1)} = \frac{210.3}{43} = 4.89$$

$$s_p = \sqrt{4.89} = 2.21$$

$$t_{ts} = \frac{\overline{X}_1 - \overline{X}_2}{s_p\sqrt{\dfrac{1}{n_1} + \dfrac{1}{n_2}}} = \frac{17.3 - 18.9}{(2.21)\sqrt{\dfrac{1}{20} + \dfrac{1}{25}}} = \frac{-1.6}{0.663} = -2.41$$

④ 임계치와 기각역

좌측 검정 문제이므로 그래프의 왼쪽 꼬리부분에서 기각역이 설정되며, 이에 따른 임계치와 기각역은 다음과 같다.

임계치 : $-t_{0.05,43} = -t_{0.05,\infty} = -1.645$

기각역 : $t_{ts} < -1.645$

⑤ 판정

계산된 검정통계량($t_{ts}$)이 귀무가설의 기각역 내에 포함되어있으므로 귀무가설을 기각할 수 있다. 따라서 B지역 차량의 평균 적재량이 A지역 차량의 평균 적재량보다 많다고 할 수 있는 충분한 근거가 된다.

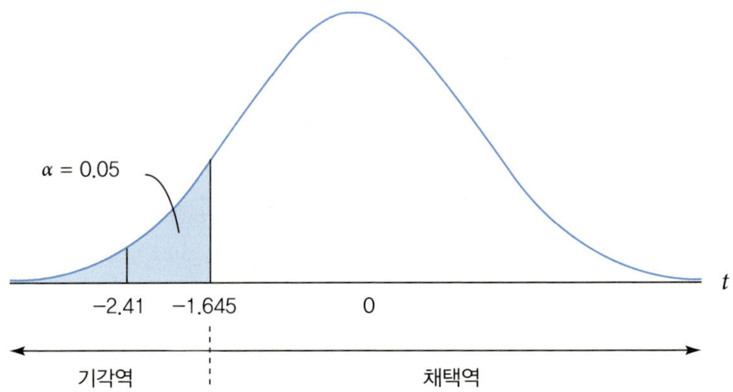


## 9.4.3 모평균 차이에 대한 가설검정: 대응표본

대응표본의 평균 차이에 대한 검정은 단일 모집단 평균에 대한 검정과 동일한 절차에 의해 수행될 수 있다. 즉 평균 차이의 모집단 분포는 알 수 없으나 표본이 충분히 크게 되면, 검정통계량으로 $Z$통계량($z_{ts}$)을 사용하고, 표본 크기가 작더라도 평균 차이의 모집단이 정규분포를 따르게 될 경우에는 $t$통계량($t_{ts}$)을 사용하면 된다. 검정통계량은 아래의 식 (9.25)와 같이 계산할 수 있다.

$$z_{ts} \text{ 또는 } t_{ts} = \frac{\bar{d} - (\mu_1 - \mu_2)}{s_d / \sqrt{n}} = \frac{\bar{d}}{s_d / \sqrt{n}} \quad (9.25)$$

**예제 9-7**

**P 제약회사는 새로 개발한 의약품의 혈압 강하 효과를 알아보기 위해 100명의 표본을 추출하여 각 개인의 신의약품을 복용하기 전과 복용 후의 혈압을 측정하여 그 차이를 조사하였다. 그 결과는 다음과 같다.**

$$\bar{d} = 10.5, \ s_d^2 = 1{,}272.4$$

**이 데이터를 바탕으로 새로 개발한 의약품을 복용하기 전의 평균 혈압에 비해 복용 후의 평균 혈압이 더 낮은지를 유의수준 5%에서 검정하라.**

**풀이** 이 문제의 가설검정은 다음의 절차를 따른다.

① 가설의 설정

대응표본의 가설검정이기 때문에 $\mu_1 - \mu_2 = \mu_d$가 되므로 가설은 다음과 같이 설정할 수 있다.

$H_0 : \mu_d = 0$

$H_a : \mu_d > 0$

② 표본분포

두 표본의 크기가 충분히 크기 때문에 모집단의 분포와는 관계없이 표본평균의 차이인 $\bar{d}$는 다음과 같은 분포를 따른다.

$$\bar{d} \sim N(0, \frac{1,272.4}{100})$$

③ 검정통계량 계산

$$z_{ts} = \frac{\bar{d}}{\sqrt{\frac{s_d^2}{n}}} = \frac{10.5}{\sqrt{\frac{1,272.4}{100}}} = \frac{10.5}{3.57} = 2.94$$

④ 임계치와 기각역

우측 검정 문제이므로 그래프의 오른쪽 꼬리부분에서 기각역이 설정되며, 이에 따른 임계치와 기각역은 다음과 같다.

임계치 : $z_{0.05} = 1.645$

기각역 : $z_{ts} > 1.645$

⑤ 판정

계산된 검정통계량($z_{ts}$)이 귀무가설의 기각역 내에 포함되어 있으므로 귀무가설을 기각할 수 있다. 따라서 새로 개발한 의약품에 혈압 강하 효과가 있다고 할 수 있는 충분한 근거가 있다.

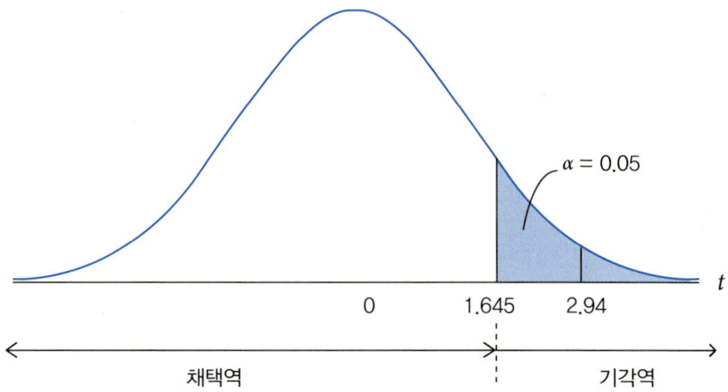


예제 9-8

신우공업은 인천과 중국 대련 두 곳에 공장을 운영하면서 아파트 난방용 밸브 제품을 생산한다. 신우공업에서는 생산될 밸브 제품의 품질을 비교해보기 위해 각 공장으로부터 12개의 부품을 무작위로 선택하여 동일한 조건에서 실험하였다. 품질은 밸브의 수명으로 측정하였으며 그 결과는 다음과 같다. 품질 차이의 분포는 정규분포에 가깝다고 할 때 두 공장에서 생산된 제품의 품질에는 차이가 있다고 할 수 있는가? 5%의 유의수준에서 이를 검정하라.

| 실험 | 품질 (단위: 년) | |
|---|---|---|
| | 인천공장 | 중국 대련공장 |
| 1 | 4.2 | 4.1 |
| 2 | 5.7 | 4.9 |
| 3 | 8.5 | 5.6 |
| 4 | 6.2 | 7.2 |
| 5 | 4.7 | 6.2 |
| 6 | 5.9 | 3.5 |
| 7 | 6.2 | 5.8 |
| 8 | 7.5 | 6.2 |
| 9 | 7.1 | 4.7 |
| 10 | 6.1 | 4.3 |
| 11 | 5.2 | 4.8 |
| 12 | 6.7 | 4.9 |

**풀이** 먼저, 인천공장의 난방용 밸브 평균 수명을 $\mu_1$, 중국 대련공장의 난방용 밸브 평균 수명을 $\mu_2$라고 할 경우 각 실험의 $d_i$를 계산하면 다음과 같다.

| $d_1$ | $d_2$ | $d_3$ | $d_4$ | $d_5$ | $d_6$ | $d_7$ | $d_8$ | $d_9$ | $d_{10}$ | $d_{11}$ | $d_{12}$ |
|---|---|---|---|---|---|---|---|---|---|---|---|
| 0.1 | 0.8 | 2.9 | -1.0 | -1.5 | 2.4 | 0.4 | 1.3 | 2.4 | 1.8 | 0.4 | 1.8 |

위의 데이터를 이용하여 표본평균($\bar{d}$)과 표본분산($s_d^2$)을 구하면 아래와 같다.

$$\bar{d} = \frac{\sum_{i=1}^{12} d_i}{12} = 0.983$$

$$s_d^2 = \frac{\sum_{i=1}^{12} \left[ (d_i - 0.983)^2 \right]}{12-1} = 1.883$$

$$s_d = \sqrt{1.883} = 1.372$$

① 가설의 설정

대응표본의 가설검정 문제이므로 아래와 같이 가설을 세울 수 있다.

$$H_0 : \mu_d = 0$$

$$H_a : \mu_d \neq 0$$

② 표본분포

표본의 크기가 12로 작기 때문에 표본평균의 차이는 다음과 같은 분포를 따른다.

$$\frac{\bar{d} - \mu_d}{s_d / \sqrt{n}} \sim t(11)$$

③ 검정통계량 계산

$$t_{ts} = \frac{\bar{d}}{\frac{s_d}{\sqrt{n}}} = \frac{0.983}{\frac{1.372}{\sqrt{12}}} = \frac{0.983}{0.396} = 2.482$$

④ 임계치와 기각역

양측 검정 문제이므로 그래프의 양쪽 꼬리부분 모두에서 기각역이 설정되며, 이에 따른 임계치와 기각역은 다음과 같다.

임계치 : $\pm t_{0.025, 11} = \pm 2.201$

기각역 : $t_{ts} < -2.201$ 또는 $t_{ts} > 2.201$

⑤ 판정

계산된 검정통계량($t_{ts}$)이 귀무가설의 기각역 내에 포함되어 있으므로 귀무가설을 기각할 수 있다. 따라서 두 공장에서 생산되는 제품에는 차이가 있다고 할 수 있는 충분한 근거가 있다.

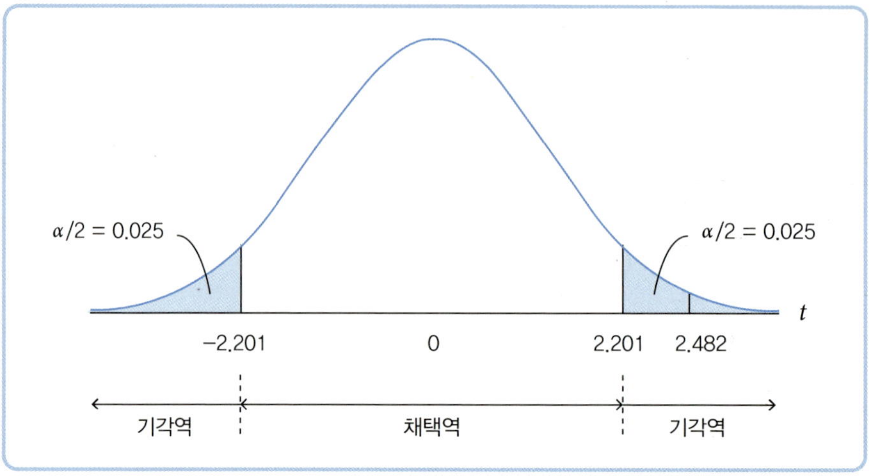


## 9.5 두 모집단의 비율 차이에 대한 가설검정

### 9.5.1 두 모집단 비율 차이에 대한 표본분포

의사결정자는 단일 모집단의 비율뿐만 아니라 두 모집단의 비율을 비교하는 것이 바람직한 경우가 많다. 예를 들어 의사결정자는 '제조업과 서비스업 사이에서 외환위기 때 어려움을 당하는 비율에 차이가 있는지', 혹은 '기업의 종업원 수에 따라 은행으로부터 추가적인 담보를 요구 당하는 비율에 차이가 있는지' 혹은 '대출금 회수 비율에 차이가 있는지'에 대해 관심을 가질 수 있다.

모집단 1에 해당하는 비율을 $p_1$, 그리고 모집단 2에 해당하는 비율을 $p_2$라 하자. 의사결정자가 두 모집단 비율의 차이를 알아보고자 한다면 이는 두 모집단 비율의 차이 $(p_1 - p_2)$를 의미한다. $p_1 - p_2$의 점 추정량은 $\hat{p}_1 - \hat{p}_2$이다. 따라서 가설검정을 위해서는 $\hat{p}_1 - \hat{p}_2$의 표본분포에 대해 살펴볼 필요가 있다.

두 모집단으로부터 충분히 큰 표본을 독립적으로 추출한다면, $\hat{p}_1 - \hat{p}_2$의 표본분포는 중심극한정리에 의해 정규분포에 근접하게 되며, $\hat{p}_1 - \hat{p}_2$의 평균과 분산은 다음과 같게 된다.

**$\hat{p}_1 - \hat{p}_2$의 분포와 분산** check

- $E(\hat{p}_1 - \hat{p}_2) = p_1 - p_2$ (9.26)

- $\sigma^2(\hat{p}_1 - \hat{p}_2) = \sigma^2(\hat{p}_1) + \sigma^2(\hat{p}_2) = \dfrac{p_1(1-p_1)}{n_1} + \dfrac{p_2(1-p_2)}{n_2}$ (9.27)

### 9.5.2 두 모집단 비율 차이에 대한 가설검정

두 모집단의 비율의 차이에 대한 가설검정은 두 모집단 평균 차이에 대한 검정과 같은 절차를 따라 수행한다. 의사결정자는 가설검정을 위해 다음과 같은 가설을 설정할 수 있다.

| Case I : | Case II : | Case III : |
|---|---|---|
| $H_0 : p_1 - p_2 = 0$ | $H_0 : p_1 - p_2 = 0$ | $H_0 : p_1 - p_2 = 0$ |
| $H_a : p_1 - p_2 > 0$ | $H_a : p_1 - p_2 < 0$ | $H_a : p_1 - p_2 \neq 0$ |
| 우측 검정 | 좌측 검정 | 양측 검정 |

위의 세 가지 가설 가운데 어떠한 가설을 사용할 것인지를 결정하기 위해 의사결정자는 어떤 형태의 정보를 원하는가를 고려할 필요가 있다. 대부분의 경우 두 집단의 비율에 차이가 있는가를 조사하기 위하여 CaseIII이 사용된다. 그러나 한 집단의 비율이 다른 집단의 비율보다 크거나(작거나)에 관심이 있는 경우에는 Case I과 Case II가 사용된다.

두 모집단 비율의 차이에 대한 검정을 위해서는 귀무가설이 옳다는 $(p_1 - p_2 = 0)$ 가정 하에서 $\sigma^2(\hat{p}_1 - \hat{p}_2)$에 대하여 추정을 하여야 한다. 즉, 유의수준 $\alpha$에서 의사결정의 임계치를 계산하기 위해서는 $p_1 - p_2 = 0$일 때, $\sigma^2(\hat{p}_1 - \hat{p}_2)$의 추정이 이루어져야 한다. 이 경우는 귀무가설이 사실이라는 것을 의미하므로 두 집단의 비율은 같아진다 $(p_1 = p_2)$. 따라서 두 개의 표본으로부터 공통비율 $p$에 대한 추정치를 다음의 식 (9.28)과 같이 계산할 수 있다.

$$\bar{p} = \frac{n_1\hat{p}_1 + n_2\hat{p}_2}{n_1 + n_2} \quad (9.28)$$

여기서 $\hat{p}_1$, $\hat{p}_2$는 표본비율이며, $\bar{p}$은 두 표본비율을 표본의 크기 $n_1$, $n_2$에 따라 가중 평균한 공통 표본비율이 된다.

$$\bar{p} = \frac{X_1 + X_2}{n_1 + n_2}$$

그러므로 $p_1 = p_2 = p$일 때

$$S^2(\hat{p}_1 - \hat{p}_2) = \bar{p}(1-\bar{p})\left(\frac{1}{n_1} + \frac{1}{n_2}\right) \tag{9.29}$$

$$S(\hat{p}_1 - \hat{p}_2) = \sqrt{\bar{p}(1-\bar{p})\left(\frac{1}{n_1} + \frac{1}{n_2}\right)} \tag{9.30}$$

가 된다. 두 모집단의 비율을 검정하기에 가장 적합한 검정통계량은

$$z_{ts} = \frac{(\hat{p}_1 - \hat{p}_2) - (p_1 - p_2)}{\sqrt{\bar{p}(1-\bar{p})\left(\frac{1}{n_1} + \frac{1}{n_2}\right)}} \tag{9.31}$$

이 된다. 여기서 귀무가설에서 두 모집단 비율이 동일하다고 하였으므로, $p_1 - p_2$는 0이 된다.

**예제 9-9**

A 상공회의소는 은행으로부터 기업자금을 빌릴 때, 매출액이 50억 미만인 기업이 추가담보 요구를 당하는 비율과 매출액이 50억 이상인 기업이 추가담보 요구를 당하는 비율에 차이가 있는지 관심을 갖고 있다. 여기서 매출액이 50억 미만인 기업을 모집단 1이라 하고 매출액이 50억 이상인 기업을 모집단 2라 하자. 이 경우 의사결정자는 아래와 같은 가설을 설정할 수 있다.

$$H_0 : p_1 - p_2 = 0$$
$$H_a : p_1 - p_2 \neq 0$$

매출액이 50억 미만인 기업에서 57개 기업을 표본으로 조사한 결과 추가담보 요구를 당하는 비율이 16/57 = 0.281이었고, 매출액이 50억 이상인 기업에서 47개 기업을 표본으로 조사한 결과 추가담보 요구를 당하는 비율은 4/47 = 0.085로 조사되었다. 두 기업집단 간의 은행으로부터 추가담보를 요구받는 비율의 차이에 대해 유의수준 5%로 검정하라.

**풀이** ① 가설의 설정 : 이미 문제에서 주어진 바와 같이 가설은 다음과 같이 설정된다.

$$H_0 : p_1 - p_2 = 0$$

$$H_a : p_1 - p_2 \neq 0$$

여기서, $p_1 =$ 매출액 50억 미만 기업의 추가담보를 당하는 비율, $p_2 =$ 매출액 50억 미만 기업의 추가담보를 당하는 비율을 나타낸다.

② 검정통계량 : 우선 공통비율을 계산해보면,

$$\bar{p} = \frac{n_1\hat{p}_1 + n_2\hat{p}_2}{n_1 + n_2} = \frac{57(0.281) + 47(0.085)}{57 + 47} = 0.192$$

가 된다. 검정통계량의 값을 계산해보면, 다음과 같이 된다.

$$Z_{ts} = \frac{(\hat{p}_1 - \hat{p}_2) - (p_1 - p_2)}{\sqrt{\bar{p}(1-\bar{p})\left(\frac{1}{n_1} + \frac{1}{n_2}\right)}} = \frac{(0.281 - 0.085) - (0)}{\sqrt{0.192(1-0.192)\left(\frac{1}{57} + \frac{1}{47}\right)}} = 2.519$$

③ 기각역과 결론: 유의수준 0.05에서의 기각역은 [부록 3]으로부터 $z > 1.96$이거나 혹은 $z < -1.96$이 된다. 관측된 검정통계량의 값이 기각역에 있으므로 유의수준 0.05에서 귀무가설을 기각한다. 즉, 두 기업집단 간의 추가담보 요구를 당할 비율에 차이가 있다고 할 충분한 근거가 있다.

## 9.6 Excel 실습

Microsoft Excel 2013에서 두 모집단 평균을 비교하기 위해 함수를 이용할 경우 그 식이 복잡하기 때문에 오히려 더 많은 시간이 소요될 수가 있다. 따라서 Excel에서는 [데이터 분석] 기능을 통해 두 모집단 평균을 비교하는 방법을 제공해주고 있다.

### 9.6.1 모평균 차이에 대한 가설검정: 표본의 크기가 클 때

먼저, 표본의 크기가 충분히 큰 경우의 두 집단 평균 차이를 Excel을 이용하여 검정하는 구체적인 방법을 알아보기 위해 다음 예제를 살펴보자.

예제 9-10

산업 자동차회사는 새로 개발한 모델 X자동차가 경쟁회사인 연세자동차의 모델 Y자동차보다 더 높은 연비를 가지고 있다고 광고하고 있다. 광고를 감시하는 소비자 연맹에서는 이러한 주장이 타당한지를 조사하려고 한다. 이를 위해 소비자 연맹은 X자동차 32대와 Y자동차 31대를 임의로 추출하여 연비를 조사하였다. 이러한 조사 결과에 대한 데이터는 〈그림 9-3〉과 같다. 표본 1은 '산업자동차 모델 X의 연비', 표본 2는 '연세자동차 모델 Y의 연비'라고 할 때 산업 자동차회사의 광고가 타당한지를 5%의 유의수준에서 검정하라.

| 표본 | 산업자동차 | 연세자동차 |
|---|---|---|
| 1 | 26.9 | 26 |
| 2 | 26.4 | 24.3 |
| 3 | 27.3 | 22.7 |
| 4 | 27.8 | 23.9 |
| 5 | 26.5 | 25.3 |
| 6 | 28.1 | 26.5 |
| 7 | 26.2 | 24.1 |
| 8 | 25.9 | 24.8 |
| 9 | 26.58 | 22.9 |
| 10 | 27 | 24.2 |
| 11 | 25.6 | 24 |
| 12 | 25.5 | 24.3 |
| 13 | 26.4 | 23.8 |
| 14 | 27.6 | 25.6 |
| 15 | 25.9 | 24.4 |
| 16 | 26.2 | 26.7 |
| 17 | 27 | 25.3 |
| 18 | 25.9 | 24.2 |
| 19 | 24.6 | 23.4 |
| 20 | 25.4 | 23.9 |
| 21 | 26.4 | 26.9 |
| 22 | 27.6 | 24 |
| 23 | 26.3 | 23.2 |
| 24 | 25.8 | 24.6 |
| 25 | 26.9 | 26.2 |
| 26 | 25.8 | 25.9 |
| 27 | 24.6 | 24.7 |
| 28 | 26.2 | 25.1 |
| 29 | 27.4 | 24.9 |
| 30 | 24.2 | 23.3 |
| 31 | 27.5 | 25.4 |
| 32 | 26.8 | |

그림 9-3

**풀이** 두 표본의 크기($n_1$, $n_2$)가 각각 32, 31로 충분히 크기 때문에 모집단의 분포에 관계없이 두 표본평균 차이의 분포는 정규분포를 따를 수 있다. 따라서 검정은 $Z$검정을 이용할 수 있다.

먼저, [데이터 분석]의 기능을 이용하여 $Z$검정을 하기 위해서는 각 집단의 모분산($\sigma_1^2$, $\sigma_2^2$)에 대한 정보가 필요하다. 하지만 우리는 확장된 중심극한이론에 의해 표본의 크기가 충분히 클 경우 모분산 대신 표본분산($s_1^2$, $s_2^2$)으로 대체하여 사용하여도 무방하다는 것을 알고 있다. 따라서 〈그림 9-4〉와 같이 각 표본의 표본분산을 먼저 계산해야 한다.

| 표본 | 산업자동차 | 연세자동차 |
|---|---|---|
| 1 | 26.9 | 26 |
| 2 | 26.4 | 24.3 |
| 3 | 27.3 | 22.7 |

| | 계산 결과 | 입력값 |
|---|---|---|
| 표본 1의 분산($s_1^2$) | 0.888191935 | =VAR.S(C3:C34) |
| 표본 2의 분산($s_2^2$) | 1.237784946 | =VAR.S(D3:D33) |

그림 9-4

가설은 산업자동차 모델 X의 연비가 연세자동차 모델 Y의 연비보다 높다는 것을 검정하기 위한 문제이기 때문에 다음과 같이 설정할 수 있다.

$$H_0 : \mu_1 - \mu_2 = 0$$

$$H_a : \mu_1 - \mu_2 > 0$$

두 집단의 모평균 차이를 검정하기 위해 먼저 Microsoft Excel 창 상단의 리본 메뉴에서 [데이터] 탭의 [데이터 분석]을 클릭하여 [통계 데이터 분석] 창을 생성시킨다.

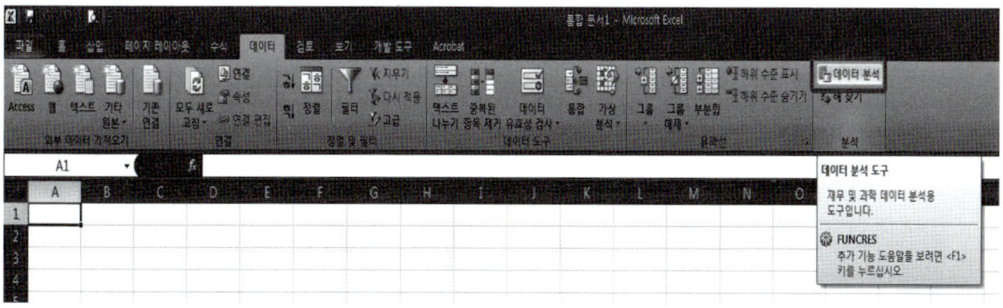

그림 9-5

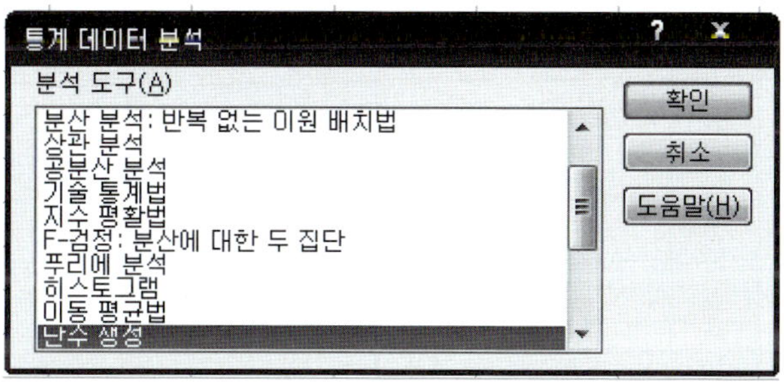


그림 9-6

[통계 데이터 분석] 창이 생성되면 왼쪽의 [분석 도구(A)] 창에서 [z-검정: 평균에 대한 두집단]을 선택하고 오른쪽의 [확인] 단추를 클릭하여 [z-검정: 평균에 대한 두집단] 창을 생성시킨다.

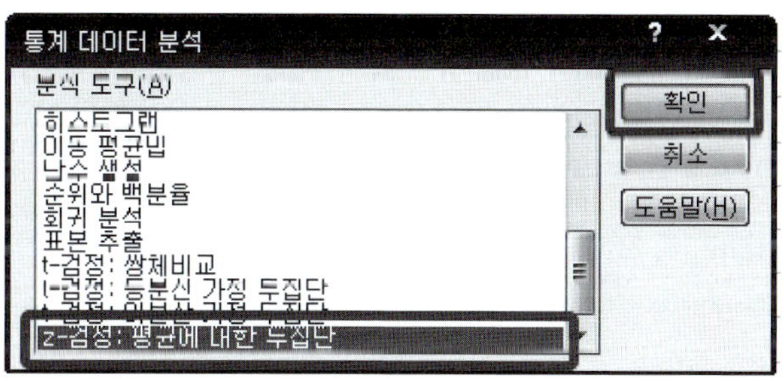


그림 9-7

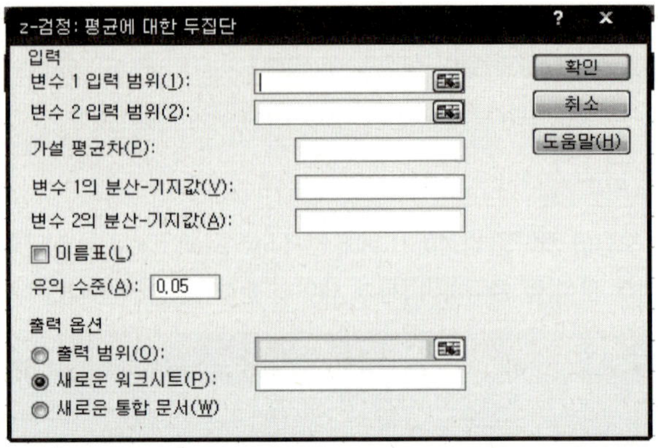


그림 9-8

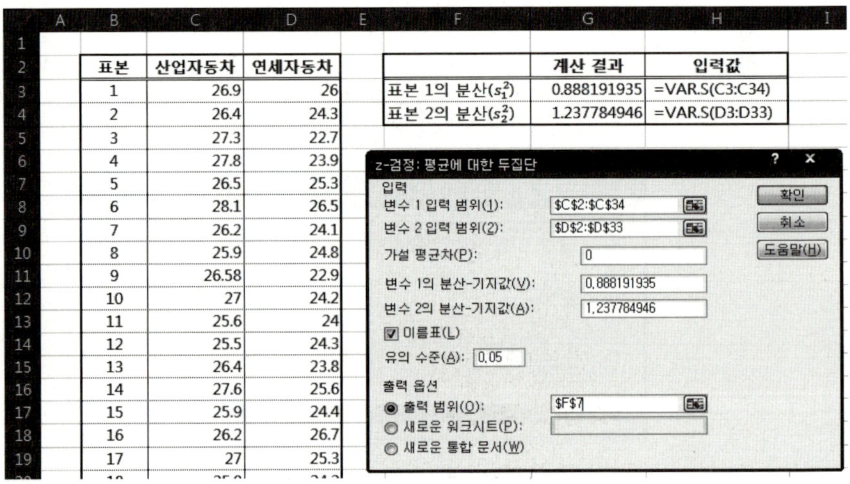


그림 9-9

[z-검정: 평균에 대한 두집단] 창이 생성되면 〈그림 9-9〉과 같이 [변수 1 입력 범위(1)]에 표본 1의 데이터를 입력한 범위($C$2:$C$34)를, [변수 2 입력 범위(2)]에는 표본 2의 데이터를 입력한 범위($D$2:$D$33)를 각각 입력한다.

계속해서 입력범위 밑의 [가설 평균차(P)]는 귀무가설이 옳다고 할 때의 평균 차이를 입력하며, 귀무가설이 $\mu_1 - \mu_2 = 0$이기 때문에 '0'을 입력한다.

다음으로 [변수 1의 분산-기지값(V)]에는 첫 번째 표본의 표본분산($s_1^2$)을, [변수 2의 분산-기지값(A)]에는 두 번째 표본의 표본분산($s_2^2$)을 각각 입력하는데, 각 집단의 모분산을 알고 있는 경우에는 모분산을 입력한다.

본 예시에서는 변수의 입력 범위를 각각 C, D열의 2행부터 포함시켜 각 표본 집단의 이름을 포함시켰기 때문에 [이름표(L)]의 체크박스에 체크를 한다. 만약 [변수 1 입력 범위(1)]과 [변수 2 입력 범위(2)]에 표본 집단의 이름을 포함시켜서 입력하지 않았을 경우, 즉, 본 예시의 경우 3행부터 입력했을 경우에는 [이름표(L)] 앞의 체크박스에 체크를 하지 않은 채로 분석을 실시해야 한다.

다음으로 [유의수준(A)]은 기본적으로 0.05로 설정되어 있는데, 본 예시에서 요구하는 유의수준이 5%이기 때문에 그대로 둔다. 만약 1%의 유의수준을 설정하였을 경우 [유의수준(A)] 칸에 0.01을 입력하면 된다.

마지막으로 [출력 옵션]을 살펴보면 [출력 범위(O)]를 선택하고, 특정 셀을 지정하였을 경우에는 데이터를 입력한 워크시트에 결과가 출력된다. [새로운 워크시트(P)]를 선택한 경우에는 새로운 워크시트를 생성하여 새로 생성된 워크시트에 결과가 출력되며, [새로운 통합문서(W)]를 선택한 경우에는 새로운 Excel 창을 생성시켜 결과를 출력한다. 본 예시에서는 [출력 범위(O)]를 선택하여 데이터를 입력한 워크시트에 출력하도록 지정하였다.

각 옵션들을 설정한 후 [z-검정: 평균에 대한 두집단] 창 오른쪽에 있는 [확인] 단추를 클릭하면 〈그림 9-10〉과 같이 결과가 출력된다.

| z-검정: 평균에 대한 두 집단 | | |
|---|---|---|
| | | |
| | 산업자동차 | 연세자동차 |
| 평균 | 26.38375 | 24.66129032 |
| 기지의 분산 | 0.888192 | 1.237785 |
| 관측수 | 32 | 31 |
| 가설 평균차 | 0 | |
| z 통계량 | 6.620705896 | |
| P(Z<=z) 단측 검정 | 0.000 | |
| z 기각치 단측 검정 | 1.644853627 | |
| P(Z<=z) 양측 검정 | 0.000 | |
| z 기각치 양측 검정 | 1.959963985 | |

그림 9-10

결과를 해석하면 먼저, 첫째 행의 [평균]은 각 집단의 표본평균($\overline{x}$)을 출력하고, 둘째 행의 [기지의 분산]은 입력한 분산 값을 출력한다. [관측 수]는 각 표본의 크기($n_1$, $n_2$)를 출력하며, [가설 평균 차]는 앞에서 입력했던 귀무가설이 옳을 경우의 모평균 차이를 출력하게 된다.

[z 통계량]은 검정통계량($z_{ts}$)을 출력한 값이며, 검정통계량은 약 6.62로 계산되었음을 알 수 있다. [P(Z<=z) 단측 검정]은 해당 검정통계량에서의 $p$값을 계산한 것으로 0.000을 나타내는데, 유의수준 0.05보다 작으므로 귀무가설을 기각할 수 있다는 것을 알 수 있다. [z 기각치 단측 검정]의 경우는 가설검정이 단측 검정일 경우의 임계치를 나타내주며, 유의수준이 0.05일 때의 임계치는 약 1.645임을 보여준다. 검정통계량은 약 6.62로 귀무가설의 기각역($z_{ts} = 6.62 > 1.645$)에 속해 있기 때문에 귀무가설을 기각할 수 있다. 하단의 [P(Z<=z 양측 검정]과 [z 기각치 양측 검정]는 각각 양측 검정인 경우의 $p$값과 임계치를 출력한다.

따라서 산업자동차 모델 X 자동차의 연비가 연세자동차 모델 Y 자동차의 연비보다 더 높다는 산업자동차의 광고는 타당하다고 할 수 있는 충분한 근거가 된다.

### 9.6.2 모평균 차이에 대한 가설검정: 표본의 크기가 작고, 모분산이 같을 때

Microsoft Excel 2013에서 표본의 크기가 작고, 모분산이 같은 경우의 모평균 차이를 검정할 때에도 [데이터 분석] 기능을 이용하여 검정을 할 수 있다. 다음 예제를 살펴보자.

**예제 9-11**

A시 상공회의소에서는 A시 소재 기업의 연 매출액 평균이 B시 소재 기업의 연 매출액 평균보다 높다고 주장하였다. 이에 B시 상공회의소에서는 A시의 주장에 반박할 근거를 마련하기 위해 A시의 기업과 B시의 기업을 무작위로 선정하여 연 매출액을 조사한 결과 〈그림 9-11〉과 같은 결과를 얻었다.

두 도시에 소재한 기업들의 연 매출액은 정규분포이며, 분산은 같다고 가정한다. B시 상공회의소에서는 0.05의 유의수준에서 A시의 주장이 사실일 경우 이를 인정하며 무시하고, 아닐 경우에는 A시 상공회의소에 공식적으로 항의를 하기로 결정하였다. 이 문제에 대해 가설검정을 실시하라.

(단위 : 억원)

| 표본 | A시 | B시 |
|---|---|---|
| 1 | 120 | 131 |
| 2 | 145 | 119 |
| 3 | 172 | 94 |
| 4 | 147 | 131 |
| 5 | 173 | 200 |
| 6 | 97 | 120 |
| 7 | 145 | 141 |
| 8 | 161 | 106 |
| 9 | 125 | 102 |
| 10 | | 89 |
| 11 | | 103 |
| 12 | | 183 |

그림 9-11

**풀이** 두 표본의 크기($n_1$, $n_2$)가 각각 9, 12로 중심극한이론을 적용할 수 있을 만큼 크지 못하고, 모집단은 정규분포를 가정하며, 분산이 같다고 가정하였기 때문에 분산이 같을 경우의 $t$검정을 이용할 수 있다.

가설은 A시 소재 기업의 연매출액이 B시 소재 기업의 연매출액보다 높다는 것을 검정하기 위한 문제이기 때문에 다음과 같이 설정할 수 있다.

$$H_0 : \mu_1 - \mu_2 = 0$$

$$H_a : \mu_1 - \mu_2 > 0$$

두 집단의 모평균 차이를 검정하기 위해 먼저 Microsoft Excel 창 상단의 리본 메뉴에서 [데이터] 탭의 [데이터 분석]을 클릭하여 [통계 데이터 분석] 창을 생성시킨다.

[통계 데이터 분석] 창이 생성되면 왼쪽의 [분석 도구(A)] 창에서 [t-검정: 등분산 가정 두집단]을 선택하고 오른쪽의 [확인] 단추를 클릭하여 [t-검정: 등분산 가정 두집단] 창을 생성시킨다.

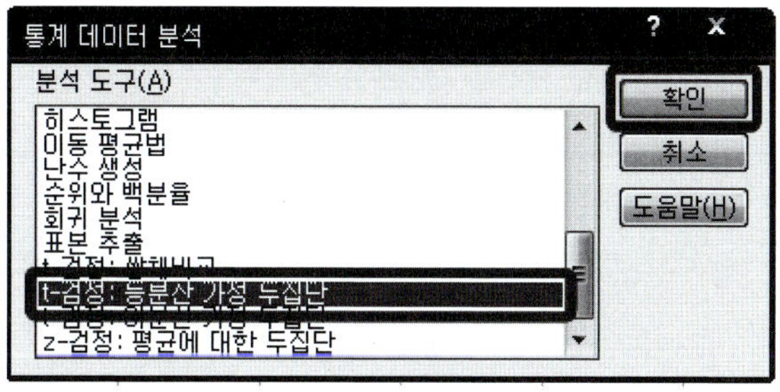


그림 9-12

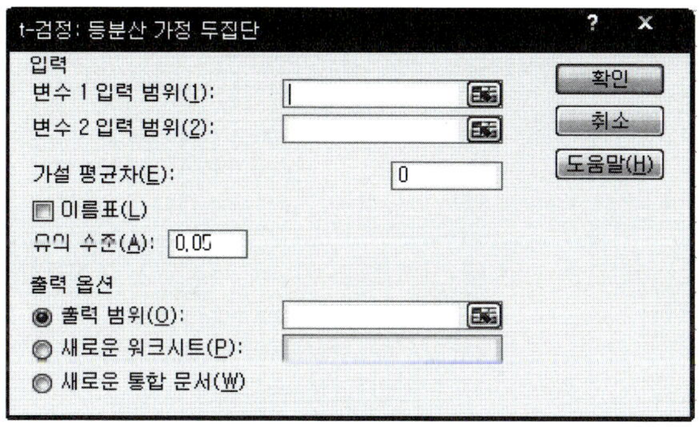


그림 9-13

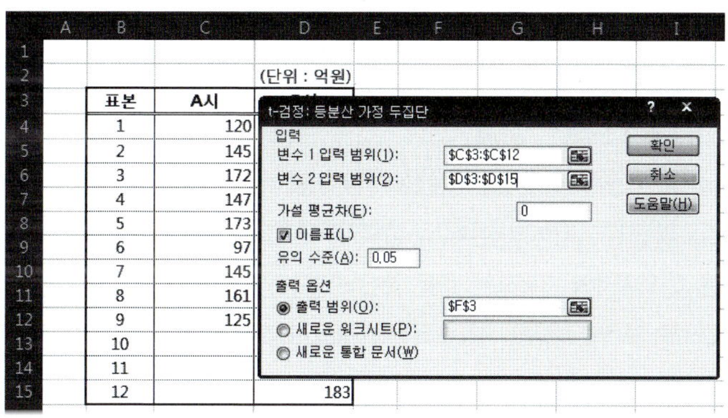


그림 9-14

[t-검정: 등분산 가정 두집단] 창이 생성되면 〈그림 9-14〉와 같이 [변수 1 입력 범위(1)]에 표본 1의 데이터를 입력한 범위($C$3:$C$12)를, [변수 2 입력 범위(2)]에는 표본 2의 데이터를 입력한 범위($D$3:$D$15)를 각각 입력한다.

계속해서 입력범위 밑의 [가설 평균차(E)]는 귀무가설이 옳다고 할 때의 평균 차이를 입력하며, 귀무가설이 $\mu_1 - \mu_2 = 0$이기 때문에 '0'을 입력한다.

본 예시에서는 변수의 입력 범위를 각각 C, D열의 3행부터 포함시켜 각 표본 집단의 이름을 포함시켰기 때문에 [이름표(L)]의 체크박스에 체크를 한다. 만약 [변수 1 입력 범위(1)]과 [변수 2 입력 범위(2)]에 표본 집단의 이름을 포함시켜서 입력하지 않았을 경우에는 [이름표(L)] 앞의 체크박스에 체크를 하지 않은 채로 분석을 실시해야 한다.

다음으로 [유의수준(A)]은 기본적으로 0.05로 설정되어 있는데, 본 예시에서 요구하는 유의수준이 5%이기 때문에 그대로 둔다.

마지막으로 [출력 옵션]에 대한 내용은 [예제 9-10]의 설명을 참고하길 바란다. 본 예시에서는 [출력 범위(O)]를 선택하여 데이터를 입력한 워크시트에 출력하도록 지정하였다.

각 옵션들을 설정한 후 [t-검정: 등분산 가정 두집단] 창 오른쪽에 있는 [확인] 단추를 클릭하면 〈그림 9-15〉와 같이 결과가 출력된다.

| t-검정: 등분산 가정 두 집단 | | |
|---|---|---|
| | | |
| | A시 | B시 |
| 평균 | 142.777778 | 126.583333 |
| 분산 | 632.194444 | 1179.90152 |
| 관측수 | 9 | 12 |
| 공동(Pooled) 분산 | 949.288012 | |
| 가설 평균차 | 0 | |
| 자유도 | 19 | |
| t 통계량 | 1.19198087 | |
| P(T<=t) 단측 검정 | 0.12397236 | |
| t 기각치 단측 검정 | 1.72913281 | |
| P(T<=t) 양측 검정 | 0.24794472 | |
| t 기각치 양측 검정 | 2.09302405 | |

**그림 9-15**

결과를 해석하면 먼저, [평균]은 각 집단의 표본평균($\overline{x}$)을 출력한 결과이고, 둘째 행의 [분산]은 각 집단의 표본분산($s^2$)을 출력한다. [관측 수]는 각 표본의 크기($n_1$, $n_2$)를 출력하며, [공동(pooled) 분산]은 두 집단의 공통분산($s_p^2$)을 말한다. [가설 평균차]는 앞에서 입력했던 귀무가설이 옳을 경우의 모평균 차이의 입력값을 출력하게 된다. [자유도]는 $t$분포의 자유도, 즉 $(n_1+n_2-2)$로서 본 예시에서의 자유도는 19로 계산되었다는 것을 알 수 있다.

[t 통계량]은 검정통계량($t_{ts}$)을 출력한 값이며, 검정통계량은 약 1.19로 계산되었다는 것을 알 수 있다. [P(T〈=t) 단측 검정]은 해당 검정통계량에서의 $p$값을 계산한 것으로 약 0.124를 나타내는데, 유의수준 0.05보다 크기 때문에 귀무가설을 기각할 수 없다는 것을 알 수 있다. [t 기각치 단측 검정]의 경우는 가설검정이 단측 검정일 경우의 임계치를 나타내주며, 유의수준이 0.05일 때의 임계치는 약 1.729임을 알 수 있다. 검정통계량은 약 1.190이기 때문에 $p$값의 결과와 마찬가지로 귀무가설을 기각할 수 없다. 하단의 [P(T〈=t 양측 검정]과 [t 기각치 양측 검정]은 각각 양측 검정인 경우의 $p$값과 임계치를 출력한다.

따라서 귀무가설을 기각할 수 없기 때문에 5%의 유의수준에서 A시 소재 기업과 B시 소재 기업의 연 매출액에는 차이가 없다고 할 수 있으며 B시 상공회의소에서는 공식적인 항의를 할 수 있다.

### 9.6.3 모평균 차이에 대한 가설검정: 표본의 크기가 작고, 모분산이 다를 때

Microsoft Excel 2013에서 표본의 크기가 작고, 모분산이 같다고 가정할 수 없는 경우(또는 모르는 경우)에 모평균 차이를 검정할 때에도 마찬가지로 [데이터 분석] 기능을 이용하여 가설을 검정한다. 구체적인 검정 방법을 알아보기 위해 다음 예제를 살펴보자.

**예제 9-12**

**주택건설업자 협회에서는 주방과 침실의 리모델링 비용에 차이가 있는지를 알고자 한다. 이에 지난달에 실시한 주방과 침실의 리모델링 비용을 무작위로 추출한 결과 아래의 〈그림 9-16〉과 같은 결과를 얻었다.**

**주방과 침실 리모델링 비용의 차이는 정규분포를 하고 있으며, 분산은 모른다고 가정한다. 1%의 유의수준에서 주방과 침실 리모델링 비용에 차이가 있는지를 검정하라.**

(단위 : 만원)

| 표본 | 주방 | 침실 |
|---|---|---|
| 1 | 252 | 180 |
| 2 | 174 | 229 |
| 3 | 228 | 264 |
| 4 | 219 | 248 |
| 5 | 197 | 269 |
| 6 | 230 | 178 |
| 7 | 197 | 246 |
| 8 | 169 | 210 |
| 9 | 218 | |
| 10 | 236 | |

그림 9-16

**풀이** 두 표본의 크기($n_1$, $n_2$)가 각각 10, 8로 중심극한이론을 적용할 수 있을 만큼 크지 못하고, 모집단은 정규분포를 가정하며, 분산은 모르기 때문에 분산이 다를 경우의 $t$검정을 이용할 수 있다.

가설은 주방의 리모델링 비용과 침실의 리모델링 비용에 차이가 나는지를 검정하기 위한 문제이기 때문에 다음과 같이 설정할 수 있다.

$$H_0 : \mu_1 - \mu_2 = 0$$

$$H_a : \mu_1 - \mu_2 \neq 0$$

두 집단의 모평균 차이를 검정하기 위해 먼저 Microsoft Excel 창 상단의 리본 메뉴에서 [데이터] 탭의 [데이터 분석]을 클릭하여 [통계 데이터 분석] 창을 생성시킨다.

[통계 데이터 분석] 창이 생성되면 〈그림 9-17〉과 같이 왼쪽의 [분석 도구(A)] 창에서 [t-검정: 이분산 가정 두집단]을 선택하고 오른쪽의 [확인] 단추를 클릭하여 [t-검정: 이분산 가정 두집단] 창을 생성시킨다.

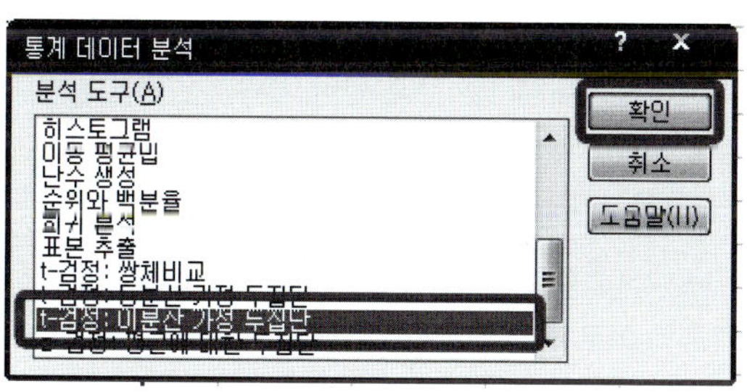


그림 9-17

〈그림 9-18〉의 [t-검정: 이분산 가정 두집단] 창을 보면 앞에서 이용한 [t-검정 등분산 가정 두집단] 창과 같은 모양을 하고 있다는 것을 알 수 있다.

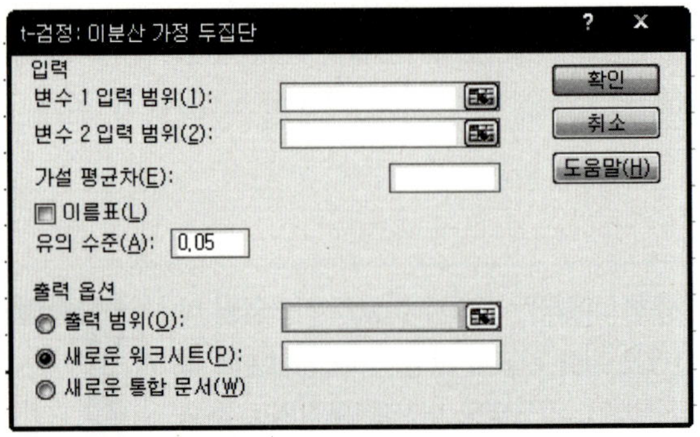


그림 9-18

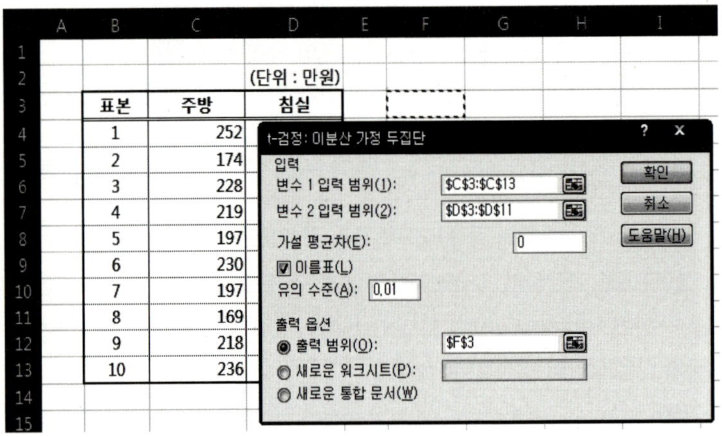


그림 9-19

[t-검정: 이분산 가정 두집단] 창이 생성되면 〈그림 9-19〉와 같이 [변수 1 입력 범위(1)]에 표본 1의 데이터를 입력한 범위($C$3:$C$13)를, [변수 2 입력 범위(2)]에는 표본 2의 데이터를 입력한 범위($D$3:$D$11)를 각각 입력한다.

[가설 평균차(P)]는 귀무가설이 옳다고 할 때의 평균 차이를 입력하며, 귀무가설이 $\mu_1 - \mu_2 = 0$이기 때문에 '0'을 입력한다.

본 예시에서는 변수의 입력 범위를 각각 C, D열의 3행부터 포함시켜 각 표본 집단의 이름을 포함시켰기 때문에 [이름표(L)]의 체크박스에 체크를 한다. 만약 [변수 1 입력 범위(1)]과 [변수 2 입력 범위(2)]에 표본 집단의 이름을 포함시켜서 입력하지 않았을 경우에는 [이름표(L)] 앞의 체크박스에 체크를 하지 않은 채로 분석을 실시해야 한다.

다음으로 [유의수준(A)]은 기본적으로 0.05로 설정되어 있는데, 본 예시에서 요구하는 유의수준이 1%이기 때문에 유의수준을 0.01로 변경하여 입력한다.

마지막으로 [출력 옵션]에 대한 내용은 [예제 9-10]의 설명을 참고하길 바란다. 본 예시에서는 [출력 범위(O)]를 선택하여 데이터를 입력한 워크시트에 출력하도록 지정하였다.

각 옵션들을 설정한 후 [t-검정: 이분산 가정 두집단] 창 오른쪽에 있는 [확인] 단추를 클릭하면 〈그림 9-20〉과 같이 가설검정 결과가 출력된다.

| t-검정: 이분산 가정 두 집단 | | |
|---|---|---|
| | 주방 | 침실 |
| 평균 | 212 | 228 |
| 분산 | 731.5556 | 1261.429 |
| 관측수 | 10 | 8 |
| 가설 평균차 | 0 | |
| 자유도 | 13 | |
| t 통계량 | -1.0531 | |
| P(T<=t) 단측 검정 | 0.155738 | |
| t 기각치 단측 검정 | 2.650309 | |
| P(T<=t) 양측 검정 | 0.311476 | |
| t 기각치 양측 검정 | 3.012276 | |

그림 9-20

먼저, [평균]은 각 집단의 표본평균($\overline{x}$)을 출력한 결과로 주방의 리모델링 비용의 표본평균은 212만 원, 침실의 리모델링 비용의 표본평균은 228만 원으로 나타났다. 둘째 행의 [분산]은 각 집단의 표본분산($s^2$)을 출력하며, [관측 수]는 각 표본의 크기($n_1$, $n_2$)를 출력한다. [가설 평균차]는 앞에서 입력했던 귀무가설이 옳을 경우의 모평균 차이의 입력값인 0을 출력하게 된다. [자유도]는 $t$분포의 자유도로서 본 예시에서의 자유도는 13으로 계산되었다는 것을 알 수 있다.

[t 통계량]은 검정통계량($t_{ts}$)을 출력한 값이며, 검정통계량은 약 −1.05로 계산되었다. [P(T<=t) 단측 검정]은 해당 검정통계량에서의 $p$값을 계산한 것으로 약 0.156이 계산되었다. [t 기각치 단측 검정]의 경우는 가설검정이 단측 검정일 경우의 임계치를 나타내주며, 유의수준이 0.01일 때의 단측 임계치는 약 2.65임을 알 수 있다. 본 예시는 양측 검정 문제이기 때문에 귀무가설의 기각 여부는 양측 검정시의 $p$값과 임계치를 확인해야 한다. 하단의 [P(T<=t 양측 검정]은 양측 검정시의 $p$값을 출력하는데, $p$값이 0.311로 유의수준 0.01보다 크기 때문에 귀무가설은 기각될 수 없다는 것을 알 수 있다. 마지막으로 [t 기각치 양측 검정]은 양측 검정의 임계치로써 0.01의 유의수준에서 임계치는 ±3.012이다. 검정통계량이 약 −1.05이기 때문에 $p$값의 결과와 마찬가지로 귀무가설을 기각할 수가 없다.

따라서 귀무가설을 채택하였기 때문에 대립가설을 기각하게 되며 1%의 유의수준에서 주방과 침실의 리모델링 비용에는 차이가 없다고 할 수 있다.

## 9.6.4 모평균 차이에 대한 가설검정: 대응표본

Microsoft Excel 2013에서 대응표본인 경우의 모평균 차이에 대한 구체적인 검정 방법을 알아보기 위해 다음 예제를 살펴보자.

**예제 9-13**

**신우공업은 인천과 중국 대련 두 곳에 공장을 운영하면서 아파트 난방용 밸브 제품을 생산하고 있다. 신우공업에서는 생산될 밸브 제품의 품질을 비교해보기 위해 각 공장으로부터 12개의 부품을 무작위로 선택하여 동일한 조건 하에서 품질 검사를 실시하였다. 품질은 밸브의 수명으로 측정하였으며 그 결과는 다음과 같다. 품질 차이의 분포는 정규분포에 가깝다고 할 때 두 공장에서 생산된 제품의 품질에는 차이가 있다고 할 수 있는가? 5%의 유의수준에서 이를 검정하라.**

| 실험 | 품질 (단위: 년) | |
|---|---|---|
| | 인천공장 | 중국 대련공장 |
| 1 | 4.2 | 4.1 |
| 2 | 5.7 | 4.9 |
| 3 | 8.5 | 5.6 |
| 4 | 6.2 | 7.2 |
| 5 | 4.7 | 6.2 |
| 6 | 5.9 | 3.5 |
| 7 | 6.2 | 5.8 |
| 8 | 7.5 | 6.2 |
| 9 | 7.1 | 4.7 |
| 10 | 6.1 | 4.3 |
| 11 | 5.2 | 4.8 |
| 12 | 6.7 | 4.9 |

**풀이** 표본의 크기($n$)가 12로 소표본이고, 모집단은 정규분포를 가정하는 대응표본의 평균 비교 문제이다. 따라서 $t$검정을 이용할 수 있다.

이는 앞에서 푼 [예제 9-8]과 같은 문제로 가설검정의 절차는 동일하기 때문에 Excel을 이용한 풀이 위주로 설명을 하겠다.

먼저, 〈그림 9-21〉과 같이 워크시트에 데이터를 입력한다.

| 실험 | 품질 (단위 : 년) | |
|---|---|---|
| | 인천공장 | 중국 대련공장 |
| 1 | 4.2 | 4.1 |
| 2 | 5.7 | 4.9 |
| 3 | 8.5 | 5.6 |
| 4 | 6.2 | 7.2 |
| 5 | 4.7 | 6.2 |
| 6 | 5.9 | 3.5 |
| 7 | 6.2 | 5.8 |
| 8 | 7.5 | 6.2 |
| 9 | 7.1 | 4.7 |
| 10 | 6.1 | 4.3 |
| 11 | 5.2 | 4.8 |
| 12 | 6.7 | 4.9 |

그림 9-21

두 집단의 모평균 차이를 검정하기 위해 먼저 Microsoft Excel 창 상단의 리본 메뉴에서 [데이터] 탭의 [데이터 분석]을 클릭하여 [통계 데이터 분석] 창을 생성시킨 후 〈그림 9-22〉와 같이 왼쪽의 [분석 도구(A)] 창에서 [t-검정: 쌍체비교]를 선택하고 오른쪽의 [확인] 단추를 클릭하여 [t-검정: 쌍체비교] 창을 생성시킨다.

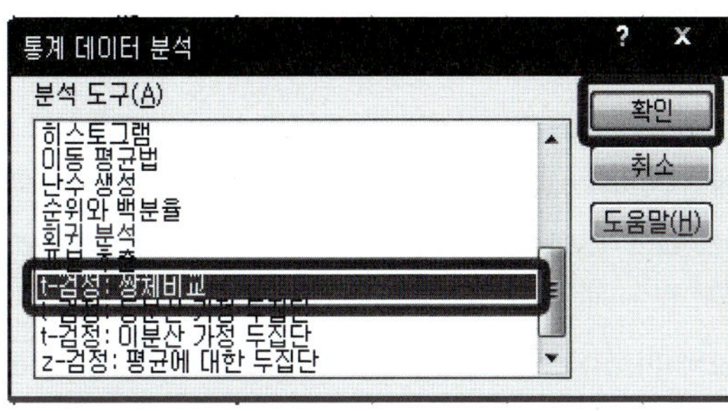


그림 9-22

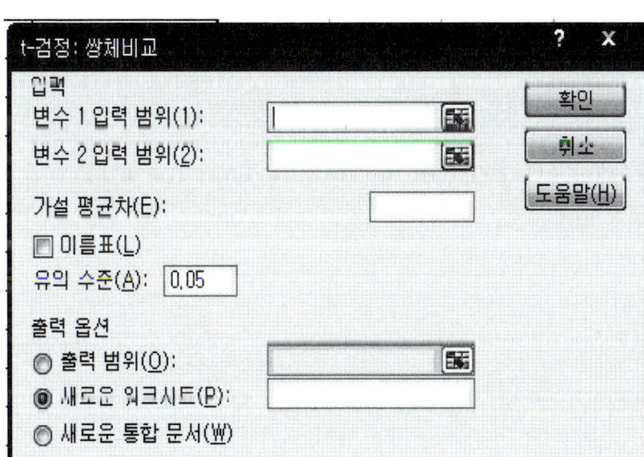


그림 9-23

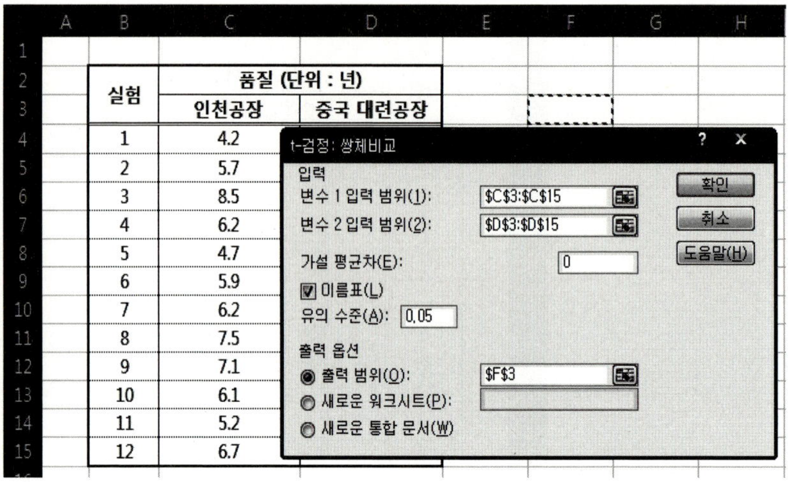


그림 9-24

[t-검정: 쌍체비교] 창이 생성되면 다른 검정의 진행과 마찬가지로 〈그림 9-24〉와 같이 [변수 1 입력 범위(1)]에 표본 1의 데이터를 입력한 범위($C$3:$C$15)를, [변수 2 입력 범위(2)]에는 표본 2의 데이터를 입력한 범위($D$3:$D$15)를 각각 입력한다.

[가설 평균차(P)]는 귀무가설이 옳다고 할 때의 평균 차이를 입력하며, 귀무가설이 $\mu_1 - \mu_2 = 0$이기 때문에 '0'을 입력한다.

본 예시에서는 변수의 입력 범위를 각각 C, D열의 3행부터 포함시켜 각 표본 집단의 이름을 포함시켰기 때문에 [이름표(L)]의 체크박스에 체크를 한다. 만약 [변수 1 입력 범위(1)]과 [변수 2 입력 범위(2)]에 표본 집단의 이름을 포함시켜서 입력하지 않았을 경우에는 [이름표(L)] 앞의 체크박스에 체크를 하지 않은 채로 분석을 실시해야 한다.

다음으로 [유의수준(A)]은 기본적으로 0.05로 설정되어 있는데, 본 예시에서 요구하는 유의수준이 5%이기 때문에 기본 값을 유지한다.

마지막으로 [출력 옵션]으로는 [출력 범위(O)]를 선택하여 데이터를 입력한 워크시트에 출력하도록 지정하였다.

각 옵션들을 설정한 후 [t-검정: 쌍체비교] 창 오른쪽에 있는 [확인] 단추를 클릭하면 〈그림 9-25〉와 같이 가설검정 결과가 출력된다.

| t-검정: 쌍체 비교 | | |
|---|---|---|
| | 인천공장 | 중국 대련공장 |
| 평균 | 6.166666667 | 5.183333333 |
| 분산 | 1.420606061 | 1.092424242 |
| 관측수 | 12 | 12 |
| 피어슨 상관 계수 | 0.252737166 | |
| 가설 평균차 | 0 | |
| 자유도 | 11 | |
| t 통계량 | 2.482148655 | |
| P(T<=t) 단측 검정 | 0.015228632 | |
| t 기각치 단측 검정 | 1.795884819 | |
| P(T<=t) 양측 검정 | 0.030457264 | |
| t 기각치 양측 검정 | 2.20098516 | |

그림 9-25

[평균]과 [분산], [관측수]는 각각 앞에서의 검정 결과와 마찬가지로 각 표본의 표본평균($\bar{x}$), 표본분산($s^2$), 표본의 크기($n$)을 보여준다.

[피어슨 상관계수]는 두 변수의 상관계수($\rho_{12}$)를 출력하며, 인천공장과 중국 대련공장에서 생산한 밸브 수명의 상관관계는 약 0.253이라는 것을 알 수 있다.

[가설 평균차]는 앞에서 입력했던 귀무가설이 옳을 경우의 모평균 차이의 입력값인 0을 출력하게 된다. [자유도]는 $t$분포의 자유도로서 본 예시에서의 자유도는 11이다.

[t 통계량]은 검정통계량($t_{ts}$)을 출력한 값이며, 검정통계량은 약 2.482로 계산되었다. [P(T〈=t) 단측 검정]은 해당 검정통계량에서의 $p$값을 구한 것으로 약 0.015로 계산되었고, [t 기각치 단측 검정]의 경우는 가설검정이 단측 검정일 경우의 임계치를 나타내주며, 유의수준이 0.05일 때의 단측 검정 임계치는 약 1.796임을 알 수 있다. 본 예시는 양측 검정 문제이기 때문에 귀무가설의 기각 여부는 양측 검정시의 $p$값과 임계치를 확인해야 한다. 하단의 [P(T〈=t 양측 검정]은 양측 검정시의 $p$값을 출력하는데, $p$값이 약 0.03으로 유의수준 0.05보다 작기 때문에 귀무가설을 기각할 수 있다. 마지막으로 [t 기각치 양측 검정]은 양측 검정인 임계치로 0.05의 유의수준에서 임계치는 ±2.2라는 것을 알 수 있다. 검정통계량이 약 2.482이기 때문에 $p$값의 결과와 마찬가지로 귀무가설을 기각할 수 있다.

따라서 귀무가설이 기각되었기 때문에 대립가설은 자동으로 채택되며 5%의 유의수준에서 인천공장과 중국 대련공장에서 생산한 파이프의 평균 수명에는 차이가 있다고 볼 수 있는 충분한 근거가 된다.

# 사례연구 : 구단 평균 타율간 차이에 관한 의사결정

K 구단의 관리자는 현재 팀 성적이 매우 저조하다. 팀 성적이 저조한 이유로는 투수력, 타력, 수비역량 등 종합적인 원인이 있을 수 있지만, 결코 타력 (타율로 표현됨)만큼은 타 구단에 비해 열등하지 않다고 자신하고 있다. 이러한 K 구단 관리자의 주장을 검증하기 위하여, K 구단은 2017년도 팀 타율이 시즌 우승팀인 S 구단의 2017년도 팀 타율과 차이가 있는지를 파악하고자 한다. 이를 위해 각 구단의 선수들을 임의로 추출하여 2017년도 타율을 파악한 자료는 아래와 같이 〈표 1〉에 정리되어 있다. 두 구단의 팀타율은 정규분포를 하고, 두 구단의 팀타율의 분산은 동일하다고 가정한다.

〈표 1〉 2017년도 두 구단 선수들의 타율

| K 구단 선수의 타율 | S 구단 선수들의 타율 |
|---|---|
| 0.287 | 0.255 |
| 0.257 | 0.281 |
| 0.299 | 0.274 |
| 0.345 | 0.312 |
| 0.254 | 0.322 |
| 0.266 | 0.300 |
| 0.245 | 0.299 |
| 0.124 | 0.212 |
| 0.231 | 0.233 |
| 0.221 | 0.247 |
| 0.289 | 0.255 |
| 0.265 | 0.265 |
| 0.248 | 0.222 |
| 0.333 | 0.259 |

(1) 자료를 분석한 결과를 리포트를 작성하여 구단주에게 보고하라. 특히, 두 구단의 타율에 차이가 있는지를 검정하기 위해 선택한 통계분석 방법에 대한 설명을 보고서에 포함하도록 하라.

(2) K 구단 관계자는 더 나아가, 구단 선수들의 타율이 올스타전 이전과 올스타전 이후에 차이가 있는지를 알고자 한다. 이를 위해 선수 10명을 표본으로 선정하여 2017년도 타율을 올스타전 이전과 이후로 구분하여 파악한 자료는 아래와 같이 〈표 2〉에 정리되어 있다. K 구단의 팀타율은 정규분포를 하고 있다고 가정한다. 자료를 분석한 결과를 리포트를 작성하여 구단주에게 보고하라. 특히, 두 구단의 타율에 차이가 있는지를 검정하기 위해 선택한 통계분석 방법에 대한 설명을 보고서에 포함하도록 하라.

〈표 2〉 K 구단 선수들의 올스타전 이전과 이후의 타율

| 올스타전 이전 | 올스타전 이후 |
|---|---|
| 0.241 | 0.231 |
| 0.211 | 0.269 |
| 0.182 | 0.298 |
| 0.312 | 0.299 |
| 0.333 | 0.312 |
| 0.298 | 0.301 |
| 0.274 | 0.255 |
| 0.256 | 0.244 |
| 0.212 | 0.202 |
| 0.363 | 0.299 |

# 연 / 습 / 문 / 제

01 두 모집단 평균에 대한 차이를 검정하고자 할 때, 두 모집단의 분포가 독립적인 정규분포를 한다고 가정하고 다음 물음에 답하라.

(1) 표본의 크기가 충분히 크다면 표본평균 차의 분포에 대한 평균은 얼마가 되는가?

(2) 표본의 크기가 충분히 크다면 표본평균 차의 분포에 대한 분산은 얼마가 되는가?

(3) 표본의 크기가 충분히 크지 않지만, 두 모집단의 분산이 동일하다고 한다면 표본평균 차의 분포에 대한 분산은 얼마가 되는가?

02 두 모집단에 대한 검정에 있어, 독립 표본과 대응 표본의 차이를 설명하라.

03 건국공업주식회사는 중부지역에서 전동기계류를 생산, 판매하는 회사이다. 중부지역에 위치한 두 공장의 공장장은 그 곳에서 생산된 제품의 품질에 대한 책임을 지고 있다. 그들은 두 공장에서 생산된 제품의 품질은 항상 동일하다고 생각하고 있다. 최근에 건국공업(주)은 평상시보다 더 많은 고객의 불만을 받고 있다. 건국공업(주)의 부사장은 한 공장이 품질 통제에 대한 관리를 소홀하게 하고 있다고 생각한다. 그러나 두 공장에서 생산된 제품은 소매상에 판매되기 전에 중앙 물류센터에서 서로 섞여버리기 때문에 어느 공장에서 불량품을 생산하고 있는지를 알 수 없다. 그 결과, 그녀는 품질검사기관을 고용하여 각 공장에서 생산된 12개의 제품을 검사하여 각 공정의 품질 수준의 등급을 측정하도록 하였다. 건국공업(주)의 부사장은 두 공장에서 생산된 제품의 품질 등급의 차이에 관심을 가지고 있다. 각 공장에서 수집한 12개의 제품의 품질 등급에 관한 결과는 아래와 같다.

| 공장 1 | 공장 2 |
|---|---|
| $n_1 = 12$ | $n_2 = 12$ |
| $\bar{x}_1 = 49$ | $\bar{x}_2 = 46$ |
| $s_1^2 = 147$ | $s_2^2 = 154$ |

(1) 두 평균의 차이에 대한 90%의 신뢰구간을 추정하라.

(2) 0.1의 유의수준에서 두 평균의 차이에 대한 가설검정을 하라.

**04** 독립적인 두 모집단으로부터 $n_1 = 60$, $n_2 = 80$인 표본이 추출되었다. 그리고 다음과 같은 값들이 계산되었다.

| | |
|---|---|
| $\bar{x}_1 = 70.6$ | $\bar{x}_2 = 68.3$ |
| $s_1^2 = 14.9$ | $s_2^2 = 12.3$ |

이 때 대립가설 $H_a$ : $\mu_1 - \mu_2 > 0$을 검정하고자 할 때, 다음 물음에 답하라.

(1) 유의수준 0.05에서의 기각역을 설정하라.

(2) 귀무가설이 사실이라고 할 때, 검정통계량의 값은 얼마인가?

(3) 이 가설검정의 $p$값은 얼마인가?

(4) 이 가설검정의 결론은 무엇인가?

**05** 독립적인 두 모집단으로부터 다음과 같은 두 표본이 추출되었다.

| | | | |
|---|---|---|---|
| 표본 1: | $n_1 = 20$ | $\bar{x}_1 = 2.5$ | $s_1 = 9.8$ |
| 표본 2: | $n_2 = 25$ | $\bar{x}_2 = -1.6$ | $s_2 = 7.8$ |

이 때 두 모집단의 분산이 일치한다고 가정한다면, 공통분산에 대한 추정인 합동분산 ($s_p^2$)은 얼마인가?

**06** 매지대학교 경영학과 교수는 한 과목에 대해 동일한 두 강좌(오전 8시, 오전 9시)를 개설하여 강의를 한다. 최근에 두 강좌에 대한 30점 만점의 동일한 퀴즈를 실시하였다. 그는 첫 번째 강좌로부터 정보를 입수한 두 번째 강좌 학생들이 성적이 더 나을 것이라고 막연히 생각하고 있었다. 그는 다음과 같은 자료를 수집하여 자신의 생각을 검정해 보려고 한다.

| 강좌 | 수강인원 | 평균 | 표준편차 |
|---|---|---|---|
| 오전 8시 강좌 | 02 | 16.03 | 5.05 |
| 오전 9시 강좌 | 87 | 16.28 | 5.29 |

(1) 위 상황에서 가장 적정한 가설을 설정하라.

(2) 유의수준 0.01에서 임계치와 기각역을 설정하라.

(3) 검정통계량 값을 계산하면 얼마가 되는가?

(4) 두 강좌 학생들의 평균 성적에 대한 결론은 무엇인가?

**07** 미국과 한국에서 태어난 성인 여성의 평균 키에 차이가 있는지를 검정하기 위하여 각국에서 무작위로 표본을 추출하여 다음과 같은 결과를 얻었다.

| 국가 | $n$ | 평균 | 표준편차 |
|---|---|---|---|
| 한국 | 150 | 161.8 | 2.62 |
| 미국 | 120 | 162.7 | 2.50 |

연구자는 표본이 두 집단 간의 평균 키의 차이가 크다는 강력한 증거를 제시하지 않는 한 두 집단 사이에 평균 키의 차이는 없다고 가정하고자 한다. 이 문제에 대한 가설검정을 하라.

**08** 4년제 대학교의 학생이 2년제 대학교의 학생보다 더 열심히 공부한다고 보는가? 이러한 질문에 대한 대답을 얻기 위하여 4년제 대학생 47명과 2년제 대학생 36명에게 주당 과제물을 수행하는 데 몇 시간을 투자하는지를 물어보았다. 조사 그룹별 평균과 표준편차는 아래와 같다. 이 자료를 근거로 4년제 대학생이 2년제 대학생보다 더 열심히 공부한다고 할 수 있는가? 유의수준 0.01에서 임계치와 $p$값을 모두 이용하여 가설을 검정하라.

| 4년제 대학생 | 2년제 대학생 |
|---|---|
| $\bar{x}_1 = 18.6$ | $\bar{x}_2 = 14.7$ |
| $s_1^2 = 22.4$ | $s_2^2 = 20.9$ |

**09** 산업피혁은 뉴질랜드와 호주에 각각 양가죽 공장을 운영하면서 양가죽을 생산하고 있다. 산업피혁은 두 해외 공장에서 생산된 양가죽 제품의 품질 수준(100이 최고 품질이라고 한다.)을 비교하기 위해 각 공장으로부터 다음과 같은 독립적인 표본을 획득하였다. 뉴질랜드 공장의 표본을 표본 1이라 하고, 호주 공장의 표본을 표본 2라고 하자. 두 모집단은 정규분포를 하고 분산도 동일하다고 알려져 있다.두 공장에서 생산된 양가죽 제품의 품질 수준에 차이가 나는지를 유의수준 0.05에서 가설검정하라.

| | | |
|---|---|---|
| $n_1 = 22$ | $\bar{x}_1 = 95$ | $s_1^2 = 5$ |
| $n_2 = 17$ | $\bar{x}_2 = 86.5$ | $s_2^2 = 4.7$ |

**10** A 기업은 제품 B를 생산하여 판매하는데, 제품 B의 수요가 급증하자 기계를 하나 더 구입하여 생산량을 늘리기로 결정하였다. A 기업은 현재 구형 기계를 이용하여 제품을 생산하는데, 공급 업자가 가격이 비싼 신형 기계를 구입하라고 권유하며 신형 기계가 구형 기계에 비해 제품을 생산하는 시간이 짧다고 광고하였다. 따라서 A 기업에서는 실제로 신형 기계의 생산 시간이 구형 기계에 비해 짧을 경우 신형 기계를

구입하고, 그렇지 않을 경우에는 저렴한 구형 기계를 구입하기로 하였다. 이를 위해 구형 기계와 신형 기계에서 각각 36개의 표본을 추출하여 제품을 생산하는 데 걸리는 시간을 조사하였더니 구형 기계가 제품을 생산하는 시간은 평균 130초, 표준편차가 4초였고, 신형 기계가 제품을 생산하는 시간은 평균 126초, 표준편차가 5초였다. A 기업은 어떤 기계를 구입해야 하는가? 1%의 유의수준에서 이를 검정하라.

**11** 자동차 배터리를 생산하는 기업에서는 자사의 배터리가 같은 모델이라도 배터리를 장착한 자동차의 회사에 따라 배터리의 수명이 서로 다른지를 알아보고자 한다. 이를 위해 독일에서 생산한 자동차 9대에 배터리를 설치하여 수명을 조사해본 결과 평균이 3.6년, 표준편차가 0.8년이었고, 일본에서 생산한 자동차 16대에 배터리를 설치하여 수명을 조사해본 결과 평균이 3년, 표준편차는 0.6년이었다. 배터리의 평균 수명은 정규분포를 따르며, 분산은 동일하다고 가정한다. 다음 물음에 답하라.

(1) 독일과 일본의 자동차에 설치한 배터리의 평균 수명 차이에 대한 95% 신뢰구간을 구하라.

(2) 독일과 일본의 자동차에 설치한 배터리의 평균 수명에 차이가 있는지를 5%의 유의수준에서 검정하라.

**12** 가나 항공의 조종사들은 자신들이 다라 항공 조종사에 비해 많은 시간을 비행함에도 불구하고 같은 수준의 임금을 받고 있다고 주장하며 회사 측에 임금 인상을 요구하였다. 이에 가나 항공에서는 가나 항공 조종사 9명과 다라 항공 조종사 7명의 한 달 비행 시간과 월 급여를 조사해 본 결과 아래의 표와 같았다.

| 가나 항공 | | 다라 항공 | |
|---|---|---|---|
| 비행 시간 (시간) | 월 급여 (만 원) | 비행 시간 (시간) | 월 급여 (만 원) |
| 40 | 709.3 | 36 | 594.0 |
| 51 | 800.7 | 49 | 808.5 |
| 56 | 879.2 | 45 | 742.5 |
| 52 | 816.4 | 34 | 561.0 |
| 38 | 596.6 | 50 | 825.0 |
| 36 | 565.2 | 43 | 709.5 |
| 54 | 847.8 | 39 | 643.5 |
| 43 | 675.1 | | |
| 59 | 926.3 | | |

가나 항공에서는 각각 5%의 유의수준에서 가나 항공이 다라 항공에 비해 비행 시간이 더 길고, 월 급여가 비슷할 경우에 조종사를 더 고용하여 1인당 비행 시간을 단축하거나, 임금을 올려주는 등 근무여건을 개선해줄 것을 약속하였다. 두 모집단은 정규분포를 따르며, 분산이 일치한다고 가정할 때, 가나 항공에서 조종사들의 근무 여건을 개선해줘야 할지의 여부를 결정하라.

13 Y상사에서는 영업사원들의 유류비를 지원해주는데, 지방 출장이 잦은 직원들이 고속도로를 이용할 때의 연비(km/ℓ)가 시내에서 주행할 때의 연비보다 더 많이 나오기 때문에 지방 출장을 하는 경우에는 유류비 지원을 증액해야 한다고 주장하였다. Y상사의 총무부장은 이러한 사실을 확인하기 위해 기업 소유의 자동차 13대를 선별하여 시내와 고속도로에서 50km씩 주행을 해본 결과 연비는 각각 아래의 표와 같이 나타났다. 자동차의 연비는 정규분포를 가정한다. 지방 출장에 대한 유류비 지원 증액 요청을 받아들여야 하는가? 1%의 유의수준에서 검정하라.

| 고속도로 | 7.09 | 7.21 | 6.86 | 6.23 | 5.70 | 6.65 | 7.23 | 6.89 | 6.94 | 6.60 | 6.67 | 6.57 | 6.99 |
|---|---|---|---|---|---|---|---|---|---|---|---|---|---|
| 시 내 | 7.64 | 8.07 | 7.29 | 6.99 | 7.46 | 6.75 | 7.32 | 7.30 | 7.58 | 7.25 | 7.54 | 7.27 | 7.35 |

14 산업고교에서는 A 대학에서 작성한 국어 보충학습 프로그램의 유용성을 알아보기 위하여 학생 100명을 추출하여 각 학생들의 보충학습 프로그램 이수 전의 국어 성적과 이수 후의 국어 성적을 조사하였다. 그 결과는 다음과 같았다. 유의수준 0.05에서 국어 보충학습 프로그램이 유용한지를 가설검정하라.

$$\bar{d} = 9.5$$

$$s_d^2 = 1,127.7$$

15 새로운 감기약의 효과를 검증하기 위하여 산업병원에서는 80명의 환자에게는 새로운 약을 처방하고 다른 80명의 환자에게는 약이 아닌 밀가루를 처방하였다. 첫 번째 그룹에 있어 56명의 환자가, 그리고 두 번째 그룹에 있어 38명의 환자가 효과가 있다고 하였다. 이를 위한 가설을 다음과 같이 설정하였다.

$$H_0 : p_1 = p_2$$

$$H_a : p_1 \neq p_2$$

(1) 유의수준 0.01에서 위 검정의 기각역은 무엇인가?

(2) 위 검정의 결론은 무엇인가?

**16** 가나다 제약회사는 감기에 대한 예방약을 제조하는 회사이다. 이 회사의 감기예방약에 대한 효능을 검정하기 위하여, 1,000명을 표본으로 추출하였다. 그 중 500명에게는 예방약을 주사하였으며, 나머지 500명에게는 예방약을 주사하지 않았다. 3개월 동안 감기에 걸린 경우를 각 그룹별로 조사하였더니 다음과 같은 결과를 얻었다.

| 조건 | 사람 수 | |
|---|---|---|
| | 예방약 주사 | 예방약 주사 않음 |
| 감기에 걸림 | 80 | 120 |
| 감기에 안 걸림 | 420 | 380 |

이러한 자료는 감기 예방약이 감기를 예방하는 데 효과가 있다는 충분한 근거를 제공한다고 할 수 있는가? 유의수준 5%에서 이를 검정하라.

**17** 2010년에 실시한 설문조사에 따르면 523명의 성인 중 141명의 응답자가 최근 6개월 이내에 해외여행을 다녀온 적이 있다고 응답하였다. 그로부터 10년 전인 2000년에 실시한 동일한 내용의 설문조사에 따르면 477명의 성인 중 81명의 응답자가 최근 6개월 이내에 해외여행을 다녀온 적이 있다고 하였다. 10년 동안 해외여행을 다녀오는 성인의 비중이 증가하였다고 할 수 있는가? 1%의 유의수준에서 가설검정하라.

**18** 서울과 인천 두 곳에서 공장을 운영하는 회사가 있다. 회사 관계자는 작업자당 하루 평균 생산량을 측정한 작업자 평균 생산성에 있어 서울공장의 생산성이 인천공장의 생산성보다 더 높다고 판단하고 있다. 즉, 회사 관계자는 다음과 같은 가설을 검정하고자 한다.

$$H_0 : \mu_1 - \mu_2 = 0$$

$$H_a : \mu_1 - \mu_2 > 0$$

여기서 $\mu_1$은 서울공장 작업자의 생산성, $\mu_2$는 인천공장 작업자의 생산성을 의미한다. 회사 관계자는 자료를 수집하여 유의수준 0.05에서 Microsoft Excel을 사용하여 아래와 같은 결과를 획득하였다. 가장 적절한 결론은 무엇인가?

| | A | B | C |
|---|---|---|---|
| 1 | z-검정: 평균에 대한 두 집단 | | |
| 2 | | | |
| 3 | | 서울공장 | 인천공장 |
| 4 | 평균 | 151.2 | 148.6 |
| 5 | 기지의 분산 | 19.22 | 12.16 |
| 6 | 관측수 | 370 | 189 |
| 7 | 가설 평균차 | 0 | |
| 8 | z 통계량 | 1.948 | |
| 9 | P(Z<=z) 단측 검정 | 0.02570741 | |
| 10 | z 기각치 단측 검정 | 1.644853 | |
| 11 | P(Z<=z) 양측 검정 | 0.05141482 | |
| 12 | z 기각치 양측 검정 | 1.95996108 | |

**19** 매지유업(주)의 마케팅부서는 자사제품인 매지우유와 경쟁회사인 연세우유에 대한 소비자의 태도 및 선호도를 조사하고자 한다. 이를 위하여 임의로 추출한 소비자에게 미각 테스트를 실시한 후 다음과 같은 네 가지 질문에 대한 답을 구하였다.

---

**매지유업 설문조사**

1. 당신은 어떤 우유를 더 좋아하십니까? (하나만 표시)
   매지우유 (  )    연세우유 (  )

2. 당신은 매지우유를 구매해본 적이 있습니까? (하나만 표시)
   예 (  )    아니오 (  )

3. 다음과 같은 문장에 대한 당신의 반응을 가장 근접하게 나타내는 것에 표시를 하시오.
   "나는 고소한 우유를 좋아한다."    (  )
   1. 동의한다.    2. 확실하지 않다.    3. 동의하지 않는다.

4. 당신 가정은 지난달에 얼마나 많은 양의 우유를 소비하였습니까?

---

이러한 질문들은 롯데월드 쇼핑몰에 온 소비자들을 임의로 40명을 추출하여 시행하였다. 소비자들의 반응은 아래의 표에 정리되어 있다. 매지유업은 Excel을 사용하여 다음과 같은 경영의사결정의 자료를 획득하려고 한다.

잘 알려진 치즈회사인 KRAFT가 매지우유 측 혹은 연세우유 측과 합동으로 판매촉진 캠페인을 시작하려 한다고 가정하자. 그 이유는 많은 양의 우유소비자는 많은 양의 치즈를 소비하는 경향이 있기 때문이다. 매지유업은 자신들의 회사 우유 소비자가 연세우유 소비자보다 더 많은 양의 우유를 소비한다고 주장하면서 KRAFT의 판매촉진 캠페인은 매지유업 측과 함께 하여야 한다고 주장한다. 매지유업 경영진은 이러한 주장을 증명할 수 있다면 KRAFT측과 공동으로 판매촉진 캠페인을 실시하여 판매량을 증가시킬 수 있다고 생각하고 있다. 이러한 주장을 증명하기 위하여 매지유업 측은 다음과 같은 변수를 정의하였다.

$\mu_1$ = 모든 매지우유 소비자의 월 평균 우유 소비량

$\sigma_1$ = 모든 매지우유 소비자의 월 평균 우유 소비의 표준편차

그리고,

$\mu_2$ = 모든 연세우유 소비자의 월 평균 우유 소비량

$\sigma_2$ = 모든 연세우유 소비자의 월 평균 우유 소비의 표준편차

매지유업 측은 통계학적으로 $\mu_1$(모든 매지우유 소비자의 월 평균 우유 소비량)과 $\mu_2$(모든 연세우유 소비자의 월 평균 우유 소비량) 간에 의미 있는 차이점이 존재하는지를 증명하기 위하여 다음과 같은 귀무가설에 대한 연구가설을 검정하고자 한다.

$$H_0 : \mu_1 = \mu_2$$

$$H_a : \mu_1 \neq \mu_2$$

만일 매지우유 측이 귀무가설인 $H_0 : \mu_1 = \mu_2$을 기각하고 대립가설인 $H_a : \mu_1 \neq \mu_2$을 채택한다면 두 회사 간의 월평균 우유소비량에 통계적으로 유의적인 차이점이 존재한다고 할 수 있다. 이러한 결론을 토대로 매지우유 측은 KRAFT에 연세우유측이 아닌 매지우유 측과 합동 판매촉진정책을 시행하도록 할 수 있다. Excel을 사용하여 다음 물음에 답하라.

〈소비자 반응 설문조사 결과 표〉

| 설문 1 | 설문 2 | 설문 3 | 설문 4 | 설문 1 | 설문 2 | 설문 3 | 설문 4 |
|---|---|---|---|---|---|---|---|
| 매지 | NO | 1 | 4 | 매지 | NO | 1 | 4 |
| 연세 | YES | 2 | 8 | 매지 | YES | 3 | 9 |
| 매지 | NO | 3 | 2 | 매지 | YES | 3 | 3 |
| 연세 | YES | 2 | 10 | 연세 | NO | 3 | 2 |
| 연세 | NO | 1 | 7 | 연세 | NO | 2 | 5 |
| 연세 | YES | 3 | 6 | 매지 | YES | 1 | 7 |
| 매지 | NO | 1 | 4 | 연세 | NO | 1 | 7 |
| 연세 | NO | 1 | 3 | 연세 | YES | 2 | 8 |
| 매지 | NO | 2 | 3 | 매지 | YES | 3 | 6 |
| 연세 | NO | 1 | 5 | 연세 | NO | 3 | 3 |
| 매지 | YES | 2 | 7 | 연세 | YES | 2 | 10 |
| 매지 | YES | 3 | 13 | 매지 | YES | 1 | 8 |
| 연세 | YES | 1 | 6 | 매지 | NO | 2 | 4 |
| 연세 | NO | 1 | 2 | 매지 | YES | 2 | 5 |
| 연세 | NO | 3 | 7 | 매지 | YES | 3 | 3 |
| 매지 | YES | 2 | 9 | 연세 | YES | 1 | 11 |
| 매지 | NO | 3 | 1 | 연세 | NO | 3 | 9 |
| 연세 | YES | 1 | 5 | 매지 | YES | 1 | 6 |
| 매지 | NO | 2 | 4 | 매지 | NO | 3 | 2 |
| 연세 | NO | 2 | 12 | 연세 | NO | 2 | 5 |

(1) 설문조사 자료와 Excel을 사용하여 아래의 가설을 검정하기 위한 작업지를 작성하고 통계적 처리 절차를 실행하라.

$$H_0 : \mu_1 = \mu_2$$
$$H_a : \mu_1 \neq \mu_2$$

(2) 두 모집단 분산이 동일한가에 대한 검정 결과의 $p$값은 얼마인가?

$$H_0 : \sigma_1^2 = \sigma_2^2$$
$$H_a : \sigma_1^2 \neq \sigma_2^2$$

(3) $\alpha$를 0.05로 가정하였다면 귀무가설인 $H_0 : \sigma_1^2 = \sigma_2^2$을 기각하고 대립가설인 $H_a : \sigma_1^2 \neq \sigma_2^2$을 채택할 수 있는가? 왜 그럴 수 있는가?

(4) (2)의 결과를 토대로 $H_0 : \mu_1 = \mu_2$을 검정하는데 동일분산 $t$검정을 사용하여야 하는가? 혹은 상이분산 $t$검정을 사용하여야 하는가?

(5) 다음 가설검정의 $p$값은 얼마인가?

$$H_0 : \mu_1 = \mu_2$$
$$H_a : \mu_1 \neq \mu_2$$

(6) $\alpha$를 0.05로 가정하였다면 귀무가설인 $H_0 : \mu_1 = \mu_2$을 기각하고 대립가설인 $H_a : \mu_1 \neq \mu_2$을 채택할 수 있는가? 그 이유를 설명하라.

(7) 두 모집단 간의 평균에 통계적으로 유의한 차이가 있다고 결론을 내릴 수 있는가?

(8) 어떤 모집단의 월 평균 우유소비량이 더 높은가? 그 이유는?

(9) 만일 당신이 KRAFT에 근무하고 있으며 매지우유의 모든 통계적 자료를 제시받았다면, 회사가 매지우유 측과 함께 공동 판매촉진 캠페인을 시행할 정도로 두 모집단 간의 평균 월 우유 소비량에 차이가 있다고 보는가?

10 CHAPTER

# 분산에 대한 추정과 검정

지금까지는 모집단의 특성 중에서 모집단의 평균($\mu$)와 모집단의 비율($p$)에 대하여 신뢰구간을 추정하고 검정하는 방법을 논의하였다. 그 이유는 의사결정자가 일반적으로 모집단의 특성 중에서 중심을 나타내는 평균이나 비율에 관심을 많이 갖고 있기 때문이다. 그 다음으로 의사결정자가 관심을 갖는 모집단의 특성으로 모집단의 분산($\sigma^2$)이 있다. 이미 설명한 바와 같이 분산은 모집단분포의 피져있는 정도를 나타내는 척도이다.

분산에 대한 추정과 가설검정 역시 의사결정자에게 중요한 의미가 있다. 의사결정자가 관심을 갖고 있는 모수가 모평균보다는 모분산이 더 중요한 경우가 있다. 예를 들어, 배터리 제조공장에서는 제품을 만들 때에는 배터리 제품의 평균 유지시간과 같은 성능도 중요시하지만, 배터리 수명의 변동에 대해서도 관심을 갖는다. 평균 이하의 성능은 소비자부터 신뢰를 획득하지 못하여, 제품 경쟁력에 해를 줄 수 있기 때문이다.

본 장에서는 앞의 장에서 논의한 바와 마찬가지로 모집단의 분산 $\sigma^2$에 대한 신뢰구간 추정과 가설검정에 대해서 설명하기로 한다. 이미 우리는 모집단의 분산 $\sigma^2$에 대한 불편추정량으로 표본분산($s^2$)을 사용하여 왔다. 따라서 모집단 평균 $\mu$를 추정하고 검정하는 추론과정에서 표본평균 $\overline{X}$를 사용하고, 표본평균 $\overline{X}$의 확률분포를 알아야 했던 것처럼, 모집단 분산 $\sigma^2$를 추정하고 검정하기 위해서는 표본분산 $s^2$을 사용하고, 표본분산 $s^2$의 확률분포를 알아야 한다.

이를 위해, 본 장에서는 먼저 단일 모집단에 대한 분산을 추정하는 방법을 설명한 후, 차례로 두 개의 모집단의 분산의 차이에 대한 설명을 하기로 한다. 단일 모집단의 표본분산의 표본분포는 $\chi^2$분포와 관계가 있으며, 두 모집단의 표본분산의 표본분포의 경우에는 $F$분포와 관계가 있다.

## 10.1 단일 모집단 분산에 대한 추정과 검정

### 10.1.1 표본분산의 확률분포

이제부터는 표본분산($s^2$)에 대한 확률분포를 설명해보자. 표본분산의 분포는 표본평균의 분포처럼 간단하지는 않다. 표본분산의 확률분포는 "분산이 $\sigma^2$인 모집단에서 똑같은 크기($n$)로 표본을 여러 개 뽑아 각각의 표본분산($s^2$)을 계산하였을 때 이 $s^2$는 어떤 분포를 이루는가?"에 대한 답이 된다. 이를 알기 위해서는 통계이론에서 먼저 $\chi^2$분포(카이자승 분포)를 살펴볼 필요가 있다.

우선 $\chi^2$**분포**는 $Z$분포에서 유래되었다. $Z$분포와 $\chi^2$분포 사이의 관계는 베르누이 분포와 이항분포의 관계와 비슷하다. 먼저 확률변수 $X$가 정규분포를 하는 경우, —즉 $X \sim N(\mu, \sigma^2)$— $i$번째 데이터의 표준정규분포 확률변수 $z_i$는 $z_i = \dfrac{X_i - \mu}{\sigma}$가 되고, 이 분포는 $Z \sim N(0, 1)$라는 것을 우리는 알고 있다. 이때 $\chi^2$ 변수는 아래의 식 (10.1)과 같이 이 모든 $z_i$를 제곱하여 더한 것이다.

$$\begin{aligned}\sum z_i^2 &= z_1^2 + z_2^2 + z_3^2 + \cdots + z_n^2 \\ &= \left[\frac{X_1 - \mu}{\sigma}\right]^2 + \left[\frac{X_2 - \mu}{\sigma}\right]^2 + \left[\frac{X_3 - \mu}{\sigma}\right]^2 + \cdots + \left[\frac{X_n - \mu}{\sigma}\right]^2 \\ &= \chi_n^2\end{aligned} \tag{10.1}$$

표본평균의 분포에서 모분산을 모를 경우에는 표본분산으로 대체하는 데 아무런 문제가 없었듯이 표본분산의 분포에서도 마찬가지로 모평균을 모른다고 할지라도 표본평균으로 대체할 수 있다. 따라서 모집단의 평균과 분산을 알지 못하는 경우에는 $\chi^2$변수는 식 (10.2)와 같이 된다.

$$\begin{aligned}\sum z_i &= z_1 + z_2 + z_3 + \cdots + z_n \\ &= \left[\frac{X_1 - \overline{X}}{s}\right]^2 + \left[\frac{X_2 - \overline{X}}{s}\right]^2 + \left[\frac{X_3 - \overline{X}}{s}\right]^2 + \cdots + \left[\frac{X_n - \overline{X}}{s}\right]^2 \\ &= \chi_{n-1}^2\end{aligned} \tag{10.2}$$

실제로 우리는 모수인 $\mu$를 알 수 없으므로 후자를 사용하며, 여기에서 $\chi^2_{n-1}$와 표본분산($s^2$)의 관계를 살펴볼 수 있다. 즉,

$$\begin{aligned}\chi^2_{n-1} &= \sum z_i^2 \\ &= \sum\left(\frac{X_i - \overline{X}}{\sigma}\right)^2 = \frac{1}{\sigma^2}\sum\left[(X_i - \overline{X})^2\right]\end{aligned} \tag{10.3}$$

이고

$$s^2 = \frac{\sum\left[(X_i - \overline{X})^2\right]}{n-1} = \frac{1}{n-1}\sum\left[(X_i - \overline{X})^2\right] \tag{10.4}$$

이 된다.

따라서 식 (10.5)와 같은 등식이 성립될 수 있다.

$$\chi^2_{n-1} = \frac{(n-1)s^2}{\sigma^2} \tag{10.5}$$

여기서 $\chi^2_{n-1}$와 $s^2$는 선형관계(일차 함수)라는 것을 알 수 있고 결과적으로 $\chi^2_{n-1}$ 분포는 표본분산의 확률분포를 나타내 주고 있음을 알 수 있다.

이처럼, 표본분산의 확률분포를 구하고자 할 때, 표본분산을 가지고 모분산을 직접 추론하는 경우보다는 분산의 성질을 이용하여 간접적인 추론을 하는 것이 더 많이 이용된다. $\chi^2_{n-1}$분포는 자유도가 $n-1$인 $\chi^2$분포를 나타낸다.

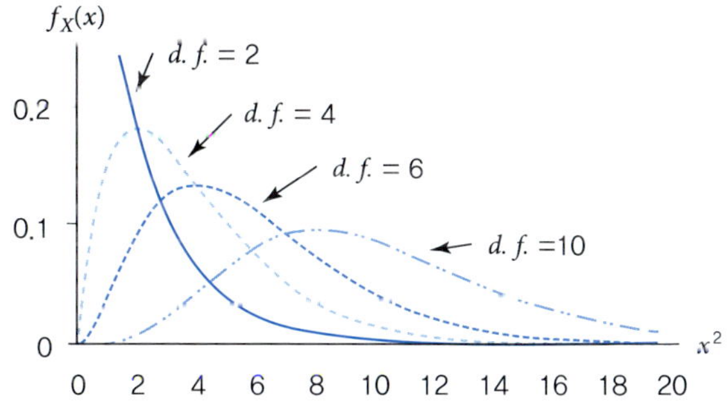


그림 10-1 $\chi^2$분포의 모양

| $d.f.$ | $\chi^2_{0.995}$ | $\chi^2_{0.990}$ | $\chi^2_{0.975}$ | $\chi^2_{0.950}$ | $\chi^2_{0.900}$ | $\chi^2_{0.100}$ | $\chi^2_{0.050}$ | $\chi^2_{0.025}$ | $\chi^2_{0.010}$ | $\chi^2_{0.005}$ |
|---|---|---|---|---|---|---|---|---|---|---|
| 1 | 0.0000 | 0.0002 | 0.0010 | 0.0039 | 0.0158 | 2.7055 | 3.8415 | 5.0239 | 6.6349 | 7.8794 |
| 2 | 0.0100 | 0.0201 | 0.0506 | 0.1026 | 0.2107 | 4.6052 | 5.9915 | 7.3778 | 9.2103 | 10.5966 |
| 3 | 0.0717 | 0.1148 | 0.2158 | 0.3518 | 0.5844 | 6.2514 | 7.8147 | 9.3484 | 11.3449 | 12.8382 |
| 4 | 0.2070 | 0.2971 | 0.4844 | 0.7107 | 1.0636 | 7.7794 | 9.4877 | 11.1433 | 13.2767 | 14.8603 |
| 5 | 0.4117 | 0.5543 | 0.8312 | 1.1455 | 1.6103 | 9.2364 | 11.0705 | 12.8325 | 15.0863 | 16.7496 |
| 6 | 0.6757 | 0.8721 | 1.2373 | 1.6354 | 2.2041 | 10.6446 | 12.5916 | 14.4494 | 16.8119 | 18.5476 |
| 7 | 0.9893 | 1.2390 | 1.6899 | 2.1673 | 2.8331 | 12.0170 | 14.0671 | 16.0128 | 18.4753 | 20.2777 |
| 8 | 1.3444 | 1.6465 | 2.1797 | 2.7326 | 3.4895 | 13.3616 | 15.5073 | 17.5345 | 20.0902 | 21.9550 |
| 9 | 1.7349 | 2.0879 | 2.7004 | 3.3251 | 4.1682 | 14.6837 | 16.9190 | 19.0228 | 21.6660 | 23.5894 |
| 10 | 2.1559 | 2.5582 | 3.2470 | 3.9403 | 4.8652 | 15.9872 | 18.3070 | 20.4832 | 23.2093 | 25.1882 |
| 11 | 2.6032 | 3.0535 | 3.8157 | 4.5748 | 5.5778 | 17.2750 | 19.6751 | 21.9200 | 24.7250 | 26.7568 |
| [illegible] | 3.0738 | 3.5706 | 4.4038 | 5.2260 | [illegible] | [illegible] | [illegible] | 23.3367 | 26.2170 | 28.2995 |

그림 10-2 $\chi^2$분포표(일부)

$\chi^2_{n-1}$분포의 특징은 단 한 가지 형태의 분포가 존재하지 않으며, $t$분포와 같이 각 자유도에 따라 특정 $\chi^2_{n-1}$분포가 존재한다는 것이다. 즉, $\chi^2_{n-1}$분포의 모양(형태)은 자유도(degree of freedom, $d.f.$)에 따라 결정되며 그 값은 항상 양수이다. 특히, $\chi^2_{n-1}$분포의 값은 자유도에 따라 달라지며, 오른쪽으로 긴 꼬리를 지닌 비대칭의 분포 모양을 갖고 있다. 자유도가 커질수록 분포의 모양이 〈그림 10-1〉과 같이 비대칭에서 대칭에 근접한다. 표본분산의 분포의 경우, 자유도는 $n-1$이 된다.

$\chi^2_{n-1}$분포의 확률 계산은 [부록 5]의 $\chi^2$분포표를 이용한다. $\chi^2$분포표는 $t$분포표와 그 모양이 비슷하다는 것을 알 수 있다. $\chi^2_{n-1}$분포는 $t$분포와 마찬가지로 자유도에 따라 그 모양이 상이하기 때문에 정규분포와 같이 공통적으로 적용할 수 있는 표준화된 분포가 존재하지 않기 때문이다. 따라서 $\chi^2$분포표를 이용한 $\chi^2_{n-1}$분포의 확률 계산은 $t$분포와 마찬가지로 특정 확률에서의 이벤트 값을 구하게 된다.

〈그림 10-2〉는 $\chi^2$분포표의 일부로 $\chi^2$분포표 내의 각 숫자는 〈그림 10-3〉과 같이 그래프의 오른쪽 꼬리의 면적(확률)이 $\alpha$가 되는 지점의 $\chi^2_\alpha$를 의미한다. 또한 분포표의 왼쪽 열은 자유도($d.f.$)를 표시하며, 첫 번째 행은 $\alpha$를 뜻한다. 예를 들어 자유도가 8인 $\chi^2$분포에서 그래프의 오른쪽 꼬리의 넓이가 0.05인 점의 이벤트($\chi^2_{0.05}(8)$)는 15.5073이 된다.

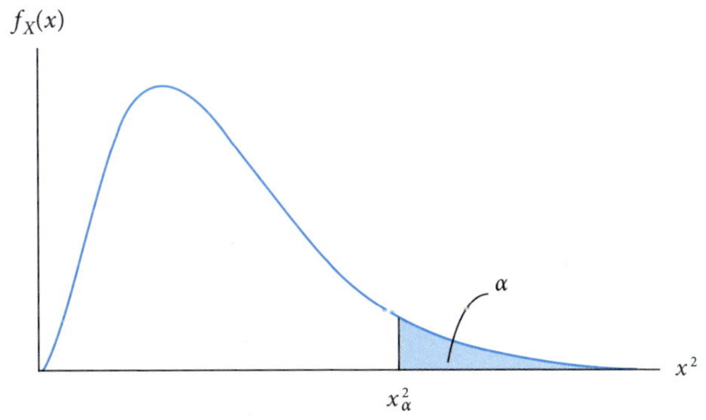


그림 10-3 $\chi^2$분포표에서의 확률 계산

### 예제 10-1

**다음의 확률을 구하라.**

(1) $P(\chi_9^2 \leq 2.7)$

(2) $P(\chi_9^2 \leq 18)$

**풀이** (1) $\chi_{n-1}^2$ 분포의 모수는 자유도이며 이 경우에는 $d.f. = 9$이다.

$$P(\chi_9^2 > 2.7) \cong 0.975$$

$$P(\chi_9^2 \leq 2.7) = 1 - P(\chi_9^2 > 2.7) = 1 - 0.975 = 0.025$$

(2) 위와 마찬가지로 [부록 5]의 9행($d.f. = 9$)을 따라 오른쪽으로 이동하면서 18과 가장 가까운 값을 찾는다. 그러나 이 경우에는 18에 거의 근사하는 값이 없다. 18은 7번째와 8번째 수치인 16.9190과 19.0228 사이에 놓이는데, 이는 이 세 수치에 관한 확률이 다음의 관계에 있음을 의미한다.

$$P(\chi_9^2 > 19.0228) < P(\chi_9^2 > 18) < P(\chi_9^2 > 16.9190)$$

$$0.025 < P(\chi_9^2 > 18) < 0.05$$

따라서 $P(\chi_9^2 \leq 18) = 1 - P(\chi_9^2 > 18)$이므로

$$0.95 < P(\chi_9^2 \leq 18) < 0.975$$

### 10.1.2 모집단 분산의 신뢰구간 추정 – 정규분포의 경우

경영자는 주로 모집단 평균이나 모집단 비율과 같은 모수의 신뢰구간 추정 혹은 가설검정에 관심을 갖지만, 이미 언급한 바와 같이 경우에 따라서는 모집단의 분산이 중요한 의사결정 변수가 될 수 있다. 즉, 분산은 데이터의 변화 정도를 나타내주기 때문에, 의사결정시 모집단에서의 모집단 분산은 모집단 평균이 제공치 못하는 중요한 정보를 제공한다. 따라서 모집단 분산의 추정방법을 살펴볼 필요가 있다.

먼저, 앞서 살펴본 바와 같이, 분산이 $\sigma^2$인 정규모집단으로부터 크기가 $n$인 표본을 추출하여 표본분산 $s^2$을 계산하면, 표본분산 $s^2$은 다음과 같이 정의되는 $\chi^2$분포를 따른다.

check

분산이 $\sigma^2$인 정규모집단으로부터 크기가 $n$인 표본을 추출하여 표본분산을 $s^2$라고 하면

$$\chi^2 = \frac{(n-1)s^2}{\sigma^2} \tag{10.6}$$

은 자유도가 $(n-1)$인 $\chi^2$분포를 따른다.

그런데 표본분산 $s^2$은 모집단 분산의 BLUE가 되지 못한다. 그 이유는 표본분산 $s^2$와 모집단 분산 $\sigma^2$의 관계가 선형이 아니기 때문이다. 따라서 모집단 분산 $\sigma^2$의 점 추정량인 표본분산 $s^2$은 단지 BUE(Best Unbiased Estimator)이다. 하지만 여전히 표본분산은 모집단 분산의 점 추정으로 가장 훌륭하다.

위의 식에서 $\frac{(n-1)s^2}{\sigma^2} = \chi^2(n-1)$ 분포를 따르므로 $\chi^2$분포의 확률을 식 (10.7)과 같이 생각해볼 수 있다.

$$P[\chi^2_{1-\alpha/2} \le \chi^2 \le \chi^2_{\alpha/2}] = 1-\alpha \tag{10.7}$$

이 식에서 $\chi^2$ 대신 $(n-1)s^2/\sigma^2$을 대입하면,

$$P\left[\chi^2_{1-\alpha/2} \le \frac{(n-1)s^2}{\sigma^2} \le \chi^2_{\alpha/2}\right] = 1-\alpha \tag{10.8}$$

$$P\left[\frac{(n-1)s^2}{\chi^2_{\alpha/2}} \le \sigma^2 \le \frac{(n-1)s^2}{\chi^2_{1-\alpha/2}}\right] = 1-\alpha \tag{10.9}$$

가 되는 것을 알 수 있다. 이것이 바로 $\sigma^2$에 대한 $100(1-\alpha)\%$ 신뢰구간이 된다.

**check**

모집단 분산이 $\sigma^2$에 대한 $100(1-\alpha)\%$ 신뢰구간은 아래의 식 (10.10)과 같이 정의된다.

$$\frac{(n-1)s^2}{\chi^2_{\alpha/2}} \le \sigma^2 \le \frac{(n-1)s^2}{\chi^2_{1-\alpha/2}} \tag{10.10}$$

여기서 $\chi^2_{\alpha/2}$는 자유도가 $(n-1)$인 $\chi^2$ 분포에서 오른쪽 끝부분의 넓이가 $\alpha/2$인 $\chi^2$ 값이다.

**예제 10-2**

방송협회는 시청자의 TV 시청 습관에 관심을 갖고 있다. 25명의 시청자를 무작위로 선정하여 일일 시청시간을 소사한 결과 평균이 3.2시간, 표준편차가 1.8시간으로 나타났다. 이때 주요 관심사가 시청자의 평균 TV 시청시간이 아니라, 시청시간의 편차라고 할 때, 시청자의 TV 시청시간의 분산에 대해 신뢰수준 95% 구간을 추정하라.

**풀이** $n=25,\ s^2=1.8^2,\ \chi^2_{0.975,\,25-1}=39.36$ 이고 $\chi^2_{0.025,\,25-1}=12.4$ 이므로

$$\frac{(n-1)s^2}{\chi^2_{\alpha/2}} \le \sigma^2 \le \frac{(n-1)s^2}{\chi^2_{1-\alpha/2}} = \frac{(25-1)1.8^2}{39.36} \le \sigma^2 \le \frac{(25-1)1.8^2}{12.4}$$

$$= 1.98 \le \sigma^2 \le 6.27$$

### 10.1.3 모집단 분산에 관한 가설 검정

모집단의 분산도 의사결정자에게는 분석의 대상이 된다. 분산에 대한 가설검정 절차는 평균에 대한 가설검정 절차와 동일하나 $\chi^2$분포를 이용하여 가설을 검정한다는 것만 다르다.

### 모집단 분산에 관한 가설검정

check

- 가설설정: $H_0: \sigma^2 = \sigma_0^2$

  $H_a: \sigma^2 < \sigma_0^2$ (좌측 검정)

  $\sigma^2 > \sigma_0^2$ (우측 검정)

  $\sigma^2 \neq \sigma_0^2$ (양측 검정)

- 검정통계량: $\chi^2_{n-1} = \dfrac{(n-1)s^2}{\sigma^2}$ (10.11)

- 기각역: $\chi^2_{n-1} > \chi^2_{n-1,\,\alpha}$ (우측 검정)

  $\chi^2_{n-1} < \chi^2_{n-1,\,1-\alpha}$ (좌측 검정)

  $\chi^2_{n-1} > \chi^2_{n-1,\,\alpha/2}$ 또는 $\chi^2_{n-1} > \chi^2_{n-1,\,\alpha/2}$ (양측 검정)

#### 예제 10-3

산업밸브에서는 원자력 발전소에서 사용되는 첨단 밸브를 생산하고 있다. 최근 들어, 생산된 밸브의 수명이 타사 제품보다는 길지만 수명의 편차가 심하다는 불평을 고객들로부터 듣고 있다. 생산라인에서는 밸브 수명의 표준편차를 100일 이내로 줄이기 위해 많은 노력을 기울이고 있다. 이러한 생산라인의 노력이 효과가 있는지를 알아보기 위해 무작위로 24개의 밸브를 추출하여 수명을 측정한 결과 표본의 표준편차가 93일인 것으로 나타났다. 밸브 수명의 분포가 정규분포를 한다고 할 때, 5%의 유의수준에서 생산라인의 노력이 효과가 있었는지를 검정하라.

**풀이** ① 모집단의 표준편차를 $\sigma$ 라고 하면, 다음과 같은 가설이 설정된다.

$H_0: \sigma = 100$

$H_a: \sigma < 100$

② 검정통계량: 모집단이 정규분포를 하는 경우, $(n-1)s^2/\sigma^2$ 은 $\chi^2$ 분포를 따르게 된다.

귀무가설이 옳다면, $\chi^2_{n-1} = \dfrac{(n-1)s^2}{\sigma^2} = \dfrac{23s^2}{100^2}$ 은 자유도가 23인 $\chi^2$ 분포를 따르게 된다.

표본의 표준편차가 93이므로 검정통계량의 값은 $\chi^2_{n-1} = \dfrac{(n-1)s^2}{\sigma_0^2} = 19.89$ 가 된다.

③ 기각역과 의사결정기준은 좌측 단측 검정이므로 다음과 같다.

만일 $\chi^2_{n-1} < \chi^2_{n-1,\,1-\alpha}$ 이면 $H_0$ 를 기각한다.

[부록 5]로부터 $\chi^2_{1-0.05,\,23} = 13.1$ 이므로 기각역은 $\chi^2_{23} < 13.1$ 이 된다.

④ 결론: 유의수준 0.05에서 검정통계량( $\chi^2_{n-1}$ =19.89)이 기각역에 속하지 않으므로 귀무가설을 기각할 수 없다. 즉, 생산라인의 노력이 효과가 있다고 할 만한 충분한 근거가 제시되지 못했다.

## 10.2 두 모집단 분산에 대한 추론

마찬가지로, 경영자는 주로 두 모집단의 비교 연구에서 지금까지 두 집단의 중심경향치인 평균의 차이에 대해 관심을 갖고 있었다. 하지만, 경영자가 두 모집단의 분산에 차이가 있는지에 관심을 갖는 경우에 이를 분석하는 방법이 필요하다.

두 모집단의 분산에 관해서는 두 모집단의 분산의 비율을 통해, 두 모집단의 분산이 같다고 볼 수 있는지를 추정할 수 있다. 즉, 두 모집단 분산의 추론(추정과 검정)에서는 기존의 평균의 차이를 검정하는 방법과는 달리 두 분산간의 비율을 통해 신뢰구간을 추정하고 검정한다는 것이 큰 차이점이다.

여기서도 두 모집단은 모두 정규분포를 하는 모집단으로 이루어져 있으며, 표본은 두 모집단으로부터 독립적으로 추출되었다고 가정한다.

### 10.2.1 $F$분포

$\chi^2$분포는 하나의 분산을 추론하는 데 반하여, 두 모집단분산의 비율 $\frac{\sigma_1^2}{\sigma_2^2}$에 대한 추론에는 $F$분포가 이용된다. 이에 $F$분포는 두 개의 $\chi^2$분포로 이루어져 있으며, 따라서 $F$분포 또한 수정된 표본분산의 확률분포의 일종임을 알 수 있다. 즉, $F$분포는 다음의 식 (10.12)와 같이 표시된다.

$$F_{v1,\,v2} = \frac{\chi^2_{v1}/v_1}{\chi^2_{v2}/v_2} \tag{10.12}$$

여기서, $v_1$은 첫 번째 $\chi^2$분포의 자유도, $v_2$는 두 번째 $\chi^2$뷰포의 자유도를 말한다. 그래프는 〈그림 10-4〉와 같다. $F$분포의 모양은 분포의 모양은 자유도$(v_1, v_2)$에 의해 달라지는데 몇 가지 형태를 그려보면 다음과 같다. $F$분포는 우선 항상 양의 값을 지니

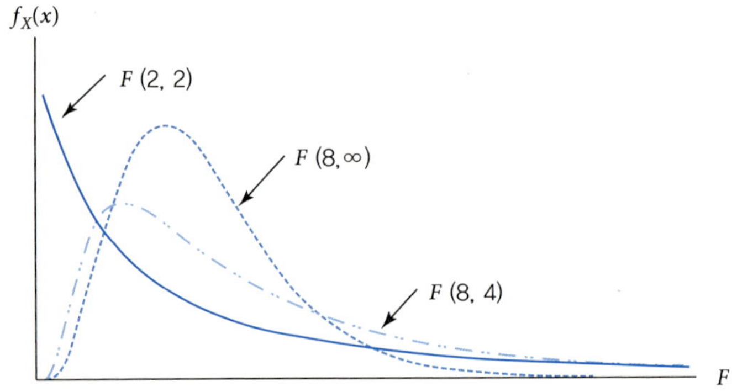


그림 10-4 *F*분포의 형태

며 〈그림 10-4〉와 같이 오른쪽으로 치우친 비대칭 형태의 분포를 이루고 있다.

위의 그래프에서 보는 바와 같이 *F*분포 또한 $\chi^2$ 분포와 마찬가지로 자유도에 따라 그 모양이 상이하다는 것을 알 수 있다. 따라서 *F*분포의 확률 계산은 [부록 6]의 *F*분포표를 이용하여 각각의 자유도($v_1$, $v_2$)에서 특정 확률의 이벤트를 구하는 방식으로 한다. 〈그림 10-5〉은 그래프 오른쪽 꼬리의 넓이가 0.05인 경우의 *F*분포표의 일부를 보여준다. *F*분포표 내의 각 숫자는 $\chi^2$분포표와 마찬가지로 〈그림 10-6〉과 같이 그래프의 오른쪽 꼬리의 면적(확률)이 $\alpha$가 되는 지점의 $F_\alpha$를 의미하며, 분포표의 위쪽은 첫 번째

| $v_2$ (d.f.) | $v_1$ | | | | | | | | | | | | | | | | | | |
|---|---|---|---|---|---|---|---|---|---|---|---|---|---|---|---|---|---|---|---|
| | 1 | 2 | 3 | 4 | 5 | 6 | 7 | 8 | 9 | 10 | 12 | 15 | 20 | 24 | 30 | 40 | 60 | 120 | ∞ |
| 1 | 161.4 | 199.5 | 215.7 | 224.6 | 230.2 | 234.0 | 236.8 | 238.9 | 240.5 | 241.9 | 243.9 | 245.9 | 248.0 | 249.1 | 250.1 | 251.1 | 252.2 | 253.3 | 254.3 |
| 2 | 18.51 | 19.00 | 19.16 | 19.25 | 19.30 | 19.33 | 19.35 | 19.37 | 19.38 | 19.40 | 19.41 | 19.43 | 19.45 | 19.45 | 19.46 | 19.47 | 19.48 | 19.49 | 19.50 |
| 3 | 10.13 | 9.55 | 9.28 | 9.12 | 9.01 | 8.94 | 8.89 | 8.85 | 8.81 | 8.79 | 8.74 | 8.70 | 8.66 | 8.64 | 8.62 | 8.59 | 8.57 | 8.55 | 8.53 |
| 4 | 7.71 | 6.94 | 6.59 | 6.39 | 6.26 | 6.16 | 6.09 | 6.04 | 6.00 | 5.96 | 5.91 | 5.86 | 5.80 | 5.77 | 5.75 | 5.72 | 5.69 | 5.66 | 5.63 |
| 5 | 6.61 | 5.79 | 5.41 | 5.19 | 5.05 | 4.95 | 4.88 | 4.82 | 4.77 | 4.74 | 4.68 | 4.62 | 4.56 | 4.53 | 4.50 | 4.46 | 4.43 | 4.40 | 4.37 |
| 6 | 5.99 | 5.14 | 4.76 | 4.53 | 4.39 | 4.28 | 4.21 | 4.15 | 4.10 | 4.06 | 4.00 | 3.94 | 3.87 | 3.84 | 3.81 | 3.77 | 3.74 | 3.70 | 3.67 |
| 7 | 5.59 | 4.74 | 4.35 | 4.12 | 3.97 | 3.87 | 3.79 | 3.73 | 3.68 | 3.64 | 3.57 | 3.51 | 3.44 | 3.41 | 3.38 | 3.34 | 3.30 | 3.27 | 3.23 |
| 8 | 5.32 | 4.46 | 4.07 | 3.84 | 3.69 | 3.58 | 3.50 | 3.44 | 3.39 | 3.35 | 3.28 | 3.22 | 3.15 | 3.12 | 3.08 | 3.04 | 3.01 | 2.97 | 2.93 |
| 9 | 5.12 | 4.26 | 3.86 | 3.63 | 3.48 | 3.37 | 3.29 | 3.23 | 3.18 | 3.14 | 3.07 | 3.01 | 2.94 | 2.90 | 2.86 | 2.83 | 2.79 | 2.75 | 2.71 |
| 10 | 4.96 | 4.10 | 3.71 | 3.48 | 3.33 | 3.22 | 3.14 | 3.07 | 3.02 | 2.98 | 2.91 | 2.85 | 2.77 | 2.74 | 2.70 | 2.66 | 2.62 | 2.58 | 2.54 |
| 11 | 4.84 | 3.98 | 3.59 | 3.36 | 3.20 | 3.09 | 3.01 | 2.95 | 2.90 | 2.85 | 2.79 | 2.72 | 2.65 | 2.61 | 2.57 | 2.53 | 2.49 | 2.45 | 2.40 |
| 12 | 4.75 | 3.89 | 3.49 | 3.26 | 3.11 | 3.00 | 2.91 | 2.85 | 2.80 | 2.75 | 2.69 | 2.62 | 2.54 | 2.51 | 2.47 | 2.43 | 2.38 | 2.34 | 2.30 |
| 13 | 4.67 | 3.81 | 3.41 | 3.18 | 3.03 | 2.92 | 2.83 | 2.77 | 2.71 | 2.67 | 2.60 | 2.53 | 2.46 | 2.42 | 2.38 | 2.34 | 2.30 | 2.25 | 2.21 |
| [illegible] | [illegible] | [illegible] | [illegible] | 3.11 | 2.96 | 2.85 | 2.76 | 2.70 | 2.65 | [illegible] | [illegible] | [illegible] | [illegible] | [illegible] | 2.31 | 2.27 | 2.22 | 2.18 | 2.13 |

그림 10-5 *F*분포표(일부)

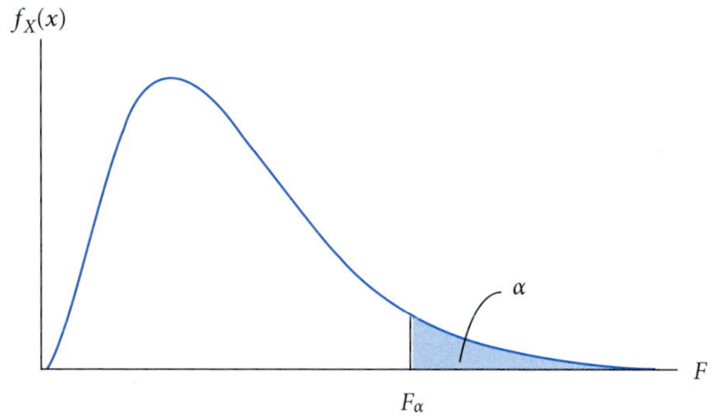


그림 10-6 *F* 분포표에서의 확률 계산

변수의 자유도($v_1$)를, 왼쪽 열은 두 번째 변수의 자유도($v_2$)를 표시한다. 예를 들어 첫 번째 변수의 자유도가 24이고, 두 번째 변수의 자유도가 10인 *F*분포에서 그래프의 오른쪽 꼬리의 넓이가 0.05인 점의 이벤트($F_{0.05}(24, 10)$)는 2.74가 된다.

### 10.2.2 두 모집단 분산의 신뢰구간 추정

이제 *F*분포를 이용하여 두 모집단 분산의 비율 $\frac{\sigma_1^2}{\sigma_2^2}$에 대하여 신뢰구간 추정하는 방법을 살펴보기로 하자. $\chi^2$ 분포가 하나의 분산을 추론하는 데 반하여, 두 개의 분산을 비교 추론하는 데 사용된다.

분산이 $\sigma_1^2$인 모집단1과 분산이 $\sigma_2^2$인 모집단2에서 표본을 각각 $n_1$, $n_2$ 독립적으로 추출하면, $\frac{s_1^2/\sigma_1^2}{s_2^2/\sigma_2^2} = F(n_1-1, n_2-1)$ 분포를 따르므로 $F(n_1-1, n_2-1)$분포의 확률을 식 (10.13)과 같이 생각해볼 수 있다.

$$P\left[F\left(\frac{\alpha}{2}; n_1-1, n_2-1\right) \le \frac{s_1^2/\sigma_1^2}{s_2^2/\sigma_2^2} \le F\left(1-\frac{\alpha}{2}; n_1-1, n_2-1\right)\right] = 1-\alpha$$

(10.13)

이 식을 다시 정리하면,

$$P\left[F\left(\frac{\alpha}{2};n_1-1,n_2-1\right)\frac{s_1^2}{s_2^2} \le \frac{\sigma_1^2}{\sigma_2^2} \le F\left(1-\frac{\alpha}{2};n_1-1,n_2-1\right)\frac{s_1^2}{s_2^2}\right]=1-\alpha \tag{10.14}$$

가 되는 것을 알 수 있다. 이것이 바로 $\sigma^2$에 대한 $100(1-\alpha)\%$ 신뢰구간이 된다.

이처럼, 두 모집단의 분산을 비교하는 것은 두 모집단의 분산 비율을 계산하여 추정하게 된다. 즉, 두 모집단 분산의 비율 $\frac{\sigma_1^2}{\sigma_2^2}$에 대하여 신뢰구간의 양쪽 모두가 1보다 크게 계산되면, 주어진 유의수준 하에서, $\sigma_1^2$이 $\sigma_2^2$보다 크다고 할 수 있다. 또한 두 모집단 분산의 비율 $\frac{\sigma_1^2}{\sigma_2^2}$에 대하여 신뢰구간의 양쪽 모두가 1보다 작게 계산되면, 주어진 유의수준 하에서, $\sigma_1^2$이 $\sigma_2^2$보다 작다고 할 수 있다. 한편, 두 모집단 분산의 비율 $\frac{\sigma_1^2}{\sigma_2^2}$에 대하여 신뢰구간이 하한은 1보다 작지만, 상한이 1보다 크게 계산되면, 어느 한쪽 모집단의 분산이 다른 한쪽 모집단의 분산보다 크다고 할 수 없다.

**예제 10-4**

**강남 교육청에서는 자사고 학생과 일반고 학생들간의 수업 성과에 대해 관심을 갖고 있다. 자사고학생과 일반고 학생 각각 121명과 61명을 무작위로 선정하여 2017년도 수능성적을 조사하였다. 조사 결과 두 학교간의 평균 수능점수는 비슷하지만 표본 분산의 값은 상당히 다르게 나타났다. 유의수준 10%에서 두 모집단의 분산에 차이가 있는지를 추정하라.**

$$s_1^2 = 120.0\,,\ s_2^2 = 150.0$$

**풀이**

$$\frac{s_1^2}{s_2^2} = \frac{120}{150} = 0.8$$

$$F\left(1-\frac{\alpha}{2};n_2-1,n_1-1\right) = F(0.95,60,120) = 1.47$$

$$F\left(\frac{\alpha}{2};n_2-1,n_1-1\right) = F(0.05,60,120)$$
$$= F(0.95,120,60) = \frac{1}{1.43} = 0.6993$$

따라서 $\quad 0.6993\,(0.8) \le \frac{\sigma_1^2}{\sigma_2^2} \le 1.47\,(0.8)$

$$0.559 \le \frac{\sigma_1^2}{\sigma_{21}^2} \le 1.176$$

결론: 신뢰구간에 1이 포함되었기에, 주어진 유의수준 하에서 두 모집단의 분산에 차이가 있다고 볼 수 없다.

### 10.2.3 두 모집단 분산의 가설검정

앞서 설명한 바와 같이, 두 모집단의 분산을 비교하기 위해서는 두 모집단 분산의 비율을 계산하여 추정하여야 한다. 만약 두 모집단의 분산에 대한 양측 검정으로, 귀무가설을

$$H_0 : \sigma_1^2 = \sigma_2^2 \text{ 혹은 } \frac{\sigma_1^2}{\sigma_2^2} = 1$$

으로 설정하였다면 대립가설로

$$H_a : \sigma_1^2 \neq \sigma_2^2 \text{ 혹은 } \frac{\sigma_1^2}{\sigma_2^2} \neq 1$$

을 설정하여 가설검정을 실시하여야 한다.

만일 두 모집단이 정규분포를 하고 있다면, 귀무가설 $H_0 : \sigma_1^2 = \sigma_2^2$이 사실인 경우 **$F$통계량**은

$$F(df_1, df_2) = \frac{s_1^2}{s_2^2} \tag{10.15}$$

으로 정의되며, 이때, $s_1^2$은 표본 1의 분산, $s_2^2$은 표본 2의 분산을 나타낸다.

$F$통계량의 값이 1보다 현저히 작거나 큰 경우 $s_1^2$과 $s_2^2$가 서로 다르다는 것을 의미하며, 따라서 귀무가설 $H_0 : \sigma_1^2 = \sigma_2^2$은 기각되어야 한다. 즉, $F$통계량이 '충분히 크거나' 혹은 '충분히 작으면' 귀무가설 $H_0 : \sigma_1^2 = \sigma_2^2$은 기각된다. $F$통계량 값이 '충분히 크거나' 혹은 '충분히 작기' 때문에 귀무가설 $H_0$을 기각할 수 있는 경우를 판단하려면 $F$통계량 값과 임계치의 값을 비교하면 될 것이다. 유의수준 $\alpha$값은 〈그림 10-7〉과 같이 $F$분포 그래프 아래의 면적으로 계산된다.

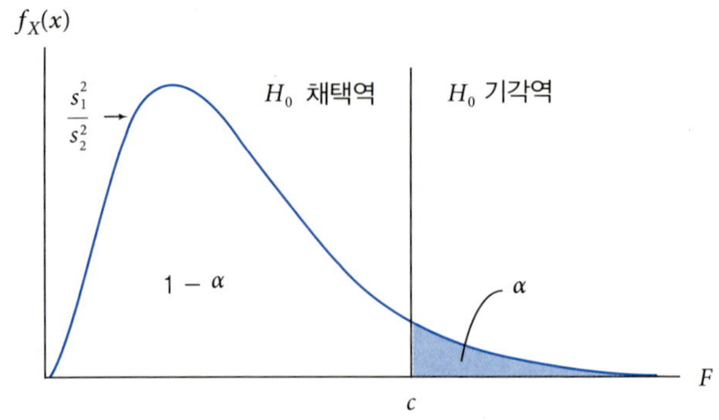


**그림 10-7 *F*분포의 유의수준**

특히 $F$통계량 값의 오른쪽에 $(n_1-1)$과 $(n_2-1)$의 자유도를 가진 '$F$분포의 그래프 아래의 면적'으로 정의된다. 여기에서 $n_1$은 $s_1^2$을 계산한 표본의 크기이고, $n_2$는 $s_2^2$을 계산한 표본의 크기이다. 이때, $(n_1-1)$은 분자의 자유도라고 하며, $(n_2-1)$은 분모의 자유도가 된다. 따라서 기각역은 아래와 같다.

**분산의 비율에 대한 기각역** check

- 양측 검정: $\frac{s_1^2}{s_2^2} > F(1-\alpha, n_1-1, n_2-1)$ 혹은 $\frac{s_1^2}{s_2^2} < F(\alpha, n_2-1, n_1-1)$ (10.16)

- 단측 검정(우측 검정): $\frac{s_1^2}{s_2^2} > F(1-\alpha, n_1-1, n_2-1)$ (10.17)

- 단측 검정(좌측 검정): $\frac{s_1^2}{s_2^2} < F(\alpha, n_1-1, n_2-1)$ (10.18)

**예제 10-5**

**우리나라 주식시장은 크게 거래소 시장과 코스닥 시장으로 구분되어 있다. P씨는 거래소 시장과 코스닥 시장 간의 주식수익률의 분산을 비교하고자 한다. 이를 위해 그는 거래소시장에 상장되어 있는 31개 종목의 주식을, 코스닥 시장에 등록되어 있는 41개 주식을 선택하여 각각의 분산을 계산한 결과 9.7%와 15.2%로 나타났다. 유의수준 5%에서 두 시장에 상장되어 있는 주식의 분산에 차이가 있는지를 검정하라.**

**풀이** ① 가설의 설정: 거래소 시장에 상장된 주식들의 수익률의 분산을 $\sigma_1^2$, 코스닥 시장에 등록된 주식들의 수익률의 분산을 $\sigma_2^2$ 라고 하면, 가설은 다음과 같이 설정된다.

$$H_0 : \sigma_1^2 = \sigma_2^2$$

$$H_a : \sigma_1^2 \neq \sigma_2^2$$

② 검정통계량과 기각역: 검정통계량은 $s_1^2 = 9.7$ , $s_2^2 = 15.2$이므로

$\frac{s_1^2}{s_2^2} = \frac{9.7}{15.2} = 0.638$ 이고,

기각역은 $\frac{s_1^2}{s_2^2}$이 $F(1-\alpha, n_1 - 1, n_2 - 1) = F(0.95, 30, 40) = 1.74$보다 크거나,

$\frac{s_1^2}{s_2^2}$이 $F(0.05, 40, 30) = \frac{1}{F(0.95, 30, 40)} = 0.575$보다 작아야 한다.

③ 결론: 관측된 검정통계량의 값이 기각역 밖에 있으므로 유의수준 0.05에서 귀무가설을 기각할 수 없다. 즉, 두 시장의 주식수익률의 분산에 차이가 없다고 결론지을 수 있다.

## 사례연구 : 구장 편의점 운영에 관한 의사결정

K 구단의 관리자는 구단 수입에 구장 내의 편의점에 대한 고객 만족이 중요하다고 생각하고 있다. 특히, 경기가 진행되고 있는 동안의 편의점에서의 대기시간(waiting time)은 고객만족에 있어 매우 중요하다. 더 나아가, K 구단 관리자는 고객만족을 위해 대기시간의 평균값을 감소시키는 방안뿐만 아니라 고객 간의 대기시간의 변동(variation)을 감소시키는 방안 역시 중요하다고 판단하고 있다. 대기시간의 변동을 측정하는 연구를 수행하기 위해 K 구단 관계자는 구장내 편의점의 변동을 측정하여, 이를 타구단의 구장내 편의점에서 수집한 대기시간의 변동과 비교하고자 한다. 수집한 자료를 분석한 결과는 다음과 같다.

K 구단 편의점의 자료

$$n_1 = 25,\ S_1^2 = 4.5$$

타 구간 편의점의 자료

$$n_2 = 22,\ S_2^2 = 1.9$$

모집단인 서비스시간의 분포가 정규분포를 한다는 가정 하에서 다음 물음에 답하라.

(1) 분석을 위한 가설은 어떻게 수립하여야 하는가?

(2) 검정통계량은 무슨 분포를 하는가? 그 이유는?

(3) 만일 유의수준 5%에서 검정을 한다고 할 때, 임계치와 기각역을 어떻게 설정하여야 하는가?

(4) 검정통계량 $F$값은 얼마이며 위 분석의 결론은 무엇인가?

# 연 / 습 / 문 / 제

01 분산에 대한 추론이 통계학에서 중요한 이유는 무엇인가?

02 서울(주)에서는 휴대폰 배터리를 삼성전자에 납품하고 있다. 생산관리부장은 배터리 수명(완전 충전 후 1회 사용시간)의 분산에 대하여 많은 관심을 갖고 있다. 24개의 배터리를 표본으로 수집하여 분산을 계산해 보니 $s^2 = 6.5$(시간)이었다. 배터리 수명의 모분산에 대해 95% 신뢰구간을 구하라.

03 서울(주)는 휴대폰 배터리를 삼성전자에 납품하면서 배터리 수명(완전 충전 후 1회 사용시간)의 표준편차가 0.9시간이라고 주장하고 있다. 삼성전자의 품질담당자가 10개의 배터리의 수명을 조사한 결과 표준편차가 1.2시간의 계산되었을 때, 서울(주)의 주장에 대해 가설검정을 실시하라.

04 서울(주)는 글로벌 제조회사로 중국에도 공장을 갖고 있다. 중국에서 생산된 배터리 10개를 선정하고, 국내 생산된 배터리 15개를 무작위로 선정하여, 평균무게를 계산하니, 각각 128.1g과 124.3g으로 계산되었으며, 표준편차는 각각 73g, 81g으로 계산되었다. 중국생산의 배터리 무게의 모분산이 국내 생산된 것과 같다고 할 수 있는가? 유의수준 $\alpha = 0.05$에서 검정하라.

05 산업제과(주)는 하루에 대략 식빵 10,000줄을 생산하고 있다. 최근 들어, 소비자들로부터, 식빵의 맛은 타 제과업체보다 우수하지만, 식빵의 중량의 편차가 심하다는 불평이 들어오고 있다. 품질관리자는 이러한 문제점을 해결하기 위해 중량의 편차가 5g 이상 발생하지 않도록 많은 노력을 기울이고 있다. 이러한 노력이 효과가 있는지를 알아보

**기 위해, 30개의 식빵을 선택하여 중량을 조사한 결과 표본의 표준편차가 6.3g으로 나타났다. 식빵 중량의 분포가 정규분포를 한다고 할 때, 다음 물음에 답하라.**

(1) 어떠한 가설이 설정되어야 하는가?

(2) 검정통계량은 얼마인가?

(3) 5%의 유의수준 하에서 품질관리자의 노력이 효과가 있었다고 할 수 있는가?

06 **비평준화 및 평준화 지역 고교의 학력 차이가 있는지를 알아보기 위하여 평준화 지역에서 100명의 학생을, 그리고 비평준화 지역에서 150명의 학생을 추출하여 그들에게 동일한 학력고사를 치르게 한 결과가 아래와 같다. 유의수준 5%에서 두 지역 간의 학력의 분산에 차이가 있는지를 검정하라.**

| | | |
|---|---|---|
| $n_1 = 100$ | $\bar{x}_1 = 76.2$ | $s_1^2 = 8.2$ |
| $n_2 = 150$ | $\bar{x}_2 = 83.2$ | $s_2^2 = 7.6$ |

# 제4부
# 변수 간의 관계분석

# 11 CHAPTER 분산분석

경영성과에 영향을 미치는 요인들 간에 어떠한 인과관계가 있는지를 파악하는 것은 경영 관리자에게 매우 중요한 업무이다. 예를 들어 기업의 매출이 감소할 경우 그 원인이 무엇인지를 파악하는 것이 매우 중요하다. 정확한 원인을 파악하는 것이야말로 문제 해결에 필수적이기 때문이다. 그럼에도 불구하고, 정확한 원인을 파악하는 것이 그리 쉽지는 않다.

일반적으로 (즉, 사회과학에서는) 하나의 결과 현상에 대해 무수히 많은 원인이 있을 수 있다. 예를 들어 백화점 매출 감소라는 결과에 대해 높은 가격, 직원의 불친절, 광고, 주차장 등과 같은 부대시설의 열악함, 경쟁 업체의 출현, 인근 공사로 인한 교통난, 전반적인 경제 상황 악화 등 무수히 많은 원인이 영향을 미친다고 할 수 있다. 이러한 경우 의사결정자는 그 수많은 요인들 중에서도 어떤 요인이 백화점 매출 감소의 주(主; Major) 요인이고, 어떤 요인들이 부(副; Minor) 요인들인지를 구분할 필요가 있다. 그 이유는 문제의 해결책은 주요인에 집중이 되어야 하기 때문이다. 따라서 먼저 다음 용어를 정의하고 시작하기로 하자.

## 11.1 기본용어

### 11.1.1 종속변수/독립변수/외생변수

통계학에서는 인과관계를 설명할 때, 원인과 결과라는 용어 대신에 각각 독립변수(independent variables)와 종속변수(dependent variables)라는 용어를 사용한다. 이는 통계학에서 사용되는 표시 방법이 무조건 수치화되어야 하기 때문이다. 즉 원인이라고 하면 이를 숫자로 나타낼 수 없기 때문에 독립변수라는 수치화된 용어를 사용하고, 결과라는 용어 대신에 숫자로 표시된 종속변수라는 수치화된 용어를 대신 사용한다. 예를 들어 '비만이면 장수하지 못한다'라는 인과관계가 있다고 하자. 원인은 비만이고, 결과는 장수하지 못하는 것이다. 그러나 통계학에서는 이를 반드시 숫자로 표시해야 한다. 따라서 비만 정도를 수치화로 표현할 수 있는 BMI(체질량지수)가 독립변수가 되고, 장수 정도를 수치화시켜 표현할 수 있는 사망연령이 종속변수가 된다. 따라서 통계학에서는 '비만이면 장수하지 못한다'는 일반적인 표현보다는 'BMI가 높으면 사망연령이 낮아진다'로 표현하여 이러한 관계를 규명하게 된다.

앞에서 얘기한 바와 같이, 변수라 함은 그 값이 변하는 숫자를 말하며, 따라서 우리가 변수라고 얘기할 때에 그 내용은 반드시 숫자를 말하는 것임을 기억하길 바란다(4.2.2 확률변수 참조).

**종속변수**는 결과나 반응 현상을 나타내는 변수를 말한다. 종속변수를 나타나게 하는 원인은 두 가지로 나누어 살펴볼 수 있는데, 독립변수와 외생변수가 그것이다. 반응 현상을 가져오는 무수한 원인 중에서 내가 주장하고자 하는 관심 원인들을 독립변수라 하고, 나머지 가능한 모든 원인들을 외생변수라고 한다. 즉, 종속변수 결과를 가져오는 데에는 독립변수 효과와 외생변수 효과의 두 가지 효과가 존재하는 것이다. 따라서 의사결정자는 무수한 원인 중 자신이 관심을 갖고 선택한 원인인 독립변수가 종속변수를 일으키는 주요 원인이 된다는 것을 증명하여 그 원인에 대한 올바른 처방을 제시하고자 한다. 예를 들어, 백화점 매출 감소는 주차장 시설 부족이 주원인이므로 이에 대한 대책이 필요하다고 주장할 때, 매출 감소는 종속변수가 되고, 주차장 시설은 독립변수가 되며, 나머지 가능한 모든 원인들(전반적인 경기, 서비스 수준 등)은 외생변수가 된다.

이 중 **외생변수**는 개념적으로는 매우 간단하다. 즉 외생변수는 종속변수에 영향을 미치는 독립변수를 제외한 모든 변수를 의미한다. 외생변수의 특징으로서는 실제로는 몇 개인지도 모르고, 서로 간에 너무 복잡하게 연관되어 있어 그 연관성을 파악하고, 각각의 영향력을 파악하는 것이 현재로서는 불가능하다는 것이다. 따라서 이 외생변수의 효과(영향력)은 분명히 존재하지만, 이를 통제하여 예측하기가 현재로서는 불가능하다고 할 수 있다. 관행적으로 종속변수는 $Y$로 표시하고, 독립변수는 $X$로, 모든 외생변수는 총괄적으로 $\epsilon$으로 표시한다.

### 11.1.2 인자/인자수준

분산분석에서는 독립변수를 특별히 인자(factor)라고 한다. 예를 들어, 브랜드에 따라 매출액에 차이가 있는지를 분석하고자 한다면, 브랜드가 인자가 되며, 제품공급지역에 따라 구매단가에 차이가 있는지를 분석하고자 한다면, 제품공급지역이 인자가 된다. 이처럼 어떤 관찰치에 영향을 미치는 여러 인자 중 하나의 인자만을 고려할 때 이를 일원분산분석(one-factor ANOVA)이라고 하고, 두 개의 인자를 고려할 때는 이원분산분석(two-factor ANOVA)라고 한다. 예컨대, 기업규모와 제품공급지역이 구매단가에 어떤 영향을 미치는지를 분석하는 경우는 이원분산분석을 실시하여야 하는데, 그 이유는 두 개의 인자인 기업규모와 제품공급지역이 함께 구매단가에 미치는 영향을 분석하기 때문이다.

인자수준(factor level)이란 조건에 따라 인자가 가질 수 있는 결과를 의미하는데 인자의 수준에 따라 집단(그룹)이 분리된다. 예를 들어, 제품공급지역에 따른 구매단가에 차이가 있는지를 분석하는 경우, 네 개의 지역, 즉 아시아, 유럽, 북미, 중동 등이 인자의 수준에 해당하며, 이 경우 인자가 네 가지 수준을 가진다고 말할 수 있다. 또한 인자수준은 처리(treatment)라고도 하는데 일원분산분석에서는 인자수준이 바로 처리와 동일하지만 이원분산분석에서 처리는 여러 인자수준의 조합이 된다.

## 11.2 분산분석의 기본 원리

### 11.2.1 기본 개념

A 백화점은 현재 매출감소로 인해 어려움을 겪고 있다. 특히 경영진에서는 매출 감소의 원인이 주로 상대적으로 높은 가격이라고 생각하고 있다. 이러한 경우, 백화점 매출이 종속변수가 되고, 가격이 독립변수가 되며, 그 외의 모든 다른 요인들, 예를 들면 불친절, 교통의 혼잡 등이 외생변수가 된다. 독립변수로 설정된 가격이 종속변수인 백화점 매출에 영향을 미치는 주요인임을 객관적으로 증명하기 위해서는 관련 데이터를 수집하여야 할 것이다. 이를 위해 백화점은 여러 점포들의 가격을 조사하여 높음, 중간, 낮음의 세 개의 수준 (집단, 그룹)으로 분류하였다. 각 가격 수준에서의 각각 5개 점포의 매출 현황은 〈표 11-1〉과 같다.

**표 11-1** 세 가지 가격 수준에서의 5개 지점의 매출 정보

(단위: 백만 원)

| 인자 | 가격 | | | |
|---|---|---|---|---|
| 표본/수준 | 높음 | 중간 | 낮음 | 전체평균 |
| 1 | 80 | 70 | 90 | |
| 2 | 70 | 75 | 40 | |
| 3 | 60 | 65 | 65 | |
| 4 | 40 | 60 | 75 | |
| 5 | 50 | 55 | 80 | |
| 평균 | 60 | 65 | 70 | 65 |

우선 가격 수준이 같은 점포들끼리 왜 매출이 다르게 나오는 것일까? 예를 들어 높은 가격 점포에서 수집된 자료를 살펴보자. 5개의 점포들 모두 매출이 다르게 나타났다. 즉, 80, 70, 60, 40, 50이다. 이는 가격 외의 다른 요인들, 즉 외생변수의 영향이 매출에 존재한다는 것을 의미한다.

만일 외생변수의 영향이 전혀 없다면, 즉 가격만이 유일하게 매출에 영향을 끼친다면 이 5개의 점포들은 모두 매출이 같을 것이고, 그 매출액은 높은 가격 수준하의 매출 평균인 60으로 모두 같이 놓아도 무리는 아닐 것이다. 반면에, 외생변수의 영향이 크면 클수록 각 매출은 높은 가격 수준하의 평균인 60으로부터 많은 차이를 보일 것이다. 따라서 각 가격 수준별의 매출이 전체 지점 평균 매출에서 멀어지면 멀어질수록 외생변수의 영향이 크다는 것을 의미한다고 할 수 있다.

이 외생변수의 영향을 다음과 같이 계량화할 수 있다. 예를 들어, 가격이 높은 수준에서 가격 외의 외생변수의 총 영향은 각 점포의 매출액과 가격 수준별 평균과의 차이를 모두 합한 것으로 계량화가 가능하다. 하지만 각 점포의 매출과 가격 수준별 평균과의 차이를 모두 더하면 그 합은 0이 된다. 즉, +, − 효과가 서로 상쇄되기 때문이다. 이를 방지하기 위한 방안으로 각 점포의 매출과 가격 수준별 매출 평균의 차이를 제곱하여 모두 더하는 방법을 생각해 볼 수 있다. 즉, 가격이 높은 수준에서의 각 점포의 매출에 영향을 미치는 외생변수의 총 영향을 계산하면 다음의 식 (11.1)과 같다.

$$(80-60)^2+(70-60)^2+(60-60)^2+(40-60)^2+(50-60)^2 \tag{11.1}$$

이를 확장하면 다른 가격수준 하에서의 점포들에 대해서도 외생변수의 영향을 모두 계산할 수 있다. 더 확장하면 아래와 같이 모든 15개의 지점들에 대해 외생변수의

총 영향을 다음의 식 (11.2)와 같이 계산할 수 있을 것이다.

$$\begin{aligned}&(80-60)^2+(70-60)^2+(60-60)^2+(40-60)^2+(50-60)^2\\&+(70-65)^2+(75-65)^2+(65-65)^2+(60-65)^2+(55-65)^2\\&+(90-70)^2+(40-70)^2+(65-70)^2+(75-70)^2+(80-70)^2=2,700\end{aligned} \tag{11.2}$$

이제, 외생변수의 영향이 없다고 가정해보자. 그렇다면 〈표 11-1〉은 〈표 11-2〉와 같이 가정할 수 있다.

〈표 11-2〉를 보면 그 다음 질문은 자연스럽게 나오게 된다. 즉, 다른 가격 수준에 속한 점포들끼리는 왜 매출 평균이 다른가? 〈표 11-2〉를 보면 각 가격 수준의 매출 평균은 각각 60, 65, 70으로 나타나 있다. 이 질문은 매우 간단하다고 할 수 있다. 각 가격 수준의 점포 매출 평균(60, 65, 70)이 서로 다른 것은 바로 가격 차이가 있기 때문이다. 이 문제에서는 가격이 바로 독립변수이므로, 독립변수의 영향인 것이다. 따라서 가격이 매출에 전혀 영향을 끼치지 않는다면 가격으로 구별된 점포들의 매출 평균은 모두 같을 것이고, 이를 그들만의 전체 평균인 65가 된다 하여도 무방할 것이다. 즉, 각 가격 수준의 매출 평균이 전체 평균과 다른 이유는 바로 가격(독립변수) 때문이라고 할 수 있다. 각 가격 수준의 매출액 차이의 영향이 크면 클수록 전체 평균과의 차이가 커질 것이다. 이 크기가 바로 독립변수(가격)의 영향을 나타내준다. 이를 외생변수의 영향과 같은 논리로 계량화한다면, 모든 점포들에게 미치는 총 독립변수의 영향은 식 (11.3)과 같다.

$$5(60-65)^2+5(65-65)^2+5(70-65)^2=250 \tag{11.3}$$

**표 11-2 세 가지 가격 수준에서의 5개 지점의 매출 정보(외생변수의 영향이 전혀 없을 때)**

| 인자 | 가격 | | | |
|---|---|---|---|---|
| 표본/수준 | 높음 | 중간 | 낮음 | 전체평균 |
| 1 | 60 | 65 | 70 | |
| 2 | 60 | 65 | 70 | |
| 3 | 60 | 65 | 70 | |
| 4 | 60 | 65 | 70 | |
| 5 | 60 | 65 | 70 | |
| 평균 | 60 | 65 | 70 | 65 |

여기서 각 괄호 앞에 나와 있는 세 개의 5는 각 가격 수준의 지점들의 수를 나타내는 가중치이다. 만약 각 가격 수준의 지점이 10개씩이라면 각각의 가중치는 10이 될 것이다.

### 11.2.2 제곱합 분해

통계적 표시법을 사용하여 지금까지의 설명을 정리해보면 〈표 11-3〉과 같다. 즉, $y_{ij}$는 가격 $i$ 하에서 점포 $j$의 매출액을 나타낸다고 하자. 여기의 예에서 $i$와 $j$는 각각 인자수준과 표본 수를 나타내며 아래의 식 (11.4)와 같다.

$$\begin{aligned} i &= 1(\text{높은 가격}),\ 2(\text{중간 가격}),\ 3(\text{낮은 가격}) \\ j &= 1, 2, 3, 4, 5(\text{점포}) \end{aligned} \tag{11.4}$$

일반적으로 $i$는 독립변수에 따른 구분(카테고리)을 나타내고, $j$는 해당 독립변수에 따른 구분에 속해있는 표본의 수를 말한다. 따라서 $y_{ij}$는 일반적으로 카테고리 $i$의 표본 $j$가 가지고 있는 숫자를 말하며, 여기서 $i = 1, 2, \cdots, c$이고, $j = 1, 2, \cdots, n_i$이며, $n_i$는 카테고리 $i$에 속해있는 표본의 수를 말한다.

$\bar{y}_1$, $\bar{y}_2$, $\bar{y}_3$는 각각 높은, 중간, 낮은 가격 수준에 속하는 점포들의 매출 평균을 나타내며, $\bar{\bar{y}}$는 전체 평균을 나타낸다.

이미, 각 점포들의 매출이 각각 다른 이유는 독립변수인 가격의 영향과 외생변수의 영향 때문임을 알고 있다. 즉, **총편차**(total deviation)는 개별 점포의 매출($y_{ij}$)과 총매출평균($\bar{\bar{y}}$)와의 편차를 의미하는데, 이는 인자수준의 변화에 의해 발생하는 편차와

**표 11-3 통계적 표기법에 의한 백화점 매출 자료**

| 점포(j) \ 가격(i) | 높은 가격 | 중간 가격 | 낮은 가격 | 전체 평균 |
|---|---|---|---|---|
| 1 | $y_{11}$ | $y_{21}$ | $y_{31}$ | |
| 2 | $y_{12}$ | $y_{22}$ | $y_{32}$ | |
| 3 | $y_{13}$ | $y_{23}$ | $y_{33}$ | |
| 4 | $y_{14}$ | $y_{24}$ | $y_{34}$ | |
| 5 | $y_{15}$ | $y_{25}$ | $y_{35}$ | |
| 평균 | $\bar{y}_1$ | $\bar{y}_2$ | $\bar{y}_3$ | $\bar{\bar{y}}$ |

각 수준 내의 자료와 그 수준의 평균과의 편차로 구성된다. 이를 계량화시켜 표시해보면 아래의 식 (11.5)와 같다.

$$\begin{array}{ccccc} \text{총편차} & = & \text{외생변수의 영향에 의해 설명되지 않은 편차} & + & \text{독립변수의 영향에 의해 설명된 편차} \\ (y_{ij}-\bar{\bar{y}}) & = & (y_{ij}-\bar{y}_i) & + & (\bar{y}_i-\bar{\bar{y}}) \end{array} \quad (11.5)$$

예를 들어, 〈표 11-1〉에서 $i=3$, $j=1$이면 $y_{31}=90$이고, $\bar{y}_3=70$, $\bar{\bar{y}}=65$이므로, 아래의 식 (11.6)과 같이 계산되며, 이를 그래프로 표시하면 〈그림 11-1〉과 같다.

$$\begin{aligned} (y_{31}-\bar{\bar{y}}) &= (y_{31}-\bar{y}_3)+(\bar{y}_3-\bar{\bar{y}}) \\ (90-65) &= (90-70)+(70-65) \end{aligned} \quad (11.6)$$

위의 식 (11.6)의 양변을 제곱하여 $i$와 $j$에 대해 합하면 총변동으로서 모든 표본관찰치들의 산포를 나타내는 **총제곱합**(sum of squares total)을 얻을 수 있다. 즉, 전체 15개의 점포들을 생각해보면 전체 총매출 차이와 총 독립변수의 영향, 그리고 총 외생변수의 영향은 간단한 계산에 의해 다음의 식 (11.7)과 (11.8)이 된다.

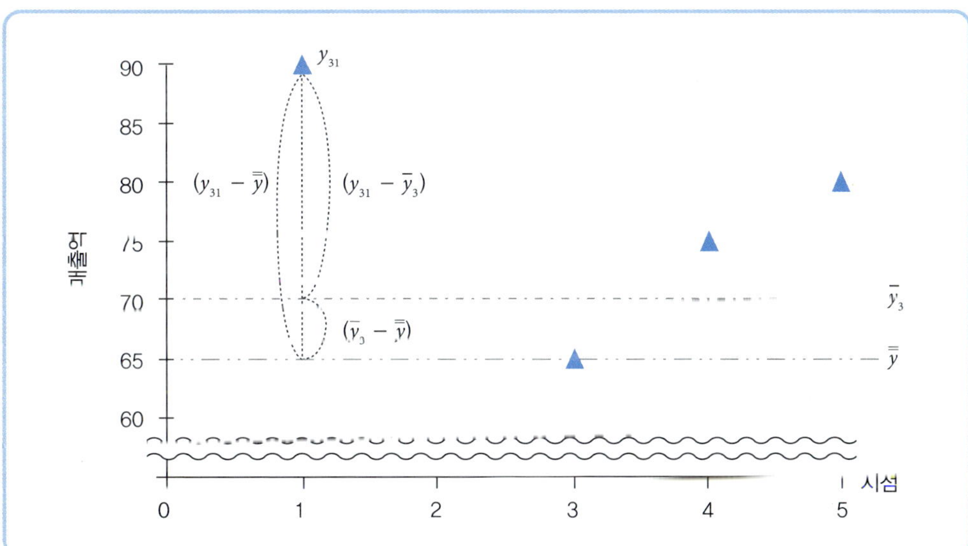


그림 11-1 $y_{31}$의 매출 차이

$$\begin{array}{cccc} \text{총 매출 차이} & = & \text{외생변수의 총 영향} & + \text{독립변수의 총 영향} \\ \sum_i \sum_j (y_{ij} - \bar{\bar{y}})^2 & = & \sum_i \sum_j (y_{ij} - \bar{y}_i)^2 & + \sum_i \sum_j (\bar{y}_i - \bar{\bar{y}})^2 \end{array} \tag{11.7}$$

만약 각각의 카테고리별 표본의 크기가 모두 같다면 $n_1 = n_2 = \cdots = n_c$가 된다. 이 경우에 독립변수의 총 영향은 식 (11.8)과 같이 계산해도 무방하다.

$$\begin{array}{cccc} \text{총 매출 차이} & = & \text{외생변수의 총 영향} & + \text{독립변수의 총 영향} \\ \sum_i \sum_j (y_{ij} - \bar{\bar{y}})^2 & = & \sum_i \sum_j (y_{ij} - \bar{y}_i)^2 & + n_c \sum_i (\bar{y}_i - \bar{\bar{y}})^2 \end{array} \tag{11.8}$$

외생변수의 총 영향의 크기는 집단 내 제곱의 합(Sum of Square Within, SSW)이라고 하며, 위 예시의 SSW는 다음의 식 (11.9)와 같이 계산된다.

$$\mathrm{SSW} = \sum_i \sum_j (y_{ij} - \bar{y}_i)^2 = \sum_{i=1}^{3} \sum_{j=1}^{5} (y_{ij} - \bar{y}_i)^2 = 2,700 \tag{11.9}$$

독립변수의 총 영향의 크기는 집단 간 제곱의 합(Sum of Square Between, SSB)이라고 하며, 위 예시의 SSB는 아래의 식 (11.10)과 같이 계산된다.

$$\mathrm{SSB} = \sum_i n_i (\bar{y}_i - \bar{\bar{y}})^2 = 5 \sum_{i=1}^{3} (\bar{y}_i - \bar{\bar{y}})^2 = 250 \tag{11.10}$$

분산분석(Analysis of Variance, ANOVA)은 위에서 계산된 두 가지 값, 즉 집단 내 제곱의 합(외생변수의 총 영향, SSW)과 집단 간 제곱의 합(독립변수의 총 영향, SSB)을 비교하여 어느 것이 주요인이 되는지를 파악하는 것이다. 즉, 독립변수의 영향(집단 간 제곱의 합, SSB)이 외생변수의 영향(집단 내 제곱의 합, SSW)보다 충분히 크면 독립변수가 매출 차이의 주요인이 된다고 판단하며, 이는 가격을 독립변수로 선택한 우리가 바라는 바이다. 하지만 충분히 크지 못하면 우리의 주장이 증명되지 못하는 것이다.

문제는 (1) 두 제곱의 합을 어떻게 비교하며 (2) 제곱의 합의 차이가 얼마가 되어야 가격이 백화점 매출의 주요인임을 증명할 정도로 큰지를 결정하는 것이다.

### (1) 어떻게 비교하는가?

위의 두 값(SSW와 SSB)을 비교할 때는 그 평균을 가지고 비교한다. 먼저, 평균 독립변수의 영향의 크기인 집단 간 제곱합의 평균(Mean Square Between, MSB)은 다음의 식 (11.11)과 같이 구할 수 있다.

$$\text{MSB} = \frac{\text{SSB}}{v_1} \tag{11.11}$$

여기서, $v_1$은 MSB의 자유도로서 전체 평균($\bar{\bar{y}}$)이 존재하므로 식 (11.12)와 같이 카테고리의 수($c$)에서 1을 빼준 값이 된다.

$$v_1 = c - 1 \tag{11.12}$$

한편, 평균 외생변수 영향의 크기, 즉 집단 내 제곱합의 평균(Mean Square Within, MSW)은 아래의 식 (11.13)과 같다.

$$\text{MSW} = \frac{\text{SSW}}{v_2} \tag{11.13}$$

여기서, $v_2$는 MSW의 자유도로서 각 카테고리마다 평균($\bar{y}_i$)이 존재하기 때문에 전체 표본의 수($n_1 + n_2 + \cdots + n_c$)에서 카테고리의 수($c$)를 뺀 값이 된다. 따라서 $v_2$는 다음의 식 (11.14)와 같이 계산된다.

$$v_2 = (n_1 + n_2 + \cdots + n_c) - c \tag{11.14}$$

이 MSB와 MSW가 바로 분산 공식임을 볼 수 있다. 각 변수의 영향을 평균과의 차이를 평균한 것으로 계량화하는데, 이것이 바로 분산을 구하는 공식이며, 따라서 이 방법을 분산분석이라고 하는 이유가 바로 여기에 있다.

### (2) 충분히 큰가?

분산분석은 위에서 계산한 집단 내 제곱합의 평균(MSW)과 집단 간 제곱합의 평균(MSB)을 비교하여 독립변수의 평균 영향이 외생변수 평균 영향에 비해 충분히 큰지를 판단한다. 분산분석은 이 두 가지 분산의 비율로서 구한다.

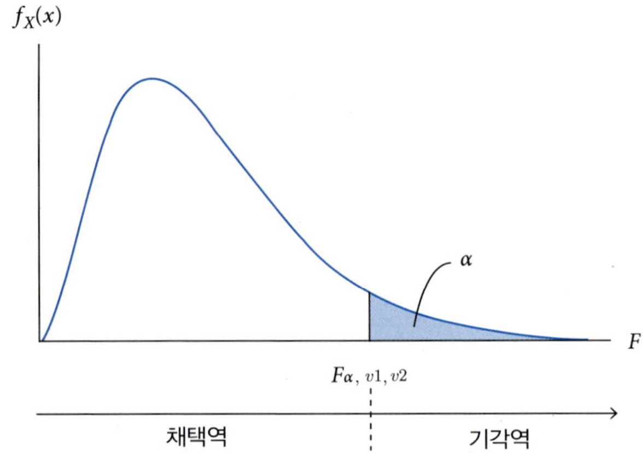


**그림 11-2 *F*분포의 임계치와 기각역**

check

$$F = \frac{\text{MSB}}{\text{MSW}} = \frac{\text{평균 독립변수 영향}}{\text{평균 외생변수 영향}} \qquad (11.15)$$

**분산비율**($F$)은 분산을 분산으로 나눈 값이므로 항상 0보다는 크고, 무한대($\infty$)보다 작은 값을 지닐 수 있다. 그런데 만일 가격 수준별 백화점 매출에 본질적인 차이가 없다면, 독립변수인 가격은 다른 외생요인보다 종속변수인 매출을 더 많이 설명해주지 못할 것이다. 하지만 이 비율이 클수록 독립변수의 영향이 크며, 주요인이 될 확률이 높다는 것이다.

그렇다면 이 비율이 얼마나 커야 독립변수가 주요인이라 할 정도로 충분히 큰 것인가? 이를 판단할 기준으로 ***F*분포**를 사용한다. 10장에서 설명한 것과 같이 $F$분포는 두 분포의 분산을 비교할 때 사용하는 분포이다. $F$값이 임계치보다 클 경우에 우리는 독립변수의 영향이 외생변수의 영향보다 크다고 본다. 임계치는 〈그림 11-2〉와 같이 $F_{\alpha, v1, v2}$를 이용하여 구한다.

### 11.2.3 $F$분포를 이용한 검정

분산분석을 실시하는 공식적인 검정 절차를 정리해보면 다음과 같다.

check

- 대립가설과 귀무가설을 설정한다.
- $F$값을 계산한다.
- $F$분포로부터 유의수준과 자유도를 가지고 임계치를 구한다.
- $F$값과 임계치를 비교하여 그 값이 임계치보다 크면 독립변수가 충분히 커서 주요인이라고 판정한다.

앞의 백화점 매출 예제를 보면, 대립가설과 귀무가설은 다음과 같다,

$H_0$ : 세 가지 가격수준에서 평균 매출액은 동일하다.

$\mu_1 = \mu_2 = \mu_3$

(즉, 가격이 매출에 영향을 미치지 않는다.)

$H_a$ : 세 가지 가격수준에서 적어도 하나의 평균매출액은 나머지와 같지 않다.

$\mu_1$, $\mu_2$, $\mu_3$가 다 같지 않다.

(즉, 가격이 매출에 영향을 미친다.)

이 귀무가설을 검정하기 위해, 분산분석의 검정통계량인 $F$값을 평균 독립변수 영향(MSB)/평균 외생변수 영향(MSW)의 비율로 계산하여야 한다. 먼저, MSB와 MSW는 각각 아래의 식 (11.16), (11.17)과 같다.

$$\text{MSB} = \frac{\text{SSB}}{c-1} = \frac{250}{3-1} = 125 \tag{11.16}$$

$$\text{MSW} = \frac{\text{SSW}}{\sum n_i - c} = \frac{2,700}{15-3} = 225 \tag{11.17}$$

따라서 두 분산의 비율은 다음의 식 (11.18)과 같이 구할 수 있다.

$$F = \frac{\text{MSB}}{\text{MSW}} = \frac{125}{225} = 0.556 \tag{11.18}$$

유의수준($\alpha$)을 0.05라고 하였을 때, 임계치는 $F$분포로부터 구할 수 있다. 이에 따라 귀무가설의 기각역을 구할 수 있다.

임계치 : $F_{\alpha, v1, v2} = F_{0.05, 2, 12} = 3.89$

기각역 : $F > 3.89$

분산분석의 검정통계량 $F$값인 0.556이 임계치 3.89보다 작기 때문에 귀무가설을 기각할만한 충분한 근거를 갖고 있지 못하다. 따라서 독립변수(가격)는 주요인이 되지 못한다고 결론지을 수 있다.

한편, Excel 프로그램이나 SPSS 등과 같은 통계 패키지에서는 임계치를 구하여 비교하는 것보다 $p$값을 구해 그 $p$값과 $\alpha$를 비교하여 검정한 결과를 보여준다. $p$값이 $\alpha$보다 작으면 $H_a$를 채택하여 가격이 매출에 영향을 미치는 것으로 결론내리고, $p$값이 $\alpha$보다 크면 $H_0$를 채택하여 가격이 매출에 영향을 미치지 않는다는 것으로 결론을 내린다. 따라서 우리는 귀무가설을 기각하기 위해, 가능한 작은 $p$값을 희망하게 된다.

> **check**
>
> 이 분산분석은 세 개 이상의 모집단 평균 사이에 통계적으로 유의한 차이가 있는지를 검정하는 분석방법이다.

두 집단 비교는 9장에서 $t$검정으로 실행하는 것을 보았다. 그렇다면 왜 세 집단을 한 번에 비교하는 대신에 두 집단을 두 번 비교하지 않는가? 즉 $H_0$: $\mu_1 = \mu_2 = \mu_3$을 검정하는 대신에 $\mu_1 = \mu_2$의 가설과 $\mu_2 = \mu_3$의 가설 등 두 가설을 두 번 검정하지 않는가? 왜냐하면 두 가설 중에서 하나만 기각이 되어도 $\mu_1 = \mu_2 = \mu_3$의 가설이 기각 될 수 있기 때문이다. 위의 두 가설($\mu_1 = \mu_2$과 $\mu_2 = \mu_3$)은 모두 $t$검정으로 하는 것인데, 이 경우 각 가설마다 유의수준이 0.05일 때 두 개의 가설을 따로 검정할 경우 전체 신뢰수준은 (0.95×0.95=)0.9025로 정확도가 떨어지게 된다. 만약 네 가지를 비교하게 되면 또다시 0.95를 곱하게 되어 정확도는 더욱 떨어지게 되는 것이다. 분산분석은 이러한 단점을 방지하고 바로 신뢰수준을 95% 이상으로 유지하는 방법이 된다.

### 예제 11-1

**미국 경영대학원 입학시험(GMAT)은 경영대학원에 진학하기 위하여 반드시 필요한 시험이다. 이 시험은 최저 200점에서 최고 800점으로 구성되어 있다. 김 교수는 학생들이 시험에서 좋은 성적을 거둘 수 있도록 세 가지 특강 프로그램을 실시하였다.**

Program 1: GMAT에서 일반적으로 출제되는 문제를 소개하는 3시간 특강 프로그램
Program 2: 관련된 교재를 검토하고 모의고사를 실시하는 특강 프로그램
Program 3: 학생의 단점을 파악하고 이를 극복할 수 있는 종합적인 장기 특강 프로그램

**특강 프로그램을 수강한 학생들이 취득한 GMAT 성적이 다음과 같을 때, $\alpha = 0.05$에서 이러한 특강 프로그램들이 GMAT 성적에 미치는 영향에 차이가 있는지를 검정하라.**

| 학생 | 특강 프로그램 1 | 특강 프로그램 2 | 특강 프로그램 3 |
|---|---|---|---|
| 1 | 520 | 550 | 640 |
| 2 | 600 | 530 | 690 |
| 3 | 530 | 630 | 600 |
| 4 | 590 | 570 | 600 |
| 5 | 610 | 560 | 700 |
| 6 | 540 | 600 | 590 |
| 7 | 590 | 590 | 560 |

**풀이** 분산분석의 목적은 여러 인자수준의 모집단 평균(treatment means)들이 동일한지를 검정하는 것이다. 그리고 분산분석의 가설검정 절차는 평균에 대한 추론에서의 가설검정 절차와 동일하다.

① 가설 설정

분산분석을 시행하기 위해서는 먼저 가설을 설정해야 한다. 위의 예제로부터 설정되는 대립가설과 귀무가설은 다음과 같다.

$H_0$ : 세 가지 특강 프로그램을 수강한 학생들 사이의 GMAT 성적은 차이가 없다. ($\mu_1 = \mu_2 = \mu_3$)

$H_a$ : 세 가지 특강 프로그램을 수강한 학생들 사이의 GMAT 성적은 차이가 있는 경우도 있다. (항상 $\mu_1 = \mu_2 = \mu_3$는 아니다.)

② 검정통계량($F$값) 계산

분산분석은 학생들이 획득한 GMAT 점수의 차이가 주된 요인으로 특강 프로그램에 의해 발생한 것인지를 검정하는 데 사용된다. 즉, 표본으로 조사한 21명의 학생들의 성적이 총 평균과 일치하지 않고 서로 다른 이유가 세 가지 특강 프로그램에 의한 것인지 아니면 외생변수의 영향에 의한 것인지를 파악하는 것이다. 따라서 특강 프로그램별 GMAT 성적에 미치는 독립변수 요인의 크기(SSB)와 외생변수 요인의 크기(SSW)를 각각 구하면 다음과 같다.

먼저, 각 프로그램 별 평균($\bar{y}_i$)과 총 평균($\bar{\bar{y}}$)을 구한다.

$$\bar{y}_1 = \frac{520+600+530+590+610+540+590}{7} = 568.57$$

$$\bar{y}_2 = \frac{550+530+630+570+560+600+590}{7} = 575.71$$

$$\bar{y}_3 = \frac{640+690+600+600+700+590+560}{7} = 625.71$$

$$\bar{\bar{y}} = \frac{568.57+575.71+625.71}{3} = 590$$

독립변수 요인의 크기인 집단 간 제곱합의 평균(SSB)은 세 가지 특강 프로그램 집단의 평균과 전체 평균 차이를 제곱하여 모두 더한 것이다. 각 특강 프로그램을 수강한 학생 수가 7로 동일하므로 다음과 같이 구할 수 있다.

$$\begin{aligned} SSB &= \sum_i n_i(\bar{y}_i - \bar{\bar{y}})^2 = 7\sum_{i=1}^{3}(\bar{y}_i - \bar{\bar{y}})^2 \\ &= 7\{(568.57-590)^2+(575.71-590)^2+(625.71-590)^2\} = 13{,}570.57 \end{aligned}$$

외생변수 요인의 크기인 집단 내 제곱합의 평균(SSW)은 다음과 같이 구한다.

프로그램 1의 외생변수 요인의 크기

$$\begin{aligned} \sum_{j=1}^{7}(y_{1j}-\bar{y}_1)^2 &= (520-568.57)^2+(600-568.57)^2+(530-568.57)^2 \\ &+(590-568.57)^2+(610-568.57)^2+(540-568.57)^2+(590-568.57)^2 \\ &= 8{,}285.71 \end{aligned}$$

프로그램 2의 외생변수 요인의 크기

$$\begin{aligned} \sum_{j=1}^{7}(y_{2j}-\bar{y}_2)^2 &= (550-575.71)^2+(530-575.71)^2+(630-575.71)^2 \\ &+(570-575.71)^2+(560-575.71)^2+(600-575.71)^2+(590-575.71)^2 \\ &= 6{,}771.43 \end{aligned}$$

프로그램 3의 외생변수 요인의 크기

$$\begin{aligned} \sum_{j=1}^{7}(y_{3j}-\bar{y}_3)^2 &= (640-625.71)^2+(690-625.71)^2+(600-625.71)^2 \\ &+(600-625.71)^2+(700-625.71)^2+(590-625.71)^2+(560-625.71)^2 \\ &= 16{,}771.43 \end{aligned}$$

총 외생변수 요인의 크기

$$SSW = \sum_{i=1}^{3}\sum_{j=1}^{7}(y_{ij}-\bar{y}_i)^2 = 8{,}285.71+6{,}771.43+16{,}771.43 = 31{,}828.57$$

두 요인의 크기를 비교할 때 우리는 그 평균을 가지고 비교하기 때문에 각 제곱합의 평균(MSB와 MSW)을 구한다.

$$\text{MSB} = \frac{\text{SSB}}{v_1} = \frac{\text{SSB}}{c-1} = \frac{13,570.57}{2} = 6,785.29$$

$$\text{MSW} = \frac{\text{SSW}}{v_2} = \frac{\text{SSW}}{\sum n_i - c} = \frac{31,828.57}{18} = 1,768.25$$

두 분산의 비율인 $F$값은 아래와 같이 구할 수 있다.

$$F = \frac{\text{MSB}}{\text{MSW}} = \frac{6,785.29}{1,768.25} = 3.84$$

③ 임계치와 기각역

위에서 구한 $F$값이 $F_{2,18}$분포의 상위 5% 안에 있다면 세 가지 특강 프로그램을 수강한 학생들의 GMAT 평균 성적이 동일하다는 귀무가설이 기각된다. $F$분포표에서 임계치와 이에 따른 기각역은 각각 다음과 같다.

임계치 : $F_{0.05,2,18} = 3.55$

기각역 : $F > 3.55$

④ 판정

계산된 검정통계량, 즉 $F$값이 귀무가설의 기각역 내에 포함되어있으므로 귀무가설을 기각할 수 있다. 따라서 5%의 유의수준에서 세 가지 특강 프로그램을 수강한 학생들이 획득한 GMAT 성적은 동일하지 않다. 따라서 특강 프로그램의 종류가 학생들의 GMAT 성적에 차이를 나타내는 주요인이라고 할 수 있다.

## 11.3 Excel 실습

Microsoft Excel 2013에서는 [데이터 분석] 기능에서 분산분석을 쉽고 빠르게 할 수 있도록 제공하고 있다. 자세한 방법을 알아보기 위해 다음 예제를 살펴보자.

**예제 11-2**

**회사원의 연봉이 대학 전공에 따라 차이가 있는지를 검정하기 위하여 18명의 연봉과 전공을 조사하였다. 특히 경영, 인문, 공학계열의 전공별로 6명의 회사원을 임의로 선택하여 연봉을 조사하여 〈그림 11-3〉과 같은 데이터를 얻었다. 5%의 유의수준에서 전공별 연봉에 차이가 있다고 할 수 있는지를 검정하라.**

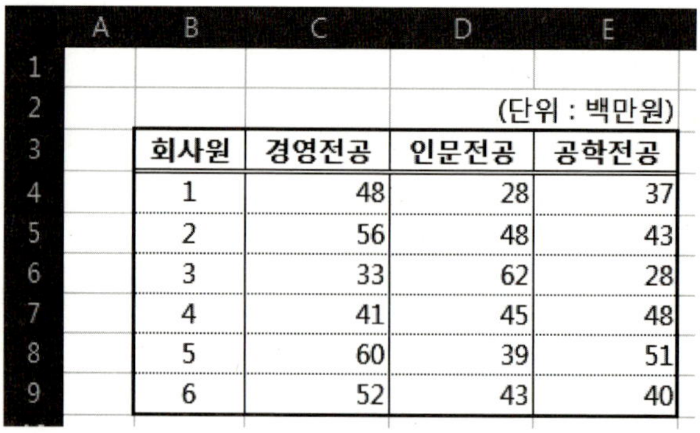

| | B | C | D | E |
|---|---|---|---|---|
| 1 | | | | |
| 2 | | | (단위 : 백만원) | |
| 3 | 회사원 | 경영전공 | 인문전공 | 공학전공 |
| 4 | 1 | 48 | 28 | 37 |
| 5 | 2 | 56 | 48 | 43 |
| 6 | 3 | 33 | 62 | 28 |
| 7 | 4 | 41 | 45 | 48 |
| 8 | 5 | 60 | 39 | 51 |
| 9 | 6 | 52 | 43 | 40 |

그림 11-3

**풀이** Microsoft Excel을 이용하여 분산분석을 실시하기 위해서 먼저 아래의 〈그림 11-4〉와 같이 Microsoft Excel 창 상단의 리본 메뉴의 [데이터] 탭에서 [데이터 분석]을 클릭하여 [통계 데이터 분석] 창을 생성시킨다.

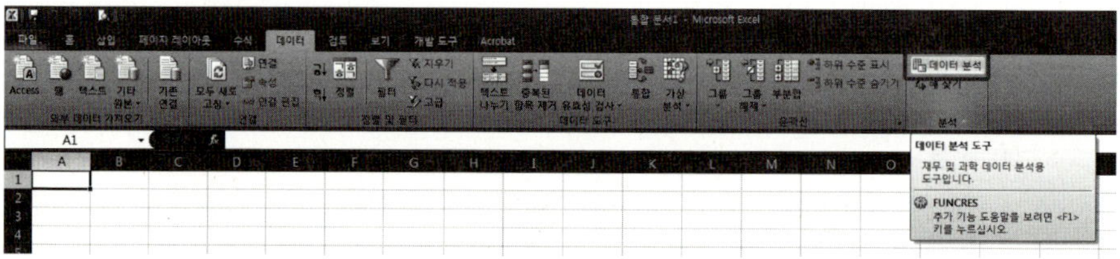

그림 11-4

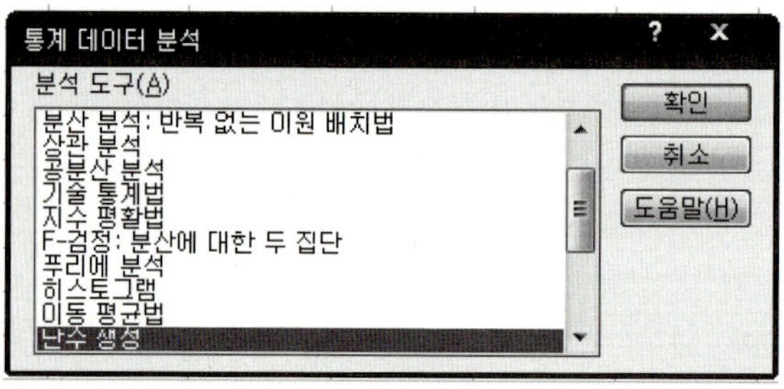


그림 11-5

〈그림 11-6〉과 같이 왼쪽의 [분석 도구(A)] 창에서 [분산분석: 일원 배치법]을 선택하고 오른쪽의 [확인] 단추를 클릭하여 [분산분석: 일원 배치법] 창을 생성시킨다.

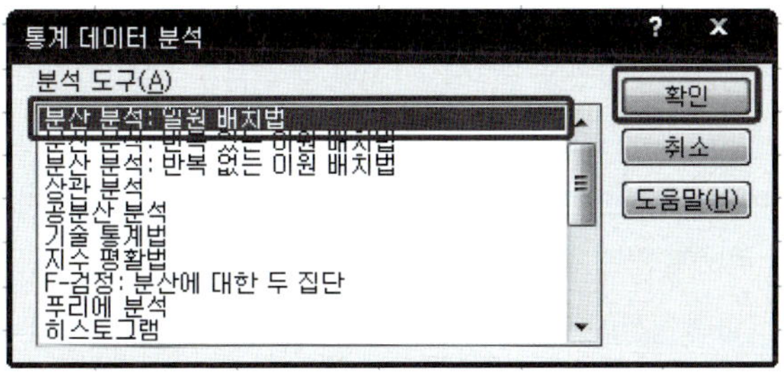


그림 11-6

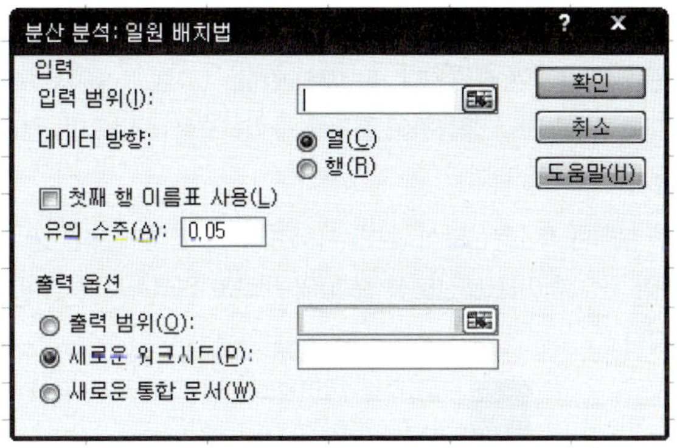


그림 11-7

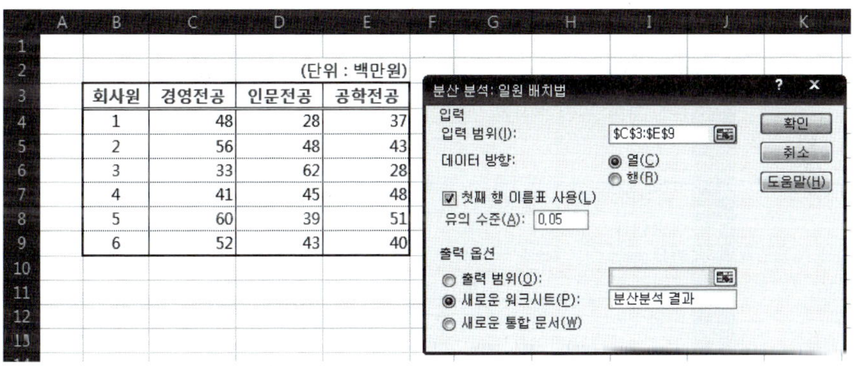


그림 11-8

[분산분석: 일원 배치법] 창이 생성되면 〈그림 11-8〉과 같이 [입력 범위(I)]에 데이터를 입력한 범위($C$3:$E$9)를 입력한다.

[데이터 방향]은 데이터를 입력한 방향을 지정하는 것으로 각각의 카테고리의 데이터가 열을 기준으로(세로로) 입력되어 있다면 [열(C)], 행을 기준으로(가로로) 입력되어 있다면 [행(R)]을 선택한다. 본 예시에서는 각각의 카테고리(경영전공, 인문전공, 공학전공)의 데이터를 열로 입력하였기 때문에 [열(C)]을 선택하였다.

본 예시에서는 변수의 입력 범위를 3행부터 포함시켜 각 카테고리의 이름을 포함시켰기 때문에

[첫째 행 이름표 사용(L)]의 체크박스에 체크를 한다. 만약 [입력 범위(I)]에 카테고리의 이름을 포함시켜서 입력하지 않았을 경우에는 [첫째 행 이름표 사용(L)] 앞의 체크박스에 체크를 하지 않은 채로 분석을 실시해야 한다.

다음으로 [유의수준(A)]은 기본적으로 0.05로 설정되어 있는데, 본 예시에서 요구하는 유의수준이 5%이기 때문에 기본 값을 유지한다.

마지막으로 [출력 옵션]으로는 [새로운 워크시트(P)]가 기본적으로 선택되어 있다. 만약 [출력 범위(O)]를 지정할 경우 데이터를 입력한 워크시트에 결과가 출력되고, [새로운 워크시트(P)]를 지정할 경우에는 결과가 워크시트가 하나 새로 생성되고, 새로 생성된 워크시트에 결과가 출력된다. 마지막으로 [새로운 통합 문서(W)]를 지정할 경우에는 Microsoft Excel 창이 하나 더 생성되며, 새로 생성된 창에 결과가 출력된다. 본 예시에서는 〈그림 11-8〉과 같이 [새로운 워크시트(P)]를 선택하여 워크시트를 하나 생성하여 결과를 출력하도록 하였으며, 결과를 출력하게 되는 워크시트의 이름은 [분산분석 결과]라고 지정하였다.

각 옵션들을 설정한 후 [분산분석: 일원 배치법] 창 오른쪽에 있는 [확인] 단추를 클릭하면 〈그림 11-9〉와 같이 지정한 이름(분산분석 결과)의 새로운 워크시트가 생성되며, 출력된 결과는 〈그림 11-10〉과 같다.

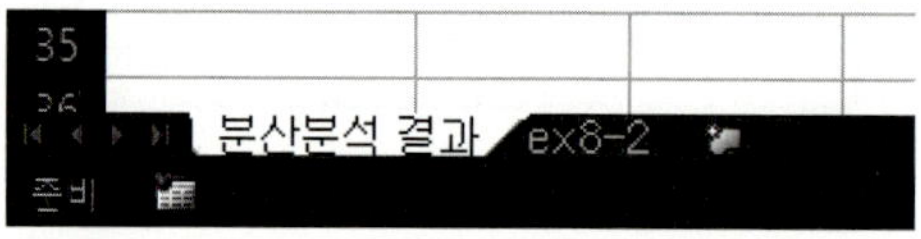


그림 11-9

| | A | B | C | D | E | F | G |
|---|---|---|---|---|---|---|---|
| 1 | 분산 분석: 일원 배치법 | | | | | | |
| 2 | | | | | | | |
| 3 | 요약표 | | | | | | |
| 4 | 인자의 수준 | 관측수 | 합 | 평균 | 분산 | | |
| 5 | 경영전공 | 6 | 290 | 48.33333 | 99.46667 | | |
| 6 | 인문전공 | 6 | 265 | 44.16667 | 124.5667 | | |
| 7 | 공학전공 | 6 | 247 | 41.16667 | 67.76667 | | |
| 8 | | | | | | | |
| 9 | | | | | | | |
| 10 | 분산 분석 | | | | | | |
| 11 | 변동의 요인 | 제곱합 | 자유도 | 제곱 평균 | F 비 | P-값 | F 기각치 |
| 12 | 처리 | 155.4444 | 2 | 77.72222 | 0.799063 | 0.467995 | 3.68232 |
| 13 | 잔차 | 1459 | 15 | 97.26667 | | | |
| 14 | | | | | | | |
| 15 | 계 | 1614.444 | 17 | | | | |

그림 11-10

분석 결과를 살펴보면 크게 [요약표]와 [분산 분석]의 두 개의 표가 있는 것을 확인할 수 있다.

먼저 [요약표]는 데이터의 요약치를 나타낸 것으로, [인자의 수준] 열은 변수(카테고리)의 이름, [관측수] 열은 각 카테고리에 포함된 데이터의 수($n_1$, $n_2$, $n_3$)를 보여준다. [합] 열은 각 카테고리

별 데이터의 합($\sum_j y_{1j}$, $\sum_j y_{2j}$, $\sum_j y_{3j}$)을 출력하고, [평균] 열은 각각의 카테고리 별로 데이터의 평균($\bar{y}_1$, $\bar{y}_2$, $\bar{y}_3$)을 출력한다. 마지막으로 [분산] 열은 각 카테고리 별 데이터의 분산을 출력하여 보여준다.

다음으로 [분산 분석] 표는 분산분석을 실시한 결과를 출력하여 보여준다. [변동의 요인] 열의 [처리]와 [잔차]는 각각 독립변수 요인(처리)과 외생변수 요인(잔차)을 말하며, [제곱합] 열은 총 독립변수 요인의 크기(집단 간 제곱의 합, SSB)와 총 외생변수 요인의 크기(집단 내 제곱의 합, SSW)를 출력한다. 따라서 본 예시의 SSB는 155.44, SSW는 1,459라는 것을 확인할 수 있다. 다음으로 [자유도] 열은 각각 독립변수 요인의 자유도($v_1$)와 외생변수 요인의 자유도($v_2$)를 나타내며, 본 예시의 $v_1 = 2$, $v_2 = 15$라는 것을 알 수 있다.

[분산 분석] 표의 [제곱 평균] 열은 평균 독립변수 요인의 크기(집단 간 제곱합의 평균, MSB)와 평균 외생변수 요인의 크기(집단 내 제곱합의 평균, MSW)을 출력한다. 즉, 이는 [분산 분석] 표의 [제곱합] 열에서 [자유도] 열을 나눈 것이 된다. 본 예시의 MSB는 77.72, MSW는 97.27이 된다.

[분산 분석] 표에서의 [F 비], [P-값], [F 기각치] 열의 숫자를 이용하여 가설을 검정하게 되는데, [F 비]는 MSB와 MSW의 비율, 즉 $F$값을 출력하고, [P-값]은 모평균에 대한 가설검정에서와 마찬가지로 검정통계량($F$값)보다 먼 쪽의 넓이($p$값)를 출력한다. 마지막으로 [F 기각치]는 [분산분석: 일원 배치법] 창에서 입력한 유의수준(0.05)에서의 임계치를 출력하게 된다.

출력 결과를 해석해보면 $F$값은 0.799이고, 임계치는 3.68로 $F$값이 임계치보다 작기 때문에 5%의 유의수준 하에서 귀무가설을 기각할 수가 없다. 따라서 전공별로 연봉에 차이가 있다고 할 만한 충분한 근거가 되지 못한다. 이러한 결과는 $p$값을 이용하여 결과를 해석하여도 동일한 결과를 얻을 수 있다. $p$값이 0.468로 유의수준인 0.05보다 크기 때문에 귀무가설을 기각하지 못하며, 따라서 대학 전공이 연봉에 영향을 미치는 주요인이라고 말할 수 없다.

## 사례연구 : 선수 부문별 연봉 차이에 관한 의사결정

K 구단의 관리자는 현재 팀 성적이 매우 저조하여 이를 극복하는 방안을 강구하려고 한다. 그 동안의 분석을 통해, 투수부분의 역량이 낮아 팀 성적이 부진하다는 결론을 얻었다. 그 결과 투수 부분의 역량을 높이기 위해 외부에서 수준 높은 투수를 영입하기로 결정하였다. 이를 위해 먼저, 투수 부문에서의 연봉과 다른 영역(즉, 타자 및 외국인 영역)의 연봉에 차이가 있는지를 파악하고자 한다. 한국야구위원회에 등록된 2016년 부분별 연봉 상위 10걸의 자료를 수집한 자료는 아래의 〈표〉에 정리되어 있다.

〈2016년 부문별 연봉 상위 10걸〉

(단위: 만 원, 1$ = 1,200원)

| 순위 | 투수부문 | | | 순위 | 타자부문 | | | 순위 | 외국인 선수 | | |
|---|---|---|---|---|---|---|---|---|---|---|---|
| | 선수명 | 구단 | 연봉 | | 선수명 | 구단 | 연봉 | | 선수명 | 구단 | 연봉<br>(계약금 포함) |
| 1 | 윤OO | KIA | 125,000 | 1 | 김OO | 한화 | 160,000 | 1 | OOO | 한화 | 228,000 |
| 2 | 정OO | 한화 | 120,000 | 2 | 이OO | 삼성 | 100,000 | 2 | OOO | KIA | 204,000 |
| 3 | 장OO | 두산 | 100,000 | 2 | 최O | SK | 100,000 | 3 | OOO | NC | 180,000 |
| 4 | 김OO | SK | 85,000 | 2 | 강OO | 롯데 | 100,000 | 4 | OOO | 한화 | 156,000 |
| 5 | 윤OO | 삼성 | 80,000 | 5 | 박OO | LG | 80,000 | 5 | OOO | 두산 | 144,000 |
| 6 | 장OO | 삼성 | 75,000 | 5 | 이OO | LG | 80,000 | 5 | OOO | 롯데 | 144,000 |
| 6 | 안OO | 삼성 | 75,000 | 7 | 박OO | NC | 75,000 | 7 | OOO | 삼성 | 114,000 |
| 6 | 양OO | KIA | 75,000 | 7 | 이OO | NC | 75,000 | 8 | OOO | NC | 108,000 |
| 9 | 손OO | 롯데 | 70,000 | 9 | 최OO | 삼성 | 70,000 | 8 | OOO | KIA | 108,000 |
| 10 | 이OO | LG | 60,000 | 9 | 정OO | 한화 | 70,000 | 8 | OOO | LG | 108,000 |
| – | – | – | – | 9 | 이OO | 한화 | 70,000 | – | – | – | – |

K 구단의 관계자는 분석 결과를 가장 효율적인 영입 전략을 수립하고자 한다. 아래의 물음에 답하라.

(1) 세 가지 부문별 자료를 바탕으로 부분변 연봉이 평균적으로 동일할 수 있는지를 검정하기 위한 가설을 설정하라.

(2) 왜 분산분석을 실시해야 했는지를 설명하고, Excel을 이용하여 분산분석을 시행하라.

(3) 만일 유의수준 5%에서 검정을 한다고 할 때, 임계치와 기각역을 어떻게 설정하여야 하는가?

(4) 검정통계량 $F$값은 얼마이며 위 분석의 결론은 무엇인가?

(5) 만일 결론이 세 부분별 연봉이 같지 않다면, 어느 부분의 연봉이 가장 높다고 할 수 있는가? 이에 대한 결론은 어떻게 도출할 수 있는가?

# 연 / 습 / 문 / 제

01 통계학에서 단순히 두 모집단의 비교에만 그치지 않고 여러 집단의 평균 비교를 수행하는 데 사용되는 방법을 무엇이라고 하는가?

02 A 학원에서 개설하고 있는 외국어 강습법(생활영어회화 중심, 독해 및 문법 중심, 외국인 회화 중심)의 효과를 비교하기 위해 한 번에 두 개씩 짝을 지어 두 방법 사이의 효과를 비교하는 방법은 올바르지 않다. 그 이유를 설명하라.

03 만약 5개의 표본평균들을 대상으로 유의수준 5%인 5번의 $t$검정을 한다고 가정하자. 이들 평균들 간에 차이가 없을 때, 옳은 결론을 내리게 될 확률은 한 쌍에서 0.95씩이 된다. 5개 모두의 $t$검정에서 올바른 결론에 도달할 수 있는 확률은 얼마가 되는가?

04 분산분석에서 사용되는 검정통계량은 어떠한 분포를 하는가?

05 다음은 Microsoft Excel을 이용하여 분산분석을 수행한 결과의 일부이다.

| 분산 분석 | | |
|---|---|---|
| 변동의 요인 | 제곱합 | 자유도 |
| 처리 | 1,637 | 3 |
| 잔차 | 3,018 | 30 |
| | | |
| 계 | 4,654 | 33 |

(1) 몇 개 집단의 평균을 비교하고 있는가?

(2) 처리 간에 효과 차이를 검정하기 위한 $F$검정통계량의 값을 구하라.

(3) 유의수준 0.005에서 기각역을 구하고, $F$검정을 실시하라.

06 제약회사는 현재 생산 · 시판하고 있는 제품의 효과에 비해 훌륭한 신제품 두 가지를 판매하려고 한다. 그러나 신제품의 문제점으로 혈압을 상승시킬 수 있는 부작용에 대하여 대단히 염려하고 있다. 따라서 시판 전에 부작용에 대한 문제점을 파악하기 위하여 다음과 같은 실험을 수행하였다. 즉 12명의 환자를 대상으로 기존 제품과 신제

**품 두 가지를 주사하여 그 즉시 혈압을 측정하고 한 시간이 지난 후에 다시 혈압을 측정하였다. 환자들의 혈압 변화는 다음과 같다.**

| 주사약 | 혈압의 변화 | | | | | | | | | | | |
|---|---|---|---|---|---|---|---|---|---|---|---|---|
| A | −10 | −10 | −8 | −5 | 0 | 3 | 5 | 7 | 8 | 10 | 12 | 15 |
| B | 0 | 5 | 8 | 10 | 12 | 15 | 16 | 17 | 20 | 22 | 25 | 25 |
| C | −5 | −1 | 0 | 2 | 5 | 8 | 8 | 10 | 14 | 16 | 20 | 20 |

**당신은 이 회사의 컨설턴트로 고용되었으며 다음과 같은 질문에 답하기 위해 분산분석을 시행하기로 하였다.**

(1) 세 가지 약품을 사용한 결과 환자들의 혈압 변화가 평균적으로 동일할 수 있는지를 검정하기 위한 가설을 설정하라.

(2) 검정통계량 $F$값은 얼마인가?

(3) 유의수준 5%에서 임계치와 기각역을 설정하라.

(4) 위 분석의 결론은 무엇인가?

(5) 왜 분산분석을 실시해야 했는지를 설명하라.

(6) Excel을 이용하여 분산분석을 다시 시행하라.

**07** **홍길동군은 3개의 경영대학원으로부터 입학 허가를 받았다. 그러나 그는 졸업 후 첫해의 연봉 수준만을 고려하여 경영대학원 한 곳을 선택하고자 한다. 만일 3개 대학원의 연봉수준에 차이가 있다면 졸업 후 가장 높은 연봉을 받을 수 있는 대학원으로 진학하고자 한다. 만일 3개 대학의 연봉 수준에 차이가 없다면 그는 모교인 A 대학원에 진학하기를 원한다. 무작위로 선택한 3개 경영대학원 졸업생들의 졸업 후 첫 해의 연봉은 아래와 같다.**

(단위: 백만 원)

| 대학원 | 연봉 | | | | | | | | |
|---|---|---|---|---|---|---|---|---|---|
| A 대학원 | 44 | 38 | 39 | 48 | 42 | 53 | 47 | 63 | |
| B 대학원 | 39 | 42 | 53 | 60 | 47 | 46 | 39 | | |
| C 대학원 | 47 | 46 | 49 | 53 | 42 | 45 | 51 | 47 | 46 |

(1) 만약 이를 검정하기 위해 $t$검정을 실시한다고 하면 어떠한 문제가 발생하는가?

(2) 평균 외생변수 영향의 크기는 얼마인가?

(3) 평균 독립변수 영향의 크기는 얼마인가?

(4) 검정통계량 $F$값은 얼마인가?

(5) 홍길동은 어느 대학원을 선택하여야 하는가? (유의수준은 0.05를 사용하라.)

**08** 서울산업(주)의 인사관리 담당자는 3개 공장(서울, 부산, 원주)의 종업원의 임금에 차이가 있는지를 알고자 한다. 인사관리 담당자는 각 공장으로부터 5명의 종업원을 무작위로 추출하였다. 각 종업원들의 임금은 아래의 표와 같이 정리되어 있다. 인사관리 담당자는 3개 공장의 종업원 임금에 차이가 있다고 유의수준 5%에서 말할 수 있는가?

(단위: 백만 원)

| 서울 공장 | 부산 공장 | 원주 공장 |
|---|---|---|
| 48 | 28 | 37 |
| 56 | 48 | 43 |
| 33 | 62 | 28 |
| 41 | 45 | 48 |
| 60 | 39 | 51 |

**09** 한 자동차 관련 잡지에서는 올해 발표된 신차들의 연비를 비교하기 위해 각 모델(A, B, C)을 5대씩 추출하여 실험을 하여 다음과 같은 결과를 획득하였다. 0.05의 유의수준에서 자동차 모델에 따라 연비의 차이가 있다고 할 수 있는가?

(단위: km/ℓ )

| A | B | C |
|---|---|---|
| 8.08 | 8.08 | 10.20 |
| 8.93 | 8.50 | 11.05 |
| 8.50 | 9.35 | 9.78 |
| 8.08 | 8.93 | 10.63 |
| 8.93 | 9.78 | 11.48 |

**10** 한 주택시공업체에서는 계절에 따라 시멘트가 마르는 시간이 다른지를 알아보기 위해 실험을 하여 아래와 같은 결과를 얻었다. 5%의 유의수준에서 계절에 따라 시멘트가 마르는 시간이 다르다고 할 수 있는지 검정하라.

(단위: 시간)

| 봄/가을 | 여름 | 겨울 |
|---|---|---|
| 30 | 23 | 34 |
| 31 | 28 | 24 |
| 34 | 28 | 36 |
| 23 | 30 | 39 |
| 27 | 31 | 32 |

CHAPTER 12

# 카이분석

## 12.1 서론

지금까지 의사결정자가 관심을 가진 데이터는 양적인 데이터들로서 우리는 이 데이터들의 평균과 표준편차를 구하여 여러 가지 통계 분석을 실시하였다. 그러나 예를 들어 남자와 여자, 출신 지역과 같은 특정 데이터들은 수량화할 수 없고 단지 몇 가지 범주로 구분하여 도수만을 계산할 수 있는데, 이러한 데이터를 범주형 변수라고 한다. 예를 들어 자동차에 대한 소비자의 선호도가 연령, 성별, 그 외의 요소들에 의해 결정되는지를 조사하는 경우에 연령을 청년층, 장년층, 노년층으로 구분하거나 성별을 남, 여로 구분하는 경우에 조사된 데이터는 수량화할 수 없는 변수이다. 이처럼 통계 데이터 조사 결과를 어떤 속성이나 또는 범주에 따라 표의 형태로 정리하면, 이해하기도 쉽고 결과를 한눈에 알아볼 수 있다. 이와 같이 만들어진 표를 통계분할표(contingency table)라고 하며 이 표를 근거로 범주형 변수들 사이에 어떤 연관이 존재하는지를 파악해볼 수 있다. 이러한 범주형 변수들 사이의 연관성에 관련된 의사결정 문제는 흔히 부딪히는 문제이다.

이와 같은 통계분할표의 형태로 정리된 데이터를 분석하는 데 사용하는 통계 분석 방법으로 $\chi^2$검정이 있다. $\chi^2$검정은 범주형 데이터가 주어진 속성에 따라 분류되어 있는 경우에 이용되며, 크게 변수가 하나인 경우와 두 개인 경우로 나누어 $\chi^2$검정의 목적을 설명할 수 있다. 변수가 하나인 경우에는 다항실험에 있어 표본에서 얻은 관찰도수와 기대도수 사이에 차이가 있는지를 밝혀 모집단의 분포가 특정 분포에 적합한지에 대한 추론을 실시하는데, 이를 적합도 검정이라고 한다. 변수가 두 개인 경우에는 질적인 데이터를 둘 또는 그 이상의 속성으로 분류한 분할표 상의 두 변수 사이의 관련성 또는 독립성에 대한 추론을 실시하는데, 이를 독립성 검정이라고 한다. 범주형 데이터에 대한 검정에 있어서도 지금까지 사용해 온 통계적 가설검정의 원리가 그대로 적용된다.

## 12.2 적합도 검정

### 12.2.1 다항 실험

이항분포에 대한 논의에서 각 시행의 결과가 정상 또는 불량, 성공 또는 실패, 그리고 좋다 또는 나쁘다 등의 단지 두 가지 범주로만 나타나는 실험을 이항 실험이라고 하였다. 그런데 각 시행의 결과가 두 가지 이상의 범주로 분류되는 경우를 살펴보자. 예를 들어 제품의 만족도에 대한 조사는 결과가 단지 나쁨, 좋음과 같이 두 가지 범주로 분류되기보다는 결과가 '매우 나쁨, 나쁨, 보통, 훌륭함, 매우 훌륭함' 등으로 분류되는 경우가 있다. 이와 더불어 제품에 대한 고객의 선호도가 색깔에 의해 구별되는 경우 '빨강, 파랑, 녹색, 검정, 노랑, …'이 있다. 이와 같이 시행의 결과 두 가지 이상의 범주로 분류되는 실험을 다항 실험이라고 한다.

다항 실험은 다음과 같은 성질을 지니고 있다.

check

- 실험은 $n$번의 시행으로 구성된다.
- 각 시행의 결과는 셀이라고 불리는 $k$개의 범주 중 한 곳으로 분류된다.
- 시행의 결과가 셀 $i$로 분류될 확률 $p_i$는 다른 시행에 영향을 받지 않고 항상 일정하다. 이를 식으로 표시하면 다음의 식 (12.1)과 같다.

$$p_1 + p_2 + \cdots + p_k = 1 \tag{12.1}$$

- 각 시행의 결과는 서로 독립적이다.

다음과 같은 예를 살펴보자. 특정 산업에 속한 50개의 기업을 대상으로 5,000 작업 시간당 평균 재해 건수로 정의된 산업재해에 관련된 데이터를 수집하여 〈표 12-1〉과 같은 분포표로 요약하였다.

도수분포표를 살펴보면 $k(=5)$개의 범주를 지니는 모집단에서 $n(=50)$개의 표본을 추출하였을 때 표본 중에서 $i$번째 범주에 속하는 표본의 수(관측 수)를 $f_i$로 표시

**표 12-1 재해발생의 확률분포**

| 범주 | 재해 발생 수 | $f_i$ | $p_i$ |
|---|---|---|---|
| 1 | 0 ~ 1 | 3 | 0.06 |
| 2 | 2 ~ 3 | 14 | 0.28 |
| 3 | 4 ~ 5 | 15 | 0.30 |
| 4 | 6 ~ 7 | 12 | 0.24 |
| 5 | 8 ~ 12 | 6 | 0.12 |

하고 있다는 것을 알 수 있다. 따라서 $\sum_{i=1}^{k} f_i = n$이 된다.

각 범주에 해당하는 확률 $p_i$는 다항 분포의 특성을 결정하는 모수이며, 알지 못하는 것이 일반적이다. 따라서 표본조사를 통해 추정하여야 한다. 결과적으로 각 범주에 속하는 $p_i$의 추정치는 위의 표와 같다. 특히 $i$번째 범주에 속할 확률이 $p_i$이면 $\sum_{i=1}^{k} p_i = 1$이 되어야 한다.

## 12.2.2 적합도 검정

적합도 검정(fit test)은 표본에서 획득한 관찰도수가 이론적 모형에 근거한 기대도수를 비교하여 모집단의 분포에 대한 추론을 하는 것으로 다항분포의 모수 $p_i$에 대한 검정을 의미한다. 아래와 같은 예를 들어 설명해보자.

미국 기업의 경우 한 해 작업자의 결근에 따른 비용이 1,000억 달러 이상이 될 것이라고 추정되고 있다. 이러한 추세는 한국의 경우에도 예외는 아닐 것이다. 결근에 따른 비용을 강조하기 위하여 가나다 자동차의 인사담당자는 지난 6개월 간 결근자 360명을 요일별로 분류하여 기록하였다. 인사담당자가 이러한 분류를 시행한 이유는 특정 요일의 결근자가 다른 요일의 결근자보다 많은지를 알고자 하기 때문이다. 조사 결과 〈표 12-2〉와 같은 결과를 얻었으며, 이 결과로부터 가나다 자동차의 요일별 결근자 숫자에 차이가 있다고 할 수 있는지를 확인하고자 한다.

〈표 12-2〉를 살펴보면 작업자의 결근이 다섯 가지 범주(월, 화, 수, 목, 금)로 분류되며 수집된 데이터만을 살펴보면 요일별로 결근자의 수에 차이가 있다고 말할 수 있다. 하지만 수집된 데이터는 표본에 해당하기 때문에 실제로는 차이가 없는데도 불구하고 우연히 데이터를 수집하다보니 그러한 차이가 발생하였을 수도 있다. 따라서 인사담당

**표 12-2** 가나다 자동차 직원의 요일별 결근자 수

| 요일 | 월 | 화 | 수 | 목 | 금 | 주간합계 |
|---|---|---|---|---|---|---|
| 결근자 수 | 87 | 61 | 70 | 68 | 74 | 360 |
| 기대 결근자 수 ($H_0$ 하에서) | 72 | 72 | 72 | 72 | 72 | 360 |

자는 결근자의 수가 요일별로 차이가 없다는 가설을 검증하고자 하며, 이때 귀무가설과 대립가설은 다음과 같이 설정된다.

$H_0$ : $p_1 = p_2 = p_3 = p_4 = p_5 = \frac{1}{5}$

$H_a$ : 적어도 하나의 $p_i$는 $\frac{1}{5}$과 같지 않다.

여기서, $p_i$ = 요일별 결근자가 발생할 확률, $i$ = 1(월), 2(화), 3(수), 4(목), 5(금)

적합도 검정에서 사용되는 검정통계량인 $\chi^2$는 관찰도수와 기대도수의 차이를 평가한 값으로 관측도수($O_i$)와 기대도수($E_i$)의 차이의 제곱을 기대도수($E_i$)로 나눈 수치들의 합이다. 따라서 이는 다음과 같은 식 (12.2)로 표시된다.

$$\chi^2 = \sum_{i=1}^{k} \frac{(O_i - E_i)^2}{E_i} \tag{12.2}$$

위의 식에서 만약 관측도수와 기대도수의 값이 비슷하면 $\chi^2$값은 0에 근접하며, 반대로 관측도수와 기대도수 값의 차이가 크면 $\chi^2$값은 커진다는 것을 알 수 있다. 또한 $\chi^2$값은 항상 0보다 크다. 따라서 $\chi^2$값이 클수록 귀무가설($H_0$)을 기각할 가능성이 커지며, 반대로 $\chi^2$값이 작을수록 귀무가설($H_0$)을 채택할 가능성이 높다.

그런데, 표본이 충분히 크고 귀무가설이 옳다면 검정통계량 $\chi^2$는 $\chi^2$분포에 근섭한다. 이미 살펴본 바와 같이 $\chi^2$분포의 특징은 단 한 가지 형태의 $\chi^2$분포는 존재하지 않으며 각 자유도에 따라 특정한 $\chi^2$분포가 존재한다는 점이다. 즉, $\chi^2$분포의 형태는 자유도에 의해 결정되며, 적합도 검정의 경우 자유도는 $(k-1)$, 즉 (범주의 수 $-1$)이 된다. 따라서 $\chi^2$분포의 경우 앞 장에서 언급하였던 바와 같이 자유도가 커질수록 분포의 모양이 비대칭에서 대칭에 근접해진다.

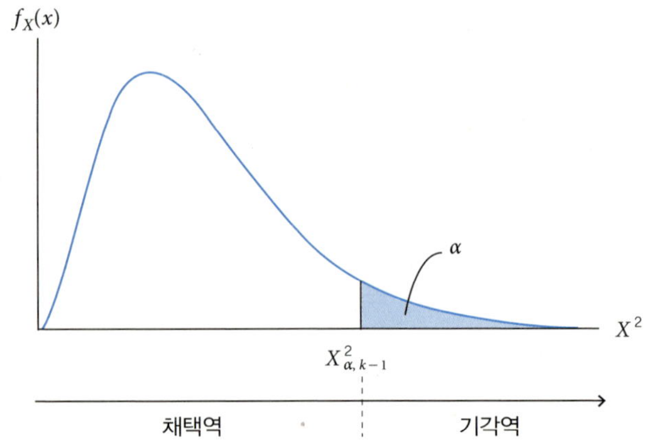


**그림 12-1 $\chi^2$분포의 임계치와 기각역**

$\chi^2$분포의 확률은 그래프 아래의 면적으로 계산되며, 총 면적에 대한 확률은 1이 되므로 $\chi^2$분포에서 유의수준($\alpha$)은 $\chi^2$분포의 오른쪽 끝의 면적에 의해 결정된다. 따라서 $\chi^2$검정을 하기 위해서는 반드시 자유도의 값과 유의수준을 알아야 한다. 예를 들어 $\alpha = 0.05$이고, 자유도($d.f.$)가 4인 $\chi^2_{\alpha, d.f.}$값은 $\chi^2$분포표에서 $\chi^2_{0.05, 4} = 9.4877$이 된다. 따라서 의사결정의 규칙은 〈그림 12-1〉과 같이 $\chi^2$분포에서 임계치를 설정하여 검정통계량($\chi^2$)과 비교하여 작성할 수 있다.

적합도 검정($\chi^2$)을 수행하기 위해서는 다른 가설검정 이론과 마찬가지로 귀무가설이 옳다는 가정 하에서 각 범주의 기대도수(expected frequency)인 $E_i$를 먼저 계산해야 한다. 일반적으로 다항 실험에서 $k$개의 셀을 가진 경우, 기대도수는 다음의 식 (12.3)과 같이 계산된다.

$$E_i = n \times p_i, \ \ i = 1, 2, \cdots, k \tag{12.3}$$

따라서 각 요일별 결근자 수의 기대도수는 $(360 \times \frac{1}{5} =)72$가 된다. 관측도수 $O_i$와 기대도수 $E_i$의 차이인 $(O_i - E_i)$를 잔차라고 한다. 앞에서 설명한 바와 같이 그 차이가 적을수록 귀무가설($H_0$)을 채택할 가능성이 커지며, 반대로 차이가 클수록 귀무가설($H_0$)을 기각할 가능성이 커지게 된다.

표 12-3 $\chi^2$값의 계산 결과

| 요일 (셀) | 관측도수($O_i$) | 기대도수($E_i$) | $(O_i - E_i)^2$ | $\frac{(O_i - E_i)^2}{E_i}$ |
|---|---|---|---|---|
| 1 | 87 | 72 | 225 | 3.31 |
| 2 | 61 | 72 | 121 | 1.68 |
| 3 | 70 | 72 | 4 | 0.06 |
| 4 | 68 | 72 | 16 | 0.22 |
| 5 | 74 | 72 | 4 | 0.06 |
| 합계 | 360 | 360 | | $\chi^2 = 5.15$ |

관측도수는 〈표 12-2〉에서 보는 바와 같이 요일별로 87, 61, 70, 68, 74이므로 적합도 검정을 위한 검정통계량 $\chi^2$값을 계산하여 보면 〈표 12-3〉과 같다.

이와 같이 계산된 $\chi^2$값인 5.15는 범주의 수가 5이므로 자유도가 (5−1=)4인 $\chi^2$분포를 따르게 된다. 만약 유의수준 5% 하에서 가설을 검정한다면, $\alpha = 0.05$이고, 자유도는 4이므로 임계치인 $\chi^2_{0.05,\,4}$는 9.4877이 된다.

그런데 $\chi^2$검정에서 귀무가설의 기각 여부는 관측도수와 기대도수의 차이에 의해 결정된다. 즉, 관측도수와 기대도수가 비슷하여 $\chi^2$값이 1에 가깝다면 귀무가설을 기각할 확률이 낮아지는 반면 관측도수와 기대도수의 차이가 커서 $\chi^2$값이 커질수록 귀무가설을 기각할 확률이 높아진다. 따라서 $\chi^2$검정의 의사결정 법칙은 검정통계량($\chi^2$)이 임계치보다 크면 귀무가설을 기각한다.

위에서 구한 $\chi^2$값이 5.15로 임계치인 9.4877보다 작기 때문에 귀무가설을 기각할 수 없다. 따라서 요일별 결근자의 수에는 차이가 있다고 할 수 없다.

예제 12-1

(주)다라는 4가지 모델(A, B, C, D)의 조립식 별장을 판매하는 기업이다. (주)다라의 생산 담당자는 내년도 생산 계획을 수립하기 위해 고객들이 특별히 선호하는 모델이 있는지 알고자 한다. 이에 지난 2년간 판매된 조립식 별장 100개의 모델을 조사한 결과는 다음 표와 같다. 1%의 유의수준에서 고객들이 특별히 선호하는 모델이 있다고 할 수 있는지를 검정하라.

| 모델 | A | B | C | D |
|---|---|---|---|---|
| 판매량 | 25 | 35 | 30 | 10 |

**풀이** 적합도 검정($\chi^2$검정)의 절차는 가설검정의 절차와 동일하다.

① 가설 설정

$\chi^2$검정을 시행하기 위해서는 먼저 가설을 설정해야 한다. 대립가설과 귀무가설은 다음과 같다.

$$H_0 : p_A = p_B = p_C = p_D = \frac{1}{4}$$

$H_a$ : 적어도 하나의 $p_i$는 $\frac{1}{4}$과 같지 않다.

② 검정통계량($\chi^2$값) 계산

귀무가설이 옳다는 가정 하에서 각 범주의 기대도수($E_i$)를 구하고, $\chi^2$값을 계산한다.

| 모델 (셀) | 관측도수($O_i$) | 기대도수($E_i$) | $(O_i - E_i)^2$ | $\frac{(O_i - E_i)^2}{E_i}$ |
|---|---|---|---|---|
| A | 25 | 25 | 0 | 0 |
| B | 35 | 25 | 100 | 4 |
| C | 30 | 25 | 25 | 1 |
| D | 10 | 25 | 225 | 9 |
| 합계 | 100 | 100 | | $\chi^2 = 14$ |

③ 임계치와 기각역

위에서 구한 $\chi^2$값이 자유도가 $(c-1=4-1=)$3인 $\chi^2$분포의 상위 1% 안에 있다면 모델에 따른 소비자의 선호도에 차이가 없다는 귀무가설이 기각된다. $\chi^2$분포표에서 임계치와 이에 따른 기각역은 각각 다음과 같다.

임계치 : $\chi^2_{0.01,3} = 11.3449$

기각역 : $\chi^2 > 11.3449$

④ 판정

계산된 검정통계량 $\chi^2$값이 14로 귀무가설의 기각역 내에 포함되어 있으므로 귀무가설을 기각할 수 있다. 따라서 1%의 유의수준에서 고객이 특별히 선호하는 모델이 있다고 할 수 있다.

## 12.3 두 변수 사이의 독립성 검정

일반적으로 변수가 하나인 경우보다는 둘 이상인 변수들 사이의 관련성을 검정하기 위해 $\chi^2$검정을 실시하는 경우가 많다. 특히 질적인 속성을 지닌 변수에서 두 가지 이상의 속성을 관찰한 경우, 두 변수 사이에 관련성이 있는지, 또는 통계적으로 독립성을 지니고 있는지를 살펴보기 위하여 통계 데이터를 분류 기준에 따라 표 형식으로 정리한

**표 12-4 지불수단별 판매 품목 데이터**

| 지불수단 | 판매 품목 | | |
|---|---|---|---|
| | 가전제품 | 컴퓨터제품 | 전기부품 |
| 현금 | 4 | 7 | 11 |
| 신용카드 | 52 | 19 | 12 |
| 자사카드 | 27 | 32 | 11 |

분할표가 사용된다. 즉 통계분할표에 나타난 두 범주형 변수 사이의 관련성을 알아보는데 $\chi^2$검정이 이용된다. 이를 독립성 검정(independence test)이라고 한다. 다음의 예제를 통하여 두 변수 사이에 연관성이 있는지를 검정하는 방법을 설명하기로 한다.

전자랜드는 가전제품, 컴퓨터제품, 그리고 전기부품을 제조하여 판매하는 회사이다. 전자랜드 영업부장은 고객의 지불 수단과 판매된 제품 사이에 관계가 있는지에 대하여 알고자 한다. 지난달에 판매된 제품에 대해 조사한 결과 〈표 12-4〉와 같은 데이터를 획득하였다.

영업부장은 이 데이터를 가지고 지불수단과 판매된 제품 사이에 관련성이 있는지를 유의수준 1%에서 검정하고자 한다. 위의 표에서 보면 현금을 사용한 고객은 전기부품을 가장 많이 구입하였고, 신용카드를 사용한 고객은 가전제품을, 자사카드를 사용한 고객은 컴퓨터제품을 가장 많이 구입하였다. 따라서 지불수단과 판매품목 사이에는 어떠한 관련성이 있는 것처럼 보인다. 이때 분할표에 있는 데이터를 각 셀의 관측도수(observed frequency)라고 한다.

하지만 이 데이터는 표본 데이터이므로 실제로는 지불수단과 판매 품목 사이에는 아무런 관련이 없는데 우연히 지난달의 데이터를 표본으로 사용하는 과정에서 이와 같은 결과가 나타났는지도 모른다. 따라서 $\chi^2$검정을 사용하여 지불수단과 판매 품목 사이의 관련성 여부를 살펴보아야 한다. 범주가 두 개인 독립성 검정의 가설검정 절차도 적합도 검정의 가설검정 절차와 동일하다. 만약 두 변수가 독립적이라면 설정되는 귀무가설과 대립가설은 아래와 같다.

$H_0$ : 지불 수단과 판매 품목은 서로 독립적이다

$H_a$ : 지불 수단과 판매 품목은 서로 독립적이 아니다.

**표 12-5 분할표의 열과 행의 합계**

| 지불수단 | 판매 품목 | | | 합계 |
|---|---|---|---|---|
| | 가전제품 | 컴퓨터제품 | 전기부품 | |
| 현금 | 4 | 7 | 11 | 22 |
| 신용카드 | 52 | 19 | 12 | 83 |
| 자사카드 | 27 | 32 | 11 | 70 |
| 합계 | 83 | 58 | 34 | 175 |

이제 검정통계량($\chi^2$값)을 계산하여 귀무가설의 기각 여부를 결정하는 임계치와 비교해야 한다. $\chi^2$값을 구하기 위해서는 먼저 귀무가설이 옳다고 할 때의 분할표 상의 각 셀의 기대도수(expected frequency)를 구해야 한다. 일반적으로 독립성 검정에서의 기대도수는 결합 확률에 총 합계를 곱하여 구할 수 있다. 또한 두 변수가 상호 독립적이라면 결합 확률은 주변 확률의 곱과 같다. 즉, $P(A \cap B) = P(A) \times P(B)$가 성립한다. 각 셀의 기대도수를 계산하기 위해 우선 〈표 12-5〉와 같이 분할표에 있는 데이터의 열과 행의 합계를 구하여 주변 확률을 결정한다.

이에 따라 추정된 주변 확률은 각각 다음의 식 (12.4)와 같다.

$$P(\text{가전제품}) = \frac{83}{175},\ P(\text{컴퓨터제품}) = \frac{58}{175},\ P(\text{전기부품}) = \frac{34}{175}$$

$$P(\text{현금}) = \frac{22}{175},\quad P(\text{신용카드}) = \frac{83}{175},\quad P(\text{자사카드}) = \frac{70}{175} \qquad (12.4)$$

추정된 주변 확률로부터 귀무가설이 옳다고 할 때 결합 확률을 계산하면 다음과 같다. 예를 들어 첫 번째 셀의 경우(현금으로 가전제품을 구입한 경우)는 아래의 식 (12.5)와 같이 계산된다.

$$P_{11} = P(\text{현금} \cap \text{가전제품}) = P(\text{현금}) \times P(\text{가전제품}) = \frac{22}{175} \times \frac{83}{175} \qquad (12.5)$$

앞에서 설명했듯이 기대도수는 결합 확률과 총 합계를 곱하여 구한다고 하였다. 따라서 현금을 이용하여 가전제품을 구입하는 경우의 기대도수는 다음의 식 (12.6)과 같이 계산된다.

**표 12-6** 귀무가설이 옳다고 가정할 때의 기대도수

| 지불수단 | 판매 품목 | | | 합계 |
|---|---|---|---|---|
| | 가전제품 | 컴퓨터제품 | 전기부품 | |
| 현금 | 10.43 | 7.29 | 4.27 | 22 |
| 신용카드 | 39.37 | 27.51 | 16.13 | 83 |
| 자사카드 | 33.2 | 23.2 | 13.6 | 70 |
| 합계 | 83 | 58 | 34 | 175 |

$$E_{11} = nP_{11} = (175)\left(\frac{22}{175}\right)\left(\frac{83}{175}\right) = \frac{(22)(83)}{175} = 10.43 \tag{12.6}$$

하지만 이와 같은 방법을 사용하지 않아도 분할표 상의 각 셀에 해당하는 기대도수는 아래의 식 (12.7) 공식에 의해 간단하게 구할 수 있다.

$$E_{ij} = \frac{(\text{행}_i\text{합계})(\text{열}_j\text{합계})}{\text{표본의 크기}} = \frac{\sum_i Y_{ij} \sum_j Y_{ij}}{n} \tag{12.7}$$

이 공식을 이용하여 분할표 상의 각 셀에 해당하는 기대도수를 계산하면 〈표 12-6〉과 같다.

기대도수를 구하였으면 검정통계량 $\chi^2$값은 아래의 식 (12.8)의 공식을 이용하여 구할 수 있다.

$$\begin{aligned}\chi^2 &= \sum_i \sum_j \frac{(O_{ij} - E_{ij})^2}{E_{ij}} \\ &= \frac{(4-10.43)^2}{10.43} + \frac{(7-7.29)^2}{7.29} + \frac{(11-4.27)^2}{4.27} + \frac{(52-39.37)^2}{39.37} + \frac{(19-27.51)^2}{27.51} \\ &\quad + \frac{(12-16.13)^2}{16.13} + \frac{(27-33.2)^2}{33.2} + \frac{(32-23.2)^2}{23.2} + \frac{(11-13.6)^2}{13.6} \\ &= 27.3\end{aligned} \tag{12.8}$$

두 변수의 독립성을 검정하는 $\chi^2$검정에서 자유도는 분할표의 행의 수($r$)와 열의 수($c$)에 의해 결정된다. $r$개의 행과 $c$개의 열을 지닌 분할표에 대한 자유도($d.f.$)는

$(r-1)(c-1)$이 된다. 따라서 위의 문제의 경우 행의 수와 열의 수가 각각 3인 3×3 분할표이므로 자유도는 $((3-1)(3-1)=)4$가 된다. 즉, 독립성 검정에서 만약 두 변수가 독립적이고 표본이 충분히 크면 검정통계량 $\chi^2$값은 자유도가 $(r-1)(c-1)$인 $\chi^2$분포에 근접한다.

유의수준 1%에서 자유도가 4인 $\chi^2$분포의 임계치는 $\chi^2$분포표로부터 13.2767이라는 것을 알 수 있다. 계산된 $\chi^2$ 검정통계량이 27.3으로 임계치인 13.2767보다 크기 때문에 귀무가설을 기각할 수 있다. 따라서 결론적으로 지불수단과 판매 품목은 서로 독립적이라고 말할 수 있다.

### 예제 12-2

**(주)가나의 인사담당자는 신입사원들의 연수 기간과 6개월 뒤 상급자의 평가 사이에 관계가 있는지를 알고자 한다. 인사담당자는 기업의 과거 자료를 검색하여 다음과 같은 결과를 얻었다. 5%의 유의수준에서 신입사원의 연수 기간과 상급자의 평가 사이에 관계가 있다고 할 수 있는가?**

| 연수 기간 | 평 가 | | |
|---|---|---|---|
| | 우수함 | 보 통 | 열등함 |
| 1일 | 2 | 23 | 7 |
| 3일 | 14 | 31 | 12 |
| 1주 | 12 | 25 | 6 |
| 2주 | 6 | 12 | 0 |

**풀이** 독립성 검정($\chi^2$검정)의 절차 또한 가설검정의 절차와 동일하다.

① 가설 설정

$\chi^2$검정을 시행하기 위해서 먼저 대립가설과 귀무가설을 다음과 같이 정한다.

$H_0$ : 연수 기간과 상급자의 평가는 서로 독립적이다.

$H_a$ : 연수 기간과 상급자의 평가는 서로 독립적이지 않다.

② 검정통계량($\chi^2$값) 계산

귀무가설이 옳다는 가정 하에서 각 셀의 기대도수($E_{ij}$)를 구하기 위해 우선 분할표 상에 있는 데이터의 열과 행의 합계를 구하고, 기대도수를 구한다.

$$E_{ij} = \frac{(\text{행}_i\,\text{합계})(\text{열}_j\,\text{합계})}{\text{표본의 크기}} = \frac{\sum_i Y_{ij} \sum_j Y_{ij}}{n}$$

| 연수 기간 | 평 가 | | | 합계 |
|---|---|---|---|---|
| | 우수함 | 보 통 | 열등함 | |
| 1일 | 7.25 | 19.41 | 5.33 | 32 |
| 3일 | 12.92 | 34.58 | 9.5 | 57 |
| 1주 | 9.75 | 26.09 | 7.17 | 43 |
| 2주 | 4.08 | 10.92 | 3 | 18 |
| 합계 | 34 | 91 | 25 | 150 |

각 셀의 기대도수를 구하였으면 검정통계량인 $\chi^2$값은 아래의 공식을 이용하여 구할 수 있다.

$$\chi^2 = \sum_i \sum_j \frac{(O_{ij} - E_{ij})^2}{E_{ij}}$$

$$= \frac{(2-7.25)^2}{7.25} + \frac{(23-19.41)^2}{19.41} + \frac{(7-5.33)^2}{5.33}$$

$$+ \frac{(14-12.92)^2}{12.92} + \frac{(31-34.58)^2}{34.58} + \frac{(12-9.50)^2}{9.50}$$

$$+ \frac{(12-9.75)^2}{9.75} + \frac{(25-26.09)^2}{26.09} + \frac{(6-7.17)^2}{7.17}$$

$$+ \frac{(6-4.08)^2}{4.08} + \frac{(12-10.92)^2}{10.92} + \frac{(0-3.00)^2}{3.00}$$

$$= 10.87$$

③ 임계치와 기각역

위에서 구한 $\chi^2$값이 자유도가 ($(r-1)(c-1) = (4-1)(3-1) =$)6인 $\chi^2$분포의 상위 5% 안에 있다면 연수 기간과 상급자의 평가가 서로 독립적이라는 귀무가설이 기각된다. $\chi^2$분포표에서 임계치와 이에 따른 기각역은 각각 다음과 같다.

임계치 : $\chi^2_{0.05,\,6} = 12.5916$

기각역 : $\chi^2 > 12.5916$

④ 판성

계산된 검정통계량 $\chi^2$값이 10.87로 귀무가설의 기각역 내에 포함되어 있지 않기 때문에 귀무가설을 기각할 수 없다. 따라서 5%의 유의수준에서 연수 기간과 상급자의 평가는 독립적이라고 할 수 없다.

## 12.4 Excel 실습

Microsoft Excel 2013에서는 $\chi^2$검정을 위해 함수의 형태로 검정할 수 있도록 하였다.

### 12.4.1 적합도 검정

Microsoft Excel을 이용하여 적합도 검정을 하기 위해서는 관측도수와 기대도수를 입력한 뒤 함수를 이용하여 $\chi^2$검정통계량의 $p$값을 계산하여 판정할 수 있다. $\chi^2$검정을 위한 함수는 아래의 〈표 12-7〉과 같다.

**표 12-7 $\chi^2$검정을 하기 위한 함수**

| 함수 | =CHISQ.TEST(actual_range, expected_range) |
|---|---|
| 인수 설명 | • actual_range : 관측도수를 입력한 범위를 지정한다.<br>• expected_range : 기대도수를 입력한 범위를 지정한다. |

위의 함수를 활용하는 방법을 구체적으로 알아보기 위해 아래의 예제를 풀어보자.

**예제 12-3**

**(주)다라는 4가지 모델(A, B, C, D)의 조립식 별장을 판매하는 기업이다. (주)다라의 생산 담당자는 내년도 생산 계획을 수립하기 위해 고객들이 특별히 선호하는 모델이 있는지 알고자 한다. 이에 지난 2년간 판매된 조립식 별장 100개의 모델을 조사한 결과는 다음 표와 같다. 1%의 유의수준에서 고객들이 특별히 선호하는 모델이 있다고 할 수 있는지를 검정하라.**

| 모델 | A | B | C | D |
|---|---|---|---|---|
| 판매량 | 25 | 35 | 30 | 10 |

**풀이** Microsoft Excel을 이용하여 $\chi^2$검정(적합도 검정)을 실시하기 위해서 먼저 아래의 〈그림 12-2〉와 같이 스프레드시트에 데이터와 기대도수를 입력한다.

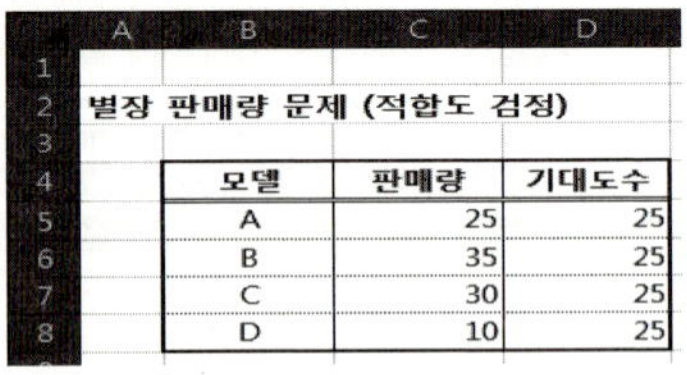

별장 판매량 문제 (적합도 검정)

| 모델 | 판매량 | 기대도수 |
|---|---|---|
| A | 25 | 25 |
| B | 35 | 25 |
| C | 30 | 25 |
| D | 10 | 25 |

그림 12-2

다음으로 〈그림 12-3〉과 같이 CHISQ.TEST 함수를 이용하여 $p$값을 구한다.

**별장 판매량 문제 (적합도 검정)**

| 모델 | 판매량 | 기대도수 |
|---|---|---|
| A | 25 | 25 |
| B | 35 | 25 |
| C | 30 | 25 |
| D | 10 | 25 |

| 구분 | 계산 결과 | 입력값 |
|---|---|---|
| $p$값 | 0.0029052 | =CHISQ.TEST(C5:C8,D5:D8) |

그림 12-3

$p$값이 약 0.003으로 유의수준 0.01보다 작기 때문에 귀무가설은 기각되고, 고객들이 특별히 선호하는 모델이 있다고 결론지을 수 있다.

Microsoft Excel 2013에서는 CHISQ.TEST 함수 이외에도 직접 $\chi^2$검정통계량을 구한 뒤 임계치와 비교하는 방법이나, 직접 구한 $\chi^2$검정통계량의 $p$값을 구하여 의사결정을 할 수도 있다. $\chi^2$검정에서의 임계치와 검정통계량의 $p$값을 구하는 함수는 각각 아래의 〈표 12-8〉, 〈표 12-9〉와 같다.

먼지, CHISQ.INV.RT 함수는 그래프의 오른쪽 꼬리로부터의 누적 확률에 대응하는 이벤트($\chi^2$값)를 구하는 함수로 $\chi^2$검정을 할 때에는 임계치를 구할 때 사용할 수 있다.

**표 12-8 $\chi^2$검정의 임계치를 구하는 함수**

| 함수 | =CHISQ.INV.RT(probability, deg_freedom) |
|---|---|
| 인수 설명 | • probability : $\chi^2$분포의 오른쪽 꼬리로부터의 누적 확률을 입력한다. 즉, 임계치를 구하기 위해서는 유의수준($\alpha$)을 입력한다.<br>• deg_freedom : 검정하고자 하는 $\chi^2$분포의 자유도($d.f.$)를 입력한다. |

다음으로 CHISQ.DIST.RT 함수는 지정한 이벤트보다 0으로부터 먼 쪽의 넓이(즉 오른쪽 꼬리의 넓이)를 구하는 함수이다. 따라서 $\chi^2$검정을 하기 위해서는 $\chi^2$검정통계량의 $p$값을 구할 때 사용할 수 있다.

**표 12-9 $\chi^2$검정통계량의 $p$값을 구하는 함수**

| 함수 | =CHISQ.DIST.RT(x, deg_freedom) |
|---|---|
| 인수 설명 | • x : 그래프의 오른쪽 꼬리의 누적 확률을 알고자 하는 이벤트를 입력한다. 즉, $\chi^2$검정을 하기 위해서는 검정통계량을 입력한다.<br>• deg_freedom : 검정하고자 하는 $\chi^2$분포의 자유도($d.f.$)를 입력한다. |

위의 함수들을 활용하는 방법을 구체적으로 알아보기 위해 위의 [예제 12-3]을 CHISQ.INV.RT 함수와 CHISQ.DIST.RT 함수를 이용하여 풀어본 뒤 결과를 비교하여 보자.

---

Microsoft Excel을 이용하여 $\chi^2$검정(적합도 검정)을 실시하기 위해서 먼저 아래의 〈그림 12-4〉와 같이 스프레드시트에 데이터와 기대도수를 입력한다.

**별장 판매량 문제 (적합도 검정)**

| 모델 | 판매량 ($O_i$) | 기대도수 ($E_i$) |
|---|---|---|
| A | 25 | 25 |
| B | 35 | 25 |
| C | 30 | 25 |
| D | 10 | 25 |

| | |
|---|---|
| 자유도($d.f.$) | 3 |
| 유의수준($\alpha$) | 0.01 |

그림 12-4

자유도($d.f.$)는 범주의 수가 4개이므로 ($c-1=4-1=$)3이 되고, 유의수준은 문제에서 주어진 것과 같이 0.01이 된다.

다음으로 〈그림 12-5〉와 같이 $\chi^2$검정통계량을 구한다.

**별장 판매량 문제 (적합도 검정)**

| 모델 | 판매량 ($O_i$) | 기대도수 ($E_i$) | $(O_i-E_i)^2$ | $\frac{(O_i-E_i)^2}{E_i}$ |
|---|---|---|---|---|
| A | 25 | 25 | 0 | 0 |
| B | 35 | 25 | 100 | 4 |
| C | 30 | 25 | 25 | 1 |
| D | 10 | 25 | 225 | 9 |
| | | | **$\chi^2$검정통계량** | **14** |

| | |
|---|---|
| 자유도($d.f.$) | 3 |
| 유의수준($\alpha$) | 0.01 |

그림 12-5

참고로, $\chi^2$검정통계량의 계산 과정은 〈그림 12-6〉과 같다.

| 모델 | 판매량 ($O_i$) | 기대도수 ($E_i$) | $(O_i - E_i)^2$ | $\frac{(O_i - E_i)^2}{E_i}$ |
|---|---|---|---|---|
| A | 25 | =SUM($C$5:$C$8)/4 | =(C5-D5)^2 | =E5/D5 |
| B | 35 | =SUM($C$5:$C$8)/4 | =(C6-D6)^2 | =E6/D6 |
| C | 30 | =SUM($C$5:$C$8)/4 | =(C7-D7)^2 | =E7/D7 |
| D | 10 | =SUM($C$5:$C$8)/4 | =(C8-D8)^2 | =E8/D8 |
| | | | $\chi^2$ 검정통계량 | **=SUM(F5:F8)** |

| | |
|---|---|
| 자유도($d.f.$) | 3 |
| 유의수준($\alpha$) | 0.01 |

그림 12-6

아래의 〈그림 12-7〉과 같이 CHISQ.INV.RT 함수를 이용하여 임계치를, 그리고 CHISQ.DIST. RT 함수를 이용하여 $p$값을 구할 수 있다.

**별장 판매량 문제 (적합도 검정)**

| 모델 | 판매량 ($O_i$) | 기대도수 ($E_i$) | $(O_i - E_i)^2$ | $\frac{(O_i - E_i)^2}{E_i}$ |
|---|---|---|---|---|
| A | 25 | 25 | 0 | 0 |
| B | 35 | 25 | 100 | 4 |
| C | 30 | 25 | 25 | 1 |
| D | 10 | 25 | 225 | 9 |
| | | | $\chi^2$검정통계량 | **14** |

| | |
|---|---|
| 자유도($d.f.$) | 3 |
| 유의수준($\alpha$) | 0.01 |

| 구분 | 계산 결과 | 입력값 |
|---|---|---|
| 임계치($c.v.$) | 11.344867 | =CHISQ.INV.RT(D12,D11) |
| $p$ 값 | 0.0029052 | =CHISQ.DIST.RT(F9,D11) |

그림 12-7

$\chi^2$검정통계량은 14로 임계치($c.v.$)인 11.345보다 크게 계산되었기 때문에 귀무가설을 기각할 수 있다. $p$값을 이용한 방법 또한 약 0.003으로 유의수준 0.01보다 작기 때문에 귀무가설을 기각할 수 있으며, 앞의 결과와 같이 고객들이 특별히 선호하는 모델이 있다고 결론지을 수 있다.

이와 같이 Microsoft Excel에서 $\chi^2$검정을 하기 위해서는 CHISQ.TEST 함수를 이용하여 $p$값을 구하는 방법과 $\chi^2$검정통계량을 계산한 뒤 CHISQ.INV.RT를 이용하여 임계치를 구하고 비교하는 방법, 그리고 $\chi^2$검정통계량을 구하고, 그 $p$값을 구하는 방법의 여러 가지의 방법을 이용할 수 있다. 하지만 뒤에 소개한 방법은 절차가 복잡한데다 상대적으로 간단한 CHISQ.TEST 함수를 이용하는 방법과 같은 결론을 도출하기 때문에 Microsoft Excel을 이용한 $\chi^2$검정은 CHISQ.TEST 함수를 이용하는 것이 더욱 편할 것이다.

### 12.4.2 두 변수 사이의 독립성 검정

Microsoft Excel 2013에서 독립성 검정을 하기 위해서는 적합도 검정에서와 마찬가지로 CHISQ.TEST 함수를 이용한다. 우선, 통계분할표를 입력한 뒤 각 셀의 기대도수를 계산한 뒤 CHISQ.TEST를 이용하여 $p$값을 구할 수 있다.

Microsoft Excel을 이용하여 독립성 검정을 하는 방법을 구체적으로 알아보기 위해 아래의 예제를 풀어보자.

**예제 12-4**

**(주)가나의 인사담당자는 신입사원들의 연수 기간과 6개월 뒤 상급자의 평가 사이에 관계가 있는지를 알고자 한다. 인사담당자는 기업의 과거 자료를 검색하여 다음과 같은 결과를 얻었다. 5%의 유의수준에서 신입사원의 연수 기간과 상급자의 평가 사이에 관계가 있다고 할 수 있는가?**

| 연수 기간 | 평 가 | | |
|---|---|---|---|
| | 우수함 | 보 통 | 열등함 |
| 1일 | 2 | 23 | 7 |
| 3일 | 14 | 31 | 12 |
| 1주 | 12 | 25 | 6 |
| 2주 | 6 | 12 | 0 |

**풀이** Microsoft Excel을 이용하여 $\chi^2$검정(독립성 검정)을 실시하기 위해서 먼저 아래의 〈그림 12-8〉과 같이 스프레드시트에 통계분할표를 입력한다.

| | A | B | C | D | E |
|---|---|---|---|---|---|
| 1 | | | | | |
| 2 | 연수 기간과 평가의 관계 검정 문제 (독립성 검정) | | | | |
| 3 | | | | | |
| 4 | | 연수 기간 | 평가 | | |
| 5 | | | 우수함 | 보통 | 열등함 |
| 6 | | 1일 | 2 | 23 | 7 |
| 7 | | 3일 | 14 | 31 | 12 |
| 8 | | 1주 | 12 | 25 | 6 |
| 9 | | 2주 | 6 | 12 | 0 |

그림 12-8

다음으로 〈그림 12-9〉와 같이 기대도수를 구하기 위해 통계분할표상에서 각 열과 행의 합계와 총 합계를 구한 뒤 기대도수를 계산하여 입력한다.

**연수 기간과 평가의 관계 검정 문제 (독립성 검정)**

관측도수

| 연수 기간 | 평가 | | | 합계 |
|---|---|---|---|---|
| | 우수함 | 보통 | 열등함 | |
| 1일 | 2 | 23 | 7 | 32 |
| 3일 | 14 | 31 | 12 | 57 |
| 1주 | 12 | 25 | 6 | 43 |
| 2주 | 6 | 12 | 0 | 18 |
| 합계 | 34 | 91 | 25 | 150 |

기대도수

| 연수 기간 | 평가 | | | 합계 |
|---|---|---|---|---|
| | 우수함 | 보통 | 열등함 | |
| 1일 | 7.25 | 19.41 | 5.33 | 32 |
| 3일 | 12.92 | 34.58 | 9.50 | 57 |
| 1주 | 9.75 | 26.09 | 7.17 | 43 |
| 2주 | 4.08 | 10.92 | 3.00 | 18 |
| 합계 | 34 | 91 | 25 | 150 |

그림 12-9

이제 〈그림 12-10〉과 같이 CHISQ.TEST 함수를 이용하여 $p$값을 구한다.

**연수 기간과 평가의 관계 검정 문제 (독립성 검정)**

관측도수

| 연수 기간 | 평가 | | | 합계 |
|---|---|---|---|---|
| | 우수함 | 보통 | 열등함 | |
| 1일 | 2 | 23 | 7 | 32 |
| 3일 | 14 | 31 | 12 | 57 |
| 1주 | 12 | 25 | 6 | 43 |
| 2주 | 6 | 12 | 0 | 18 |
| 합계 | 34 | 91 | 25 | 150 |

기대도수

| 연수 기간 | 평가 | | | 합계 |
|---|---|---|---|---|
| | 우수함 | 보통 | 열등함 | |
| 1일 | 7.25 | 19.41 | 5.33 | 32 |
| 3일 | 12.92 | 34.58 | 9.50 | 57 |
| 1주 | 9.75 | 26.09 | 7.17 | 43 |
| 2주 | 4.08 | 10.92 | 3.00 | 18 |
| 합계 | 34 | 91 | 25 | 150 |

| 구분 | 계산결과 | 입력값 |
|---|---|---|
| $p$값 | 0.0923635 | =CHISQ.TEST(C7:E10,C16:E19) |

그림 12-10

$p$값이 약 0.092로 유의수준 0.05보다 크기 때문에 귀무가설을 기각할 수 없다. 따라서 연수 기간과 상사들의 평가는 서로 독립적이라고 할 수 있다.

## 사례연구 : 한국 야구구단에 대한 만족도 조사

K 구단의 관리자는 구단 선수들이 전반적으로 구단 운영에 만족하고 있다고 판단하고 있다. 그러나 이를 객관적으로 증명하기 위해, K 구단 관리자는 특정 구단 선수들이 지니고 있는 자기구단에 대한 만족도와 타 구단들에 대한 만족도 간에는 독립적이라는 것을 검증하고자 한다. 이를 위해 5개의 팀의 선수를 각각 20명씩 추출하여, '타 구단에 대한 전반적인 만족도'와 '자기구단에 대한 전반적인 만족도'를 조사하였다. 조사 결과는 아래의 〈표〉에 정리되어 있다.

| | | 자기구단에 대한 전반적인 만족도 | | |
|---|---|---|---|---|
| | | 불만족 | 만족 | 매우만족 |
| 상대구단에 대한 전반적인 만족도 | 불만족 | 18 | 6 | 0 |
| | 만족 | 28 | 28 | 3 |
| | 매우만족 | 4 | 5 | 4 |

(1) 자기구단에 대한 만족도와 상대구단에 대한 만족도 간에는 관계가 없다는 가설 하에서, 자기구단에 대해 만족한 선수가 상대구단에 대해서도 만족한 선수의 기대도수는 얼마인가?

(2) 독립성 검정을 실시한다고 할 때 $\chi^2$ 통계량의 값은 얼마인가?

(3) 이 문제의 독립성 검정에 사용된 $\chi^2$ 통계량의 자유도는 얼마인가?

(4) 검정 결과는 어떻게 되는가?

(5) 위의 자료에 근거하여 K 구단 관리자는 어떠한 경영활동을 해야 한다고 생각하는가?

# 연 / 습 / 문 / 제

01 다음과 같은 언급에 대해 논하라.

> $\chi^2$ 적합도 검정에서는 우측 검정뿐만 아니라 좌측검정, 양측 검정도 이루어진다.

02 다음 표는 한류의 대표주자인 가수 비의 콘서트에 참가한 일반인 100명의 표본에 대한 연령 분포이다. 유의수준 1%를 사용하여 가수 비의 콘서트에 참가한 사람들의 비율이 모든 연령 그룹에 대하여 같은지를 알고자 한다.

| 연령대 | 10대 | 20대 | 30대 | 40대 | 50대 이상 |
|---|---|---|---|---|---|
| 참가자 수 | 32 | 25 | 19 | 16 | 8 |

(1) 이 검정의 귀무가설과 대립가설을 설정하라.

(2) 가설을 검정하는 데 사용되는 분포는 무엇인가?

(3) 검정통계량의 값은 얼마인가?

(4) 결론은 어떻게 되는가?

03 다음 표는 최근 이혼한 부부 400쌍을 조사하여 이혼 사유별로 분류한 표이다. 유의수준 5%를 사용하여 이혼한 사람들의 비율이 이혼 사유별로 같은지를 알고자 한다. 다음 물음에 답하라.

| 이혼 사유 | 성격차이 | 경제적 이유 | 배우자 부정 | 합계 |
|---|---|---|---|---|
| 관측도수 | 148 | 124 | 128 | 400 |

(1) 이 검정의 귀무가설과 대립가설을 설정하라.

(2) 가설을 검정하는 데 사용되는 분포는 무엇인가?

(3) 검정통계량의 값은 얼마인가?

(4) 결론은 어떻게 되는가?

**04** 건국투자 자문회사는 100명의 고객을 대상으로 규모가 비슷한 A, B, C사 중 거래를 하고자 하는 회사를 조사한 결과 아래와 같은 자료를 수집하였다. 이 데이터를 바탕으로 고객이 특별히 선호하는 회사가 있는지를 유의수준 5%에서 검정하라.

| 거래 희망회사 | A | B | C |
|---|---|---|---|
| 관측도수 | 33 | 41 | 26 |

**05** H백화점에서는 고객들의 결제 수단에 차이가 있는지 알아보기 위해 220명의 고객을 대상으로 결제 수단을 조사해본 결과 아래와 같은 자료를 수집하였다.

| 지불 수단 | 신용카드 | 직불카드 | 수표 | 현금 |
|---|---|---|---|---|
| 관측도수 | 46 | 67 | 33 | 74 |

0.01의 유의수준에서 고객들의 결제 수단에 차이가 나는지를 검정하라.

**06** 100명의 표본을 선택하여 기혼자를 조사하니 60명으로 나타났다. 기혼자 중에서 집을 소유한 사람이 42명이고, 미혼자 중에서 집을 소유한 사람은 18명으로 나타났다. 혼인 여부와 집 소유 사이의 관계에 대한 독립성 검정을 실시하고자 한다.

(1) 위의 자료를 통계분류표 형태로 나타내라.

(2) 기혼자 중에서 집을 소유한 경우의 기대도수는 얼마인가?

(3) 위의 검정을 하기 위한 귀무가설과 대립가설을 설정하라.

(4) 위의 가설을 검정하기 위한 검정통계량은 무엇을 사용하며, 그 값은 얼마인가?

(5) 위의 검정에서 사용한 자유도는 얼마인가?

(6) 유의수준 0.05에서 검정 결과는 무엇인가?

**07** 유통회사의 인사담당자는 '지금 하고 있는 일에 대하여 흥미를 느끼고 있는가?'라는 설문을 하여 아래의 표와 같이 자료를 성별로 분류하였다. 설문에 대한 종업원의 반응이 성별에 따라 차이가 있는지를 0.1의 유의수준에서 검정하라.

| 성별 | 흥미도 | | | 합계 |
|---|---|---|---|---|
| | 매우 흥미로움 | 보통 | 전혀 흥미롭지 못함 | |
| 남 | 75 | 35 | 10 | 120 |
| 여 | 25 | 30 | 25 | 80 |
| 합계 | 100 | 65 | 35 | 200 |

**08** **여성연합회는 은행으로부터 대출을 요청한 600명의 여성에 대한 자료를 수집하여 아래와 같이 수집된 자료를 요약하였다. 다음 물음에 답하라.**

| 결혼 여부 | 승인 여부 | |
|---|---|---|
| | 승인 | 거부 |
| 미혼 | 253 | 119 |
| 기혼 | 181 | 47 |

(1) 미혼이면서 대출 승인을 얻은 셀의 기대도수는 얼마인가?

(2) $\alpha = 0.05$에서 대출 승인과 혼인 여부는 관계가 없다는 귀무가설을 기각해야 하는 경우 검정통계량의 값은 얼마보다 커야 하는가?

**09** **현대자동차의 마케팅 담당자는 최근 실시한 광고를 시청한 고객과 고객의 구매 행위에 대한 설문조사를 실시하여 아래와 같은 자료를 획득하였다.**

| 구매 여부 | 시청 여부 | |
|---|---|---|
| | 시청 | 시청 못함 |
| 현대 | 130 | 220 |
| 기타 | 620 | 680 |

(1) 구매행위와 광고시청과는 관계가 없다는 가설 하에서, 현대자동차를 구입한 고객 중 광고를 시청한 사람의 기대도수는 얼마인가?

(2) 독립성 검정을 실시한다고 할 때 $\chi^2$ 통계량의 값은 얼마인가?

(3) 이 문제의 독립성 검정에 사용된 $\chi^2$ 통계량의 자유도는 얼마인가?

(4) 검정 결과는 어떻게 되는가?

(5) 위의 자료에 근거하여 현대자동차의 영업담당 임원은 어떠한 경영활동을 해야 한다고 생각하는가?

10 건국투자 전문회사는 40명의 고객을 임의로 추출하여 고객의 소득수준과 서비스에 대한 만족 여부가 관련성이 있는지를 조사하였다. 이 설문에 대한 고객의 반응 결과는 다음과 같다. 유의수준 0.05에서 고객의 소득수준과 만족 여부가 관계가 있는지를 검정하라.

| 소득수준 | 만족도 | |
|---|---|---|
| | 만족 | 불만족 |
| 높음 | 12 | 4 |
| 중간 | 6 | 7 |
| 낮음 | 2 | 9 |

11 매지대학교에서는 학생들의 아르바이트 시간과 학점 사이에 독립성 여부를 알아보기 위해 200명의 학생을 대상으로 조사를 실시하여 다음과 같은 자료를 얻었다. 0.05의 유의수준에서 아르바이트 시간과 학점 사이에 관계가 있는지를 검정하라.

| 주당 아르바이트 시간 | 학점에 미친 영향 | | |
|---|---|---|---|
| | 긍정적 | 없음 | 부정적 |
| 1~15시간 | 26 | 50 | 14 |
| 16~24시간 | 16 | 27 | 17 |
| 25~24시간 | 11 | 19 | 20 |

13

CHAPTER

# 회귀분석

## 13.1 서론

경영에 있어서 통계학의 또 하나의 공헌은 인과관계를 객관적으로 규명하는 것이다. 경영에서 어떤 현상이 나타날 때 그 원인이 무엇인지를 파악하는 것이 매우 중요하다. 예를 들어 매출이 떨어질 경우 그 원인을 알아서 그에 대한 대책을 세워 나가야 하는데, 만약에 그 원인 파악이 제대로 이루어지지 못하였다면 잘못된 처방을 내리게 되어, 기업에게는 한정되어 있는 소중한 기업의 자원(예: 자본, 시간, 사람 등)이 잘못 사용되어 돌이킬 수 없는 치명적인 결과(즉, 낭비)를 가져다주게 된다. 만일 백화점 매출 감소의 원인이 주차장 시설 부족에서 오는 불편이 주원인임에도 불구하고 높은 가격이 원인이라고 잘못 진단하여 계속 세일만을 한다면 문제점은 오히려 날로 악화되고 백화점의 소중한 자본과 시간을 허비하는 경우가 될 것이다.

하지만 어떤 현상에 대한 원인을 파악한다는 것은 그리 쉬운 일이 아니다. 즉 어떤 현상을 가져오는 원인들이 무수히 많기도 하고 서로 복잡하게 얽혀 있어, 내가 관심을 갖고 있는 원인이 정말로 그 결과를 가져왔는지를 파악하는 것이 거의 불가능한 경우가 많다. 예를 들어 백화점 매출 감소의 원인이 여러 가지가 복합적일 수 있는 상황에서 주차장 시설 부족이 그 주원인이라고 뽑아내고 이에 대한 대책이 필요하다는 주장을 객관적으로 증명하는 방법을 제시하는 것은 매우 어려울 것이다.

이런 현상은 경영학과 같이 사회과학에 해당되는 분야에서는 특히 그러하다. 그 이유는 사람이 구성하는 사회가 원래 단순한 것이 아니기 때문이라고 할 수 있다. 이에 비해 자연과학은 상당히 단순하거나 또는 단순하게 할 수 있다. 이러한 이유로 인해 자연과학에서는 그 인과관계가 수학적(함수적) 관계를 갖게 되지만, 사회과학은 인과관계를 통계적 관계라고 부른다. 수학적 관계란 인과관계가 분명하여 원인에 해당되는 부분을 알면 결과를 정확히 예측할 수 있는 관계를 말한다. 물리 현상을 설명하는 대부분의 공식이 이에 해당된다. 한편, 통계적 관계는 인과관계에 대해서는 정확히는 아니지만 대체적인 성향을 파악하는 정도이어서 원인에 해당하는 부분을 안다하더라도 정확한 결과를 예측하기가 힘들고 대략의 결과 정도는 예측할 수 있는 관계이다. 아무리 훌륭한 의사결정(good decision)을 내린다고 해서 항상 훌륭한 결과(good outcome)를 획득할 수 있는 것은 아니다. 가장 좋은 예는 '사주팔자'라 하겠다. 이는 과거부터 내려오는 통계로서 어떤 사주가 어떤 인생을 사는지 정확히는 맞추지는 못하지만 어느 정도는 비슷하게 맞추는 경우라 하겠다. 그러면 수학적 관계와 통계적 관계는 어느 환경에서 나타나는가?

### 13.1.1 수학적 관계와 통계적 관계

분산분석을 통해 우리는 종속변수, 독립변수, 외생변수의 개념을 살펴보았다. 수학적 관계와 통계적 관계 간의 차이는 바로 외생변수 효과를 통제할 수 있는지에 달려 있다고 할 수 있다. 즉, 수학적 관계는 외생변수의 효과를 100% 통제하는 것이 가능하기 때문에 두 변수 간의 관계를 종속변수와 독립변수만으로 나타낼 수 있다. 자연과학에서 수학적인 관계의 도출이 가능한 이유는 이 외생변수의 효과를 실험실에서 엄격하게 통제하여 무력화시킬 수 있기 때문이다. 즉, 통제된 실험실에서는 외생변수 효과를 제거하여 정해진 독립변수와 종속변수, 두 변수 간의 관계만을 조사할 수 있다. 따라서 수학적 관계는 종속변수 $Y$와 관심 원인인 독립변수 $X$, 두 변수만의 함수 관계로 정확히 표현이 가능하다. 예를 들어 기본 물리학에서 $P=MV^2$는 종속변수와 독립변수만의 수학적 관계식 ($Y=f(x)$)을 말한다. 즉, 힘은 질량 곱하기 속도의 제곱이란 수학적 관계가 있지만 이를 실험할 때 실제로는 풍속 등 기타 원인이 완벽하게 통제된 실험실 상태에서 나온 결과이다. 다시 말해 외생변수의 효과를 완벽하게 통제한 실험실 상태에서 나온 수학적 관계이다.

하지만 사회과학에서는 외생변수를 엄격하게 통제하기가 현실적으로 불가능하다. 사회과학에서의 기본 구성단위가 사람이고 기본적으로 사람을 실험상태로 완전히 통제하기가 불가능하기 때문이다. 즉 외생변수의 효과를 완전하게 통제하는 것은 불가능하다고 보는 것이다. 따라서 사회과학에서의 인과관계식은 아예 외생변수도 포함하여,

종속변수 $Y$는 내가 관심 있는 원인인 독립변수 $X$와 그 나머지 원인인 외생변수 $\epsilon$의 식으로 표시되는 것이다. 즉 $Y = f_X(x, \epsilon)$으로 나타낸다. 이 인과관계식에서는 외생변수의 효과를 파악하여 통제하는 것이 현실적으로 불가능 하다는 것이 그 특징이라고 하였다. 이 경우 우리는 전혀 예측 불가능하다고 하고 이를 '랜덤(random)하다'고 말하며, 이에 대한 통제를 포기하고는 이를 'error term'이라고 표현하여 관계식에 포함시킨다. 이렇게 외생변수를 통제하지 못할 경우에는 인과관계 식이 더 이상 수학적 관계를 나타내지 못하고 통계적 관계가 되는 것이다. 즉, 독립변수가 종속변수에 영향을 미치지만 통제하지 못하는 외생변수(error term) 때문에 그 관계는 수학적 관계와 같이 정확한 관계는 아니고 대략의 관계인 것이다.

### 13.1.2 인과관계

지금까지 우리는 통계학의 중요한 공헌 중의 하나가 변수들 간의 인과관계를 규명하는 것이라 하였지만 실제로 사회과학에서는 특히 무엇이 원인이고 무엇이 결과인지를 파악하는 것도 쉽지가 않다. 사회과학에서는 모든 것이 서로 복잡하게 얽혀 있어 어느 한 방향으로의 인과관계라기보다는 하나의 원(circle) 형태로서 하나의 현상이 원인이 되기도 하고 결과가 되기도 한다.

예를 들어 광고와 매출 간의 관계를 생각해보자(그림 13-1). 만일 '광고를 적게 하여 매출이 줄었다'라고 생각하면, 광고가 원인인 '독립변수'이고 매출이 그 결과인 '종속변수'로 볼 수 있다. 그렇지만, 광고가 줄어든 이유가 전년도 매출이 줄어들어 자금이 부족하기 때문일 수도 있다. 이 경우에는 매출이 독립변수가 되고, 광고가 종속변수가 될

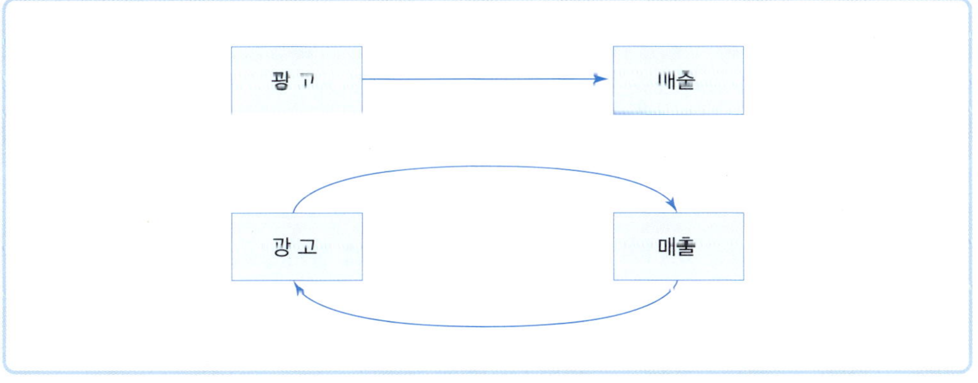


그림 13-1 인과관계의 방향

수도 있는 것이다.

따라서 우리는 인과관계를 경영학적인 관점에서 해석을 하는 것이고, 통계학에서는 실제로 그 관계 유무와 정도를 파악하는 것이 목적이라 할 수 있다. 이는 수식으로 볼 때도 같은 얘기가 된다. 예를 들어, $y = 2x + 1$인 수학적 관계에서는 $y$가 종속변수이고 $x$가 독립변수이지만 이를 $x = \frac{1}{2}y - \frac{1}{2}$로 변형하면, $x$가 종속변수로, $y$가 독립변수로 표시할 수가 있는 것이다. 통계적 관계도 이와 마찬가지이다. 따라서 수학적인 관계에서도 인과관계보다는 $y = 2x + 1$에서 2와 1에 해당되는 기울기와 절편의 값을 구하는 것이 그 핵심이 되는 것이다. 그 이유는 기울기와 절편의 값이 두 변수 간의 관계의 유무와 정도를 나타내기 때문이다. 만약 기울기가 0이면 $y$와 $x$의 관계는 없는 것이다.

## 13.2 회귀분석

### 13.2.1 종속변수와 독립변수의 결정

통계학에서는 '선형적인 통계적 관계를 파악하는 것'을 회귀분석이라 한다. 이 관계를 파악하기 위해서는 우선 종속변수와 독립변수의 두 가지 데이터($X$, $Y$)가 필요하다. 만약 이 두 가지 데이터가 $n$개(쌍)가 있으면 $i = 1, 2, \cdots, n$으로 표시한다.

회귀모델을 설명할 때 우리는 독립변수가 하나인 경우를 가정한다. 이를 단순회귀모델(simple linear regression model)이라 한다. 단순회귀모델은 우선 설명하기가 간단하고 그 성질이 독립변수가 2개 이상인 다중회귀모델에서도 대부분 그대로 적용되기 때문에 회귀분석을 설명할 때는 우선적으로 사용된다. 다중회귀모델은 단지 독립변수가 여러 개이므로 독립변수끼리의 상관관계 문제라는 단순회귀모델에서는 존재치 않는 새로운 과제가 추가될 뿐이다. 이 다중회귀분석의 이러한 기술적인 면은 이 책의 범위를 넘어서고 이 책의 후편인 「중급통계」에서 다룰 예정이다.

하지만 간단히 다중회귀모델을 개념적으로 설명해보면, 단순회귀모델에서 외생변수(관심대상 밖의 변수) 중에서 하나를 발견하여 독립변수화 하면 독립변수는 2개가 되고 외생변수는 그만큼 하나가 줄어들게 된다. 즉 통제 불가능의 상태인 변수를 하나 찾아 통제 하에 놓게 되는 것이다. 따라서 여러 원인 중 2개 원인이 통제 하에 놓게 되므로 독립변수 하나인 경우보다 정교하고 훨씬 쓸모가 있게 되는 것이다. 이런 식으로 독립변수를 하나씩 증가시킴에 따라, 종속변수를 보다 잘 설명할 수 있는 훨씬 정교한 모델이 되는 것이다. 하지만 앞에서 말했듯이 독립변수끼리의 상관관계를 현실적으로는 피할 수 없으므로 이에 대한 대책이 반드시 필요하다.

회귀분석에서는 적어도 이론적으로 두 가지 데이터 중 어떤 데이터가 독립변수가 되고 어떤 데이터가 종속변수가 되는지는 확실하다. 이는 경영학적 해석 관점과는 또 다른 것이다. 회귀분석에서는 독립변수는 상수이고 종속변수는 확률변수이다. 다음 예를 살펴보자. 광고 데이터와 매출 데이터가 〈표 13-1〉에 나타나 있다.

**표 13-1 광고와 매출**

| 데이터 | $X$ : 광고액 | $Y$ : 매출액 | 예상 매출액 | $\epsilon$ : 차이 |
|---|---|---|---|---|
| 1월 | 1.7 | 25 | 34 | -9 |
| 2월 | 2.9 | 55 | 58 | -3 |
| 3월 | 3.2 | 71 | 64 | +7 |
| 4월 | 4.6 | 77 | 92 | -13 |
| 5월 | 5.2 | 90 | 104 | -14 |

〈표 13-1〉의 데이터는 두 가지 데이터가 5쌍 존재하는 경우인 $n = 5$가 된다. 예를 들어 첫 번째 데이터에서, 광고액이 1.7억 원을 지불한 경우 매출액은 25억 원이 되고, 다섯 번째 데이터에서에서 광고액이 5.2억 원을 지불하면 매출액이 90억 원이 되었다는 것을 알 수 있다. 그런데 광고에 1.7억 원이 투자된다고 해도 매출은 항상 25억 원이 되는 것이 아니다. 이번 달은 25억 원이 되었지만 다음 달에는 같은 1.7억 원을 투자하더라도 30억 원이 될 수도 있고, 그 다음 달은 18억 원이 될 수도 있다. 이는 외생변수의 효과 때문이다. 따라서 25억 원은 정해진 것이 아니라 여러 가지 가능한 결과중 하나로서 나타난 결과이다. 이 경우 광고 지출액 1.7억 원은 상수가 되고 매출액은 확률변수가 되는 것이다.

이미 우리들은 4장에서 확률변수에 대해 살펴보았다. 우리들이 알고 있는 바와 같이, 확률변수는 확률분포를 갖고 있다. 그런데 확률분포란 간단히 얘기해서 이벤트(가능한 결과)별로 그 확률을 정리한 표나 그래프이므로 여기서 이벤트는 가능한 매출액이 되고 이에 대한 확률을 나타내는 것이다. 즉, 광고 지출액 1.7억 원에 대해 여러 가지 나타날 수 있는 가능한 매출액에 대해 확률분포를 가지며, 25억 원은 그 이벤트(가능한 결과)들 중 하나라는 것이다.

흔히 우리는 이 경우 직접적인 관계는 없지만 $n$이 충분히 크면 종속변수의 확률분포를 정규분포로 가정하기도 한다. 따라서 이 경우에는 광고액이 독립변수 $X$가 되고 매출액은 종속변수 $Y$가 되는 것이다. 이는 경영학적 해석과는 별개의 문제임을 다시 한 번 강조하는 바이다.

만일 〈표 13-1〉의 데이터를 우리가 두 데이터의 관계를 한 눈에 알 수 있게 $y = 20x$로 표시할 수 있다고 생각해보자. 광고액이 1.7억 원일 경우, 관계식에 의하면 매출액은 34억 원이 되어야 하지만 실제로는 매출액이 25억 원이 나와 -9억 원의 차이가 발생하였다. 이 -9억 원은 광고 외의 효과, 예를 들어 경기침체 등과 같은 외생변수의 효과에 해당되는 것이다. 앞에서도 말한 바와 같이 이 외생변수의 효과는 통제 또는 예측이 불가능한 상태이므로 이 부분은 앞에서 언급한 random error term으로 표현한다. 독립변수 값을 알고 있고 그 관계식을 안다고 하더라도 매출액을 정확히 예측 못하는 이유는 바로 이 error term 값을 전혀 예측하지 못하기 때문이다. 따라서 두 변수의 간의 관계를 다음의 식 (13.1)과 같이 쓸 수 있다.

$$\text{매출액}(Y) = 20 \times \text{광고액}(X) + \text{외생변수 효과}(\epsilon) \qquad (13.1)$$

여기서 광고액은 상수이고 매출액은 확률변수이다. 따라서 매출액이 확률변수이므로 외생변수 효과도 확률변수이고, 또한 양자 간은 선형관계이므로 매출액이 정규분포를 따르면 외생변수 효과도 정규분포를 따른다.

하지만 반대의 경우도 가능하다. 즉, 매출액 34억 원을 올리기 위해서는 광고를 1억 원을 해도 충분한 경우가 있고 2억 원을 해도 달성하기 힘든 경우가 있다. 예를 들어 경기가 나쁜 경우, 이 경기 여파가 외생변수 효과가 되는 것이다. 이 경우 매출 20억 원은 상수가 되고 이때 광고액은 결정되지 않은 확률변수이므로 확률분포를 갖는다. 따라서 이 경우 매출액이 독립변수가 되고 광고가 종속변수가 된다. 따라서 독립변

**표 13-2 광고와 예상매출액**

| 데이터 | $X$ : 광고액 | $Y$ : 매출액 | 예상 매출액 | $\epsilon$ : 차이 |
|---|---|---|---|---|
| 1월 | 1.7 | 25 | 34 | -9 |
| 2월 | 2.9 | 55 | 58 | -3 |
| 3월 | 3.2 | 71 | 64 | +7 |
| 4월 | 4.6 | 77 | 92 | -13 |
| 5월 | 5.2 | 90 | 104 | -14 |

수와 종속변수의 결정은 통계학적으로 보면 상수냐 확률변수냐 하는 것에 따라 결정됨을 알 수 있다.

그런데 실제는 어떠한가? 위의 예를 보듯이 어떤 것이 원인이고 어떤 것이 결과인가를 판단하는 것은 매우 애매하다. 따라서 상수인가? 혹은 확률변수인가? 를 결정할 수 있으면 우선적으로 그 기준을 따르고 그것도 애매한 경우 경영학적 해석 관점에서 결정하여 거꾸로 상수와 확률변수를 결정하는 것이 자연스럽다.

### 13.2.2 단순회귀모델

반복하여 언급하면, 경영에 있어서 통계학의 또 하나의 공헌은 인과관계를 객관적으로 규명하는 것이다. 그런데 통계학에서는 모든 인과관계를 우선적으로 선형관계로 나타낸다. 선형관계는 현실을 단순화시킨 관계임에도 불구하고 다음과 같은 강점을 갖고 있어 폭넓게 사용되고 있다.

1. 현재의 일반적인 컴퓨터 성능으로 볼 때, 관계식이 선형인 경우에는 아주 쉽게 해결할 수 있으나 관계식이 비선형인 경우에는 컴퓨터가 원하는 만큼 빠른 속도로 정확하게 해결하지 못한다.
2. 사회과학에서는 모든 데이터 측정에 오차가 있기 마련이다(예: 임금 측정, 생산성 측정). 따라서 데이터가 정확하지 않다면, 오차가 존재하는 데이터의 정확한 관계식은 그만큼 정당성이 감소된다. 관계식을 선형으로 표시할 때 소위 'rule of averaging out' 원리가 작용한다. 즉, 선형으로 표시할 때 나타나는 오차가 평균적으로 서로 상쇄되어 비선형으로 표시할 때보다 열등한 답을 제공하지 않는다는 것을 경험적으로 알고 있다.
3. 또 하나는 선형적인 관계를 가정하면 종속변수와 독립변수 그리고 외생변수 간에 같은 성질을 보유하게 되므로 그 관계 파악에서 비선형관계보다도 설득력이 더해진다.

〈그림 13-2〉는 두 변수 간의 선형관계를 나타내고 있다.

주어진 두 데이터$(X, Y)$를 가지고 다음의 식 (13.2)와 같은 통계적 관계로 표현할 수 있을 때 이를 **회귀**(regression) **모델**이라고 한다.

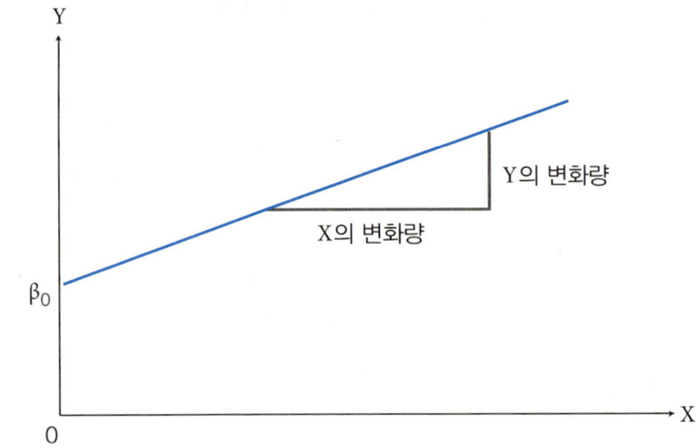


**그림 13-2** 두 변수간의 선형 관계

**단순회귀분석 모델** check

$$Y_i = \beta_0 + \beta_1 X_i + \epsilon_i{}^{1)} \qquad (13.2)$$

여기서, $i$ = 1, 2, ⋯, $n$번째 쌍의 데이터

$\beta_0$ = 직선의 절편, $X$나 $\epsilon$와는 관계없이 $Y$ 자체가 갖는 값

$\beta_1$ = 직선의 기울기, $Y$와 $X$ 간의 관계 정도

$X_i$ = 독립변수의 값으로, 이는 상수로써 그 값이 이미 결정되어 있음.

$Y_i$ = 종속변수의 값으로, 이는 확률변수로서 확률분포를 갖는다. 흔히 정규분포를 가정.

$\epsilon_i$ = error term이라 하고, 외생변수의 값으로써, $Y_i$와 같은 성질을 갖는 확률변수. 따라서 정규분포를 갖게 된다.

위에서 살펴본 회귀모델은 두 데이터 간의 통계적 관계를 표시하고 있다. 즉, 회귀모델은 종속변수를 독립변수와 외생변수로 표시한 것인데, 여기서는 획득한 두 데이터가 각각 종속변수와 독립변수가 되고 외생변수는 무력화/중립화되는 성질을 갖는다. 특히 중요한 점은 회귀모델은 아직 그래프 상에서 점의 집합을 나타내고 있음을 기억해야 한다는 것이다. 즉, 데이터가 100개이면 회귀모델은 위의 식을 100의 점으로 나타내고 그것을 단지 통계적 관계로 표시한 것일 뿐이다.

1) 회귀분석의 목적은 이 $\beta_0$와 $\beta_1$을 구하는 것이다. 특히 회귀분석에서는 $\beta_1$이 0이냐 아니냐하는 것이 중요하다. 즉, $\beta_1 = 0$이면 확률변수 $X$와 $Y$는 관계가 없으며, $\beta_1 < 0$이면 부(−)의 관계, $\beta_1 > 0$이면 정(+)의 관계임을 나타내는 것이다.

### 13.2.3 회귀분석의 목적

회귀분석은 $\beta_0$와 $\beta_1$을 구하는 것이 목적이다. 즉 독립변수와 종속변수 간의 관계 유무(즉, $\beta_1 \neq 0$인 여부) 및 그 정도를 도출하는 것이 목적이다. $\beta_0$와 $\beta_1$을 구하면 독립변수와 종속변수 간의 수학적 관계식이 나오는데 이를 **회귀선**(regression line, regression function)이라 한다. 이를 수식으로 표시해보면

$$E(Y) = \beta_0 + \beta_1 X \tag{13.3}$$

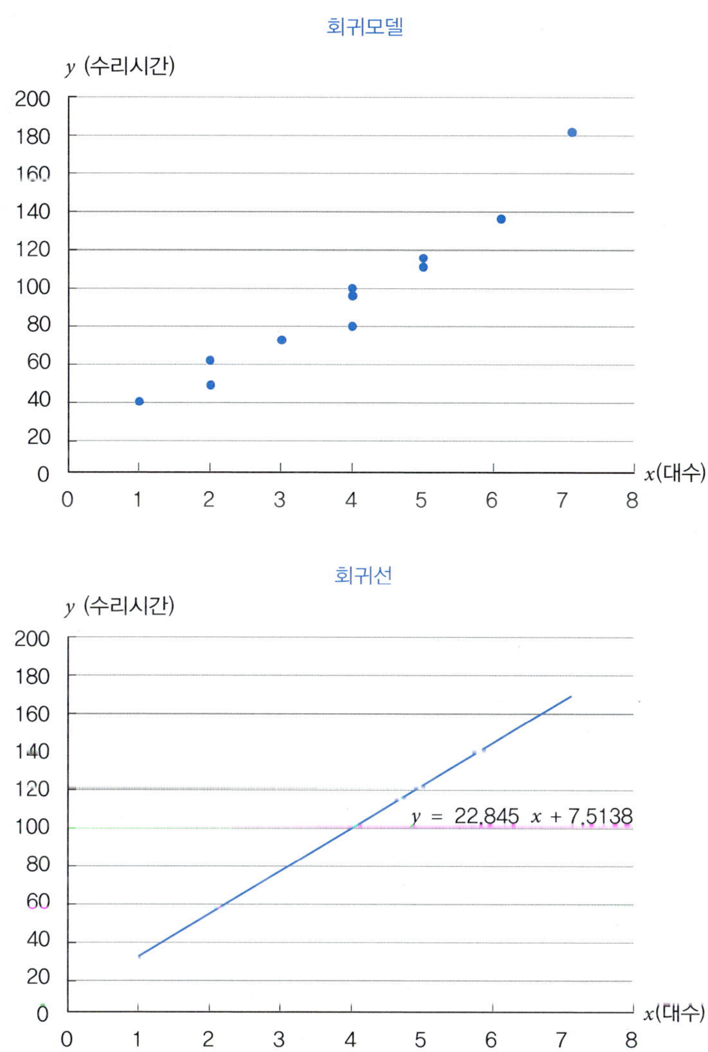


그림 13-3 회귀모델과 회귀선

이 된다. 따라서 회귀선을 구하는 것이 회귀분석의 목적이라고 할 수도 있다. 여기서 주의할 것은 회귀모델은 점의 집합이어서 점인 $(X_i, Y_i)$로 표시되고 회귀선은 두 변수 간의 관계식으로써 확률변수$X, Y$로 표시된다. 이를 그림으로 표현하면 〈그림 13-3〉과 같다.

## 13.3 단순회귀방정식의 결정

앞장에서 언급한 광고와 매출 간의 관계를 다시 생각해보자. 기업의 광고담당자는 기업의 광고비를 지출하는 정도에 기반 하여 월간 매출액을 예상하는 업무를 수행할 수 있다. 즉, 광고비 지출액과 월간매출액 간의 관계를 살펴보기 위해 우선 자료를 수집하여야 할 것이다. 수집된 14개의 광고비 지출액과 월간매출액 자료는 〈표 13-3〉과 같다.

이미 언급한 바와 같이 우리가 회귀방정식을 구하자고 할 때 우선적으로 데이터를 수집하여야 한다. 하지만 우리가 구하는 데이터는 하나의 표본 데이터에 불과하다는 것을 가정해야 한다. 우리는 필요한 모든 데이터를 완전하게 구할 수가 없고 단지 그 일부인 표본 데이터를 구할 수 있을 뿐이다. 예를 들어, 광고비 지출액과 월간매출액의 관계를 구하고자 할 때 우리는 '모든 시점에서의 광고비 지출액과 월간매출액에 관련된 데이터'를 구할 수는 없고 단지 '주어진 시점에서의 데이터', 즉 표본을 택해서 광고비 지출액과 월간매출액에 관련된 데이터를 구한다. 즉, 아무도 진정한 광고비 지출액과 월간매출액의 관계를 구할 수는 없고 단지 우리가 조사할 때 주어진 데이터를 가지고 광고비 지출액과 월간매출액의 관계를 구할 수 있을 뿐이다.

〈그림 13-4〉는 〈표 13-3〉의 자료를 산포도(scatter plot)로 표현한 것이다. 〈그림 13-4〉에서 알 수 있듯이, 광고비지출액(X)과 월간매출액(Y) 간에는 광고비 지출액이

**표 13-3 광고비 지출액과 월간매출액의 표본 자료**

| | 광고비 (천만 원) | 월간매출 (억 원) | | 광고비 (천만 원) | 월간매출 (억 원) |
|---|---|---|---|---|---|
| 1 | 3.5 | 5.8 | 8 | 4.1 | 4.7 |
| 2 | 3.6 | 5.6 | 9 | 4.3 | 6.3 |
| 3 | 4.5 | 6.7 | 10 | 4.7 | 9.9 |
| 4 | 5.3 | 8.7 | 11 | 5.8 | 10.1 |
| 5 | 2.8 | 5.4 | 12 | 3.0 | 6.7 |
| 6 | 3.3 | 6.3 | 13 | 3.9 | 5.8 |
| 7 | 2.2 | 3.3 | 14 | 5.5 | 8.9 |

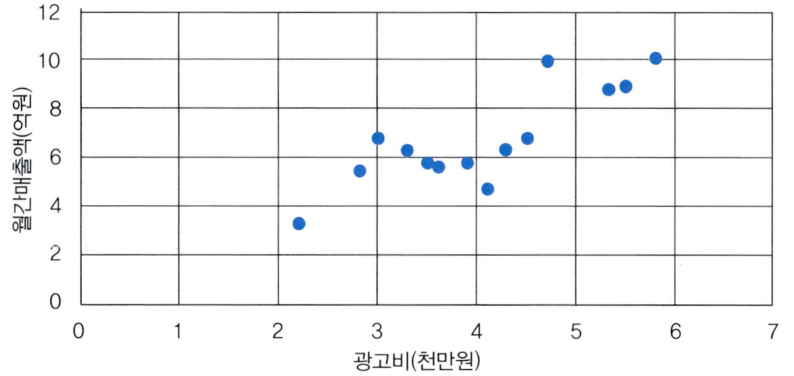


**그림 13-4 광고비와 월간매출액 간의 산포도**

증가하면 월간매출액이 증가하는 양의 선형의 관계가 있음을 알 수 있다. 따라서 선형방정식은 이 둘 간의 관계를 나타내는데 유용한 방안이 될 수 있다. 우리는 이제 두 변수 간의 관계를 가장 적합하게 나타낼 수 있는 특정 선형방정식을 결정할 필요가 있다.

## 13.3.1 최소자승법

이미 설명한 바와 같이 회귀분석은 $\beta_0$와 $\beta_1$을 구하는 것이 목적이지만, 이 값은 알 수 없다. 우리는 단지 최소자승법(Least Square Method, LSM)을 사용하여 추정치 $b_0$, $b_1$을 구할 수 있다. 이 방법은 점으로 표시되는 데이터의 경향을 하나의 선(회귀선)으로 나타내는 방법으로써 그 선과 각 데이터 간의 거리가 최소화되는 선을 구하고자 하는 것이다.

이는 직관적으로도 매우 그럴듯하며 이해하기가 매우 쉽고 계산도 간단하다는 장점을 가지고 있다. 만약 회귀선이 데이터 점들의 성향을 아주 잘 나타내고 있다면, 회귀선과 점 데이터 간의 거리가 최소로 될 것이라는 가정에서 시작된 것이다. 양자 간의 차이를 수식에서 $e_i$로 표시되며 따라서 $e_i$의 합이 최소화되는 회귀선, 즉 $b_0$와 $b_1$을 구하고자 하는 것이다. 하지만 이 경우 $e_i$의 합이 +/− 부호 상쇄작용에 의해서 0이 되는 것을 막기 위하여 $e_i^2$의 합이 최소화되는 회귀선(즉 $b_0$, $b_1$)을 구하게 된다. 따라서 이를 $e_i$에 대한 최소자승법이라고 부른다. 이 과정을 수식으로 표현하면 다음과 같다.

$X$의 값이 데이터 상의 $X_i$일 때의 회귀선상의 $Y_i$값은 $\widehat{Y}_i = b_0 + b_1X_i$가 되며, 실제 데이터의 $Y$값은 $Y_i$이므로 잔차의 제곱인 $e_i^2$는

$$e_i^2 = [Y_i - (b_0 + b_1 X_i)]^2 \tag{13.4}$$

이 된다. 데이터의 수, 즉 관측 데이터의 수가 모두 $n$개라면, $e_i$의 제곱합은 합산 기호를 사용하여 다음의 식 (13.5)와 같이 쓸 수 있다.

$$\sum_{i=1}^{n} e_i^2 = \sum_{i=1}^{n} [Y_i - (b_0 + b_1 X_i)]^2 \tag{13.5}$$

$\sum_{i=1}^{n} e_i^2$을 최소로 하는 $b_0$, $b_1$의 값을 구하기 위하여 $\sum_{i=1}^{n} e_i^2$을 $b_0$, $b_1$에 대하여 편미분하면 다음의 식 (13.6)과 (13.7)을 얻을 수 있다.

$$b_1 = \frac{\sum X_i Y_i - \dfrac{\sum (X_i) \sum (Y_i)}{n}}{\sum X_i^2 - \dfrac{\sum (X_i)^2}{n}} \tag{13.6}$$

$$b_0 = \frac{1}{n}\left(\sum Y_i - b_1 \sum X_i\right) \tag{13.7}$$

### 13.3.2 최소자승법의 계산식

$\sum_{i=1}^{n} e_i^2$을 최소로 하는 $b_0$, $b_1$의 값은 자료가 크지 않은 경우, 다음과 같은 식을 사용하여 계산할 수 있다.

**기울기 $b_1$ 계산식** check

$$b_1 = \frac{SSXY}{SSX}$$

여기서,

$$SSXY = \sum (X_i - \overline{X})(Y_i - \overline{Y}) = \sum_{i=1}^{n} X_i Y_i - \frac{(\sum_{i=1}^{n} X_i)(\sum_{i=1}^{n} Y_i)}{n}$$

$$SSX = \sum (X_i - \overline{X})^2 = \sum_{i=1}^{n} X_i^2 - \frac{(\sum_{i=1}^{n} X_i)^2}{n}$$

**그래프의 절편 $b_0$ 계산식** check

$$b_0 = \overline{Y} - b_1 \overline{X} \qquad (13.8)$$

여기서,

$$\overline{Y} = \frac{\sum_{i=1}^{n} Y_i}{n} \qquad \overline{X} = \frac{\sum_{i=1}^{n} X_i}{n}$$

**예제 13-1**

매지 보험회사에서는 월 보험지급액(단위: 억 원)과 월 정보처리비용(단위: 백만 원)간에 관련이 있는지를 살펴보기 위해 지난 20개월간의 데이터를 수집했다. 월 보험지급액을 독립변수로 하고 월 정보처리 비용을 종속변수로 하는 회귀선을 추정하라. 표본 데이터로부터 필요한 정보는 다음과 같이 계산되어 있다.

| 데이터번호 | 보험지급액 | 정보처리비용 | 데이터번호 | 보험지급액 | 정보처리비용 |
|---|---|---|---|---|---|
| 1 | 4.41 | 49.93 | 11 | 6.92 | 53.28 |
| 2 | 6.09 | 39.63 | 12 | 2.28 | 46.87 |
| 3 | 1.54 | 27.52 | 13 | 7.39 | 73.47 |
| 4 | 4.97 | 68.80 | 14 | 6.16 | 79.17 |
| 5 | 4.98 | 51.51 | 15 | 8.91 | 96.3 |
| 6 | 5.01 | 54.36 | 16 | 7.02 | 72.09 |
| 7 | 1.13 | 9.47 | 17 | 5.81 | 44.40 |
| 8 | 6.88 | 63.37 | 18 | 9.86 | 106.32 |
| 9 | 3.57 | 38.88 | 19 | 5.18 | 72.54 |
| 10 | 3.49 | 34.93 | 20 | 6.50 | 59.54 |

$$\overline{X} = 5.41 \quad \overline{Y} = 57.12 \quad s_X^2 = 5.11 \quad s_Y^2 = 526.45 \quad s_{XY} = 44.57$$

**풀이** 이 데이터를 이용하여 $b_0$ 와 $b_1$ 을 구하여 보면 다음과 같다.

$$b_1 = \frac{\sigma_{XY}}{\sigma_X^2} = \frac{44.57}{5.11} = 8.722$$

$$b_0 = \overline{Y} - b_1 \overline{X} = 57.12 - (8.722)(5.41) = 9.934$$

그러므로 $\beta_0$ 와 $\beta_1$ 에 대한 점 추정은 $b_0 = 9.934$ $b_1 = 8.722$가 되고 추정 회귀선은 다음과 같이 나타나게 된다.

$$\widehat{Y} = 9.934 + 8.722X$$

예제 13-2

**보험회사는 보험지급액이 4.5억 원으로 예상하고 있다. 평균 정보처리비용에 대한 점추정치는 얼마인가?**

풀이 $\hat{Y} = 9.934 + 8.722X = 9.934 + 8.722(4.5) = 49.183$

여기서 계산된 49.183의 의미는 보험지급액이 4.5억 원일 때, 정보처리비용이 49,183,000원이라는 의미가 아니다. 보험지급액이 4.5억 원일 때, 정보처리비용의 평균이 49,183,000원이며 실제 정보처리비용은 49,183,000원을 중심으로 정규분포 형태의 값을 갖게 된다.

## 13.4 변동의 측정

최소자승법을 사용하여 회귀계수를 결정할 때, 총변동을 3개의 변동 측정치로 나눠어 볼 필요가 있다. 즉, 종속변수 $Y$의 **총변동**(SST)은 독립변수에 기인한 **회귀변동**(SSR)과 그 외의 요인에 의한 **잔차 변동**(SSE)으로 분해할 수 있다(그림 13-5). 여기서 회귀변동이란 회귀선에 의해 설명되는 종속변수의 변동을 말하며, 잔차 변동이란 회귀선이 설명하지 못하는 부분, 즉 외생요인에 의한 종속변수의 변동을 말한다.

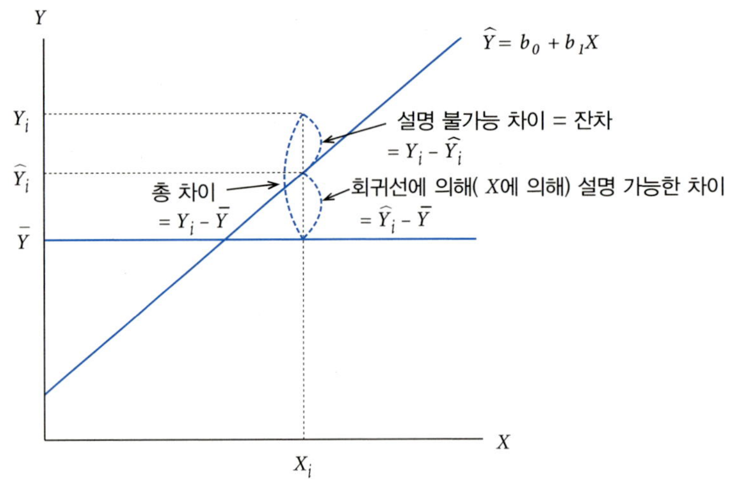


그림 13-5 총변동의 분해

### 13.4.1 제곱합의 분해

회귀분석의 통계적 추론의 기초가 되는 제곱합의 분해에 대해 설명해보자. 제곱합의 분해는 회귀분석에서 독립변수($X$)의 설명력을 분석하는 데 유용한 방법이다. 이를 위해서는 우선 종속변수($Y$)의 총변동을 계산하여야 하는데 이는 각 개별 관측값에서 평균값을 뺀 차이를 제곱하여 합한 값이 된다. 예를 들어 독립변수인 '보험 지급금액'에 대한 아무런 정보도 이용하지 않고 종속변수($Y$)를 예측해보자. 이때 가장 바람직한 예측은 종속변수($Y$)의 평균값을 이용하는 것이다. 그러므로 종속변수에 대한 예측의 불확실성은 관찰 값($Y$)의 변동에 기인하며 다음의 식 (13.9)와 같이 측정된다.

$$Y_i - \overline{Y} \tag{13.9}$$

따라서 만일 모든 관측값 $Y_i$가 동일하다면 $Y_i - \overline{Y}$는 0이 될 것이며 $Y_i$의 변동이 클수록 $Y_i - \overline{Y}$는 커지게 된다. 편의상 종속변수($Y$)의 변동 측정은 $Y_i - \overline{Y}$를 제곱하여 합한 형태로 나타내는데 이를 총제곱합(Total Sum of Squares, SST)으로 표시한다.

$$\text{SST} = \sum_{i=1}^{n}(Y_i - \overline{Y})^2 \tag{13.10}$$

그런데 회귀선을 추정하는 목적은 이 총변동을 가장 잘 설명하는 직선을 찾는 것이었다. 종속변수($Y$)를 예측하는데 보험지급금액($X$)의 정보를 이용하게 되면 예측의 불확실성은 추정 회귀선($\widehat{Y}$) 주변에 흩어진 관찰 값($Y_i$)의 변동에 기인하며 다음의 식 (13.11)과 같이 측정된다.

$$Y_i - \widehat{Y}_i \tag{13.11}$$

만일 모든 관찰 값이 회귀선상에 위치하게 되면 모든 데이터에 대해 $Y_i - \widehat{Y}_i$은 0이 될 것이며 $Y_i - \widehat{Y}_i$의 값이 커질수록 '보험지급금액'을 이용하여 '정보처리비용'을 예측하는 불확실성은 커지게 된다. 편의상 추정 회귀선 주위에 흩어져 있는 데이터의 변동은 식 (13.11)과 같이 $Y_i - \widehat{Y}_i$을 제곱하여 합한 형태로 나타내는데 이를 잔차제곱합(Sum of Squares due to Error, SSE)으로 표시한다. 따라서 SSE는 잔차를 제곱하여 합한 것과 일치한다. 만약 모든 데이터가 회귀선상에 위치하게 되면 잔차제곱합은 0이 될 것이다.

$$\text{SSE} = \sum_{i=1}^{n} e_i^2 \tag{13.12}$$

그런데 두 합인 총제곱합(SST)과 잔차 제곱합(SSE)을 비교해보면, 독립변수 $X$를 이용할 때 $Y$의 변동은 독립변수 $X$를 이용하지 않았을 때 $Y$변동보다 훨씬 적다. 그 이유는 '정보처리비용'을 예측하는 데 있어 '보험지급금액'에 관한 정보를 회귀분석에서 이용하였기 때문이다. 이와 같이 줄어든 변동이 바로 **회귀제곱의 합**(Sum of Squares due to Regression, SSR)이 된다. SSR은 아래의 식 (13.13)과 같이 계산된다.

$$\begin{aligned} \text{SSR} &= \text{SST} - \text{SSE} \\ &= \sum_{i=0}^{n} (\hat{Y}_i - \overline{Y})^2 \end{aligned} \tag{13.13}$$

만약 SSR=0이라면 독립변수 $X$를 회귀분석에 사용하여도 $Y$의 변동이 전혀 줄어들지 않는 경우이다. SST에 비해 SSR이 상대적으로 클수록 $X$에 대한 정보를 이용하여 $Y_i$의 변동을 크게 줄였다고 할 수 있다.

### 13.4.2 결정계수

우리가 추정한 회귀모델, 즉 회귀선이 두 데이터의 통계적 상관관계를 어느 정도 잘 나타내는가를 평가하는 숫자가 있다. 이를 **결정계수**(coefficient of determination)라 한다. 이는 독립변수가 얼마나 종속변수를 설명하고 있는지를 말해주고 있는 것이다. $Y$와 $X$가 완전히 수학적 관계일 때($Y = 2X$), $X$값을 알면 $Y$값은 100% 맞출 수 있다. 이 경우 독립변수 $X$의 설명력은 100%라 한다. 하지만 통계적인 관계는 외생변수 효과인 $e_i$ 때문에 $X$가 $Y$를 100% 설명하지 못하고 대략 비슷하게 설명할 수 있는 것이며, 이는 100% 미만의 설명력을 갖게 되는 것이다. 즉, 외생변수 효과 $e_i$의 존재가 설명력 100% 달성을 불가능하게 한다. 대신에 회귀모델의 설명력은 100%가 안 되더라도 높으면 높을수록 관심 있는 독립변수 $X$의 효과가 외생변수 효과 $e_i$보다 크다는 것을 의미하므로 그만큼 추정한 회귀모델이 좋다고 할 수 있다. 즉, 식 (13.14)가 된다.

$$Y_i = b_0 + b_1 X_i + e_i = \widehat{Y}_i + e_i \tag{13.14}$$

여기서 $\widehat{Y}_i$는 독립변수 효과이고, $e_i$는 외생변수 효과이다. 이를 수식으로 표현하면 식 (13.15)이 된다.

$$\begin{aligned}(Y_i - \overline{Y}) &= (\widehat{Y}_i - \overline{Y}) + (Y_i - \widehat{Y}_i) \\ &= (\widehat{Y}_i - \overline{Y}) + e_i\end{aligned} \tag{13.15}$$

식 (13.15)를 양변을 제곱하여 합하면 아래의 식 (13.16)과 같이 정리된다.

$$\sum (Y_i - \overline{Y})^2 = \sum (\widehat{Y}_i - \overline{Y})^2 + \sum e_i^2 \tag{13.16}$$

이를 다음의 식 (13.17)와 같이 표현할 수 있다.

| | | | | | |
|---|---|---|---|---|---|
| SST | = | SSR | + | SSE | (13.17) |
| 총변동 | = | 설명 가능한 변동 | + | 설명 불가능한 변동 | |

즉, 총변동이란 각 $Y_i$가 그 평균 $\overline{Y}$와 다른 차이를 측정한 것인데, 이런 차이가 나는 이유는 두 가지 효과 때문이다. 즉, 독립변수 효과와 외생변수 효과이다. 독립변수 효과는 회귀선에 의해 구해진 기대치 $\widehat{Y}_i(= b_0 + b_1 X_i)$과 전체평균 $\overline{Y}$와 차이를 나타내는 것으로 이는 회귀선에 의해 설명되는 차이 부분이다. 이에 반하여, 외생변수 효과는 회귀선에서 벗어난 차이 $e_i$에 대한 부분으로 통제 불가능한 것으로 설명하기가 불가능한 부분이다.

결정계수 $r^2$ = SSR/SST, 즉, 총 차이 중에서 설명되는 부분의 비율을 말한 것이다. 따라서 좋은 회귀선이란 독립변수 $X$를 제대로 골라 그 $X$가 총 차이를 잘 설명하는 것으로 결정계수가 1에 가깝게 나오고, 적절치 못한 회귀선이란 적절한 $X$를 고르지 못해 그 $X$가 총 차이를 설명치 못하고 있는 것이므로 결정계수가 0에 가깝게 나오게 된다. 따라서 이 결정계수는 $0 \le r^2 \le 1$이 된다. 이 SST, SSR, SSE는 앞에서의 분산분석에서 나오는 개념과 일치한다.

**결정계수** check

회귀제곱의 합(설명된 변동)을 총변동으로 나눈 값을 의미한다.

$$r^2 = \frac{\text{회귀제곱의 합}}{\text{총제곱의 합}} = \frac{\text{SSR}}{\text{SST}}$$

### 13.4.3 외생변수 효과의 바람직한 성질

외생변수의 효과는 너무 복잡하여 통제하거나 예측하기를 포기한다고 하였으며 이를 통계학에서는 random error term으로 표현한다고 이미 지적한 바 있다. 하지만 개개의 외생변수의 효과는 일일이 파악하기가 불가능하지만, 전체적인 외생변수 효과에서는 바람직한 성질이 존재한다. 즉, 독립변수와 종속변수 간의 관계를 도출해 낼 때 외생변수의 효과가 전혀 없다면 가장 바람직하지만 그렇지 못할 바에는 바람직한 외생변수의 효과가 존재하기를 기대하는 것이 적절할 것이다. 가장 바람직한 경우는 모든 외생변수들의 효과가 서로 상쇄되어, 전체적으로 볼 때 외생변수의 효과가 무력화(중립화)되는 것이다. 즉, 어떤 외생변수는 종속변수에 플러스 효과를 가져 오고 또 다른 외생변수는 마이너스 효과를 가져와서, 이 효과들을 모두 더하면 서로 그 영향이 양적으로나 방향적으로 서로 상쇄하여 zero가 되는 경우를 말한다. 이를 통계학에서는 'error term의 평균이 0이다'라고 한다. 만약에 error term의 평균이 플러스이면 이는 전체 외생변수가 종속변수에 플러스의 영향을 미친다는 의미가 된다. 이 경우에는 종속변수와 독립변수 간의 관계를 도출한 관계식의 해석이 편향되어 왜곡될 수 있다.

그리고 이 외생변수의 효과가 일정하게 존재하는 것이 바람직하다. 이를 'error term의 분산이 일정하다'라고 표현하고 있다. 만약 외생변수의 분산이 어떤 패턴을 보인다면 이는 독립변수와 외생변수가 어떤 관계가 있음을 나타낼 수도 있으므로 이 경우도 종속변수와 독립변수 간의 관계 정도에 해석이 편향되어 왜곡되는 것으로 볼 수 있다. 더욱이 error term을 예측/통제하는 것이 불가능한 경우가 있는데 이를 통계학에서는 'error term이 서로 독립적인 경우이다'라고 한다. 즉, 하나의 외생변수의 효과를 가지고 다른 외생변수의 효과를 예측하지를 못한다는 것이다.

결과적으로 우리는 외생변수가 존재한다 하여도, 외생변수가 이런 바람직한 성질을 가질 경우 보다 편한 마음으로 변수들 간의 관계 정보를 의사결정에 사용할 수 있는 것이다. 요약하면, 외생변수의 가장 바람직한 성질로는 전체 외생변수의 효과가 중립화되어야 하는데 이를 '$\epsilon_i$가 평균이 0이고 분산이 일정하며 상호 독립적'이라고 표현한다. 따라서 이런 점에 착안하여 우리는 어떻게 하든 외생변수가 이런 바람직한 성질을 갖도록 하는 여러 가지 테크닉을 개발하였다.

이를 수리적으로 표현하면 다음과 같다.

**외생변수의 바람직한 성질** check

$$\epsilon_i \sim N(0, \sigma^2)$$

즉, '$E(\epsilon_i) = 0$, $V(\epsilon_i) = \sigma^2$, $Cov(\epsilon_i, \epsilon_j) = 0$'

### 13.4.4 $Y_i$와 $\epsilon_i$간의 관계

회귀모델에서 우리는 두 개의 확률변수가 선형관계 상태로 존재함을 제시하였다. 즉, $Y_i$와 $\epsilon_i$이다(여기서 $\beta_0$, $\beta_1$, $X_i$는 상수임을 기억한다). 따라서 두 확률변수 $Y_i$와 $\epsilon_i$는 같은 확률분포를 가지고 있으며, 단지 평균만이 다르다($\epsilon_i$와 $Y_i$가 흔히 평균분포로 가정).

이를 수식으로 표현해보면

$$\epsilon_i \sim N(0, \sigma^2) \tag{13.18}$$

이고 $Y_i =$ 상수 $+ \epsilon_i$ 이므로

$$Y_i \sim N(\text{상수}, \sigma^2) \tag{13.19}$$

이다. 여기서 상수는 정규분포의 성질에 따라 $\beta_0 + \beta_1 X_i$이므로, 식 (13.20)과 같이 된다.

$$Y_i \sim N(\beta_0 + \beta_1 X_i, \sigma^2) \tag{13.20}$$

이는 회귀분석의 추론에 필요한 가정이 된다.

## 13.5 회귀 모형의 검토

### 13.5.1 추정 회귀선

우리가 회귀선을 구하자고 할 때 우선적으로 데이터를 수집하여야 한다. 하지만 우리가 구하는 데이터는 하나의 표본 데이터에 불과하다는 것을 가정해야 한다. 즉, 우리는 필요한 모든 데이터를 완전하게 구할 수가 없고 단지 그 일부인 표본 데이터를 구할 수 있을 뿐이다. 예를 들어, 종업원의 임금과 생산성의 관계를 구하고자 할 때 우리는 '모든 종업원의 모든 시점에서의 임금과 생산성에 관련된 데이터'를 구할 수는 없다. 단지 '주어진 종업원의 주어진 시간에서의 데이터', 즉 표본을 택해서 임금과 생산성에 관련된 관계를 파악한다. 즉, 아무도 진정한 종업원의 임금과 생산성의 관계를 구할 수는 없고 단지 우리가 조사할 때 주어진 데이터를 가지고 종업원의 임금과 생산성 관계를 구할 수 있을 뿐이다.

이를 통계학적 표현으로 바꾸어 보면 다음과 같다. 즉, 우리가 진정으로 알고자 하는 $\beta_0$와 $\beta_1$은 모수가 되고 실제로 우리가 구하려는 것은 $b_0$, $b_1$으로 표현되는 표본통계량, 또는 추정치가 되는 것이다. 따라서 우리가 반드시 해야 할 일은 주어진 표본 데이터로 구한 추정치 $b_0$, $b_1$를 가지고 $\beta_0$와 $\beta_1$을 추정(신뢰구간 추정, 가설검정)하는 일이 되는 것이다.

이렇게 우리가 실제로 구하려는 $b_0$, $b_1$은 앞에서 말한 $\beta_0$와 $\beta_1$과 구분이 된다. 즉 $\beta_0$와 $\beta_1$을 사용할 때는 우리는 일반적인 회귀모델의 성질을 이야기하는 것이고, $b_0$, $b_1$을 사용할 때는 구체적인 데이터를 가지고 구한 추정 회귀선을 나타낸다.

$$\text{추정 회귀모델 : } Y_i = b_0 + b_1 X_i + e_i \tag{13.21}$$

$$\text{추정 회귀선 : } \widehat{Y} = b_0 + b_1 X \tag{13.22}$$

일반적인 회귀모델에서 나타나는 외생변수 효과($\epsilon_i$)를 error term으로 표현하였지만 추정 회귀모델에서는 $e_i$라 표시하고 잔차(residual)라 표현한다. 이를 정리해보면 〈표 13-4〉와 같다.

표 13-4 회귀모델과 추정회귀모델, 회귀선의 비교

| | 모집단 | 표본데이터 |
|---|---|---|
| 절편, 기울기 | $\beta_0$, $\beta_1$ | $b_0$, $b_1$ |
| 외생변수의 효과 | $\epsilon_i$ (error term) | $e_i$ (잔차) |
| 종속변수의 평균 | $E(Y)$ | $\hat{Y}$ |
| 회귀모델 | $Y_i = \beta_0 + \beta_1 X_i + \epsilon_i$ | $Y_i = b_0 + b_1 X_i + e_i$ |
| 회귀선 | $E(Y) = \beta_0 + \beta_1 X$ | $\hat{Y} = b_0 + b_1 X$ |

## 13.5.2 회귀 모형의 검토

최소자승법으로 구한 $b_0$, $b_1$은 이론적으로도 가장 바람직한 성질을 가지고 있어 그 최소자승법의 이용은 더욱더 정당화될 수 있다. 즉, $e_i$가 회귀모델에서 갖는 세 가지 가정(정규분포 가정은 제외)을 만족한다면 최소자승법으로 구한 $b_0$, $b_1$은 아주 바람직한 성질을 가지게 된다. 이에 대한 이론적인 증명을 가우스-마코브 이론이라고 한다.

그러나 이 이론의 수학적 증명은 이 책의 범위를 벗어나므로 생략하기로 한다. 하지만 그의 요점은 다음과 같다. 즉 우리는 앞에서 $e_i$에 대한 가정이 만족된다는 상황은 바로 외생변수 효과가 중립화, 또는 무력화된다는 것을 의미한다고 말하였다. 즉 주어진 표본 데이터에서 외생변수 효과가 중립화된 경우에 가장 바람직한 $b_0$, $b_1$을 구할 수 있다. 가장 바람직한 추정치 $b_0$, $b_1$이란 모수 $\beta_0$와 $\beta_1$을 가장 잘 대표하는 것을 의미한다. 이를 통계학에서는 BLUE라고 표시를 한다. BLUE란 Best Linear Unbiased Estimator 약자로써 이미 7장에서 설명하였음을 기억하라. 이 이론을 정리해보면 회귀모델의 가정이 모두 만족된다면 최소자승법에서 얻은 추정치 $b_0, b_1$은 unbiased하고, unbiased한 추정치 중에서도 가장 분산이 작은 추정치가 된다는 것이다.

위에서 설명한 가우스-마코브 이론에 의하면, 최소자승법에 의한 $b_0, b_1$은 회귀모델에서 $e_i$에 대한 가정이 만족된다면 BLUE가 되는 가장 바람직한 결과를 제시한다는 것을 알 수 있다. 따라서 우리는 그 가정들이 만족되는지를 확인하면, 아무 문제없이 최소자승법을 사용하여 아주 바람직한 추정치를 도출할 수 있는 것이다.

하지만 이 과정에는 하나의 문제점이 존재한다. 우리는 데이터로 $X_i$, $Y_i$만을 파악하고 있을 뿐이지 아직 $e_i$의 값을 모른다. 즉 $e_i$는 먼저 $b_0, b_1$을 구한 다음, 다음의 식 (13.23)과 같은 식으로 구할 수가 있는 것이다.

$$e_i = Y_i - (b_0 + b_1 X_i) \tag{13.23}$$

따라서 $b_0, b_1$을 구하기 전에 $e_i$에 대한 가정을 확인한다는 것이 불가능하다. 하지만 이를 해결하기 위하여 다음의 방법을 사용할 수 있다. 즉, 사전에 $e_i$을 구하고 그에 대한 가정이 올바른지를 확인하는 것이 불가능하므로, 먼저 $b_0, b_1$을 최소자승법으로 구하고 위의 식을 이용하여 $e_i$을 계산한 후에, $e_i$에 대한 가정을 사후에 확인하는 것이다.

만약에 $e_i$에 대한 가정이 사후에 만족된다는 것이 확인되면 우리는 위의 이론에 의해서 $b_0, b_1$이 BLUE가 된다고 판단하여 그 다음 단계(즉 추정단계)로 넘어가고, 반대로 그 가정이 만족되지 않는다면 $b_0, b_1$이 BLUE가 되지 못한다고 판단을 하여 이에 대한 대책을 먼저 강구하여야만 하는 것이다. 이때에는 주로 $e_i$에 대한 가정이 만족되도록 데이터를 조작하는 방법을 사용한다.

$e_i$의 가정을 확인하는 방법으로는 사후적으로 잔차(residual)를 그려보는 방법이 많이 이용된다. 만약 모형이 타당하다면 회귀모형에서 error term $\epsilon_i$에 대한 아래의 가정들이 만족되어야 할 것이다.

- $\epsilon_i$는 정규분포를 이룬다.
- $\epsilon_i$의 평균값은 0이다.
- $\epsilon_i$의 분산은 일정하다.
- $\epsilon_i$들은 상호 독립적이다.

우선 선형회귀모델이 적합하기 위해서는 $e_i$들의 분산이 모두 같아야 한다. 이는 잔차를 그림으로 나타낸 후 그 모양을 검토하여 보면 쉽게 판단할 수 있다. 〈그림 13-6〉 (a)는 모든 $X$값에 대하여 잔차의 분산이 거의 동일함을 나타내고 있으며, 〈그림 13-6〉 (b)는 $X$값이 증가함에 따라 분산이 점점 커져 회귀모델의 가정이 충족되지 못함을 보여주고 있다. 이러한 경우에는 실제로는 $\beta_1$이 0이 아님에도 불구하고 $H_0 : \beta_1 = 0$을 기각하지 못하는 문제점이 발생할 수 있다. 따라서 분산이 동일하다는 가정을 충족하지 못하는 경우에는 데이터를 로그(log)로 변환하거나 가중최소자승법(weighted least square method, WLSM)을 사용하여 회귀선을 구하여야 한다. 이에 대한 설명은 본 교재의 수준을 벗어나므로 생략하기로 한다.

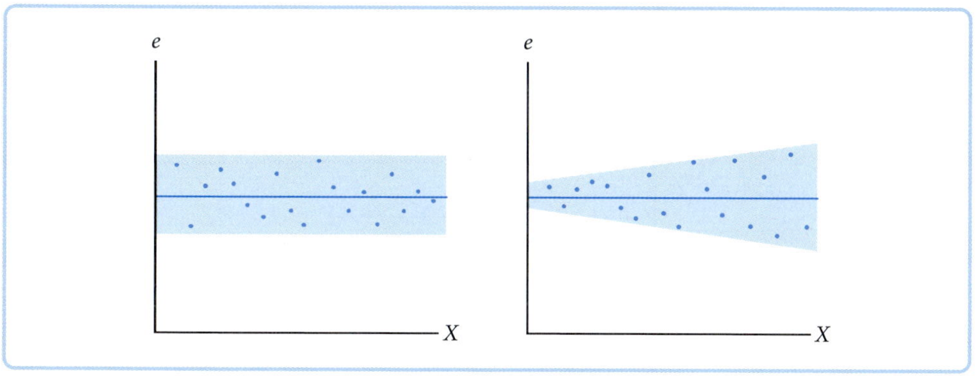


그림 13-6 등분산 가정에 대한 검토

또한 회귀모델이 적용되기 위해서는 $e_i$들이 정규분포를 따라야 한다. $e_i$들이 정규분포를 따르는지에 대한 검토 방법이 여러 가지가 있을 수 있으나, 잔차($e_i$)들을 개략적으로 검토하여 정규성을 판단하여도 무방하다. 잔차($e_i$)들을 크기순으로 배열하여 그림으로 나타낼 때, 〈그림 13-7〉과 같이 정규분포의 형태를 따를 때에는 정규분포를 따른다는 가정에 문제가 없다고 할 수 있다.

데이터가 정규분포에서 크게 벗어나는 경우에는 데이터를 적절히 변환하면 정규분포에 근접하도록 만들 수 있다.

마지막으로 회귀모델이 적용되기 위해서는 $e_i$들이 서로 독립적이어야 한다. 만일 잔차들을 관측시점에 따라 그림으로 나타내보면, 인접한 시기에 관측된 잔차들의 값이 비슷한 경우가 있는데 이러한 경우에는 잔차들 간의 독립성에 관한 가정이 위반되었다고 볼 수 있다. 특히, 이러한 현상은 데이터를 시간 간격을 두고 계속적으로 얻을 때(이

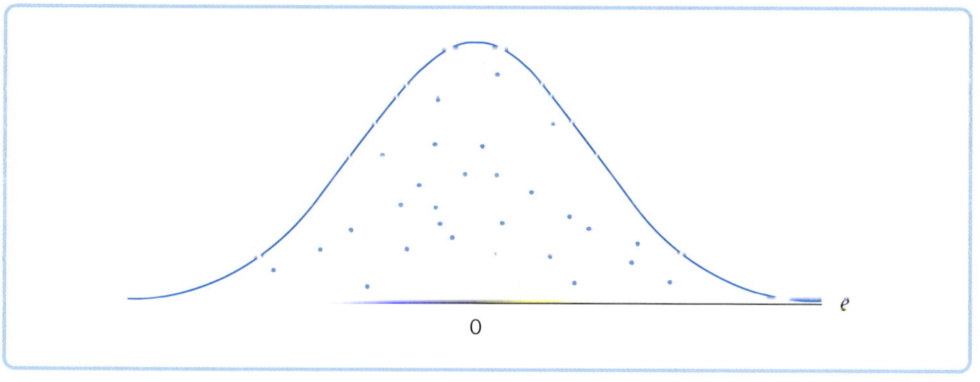


그림 13-7 정규분포 가정에 대한 검토

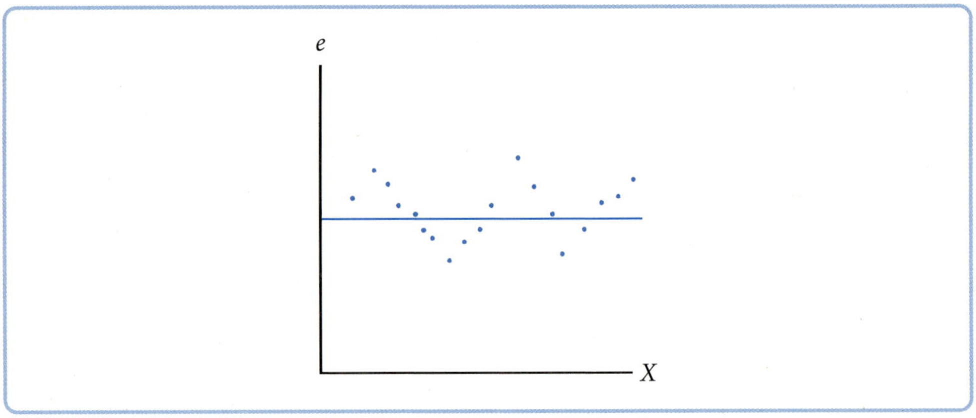


그림 13-8 독립성 가정에 문제가 있는 경우

러한 데이터를 '시계열 데이터'라고 한다) 흔히 관측되며, '자기상관(autocorrelation) 관계가 존재한다'고 한다.

잔차를 시간의 순서에 따라 그려보면, 자기상관성이 있는지의 여부를 판단할 수 있는데, 〈그림 13-8〉에 나타나 있는 잔차는 자기상관성이 높은 경우를 보여주고 있다.

## 13.6 회귀선에 대한 추론

지금까지의 회귀분석의 절차를 도식화하면 〈그림 13-9〉와 같다.

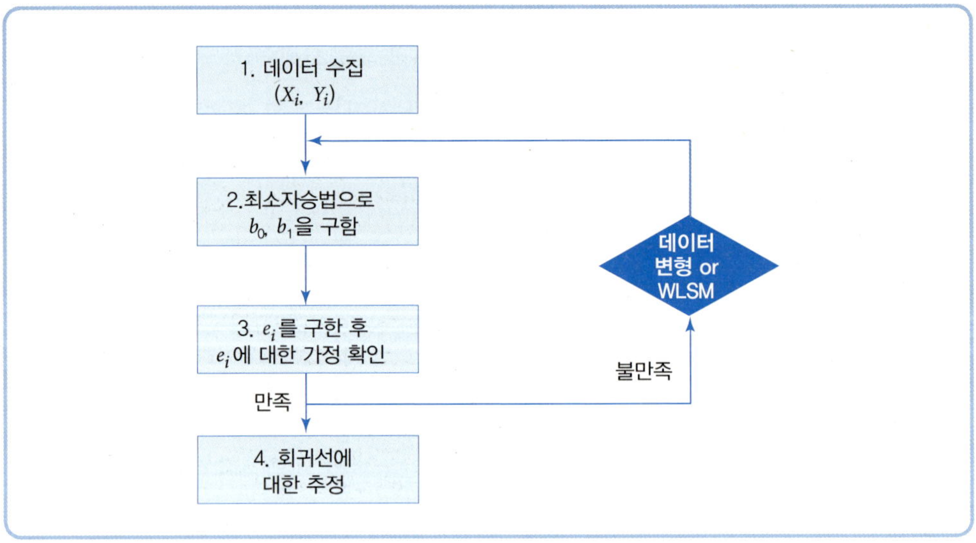


그림 13-9 회귀분석의 절차

이제 마지막 단계인 회귀선에 대한 추정 문제를 생각해 보자. 회귀분석에서 통계적 추정은 크게 회귀모델 자체에 대한 추론과 각 개별변수 $\beta_0$와 $\beta_1$의 유의성에 대한 추론으로 나누어 볼 수 있다. 첫 번째의 추론은 회귀모델이 종속변수의 분산을 효과적으로 설명하여 줄 수 있는지를 평가하는데 그 목적이 있으며, 두 번째의 추론은 각각의 독립변수와 종속변수가 통계적으로 유의한 관계를 갖고 있는지를 평가하는 데 그 목적이 있다.

이미, 회귀분석에 대해 충분히 설명하였으며, 또한 통계적 추론에 대해서도 설명한 바 있으므로, 여기서는 Excel을 사용하여 획득한 컴퓨터 분석 결과를 먼저 소개한 후, 이 결과들이 어떻게 응용되는지를 설명하고자 한다.

〈그림 13-10〉은 [예제 13-1]의 회귀분석 결과를 Excel을 이용하여 획득한 것이다. 다른 통계 컴퓨터 패키지의 결과도 〈그림 13-10〉과 유사한 정보를 담고 있다. 이 그림에 의하면, 가장 적합한 회귀선은 $\hat{Y} = 9.994 + 8.719X$로 추정되었음을 알 수 있다.

| | A | B | C | D | E | F | G |
|---|---|---|---|---|---|---|---|
| 1 | 요약 출력 | | | | | | |
| 2 | | | | | | | |
| 3 | 회귀분석 통계량 | | | | | | |
| 4 | 다중 상관계수 | 0.859186 | | | | | |
| 5 | 결정계수 | 0.7382 | | | | | |
| 6 | 조정된 결정계수 | 0.723655 | | | | | |
| 7 | 표준 오차 | 12.06156 | | | | | |
| 8 | 관측수 | 20 | | | | | |
| 9 | | | | | | | |
| 10 | 분산 분석 | | | | | | |
| 11 | | 자유도 | 제곱합 | 제곱 평균 | F 비 | 유의한 F | |
| 12 | 회귀 | 1 | 7383.861 | 7386.861 | 50.75471 | 1.23E-06 | |
| 13 | 잔차 | 18 | 2618.663 | 145.4813 | | | |
| 14 | 계 | 19 | 10002.52 | | | | |
| 15 | | | | | | | |
| 16 | | 계수 | 표준 오차 | t 통계량 | P-값 | 하위 95% | 상위 95% |
| 17 | Y 절편 | 9.993975 | 7.143457 | 1.399039 | 0.178797 | -5.01388 | 25.00183 |
| 18 | 정보처리비용 | 8.718784 | 1.223821 | 7.124234 | 1.23E-06 | 6.14763 | 11.28994 |

그림 13-10 Excel을 이용한 회귀분석 결과

### 13.6.1 회귀계수 $\beta_1$에 대한 통계적 추정

우리가 가장 알고 싶은 것은 과연 우리가 결정한 독립변수가 종속변수와 의미 있는 관계에 있느냐는 것이다. 이를 수식으로 표시해보면 $\beta_1$이 0인가 아닌가 하는 문제이다.

즉 $\beta_1$이 0이면 독립변수와 종속변수는 아무 관계가 없는 것이고, $\beta_1$이 양수(+)이면 두 변수 간의 양의 관계를 가지는 것이다. 따라서 회귀분석에서의 가장 중요한 가설검정은 두 변수 간의 관계 유무이다. 이를 공식적으로 표시하면 다음의 식 (13.24)와 같다.

$$H_0 : \beta_1 = 0$$
$$H_a : \beta_1 \neq 0 \tag{13.24}$$

회귀계수 $\beta_1$에 대한 검정은 모평균($\mu$)에 대한 가설검정과 그 절차가 유사하다. $\beta_1$에 대한 가설검정은 검정통계량으로 이는 $t$분포를 가지고 판단한다. 즉, 식 (13.25)와 같다.

$$t^* = \frac{b_1 - \beta_1}{s_{b_1}} \tag{13.25}$$

이때의 의사결정 규칙은 다음과 같다.

만약 $|t^*| \leq t(\alpha/2\,;n-2)$이면, $H_0$를 채택
만약 $|t^*| > t(\alpha/2\,;n-2)$이면, $H_a$를 채택

그런데 가설검정을 하기 위해서는 회귀계수 $b_1$의 표준편차를 알아야 하며, 이를 위해서는 $b_1$의 표본분포를 알아야 한다. 여기서 표본분포란 6장에서 설명한 바와 같이, 동일한 모집단에서 다수의 서로 다른 표본을 추출하여 추정한 $b_1$값들의 분포이다. 이러한 회귀계수 $b_1$의 표본분포는 회귀모델의 기본 가정을 받아들일 수 있다면 식 (13.26)과 같은 정규분포를 따른다는 것이 알려져 있다.

$$b_1 \sim N(\beta_1,\ \sigma^2_{b_1}) \tag{13.26}$$

여기서, $\sigma_{b_1}$은 $b_1$의 표준편차이며, 이의 추정치로는 식 (13.27)과 같이 정의된 표준오차(standard error of estimate) $s(b_1)$이 사용된다.

$$s(b_1) = \sqrt{\frac{\Sigma(Y_i - \widehat{Y})^2/(n-2)}{\Sigma(X_i - \overline{X})^2}} = \sqrt{\frac{\Sigma e_i^2/(n-2)}{\Sigma(X_i - \overline{X})^2}} \tag{13.27}$$

**예제 13-3**

**[예제 13-1]에 나오는 보험지급액과 정보처리비용 간의 회귀분석에서 두 변수 간에 관계가 있는지의 여부를 유의수준 0.05에 의하여 검정하라.**

**풀이** $H_0 : \beta_1 = 0$, $H_\alpha : \beta_1 \neq 0$, $b_1 = 8.719$, $S(b_1) = 1.224$, $n = 20$이므로,

$$t^* = \frac{b_1 - 0}{S(b_1)} = \frac{8.719 - 0}{1.224} = 7.12$$

임계치는 $t(0.025, 18) = 2.101$이므로 $H_0$를 기각하고, 따라서 $H_a$를 채택하는 결론을 내린다. 즉, 보험 지급액과 정보처리비용 간에 관계가 있다는 결론을 내린다.

## 13.6.2 회귀선의 적합성

회귀선의 기울기가 통계적으로 유의한가(statistically significant)를 검정하는 것은 매우 중요하다. 회귀모델이 아무리 설명력이 높다고 하더라도 유의하지 못하면 아무런 소용이 없기 때문이다. 앞서 설명한 $t$검정의 대안으로 회귀선의 적합성을 분산분석을 통해 알 수 있다.

〈그림 13-10〉의 컴퓨터 분석 결과 중에서 분산분석(Analysis of Variance, ANOVA) 부분에는 지금까지 설명한 총변동, 잔차변동 그리고 회귀변동의 값들이 포함되어 있다. 물론 기본적인 논리는 이미 11장에서 설명한 분산분석과 동일하다. 여기서 총변동의 자유도는 $n-1$이 된다. 그 이유는 SST를 구성하고 있는 $n$개의 $(Y_i - \overline{Y})$가 하나의 제약조건을 지니기 때문이다. 즉, '$\sum(Y_i - \overline{Y}) = 0$'이기 때문에 자유도는 $n$에서 1을 뺀 $n-1$이 된다. 회귀변동의 자유도는 독립변수의 개수인 1이 되며, 잔차변동의 자유도는 총 자유도에서 회귀변동의 자유도를 차감한 값 $n-2$가 된다.

한편, 제곱평균은 각 제곱합을 그에 해당하는 자유도로 나눈 값으로, 각각을 평균회귀변동(Mean Square due to Regression, MSR)과 평균잔차변동(Mean Square due to Error, MSE)이라고 부른다. 특히, MSR을 MSE로 나눈 값인 $F$비(=MSR/MSE)는 자유도가 $(k, n-(k+1)$의 $F$분포를 한다고 알려져 있다. 만일 $F$비가 매우 큰 경우에는 우리가 획득한 회귀선이 통계적으로 유의하다고 할 수 있다. 그 이유는 회귀의 평균제곱 MSR이 잔차의 평균제곱 MSE보다 상대적으로 크다면 두 변수 간의 관계를 설명하는 회귀선의 기울기에 의해 설명되는 부분이 설명 안 되는 부분보다 크기 때문이다.

회귀선의 적합성 검정에 대한 귀무가설과 대립가설은 다음과 같다.

$H_0$ : 회귀선은 통계적으로 유의하지 못하다. (또는 $H_0 : \beta_1 = 0$)
$H_1$ : 회귀선은 통계적으로 유의하다. (또는 $H_a : \beta_1 \neq 0$)

의사결정 기준은 다음과 같다.

만약 $F_{stat} > F_\alpha$이면 $H_0$를 기각한다.
유의한 $F$값은 $F$검정을 위해 계산된 $F_{stat}$ 값이지만, 의사결정을 위해서는 $F$분포값이 필요하기 때문에 주로 p값을 사용하여 의사결정을 한다.

$p$값을 이용한 의사결정 기준은 다음과 같다.

만약 $p-value < \alpha$이면 $H_0$를 기각한다.
$p$값으로 0.0009로 제시되었으며 유의수준 $(\alpha = 0.05)$보다 작기 때문에 귀무가설을 기각한다.

### 13.6.3 회귀선 기울기의 신뢰구간 추정

앞서 설명한 바와 같이 회귀모형 기울기 $\beta_1$의 추정에 많은 관심을 갖는다. 그 이유는 변수들간의 선형관계의 존재를 파악하기 위함이다. 또 다른 방법으로 이를 추정할 수 있는데 바로 $\beta_1$에 대한 신뢰구간을 추정하는 것이다.

**$\beta_1$의 신뢰구간 추정** check

$\beta_1$에 대한 신뢰구간은 다음과 같이 설정된다.

$$b_1 \pm t_{\alpha/2} S_{b_1}$$

$$b_1 - t_{\alpha/2} S_{b_1} \leq \beta_1 \leq b_1 + t_{\alpha/2} S_{b_1}$$

여기서 $t_{\alpha/2} =$ 자유도가 $n-2$인 $t$분포에서의 임계치

〈그림 13-9〉를 살펴보면,

$$b_1 = 8.71,\ n = 20,\ S_{b_1} = 1.22$$

95% 신뢰구간을 설정한다고 하면, $\alpha/2 = 0.025$가 되고, [부록 4]에서 $t_{\alpha/2} = 2.101$이므로

$$b_1 \pm t_{\alpha/2} S_{b_1} = 8.71 \pm (1.22)(2.101)$$
$$6.14 \leq \beta_1 \leq 11.28$$

그러므로 추정된 모집단의 기울기가 6.14와 11.28 사이에 있을 것이라고 95% 신뢰할 수 있다. 이 신뢰구간이 의미하는 바는 보험지급액이 1억 원 증가할 때마다, 예측되는 정보처리비용은 적어도 6.14(백만 원) 이상 최대로 11.28(백만 원)까지 증가한다는 것이다. 특히, 신뢰구간이 0을 포함하지 않고 있다는 것은 보험지급액과 정보처리비용 간에 유의한 선형관계가 존재한다는 것을 의미하고 있다. 만일 신뢰구간이 0을 포함하고 있다면, 우리는 두 변수 간에 유의한 선형관계가 없다고 결론을 내릴 수 있다.

## 13.7 요약

회귀분석은 두 변수 간의 관계 유무 정도를 판단하여 준다. 즉 $\beta_1$이 0이 아니라면 독립변수가 종속변수의 영향을 주는 주원인임을 객관적으로 말해준다. 이 결과는 외생변수의 효과가 무력화된 상태에서 나온 것이므로 안심하고 사용하여도 좋은 것이다. 이 결과는 다음 경우에 사용될 수 있을 것이다.

첫째, 회귀분석은 종속변수를 예측(predict)하기 위하여 사용된다. 예를 들면 회계담당자는 특정 프로젝트의 간접비용을 예측하기 위하여 독립변수로서 프로젝트에 필요한 노동시간 수($X_1$)를 사용하여 종속변수($Y$)인 프로젝트의 간접비용(overhead cost) 값을 예측할 수 있다.

둘째, 종속변수를 통제(control)하기 위하여 회귀분석이 이용된다. 예를 들어 음료회사는 청량음료의 광고 예산과 같은 독립변수의 값을 변화시킴으로써 종속변수($Y$)인 시장점유율의 변화를 통제할 수 있다.

셋째, 회귀분석과 분산분석, 그리고 카이분석은 데이터의 성질에 따라 나눌 수도 있다. 데이터는 연속데이터(몸무게, 키 등)와 비연속데이터(남자, 여자, 학번 등)로 나뉘

표 13-5 데이터와 분석기법

| 구분 | 독립변수($X$) | 종속변수($Y$) |
|---|---|---|
| 회귀분석 | 연속 | 연속 |
| 분산분석 | 비연속 | 연속 |
| 카이분석 | 비연속 | 비연속 |

는데, 〈표 13-5〉와 같이 정리할 수 있다. 즉, 회귀분석은 연속 독립변수와 연속 종속변수 문제를 다루고, 분산분석은 비연속 독립변수와 연속 종속변수를 다룬다. 하지만 연속데이터는 비연속데이터로 전환이 가능하다. 연속데이터를 1/3씩 나누어 큼, 중간, 작음 등 세 그룹으로 나누면 이는 비연속데이터가 되는 것이다.

## 13.8 Excel 실습

Microsoft Excel 2013을 이용하여 회귀분석을 하는 방법은 두 가지가 있다. 먼저, 두 변수의 산포도를 그려서 회귀선을 추정하는 방법이 있고, 두 번째는 [데이터 분석] 기능을 이용하는 것이다. 먼저 다음 예제를 통해 산포도를 이용하여 회귀분석을 하는 과정을 구체적으로 알아보자.

**예제 13-4**

**충주컴퓨터 판매주식회사는 PC의 판매를 담당하는 회사이다. 일반화된 판매계약조건으로 충주컴퓨터(주)는 PC에 대한 정기적인 애프터서비스를 제공하고 있다. 그러나 충주컴퓨터(주)는 컴퓨터 애프터서비스에 대한 경험이 부족하기 때문에 서비스를 수행하는데 요구되는 시간에 대한 정보를 갖고자 한다. 이러한 목적으로 충주컴퓨터(주)는 처음 11번의 서비스 요구에 대한 데이터를 수집하였다. 수집된 데이터는 아래의 표와 같다.**

| 컴퓨터 수($X$) | 수리 시간($Y$) |
|---|---|
| 4 | 109 |
| 2 | 58 |
| 5 | 138 |
| 7 | 189 |
| 1 | 37 |
| 3 | 82 |
| 4 | 103 |
| 5 | 134 |
| 2 | 68 |
| 4 | 112 |
| 6 | 154 |

Excel에서 **산포도를 그려 회귀분석을 실시하라.**

**풀이** 먼저, 회귀분석을 실시하기 위해 〈그림 13-11〉과 같이 데이터를 입력한다.

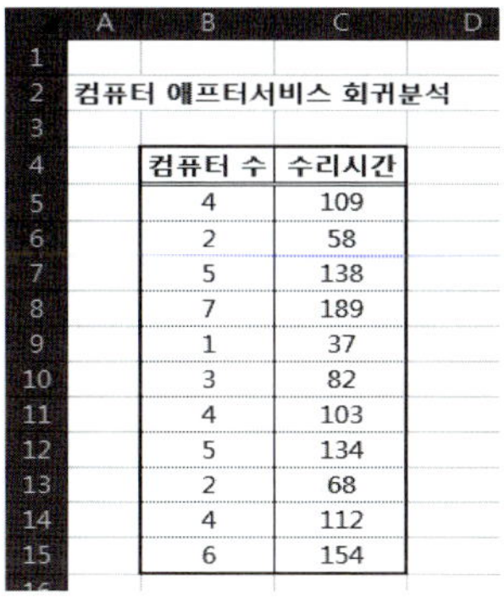

컴퓨터 애프터서비스 회귀분석

| 컴퓨터 수 | 수리시간 |
|---|---|
| 4 | 109 |
| 2 | 58 |
| 5 | 138 |
| 7 | 189 |
| 1 | 37 |
| 3 | 82 |
| 4 | 103 |
| 5 | 134 |
| 2 | 68 |
| 4 | 112 |
| 6 | 154 |

그림 13-11

회귀분석을 실시하기 전에 컴퓨터의 수($X$)와 수리 시간($Y$) 사이에 대략적인 관계가 있는지의 여부를 확인해야 하며, 이는 산포도를 이용하여 확인할 수 있다.

산포도를 그리기 위해 데이터의 입력범위(B4:C15)를 선택하여 리본 메뉴의 [삽입] 탭에서 [차트] 부분의 [분산형]을 클릭하면 분산형 차트의 종류를 확인할 수 있다(그림 13-12).

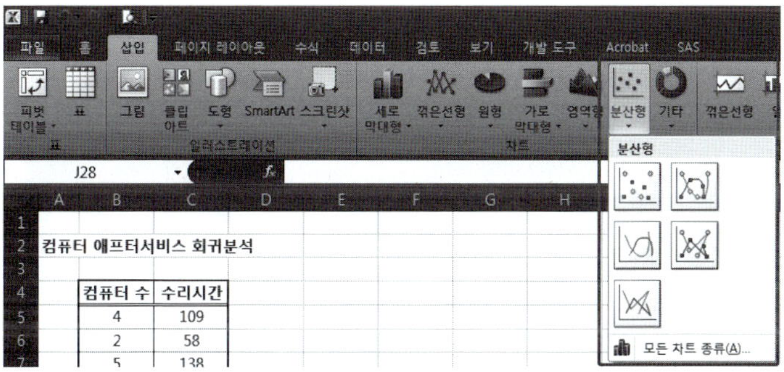


그림 13-12

〈그림 13-12〉에 나타난 5가지 분산형 차트 중 [표식만 있는 분산형] 차트를 클릭하면 〈그림 13-13〉과 같이 두 변수의 산포도가 생성된다. 이해를 돕기 위해 약간의 수정을 하였다.

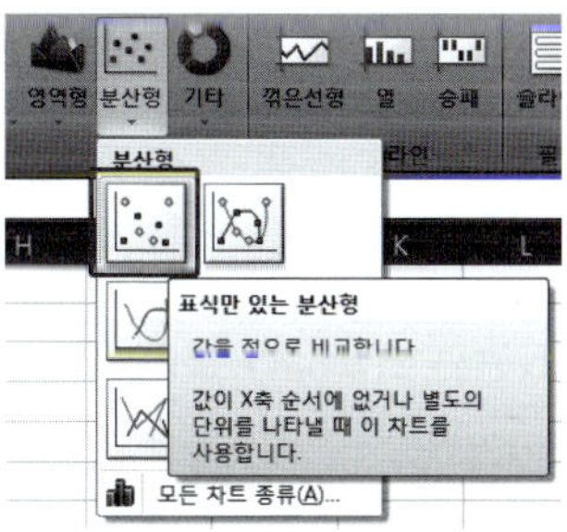


그림 13-13

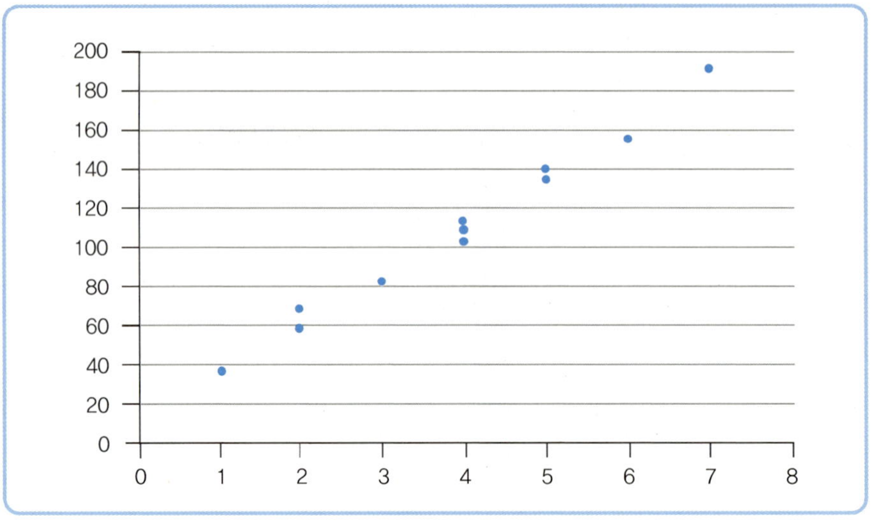


그림 13-14

산포도 그래프의 X축은 '컴퓨터의 수'이고, Y축은 '수리 시간'을 나타낸다. 산포도를 그려 두 변수의 관계를 살펴본 결과 대략적인 선형관계가 있을 것으로 확인되었다. 따라서 회귀선을 추정해보고자 한다.

차트를 선택하면 리본메뉴에 [차트 도구]라는 메뉴가 추가로 생성된다. 이는 선택한 차트를 편집할 수 있는 기능들을 모아놓은 메뉴이다.

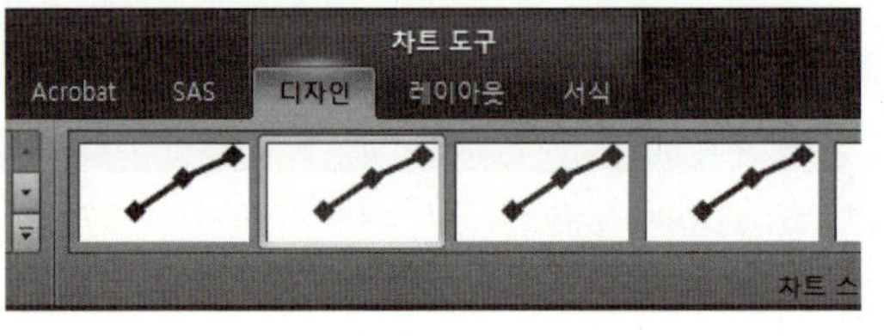


그림 13-15

생성된 [차트 도구]의 리본메뉴 중 [디자인] 탭에 있는 [차트 레이아웃]은 선택된 차트를 지정된 양식으로 한 번에 변경해주는 메뉴로 [차트 레이아웃] 오른쪽의 모양의 단추를 클릭하면 더 많은 종류의 차트를 한꺼번에 볼 수 있다.

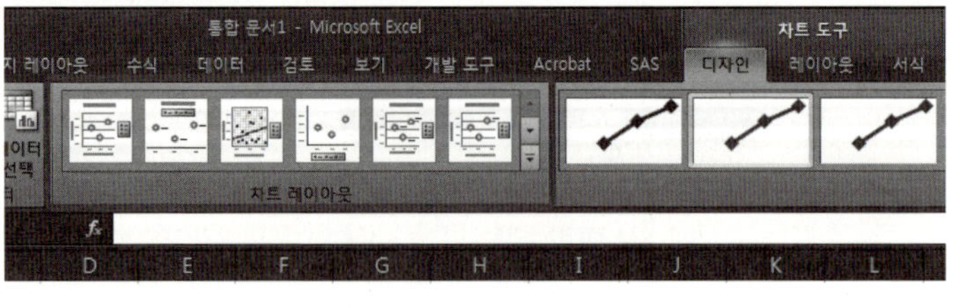


그림 13-16

Excel에서 제공하는 [차트 레이아웃] 중 [레이아웃 9]를 선택하여 클릭하면 산포도의 양식이 바뀌며 〈그림 13-16〉과 같이 산포도에 회귀선과 회귀모델, 그리고 결정계수가 표시되는 것을 확인할 수 있다.

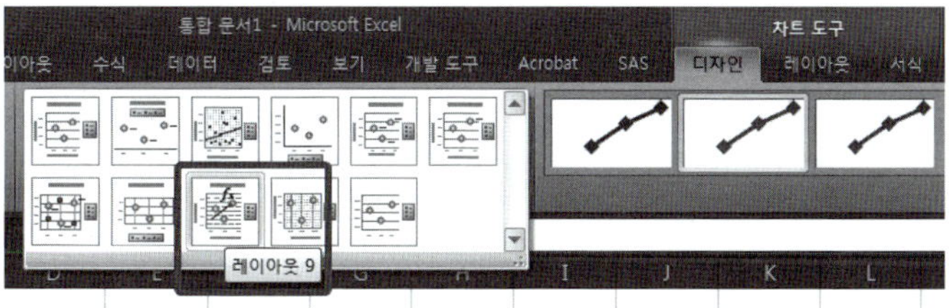


그림 13-17

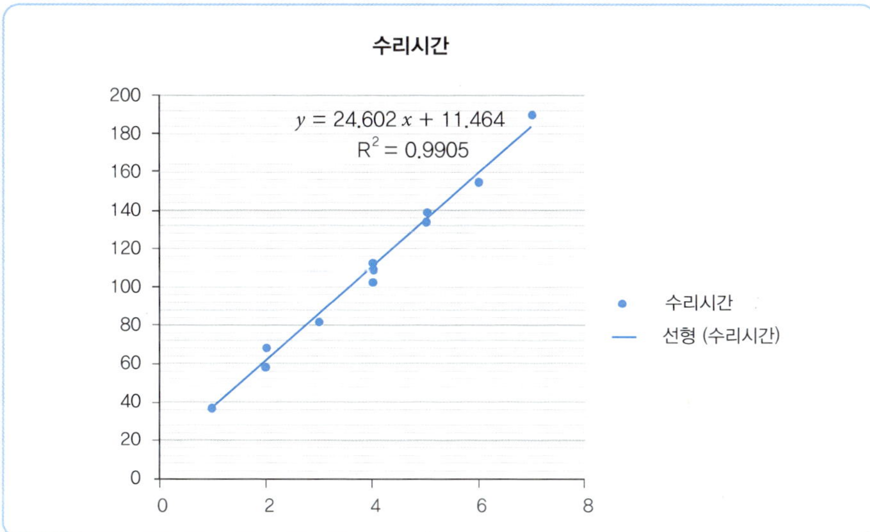


그림 13-18

추정된 회귀모형은 아래와 같다.

$$\hat{Y} = 24.602X + 11.464$$

$R^2$가 바로 결정계수를 말하는데, 결정계수 값은 0.9905로 나타났다. 이는 서비스 시간이 변하는 것의 99.05%는 컴퓨터의 수가 변화하는 것으로 설명할 수 있다는 것을 말해준다.

---

산포도를 이용하여 회귀분석을 하는 것은 절차가 간편하고 그래프를 이용하여 알아보기 쉽다는 장점이 있으나 회귀모델의 유의성이나 각 계수의 추정에 대한 정보가 제공되지 않는다는 단점이 있다.

[데이터 분석] 기능을 이용하여 회귀분석을 실시할 경우 〈그림 13-10〉에서 본 것과 같이 회귀모델뿐 아니라 모델의 유의도와 계수의 추정 정보가 함께 제공된다. [데이터

분석] 기능을 이용하여 회귀분석을 하는 방법을 구체적으로 살펴보기 위해 위의 예제를 다시 한 번 풀어보자.

**예제 13-5**

**[예제 13-4]를 [데이터 분석] 기능을 이용하여 회귀분석을 실시하라.**

**풀이** [예제 13-4]의 데이터를 〈그림 13-10〉과 같이 입력하고, Excel 창 상단의 리본 메뉴에서 [데이터] 탭의 [데이터 분석]을 클릭하여 [통계 데이터 분석] 창을 생성시킨다.

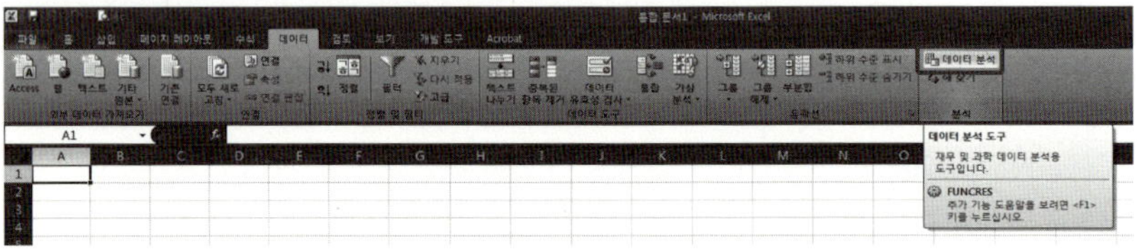

그림 13-19

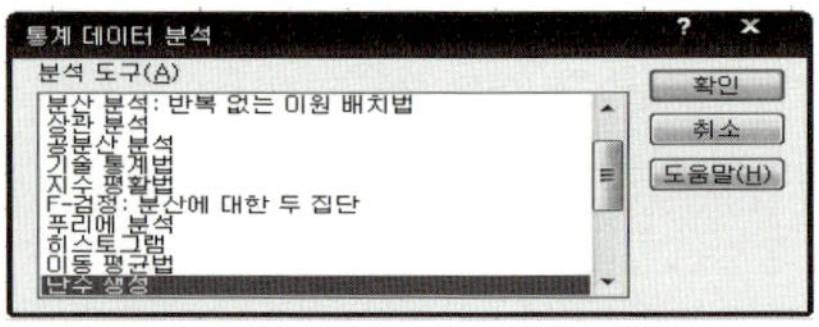

그림 13-20

[통계 데이터 분석] 창이 생성되면 왼쪽의 [분석 도구(A)] 창에서 [회귀 분석]을 선택하고, 오른쪽의 [확인] 단추를 클릭하여 [회귀 분석] 창을 생성시킨다.

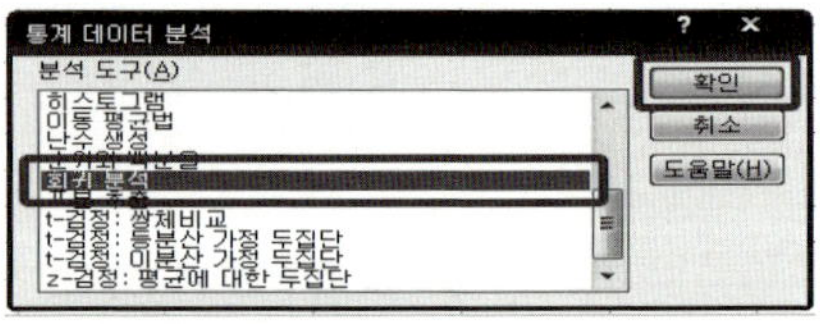

그림 13-21

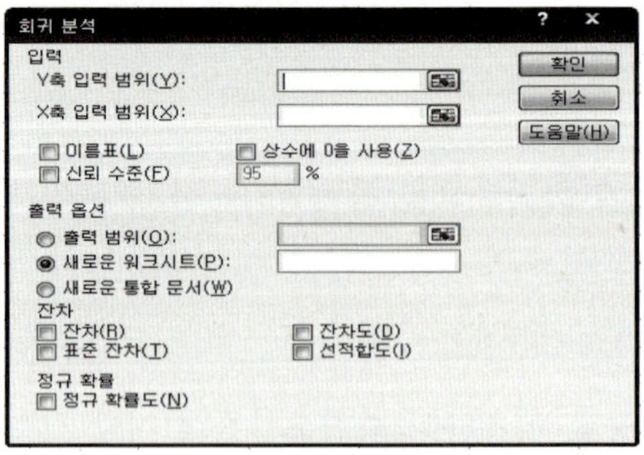

그림 13-22

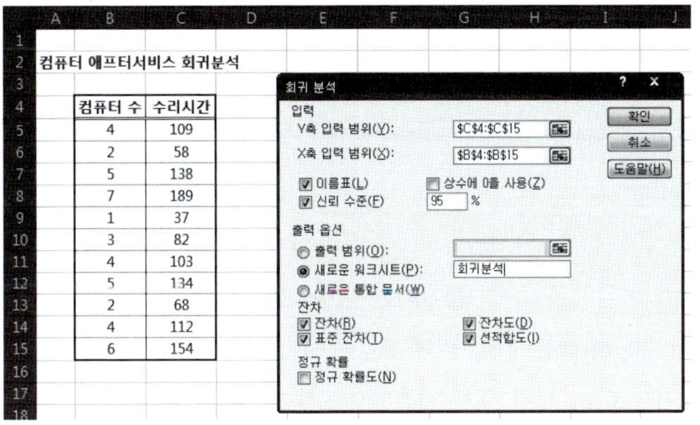


그림 13-23

[회귀 분석] 창이 생성되면 〈그림 13-23〉과 같이 [Y축 입력 범위(Y)]에는 종속변수인 수리시간을 입력한 범위($C$4:$C$15)를, [X축 입력 범위(X)]에는 독립변수인 컴퓨터 수를 입력한 범위($B$4:$B$15)를 각각 입력한다.

계속해서 입력 범위 밑에 있는 [이름표(L)], [신뢰 수준(F)]을 체크해주고, 신뢰수준은 95%로 지정한다. [상수에 0을 사용(Z)]은 회귀모델의 $b_0$를 0으로 지정하여 회귀선을 추정하는 옵션인데, 이는 체크를 하지 않는다.

다음으로 [출력 옵션]을 살펴보면 [새로운 워크시트(P)]를 선택하여 [회귀분석]이라는 이름의 새로운 워크시트에 회귀분석 결과를 출력하도록 설정한다.

마지막으로 [잔차]의 모든 옵션(잔차, 잔차도, 표준잔차, 선적합도)을 체크한 뒤 [회귀분석] 창 오른쪽 상단의 [확인] 단추를 클릭하면 〈그림 13-24〉와 같이 결과가 출력된다.

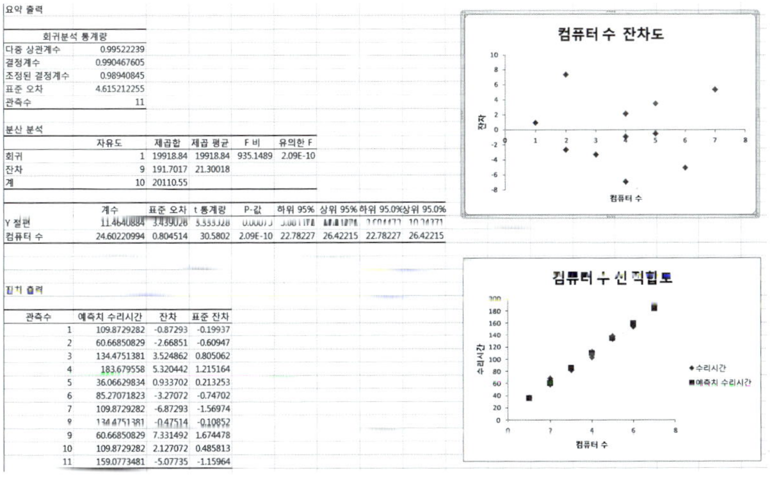


그림 13-24

결과에 대한 해석은 [예제 13-4]에서와 동일하다.

## 사례연구 : 프로야구단의 연봉과 승률

사람들은 '돈으로는 행복을 살수 없다'라는 말을 인정하지만, 프로야구단에서는 그렇지 않은 것 같다. K 구단은 가능한 빠른 시일 내에 4강 플레이오프에 진출하고, 한국시리즈에서 우승한다는 목표를 갖고, "겨울 이적 시장"에서 자유계약선수로 풀린 대어급 스타 선수들을 막대한 돈으로 잡으려고 한다. 그 이유는 2011년 한국시리즈 우승팀인 삼성 라이온스가 구단별 평균연봉으로 역대 최고금액인 1억 1,768만 원으로 1위를 차지하였으며, 2011년의 경우에는 SK 와이번스의 1억 1,402만 원이었다. K 구단 역시 연봉이 높은 선수를 영입하면, 4강 플레이오프 및 한국시리즈 진출이 더 용이할 것으로 판단하고 있으나 의사결정을 뒷받침할 만한 통계적인 근거를 획득한 후, 의사결정을 하기로 하였다.

한 가지 문제점은 한국의 경우에는 프로야구단이 8개 밖에 없기 때문에 통계적으로 유의한 결과를 획득하기 어렵다. 이러한 문제점을 극복하기 위해, 야구의 발상지인 미국 메이저리그의 자료를 확보하여 분석하여, 많은 비용이 요구되는 선수들을 영입하는 것이 타당한 의사결정인지를 확인하고자 한다.

다음의 자료는 2010년도 미국 메이저리그의 모든 팀들의 승률과 선수들에게 지급된 평균연봉을 요약한 것이다. 이 자료를 분석함으로써, K 구단의 의사결정, 즉 "구단이 많은 돈을 투입하면 팀 성적을 올릴 수 있다"를 지지할 수 있는 결과를 획득할 수 있겠는가?

(1) 승률과 총 연봉 지불액 간의 상관계수는 얼마인가?

(2) 2010년의 경우, 승률과 총 연봉 지불액 간의 회귀분석을 실시하여, 총 연봉 지불액이 승률에 영향을 미쳤다고 판단할 수 있는가?

| 팀명 | 승률 | 총 연봉 |
|---|---|---|
| Arizona | 0.370 | $60,718,166 |
| Atlanta | 0.585 | $84,423,666 |
| Baltimore | 0.283 | $81,612,500 |
| Boston | 0.574 | $162,447,333 |
| Chicago Cubs | 0.453 | $146,609,000 |
| Chicago WhiteSox | 0.423 | $105,530,000 |
| Cincinnati | 0.574 | $71,761,542 |
| Cleveland | 0.373 | $61,203,966 |
| Colorado | 0.528 | $84,227,000 |
| Detroit | 0.519 | $122,864,928 |
| Florida | 0.500 | $57,034,719 |
| Houston | 0.358 | $92,355,500 |
| Kansas City | 0.407 | $71,405,210 |
| Los Angeles Angels | 0.491 | $104,963,866 |
| Los Angeles Dodgers | 0.585 | $95,358,016 |
| Milwaukee | 0.415 | $81,108,278 |
| Minnesota | 0.585 | $97,559,166 |
| New York Mets | 0.500 | $134,422,942 |
| New York Yankees | 0.623 | $206,333,389 |
| Oakland | 0.519 | $51,654,900 |
| Philadelphia | 0.538 | $141,928,379 |
| Pittsburgh | 0.415 | $34,943,000 |
| San Diego | 0.604 | $37,799,300 |
| San Francisco | 0.538 | $98,641,333 |
| Seattle | 0.404 | $86,510,000 |
| St. Louis | 0.574 | $93,540,751 |
| Tampa Bay | 0.667 | $71,923,471 |
| Texas | 0.500 | $55,250,544 |
| Toronto | 0.564 | $62,234,000 |
| Washington | 0.481 | $61,400,000 |

자료: http://hawkonomics.blogspot.kr/2010/06/payroll-and-performance-in-mlb.html

# 연 / 습 / 문 / 제

**01** 회귀분석을 정의하고 그 목적이 무엇인지를 생각해보라.

**02** 다음의 언급에 대해 논하라.

> 회귀모델은 $\hat{Y} = b_0 + b_1 X$로 표시된다.

**03** 표본으로부터 추정된 회귀선이 표본관측치에 얼마나 적합한가를 나타내는 척도를 무엇이라고 하는가?

**04** 회귀분석에서 종속변수 $Y_i$는 확률변수로서 확률분포를 갖는다. 종속변수 $Y_i$의 확률분포를 정의하라.

**05** 아래와 같은 두 변수에 대한 표본자료로부터 회귀선을 추정한다고 가정하자.

| $X$ | 5 | 10 | 15 | 20 |
|---|---|---|---|---|
| $Y$ | 23 | 38 | 62 | 77 |

(1) 회귀선을 추정하는 방법을 무엇이라고 하는가?
(2) $\sum X_i Y_i$의 값은 얼마인가?
(3) $\sum X_i^2$의 값은 얼마인가?
(4) $\sum Y_i^2$의 값은 얼마인가?
(5) 회귀 방정식을 구하라.
(6) $x = 12$일 때 $y$의 값을 예측하라.
(7) 회귀선의 SSE를 계산하라.

**06** 마케팅 관리자는 제품 가격에 대한 수요를 관측하여 아래와 같이 정리하였다. 다음 물음에 답하라.

〈수요량과 가격의 관계〉

| 제품 수요 ($Y$) | 제품 가격 ($X$) |
|---|---|
| 252,000 | 2,000 |
| 244,000 | 2,200 |
| 241,000 | 2,400 |
| 234,000 | 2,600 |
| 230,000 | 2,800 |
| 233,000 | 3,000 |

(1) 수요를 Y축으로, 가격을 X축으로 하여 산포도를 작성하라.

(2) 이 자료에 대해 선형예측 방정식을 사용하는 것이 적절한가? 그 이유를 설명하라.

(3) 위의 자료를 사용하여 최소자승회귀계수 $b_0$, $b_1$을 계산하라.

(4) 예측 회귀방정식을 구하라.

(5) 가격이 2,100, 2,750, 3,000인 경우 제품의 수요를 예측방정식을 사용하여 예측하라.

**07** 가나다 회사는 자사제품에 대한 광고 활동이 어느 정도 판매량에 영향을 주고 있는지 즉 판매에 대한 광고 활동(media advertising, direct mailings, etc)의 효과를 결정하고자 한다. 이 회사는 지난 10년간 광고 활동과 판매에 관련된 데이터를 갖고 있다. 판매가 국가경제 상태와 밀접한 관계가 있다는 것을 결정하기 위해 경제활동지표(index on economic activity, IEA)의 데이터도 갖고 있다. 다음 물음에 답하라.

〈광고 활동과 판매에 관련된 데이터〉

| 연간 광고 활동비 (단위: $1,000) | 경제활동지표 | 연간 판매액 (단위: $1,000) |
|---|---|---|
| 12 | 83 | 95 |
| 15 | 85 | 100 |
| 10 | 86 | 84 |
| 8 | 86 | 65 |
| 20 | 88 | 110 |
| 12 | 89 | 105 |
| 25 | 91 | 120 |
| 14 | 92 | 90 |
| 15 | 82 | 96 |
| 18 | 75 | 115 |

(1) 가나다 회사의 마케팅 담당으로 미래의 수요를 예측하는 작업을 부과 받았다고 가정하자. 이 작업을 위해 엑셀을 사용하여 ① 각각의 독립변수(판매액)와 종속변수에 대해 산포도를 작성하고, ② 각각의 독립변수와 종속변수에 대해 회귀선을 찾고, ③ $R^2$값의 의미를 설명하라.

(2) 만일 가나다 회사가 내년에 13,000달러를 광고 활동비에 사용하고 경제활동지표가 81로 예측된다면 가나다 회사의 내년 판매액은 어떻게 예측하기 위해 어떤 변수를 사용한 회귀방정식이 보다 적절하다고 판단하는가?

**08** **아래의 데이터들은 10명의 학생이 통계학 과목의 퀴즈 성적 (25점 만점)과 학기말 고사성적(200점 만점)을 포함하고 있다. 퀴즈 점수와 학기말 고사 점수와의 관계를 분석하기 위하여 퀴즈 점수를 독립변수로 학기말 고사 점수를 종속변수로 처리하여 회귀분석을 실시하라. 그리고 5%의 유의수준 하에서 회귀방정식이 통계적으로 유의한지를 검정하라.**

| 학생 | 퀴즈 점수 | 학기말 고사 점수 |
|---|---|---|
| 1 | 20 | 155 |
| 2 | 21 | 160 |
| 3 | 10 | 125 |
| 4 | 15 | 150 |
| 5 | 24 | 180 |
| 6 | 22 | 175 |
| 7 | 18 | 145 |
| 8 | 14 | 140 |
| 9 | 17 | 165 |
| 10 | 15 | 140 |

**09** **다음은 10개 브랜드에 대한 42인치 스마트 TV의 가격과 소비자 평가 점수에 대한 자료이다. 소비자 평가 항목에는 가격을 포함한 여러 요소들을 측정하였는데, 연구자는 가격이 소비자의 평가에 영향을 미치는지를 분석하고자 한다.**

| 브랜드 | 가격(천원) | 소비자 평가 점수 |
|---|---|---|
| A | 560 | 62 |
| B | 560 | 53 |
| C | 540 | 44 |
| D | 700 | 50 |
| E | 660 | 54 |
| F | 400 | 39 |
| G | 800 | 66 |
| H | 600 | 55 |
| I | 500 | 34 |
| J | 600 | 39 |

(1) 회귀 모델을 구하라. 즉 $b_0$와 $b_1$을 구하라.

(2) 5%의 유의수준에서 회귀 모델은 통계적으로 유의한가?

(3) 결정계수를 구하라.

(4) TV의 가격이 320,000원일 경우 예상되는 소비자 점수는 몇 점인가?

**10** 약국을 개설하려고 하는 김씨는 약품의 월간 판매액과 약국 앞을 지나다니는 통행인의 수 사이에 관계가 있다고 생각하여 통행인이 많은 곳에 약국을 개설하고자 하였다. 그러나 원하는 지점의 임대료로 너무 비싸기 때문에 진정으로 월간 판매액과 통행인의 수 사이에 관계가 있는지를 알고자 한다. 이를 위해 김씨는 서울제일대 학생에게 컨설팅을 부탁하였다. 학생은 20개의 약국을 선정하여 관련 자료를 수집하고 이 자료를 이용하여 아래와 같은 결과를 Excel에서 발견하였다. 통행인의 수은 월간 통행인의 수(단위: 100명)를, 그리고 판매액은 월간 판매액(단위: 100만 원)로 나타내었다. 다음 물음에 답하라.

| 요약 출력 | | | | | |
|---|---|---|---|---|---|
| **회귀분석 통계량** | | | | | |
| 다중 상관계수 | 0.933436 | | | | |
| 결정계수 | 0.871303 | | | | |
| 조정된 결정계수 | 0.864154 | | | | |
| 표준 오차 | 4.138047 | | | | |
| 관측수 | 20 | | | | |
| | | | | | |
| 분산 분석 | | | | | |
| | 자유도 | 제곱합 | 제곱 평균 | F 비 | 유의한 F |
| 회귀 | 1 | 2086.728 | 2086.728 | 121.8639 | 1.91E-09 |
| 잔차 | 18 | 308.2217 | 17.12343 | | |
| 계 | 19 | 2394.95 | | | |
| | | | | | |
| | 계수 | 표준 오차 | t 통계량 | P-값 | 하위 95% |
| Y 절편 | 15.34939 | 3.704685 | 4.143239 | 0.000611 | 7.566135 |
| 통행인 수 | 0.87709 | 0.079452 | 11.03392 | 1.91E-09 | 0.710167 |

(1) 표본 회귀선을 식으로 표현하고 그 의미를 설명하라.

(2) 실제 관측치와 회귀선의 차이($Y_i - \widehat{Y}_i$)의 표준편차의 추정치는 얼마인가?

(3) 다음과 같은 가설($H_0 : \beta_1 = 0$, $H_a : \beta_1 > 0$)을 검정하는 데 있어 가장 적절한 결론은 무엇인가?

(4) 표본 결정계수는 얼마인가?

(5) 판매액의 변동 중에서 통행인의 수에 의해 설명되지 않는 비율, 즉 잔차 변동의 비율은 약 얼마인가?

(6) 개설하고자 하는 지점의 예상통행인의 수는 약 5,000명이다. 이 경우 예상 판매액에 대한 점추정값은?

(7) 최소자승 추정치 $b_0$, $b_1$은 무엇을 최소화함으로써 구할 수 있는가?

**11** **고객 예금액의 증가와 은행 주식에 대한 총 배당금 지불액 간의 관계에 대한 연구가 수행되었다. 예금액의 증가와 배당금 지불액은 모두 단위가 억 원으로 표시되어 아래에 나타나 있으며 회귀분석을 사용한 결과도 아래에 나타나 있다. 다음 질문에 답하라.**

| 분산 분석 | | | | | |
|---|---|---|---|---|---|
| | 자유도 | 제곱합 | 제곱 평균 | F 비 | 유의한 F |
| 회귀 | 1 | 53.72382 | 53.72382 | 5.515804 | 3.68E-02 |
| 잔차 | 12 | 116.8798 | 9.73998 | | |
| 계 | 13 | 170.6036 | | | |

| | 계수 | 표준 오차 | t 통계량 | P-값 | 하위 95% |
|---|---|---|---|---|---|
| Y 절편 | 13.0283 | 2.528863 | 5.151839 | 0.00024 | 7.518377 |
| 배당금 | -9.22399 | 3.927484 | -2.34857 | 3.68E-02 | -17.7812 |

(1) 위의 분석 결과를 표현한 표본 회귀선은?

(2) 만일 배당금 지급액이 0.5억 원이라면 평균 예금액 증가액에 대한 점 추정치 값은 얼마인가?

(3) $H_0$ : $\beta_1 = 0$, $H_a$ : $\beta_1 \neq 0$을 검정하는 데 있어 가장 적절한 결론은?

(4) 표본 결정계수는 얼마이며 그것이 의미하는 바는 무엇인가?

# 부록

# 1. 누적이항확률분포표

$$P(x \le c) = \sum_{x=0}^{c} p(x)$$

$(a)$ $n=5$

| $c$ | $p$ | | | | | | | | | | | | |
|---|---|---|---|---|---|---|---|---|---|---|---|---|---|
| | 0.01 | 0.05 | 0.10 | 0.20 | 0.30 | 0.40 | 0.50 | 0.60 | 0.70 | 0.80 | 0.90 | 0.95 | 0.99 |
| 0 | 0.951 | 0.774 | 0.590 | 0.328 | 0.168 | 0.078 | 0.031 | 0.010 | 0.002 | 0.000 | 0.000 | 0.000 | 0.000 |
| 1 | 0.999 | 0.977 | 0.919 | 0.737 | 0.528 | 0.337 | 0.188 | 0.087 | 0.031 | 0.007 | 0.000 | 0.000 | 0.000 |
| 2 | 1.000 | 0.999 | 0.991 | 0.942 | 0.837 | 0.683 | 0.500 | 0.317 | 0.163 | 0.058 | 0.009 | 0.001 | 0.000 |
| 3 | 1.000 | 1.000 | 1.000 | 0.993 | 0.969 | 0.913 | 0.813 | 0.663 | 0.472 | 0.263 | 0.081 | 0.023 | 0.001 |
| 4 | 1.000 | 1.000 | 1.000 | 1.000 | 0.998 | 0.990 | 0.969 | 0.922 | 0.832 | 0.672 | 0.410 | 0.226 | 0.049 |

$(b)$ $n=10$

| $c$ | $p$ | | | | | | | | | | | | |
|---|---|---|---|---|---|---|---|---|---|---|---|---|---|
| | 0.01 | 0.05 | 0.10 | 0.20 | 0.30 | 0.40 | 0.50 | 0.60 | 0.70 | 0.80 | 0.90 | 0.95 | 0.99 |
| 0 | 0.904 | 0.599 | 0.349 | 0.107 | 0.028 | 0.006 | 0.001 | 0.000 | 0.000 | 0.000 | 0.000 | 0.000 | 0.000 |
| 1 | 0.996 | 0.914 | 0.736 | 0.376 | 0.149 | 0.046 | 0.011 | 0.002 | 0.000 | 0.000 | 0.000 | 0.000 | 0.000 |
| 2 | 1.000 | 0.988 | 0.930 | 0.678 | 0.383 | 0.167 | 0.055 | 0.012 | 0.002 | 0.000 | 0.000 | 0.000 | 0.000 |
| 3 | 1.000 | 0.999 | 0.987 | 0.879 | 0.650 | 0.382 | 0.172 | 0.055 | 0.011 | 0.001 | 0.000 | 0.000 | 0.000 |
| 4 | 1.000 | 1.000 | 0.998 | 0.967 | 0.850 | 0.633 | 0.377 | 0.166 | 0.047 | 0.006 | 0.000 | 0.000 | 0.000 |
| 5 | 1.000 | 1.000 | 1.000 | 0.994 | 0.953 | 0.834 | 0.623 | 0.367 | 0.150 | 0.033 | 0.002 | 0.000 | 0.000 |
| 6 | 1.000 | 1.000 | 1.000 | 0.999 | 0.989 | 0.945 | 0.828 | 0.618 | 0.350 | 0.121 | 0.013 | 0.001 | 0.000 |
| 7 | 1.000 | 1.000 | 1.000 | 1.000 | 0.998 | 0.988 | 0.945 | 0.833 | 0.617 | 0.322 | 0.070 | 0.012 | 0.000 |
| 8 | 1.000 | 1.000 | 1.000 | 1.000 | 1.000 | 0.998 | 0.989 | 0.954 | 0.851 | 0.624 | 0.264 | 0.086 | 0.004 |
| 9 | 1.000 | 1.000 | 1.000 | 1.000 | 1.000 | 1.000 | 0.999 | 0.994 | 0.972 | 0.893 | 0.651 | 0.401 | 0.096 |

(c) $n=15$

| $c$ | $p$ | | | | | | | | | | | | |
|---|---|---|---|---|---|---|---|---|---|---|---|---|---|
| | 0.01 | 0.05 | 0.10 | 0.20 | 0.30 | 0.40 | 0.50 | 0.60 | 0.70 | 0.80 | 0.90 | 0.95 | 0.99 |
| 0 | 0.860 | 0.463 | 0.206 | 0.035 | 0.005 | 0.000 | 0.000 | 0.000 | 0.000 | 0.000 | 0.000 | 0.000 | 0.000 |
| 1 | 0.990 | 0.829 | 0.549 | 0.167 | 0.035 | 0.005 | 0.000 | 0.000 | 0.000 | 0.000 | 0.000 | 0.000 | 0.000 |
| 2 | 1.000 | 0.964 | 0.816 | 0.398 | 0.127 | 0.027 | 0.004 | 0.000 | 0.000 | 0.000 | 0.000 | 0.000 | 0.000 |
| 3 | 1.000 | 0.995 | 0.944 | 0.648 | 0.297 | 0.091 | 0.018 | 0.002 | 0.000 | 0.000 | 0.000 | 0.000 | 0.000 |
| 4 | 1.000 | 0.999 | 0.987 | 0.836 | 0.515 | 0.217 | 0.059 | 0.009 | 0.001 | 0.000 | 0.000 | 0.000 | 0.000 |
| 5 | 1.000 | 1.000 | 0.998 | 0.939 | 0.722 | 0.403 | 0.151 | 0.034 | 0.004 | 0.000 | 0.000 | 0.000 | 0.000 |
| 6 | 1.000 | 1.000 | 1.000 | 0.982 | 0.869 | 0.610 | 0.304 | 0.095 | 0.015 | 0.001 | 0.000 | 0.000 | 0.000 |
| 7 | 1.000 | 1.000 | 1.000 | 0.996 | 0.950 | 0.787 | 0.500 | 0.213 | 0.050 | 0.004 | 0.000 | 0.000 | 0.000 |
| 8 | 1.000 | 1.000 | 1.000 | 0.999 | 0.985 | 0.905 | 0.696 | 0.390 | 0.131 | 0.018 | 0.000 | 0.000 | 0.000 |
| 9 | 1.000 | 1.000 | 1.000 | 1.000 | 0.996 | 0.966 | 0.849 | 0.597 | 0.278 | 0.061 | 0.002 | 0.000 | 0.000 |
| 10 | 1.000 | 1.000 | 1.000 | 1.000 | 0.999 | 0.991 | 0.941 | 0.783 | 0.485 | 0.164 | 0.013 | 0.001 | 0.000 |
| 11 | 1.000 | 1.000 | 1.000 | 1.000 | 1.000 | 0.998 | 0.982 | 0.909 | 0.703 | 0.352 | 0.056 | 0.005 | 0.000 |
| 12 | 1.000 | 1.000 | 1.000 | 1.000 | 1.000 | 1.000 | 0.996 | 0.973 | 0.873 | 0.602 | 0.184 | 0.036 | 0.000 |
| 13 | 1.000 | 1.000 | 1.000 | 1.000 | 1.000 | 1.000 | 1.000 | 0.995 | 0.965 | 0.833 | 0.451 | 0.171 | 0.010 |
| 14 | 1.000 | 1.000 | 1.000 | 1.000 | 1.000 | 1.000 | 1.000 | 1.000 | 0.995 | 0.965 | 0.794 | 0.537 | 0.140 |

(d) $n=20$

| $c$ | $p$ | | | | | | | | | | | | |
|---|---|---|---|---|---|---|---|---|---|---|---|---|---|
| | 0.01 | 0.05 | 0.10 | 0.20 | 0.30 | 0.40 | 0.50 | 0.60 | 0.70 | 0.80 | 0.90 | 0.95 | 0.99 |
| 0 | 0.818 | 0.358 | 0.122 | 0.012 | 0.001 | 0.000 | 0.000 | 0.000 | 0.000 | 0.000 | 0.000 | 0.000 | 0.000 |
| 1 | 0.983 | 0.736 | 0.392 | 0.069 | 0.008 | 0.001 | 0.000 | 0.000 | 0.000 | 0.000 | 0.000 | 0.000 | 0.000 |
| 2 | 0.999 | 0.925 | 0.677 | 0.206 | 0.035 | 0.004 | 0.000 | 0.000 | 0.000 | 0.000 | 0.000 | 0.000 | 0.000 |
| 3 | 1.000 | 0.984 | 0.867 | 0.411 | 0.107 | 0.016 | 0.001 | 0.000 | 0.000 | 0.000 | 0.000 | 0.000 | 0.000 |
| 4 | 1.000 | 0.997 | 0.957 | 0.630 | 0.238 | 0.051 | 0.006 | 0.000 | 0.000 | 0.000 | 0.000 | 0.000 | 0.000 |
| 5 | 1.000 | 1.000 | 0.989 | 0.804 | 0.416 | 0.126 | 0.021 | 0.002 | 0.000 | 0.000 | 0.000 | 0.000 | 0.000 |
| 6 | 1.000 | 1.000 | 0.998 | 0.913 | 0.608 | 0.250 | 0.058 | 0.006 | 0.000 | 0.000 | 0.000 | 0.000 | 0.000 |
| 7 | 1.000 | 1.000 | 1.000 | 0.968 | 0.772 | 0.416 | 0.132 | 0.021 | 0.001 | 0.000 | 0.000 | 0.000 | 0.000 |
| 8 | 1.000 | 1.000 | 1.000 | 0.990 | 0.887 | 0.596 | 0.252 | 0.057 | 0.005 | 0.000 | 0.000 | 0.000 | 0.000 |
| 9 | 1.000 | 1.000 | 1.000 | 0.997 | 0.952 | 0.755 | 0.412 | 0.128 | 0.017 | 0.001 | 0.000 | 0.000 | 0.000 |
| 10 | 1.000 | 1.000 | 1.000 | 0.999 | 0.983 | 0.872 | 0.588 | 0.245 | 0.048 | 0.003 | 0.000 | 0.000 | 0.000 |
| 11 | 1.000 | 1.000 | 1.000 | 1.000 | 0.995 | 0.943 | 0.748 | 0.404 | 0.113 | 0.010 | 0.000 | 0.000 | 0.000 |
| 12 | 1.000 | 1.000 | 1.000 | 1.000 | 0.999 | 0.979 | 0.868 | 0.584 | 0.228 | 0.032 | 0.000 | 0.000 | 0.000 |
| 13 | 1.000 | 1.000 | 1.000 | 1.000 | 1.000 | 0.994 | 0.942 | 0.750 | 0.392 | 0.087 | 0.002 | 0.000 | 0.000 |
| 14 | 1.000 | 1.000 | 1.000 | 1.000 | 1.000 | 0.998 | 0.979 | 0.874 | 0.584 | 0.196 | 0.011 | 0.000 | 0.000 |
| 15 | 1.000 | 1.000 | 1.000 | 1.000 | 1.000 | 1.000 | 0.994 | 0.949 | 0.762 | 0.370 | 0.043 | 0.003 | 0.000 |
| 16 | 1.000 | 1.000 | 1.000 | 1.000 | 1.000 | 1.000 | 0.999 | 0.984 | 0.893 | 0.589 | 0.133 | 0.016 | 0.000 |
| 17 | 1.000 | 1.000 | 1.000 | 1.000 | 1.000 | 1.000 | 1.000 | 0.996 | 0.965 | 0.794 | 0.323 | 0.075 | 0.001 |
| 18 | 1.000 | 1.000 | 1.000 | 1.000 | 1.000 | 1.000 | 1.000 | 0.999 | 0.992 | 0.931 | 0.608 | 0.264 | 0.017 |
| 19 | 1.000 | 1.000 | 1.000 | 1.000 | 1.000 | 1.000 | 1.000 | 1.000 | 0.999 | 0.988 | 0.878 | 0.642 | 0.182 |

(e) $n = 25$

| $c$ | $p$ | | | | | | | | | | | | |
|---|---|---|---|---|---|---|---|---|---|---|---|---|---|
| | 0.01 | 0.05 | 0.10 | 0.20 | 0.30 | 0.40 | 0.50 | 0.60 | 0.70 | 0.80 | 0.90 | 0.95 | 0.99 |
| 0 | 0.778 | 0.277 | 0.072 | 0.004 | 0.000 | 0.000 | 0.000 | 0.000 | 0.000 | 0.000 | 0.000 | 0.000 | 0.000 |
| 1 | 0.974 | 0.642 | 0.271 | 0.027 | 0.002 | 0.000 | 0.000 | 0.000 | 0.000 | 0.000 | 0.000 | 0.000 | 0.000 |
| 2 | 0.998 | 0.873 | 0.537 | 0.098 | 0.009 | 0.000 | 0.000 | 0.000 | 0.000 | 0.000 | 0.000 | 0.000 | 0.000 |
| 3 | 1.000 | 0.966 | 0.764 | 0.234 | 0.033 | 0.002 | 0.000 | 0.000 | 0.000 | 0.000 | 0.000 | 0.000 | 0.000 |
| 4 | 1.000 | 0.993 | 0.902 | 0.421 | 0.090 | 0.009 | 0.000 | 0.000 | 0.000 | 0.000 | 0.000 | 0.000 | 0.000 |
| 5 | 1.000 | 0.999 | 0.967 | 0.617 | 0.193 | 0.029 | 0.002 | 0.000 | 0.000 | 0.000 | 0.000 | 0.000 | 0.000 |
| 6 | 1.000 | 1.000 | 0.991 | 0.780 | 0.341 | 0.074 | 0.007 | 0.000 | 0.000 | 0.000 | 0.000 | 0.000 | 0.000 |
| 7 | 1.000 | 1.000 | 0.998 | 0.891 | 0.512 | 0.154 | 0.022 | 0.001 | 0.000 | 0.000 | 0.000 | 0.000 | 0.000 |
| 8 | 1.000 | 1.000 | 1.000 | 0.953 | 0.677 | 0.274 | 0.054 | 0.004 | 0.000 | 0.000 | 0.000 | 0.000 | 0.000 |
| 9 | 1.000 | 1.000 | 1.000 | 0.983 | 0.811 | 0.425 | 0.115 | 0.013 | 0.000 | 0.000 | 0.000 | 0.000 | 0.000 |
| 10 | 1.000 | 1.000 | 1.000 | 0.994 | 0.902 | 0.586 | 0.212 | 0.034 | 0.002 | 0.000 | 0.000 | 0.000 | 0.000 |
| 11 | 1.000 | 1.000 | 1.000 | 0.998 | 0.956 | 0.732 | 0.345 | 0.078 | 0.006 | 0.000 | 0.000 | 0.000 | 0.000 |
| 12 | 1.000 | 1.000 | 1.000 | 1.000 | 0.983 | 0.846 | 0.500 | 0.154 | 0.017 | 0.000 | 0.000 | 0.000 | 0.000 |
| 13 | 1.000 | 1.000 | 1.000 | 1.000 | 0.994 | 0.922 | 0.655 | 0.268 | 0.044 | 0.002 | 0.000 | 0.000 | 0.000 |
| 14 | 1.000 | 1.000 | 1.000 | 1.000 | 0.998 | 0.966 | 0.788 | 0.414 | 0.098 | 0.006 | 0.000 | 0.000 | 0.000 |
| 15 | 1.000 | 1.000 | 1.000 | 1.000 | 1.000 | 0.987 | 0.885 | 0.575 | 0.189 | 0.017 | 0.000 | 0.000 | 0.000 |
| 16 | 1.000 | 1.000 | 1.000 | 1.000 | 1.000 | 0.996 | 0.946 | 0.726 | 0.323 | 0.047 | 0.000 | 0.000 | 0.000 |
| 17 | 1.000 | 1.000 | 1.000 | 1.000 | 1.000 | 0.999 | 0.978 | 0.846 | 0.488 | 0.109 | 0.002 | 0.000 | 0.000 |
| 18 | 1.000 | 1.000 | 1.000 | 1.000 | 1.000 | 1.000 | 0.993 | 0.926 | 0.659 | 0.220 | 0.009 | 0.000 | 0.000 |
| 19 | 1.000 | 1.000 | 1.000 | 1.000 | 1.000 | 1.000 | 0.998 | 0.971 | 0.807 | 0.383 | 0.033 | 0.001 | 0.000 |
| 20 | 1.000 | 1.000 | 1.000 | 1.000 | 1.000 | 1.000 | 1.000 | 0.991 | 0.910 | 0.579 | 0.098 | 0.007 | 0.000 |
| 21 | 1.000 | 1.000 | 1.000 | 1.000 | 1.000 | 1.000 | 1.000 | 0.998 | 0.967 | 0.766 | 0.236 | 0.034 | 0.000 |
| 22 | 1.000 | 1.000 | 1.000 | 1.000 | 1.000 | 1.000 | 1.000 | 1.000 | 0.991 | 0.902 | 0.463 | 0.127 | 0.002 |
| 23 | 1.000 | 1.000 | 1.000 | 1.000 | 1.000 | 1.000 | 1.000 | 1.000 | 0.998 | 0.973 | 0.729 | 0.358 | 0.026 |
| 24 | 1.000 | 1.000 | 1.000 | 1.000 | 1.000 | 1.000 | 1.000 | 1.000 | 1.000 | 0.996 | 0.928 | 0.723 | 0.222 |

## 2. 누적포아송확률분포표

$$P(x \le c) = \sum_{x=0}^{c} \frac{\lambda^x e^{-\lambda}}{x!} \quad (\lambda : \text{평균})$$

| $c$ | $\lambda$ | | | | | | | | | | | | |
|---|---|---|---|---|---|---|---|---|---|---|---|---|---|
| | 0.10 | 0.20 | 0.30 | 0.40 | 0.50 | 0.60 | 0.70 | 0.80 | 0.90 | 1.00 | 1.10 | 1.20 | 1.30 |
| 0 | 0.905 | 0.819 | 0.741 | 0.670 | 0.607 | 0.549 | 0.497 | 0.449 | 0.407 | 0.368 | 0.333 | 0.301 | 0.273 |
| 1 | 0.995 | 0.982 | 0.963 | 0.938 | 0.910 | 0.878 | 0.844 | 0.809 | 0.772 | 0.736 | 0.699 | 0.663 | 0.627 |
| 2 | 1.000 | 0.999 | 0.996 | 0.992 | 0.986 | 0.977 | 0.966 | 0.953 | 0.937 | 0.920 | 0.900 | 0.879 | 0.857 |
| 3 | 1.000 | 1.000 | 1.000 | 0.999 | 0.998 | 0.997 | 0.994 | 0.991 | 0.987 | 0.981 | 0.974 | 0.966 | 0.957 |
| 4 | 1.000 | 1.000 | 1.000 | 1.000 | 1.000 | 1.000 | 0.999 | 0.999 | 0.998 | 0.996 | 0.995 | 0.992 | 0.989 |
| 5 | 1.000 | 1.000 | 1.000 | 1.000 | 1.000 | 1.000 | 1.000 | 1.000 | 1.000 | 0.999 | 0.999 | 0.998 | 0.998 |
| 6 | 1.000 | 1.000 | 1.000 | 1.000 | 1.000 | 1.000 | 1.000 | 1.000 | 1.000 | 1.000 | 1.000 | 1.000 | 1.000 |
| 7 | 1.000 | 1.000 | 1.000 | 1.000 | 1.000 | 1.000 | 1.000 | 1.000 | 1.000 | 1.000 | 1.000 | 1.000 | 1.000 |

| $c$ | $\lambda$ | | | | | | | | | | | | |
|---|---|---|---|---|---|---|---|---|---|---|---|---|---|
| | 1.40 | 4.50 | 1.60 | 1.70 | 1.80 | 1.90 | 2.00 | 2.10 | 2.20 | 2.30 | 2.40 | 2.50 | 2.60 |
| 0 | 0.247 | 0.223 | 0.202 | 0.183 | 0.165 | 0.150 | 0.135 | 0.122 | 0.111 | 0.100 | 0.091 | 0.082 | 0.074 |
| 1 | 0.592 | 0.558 | 0.525 | 0.493 | 0.463 | 0.434 | 0.406 | 0.380 | 0.355 | 0.331 | 0.308 | 0.287 | 0.267 |
| 2 | 0.833 | 0.809 | 0.783 | 0.757 | 0.731 | 0.704 | 0.677 | 0.650 | 0.623 | 0.596 | 0.570 | 0.544 | 0.518 |
| 3 | 0.946 | 0.934 | 0.921 | 0.907 | 0.891 | 0.875 | 0.857 | 0.839 | 0.819 | 0.799 | 0.779 | 0.758 | 0.736 |
| 4 | 0.986 | 0.981 | 0.976 | 0.970 | 0.964 | 0.956 | 0.947 | 0.938 | 0.928 | 0.916 | 0.904 | 0.891 | 0.877 |
| 5 | 0.997 | 0.996 | 0.994 | 0.992 | 0.990 | 0.987 | 0.983 | 0.980 | 0.975 | 0.970 | 0.964 | 0.958 | 0.951 |
| 6 | 0.999 | 0.999 | 0.999 | 0.998 | 0.997 | 0.997 | 0.995 | 0.994 | 0.993 | 0.991 | 0.988 | 0.986 | 0.983 |
| 7 | 1.000 | 1.000 | 1.000 | 1.000 | 0.999 | 0.999 | 0.999 | 0.999 | 0.998 | 0.997 | 0.997 | 0.996 | 0.995 |
| 8 | 1.000 | 1.000 | 1.000 | 1.000 | 1.000 | 1.000 | 1.000 | 1.000 | 1.000 | 0.999 | 0.999 | 0.999 | 0.999 |
| 9 | 1.000 | 1.000 | 1.000 | 1.000 | 1.000 | 1.000 | 1.000 | 1.000 | 1.000 | 1.000 | 1.000 | 1.000 | 1.000 |

| $c$ | $\lambda$ | | | | | | | | | | | | |
|---|---|---|---|---|---|---|---|---|---|---|---|---|---|
| | 2.70 | 2.80 | 2.90 | 3.00 | 3.10 | 3.20 | 3.30 | 3.40 | 3.50 | 3.60 | 3.70 | 3.80 | 3.90 |
| 0 | 0.067 | 0.061 | 0.055 | 0.050 | 0.045 | 0.041 | 0.037 | 0.033 | 0.030 | 0.027 | 0.025 | 0.022 | 0.020 |
| 1 | 0.249 | 0.231 | 0.215 | 0.199 | 0.185 | 0.171 | 0.159 | 0.147 | 0.136 | 0.126 | 0.116 | 0.107 | 0.099 |
| 2 | 0.494 | 0.469 | 0.446 | 0.423 | 0.401 | 0.380 | 0.359 | 0.340 | 0.321 | 0.303 | 0.285 | 0.269 | 0.253 |
| 3 | 0.714 | 0.692 | 0.670 | 0.647 | 0.625 | 0.603 | 0.580 | 0.558 | 0.537 | 0.515 | 0.494 | 0.473 | 0.453 |
| 4 | 0.863 | 0.848 | 0.832 | 0.815 | 0.798 | 0.781 | 0.763 | 0.744 | 0.725 | 0.706 | 0.687 | 0.668 | 0.648 |
| 5 | 0.943 | 0.935 | 0.926 | 0.916 | 0.906 | 0.895 | 0.883 | 0.871 | 0.858 | 0.844 | 0.830 | 0.816 | 0.801 |
| 6 | 0.979 | 0.976 | 0.971 | 0.966 | 0.961 | 0.955 | 0.949 | 0.942 | 0.935 | 0.927 | 0.918 | 0.909 | 0.899 |
| 7 | 0.993 | 0.992 | 0.990 | 0.988 | 0.986 | 0.983 | 0.980 | 0.977 | 0.973 | 0.969 | 0.965 | 0.960 | 0.955 |
| 8 | 0.998 | 0.998 | 0.997 | 0.996 | 0.995 | 0.994 | 0.993 | 0.992 | 0.990 | 0.988 | 0.986 | 0.984 | 0.981 |
| 9 | 0.999 | 0.999 | 0.999 | 0.999 | 0.999 | 0.998 | 0.998 | 0.997 | 0.997 | 0.996 | 0.995 | 0.994 | 0.993 |
| 10 | 1.000 | 1.000 | 1.000 | 1.000 | 1.000 | 1.000 | 0.999 | 0.999 | 0.999 | 0.999 | 0.998 | 0.998 | 0.998 |
| 11 | 1.000 | 1.000 | 1.000 | 1.000 | 1.000 | 1.000 | 1.000 | 1.000 | 1.000 | 1.000 | 1.000 | 0.999 | 0.999 |
| 12 | 1.000 | 1.000 | 1.000 | 1.000 | 1.000 | 1.000 | 1.000 | 1.000 | 1.000 | 1.000 | 1.000 | 1.000 | 1.000 |

| $c$ | $\lambda$ | | | | | | | | | | | | |
|---|---|---|---|---|---|---|---|---|---|---|---|---|---|
| | 4.00 | 4.50 | 5.00 | 5.50 | 6.00 | 6.50 | 7.00 | 7.50 | 8.00 | 8.50 | 9.00 | 9.50 | 10.00 |
| 0 | 0.018 | 0.011 | 0.007 | 0.004 | 0.002 | 0.002 | 0.001 | 0.001 | 0.000 | 0.000 | 0.000 | 0.000 | 0.000 |
| 1 | 0.092 | 0.061 | 0.040 | 0.027 | 0.017 | 0.011 | 0.007 | 0.005 | 0.003 | 0.002 | 0.001 | 0.001 | 0.000 |
| 2 | 0.238 | 0.174 | 0.125 | 0.088 | 0.062 | 0.043 | 0.030 | 0.020 | 0.014 | 0.009 | 0.006 | 0.004 | 0.003 |
| 3 | 0.433 | 0.342 | 0.265 | 0.202 | 0.151 | 0.112 | 0.082 | 0.059 | 0.042 | 0.030 | 0.021 | 0.015 | 0.010 |
| 4 | 0.629 | 0.532 | 0.440 | 0.358 | 0.285 | 0.224 | 0.173 | 0.132 | 0.100 | 0.074 | 0.055 | 0.040 | 0.029 |
| 5 | 0.785 | 0.703 | 0.616 | 0.529 | 0.446 | 0.369 | 0.301 | 0.241 | 0.191 | 0.150 | 0.116 | 0.089 | 0.067 |
| 6 | 0.889 | 0.831 | 0.762 | 0.686 | 0.606 | 0.527 | 0.450 | 0.378 | 0.313 | 0.256 | 0.207 | 0.165 | 0.130 |
| 7 | 0.949 | 0.913 | 0.867 | 0.809 | 0.744 | 0.673 | 0.599 | 0.525 | 0.453 | 0.386 | 0.324 | 0.269 | 0.220 |
| 8 | 0.979 | 0.960 | 0.932 | 0.894 | 0.847 | 0.792 | 0.729 | 0.662 | 0.593 | 0.523 | 0.456 | 0.392 | 0.333 |
| 9 | 0.992 | 0.983 | 0.968 | 0.946 | 0.916 | 0.877 | 0.830 | 0.776 | 0.717 | 0.653 | 0.587 | 0.522 | 0.458 |
| 10 | 0.997 | 0.993 | 0.986 | 0.975 | 0.957 | 0.933 | 0.901 | 0.862 | 0.816 | 0.763 | 0.706 | 0.645 | 0.583 |
| 11 | 0.999 | 0.998 | 0.995 | 0.989 | 0.980 | 0.966 | 0.947 | 0.921 | 0.888 | 0.849 | 0.803 | 0.752 | 0.697 |
| 12 | 1.000 | 0.999 | 0.998 | 0.996 | 0.991 | 0.984 | 0.973 | 0.957 | 0.936 | 0.909 | 0.876 | 0.836 | 0.792 |
| 13 | 1.000 | 1.000 | 0.999 | 0.998 | 0.996 | 0.993 | 0.987 | 0.978 | 0.966 | 0.949 | 0.926 | 0.898 | 0.864 |
| 14 | 1.000 | 1.000 | 1.000 | 0.999 | 0.999 | 0.997 | 0.994 | 0.990 | 0.983 | 0.973 | 0.959 | 0.940 | 0.917 |
| 15 | 1.000 | 1.000 | 1.000 | 1.000 | 0.999 | 0.999 | 0.998 | 0.995 | 0.992 | 0.986 | 0.978 | 0.967 | 0.951 |
| 16 | 1.000 | 1.000 | 1.000 | 1.000 | 1.000 | 1.000 | 0.999 | 0.998 | 0.996 | 0.993 | 0.989 | 0.982 | 0.973 |
| 17 | 1.000 | 1.000 | 1.000 | 1.000 | 1.000 | 1.000 | 1.000 | 0.999 | 0.998 | 0.997 | 0.995 | 0.991 | 0.986 |
| 18 | 1.000 | 1.000 | 1.000 | 1.000 | 1.000 | 1.000 | 1.000 | 1.000 | 0.999 | 0.999 | 0.998 | 0.996 | 0.993 |
| 19 | 1.000 | 1.000 | 1.000 | 1.000 | 1.000 | 1.000 | 1.000 | 1.000 | 1.000 | 0.999 | 0.999 | 0.998 | 0.997 |
| 20 | 1.000 | 1.000 | 1.000 | 1.000 | 1.000 | 1.000 | 1.000 | 1.000 | 1.000 | 1.000 | 1.000 | 0.999 | 0.998 |
| 21 | 1.000 | 1.000 | 1.000 | 1.000 | 1.000 | 1.000 | 1.000 | 1.000 | 1.000 | 1.000 | 1.000 | 1.000 | 0.999 |
| 22 | 1.000 | 1.000 | 1.000 | 1.000 | 1.000 | 1.000 | 1.000 | 1.000 | 1.000 | 1.000 | 1.000 | 1.000 | 1.000 |

# 3. 표준정규분포표

$$P(0 \le z \le z_0) = \int_0^{z_0} \frac{1}{\sqrt{2\pi}} e^{-\frac{1}{2}z^2} dz$$

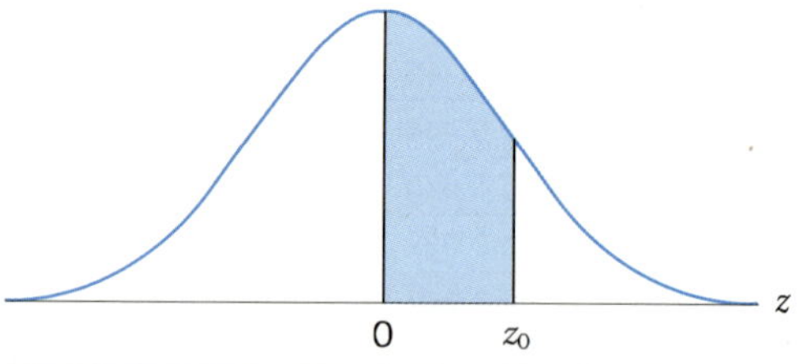


| $z$ | 0.00 | 0.01 | 0.02 | 0.03 | 0.04 | 0.05 | 0.06 | 0.07 | 0.08 | 0.09 |
|---|---|---|---|---|---|---|---|---|---|---|
| 0.0 | 0.0000 | 0.0040 | 0.0080 | 0.0120 | 0.0160 | 0.0199 | 0.0239 | 0.0279 | 0.0319 | 0.0359 |
| 0.1 | 0.0398 | 0.0438 | 0.0478 | 0.0517 | 0.0557 | 0.0596 | 0.0636 | 0.0675 | 0.0714 | 0.0753 |
| 0.2 | 0.0793 | 0.0832 | 0.0871 | 0.0910 | 0.0948 | 0.0987 | 0.1026 | 0.1064 | 0.1103 | 0.1141 |
| 0.3 | 0.1179 | 0.1217 | 0.1255 | 0.1293 | 0.1331 | 0.1368 | 0.1406 | 0.1443 | 0.1480 | 0.1517 |
| 0.4 | 0.1554 | 0.1591 | 0.1628 | 0.1664 | 0.1700 | 0.1736 | 0.1772 | 0.1808 | 0.1844 | 0.1879 |
| 0.5 | 0.1915 | 0.1950 | 0.1985 | 0.2019 | 0.2054 | 0.2088 | 0.2123 | 0.2157 | 0.2190 | 0.2224 |
| 0.6 | 0.2257 | 0.2291 | 0.2324 | 0.2357 | 0.2389 | 0.2422 | 0.2454 | 0.2486 | 0.2517 | 0.2549 |
| 0.7 | 0.2580 | 0.2611 | 0.2642 | 0.2673 | 0.2704 | 0.2734 | 0.2764 | 0.2794 | 0.2823 | 0.2852 |
| 0.8 | 0.2881 | 0.2910 | 0.2939 | 0.2967 | 0.2995 | 0.3023 | 0.3051 | 0.3078 | 0.3106 | 0.3133 |
| 0.9 | 0.3159 | 0.3186 | 0.3212 | 0.3238 | 0.3264 | 0.3289 | 0.3315 | 0.3340 | 0.3365 | 0.3389 |
| 1.0 | 0.3413 | 0.3438 | 0.3461 | 0.3485 | 0.3508 | 0.3531 | 0.3554 | 0.3577 | 0.3599 | 0.3621 |
| 1.1 | 0.3643 | 0.3665 | 0.3686 | 0.3708 | 0.3729 | 0.3749 | 0.3770 | 0.3790 | 0.3810 | 0.3830 |
| 1.2 | 0.3849 | 0.3869 | 0.3888 | 0.3907 | 0.3925 | 0.3944 | 0.3962 | 0.3980 | 0.3997 | 0.4015 |
| 1.3 | 0.4032 | 0.4049 | 0.4066 | 0.4082 | 0.4099 | 0.4115 | 0.4131 | 0.4147 | 0.4162 | 0.4177 |
| 1.4 | 0.4192 | 0.4207 | 0.4222 | 0.4236 | 0.4251 | 0.4265 | 0.4279 | 0.4292 | 0.4306 | 0.4319 |
| 1.5 | 0.4332 | 0.4345 | 0.4357 | 0.4370 | 0.4382 | 0.4394 | 0.4406 | 0.4418 | 0.4429 | 0.4441 |
| 1.6 | 0.4452 | 0.4463 | 0.4474 | 0.4484 | 0.4495 | 0.4505 | 0.4515 | 0.4525 | 0.4535 | 0.4545 |
| 1.7 | 0.4554 | 0.4564 | 0.4573 | 0.4582 | 0.4591 | 0.4599 | 0.4608 | 0.4616 | 0.4625 | 0.4633 |
| 1.8 | 0.4641 | 0.4649 | 0.4656 | 0.4664 | 0.4671 | 0.4678 | 0.4686 | 0.4693 | 0.4699 | 0.4706 |
| 1.9 | 0.4713 | 0.4719 | 0.4726 | 0.4732 | 0.4738 | 0.4744 | 0.4750 | 0.4756 | 0.4761 | 0.4767 |
| 2.0 | 0.4772 | 0.4778 | 0.4783 | 0.4788 | 0.4793 | 0.4798 | 0.4803 | 0.4808 | 0.4812 | 0.4817 |
| 2.1 | 0.4821 | 0.4826 | 0.4830 | 0.4834 | 0.4838 | 0.4842 | 0.4846 | 0.4850 | 0.4854 | 0.4857 |
| 2.2 | 0.4861 | 0.4864 | 0.4868 | 0.4871 | 0.4875 | 0.4878 | 0.4881 | 0.4884 | 0.4887 | 0.4890 |
| 2.3 | 0.4893 | 0.4896 | 0.4898 | 0.4901 | 0.4904 | 0.4906 | 0.4909 | 0.4911 | 0.4913 | 0.4916 |
| 2.4 | 0.4918 | 0.4920 | 0.4922 | 0.4925 | 0.4927 | 0.4929 | 0.4931 | 0.4932 | 0.4934 | 0.4936 |
| 2.5 | 0.4938 | 0.4940 | 0.4941 | 0.4943 | 0.4945 | 0.4946 | 0.4948 | 0.4949 | 0.4951 | 0.4952 |
| 2.6 | 0.4953 | 0.4955 | 0.4956 | 0.4957 | 0.4959 | 0.4960 | 0.4961 | 0.4962 | 0.4963 | 0.4964 |
| 2.7 | 0.4965 | 0.4966 | 0.4967 | 0.4968 | 0.4969 | 0.4970 | 0.4971 | 0.4972 | 0.4973 | 0.4974 |
| 2.8 | 0.4974 | 0.4975 | 0.4976 | 0.4977 | 0.4977 | 0.4978 | 0.4979 | 0.4979 | 0.4980 | 0.4981 |
| 2.9 | 0.4981 | 0.4982 | 0.4982 | 0.4983 | 0.4984 | 0.4984 | 0.4985 | 0.4985 | 0.4986 | 0.4986 |
| 3.0 | 0.4987 | 0.4987 | 0.4987 | 0.4988 | 0.4988 | 0.4989 | 0.4989 | 0.4989 | 0.4990 | 0.4990 |

# 4. $t$분포표

$P(t \geq t_\alpha) = \alpha$

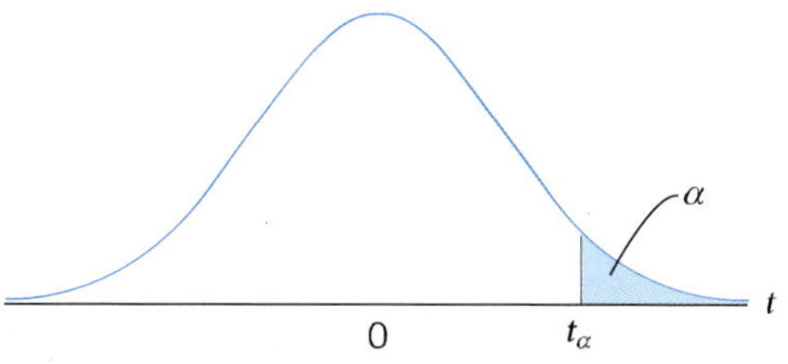


| $d.f.$ | $\alpha$ | | | | |
|---|---|---|---|---|---|
| | 0.1 | 0.05 | 0.025 | 0.01 | 0.005 |
| 1 | 3.078 | 6.314 | 12.706 | 31.821 | 63.657 |
| 2 | 1.886 | 2.920 | 4.303 | 6.965 | 9.925 |
| 3 | 1.638 | 2.353 | 3.182 | 4.541 | 5.841 |
| 4 | 1.533 | 2.132 | 2.776 | 3.747 | 4.604 |
| 5 | 1.476 | 2.015 | 2.571 | 3.365 | 4.032 |
| 6 | 1.440 | 1.943 | 2.447 | 3.143 | 3.707 |
| 7 | 1.415 | 1.895 | 2.365 | 2.998 | 3.499 |
| 8 | 1.397 | 1.860 | 2.306 | 2.896 | 3.355 |
| 9 | 1.383 | 1.833 | 2.262 | 2.821 | 3.250 |
| 10 | 1.372 | 1.812 | 2.228 | 2.764 | 3.169 |
| 11 | 1.363 | 1.796 | 2.201 | 2.718 | 3.106 |
| 12 | 1.356 | 1.782 | 2.179 | 2.681 | 3.055 |
| 13 | 1.350 | 1.771 | 2.160 | 2.650 | 3.012 |
| 14 | 1.345 | 1.761 | 2.145 | 2.624 | 2.977 |
| 15 | 1.341 | 1.753 | 2.131 | 2.602 | 2.947 |
| 16 | 1.337 | 1.746 | 2.120 | 2.583 | 2.921 |
| 17 | 1.333 | 1.740 | 2.110 | 2.567 | 2.898 |
| 18 | 1.330 | 1.734 | 2.101 | 2.552 | 2.878 |
| 19 | 1.328 | 1.729 | 2.093 | 2.539 | 2.861 |
| 20 | 1.325 | 1.725 | 2.086 | 2.528 | 2.845 |
| 21 | 1.323 | 1.721 | 2.080 | 2.518 | 2.831 |
| 22 | 1.321 | 1.717 | 2.074 | 2.508 | 2.819 |
| 23 | 1.319 | 1.714 | 2.069 | 2.500 | 2.807 |
| 24 | 1.318 | 1.711 | 2.064 | 2.492 | 2.797 |
| 25 | 1.316 | 1.708 | 2.060 | 2.485 | 2.787 |
| 26 | 1.315 | 1.706 | 2.056 | 2.479 | 2.779 |
| 27 | 1.314 | 1.703 | 2.052 | 2.473 | 2.771 |
| 28 | 1.313 | 1.701 | 2.048 | 2.467 | 2.763 |
| 29 | 1.311 | 1.699 | 2.045 | 2.462 | 2.756 |
| Infinity | 1.282 | 1.645 | 1.960 | 2.326 | 2.576 |

# 5. $\chi^2$ 분포표

$$P(\chi^2 \geq \chi_\alpha^2) = \alpha$$

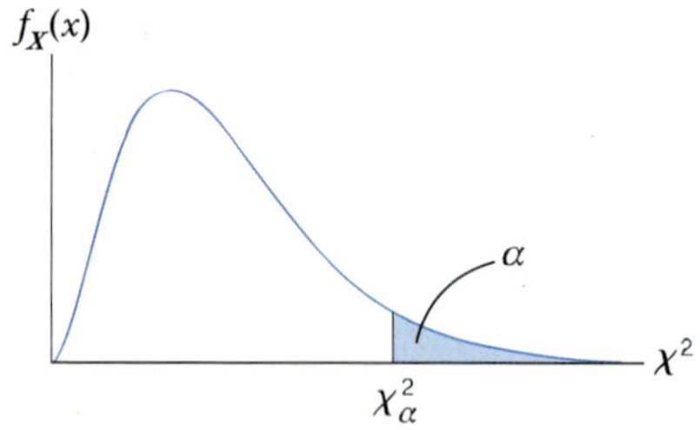


| $d.f.$ | $\chi^2_{0.995}$ | $\chi^2_{0.990}$ | $\chi^2_{0.975}$ | $\chi^2_{0.950}$ | $\chi^2_{0.900}$ | $\chi^2_{0.100}$ | $\chi^2_{0.050}$ | $\chi^2_{0.025}$ | $\chi^2_{0.010}$ | $\chi^2_{0.005}$ |
|---|---|---|---|---|---|---|---|---|---|---|
| 1 | 0.0000 | 0.0002 | 0.0010 | 0.0039 | 0.0158 | 2.7055 | 3.8415 | 5.0239 | 6.6349 | 7.8794 |
| 2 | 0.0100 | 0.0201 | 0.0506 | 0.1026 | 0.2107 | 4.6052 | 5.9915 | 7.3778 | 9.2103 | 10.5966 |
| 3 | 0.0717 | 0.1148 | 0.2158 | 0.3518 | 0.5844 | 6.2514 | 7.8147 | 9.3484 | 11.3449 | 12.8382 |
| 4 | 0.2070 | 0.2971 | 0.4844 | 0.7107 | 1.0636 | 7.7794 | 9.4877 | 11.1433 | 13.2767 | 14.8603 |
| 5 | 0.4117 | 0.5543 | 0.8312 | 1.1455 | 1.6103 | 9.2364 | 11.0705 | 12.8325 | 15.0863 | 16.7496 |
| 6 | 0.6757 | 0.8721 | 1.2373 | 1.6354 | 2.2041 | 10.6446 | 12.5916 | 14.4494 | 16.8119 | 18.5476 |
| 7 | 0.9893 | 1.2390 | 1.6899 | 2.1673 | 2.8331 | 12.0170 | 14.0671 | 16.0128 | 18.4753 | 20.2777 |
| 8 | 1.3444 | 1.6465 | 2.1797 | 2.7326 | 3.4895 | 13.3616 | 15.5073 | 17.5345 | 20.0902 | 21.9550 |
| 9 | 1.7349 | 2.0879 | 2.7004 | 3.3251 | 4.1682 | 14.6837 | 16.9190 | 19.0228 | 21.6660 | 23.5894 |
| 10 | 2.1559 | 2.5582 | 3.2470 | 3.9403 | 4.8652 | 15.9872 | 18.3070 | 20.4832 | 23.2093 | 25.1882 |
| 11 | 2.6032 | 3.0535 | 3.8157 | 4.5748 | 5.5778 | 17.2750 | 19.6751 | 21.9200 | 24.7250 | 26.7568 |
| 12 | 3.0738 | 3.5706 | 4.4038 | 5.2260 | 6.3038 | 18.5493 | 21.0261 | 23.3367 | 26.2170 | 28.2995 |
| 13 | 3.5650 | 4.1069 | 5.0088 | 5.8919 | 7.0415 | 19.8119 | 22.3620 | 24.7356 | 27.6882 | 29.8195 |
| 14 | 4.0747 | 4.6604 | 5.6287 | 6.5706 | 7.7895 | 21.0641 | 23.6848 | 26.1189 | 29.1412 | 31.3193 |
| 15 | 4.6009 | 5.2293 | 6.2621 | 7.2609 | 8.5468 | 22.3071 | 24.9958 | 27.4884 | 30.5779 | 32.8013 |
| 16 | 5.1422 | 5.8122 | 6.9077 | 7.9616 | 9.3122 | 23.5418 | 26.2962 | 28.8454 | 31.9999 | 34.2672 |
| 17 | 5.6972 | 6.4078 | 7.5642 | 8.6718 | 10.0852 | 24.7690 | 27.5871 | 30.1910 | 33.4087 | 35.7185 |
| 18 | 6.2648 | 7.0149 | 8.2307 | 9.3905 | 10.8649 | 25.9894 | 28.8693 | 31.5264 | 34.8053 | 37.1565 |
| 19 | 6.8440 | 7.6327 | 8.9065 | 10.1170 | 11.6509 | 27.2036 | 30.1435 | 32.8523 | 36.1909 | 38.5823 |
| 20 | 7.4338 | 8.2604 | 9.5908 | 10.8508 | 12.4426 | 28.4120 | 31.4104 | 34.1696 | 37.5662 | 39.9968 |
| 21 | 8.0337 | 8.8972 | 10.2829 | 11.5913 | 13.2396 | 29.6151 | 32.6706 | 35.4789 | 38.9322 | 41.4011 |
| 22 | 8.6427 | 9.5425 | 10.9823 | 12.3380 | 14.0415 | 30.8133 | 33.9244 | 36.7807 | 40.2894 | 42.7957 |
| 23 | 9.2604 | 10.1957 | 11.6886 | 13.0905 | 14.8480 | 32.0069 | 35.1725 | 38.0756 | 41.6384 | 44.1813 |
| 24 | 9.8862 | 10.8564 | 12.4012 | 13.8484 | 15.6587 | 33.1962 | 36.4150 | 39.3641 | 42.9798 | 45.5585 |
| 25 | 10.5197 | 11.5240 | 13.1197 | 14.6114 | 16.4734 | 34.3816 | 37.6525 | 40.6465 | 44.3141 | 46.9279 |
| 26 | 11.1602 | 12.1981 | 13.8439 | 15.3792 | 17.2919 | 35.5632 | 38.8851 | 41.9232 | 45.6417 | 48.2899 |
| 27 | 11.8076 | 12.8785 | 14.5734 | 16.1514 | 18.1139 | 36.7412 | 40.1133 | 43.1945 | 46.9629 | 49.6449 |
| 28 | 12.4613 | 13.5647 | 15.3079 | 16.9279 | 18.9392 | 37.9159 | 41.3371 | 44.4608 | 48.2782 | 50.9934 |
| 29 | 13.1211 | 14.2565 | 16.0471 | 17.7084 | 19.7677 | 39.0875 | 42.5570 | 45.7223 | 49.5879 | 52.3356 |
| 30 | 13.7867 | 14.9535 | 16.7908 | 18.4927 | 20.5992 | 40.2560 | 43.7730 | 46.9792 | 50.8922 | 53.6720 |
| 40 | 20.7065 | 22.1643 | 24.4330 | 26.5093 | 29.0505 | 51.8051 | 55.7585 | 59.3417 | 63.6907 | 66.7660 |
| 50 | 27.9907 | 29.7067 | 32.3574 | 34.7643 | 37.6886 | 63.1671 | 67.5048 | 71.4202 | 76.1539 | 79.4900 |
| 60 | 35.5345 | 37.4849 | 40.4817 | 43.1880 | 46.4589 | 74.3970 | 79.0819 | 83.2977 | 88.3794 | 91.9517 |
| 70 | 43.2752 | 45.4417 | 48.7576 | 51.7393 | 55.3289 | 85.5270 | 90.5312 | 95.0232 | 100.425 | 104.215 |
| 82 | 52.7674 | 55.1743 | 58.8446 | 62.1323 | 66.0757 | 98.7803 | 104.139 | 108.937 | 114.695 | 118.726 |
| 90 | 59.1963 | 61.7541 | 65.6466 | 69.1260 | 73.2911 | 107.565 | 113.145 | 118.136 | 124.116 | 128.299 |
| 100 | 67.3276 | 70.0649 | 74.2219 | 77.9295 | 82.3581 | 118.498 | 124.342 | 129.561 | 135.807 | 140.169 |

# 6. $F$분포표

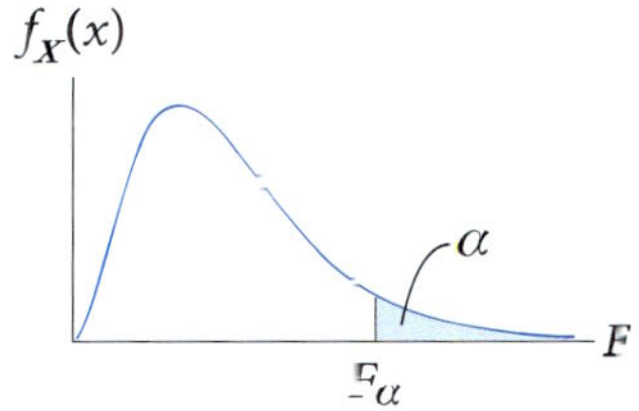


$P(F \geq F_\alpha) = \alpha$

$\alpha = 0.10$

| $v_2$ | $v_1(d.f.)$ | | | | | | | | | | | | | | | | | | |
|---|---|---|---|---|---|---|---|---|---|---|---|---|---|---|---|---|---|---|---|
| $(d.f.)$ | 1 | 2 | 3 | 4 | 5 | 6 | 7 | 8 | 9 | 10 | 12 | 15 | 20 | 24 | 30 | 40 | 60 | 120 | ∞ |
| 1 | 39.86 | 49.50 | 53.59 | 55.83 | 57.24 | 58.20 | 58.91 | 59.44 | 59.86 | 60.19 | 60.71 | 61.22 | 61.74 | 62.00 | 62.26 | 62.53 | 62.79 | 63.06 | 63.33 |
| 2 | 8.53 | 9.00 | 9.16 | 9.24 | 9.29 | 9.33 | 9.35 | 9.37 | 9.39 | 9.39 | 9.41 | 9.41 | 9.44 | 9.45 | 9.46 | 9.47 | 9.47 | 9.48 | 9.49 |
| 3 | 5.54 | 5.46 | 5.39 | 5.34 | 5.31 | 5.28 | 5.27 | 5.25 | 5.23 | 5.23 | 5.22 | 5.20 | 5.18 | 5.18 | 5.17 | 5.16 | 5.15 | 5.14 | 5.13 |
| 4 | 4.54 | 4.32 | 4.19 | 4.11 | 4.05 | 4.01 | 3.98 | 3.95 | 3.92 | 3.92 | 3.90 | 3.87 | 3.84 | 3.83 | 3.82 | 3.80 | 3.79 | 3.78 | 3.76 |
| 5 | 4.06 | 3.78 | 3.62 | 3.52 | 3.45 | 3.40 | 3.37 | 3.34 | 3.30 | 3.30 | 3.27 | 3.24 | 3.21 | 3.19 | 3.17 | 3.16 | 3.14 | 3.12 | 3.11 |
| 6 | 3.78 | 3.46 | 3.29 | 3.18 | 3.11 | 3.05 | 3.01 | 2.98 | 2.94 | 2.94 | 2.90 | 2.87 | 2.84 | 2.82 | 2.80 | 2.78 | 2.76 | 2.74 | 2.72 |
| 7 | 3.59 | 3.26 | 3.07 | 2.96 | 2.8 | 2.83 | 2.78 | 2.75 | 2.71 | 2.70 | 2.67 | 2.63 | 2.59 | 2.58 | 2.56 | 2.54 | 2.51 | 2.49 | 2.47 |
| 8 | 3.46 | 3.11 | 2.92 | 2.81 | 2.73 | 2.67 | 2.62 | 2.59 | 2.54 | 2.54 | 2.50 | 2.46 | 2.42 | 2.40 | 2.38 | 2.36 | 2.34 | 2.32 | 2.29 |
| 9 | 3.36 | 3.01 | 2.81 | 2.69 | 2.61 | 2.55 | 2.51 | 2.47 | 2.42 | 2.42 | 2.38 | 2.34 | 2.30 | 2.28 | 2.25 | 2.23 | 2.21 | 2.18 | 2.16 |
| 10 | 3.29 | 2.92 | 2.71 | 2.61 | 2.52 | 2.46 | 2.41 | 2.38 | 2.30 | 2.32 | 2.28 | 2.24 | 2.20 | 2.18 | 2.01 | 2.13 | 2.11 | 2.08 | 2.06 |
| 11 | 3.23 | 2.86 | 2.66 | 2.54 | 2.45 | 2.39 | 2.34 | 2.30 | 2.25 | 2.25 | 2.21 | 2.17 | 2.12 | 2.10 | 2.08 | 2.05 | 2.03 | 2.00 | 1.97 |
| 12 | 3.18 | 2.81 | 2.61 | 2.48 | 2.39 | 2.33 | 2.28 | 2.24 | 2.19 | 2.19 | 2.15 | 2.10 | 2.06 | 2.04 | 2.01 | 1.99 | 1.96 | 1.93 | 1.90 |
| 13 | 3.14 | 2.76 | 2.56 | 2.43 | 2.35 | 2.28 | 2.23 | 2.20 | 2.14 | 2.14 | 2.10 | 2.05 | 2.01 | 1.98 | 1.96 | 1.93 | 1.90 | 1.88 | 1.85 |
| 14 | 3.10 | 2.73 | 2.52 | 2.39 | 2.31 | 2.24 | 2.19 | 2.15 | 2.10 | 2.10 | 2.05 | 2.01 | 1.96 | 1.94 | 1.91 | 1.89 | 1.86 | 1.83 | 1.80 |
| 15 | 3.07 | 2.70 | 2.49 | 2.36 | 2.27 | 2.21 | 2.16 | 2.12 | 2.06 | 2.06 | 2.02 | 1.97 | 1.92 | 1.90 | 1.87 | 1.85 | 1.82 | 1.79 | 1.76 |
| 16 | 3.05 | 2.67 | 2.46 | 2.33 | 2.24 | 2.18 | 2.13 | 2.09 | 2.03 | 2.03 | 1.96 | 1.94 | 1.89 | 1.87 | 1.84 | 1.81 | 1.78 | 1.75 | 1.72 |
| 17 | 3.03 | 2.64 | 2.44 | 2.31 | 2.22 | 2.15 | 2.10 | 2.06 | 2.00 | 2.00 | 1.93 | 1.91 | 1.86 | 1.84 | 1.81 | 1.78 | 1.75 | 1.72 | 1.69 |
| 18 | 3.01 | 2.62 | 2.42 | 2.29 | 2.20 | 2.13 | 2.08 | 2.04 | 1.98 | 1.98 | 1.91 | 1.89 | 1.84 | 1.81 | 1.78 | 1.75 | 1.72 | 1.69 | 1.66 |
| 19 | 2.99 | 2.61 | 2.40 | 2.27 | 2.18 | 2.11 | 2.06 | 2.02 | 1.96 | 1.96 | 1.89 | 1.86 | 1.81 | 1.79 | 1.76 | 1.73 | 1.70 | 1.67 | 1.63 |
| 20 | 2.97 | 2.59 | 2.38 | 2.25 | 2.16 | 2.09 | 2.04 | 2.00 | 1.94 | 1.94 | 1.87 | 1.84 | 1.79 | 1.77 | 1.74 | 1.71 | 1.68 | 1.64 | 1.61 |
| 21 | 2.96 | 2.57 | 2.36 | 2.23 | 2.14 | 2.08 | 2.02 | 1.98 | 1.92 | 1.92 | 1.86 | 1.81 | 1.78 | 1.75 | 1.72 | 1.69 | 1.66 | 1.62 | 1.59 |
| 22 | 2.95 | 2.56 | 2.35 | 2.22 | 2.13 | 2.06 | 2.01 | 4.97 | 1.90 | 1.90 | 1.85 | 1.79 | 1.76 | 1.73 | 1.70 | 1.67 | 1.64 | 1.60 | 1.57 |
| 23 | 2.94 | 2.55 | 2.34 | 2.21 | 2.11 | 2.05 | 1.99 | 1.95 | 1.89 | 1.89 | 1.84 | 1.78 | 1.74 | 1.72 | 1.69 | 1.66 | 1.62 | 1.59 | 1.55 |
| 24 | 2.93 | 2.54 | 2.33 | 2.19 | 2.10 | 2.04 | 1.98 | 1.94 | 1.88 | 1.88 | 1.83 | 1.77 | 1.73 | 1.70 | 1.67 | 1.64 | 1.61 | 1.57 | 1.53 |
| 25 | 2.92 | 2.53 | 2.32 | 2.18 | 2.09 | 2.02 | 1.97 | 1.93 | 1.87 | 1.87 | 1.82 | 1.77 | 1.72 | 1.69 | 1.66 | 1.63 | 1.59 | 1.56 | 1.52 |
| 26 | 2.91 | 2.52 | 2.31 | 2.17 | 2.08 | 2.01 | 1.96 | 1.92 | 1.86 | 1.86 | 1.81 | 1.76 | 1.71 | 1.68 | 1.65 | 1.61 | 1.58 | 1.54 | 1.50 |
| 27 | 2.90 | 2.51 | 2.30 | 2.17 | 2.07 | 2.00 | 1.95 | 1.91 | 1.85 | 1.85 | 1.80 | 1.75 | 1.70 | 1.67 | 1.64 | 1.60 | 1.57 | 1.53 | 1.49 |
| 28 | 2.89 | 2.50 | 2.29 | 2.16 | 2.06 | 2.00 | 1.94 | 1.90 | 1.84 | 1.84 | 1.79 | 1.74 | 1.69 | 1.66 | 1.63 | 1.59 | 1.56 | 1.52 | 1.48 |
| 29 | 2.89 | 2.50 | 2.28 | 2.15 | 2.06 | 1.99 | 1.93 | 1.89 | 1.83 | 1.83 | 1.78 | 1.73 | 1.68 | 1.65 | 1.62 | 1.58 | 1.55 | 1.51 | 1.47 |
| 30 | 2.88 | 2.49 | 2.28 | 2.14 | 2.05 | 1.98 | 1.93 | 1.88 | 1.82 | 1.82 | 1.77 | 1.72 | 1.67 | 1.64 | 1.61 | 1.57 | 1.54 | 1.50 | 1.46 |
| 40 | 2.84 | 2.44 | 2.23 | 2.09 | 2.00 | 1.93 | 1.87 | 1.83 | 1.76 | 1.76 | 1.71 | 166 | 1.61 | 1.57 | 1.54 | 1.51 | 1.47 | 1.42 | 1.38 |
| 60 | 2.79 | 2.39 | 2.18 | 2.04 | 1.95 | 1.87 | 1.82 | 1.77 | 1.71 | 1.71 | 1.66 | 1.60 | 1.54 | 1.51 | 1.48 | 1.44 | 1.40 | 1.35 | 1.29 |
| 120 | 2.75 | 2.35 | 2.13 | 1.99 | 1.90 | 1.82 | 1.77 | 1.72 | 1.65 | 1.65 | 1.60 | 1.55 | 1.48 | 1.45 | 1.41 | 1.37 | 1.32 | 1.26 | 1.19 |
| ∞ | 2.71 | 2.30 | 2.08 | 1.94 | 1.85 | 1.77 | 1.72 | 1.67 | 1.60 | 1.60 | 1.55 | 1.49 | 1.42 | 1.38 | 1.34 | 1.30 | 1.24 | 1.17 | 1.01 |

## 6. $F$분포표(계속)

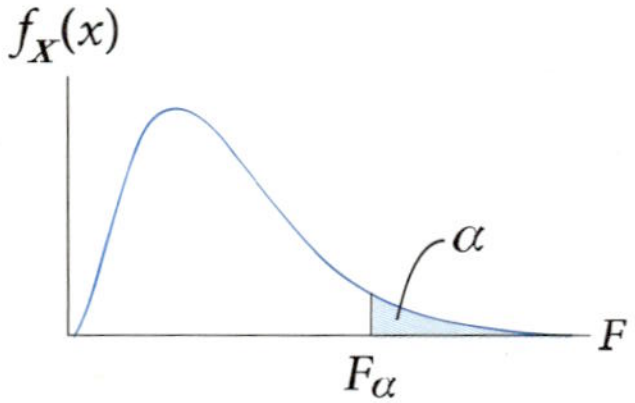


$P(F \geq F_\alpha) = \alpha$

$\alpha = 0.05$

| $v_2$ | $v_1(d.f.)$ | | | | | | | | | | | | | | | | | | |
|---|---|---|---|---|---|---|---|---|---|---|---|---|---|---|---|---|---|---|---|
| $(d.f.)$ | 1 | 2 | 3 | 4 | 5 | 6 | 7 | 8 | 9 | 10 | 12 | 15 | 20 | 24 | 30 | 40 | 60 | 120 | ∞ |
| 1 | 161.4 | 199.5 | 215.7 | 224.6 | 230.2 | 234.0 | 236.8 | 238.9 | 240.5 | 241.9 | 243.9 | 245.9 | 248.0 | 249.1 | 250.1 | 251.1 | 252.2 | 253.3 | 254.3 |
| 2 | 18.51 | 19.00 | 19.16 | 19.25 | 19.30 | 19.33 | 19.35 | 19.37 | 19.38 | 19.40 | 19.41 | 19.43 | 19.45 | 19.45 | 19.46 | 19.47 | 19.48 | 19.49 | 19.50 |
| 3 | 10.13 | 9.55 | 9.28 | 9.12 | 3.01 | 8.94 | 8.89 | 8.85 | 8.81 | 8.79 | 8.74 | 8.70 | 8.66 | 8.64 | 8.62 | 8.59 | 8.57 | 8.55 | 8.53 |
| 4 | 7.71 | 6.94 | 6.59 | 6.39 | 6.26 | 6.16 | 6.09 | 6.04 | 6.00 | 5.96 | 5.91 | 5.86 | 5.80 | 5.77 | 5.75 | 5.72 | 5.69 | 5.66 | 5.63 |
| 5 | 6.61 | 5.79 | 5.41 | 5.19 | 5.05 | 4.95 | 4.88 | 4.82 | 4.77 | 4.74 | 4.68 | 4.62 | 4.56 | 4.53 | 4.50 | 4.46 | 4.43 | 4.40 | 4.37 |
| 6 | 5.99 | 5.14 | 4.76 | 4.53 | 4.39 | 4.28 | 4.21 | 4.15 | 4.10 | 4.06 | 4.00 | 3.94 | 3.87 | 3.84 | 3.81 | 3.77 | 3.74 | 3.70 | 3.67 |
| 7 | 5.59 | 4.74 | 4.35 | 4.12 | 3.97 | 3.87 | 3.79 | 3.73 | 3.68 | 3.64 | 3.57 | 3.51 | 3.44 | 3.41 | 3.38 | 3.34 | 3.30 | 3.27 | 3.23 |
| 8 | 5.32 | 4.46 | 4.07 | 3.84 | 3.69 | 3.58 | 3.50 | 3.44 | 3.39 | 3.35 | 3.28 | 3.22 | 3.15 | 3.12 | 3.08 | 3.04 | 3.01 | 2.97 | 2.93 |
| 9 | 5.12 | 4.26 | 3.86 | 3.63 | 3.48 | 3.37 | 3.29 | 3.23 | 3.18 | 3.14 | 3.07 | 3.01 | 2.94 | 2.90 | 2.86 | 2.83 | 2.79 | 2.75 | 2.71 |
| 10 | 4.96 | 4.10 | 3.71 | 3.48 | 3.33 | 3.22 | 3.14 | 3.07 | 3.02 | 2.98 | 2.91 | 2.85 | 2.77 | 2.74 | 2.70 | 2.66 | 2.62 | 2.58 | 2.54 |
| 11 | 4.84 | 3.98 | 3.59 | 3.36 | 3.20 | 3.09 | 3.01 | 2.95 | 2.90 | 2.85 | 2.79 | 2.72 | 2.65 | 2.61 | 2.57 | 2.53 | 2.49 | 2.45 | 2.40 |
| 12 | 4.75 | 3.89 | 3.49 | 3.26 | 3.11 | 3.00 | 2.91 | 2.85 | 2.80 | 2.75 | 2.69 | 2.62 | 2.54 | 2.51 | 2.47 | 2.43 | 2.38 | 2.34 | 2.30 |
| 13 | 4.67 | 3.81 | 3.41 | 3.18 | 3.03 | 2.92 | 2.83 | 2.77 | 2.71 | 2.67 | 2.60 | 2.53 | 2.46 | 2.42 | 2.38 | 2.34 | 2.30 | 2.25 | 2.21 |
| 14 | 4.60 | 3.74 | 3.34 | 3.11 | 2.96 | 2.85 | 2.76 | 2.70 | 2.65 | 2.60 | 2.53 | 2.46 | 2.39 | 2.35 | 2.31 | 2.27 | 2.22 | 2.18 | 2.13 |
| 15 | 4.54 | 3.68 | 3.29 | 3.06 | 2.90 | 2.79 | 2.71 | 2.64 | 2.59 | 2.54 | 2.48 | 2.40 | 2.33 | 2.29 | 2.25 | 2.20 | 2.16 | 2.11 | 2.07 |
| 16 | 4.49 | 3.63 | 3.24 | 3.01 | 2.85 | 2.74 | 2.66 | 2.59 | 2.54 | 2.49 | 2.42 | 2.35 | 2.28 | 2.24 | 2.19 | 2.15 | 2.11 | 2.06 | 2.01 |
| 17 | 4.45 | 3.59 | 3.20 | 2.96 | 2.81 | 2.70 | 2.61 | 2.55 | 2.49 | 2.45 | 2.38 | 2.31 | 2.23 | 2.19 | 2.15 | 2.10 | 2.06 | 2.01 | 1.96 |
| 18 | 4.41 | 3.55 | 3.16 | 2.93 | 2.77 | 2.66 | 2.58 | 2.51 | 2.46 | 2.41 | 2.34 | 2.27 | 2.19 | 2.15 | 2.11 | 2.06 | 2.02 | 1.97 | 1.92 |
| 19 | 4.38 | 3.52 | 3.13 | 2.90 | 2.74 | 2.63 | 2.54 | 2.48 | 2.42 | 2.38 | 2.31 | 2.23 | 2.16 | 2.11 | 2.07 | 2.03 | 1.98 | 1.93 | 1.88 |
| 20 | 4.35 | 3.49 | 3.10 | 2.87 | 2.71 | 2.60 | 2.51 | 2.45 | 2.39 | 2.35 | 2.28 | 2.20 | 2.12 | 2.08 | 2.04 | 1.99 | 1.95 | 1.90 | 1.84 |
| 21 | 4.32 | 3.47 | 3.07 | 2.84 | 2.68 | 2.57 | 2.49 | 2.42 | 2.37 | 2.32 | 2.25 | 2.18 | 2.10 | 2.05 | 2.01 | 1.96 | 1.92 | 1.87 | 1.81 |
| 22 | 4.30 | 3.44 | 3.05 | 2.82 | 2.66 | 2.55 | 2.46 | 2.40 | 2.34 | 2.30 | 2.23 | 2.15 | 2.07 | 2.03 | 1.98 | 1.94 | 1.89 | 1.84 | 1.78 |
| 23 | 4.28 | 3.42 | 3.03 | 2.80 | 2.64 | 2.53 | 2.44 | 2.37 | 2.32 | 2.27 | 2.20 | 2.13 | 2.05 | 2.01 | 1.96 | 1.91 | 1.86 | 1.81 | 1.76 |
| 24 | 4.26 | 3.40 | 3.01 | 2.78 | 2.62 | 2.51 | 2.42 | 2.36 | 2.30 | 2.25 | 2.18 | 2.11 | 2.03 | 1.98 | 1.94 | 1.89 | 1.84 | 1.79 | 1.73 |
| 25 | 4.24 | 3.39 | 2.99 | 2.76 | 2.60 | 2.49 | 2.40 | 2.34 | 2.28 | 2.24 | 2.16 | 2.09 | 2.01 | 1.96 | 1.92 | 1.87 | 1.82 | 1.77 | 1.71 |
| 26 | 4.23 | 3.37 | 2.98 | 2.74 | 2.59 | 2.47 | 2.39 | 2.32 | 2.27 | 2.22 | 2.15 | 2.07 | 1.99 | 1.95 | 1.90 | 1.85 | 1.80 | 1.75 | 1.69 |
| 27 | 4.21 | 3.35 | 2.96 | 2.73 | 2.57 | 2.46 | 2.37 | 2.31 | 2.25 | 2.20 | 2.13 | 2.06 | 1.97 | 1.93 | 1.88 | 1.84 | 1.79 | 1.73 | 1.67 |
| 28 | 4.20 | 3.34 | 2.95 | 2.71 | 2.56 | 2.45 | 2.36 | 2.29 | 2.24 | 2.19 | 2.12 | 2.04 | 1.96 | 1.91 | 1.87 | 1.82 | 1.77 | 1.71 | 1.65 |
| 29 | 4.18 | 3.33 | 2.93 | 2.70 | 2.55 | 2.43 | 2.35 | 2.28 | 2.22 | 2.18 | 2.10 | 2.03 | 1.94 | 1.90 | 1.85 | 1.81 | 1.75 | 1.70 | 1.64 |
| 30 | 4.17 | 3.32 | 2.92 | 2.69 | 2.53 | 2.42 | 2.33 | 2.27 | 2.21 | 2.16 | 2.09 | 2.01 | 1.93 | 1.89 | 1.84 | 1.79 | 1.74 | 1.68 | 1.62 |
| 40 | 4.08 | 3.23 | 2.84 | 2.61 | 2.45 | 2.34 | 2.25 | 2.18 | 2.12 | 2.08 | 2.00 | 1.92 | 1.84 | 1.79 | 1.74 | 1.69 | 1.64 | 1.58 | 1.51 |
| 60 | 4.00 | 3.15 | 2.76 | 2.53 | 2.37 | 2.25 | 2.17 | 2.10 | 2.04 | 1.99 | 1.92 | 1.84 | 1.75 | 1.70 | 1.65 | 1.59 | 1.53 | 1.47 | 1.39 |
| 120 | 3.92 | 3.07 | 2.68 | 2.45 | 2.29 | 2.18 | 2.09 | 2.02 | 1.96 | 1.91 | 1.83 | 1.75 | 1.66 | 1.61 | 1.55 | 1.50 | 1.43 | 1.35 | 1.25 |
| ∞ | 3.84 | 3.00 | 2.60 | 2.37 | 2.21 | 2.10 | 2.01 | 1.94 | 1.88 | 1.83 | 1.75 | 1.67 | 1.57 | 1.52 | 1.46 | 1.39 | 1.32 | 1.22 | 1.01 |

## 6. $F$분포표(계속)

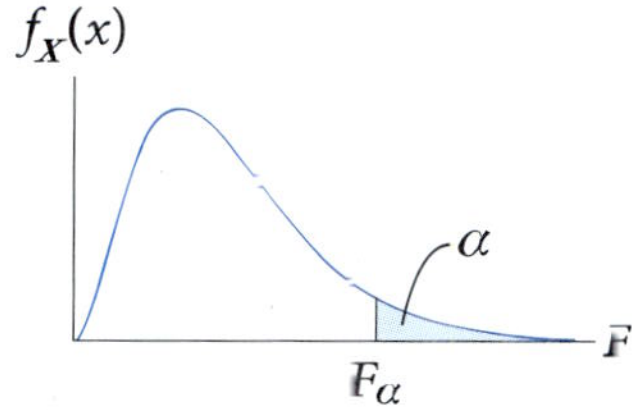


$P(F \geq F_\alpha) = \alpha$

$\alpha = 0.025$

| $v_2$ (d.f.) | $v_1(d,f.)$ 1 | 2 | 3 | 4 | 5 | 6 | 7 | 8 | 9 | 10 | 12 | 15 | 20 | 24 | 30 | 40 | 60 | 120 | ∞ |
|---|---|---|---|---|---|---|---|---|---|---|---|---|---|---|---|---|---|---|---|
| 1 | 647.8 | 799.5 | 864.2 | 899.6 | 921.8 | 937.1 | 948.2 | 956.7 | 963.3 | 968.6 | 976.7 | 984.9 | 993.1 | 997.2 | 1.001 | 1.006 | 1.010 | 1.014 | 1.018 |
| 2 | 38.51 | 39.00 | 39.17 | 39.25 | 39.30 | 39.33 | 39.36 | 39.37 | 39.39 | 39.40 | 3.41 | 39.43 | 39.45 | 39.46 | 39.46 | 39.47 | 39.48 | 39.49 | 39.50 |
| 3 | 17.44 | 16.04 | 15.44 | 15.10 | 14.88 | 14.73 | 14.62 | 14.54 | 14.47 | 14.42 | 14.34 | 14.17 | 14.25 | 14.12 | 14.08 | 14.04 | 13.99 | 13.95 | 13.90 |
| 4 | 12.22 | 10.65 | 9.98 | 9.60 | 9.36 | 9.20 | 9.07 | 8.98 | 8.90 | 8.84 | 8.75 | 8.66 | 8.56 | 8.51 | 8.46 | 8.41 | 8.36 | 8.31 | 8.26 |
| 5 | 10.01 | 8.43 | 7.76 | 7.39 | 7.15 | 6.98 | 6.85 | 6.76 | 6.68 | 6.62 | 6.52 | 6.43 | 6.33 | 6.28 | 6.23 | 6.18 | 6.12 | 6.07 | 6.02 |
| 6 | 8.81 | 7.26 | 6.60 | 6.23 | 5.99 | 5.82 | 5.70 | 5.30 | 5.52 | 5.46 | 5.37 | 5.27 | 5.17 | 5.12 | 5.07 | 5.01 | 4.96 | 4.90 | 4.85 |
| 7 | 8.07 | 6.54 | 5.89 | 5.52 | 5.29 | 5.12 | 4.99 | 4.30 | 4.82 | 4.76 | 4.67 | 4.57 | 5.47 | 4.41 | 4.36 | 4.31 | 4.25 | 4.20 | 4.14 |
| 8 | 7.57 | 6.06 | 5.42 | 5.05 | 4.82 | 4.65 | 4.53 | 4.43 | 4.36 | 4.30 | 4.20 | 4.10 | 4.00 | 3.95 | 3.89 | 3.84 | 3.78 | 3.73 | 3.67 |
| 9 | 7.21 | 5.71 | 5.08 | 4.72 | 4.48 | 4.32 | 4.20 | 4.10 | 4.03 | 3.96 | 3.87 | 3.77 | 3.67 | 3.61 | 3.56 | 3.51 | 3.45 | 3.39 | 3.33 |
| 10 | 6.94 | 5.46 | 4.83 | 4.47 | 4.24 | 4.07 | 3.95 | 3.35 | 3.78 | 3.72 | 3.62 | 3.52 | 3.42 | 3.37 | 3.31 | 3.26 | 3.20 | 3.14 | 3.08 |
| 11 | 6.72 | 5.26 | 4.63 | 4.28 | 4.04 | 3.88 | 3.76 | 3.66 | 3.59 | 3.53 | 3.43 | 3.33 | 3.23 | 3.17 | 3.12 | 3.06 | 3.00 | 2.94 | 2.88 |
| 12 | 6.55 | 2.10 | 4.47 | 4.12 | 3.89 | 2073 | 3.61 | 3.51 | 3.44 | 3.37 | 3.28 | 3.18 | 3.07 | 3.02 | 2.96 | 2.91 | 2.85 | 2.79 | 2.73 |
| 13 | 6.41 | 4.97 | 4.35 | 4.00 | 3.77 | 3.60 | 3.48 | 3.39 | 3.31 | 3.25 | 3.15 | 3.05 | 2.95 | 2.89 | 2.84 | 2.78 | 2.72 | 2.66 | 2.60 |
| 14 | 6.30 | 4.86 | 4.24 | 3.89 | 3.66 | 3.50 | 3.38 | 3.29 | 3.21 | 3.15 | 3.05 | 2.95 | 2.84 | 2.79 | 2.73 | 2.67 | 2.61 | 2.55 | 2.49 |
| 15 | 6.20 | 4.77 | 4.15 | 3.80 | 3.58 | 3.41 | 3.29 | 3.20 | 3.12 | 3.06 | 2.96 | 2.86 | 2.76 | 2.70 | 2.64 | 2.59 | 2.52 | 2.46 | 2.40 |
| 16 | 6.12 | 4.69 | 4.08 | 3.73 | 3.50 | 3.34 | 3.22 | 3.12 | 3.05 | 2.99 | 2.89 | 2.79 | 2.68 | 263 | 2.57 | 2.51 | 2.45 | 2.38 | 2.32 |
| 17 | 6.04 | 4.62 | 4.01 | 3.66 | 3.44 | 3.28 | 3.16 | 3.06 | 2.98 | 2.92 | 2.82 | 2.72 | 2.62 | 2.56 | 2.50 | 2.44 | 2.38 | 2.32 | 2.25 |
| 18 | 5.98 | 4.56 | 3.95 | 3.61 | 3.38 | 3.22 | 3.10 | 3.01 | 2.93 | 2.87 | 2.77 | 2.67 | 2.56 | 2.50 | 2.44 | 2.38 | 2.32 | 2.26 | 2.19 |
| 19 | 5.92 | 4.51 | 3.90 | 3.56 | 3.33 | 3.17 | 3.05 | 2.96 | 2.88 | 2.82 | 2.72 | 2.62 | 2.51 | 2.45 | 2.39 | 2.33 | 2.27 | 2.20 | 2.13 |
| 20 | 5.87 | 4.46 | 3.86 | 3.51 | 3.29 | 3.13 | 3.01 | 2.91 | 2.84 | 2.77 | 2.68 | 2.57 | 2.46 | 2.41 | 2.35 | 2.29 | 2.22 | 2.16 | 2.09 |
| 21 | 5.83 | 4.42 | 3.82 | 3.48 | 3.25 | 3.09 | 2.97 | 2.87 | 2.80 | 2.73 | 2.64 | 2.53 | 2.42 | 2.37 | 2.31 | 2.25 | 2.18 | 2.11 | 2.04 |
| 22 | 5.79 | 4.38 | 3.78 | 3.44 | 3.22 | 3.05 | 2.93 | 2.84 | 2.76 | 2.70 | 2.60 | 2.50 | 2.39 | 2.33 | 2.27 | 2.21 | 2.14 | 2.08 | 2.00 |
| 23 | 5.75 | 4.35 | 3.75 | 3.41 | 3.18 | 3.02 | 2.90 | 2.81 | 2.73 | 2.67 | 2.57 | 2.47 | 2.36 | 2.30 | 2.24 | 2.18 | 2.11 | 2.04 | 1.97 |
| 24 | 5.72 | 4.32 | 3.72 | 3.38 | 3.15 | 2.99 | 2.87 | 2.78 | 2.70 | 2.64 | 2.54 | 2.44 | 2.33 | 2.27 | 2.21 | 2.15 | 2.08 | 2.01 | 1.94 |
| 25 | 5.69 | 4.29 | 3.69 | 3.35 | 3.13 | 2.97 | 2.85 | 2.75 | 2.68 | 2.61 | 2.51 | 2.41 | 2.30 | 2.24 | 2.18 | 2.12 | 2.05 | 1.98 | 1.91 |
| 26 | 5.66 | 4.27 | 3.67 | 3.33 | 3.10 | 2.94 | 2.82 | 2.73 | 2.65 | 2.59 | 2.49 | 2.39 | 2.28 | 2.22 | 2.16 | 2.09 | 2.03 | 1.95 | 1.88 |
| 27 | 5.63 | 4.24 | 3.65 | 3.31 | 3.08 | 2.92 | 2.80 | 2.71 | 2.63 | 2.57 | 2.47 | 2.36 | 2.25 | 2.19 | 2.13 | 2.07 | 2.00 | 1.93 | 1.85 |
| 28 | 5.61 | 4.22 | 3.63 | 3.29 | 3.06 | 2.90 | 2.78 | 2.69 | 2.61 | 2.55 | 2.45 | 2.34 | 2.23 | 2.17 | 2.11 | 2.05 | 1.98 | 1.91 | 1.83 |
| 29 | 5.59 | 4.20 | 3.61 | 3.27 | 3.04 | 2.88 | 2.76 | 2.67 | 2.59 | 2.53 | 2.43 | 2.32 | 2.21 | 2.15 | 2.09 | 2.03 | 1.96 | 1.89 | 1.81 |
| 30 | 5.57 | 4.18 | 3.59 | 3.25 | 3.03 | 2.87 | 2.75 | 2.65 | 2.57 | 2.51 | 2.41 | 2.31 | 2.20 | 2.14 | 2.07 | 2.01 | 1.94 | 1.87 | 1.79 |
| 40 | 5.42 | 4.05 | 3.46 | 3.13 | 2.90 | 2.74 | 2.62 | 2.53 | 2.45 | 2.39 | 2.29 | 2.18 | 2.07 | 2.01 | 1.94 | 1.88 | 1.80 | 1.72 | 1.64 |
| 60 | 5.29 | 3.93 | 3.34 | 3.01 | 2.79 | 2.63 | 2.51 | 2.41 | 2.33 | 2.27 | 2.17 | 2.06 | 1.94 | 1.88 | 1.82 | 1.74 | 1.67 | 1.58 | 1.48 |
| 120 | 5.15 | 3.80 | 3.23 | 2.89 | 2.67 | 2.52 | 2.39 | 2.30 | 2.22 | 2.16 | 2.05 | 1.94 | 1.82 | 1.76 | 1.69 | 1.61 | 1.53 | 1.43 | 1.31 |
| ∞ | 5.02 | 3.69 | 3.12 | 2.79 | 2.57 | 2.41 | 2.29 | 2.19 | 2.11 | 2.05 | 1.94 | 1.83 | 1.71 | 1.64 | 1.57 | 1.48 | 1.39 | 1.27 | 1.01 |

# 6. *F*분포표(계속)

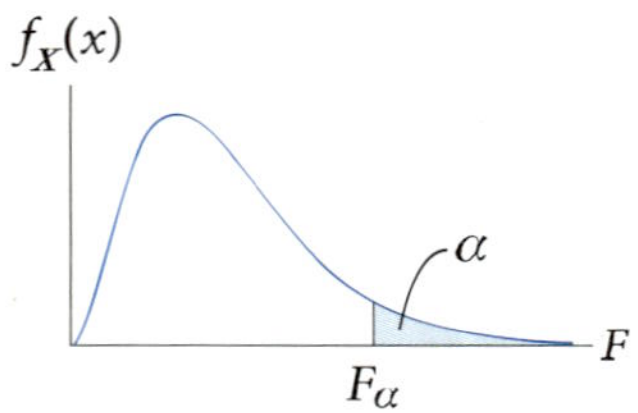


$P(F \geq F_\alpha) = \alpha$

$\alpha = 0.01$

| $v_2$ (d.f.) | $v_1$ (d.f.) 1 | 2 | 3 | 4 | 5 | 6 | 7 | 8 | 9 | 10 | 12 | 15 | 20 | 24 | 30 | 40 | 60 | 120 | ∞ |
|---|---|---|---|---|---|---|---|---|---|---|---|---|---|---|---|---|---|---|---|
| 1 | 4,052 | 5,000 | 5,403 | 5,625 | 5,764 | 5,859 | 5,928 | 5,981 | 6,022 | 6,056 | 6,106 | 6,157 | 6,209 | 6,235 | 6,261 | 6,287 | 6,313 | 6,339 | 6,366 |
| 2 | 98.50 | 99.00 | 99.17 | 99.25 | 99.30 | 99.33 | 99.36 | 99.37 | 99.39 | 99.40 | 99.42 | 99.43 | 99.45 | 99.46 | 99.47 | 99.47 | 99.48 | 99.49 | 99.50 |
| 3 | 34.12 | 30.82 | 29.46 | 28.71 | 28.24 | 27.91 | 27.67 | 27.49 | 27.35 | 27.23 | 27.05 | 26.87 | 26.69 | 26.60 | 26.50 | 26.41 | 26.32 | 26.22 | 26.13 |
| 4 | 21.20 | 18.00 | 16.69 | 15.98 | 15.52 | 15.21 | 14.98 | 14.80 | 14.66 | 14.55 | 14.37 | 14.20 | 14.02 | 13.93 | 13.84 | 13.75 | 13.65 | 13.65 | 13.46 |
| 5 | 16.26 | 13.27 | 12.06 | 11.39 | 10.97 | 10.67 | 10.46 | 10.29 | 10.16 | 10.05 | 9.89 | 9.72 | 9.55 | 9.47 | 9.38 | 9.29 | 9.20 | 9.11 | 9.02 |
| 6 | 13.75 | 10.92 | 9.78 | 9.15 | 8.75 | 8.47 | 8.06 | 8.10 | 7.98 | 7.98 | 7.72 | 7.56 | 7.40 | 7.31 | 7.23 | 7.14 | 7.06 | 6.97 | 6.88 |
| 7 | 12.25 | 9.55 | 8.45 | 7.85 | 7.46 | 7.19 | 6.99 | 6.84 | 6.72 | 6.62 | 6.47 | 6.31 | 6.16 | 6.07 | 5.89 | 5.91 | 5.82 | 5.74 | 5.65 |
| 8 | 11.26 | 8.65 | 7.59 | 7.01 | 6.63 | 6.37 | 6.18 | 6.03 | 5.91 | 5.81 | 5.67 | 5.52 | 5.36 | 5.28 | 5.20 | 5.12 | 5.03 | 4.95 | 4.86 |
| 9 | 10.56 | 8.02 | 6.99 | 6.42 | 6.06 | 5.80 | 5.61 | 5.47 | 5.35 | 5.26 | 5.11 | 4.96 | 4.81 | 4.73 | 4.65 | 4.57 | 4.48 | 4.40 | 4.31 |
| 10 | 10.04 | 7.56 | 6.55 | 5.99 | 5.64 | 5.39 | 5.20 | 5.06 | 4.94 | 5.85 | 4.71 | 4.56 | 4.41 | 4.33 | 4.25 | 4.17 | 4.08 | 4.00 | 3.91 |
| 11 | 9.65 | 7.21 | 6.22 | 5.67 | 5.32 | 5.07 | 4.89 | 4.74 | 4.63 | 4.54 | 4.40 | 4.25 | 4.10 | 4.02 | 3.94 | 3.86 | 3.78 | 3.69 | 3.60 |
| 12 | 9.33 | 6.93 | 5.95 | 5.41 | 5.06 | 4.82 | 4.64 | 4.50 | 4.39 | 4.30 | 4.16 | 4.01 | 3.86 | 3.78 | 3.70 | 3.62 | 3.54 | 3.45 | 3.36 |
| 13 | 9.07 | 6.70 | 5.74 | 5.21 | 4.86 | 4.62 | 4.44 | 4.30 | 4.19 | 4.10 | 3.96 | 3.82 | 3.66 | 3.59 | 3.51 | 3.43 | 3.34 | 3.25 | 3.17 |
| 14 | 8.86 | 6.51 | 5.56 | 5.04 | 4.69 | 4.46 | 4.28 | 4.14 | 4.03 | 3.94 | 3.80 | 3.66 | 3.51 | 3.43 | 3.35 | 3.27 | 3.18 | 3.08 | 3.00 |
| 15 | 8.68 | 6.36 | 5.42 | 4.89 | 4.56 | 4.32 | 4.14 | 4.00 | 3.89 | 3.80 | 3.67 | 3.52 | 3.37 | 3.29 | 3.21 | 3.13 | 3.05 | 2.96 | 2.87 |
| 16 | 8.53 | 6.23 | 5.29 | 4.77 | 4.44 | 4.20 | 4.03 | 3.89 | 3.78 | 3.69 | 3.55 | 3.41 | 3.26 | 3.18 | 3.10 | 3.02 | 2.93 | 2.94 | 2.75 |
| 17 | 8.40 | 6.11 | 5.18 | 4.67 | 4.34 | 4.10 | 3.93 | 3.79 | 3.68 | 3.59 | 3.46 | 3.31 | 3.16 | 3.08 | 3.00 | 2.92 | 2.83 | 2.75 | 2.65 |
| 18 | 8.29 | 6.01 | 5.09 | 4.58 | 4.25 | 4.01 | 3.84 | 3.71 | 3.60 | 3.51 | 3.37 | 3.23 | 3.08 | 3.00 | 2.92 | 2.84 | 2.75 | 2.66 | 2.57 |
| 19 | 8.18 | 5.93 | 5.01 | 4.50 | 4.17 | 3.94 | 3.77 | 3.63 | 3.52 | 3.43 | 3.30 | 3.15 | 3.00 | 2.92 | 2.84 | 2.76 | 2.67 | 2.58 | 2.49 |
| 20 | 8.10 | 5.85 | 4.94 | 4.43 | 4.10 | 3.87 | 3.70 | 3.56 | 3.46 | 3.37 | 3.23 | 3.09 | 2.94 | 2.86 | 2.78 | 2.69 | 2.61 | 2.52 | 2.42 |
| 21 | 8.02 | 5.78 | 4.87 | 4.37 | 4.04 | 3.81 | 3.64 | 3.51 | 3.40 | 3.31 | 3.17 | 3.03 | 2.88 | 2.80 | 2.72 | 2.64 | 2.55 | 2.46 | 2.36 |
| 22 | 7.95 | 5.72 | 4.82 | 4.31 | 3.99 | 3.76 | 3.59 | 3.45 | 3.35 | 3.26 | 3.12 | 2.98 | 2.83 | 2.75 | 2.67 | 2.58 | 2.50 | 2.40 | 2.31 |
| 23 | 7.88 | 5.66 | 4.76 | 4.26 | 3.94 | 3.71 | 3.54 | 3.41 | 3.30 | 3.21 | 3.07 | 2.93 | 2.78 | 2.70 | 2.62 | 2.54 | 2.45 | 2.35 | 2.26 |
| 24 | 7.82 | 5.61 | 4.72 | 4.22 | 3.90 | 3.67 | 3.50 | 3.36 | 3.26 | 3.17 | 3.03 | 2.89 | 2.74 | 2.66 | 2.58 | 2.49 | 2.40 | 2.31 | 2.21 |
| 25 | 7.77 | 5.57 | 4.68 | 4.18 | 3.85 | 3.63 | 3.46 | 3.32 | 3.22 | 3.13 | 2.99 | 2.85 | 2.70 | 2.62 | 2.54 | 2.45 | 2.36 | 2.27 | 2.17 |
| 26 | 7.72 | 5.53 | 4.64 | 4.14 | 3.82 | 3.59 | 3.42 | 3.29 | 3.18 | 3.09 | 2.96 | 2.81 | 2.66 | 2.58 | 2.50 | 2.42 | 2.33 | 2.23 | 2.13 |
| 27 | 7.68 | 5.49 | 4.60 | 4.11 | 3.78 | 3.56 | 3.39 | 3.26 | 3.15 | 3.06 | 2.93 | 2.78 | 2.63 | 2.55 | 2.47 | 2.38 | 2.29 | 2.20 | 2.10 |
| 28 | 7.64 | 5.45 | 4.57 | 4.07 | 3.75 | 3.53 | 3.36 | 3.23 | 3.12 | 3.03 | 2.90 | 2.75 | 2.60 | 2.52 | 2.44 | 2.35 | 2.26 | 2.17 | 2.06 |
| 29 | 7.30 | 5.42 | 4.54 | 4.04 | 3.73 | 3.50 | 3.33 | 3.20 | 3.09 | 3.00 | 2.87 | 2.73 | 2.57 | 2.49 | 2.41 | 2.33 | 2.23 | 2.14 | 2.03 |
| 30 | 7.56 | 5.39 | 4.51 | 4.02 | 3.70 | 3.47 | 3.30 | 3.17 | 3.07 | 2.98 | 2.84 | 2.70 | 2.55 | 2.47 | 2.39 | 2.30 | 2.21 | 2.11 | 2.01 |
| 40 | 7.32 | 5.18 | 4.31 | 3.83 | 3.51 | 3.29 | 3.12 | 2.99 | 2.89 | 2.80 | 2.66 | 2.52 | 2.37 | 2.29 | 2.20 | 2.11 | 2.02 | 1.92 | 1.80 |
| 60 | 7.08 | 4.98 | 4.13 | 3.65 | 3.34 | 3.12 | 2.95 | 2.82 | 2.72 | 2.63 | 2.50 | 2.35 | 2.20 | 2.12 | 2.03 | 1.94 | 1.84 | 1.73 | 1.60 |
| 120 | 6.85 | 4.78 | 3.95 | 3.48 | 3.17 | 2.96 | 2.79 | 2.66 | 2.56 | 2.47 | 2.34 | 2.19 | 2.03 | 1.95 | 1.86 | 1.76 | 1.66 | 1.53 | 1.38 |
| ∞ | 6.64 | 4.61 | 3.78 | 3.32 | 3.02 | 2.80 | 2.64 | 2.51 | 2.41 | 2.32 | 2.18 | 2.04 | 1.88 | 1.79 | 1.70 | 1.59 | 1.47 | 1.32 | 1.01 |

# 6. $F$분포표(계속)

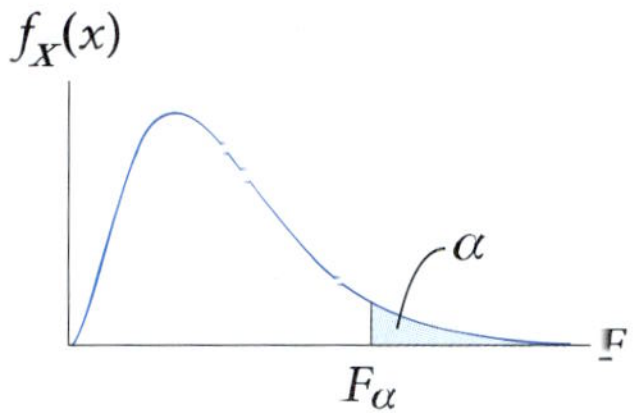


$P(F \geq F_\alpha) = \alpha$

$\alpha = 0.005$

| $v_2$ (d.f.) | $v_1$ (d.f.) 1 | 2 | 3 | 4 | 5 | 6 | 7 | 8 | 9 | 10 | 12 | 15 | 20 | 24 | 30 | 40 | 60 | 120 | ∞ |
|---|---|---|---|---|---|---|---|---|---|---|---|---|---|---|---|---|---|---|---|
| 1 | 16,211 | 20,000 | 21,615 | 22,500 | 23,056 | 23,437 | 23,715 | 23,925 | 24,091 | 24,224 | 24,426 | 24,630 | 24,836 | 24,940 | 25,044 | 25,148 | 25,253 | 25,359 | 25,464 |
| 2 | 198.5 | 199.0 | 199.2 | 199.3 | 199.3 | 199.3 | 199.4 | 199.4 | 199.4 | 199.4 | 199.4 | 199.4 | 199.5 | 199.5 | 199.5 | 199.5 | 199.5 | 199.5 | 199.5 |
| 3 | 55.55 | 49.80 | 47.47 | 46.19 | 45.39 | 44.84 | 44.43 | 44.13 | 43.88 | 43.69 | 43.39 | 43.08 | 42.78 | 42.62 | 42.47 | 42.31 | 42.15 | 41.99 | 41.83 |
| 4 | 31.33 | 26.28 | 24.26 | 23.15 | 22.46 | 21.97 | 21.62 | 21.35 | 21.14 | 20.97 | 20.70 | 20.44 | 20.17 | 20.03 | 19.89 | 19.75 | 19.61 | 19.47 | 19.32 |
| 5 | 22.78 | 18.31 | 16.53 | 15.56 | 14.94 | 14.51 | 14.20 | 13.96 | 13.77 | 13.62 | 13.38 | 13.15 | 12.90 | 12.78 | 12.66 | 12.53 | 12.40 | 12.27 | 12.14 |
| 6 | 18.63 | 14.54 | 12.92 | 12.03 | 11.46 | 11.07 | 10.79 | 10.57 | 10.39 | 10.25 | 10.03 | 9.81 | 9.59 | 9.17 | 9.36 | 9.24 | 9.12 | 9.00 | 8.88 |
| 7 | 16.24 | 12.40 | 10.88 | 10.05 | 9.52 | 9.16 | 8.89 | 8.68 | 8.51 | 8.38 | 8.18 | 7.97 | 7.75 | 7.64 | 7.53 | 7.42 | 7.31 | 7.19 | 7.08 |
| 8 | 14.69 | 11.04 | 9.60 | 8.81 | 8.30 | 7.95 | 7.69 | 7.50 | 7.34 | 7.21 | 7.01 | 6.81 | 6.61 | 6.50 | 6.40 | 6.29 | 6.18 | 6.06 | 5.95 |
| 9 | 13.61 | 10.11 | 8.72 | 7.96 | 7.47 | 7.13 | 6.88 | 6.69 | 6.54 | 6.42 | 6.23 | 6.03 | 5.83 | 5.73 | 5.62 | 5.52 | 5.41 | 5.30 | 5.19 |
| 10 | 12.83 | 9.43 | 8.08 | 7.34 | 6.87 | 6.54 | 6.30 | 6.12 | 5.97 | 5.85 | 5.66 | 5.47 | 5.27 | 5.17 | 5.07 | 4.97 | 4.86 | 4.75 | 4.64 |
| 11 | 12.23 | 8.91 | 7.60 | 6.88 | 6.42 | 6.10 | 5.86 | 5.68 | 5.54 | 5.42 | 5.24 | 5.05 | 4.86 | 4.76 | 4.65 | 4.55 | 4.45 | 4.34 | 4.23 |
| 12 | 11.75 | 8.51 | 7.23 | 6.52 | 6.07 | 5.76 | 5.52 | 5.35 | 5.20 | 5.09 | 4.91 | 4.72 | 4.53 | 4.43 | 4.33 | 4.23 | 4.12 | 4.01 | 3.90 |
| 13 | 11.37 | 8.19 | 6.93 | 6.23 | 5.79 | 5.48 | 5.25 | 5.08 | 4.94 | 4.82 | 4.64 | 4.46 | 4.27 | 4.17 | 4.07 | 3.97 | 3.87 | 3.76 | 3.65 |
| 14 | 11.06 | 7.92 | 6.68 | 6.00 | 5.56 | 5.26 | 5.03 | 4.86 | 4.72 | 4.60 | 4.43 | 4.25 | 4.06 | 3.96 | 3.86 | 3.76 | 3.66 | 3.55 | 3.44 |
| 15 | 10.80 | 7.70 | 6.48 | 5.80 | 5.37 | 5.07 | 4.85 | 4.67 | 4.54 | 4.42 | 4.25 | 4.07 | 3.88 | 3.79 | 3.69 | 3.58 | 3.48 | 3.37 | 3.26 |
| 16 | 10.58 | 7.51 | 6.30 | 5.64 | 5.21 | 4.91 | 4.69 | 4.52 | 4.38 | 4.27 | 4.10 | 3.92 | 3.73 | 3.64 | 3.54 | 3.44 | 3.33 | 3.22 | 3.11 |
| 17 | 10.38 | 7.35 | 6.16 | 5.50 | 5.07 | 4.78 | 4.56 | 4.39 | 4.25 | 4.14 | 3.97 | 3.79 | 3.61 | 3.51 | 3.41 | 3.31 | 3.21 | 3.10 | 2.98 |
| 18 | 10.22 | 7.21 | 6.03 | 5.37 | 4.96 | 4.66 | 4.44 | 4.28 | 4.14 | 4.03 | 3.86 | 3.68 | 3.50 | 3.40 | 3.30 | 3.20 | 3.10 | 2.99 | 2.87 |
| 19 | 10.07 | 7.09 | 5.92 | 5.27 | 4.85 | 4.56 | 4.34 | 4.18 | 4.04 | 3.93 | 3.76 | 3.59 | 3.40 | 3.31 | 3.21 | 3.11 | 3.00 | 2.89 | 2.78 |
| 20 | 9.94 | 6.99 | 5.82 | 5.17 | 4.76 | 4.47 | 4.26 | 4.09 | 3.96 | 3.85 | 3.68 | 3.50 | 3.32 | 3.22 | 3.12 | 3.02 | 2.92 | 2.81 | 2.69 |
| 21 | 9.83 | 6.89 | 5.73 | 5.09 | 4.68 | 4.39 | 4.18 | 4.01 | 3.88 | 3.77 | 3.60 | 3.43 | 3.24 | 3.15 | 3.05 | 2.95 | 2.84 | 2.73 | 2.61 |
| 22 | 9.73 | 6.82 | 5.65 | 5.02 | 4.61 | 4.32 | 4.11 | 3.94 | 3.81 | 3.70 | 3.54 | 3.36 | 3.18 | 3.08 | 2.98 | 2.88 | 2.77 | 2.66 | 2.55 |
| 23 | 9.63 | 6.73 | 5.58 | 4.95 | 4.54 | 4.26 | 4.05 | 3.88 | 3.75 | 3.64 | 3.47 | 3.30 | 3.12 | 3.02 | 2.92 | 2.82 | 2.71 | 2.60 | 2.48 |
| 24 | 9.55 | 6.66 | 5.52 | 4.89 | 4.49 | 4.20 | 3.99 | 3.83 | 3.69 | 3.59 | 3.42 | 3.25 | 3.06 | 2.97 | 2.87 | 2.77 | 2.66 | 2.55 | 2.43 |
| 25 | 9.48 | 6.60 | 5.46 | 4.84 | 4.43 | 4.15 | 3.94 | 3.78 | 3.64 | 3.54 | 3.37 | 3.20 | 3.01 | 2.92 | 2.82 | 2.72 | 2.61 | 2.50 | 2.38 |
| 26 | 9.41 | 6.54 | 5.41 | 4.79 | 4.38 | 4.10 | 3.89 | 3.73 | 3.60 | 3.49 | 3.33 | 3.15 | 2.97 | 2.87 | 2.77 | 2.67 | 2.56 | 2.45 | 2.33 |
| 27 | 9.34 | 6.49 | 5.36 | 4.74 | 4.34 | 4.06 | 3.85 | 3.69 | 3.56 | 3.45 | 3.28 | 3.11 | 2.93 | 2.83 | 2.73 | 2.63 | 2.52 | 2.41 | 2.29 |
| 28 | 9.28 | 6.44 | 5.32 | 4.70 | 4.30 | 4.02 | 3.81 | 3.65 | 3.52 | 3.41 | 3.25 | 3.07 | 2.89 | 2.79 | 2.69 | 2.59 | 2.48 | 2.37 | 2.25 |
| 29 | 9.23 | 6.40 | 5.28 | 4.66 | 4.26 | 3.98 | 3.77 | 3.61 | 3.48 | 3.38 | 3.21 | 3.04 | 2.86 | 2.76 | 2.66 | 2.56 | 2.45 | 2.33 | 2.21 |
| 30 | 9.18 | 6.35 | 5.24 | 4.62 | 4.23 | 3.95 | 3.74 | 3.58 | 3.45 | 3.34 | 3.18 | 3.01 | 2.82 | 2.73 | 2.63 | 2.52 | 2.42 | 2.30 | 2.18 |
| 40 | 8.83 | 6.07 | 4.98 | 4.37 | 3.99 | 3.71 | 3.51 | 3.35 | 3.22 | 3.12 | 2.95 | 2.78 | 2.60 | 2.50 | 2.40 | 2.30 | 2.18 | 2.06 | 1.93 |
| 60 | 8.49 | 5.79 | 4.73 | 4.14 | 3.76 | 3.49 | 3.29 | 3.13 | 3.01 | 2.90 | 2.74 | 2.57 | 2.39 | 2.29 | 2.19 | 2.08 | 1.96 | 1.83 | 1.69 |
| 120 | 8.18 | 5.54 | 4.50 | 3.92 | 3.55 | 3.28 | 3.09 | 2.93 | 2.81 | 2.71 | 2.54 | 2.37 | 2.19 | 2.09 | 1.98 | 1.87 | 1.75 | 1.61 | 1.43 |
| ∞ | 7.88 | 5.30 | 4.28 | 3.72 | 3.35 | 3.09 | 2.90 | 2.74 | 2.62 | 2.52 | 2.36 | 2.19 | 2.00 | 1.90 | 1.79 | 1.67 | 1.53 | 1.36 | 1.02 |

## 7. 연습문제 해답(홀수번 문제)

(홀수 번호 문제 답만 실었으며, 계산 문제는 계산 과정, 도구의 차이에 따라 오차가 있을 수 있음)

### 1장

1. 경영은 ①제한된 자원을 ②주어진 목적에 맞게 ③효율적으로 사용하고자 하는 의사결정 시스템이다.
3. 기업 의사결정에는 정보의 양이 엄청나고, 그 복잡성 역시 기하급수적으로 증가하고 있어, 의사결정보조 기구로서 컴퓨터의 사용이 필수적이다. 컴퓨터를 이용하여 정확하고 신속한 의사결정을 하기 위해서 통계학이 필요하다.

### 2장

1. (1) 비율척도 (2) 명목척도 (3) 비율척도 (4) 서열척도
3. (1) 수치로 나타나는 양적자료 (2) 수치로 나타나는 양적자료
   (3) 12개중 하나의 달을 나타내는 질적자료
5. (1) 전체가 1이 되어야 하므로 1− (0.1+0.22+0.18+0.16) = 0.34
   (2) 250명 * 0.18 = 45명
   (3) 250명 * (0.1+0.22+0.34) = 165명
7. (1) 0.2 (2) 40명
   (3)

| 분반 | 도수 |
|---|---|
| A | 44 |
| B | 36 |
| C | 80 |
| D | 40 |

9. (1) 여기서 제시하는 답은 모범답안으로 계급구간을 어떻게 정하느냐에 따라 답은 달라지며 6개의 계급구간을 설정하여 작성한다.

| 점수 구간 | 도수 |
|---|---|
| 40~49점 | 2 |
| 50~59점 | 6 |
| 60~69점 | 8 |
| 70~79점 | 7 |
| 80~89점 | 5 |
| 90~100점 | 2 |

(2)

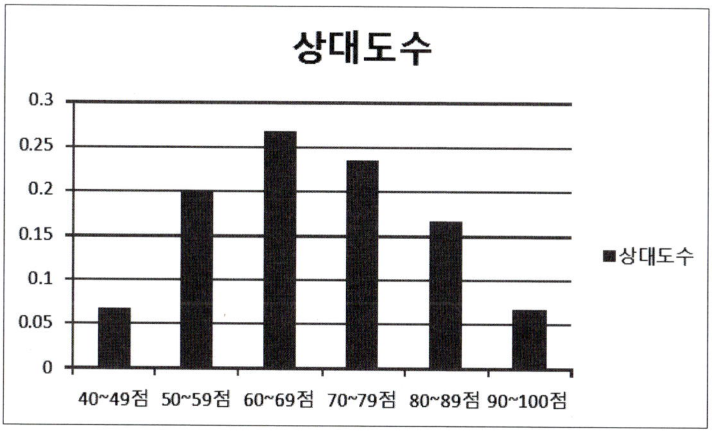


(3) ① 70점 미만 53.33%, ② 80점 이상: 23.33%

| 점수 구간 | 상대도수 |
|---|---|
| 40～49점 | 0.066667 |
| 50～59점 | 0.2 |
| 60～69점 | 0.266667 |
| 70～79점 | 0.233333 |
| 80～89점 | 0.166667 |
| 90～100점 | 0.066667 |

11. (1) 생략 (2) 생략 (3) 생략
(4) 38.2% (5) 58.8% (6) 26명
(7) A학점: 90.1점, C학점: 66.8점
(8) 그런 경험이 있다 (9) 82점

## 3장

1. 적절하다. 극단적인 값이 존재하면 평균값은 영향을 받지만 중앙값은 영향을 받지 않기 때문이다.
3. 최빈값은 가장 많이 발생한 값이므로 34이 된다. (3번 발생)
5. (1) 4.0 (2) 4.1 (3) 4.1 (4) 0.202
7. 자료는 평균부근에서 발생 빈도가 가장 큰 종 모양
9. 1.037
11. 평균: 177, 분산: 700, 표준편차: 26.46, 범위: 84
13. (1) 2.3 (2) 1.307

## 4장

1. 0.55
3. 빈 칸: 0.15

    (1) 0.15　　(2) 0.75　　(3) 0.45
5. (1) 0.27　　(2) 67,800　　(3) 0.8699
7. (1) 1.7　　(2) 0.81
9. (1) 0.05　　(2) 5.5　　(3) 54.75
11. (1) 3.29　　(2) 1.246
13. (1) $E(X)=7.5$, $E(Y)=3.944$

    (2) $V(X)=2$, $V(Y)=0.032$

    (3) 공분산은 두 확률변수 사이의 산포 방향을 측정하기 위해 사용된다. 공분산은 다음과 같은 식으로 구한다.

    $$Cov(X, Y)=E(x-\mu_X)(y-\mu_Y)$$

    (4) 0.186

    (5) 상관계수 0은 두 확률변수 사이에 완전한 무선형관계를 의미하고, 상관계수 1은 두 확률변수 사이에 완전한 양의 선형관계가 있다는 것을 의미한다.

    (6) 0.73

## 5장

1. (1) 균등분포　　(2) 65　　(3) 0.5
3. (1) $f_X(x)=\frac{1}{50}$　　(2) $\mu_X=50$, $\sigma_X^2=208.33$
5. 0.1096
7. 0.8740
9. 0.0668
11. 0.34
13. 0.7881
15. (1) 6.25　　(2) 136
17. (1) 이항확률변수　　(2) 이항확률변수가 아님　　(3) 이항확률변수
19. 0.5
21. 0.3020

**23.** (1) 0.3758 (2) 8

**25.** 0.9838

**27.** (1) 0.1887 (2) 0.9804

**29.** 0.433

**31.** (1) 0.777 (2) 0.989

**33.** (Excel을 이용하여 풀이)

(1) 0.2280 (2) 0.0498

**35.** (Excel을 이용하여 풀이)

(1) 0.1194 (2) 0.9625 (3) 0.6887 (4) 0.6838

## 6장

**1.** 표본평균의 평균은 결국 모든 표본을 고려하여 구해진 것이고, 이는 결국 모집단 자체를 고려한 것과 동일하므로 모집단의 평균과 동일하다.

**3.** $\frac{90}{\sqrt{81}} = 10$

**5.** $\frac{10}{\sqrt{16}} = 2.5$

**7.** $\frac{\sigma}{\sqrt{n}}$에서 $n \to \infty$이면 0에 접근

**9.** (1) 관계없음 (2) 감소

(3) 표본의 크기가 증가할수록 표본평균의 평균은 모평균에 근접한다.

(4) 관계없음

**11.** 정규분포, $E(\overline{X}) = 5$, $\sigma(\overline{X}) = \frac{0.001}{\sqrt{4}} = 0.0005$

**13.** $P(\overline{X} < 42) = P(Z \leq \frac{42-50}{\frac{15}{\sqrt{36}}} = \frac{-8}{25}) = P(Z \leq -3.6) \fallingdotseq 0$

**15.** (1) $P(\overline{X} > 4.3) = P(Z > \frac{4.3-3.9}{\frac{1}{\sqrt{50}}} = 2.83) = 0.5 - 0.4977 = 0.0023$

(2) $P(3.7 < \overline{X} < 3.95) = P(\frac{3.7-3.9}{\frac{1}{\sqrt{50}}} < Z < \frac{3.95-3.9}{\frac{1}{\sqrt{50}}})$

$= P(-1.414 < Z < 0.35) = 0.1368 + 0.4207 = 0.5575$

17. $P\left(\frac{-5}{\frac{32}{\sqrt{100}}} \le Z \le \frac{5}{\frac{32}{\sqrt{100}}}\right) = 2 \times P(0 \le Z \le 1.56) = 2 \times 0.4406 = 0.8812$

19. 0.7738

21. $P(\hat{P} \ge \frac{4.2}{120}) = P(Z \ge \frac{0.35-0.3}{\frac{\sqrt{0.3 \times 0.7}}{120}} = P(Z \ge 1.195) = 0.5 - 0.384 = 0.116$

23. (1) 거짓 (2) 참

25. (1) 편의점에서 생수를 구입하는 고객의 수
(2) 할 수 없다. 모집단을 조사하는 전수조사는 이론적으로나 존재한다고 할 수 있기 때문이다.
(3) 표본조사를 하여 모집단의 특성을 조사할 수 있다.

27. (1) ① 모집단 : 사운드트랙 음반을 구입한 모든 고객
② 표본집단 : 서울 지역에서 음반을 구입한 300명의 고객
(2) 불가능하다. 물리적으로 사운드트랙을 구입한 모든 고객을 알 수 없고, 비용과 시간 또한 너무 많이 소요된다.
(3) 일치할 수도 있고, 일치하지 않을 수도 있다. 왜냐하면 표본비율은 확률변수이기 때문이다. 표본조사의 특성 상 표본비율의 평균은 모집단 비율과 일치한다.

## 7장

1. 표본조사 결과가 얼마나 정확한지에 대한 결과를 제공한다.
3. 신뢰수준
5. $4.92 \le \mu \le 6.48$
7. $3.47 \le \mu \le 3.73$
9. ① 95% : $18.24 \le \mu \le 20.76$ ② 99% : $17.84 \le \mu \le 21.16$
11. $47.33 \le \mu \le 50.66$
13. 5.05
15. (1) 1,082 (2) $4.085 \le \mu \le 5.115$
17. (1) $203.45 \le \mu \le 210.09$ (2) 167 (3) $205.18 \le \mu \le 206.02$
19. $2.76 \le \mu \le 4.90$
21. (1) 0.7498 (2) $0.026 \le p \le 0.354$ (3) 1,801
23. $0.431 \le p \le 0.529$

## 8장

1. 어떤 사건이 발생했을 때, 그 사건이 발생할 확률이 높기 때문에 발생했다고 판단하는 것이다.
3. 귀무가설이 거짓인데도 불구하고, 표본통계량이 임계치 안에 있어 귀무가설을 채택할 경우에 발생한다.
5. 가설의 설정은 양자 간의 상호배타적이어야 하며, 흔히 집단 간 차이가 없다가 귀무가설이 되고, 새로운 관계나 차이를 존재한다는 것이 대립가설이 된다.
7. 변동이 발생하지 않는다.
9. 검정통계량이 2.15로 1%의 유의수준에서 귀무가설을 기각할 수 없다.
11. (1) $Z$검정통계량을 사용하여 가설을 검정한다. 표본의 크기가 충분히 크기 때문이다.
    (2) 검정통계량이 2이고, $Z_{\alpha/2} = 1.96$보다 크기 때문에 귀무가설을 기각한다.
13. (1) 0.8413　　(2) $H_0$를 채택
15. 0.0668
17. 검정통계량이 2.08로 $H_0$를 채택
19. (1) $-0.71$　　(2) $H_0$를 채택
21. (1) $H_0 : \mu = 200$
    $H_a : \mu < 200$
    (2) 0.1047
    (3) $p < \alpha$이면 $H_0$를 기각　　(4) $H_0$를 채택
23. 검정통계량이 1.358로 $H_0$를 채택
25. 검정통계량이 1.20으로 $H_0$를 채택
27. 서울의 경우 검정통계량이 $-0.82$로 $H_0$를 채택, 원주는 검정통계량이 2.65로 $H_0$를 기각
29. (1) $H_0 : \mu = 4000$
    $H_a : \mu > 4000$
    (2) 1.5
    (3) 유의수준 0.05에서 의사결정 기준은 다음과 같다: 만일 검정통계량이 1.645보다 크면 $H_0$를 기각한다.

## 9장

1. (1) $\mu_1 - \mu_2$ (2) $\dfrac{s_1^2}{n_1} + \dfrac{s_2^2}{n_2}$

   (3) $s_p^2\left(\dfrac{s_1^2}{n_1} + \dfrac{s_2^2}{n_2}\right)$ $s_p^2 = \dfrac{(n_1-1)s_1^2 + (n_2-1)s_2^2}{(n_1-1)+(n_2-1)}$

3. (1) $-5.6 \le \mu_1 - \mu_2 \le 11.6$ (2) 검정통계량이 0.6으로 $H_0$를 채택

5. 76.39

7. 검정통계량이 −2.88로 $H_0$를 기각

9. 검정통계량이 11.98로 $H_0$를 기각

11. (1) $0.24 \le \mu_1 - \mu_2 \le 0.96$ (2) 검정통계량이 2.12로 $H_0$를 기각

13. 검정통계량이 5.36으로 $H_0$를 기각. 지방 출장에 대한 유류비 지원 증액 요청을 받아들여야 한다.

15. (1) $Z^* > 2.326$ (2) 검정통계량이 3.19로 $H_0$를 기각

17. 검정통계량이 3.79로 $H_0$를 기각

19. 생략

## 10장

1. 평균이 제공하는 중심대표값만으로 데이터가 제공하는 정보를 충분히 제공받는다고 할 수 없으며, 분산이 제공하는 정보는 중심대표값만큼 중요하기 때문이다.

3. $H_0 : \sigma^2 = 0.9$
   $H_a : \sigma^2 > 0.9$

   검정통계량은 $\chi^2 = \dfrac{(10-1)(1.2)^2}{(.9)^2} = 16$이고, 기각역은 $\chi^2_{0.05,9} = 16.91$이므로 귀무가설을 기각할 수 없다.

5. (1) $H_0 : \sigma^2 = 5$ (2) 46.04 (3) $H_0$를 기각
   $H_a : \sigma^2 \ne 5$

## 11장

1. 분산분석

3. $0.95^5 = 0.774$

5. (1) 4개 집단 (2) $F=5.42$ (3) $F^* > 5.24$, $H_0$를 기각

7. (1) 신뢰수준이 90.25%로 감소하여 분석 결과를 신뢰하기 어렵게 된다.
   (2) 43.58 (3) 1.31 (4) 0.03
   (5) $H_0$를 채택, A대학원을 선택한다.

9. 검정통계량이 11.49로 $H_0$를 기각. 5%의 유의수준에서 자동차 모델에 따라 연비에 차이가 있다고 말할 수 있다.

## 12장

1. $\chi^2$ 검정은 특정 분포에 적합한지를 검정하는 것으로, 좌측검정과 양측검정은 가능하지 않다.

3. (1) $H_0$ : 이혼사유별로 이혼률은 차이가 없다.
   $H_a$ : 이혼사유별로 이혼률에 차이가 있는 것도 존재한다. 적어도 하나는 동일하지 않다.
   (2) $\chi^2$분포 (3) $\chi^2=2.48$ (4) 임계치는 5.99로 $H_0$를 채택

5. 검정통계량이 19.45로 $H_0$를 채택

7. 검정통계량이 24.81로 $H_0$를 기각

9. (1) 159.09 (2) 12.38 (3) 1 (4) $H_0$를 기각
   (5) 광고 활동이 구매 행위와 서로 관련이 있기 때문에 효율적인 광고 활동을 위한 노력을 기울여야 한다.

11. 검정통계량이 10.6으로 $H_0$를 기각

## 13장

1. 회귀분석이란, 원인변수와 결과변수 사이의 선형적인 관계를 파악하는 것을 말한다. 회귀분석의 목적은 독립변수와 종속변수 사이의 관계 유무 및 방향, 관계 정도를 도출하는 것이며, 또 다른 목적은 종속변수를 예측하는 것이다.

3. 결정계수

5. (1) 최소자승법 (2) 2.965 (3) 750 (4) 11.746
   (5) $Y=3.5+3.72X$ (6) 48.12 (7) 16.2

7. (1) ① 산포도

i) 독립변수 = 연간광고활동비

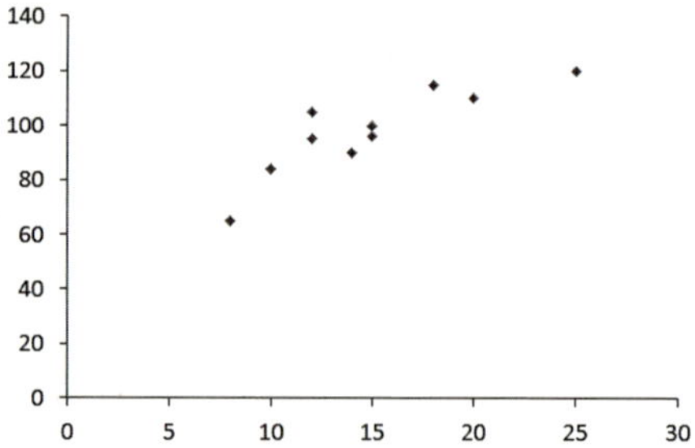


ii) 독립변수 = 경제활동지표

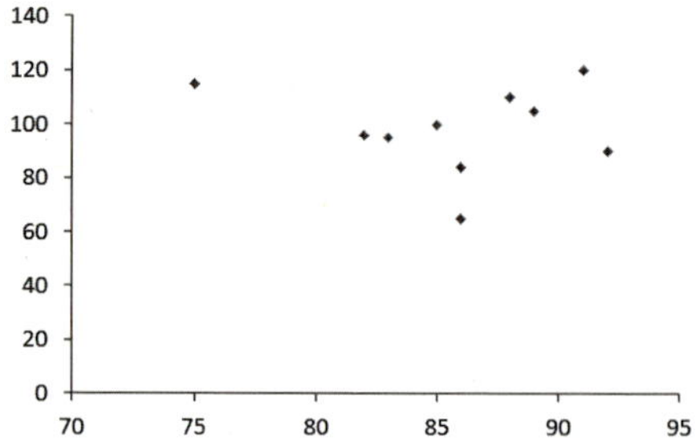


② 회귀선

i) 독립변수 = 연간광고활동비

$Y = 56.761 + 2.7677X$

ii) 독립변수 = 경제활동지표

$Y = 123.31 - 0.2953X$

③ $R^2$의 의미

i) 독립변수 = 연간광고활동비

$R^2 = 0.7453$으로 판매액 대비 연간 광고 활동비의 설명력은 74.53%이다.

ii) 독립변수 = 경제활동지표

$R^2 = 0.0082$로 판매액 대비 경제활동지표의 설명력은 0.82%이다.

(2) 경제활동지표는 설명력이 0.82%로 매우 낮기 때문에 판매액을 예측하기에 적합하지 않다. 따라서 설명력이 높은 연간광고활동비를 사용한 회귀방정식으로 예측하는 것이 더욱 적절하다.

9. (1) $Y = 12.02 + 0.06X$

(2) $p$값이 0.03이기 때문에 통계적으로 유의하다.

(3) $R^2 = 0.4503$

(4) 31.22

11. (1) $Y = 13.09 - 9.22X$

(2) 8.48

(3) $p$값이 0.0368로 유의수준 5%에서 $H_0$를 기각할 수 있다.

(4) $R^2 = 0.315$로 배당금 지불액의 변동 중 예금액의 증가에 의해 설명되는 비율은 31.5%이다.

# 찾아보기